墨子研究论丛（十）

主　编　邵长婕
副主编　张庆军　颜玉明　鲁开国

齊魯書社

第九届国际墨子鲁班学术研讨会开幕式暨中国墨子学会成立20周年纪念大会

原国务委员、原全国政协副主席、中国墨子学会名誉会长
宋健出席会议

原中共中央组织部部长张全景出席会议

中国人民解放军总政治部主任、中国墨子学会顾问
李继耐出席会议

原中国人民解放军总参谋部副总参谋长、中国墨子学会名誉会长李景出席会议

原全国政协常委、原中共中央台办主任、中国墨子学会顾问杨斯德出席会议

著名学者、书法家、中国墨子学会名誉会长
欧阳中石出席会议

原山东省人大常委会副主任、中国墨子学会名誉会长
王玉玺出席会议

山东大学党委书记、中国墨子学会会长李守信在开幕式上讲话

武汉大学教授、中国墨子学会顾问朱传棨在开幕式上致辞

中共枣庄市委副书记、市长、中国墨子学会名誉会长张术平在开幕式上致辞

中共枣庄市委常委、滕州市委书记、中国墨子学会第一副会长董沂峰主持开幕式

中共滕州市委副书记、市长、中国墨子学会常务副会长远义彬
在开幕式上宣读贺信贺电

中国墨子学会会长办公会议

800集大型动画片《小小鲁班》启动仪式暨形象征集发布会现场

第九届国际墨子鲁班学术研讨会第一次全体会议

第九届国际墨子鲁班学术研讨会第一次全体会议会场

山东大学党委常委、副校长、中国墨子学会常务副会长
陈炎主持第一次全体会议

第九届国际墨子鲁班学术研讨会分组讨论现场

第九届国际墨子鲁班学术研讨会分组讨论现场

第九届国际墨子鲁班学术研讨会分组讨论现场

第九届国际墨子鲁班学术研讨会闭幕式

山东大学《文史哲》主编、中国墨子学会副会长王学典
通报中国墨子学会领导成员调整情况

原山东大学国际教育交流学院院长、中国墨子学会
副会长姜宝昌作研讨会总结

中共滕州市委副书记、组织部部长邵士官致闭幕辞

中共滕州市委常委、宣传部部长、中国墨子学会
常务理事孟宪纲主持闭幕式

滕州市政府党组成员、墨子研究中心办公室主任、中国墨子学会副会长、秘书长邵长婕通报《中国墨子学会2012～2016年工作规划》

第九届国际墨子鲁班学术研讨会暨中国墨子学会成立20周年纪念大会与会人员合影

目　录

第一章　贺信贺电

原中共中央政治局常委、原中纪委书记吴官正同志贺信

中国墨子学会：

欣悉第九届墨学国际研讨会暨中国墨子学会成立20周年纪念大会在北京召开，特致函表示热烈的祝贺！并向与会的专家学者表示诚挚的问候！

墨子是我国古代伟大的思想家、教育家、科学家、军事家和社会活动家，也是一位热爱和平、兼爱重义、情系大众的平民圣人。墨学是中华民族优秀传统文化的重要组成部分，研究墨学，古为今用，对于加强当代中国文化建设、维护世界和平，具有重要的现实意义和深远的历史意义！

我在山东工作期间，曾向山东大学历史系教授张知寒先生请教有关墨子的学说，参加了第三届墨学国际研讨会，参观了滕州市墨子纪念馆。2010年1月，又到滕州市墨子纪念馆参观，对专家学者，特别是张知寒、王玉玺等同志作出的突出贡献，感到非常高兴。

我相信，在社会各界的关心支持下，在专家学者们的共同努力下，墨学研究一定能够再上新台阶！

祝大会圆满成功!

吴官正

2012年5月5日

原中共中央政治局委员、原全国人大常委会副委员长 姜春云同志贺信

中国墨子学会:

你们邀请我出席第九届国际墨子鲁班学术研讨会暨中国墨子学会成立20周年纪念大会的函收悉，我因故不能出席，特致信对研讨会暨纪念大会的召开表示热烈祝贺，向与会的专家学者、同志们、朋友们致以亲切的问候!

墨子是我国古代伟大的思想家、政治家。墨学与儒学并称“显学”，墨学文化是中华民族优秀传统文化的重要组成部分，对中国历史具有深远的影响。加强墨学研究，弘扬优秀民族传统文化，对推动文化大发展、大繁荣具有重要意义。中国墨子学会自成立以来，对墨学文化的复兴、挖掘、研究和宣传作出了积极贡献。希望你们通过本届研讨会，加强国内外墨学专家学者的交流，进一步弘扬墨学优秀的传统思想，为构建和谐社会作出新的更大贡献!

祝大会圆满成功!

姜春云

2012年5月6日

原中共山东省委书记赵志浩同志贺信

中国墨子学会：

欣闻由中国墨子学会、山东大学、山东建筑大学、滕州市委、市政府联合主办的第九届国际墨子鲁班学术研讨会暨中国墨子学会成立20周年纪念大会即将开幕，谨表示热烈祝贺，衷心祝愿盛会圆满成功！

我相信，本届国际墨子鲁班学术研讨会暨中国墨子学会成立20周年纪念大会的召开，将进一步加深世界对墨子鲁班文化的了解，有利于促进中国与国际的交流合作，也将促进滕州经济社会又好又快发展。

再次祝愿第九届国际墨子鲁班学术研讨会暨中国墨子学会成立20周年纪念大会圆满成功！

赵志浩

2012年5月5日

中国孔子基金会贺信

中国墨子学会：

欣闻第九届国际墨子鲁班学术研讨会暨中国墨子学会成立20周年纪念大会在北京召开，谨向贵会表示诚挚而热烈的祝贺！

中国墨子学会是海内外影响较大的学术研究机构，20年来，致力于对墨子思想的研究，不断深入发掘墨子思想的当代价值，取得了显著的成绩，得到了国内外学者的一致肯定和高度赞扬，为弘扬中华民族优秀传统文化作出了积极贡献。这次召开的第九届国际墨子鲁班学术研讨会暨中国墨子学会成立20周年纪念大会，必将取得更加丰硕的成果。

祝第九届国际墨子鲁班学术研讨会暨中国墨子学会成立20周年纪念大会圆满成功!

中国孔子基金会

2012年5月6日

第二章　致辞讲话

在第九届国际墨子鲁班学术研讨会开幕式暨中国墨子学会成立20周年纪念大会上的致辞

中共枣庄市委副书记、枣庄市人民政府市长　张术平

（2012年5月6日）

尊敬的各位领导、各位嘉宾，女士们、先生们、朋友们：

今天，第九届国际墨子鲁班学术研讨会暨中国墨子学会成立20周年纪念大会就要隆重开幕了！在此，我代表中共枣庄市委、枣庄市人民政府，向前来参加开幕式的各位领导和海内外嘉宾表示诚挚的欢迎和衷心的感谢！

墨学思想博大精深，源远流长，是齐鲁文化的珍贵遗产，也是中华优秀传统文化的重要组成部分。墨子倡导的“兼爱”、“非攻”、“强本”、“节用”等思想，是人类思想史上的精华，虽然已经过去2000多年，至今仍然闪烁着智慧的光芒。鲁班被称为“百工圣祖”，他创造发明的精神永远激励着我们创新思维、开拓进

取。深入发掘、研究、弘扬墨子、鲁班思想，实现班墨文化的与时俱进，是贯彻落实科学发展观，传承、弘扬和保护我国优秀传统文化的客观要求，也是地方党委、政府责无旁贷的重要责任。

枣庄是一座因煤而建、因煤而兴的老工业城市。近年来，在实施城市转型过程中，我们深入挖掘历史文化资源，与滕州市一起，依托墨子、鲁班故里的优势，积极加强墨子、鲁班文化的发掘、研究、传承和弘扬，在各级领导和山东大学的大力支持和帮助下，相继成立了中国墨子学会、山东墨子基金会、国际鲁班研究会，兴建了墨子国际研究中心、墨子纪念馆、墨砚馆、鲁班纪念馆，举办了八届墨学国际研讨会、三届墨子文化节。有力推动了墨子鲁班文化的研究、发掘和发扬光大，推动了地方特色文化的大繁荣大发展。

如今，恰逢中国墨子学会成立20周年，举办这次纪念大会，总结过去，展望未来，很有意义。相信此次大会的召开，必将掀开墨学研究事业崭新的一页。下一步，枣庄市委、市政府将一如既往地支持滕州举办多种形式的弘扬墨子、鲁班文化的活动，广邀四海宾朋，汇集各界精英，走进墨子故里，共谋发展大计。希望滕州市以办好这次研讨会为契机，进一步加强与国内、国际间的经济文化交流与合作，加快发展区域特色文化产业，推动经济社会持续快速协调发展。同时，恳请各位领导、各位嘉宾一如既往地关心支持枣庄和滕州的发展，进一步加强与枣庄和滕州的联系与合作，携手并进，共同创造更加辉煌灿烂的明天。

最后，祝第九届国际墨子鲁班学术研讨会暨中国墨子学会成立20周年纪念大会取得圆满成功！祝各位领导、各位来宾工作顺利、事事如意！

在第九届国际墨子鲁班学术研讨会开幕式暨中国墨子学会成立20周年纪念大会上的致辞

武汉大学教授、中国墨子学会顾问　朱传棨

（2012年5月6日）

尊敬的各位领导、各位嘉宾、各位与会专家学者：

上午好！

今天，在庄严肃穆的人民大会堂，隆重举行“第九届国际墨子鲁班学术研讨会暨中国墨子学会成立20周年纪念大会”。值此大会开幕之际，首先，我谨代表与会的中外学者向大会的胜利召开致以热烈的祝贺！

中国墨子学会成立20年以来，既有老一辈的默默付出，也有年轻一辈的辛苦努力。中国墨子学会的成立，在组织和推动墨子鲁班思想文化的研究方面，取得了丰硕成果。组建了山东大学滕州市墨子研究中心、山东墨子基金会等组织机构；建筑起墨子纪念馆、鲁班纪念馆、墨砚馆等传播和弘扬墨学文化的永久性阵地；举办了一届国内和九届国际墨学研讨会；编辑出版了《墨子大全》、《墨子研究论丛》、《墨学研究》等学术著作和期刊；开展了与国内外墨学专家的联系和交流，以及墨学人才的培养等等。这些成果的取得，首先要感谢吴官正书记、宋健等中央领导以及省市各级领导对墨学研究事业的关心支持，这是墨学研究顺利发展的保证；其次要感谢山东大学。山东大学和滕州市校地结合，为墨学的深入研究提供了良好的平台，也为校地结合开展传统文化研究提供了一个成功范例。希望我的母校——山东大学今后更进一步加强对墨学研究的指导和支持。再者要特别感谢滕州市委、市政府的坚强支持和精心引导，无论客观情况如何发展变化，滕州市委、市政府始终如一地支持墨学研究，20 年墨学研究从不中断，是与滕州市委、市政府的支持分不开的，这充分表明滕州市委、市政府对弘扬传统文化、注重文化建设的远见卓识，令人感佩。最后要感谢在座的国内外专家学者。各位专家学者孜孜以求、默默钻研，这种甘坐冷板凳的学术研究精神，表现出学者是中华文化大发展、大繁荣的主力和希望！还要感谢已经逝去的老专家和老前辈，他们鞠躬尽瘁，为墨学研究事业贡献了毕生的精力！在此中国墨子学会成立 20 周年纪念大会开幕之际，我提议，让我们以热烈的掌声，向关心墨学研究事业发展的各级领导，向为墨学研究默默奉献的专家学者，向滕州市墨子研究中心辛苦工作的全体同志致以崇高的敬意和诚挚的感谢！

党的十七届六中全会要求大力推动文化大发展、大繁荣，这对墨学文化研究给予了强大动力，也提供了难得的机遇。墨家的“兼爱”、“非攻”主张，体现的文化传统是“尚义和谐”文化，这对于社会主义文化建设，具有很大的现实意义。让我们充分利用好文化大发展、大繁荣的大好时机，深入地研究和挖掘墨家文化的精髓，弘扬墨家学说的精神。相信我们通过这次研讨大会，一定能把墨子思想、鲁班文化研究推进到新的水平，取得更多的学术成果！

预祝大会圆满成功。谢谢。

在第九届国际墨子鲁班学术研讨会开幕式暨中国墨子学会成立20周年纪念大会上的讲话

山东大学党委书记、中国墨子学会会长　李守信

（2012年5月6日）

尊敬的各位领导、各位嘉宾，女士们、先生们、朋友们：

今天，由中国墨子学会、山东大学、山东建筑大学和滕州市委、市政府联合举办的第九届国际墨子鲁班学术研讨会暨中国墨子学会成立20周年纪念大会隆重开幕了！这既是墨学研究界的一件大事，又是我国传统文化研究的一件盛事，在此，我谨代表中国墨子学会、山东大学，对来自海内外的专家学者，对莅临大会的各位领导，表示热烈的欢迎和衷心的感谢！

这次研讨会的召开，得到了中央、山东省各级领导和有关高校等的大力支持和帮助，枣庄和滕州两级市委、市政府前期做了大量艰苦细致的筹备工作，我代表中国墨子学会，一并表示衷心的感谢。

改革开放以来，中国传统文化的研究进入黄金时代，取得了巨大的成就，而由中国墨子学会推动的墨学研究可谓是其中的杰出代表。1991年，山东大学与滕州市委、市政府联合成立山东大学滕州市墨子研究中心，1992年经民政部批准，依法成立了中国

墨子学会，20 年来，在中国墨子学会、山东大学、滕州市委、市政府的大力推动下，墨学研究工作取得了一系列重要学术成果，在各个墨学研究领域都获得重大进展，沉寂了多少个世纪的墨学研究终于在今天开启崭新篇章，千年绝学终于实现了伟大的复兴。山东大学滕州市墨子研究中心作为中国墨子学会秘书处，20 年间，先后编辑出版了《墨子大全》、《墨子研究论丛》、《墨学与当今世界丛书》、《墨学研究》、《墨子名言》、《科圣墨子》等 150 余部、5000 多万字的墨子研究论著及系列通俗读物，其中一些堪称墨子研究史上的标志性成果。通过这些论著，墨子思想的学术价值和当代意义得到了深入挖掘和诠释，墨子思想体系的各个方面得到了认真梳理和研究。中国墨子学会在弘扬墨学方面的突出贡献，必将载入复兴中华文明大业的史册！

环视海内，中国墨子学会的成功，可谓是名校与地方政府合作推动传统文化研究的典范。作为中国高等教育的起源性大学，山东地区唯一一所百年名校，山东大学一直把传统文化的振兴与繁荣当成自己义不容辞的使命。而墨学研究，就是我们集中优势科研实力，率先实现突破的重中之重。20 年来，山东大学与滕州市精诚合作，互扶互持，为墨学研究提供了强大的驱动。加上本次会议，我们共召开了九次墨学研讨会，并举办了四届国际墨子文化节、两届祭墨大典等文化活动，这些活动声势浩大，影响广泛，极大地提高了墨学研究在全国学术界的地位和号召力。中国墨子学会的累累硕果表明，山东大学和滕州市政府的合作是成功的，也是卓有成效的。这是山东大学广大师生的光荣，也是滕州市全体人民的光荣。当前，国家正在大力倡导协同创新，这既是对山东大学与滕州市联手研究墨子历史的肯定，更给山东大学和滕州市的合作提供了新的机遇。山东大学素享“文史见长”的盛誉，在传统文化研究方面具有雄厚的实力，我们一定会在协同创新原则指导下，进一步发挥百年名校的人才和学科资源优势，与滕州市展开更紧密的合作，力争把墨学研究推向一个新高度，把中国墨子学会打造成为一个世界级的墨学研究平台。我们相信，山东大学与滕州市的合作将会永久保持下去，本次大会将会为我们双方今后的进一步合作奠定一个更加坚实的基础。

当今世界最重大的变化，即是中国的崛起。弘扬优秀的传统文化，自是中国崛起的重要内容。推动文化的大繁荣大发展，已是当前全党和全国人民的中心工作。墨子是中国古代伟大的思想家、教育家、科学家、军事家、社会活动家，他的哲学思想和科技思想是中国古典文化中最宝贵的部分之一。挖掘墨子深邃的思想内涵，继承墨子所开创的文化传统，对于提高我们的文化自觉、大力弘扬传统文化，乃至实施科教兴国战略都具有不可估量的意义。2011 年 10 月，党的十七届六中全会审议通过了《中共中央关于深化文化体制改革、推动社会主义文化大发展大繁荣若干重大问题的决定》，吹响了建设社会主义文化强国的进军号角。《决定》把建设优秀传统文化传承体系作为一个重要内容，明确指出：“优秀传统文化凝聚着中华民族自强不息的精神追求和历久弥新的精神财富，是发展社会主义先进文化的深厚基础，是建设中华民族共有精神家园的重要支撑。要全面认识祖国传统文化，取其精华、去其糟粕，古为今用、推陈出新，坚持保护利用、普及弘扬并重，加强对优秀传统文化思想价值的挖掘和阐发，维护民族文化基本元素，使优秀传统文化成为新时代鼓舞人民前进的精神力量。”这为我们进一步学习、研究和弘扬墨学文化指明了方向。

推动墨学发展，关键是要结合现实需要来开展研究。希望与会的专家学者能够充分发挥聪明才智，继续深入挖掘和阐发墨学中所蕴涵的丰富遗产，围绕墨学文化的研究、保护、开发和利用献计献策，充分发挥墨子学说的现代价值，使之成为新时代鼓舞人民前进的精神力量，为丰富和构建社会主义和谐社会理论体系贡献智慧。本次墨子鲁班学术研讨会是一次十分关键、十分重要的会议，它将会对过去20年来墨学研究的成果进行总结，对当前的墨学研究现状进行评估，它更担负着为未来一个时期墨子和鲁班研究选择方向的历史使命。我们有理由相信，本次大会的召开，定会为今后的墨子和鲁班研究增添新的生机，注入新的动力，指引新的方向。衷心希望山东大学和滕州市进一步密切合作，继续深入挖掘、研究墨学思想，宣传传承墨子精神，使之不断发扬光大。我们坚信，经过山东大学、滕州市和全体墨学同仁的共同努力，我们一定会开创墨学研究的新局面，中国墨子学会一定会取得更大的成绩，迎来墨学研究更加光辉灿烂的明天。

今天召开的第九届国际墨子鲁班学术研讨会暨中国墨子学会成立20周年大会，是对过去20年墨学研究的经验总结，必将开启墨子鲁班研究新的篇章。希望到会的各位专家、各位学者珍惜机会，加强交流，对墨子鲁班研究踊跃发言，不吝赐教，把这次研讨会开成学术的盛会、交流的盛会、友谊的盛会。我相信，通过我们的共同努力，一个兼爱平等的和谐社会一定能够早日实现。

最后，祝第九届国际墨子鲁班学术研讨会暨中国墨子学会成立20周年纪念大会取得圆满成功！祝各位领导、专家、学者，同志们、朋友们，工作顺利、身体健康、万事如意！

谢谢大家！

在第九届国际墨子鲁班学术研讨会暨中国墨子学会成立20周年纪念大会招待宴会上的致辞

中共枣庄市委常委、滕州市委书记、中国墨子学会第一副会长

董沂峰

（2012年5月6日）

尊敬的各位领导、各位嘉宾，女士们、先生们、朋友们：

在第九届国际墨子鲁班学术研讨会暨中国墨子学会成立20周年纪念大会隆重召开的喜庆时刻，我们在这里欢聚一堂，同庆盛典，畅叙友情，共商墨子、鲁班文化发展大计。在此，我代表中共滕州市委、滕州市人民政府，向百忙之中莅临大会的各位领导、各位嘉宾、各界朋友，表示衷心的感谢！

滕州位于山东省南部，总面积1485平方公里，总人口170万，是山东省人口最多的县级市。2011年，全市生产总值实现728.1亿元，地方财政收入达到40.2亿元，可用财力达到58.6亿元。今年继续保持快速发展的良好态势，第一季度，全市生产总值实现175亿元；1~4月份，地方财政收入达到15.1亿元。滕州在2011年全国县级市综合竞争力排行榜中名列第15位，被评为全国县域经济基本竞争力百强县和中小城市科学发展百强县。

滕州历史悠久、文化灿烂，古为“三国五邑之地、文化昌明之邦”，西周时期就在此建立了滕国、薛国、小邾国三个国家；境

内有距今7300年的北辛文化遗址，是中华民族最早的人类文明发祥地之一；名士辈出、人文荟萃，是“科圣”墨子、“工匠祖师”鲁班、造车鼻祖奚仲、招贤纳士的孟尝君、勇于自荐的毛遂的故里。尤其是墨子、鲁班都是世界文明发展史上的巨人，也是滕州最具竞争力和影响力的优势文化品牌，被国学大师季羡林先生称为“善国双圣”。近年来，我们坚持“挖掘、开发、研究、普及、传承”并重，加强对墨子、鲁班历史遗迹的开发和保护，利用举办墨子文化节、研讨会、邀请名家专题讲座、编写通俗读物、戏剧演出等形式，大力传承和弘扬墨子、鲁班崇尚科学、勇于创新、强本节用等方面的科学思想，使墨子、鲁班思想精髓广为流传，影响广泛，成为激励后人团结友爱、艰苦奋斗、开拓创新的精神力量，同时也大大提高了滕州的知名度和影响力，有力促进了滕州经济社会又好又快发展。

举办第九届国际墨子鲁班学术研讨会和中国墨子学会成立20周年纪念大会，旨在进一步弘扬班墨文化，打造墨子、鲁班品牌，让班墨文化走向世界，让世界了解班墨文化。今天各位领导、各位嘉宾和各界朋友在百忙之中参加这次活动，是对班墨文化研究工作的大力关心和支持，也是对我们各项工作的有力鞭策和鼓舞。下一步，我们将以这次活动为契机，认真学习贯彻各位领导和专家的指示精神，进一步加强墨子思想和鲁班文化研究，不断扩大墨子鲁班文化的知名度和影响力，切实提升滕州文化软实力，推动经济社会持续快速发展，全面建设幸福滕州。

现在，我提议，为了预祝本届研讨会和纪念大会取得圆满成功，为了祝福祝愿各位领导、各位嘉宾身体健康、工作顺利、万事如意，干杯！

在第九届国际墨子鲁班学术研讨会暨中国墨子学会成立20周年纪念大会欢迎宴会上的致辞

中共滕州市委副书记、市长、中国墨子学会常务副会长

远义彬

（2012年5月5日）

尊敬的各位领导、各位嘉宾，女士们、先生们、朋友们：

今晚，我们相聚在美丽的首都北京，共同迎接第九届国际墨子鲁班学术研讨会暨中国墨子学会成立20周年纪念大会的盛大开幕。在此，我谨代表中共滕州市委、滕州市人民政府和170万滕州人民，向莅临会议的各位领导、各位嘉宾和长期以来关心支持滕州发展的各界朋友，表示热烈的欢迎和衷心的感谢！

滕州位于山东省南部，总面积1485平方公里，总人口170万，是山东省人口最多的县级市。滕州历史悠久、文化灿烂。古为“三国五邑之地、文化昌明之邦”，境内有距今7300年的北辛文化遗址，是中华民族最早的人类文明发源地之一；滕州名士辈出，人文荟萃，是“科圣”墨子、“工匠祖师”鲁班、善施仁政的滕文公、造车鼻祖奚仲、招贤纳士的孟尝君、勇于自荐的毛遂的故里。滕州区位优越、交通便利，地处淮海经济区和鲁南经济带中心位置，104国道、京台高速公路、京沪铁路、京沪高铁和京杭大运河穿境而过、纵贯南北，形成了四通八达的交通网络。滕州资源丰

富、产业发达。滕州是全国重点煤炭开发基地、北方有名的富水区。滕州农业发达，是中国马铃薯之乡、国家现代农业示范区，被国务院评为全国粮食生产先进单位。滕州工业产业集群化程度高，形成了煤化工、机械制造、食品医药、新型建材、能源、轻纺六大支柱产业，是中国中小机床之都、国家规划的七大煤化工基地之一、山东省最大的玻璃深加工基地；现代服务业快速发展，是鲁南苏北地区重要的商品集散地，被列入山东省50个服务业重点城区、10个服务业综合改革试点区，各类专业市场发展到40处，杏花村干杂海货市场成为全国最大的干杂海货批发基地，规划面积90平方公里的微山湖湿地公园是全国最大的国家级湿地公园、国家AAAA级景区。滕州城市繁荣、生态宜居。城市建成区达到58.1平方公里，城区人口达到60万，城镇化水平达到50.2%，是山东省重点培育的10个大城市之一。近年来，滕州在枣庄市委、市政府的正确领导下，坚持以科学发展观为统领，聚精会神搞建设，一心一意谋发展，经济社会持续快速健康发展。2011年，滕州生产总值实现728.1亿元，增长11.1%，居山东省县级第二位；地方财政收入达到40.2亿元，增长33.3%，居山东省县级第四位。今年一季度，生产总值实现175亿元，增长10%；1~4月份，地方财政收入实现15.1亿元，增长22%。滕州在2011年全国县级市综合竞争力排行榜中列第15位，被评为全国县域经济基本竞争力百强县和中小城市科学发展百强县。

文化是经济社会发展的重要支撑，在培育思想品德、凝聚核心价值、激发创新活力、促进社会和谐、推动合作交流中具有不可替代的作用。墨子和鲁班既是滕州文化的宝贵财富，又是世界文化宝库的重要遗产，已成为滕州对外交流、扩大开放的桥梁和纽带。今年是中国墨子学会成立20周年华诞，墨子研究从无到有，再到组织化、系统化，在引领墨学研究方面取得了骄人的成绩。我们举办本届国际墨子鲁班学术研讨会暨中国墨子学会成立20周年纪念大会，就是要追忆和汲取先人思想精华，弘扬优秀传统文化，进一步增强海内外中华儿女的文化认同感和民族自信心，推进和谐社会建设。我们恳请各位领导、各位嘉宾、各位朋友，特别是文化界和新闻界的朋友们，一如既往地关心支持滕州，大力宣传弘扬班墨文化，常到滕州感悟班墨文化精髓，感受古滕大地的深刻变化，尽览生态人文胜景，共同开创美好的未来！

现在，我提议，让我们共同举杯，为了本届研讨会的圆满成功，为了各位领导、各位嘉宾的事业发达、身体健康、阖家幸福，干杯！

第九届国际墨子鲁班学术研讨会总结

山东大学教授、中国墨子学会副会长　姜宝昌

（2012年5月7日）

一、此次研讨会的主题是，以“墨学与社会进步”、“墨子与社会主义文化建设”为主，兼论“鲁班创新精神的当代意义”。

二、本次研讨会的鲜明特点是，在深入研究墨子思想的同时，体现传统文化与当代文明的对接。研讨会共收到论文86篇，其中关于墨学者69篇，关于鲁班研究共17篇，可谓极一时之盛。

三、分组发言情况汇总（昨日8位大会发言情况不再重述）。

（一）与会者一致认为，墨子的和谐社会思想，是中华民族文化遗产中的重要组成部分。“兼相爱，交相利”是墨子和谐社会的核心和精髓。深入分析和探讨墨子提出的“兼爱”、“非攻”、“节用”等和谐思想的内涵，吸收其合理成分，重新审视与挖掘墨子和谐思想的当代价值，不仅可以为我们完善中国特色社会主义精神文明建设提供传统文化方面的宝贵借鉴，而且对于构建社会主义和谐社会也具有极其重要的现实意义。河南省社会科学院赵保佑研究员的发言，概括了墨子的义利观对社会主义道德建设的种种可贵启示：其一，墨子的义利观是一种价值理论。其二，墨子贵利、尚义的义利观主张义利合一。其三，发展我国社会主义市

场经济，就是要提高全社会的生产效率，最终实现共同富裕。其四，马克思主义主张以最广大人民群众的目前利益和长远利益的统一为出发点，以最广大人民群众的最广大利益为最高道德标准，是无产阶级的革命的功利主义。中国武警指挥学院李文庆教授的发言从战略的高度，提出了求“和”之道要以“慎”为先，以“衡”为本，以“武”为盾的观点，主张站在国家利益和人类和平的立场上，慎重对待当前的世界局势及其发展趋势，像墨子那样，高瞻远瞩，趋利避害。进一步平衡各个群体、各个阶层、各个国家之间的利益关系，维护当今世界脆弱的和平与发展的良好国际环境，保障并捍卫中华民族的核心利益，为整个世界的和谐发展，作出我们应有的贡献。曲阜师范大学陈克守教授的论文认为，儒墨两家都认识到，和谐的人际关系是和谐社会的核心，和谐的国际关系是构建和谐社会的前提。与此同时，人和自然的和谐也是和谐社会的重要组成部分。中国人民大学杨武金、刘婷婷两先生的论文，对于墨家“兼爱”思想及其可行性进行了逻辑分析。河北经贸大学刘惠文教授的论文对墨子的社会和谐思想内涵进行了深层次挖掘。临沂大学周静先生的论文，就墨家“爱”的现实理想问题发表了自己的看法。青岛大学成琳先生的论文，从墨子的“贵义”、“兼爱”理念出发，分析了墨家“侠”的精神。山东大学周立升教授的论文，对墨子和谐思想与当今社会主义精神文明建设问题，提出了颇具指导意义的思路。

（二）与会者十分关注墨子的教育思想。一致认为，要进一步弘扬墨家教育思想，用之于重铸民族魂魄，提高整个中华民族科技与人文素质的宏伟事业。中国戏曲学院顾晓华教授的论文指出，墨子“兼爱”思想体现了“以人为本”、“尊重学生”、“环境熏陶”、“志功合一”的教育理念，以及重视实践和生活经验的作用，根据过去的经验积累去探索未知的教育原则。山东交通学院梁伟、孙国庆两先生的论文，也从诸多方面阐述了墨子教育思想对现代素质教育的若干启示，足资人们思考。华南理工大学宋广文教授的论文指出，墨子的科技思想具有鲜活的当代科学的教育价值，很有说服力。大家还认识到，墨子“爱人如爱己”的“兼爱”思想和“法仪”观念，在罪犯的教育改造方面有不可忽视的作用。中央司法经管学院白焕然教授的论文，提出了“以人为本”、“尚贤使能”、“尚同控制”和“察其志功”等四项罪犯教育管理的原则。滕州监狱赵富平高级工程师的论文，也介绍了“用健康向上的墨学文化温暖和照亮狱园”、“把握墨学精髓，提高作为教育改造出发点的家伦理学的教育效果”、“警察践行兼爱，照亮囹圄囚子”、“精心组织，实施针对性教育”等四项罪犯教育改造经验。

（三）与会者认为，墨子“尚贤”、“尚同”、“兼爱”、“非攻”等一整套社会政治伦理思想，在21世纪的今天，仍然放射着耀眼的光辉。北京师范大学董志铁教授的论文指出，墨子的政治哲学思想，在当今社会具体体现了中国的国家治理过程中，如“德才兼备”的干部选拔、任用原则，地方与中央在政治上必须保持高度一致，必须坚持和平的外交政策，必须尊重自然，并按照客观规律办事等。南开大学张晓芒、关兴丽两教授的论文指出，在当今诸种不同文化、不同思维方式多元共存的国际环境中，我们所能提供给世界的除了传统儒学的“和”的理念外，应当还有传统墨学的治世精神与手段。香港孔教学院汤恩佳教授的论文指出墨子的伦理思想最核心的观念就是“兼爱”，在现代社会，我们可以借鉴兼爱论，建立符合现代需要的道德体系，另外，墨子的“尚贤”思想，在当今世界也有重要的价值。

（四）与会者认为，墨家提倡科技创新和科学管理，这对加快我国的科技引领生产力发展的进程和增强企业竞争力，有着重要的指导意义。北京东方飞扬软件公司达流先生的论文指出，思想流派对人的人格形成有重大影响，而墨家思想对当代企业家的人格、创新精神、团队建设、目标达成等都是必不可少的思想武器。

（五）与会者认为，直至今天，墨子的某些军事思想仍然可以穿越时空，对我国的国防和军队现代化建设具有不可估量的指导意义。国防大学副政委李殿仁将军的论文指出，我们必须强化全民国防教育，培育“忧患”、“尚同”的思想，强化“忧患”意识，巩固国防，加强军队现代化建设，重视“武备”，平时积极防御，战时全面备战。中国人民解放军后勤学院唐文武、陈卫平、鲁抗抗三教授的论文指出，必须深入探讨墨家防御装备思想的内容和特点，对当今世界某些地区业已经出现的或潜在的战争危险，我们应在加强军队现代化建设的基础上制定出切实可行的应对方案，以便随时准备以强大的军事力量制止并粉碎狂徒们的军事冒险。

（六）研讨会上，提出了墨子思想中包含法律观的问题。青岛大学郑延龄先生指出，墨子很重视“法”在治国过程中的作用，主张建立德法并治的社会。墨子以“天志”为法，认为“天”是正义的化身，可以赏善罚恶，是最高审判者。

（七）与会者还指出，为弘扬中华文明，当前应深入研讨“儒墨相融”的问题。我们应本着“求同存异”的原则，去研究、挖掘那些儒家和墨家相同、相关和相融的论点和主张，如儒墨两家都反对社会动乱，都主张人们“相爱”、“相利”（即双赢）等。山东工会管理学院教授张希宇和《中国成人教育》杂志社副编审张幼林的论文指出，在中华民族实现伟大复兴的宏图伟业中，新文化建设具有重大的战略意义。中华新文化应当是在马克思主义指导下，立足于社会主义市场经济的社会现实，以近现代中国革命和文化建设的实绩为中心，在广泛汲取其他一切优秀文化的基础建设上融合而成的。中国传统文化中的儒墨两家学说可以实现优势互补，共同为中华新文化的构建和完善作出无可替代的重要贡献。吉林师范大学薛柏成教授的论文指出，近年来，“儒墨互补”问题已经进入学者的视野。应该说，“儒墨互补”方法论，在中国优秀传统文化形成及其发展过程中具有独特的运行规律，它应该成为当今中国优秀传统文化传承体系建设的重要方法论之一。

（八）会上，专家们还从多种视角研讨了墨家学说，其中不少令人感到耳目一新。如墨家的辩学理论、墨家的宗教观、《墨经》的写作体例、墨子的里籍、墨学的兴衰史以及墨学研究的最新信息发布等。山东大学孟祥才教授的论文认为，墨子是熔优长和缺失于一炉的“农与工肆之人”的代表，是中国历史上仅有的劳动人民的思想代表。滕州墨子研究中心任守景研究员的论文认为，班墨相牵，不能分离，班墨研究可以说是理论与实践的一体化，是科学与技术的一体化。班墨思想影响早已超出了省界、国界，成为全人类的一份宝贵精神遗产。因此，墨子、鲁班文化研究前景美好。枣庄学院孙卓彩教授的论文认为，战国时代，儒墨并称为显学，影响至钜。秦汉以后，以儒学为正宗的儒、道、法诸学都薪尽火传，生生不息，而墨学却衰微已久，又曾两度复兴。诸学相较，惟墨学人文思想与科技思想并重，正是其超前而不无偏激的理想化特色和杰出的科学建树，成就了它在战国时期的崛起和显学地位。但残酷的事实是，它在现实与理想的碰撞中两度沉浮。华南师范大学黄世瑞、柏玲两教授的论文指出，当代社会隐而不彰的墨学精神，说明墨子“兼爱”思想已深深溶入中华民族的血液之中。扬州大学黄大昭、黄俶成两教授的论文指出，弘扬墨学是传统思想文化与现代文明实现对接的重要途径之一。北京师范大学张涛教授将墨家思想与《周易》进行了比较研究，认为二者有着密切的关系，墨家从《易经》中汲取智慧和营养。武汉大学朱传棨教授就“墨家学说的当代性”问题，谈了自己的看法，他认为，墨子的“兼爱”说告诉我们：爱民利民是为政之本；农工之人是社会存在和发展的根本动力；创建尚义和谐社会是当今中国的先务。中国人民大学孙中原教授就“墨家的辩证理论思维”问题，发表了自己的见解。他说，《墨子》佚文“甘瓜苦蒂，天下物无全美”，是用全称命题形式，概括世界的普遍真理。他将《墨子》佚文“甘瓜苦蒂，天下物无全美”作上联，又配以下联“白璧微瑕，世上宝有小疵”，更加横批“自然辩论”，其对天道物理的感悟，可谓已臻极致。枣庄学院刘书玉教授就20世纪墨子故里研究及其特点作了深入细致的探讨。青岛大学邵彦平先生专门就墨子“节葬”观对现代殡葬习俗进行了认真的思考，认为有必要加强现代殡葬改革，革除丧葬陋习。毕节学院张仁明教授就《墨经》疑难字研究问题、王兆春教授就《大取》训释失误问题，分别讲了自己的看法。临沂大学李洪波先生专就墨家“侠客”精神问题发表了意见。中国人民大学陈正健先生对墨子“兼爱”和“天志”思想进行了推理，认为墨子思想中已含朴素的古代国际法思想。江苏师范大学梅良勇、俞世兰二教授对墨子的宗教观作了深入研究，认为“天志”和“明鬼”是墨子宗教观的主要内容。滕州墨子研究中心李广星研究员在发言中，回顾了中国墨子学会20年来的发展历程，认为墨学复兴来之不易，是天时地利人和的结果。天时，是中国改革开放为墨学研究创造了良好的文化环境；地利，是滕州市委、市政府高瞻远瞩，高度重视墨学研究，并为学术研究提供了强有力的政策支持；人和，是以山东大学为依托，汇集了国内外一大批墨学专家孜孜不倦无怨无悔地从事墨学研究，尤其是张知寒教授的执著和热心，令人感佩，不愧“当代墨子”的称号。中国社会科学院谭家健研究员发言，向大家传递了现代“墨学巨子”谢湘及其《墨子学说研究》的相关信息。国防大学苏士甲教授的论文，以令人信服的实证，说明毛泽东评价“墨子是比孔子高明的圣人”确属名至实归。黑龙江大学柴文华教授的论文指出胡适是中国现代自由主义的代表，冯友兰是第一代新儒家的代表，二人的文化立场可谓“大异而小同”，但仅就他们20世纪上半叶的墨学观来看，却是“大同而小异”，所谓大同不是表层的相同，而是根本方法上的契合。淮北师范大学高深教授的论文指出，庄子对儒墨的“剽剥”主要表现在两个方面：一是淆是非，二是乱人性。国家图书馆出版社副总编贾贵荣对国家出版社与滕州墨子研究中心的合作进行了回顾，盛赞《墨子大全》惠及学林功德。台湾淡江大学王甦教授的论文指出，墨子“中通”思想，实际上即是天理。墨子之“天”，为宇宙主宰，等同与上帝。所谓“道之所贵者中，中之所贵者权”，而所谓“中”之精神，其大要有三：其一，平等互惠；其二，力行不倦；其三，创新不已。日本大东文化大学原孝治教授重点谈了明代《墨子》研究的问题。

日本埼玉工业大学冈本先生教授的论文认为，墨家的人口论，简而言之，就是于封闭的单位内部用早婚政策增加人口的主张。韩国墨子学会顾问奇世春教授的论文认为，墨子的天地信仰和耶稣的上帝信仰如同双胞胎一样相似，墨子的宗教观和孔子不一样，墨子的先进思想不同于诸子，他的宇宙论、所染论、民主平等思想、民约论、劳动思想、价格论、反战论等是世界上哪个文明中都找不到的令人惊讶的理论。韩国忠南大学校徐龙模教授就“公有价值的实现和墨子兼爱思想”问题，金昇泳教授就“墨子的‘兼爱’与孔子的‘泛爱’”问题，李钟昇教授就“墨家反战争论的哲学体系”问题，分别阐述了各自的观点。浸礼神学大学闵宏锡教授就“墨子的理想社会”问题，发表了自己的看法。四位韩国教授的意见，值得所有治墨者的重视。

大家都知道，自从第七届国际墨子鲁班学术研讨会将鲁班纳入研讨系列之后，不少学者对鲁班的研究更加关注。此次研讨会提交的17篇极具说服力的论文，使大家认识到，所谓“鲁班精神”就是“注重细节、勤于思考、勇于创新、不断学习、立足实践、刻苦钻研、精益求精”。鲁班留给后世的不仅是精湛的技艺，更是可贵的创新精神，科技创新对于我国增强国际竞争力，促进经济和社会进步，都有重要的现实意义和深远的历史意义。山东建筑大学的刘海霞教授对“墨子和鲁班的生活地区”进行了认真细致的考察，刘一农先生对鲁班文化研究中所需文献进行了深入的调查，张琳先生对“弘扬鲁班文化，提高工程造价人才核心竞争力”问题作了全面的探讨，李庆华先生对“鲁班形象和鲁班家拜”问题总体轮廓勾勒成型，邵志伟先生对“《鲁班经》重所述古代建筑用尺制度”问题研究也已初获成效，侯延香先生还提出了

“借助网络媒体平台进行鲁班文化传承研究”的新课题。青岛大学张国毅先生的论文《鲁班精神对高校人才培养的启示》，对我国当今高等教育如何培养高素质人才更具鲜明的时代意义。最后应该特别指出的是，著名剧作家王中教授就田野调查所见“鲁班胜迹”，写出了完整的报告。

在第九届国际墨子鲁班学术研讨会闭幕式上的闭幕词

中共滕州市委副书记、市委组织部部长　邵士官

（2012年5月7日）

尊敬的各位领导、各位专家：

在大家共同努力下，经过各位专家学者两天的热烈讨论、交流，第九届国际墨子鲁班学术研讨会圆满完成了各项议程，就要胜利闭幕了。首先，我谨代表中共滕州市委、滕州市人民政府，对本届研讨会的成功召开，表示热烈的祝贺！

这次会议，恰逢中国墨子学会成立20周年，是一次继往开来、与时俱进的大会，求真务实、谋划发展的大会。本届研讨会共邀请专家学者120余人，收到论文76篇。参会专家学者中，既有学识渊博的国外学者，如美国的李绍崑先生、韩国的奇世春先生、日本的原孝治先生、冈本光生先生等；也有才华横溢的国内专家，如王学典教授、姜宝昌教授、汤恩佳先生等；既有德高望重的著名教授，如朱传棨教授、王甦教授、孙中原教授等；也有朝气蓬勃的青年学者，如龙兴乐先生、韩东来先生等。这些都充分表明，这是一次墨子鲁班学术研究的群英大会，必将对墨子鲁班文化发展起到重要的推动作用。

在研讨会期间，大家积极而认真，热烈而坦诚，情绪始终饱满，活力贯通全程，充分体现了“百花齐放、百家争鸣”的学术精神。各位专家以“墨学与社会进步”、“墨学与社会主义文化建设”为主，兼论“鲁班创新精神的当代意义”，对墨子鲁班严谨治学、科技创新精神，以及他们在哲学、科技等方面的历史功绩和当代意义，进行了多层面、纵深化的研究。参会论文领域宽广、资料翔实，研究深刻精到。这些研究成果必将引领墨子鲁班文化研究的方向，推动墨子鲁班文化研究走向深入。我们相信，在党的十七届六中全会推动文化大发展大繁荣的背景下，通过这次会议，必将在国内外掀起了一股热爱墨学、重视鲁班、共研班墨的热潮，墨子思想和鲁班精神定会成为推动文化事业发展、促进和谐社会建设的巨大力量。

本届研讨会的成功举办，得益于中国墨子学会、山东大学、山东建筑大学各位领导的关心支持，得益于各位专家学者的积极参与，得益于各界友人的关注鼓励，得益于新闻界朋友们的真诚合作，得益于全体会务工作人员的辛勤劳动。在此，我代表中共滕州市委、滕州市人民政府和170万滕州人民，向各位领导、各位专家学者、新闻界的朋友、全体会务工作人员，以及给予研讨会大力支持的各界友人，表示衷心的感谢和诚挚的敬意！

墨子鲁班不仅是滕州的骄傲，也是中华民族的骄傲。滕州作为墨子鲁班故里，一定以弘扬传承墨子鲁班文化为己任，坚持“挖掘、开发、研究、普及、传承”并重，不断加强墨子思想和鲁班文化研究，加强对墨子鲁班历史遗迹的开发和保护，加强民间传说、典故的搜集、整理、加工，搞好以墨子鲁班为题材的影视作品、动漫作品、文学作品的创作开发，推动班墨文化的社会化、大众化，努力把墨子鲁班打造成为世界级的文化品牌，提升滕州文化软实力，全力建设实力、魅力、活力、生态、文化、和谐的幸福滕州。

值此大会闭幕之际，我们诚挚地邀请各位领导、各位专家学者、同志们、朋友们，经常来墨子鲁班故里——滕州旅游观光、考察指导、传经送宝。

最后，衷心祝愿各位领导、各位专家、各界朋友，身体健康、工作顺利、家庭幸福、万事如意！

谢谢大家。

第三章 墨子研究论文

墨家学说的当代性刍议

朱传棨

墨家学说在近几十年间，已受到国际和国内学界的高度重视，对其思想精神的普世性和当代性展开了研讨。20 年前，国内中国古代思想史研究的顶级老学者，如匡亚明、蔡尚思、张岱年、任继愈、杨向奎等齐聚墨子故里——滕州市对墨家学说进行了深刻研讨，并组建了“中国墨子学会”，设立了“山东大学滕州市墨子研究中心”，便于组织交流墨家学说的研讨工作，20 年来取得了巨大的研究成果，彰显了墨家思想和诸多主张的当代意义。

一、爱民利民，为政之根本

“兼相爱、交相利”既是墨家学说的宗旨，也是墨家进行社会改革和为政的根本主张。墨子认为，创建以利万民的政治制度，不是儒家主张的维护世袭贵族利益的宗法制度，而是平民民主主义的尚贤使能的政治制度。这种政治制度的建立，不是由基于血缘关系的天子君王制定的，而是按照“有能则举之，无能则下之”的原则，实行尚贤使能的民主政治制度。墨子说：“故古者圣王甚尊尚贤而任使能，不党父兄，不偏贵富，不嬖颜色，贤者举而上之，富而贵之，以为官长；不肖者抑而废之，贫而贱之，以为徒役。”[①]这里表明，墨子正式提出了改革世袭贵族制的要求。他认为，尚贤使能是为政的原则，它体现了爱民利民之根本。墨子在《尚贤》中提出任用和选择贤良之士的一系列纲领性的主张，这对当时的世袭贵族宗法制度起着瓦解的作用。同时，也对出身于社会地位低下“农与工肆之人”的知识分子争取参与政治活动起着积极作用。但是墨子提出的尚贤主张与儒家的“举贤才”主张是不同的。儒家是从没落的、失势的贵族中的“举贤才”，视“农与工肆之人”为“贱者”，不在举贤之列。墨子的尚贤则相反，认为“虽在农与工肆之人，有能则举之”。而且只要有贤能，就“高予之爵，重予之禄，任之以事，断予之令”[②]。墨子认为，“尚贤”是治国为政的根本原则，是关系国之富强、万民得利的具有决定性的重要举措。若“欲国家之富，人民之众，刑政之治”，必须实行“尚贤”的为政原则。因此，他明确提出：“国有贤良之士众，则国家之治厚；贤良之士寡，则国家之治薄。故大人之务，将在于众贤而已。”[③]

墨子之所以再三强调“尚贤”的重要性，就在于“贤良之士”是富有高尚道德的“仁人”，是具有墨家的政治理念的智者。他说：“贤良之士厚乎德行，辩乎言谈，博乎道术者乎，此固国家之珍，而社稷之佐也。”[④]贤良之士为政，他们既有爱民之心，又有利民之行。如同古圣王治政那样，“其为政乎天下也，兼而爱之，从而利之，又率天下之万民”[5]。墨子不仅提出尚贤为政的重要性，而且还规定贤士为官的举义和法治资格。贤士为官可以小到“治邑”，大到“治国”。所以，他坚决提出：“不义不富，不义不贵，不义不亲，不义不近。”“古者圣王之为政，列德而尚贤。……以德就列，以官服事，以劳殿赏，量功而分禄。故官无常贵，而民无终贱。”[6]这里充分表明，贤士为官是以爱民利民为根本。只有贤良之士出来“治邑”、“治国”，才能保护民众的利益，即为“农与工肆”及小私有者的经济利益而任官。同时，也彰显了墨子“尚贤”主张的进步意义和历史作用。因此，我们墨家学说中政治理念和政治制度改革的根本要求和目的，就是实现爱民利民的“兼相爱”、“交相利”的宗旨。

墨子的“尚贤”主张是与“尚同”的范导原则分不开的。但是，在学界对“尚同”内涵的理解和诠释存在很大的歧义。多数学人认为，“尚同”具有专制主义色彩，说墨子一方面追求兼爱平等，另一方面又主张专制统治，这是墨子思想体系中的矛盾；还有的学者视“尚同”具有宗教迷信的成分。我们认为，对“尚同”内涵的理解既要与“尚贤”结合起来诠释，更要与《天志》结合起来进行阐明。我们对墨子在《尚同》中以设想“复古之民始生，未有正长之时”，存在“百人百义”没有统一的思想和统一的意见情况下，说明“尚同”重要意义，先不作论。主要应理清“尚同”内涵的实质为何。也就是说“尚同”是同于居最高位的贤士，还是同于根本性的范导呢？我们依据《天志》的内涵来看，“尚同”是同于“天志”。因为《天志》的核心内涵，就是“爱利百姓”。而“尚贤”是实现“尚同”的前提，贤良之士为政是为实现爱民利民，各级贤士必须是：“上之所是必皆是之，所非必皆非之。”[7]因为只有贤良之士才能实现“总天下之义，以尚同于天”，即以“天志”来统一全社会的思想和行令规范。也就说，“尚同”内涵的实质，是规范全社会运行的根本原则，而不是行政体制，更不是政治制度。所以，墨子十分强调自天子、三公、诸侯，直至地方上的乡长、里长都必须以“天志”为原则，建立起贤良之士的平民民主体制，以保证实现“天志”之意要求的“兴天下之利，除天下之害”，而利万民的社会政治制度。因为，这种政治制度既体现了天民之间民为主导方面，即人为本；同时也体现了君民之间民是主导方面，即贤良之士为君，要以民为本。所以，墨子认为，贤良之士应是既有爱民之心又有利民之行的墨家之徒。

二、农与工肆和万民是社会存在和发展的根基

《墨子》中关于人本和人的活动及其历史作用的思想是丰富的，有多方面的表现。在中国古代民为本的思想史上，墨子关于民本的思想有其独特的新见解、新说明。

首先，墨子从人和禽兽的区别提出和论述了人的本质问题。在《尚贤》、《天志》、《非命》、《节用》、《非乐》等篇中，表明墨子的用人之道和何谓“人”的根本观点是相一致的。在墨子看来，人不仅是有意志、有目的的人，而且是从事衣、食、住、行的感性活动着的人。他认为，人和禽兽虽然都有为生存而衣、食等活动的共同点，但二者是有根本区别的。禽兽的生存活动是消极的，适应性的，不能改变和创造其生存环境；而人为生存而衣、食等活动是积极主动的，是有意识、有目的的社会性的活动，人可根据自身生存的需要，积极改变和创造生存的外部环境。墨子说：“今人与此异者也，赖其力者生，不赖其力者不生。君子不强听

治，即刑政乱；贱人不强从事，即财用不足。”[⑧]就是说，不论是天子还是贱人，不同于禽兽的根本点，就在于必须从事耕织和听政才能生活和生存，才有社会的稳固和发展。这里十分清楚地表明：全社会的人尽管从事的活动相异，但都必须各从其事，各尽其责。“王公大人蚤朝晏退，听狱治政，此其分事也……农夫蚤出暮入，耕稼树艺，多聚叔粟，此其分事也；妇人夙兴夜寐，纺绩织纴，多治麻丝葛绪，綑布縿，此其分事也。”[⑨]这里的深层思想已触及了人的本质特征，即社会性的感性活动。人必须进行社会性工作和劳动生产，否则难以维系人和社会的存在和发展。为此，需要使全社会成员能够形成共识的统一性的引导原则和重要举措，这就是以“天志”为核心内涵的“尚同”。

其次，从《墨子》的《兼爱》、《天志》、《非乐》、《非命》等诸篇的内容看，墨子的人是具体的、现实的人，是与其生存环境和谐相处的人，而且由于不同群体的人，所处社会地位和环境的不同，他们的认识与活动就有差异。墨子以此来说明人是具有自主性、能动性、差异性的特征，不是命定的，更不是天所赐的。墨子“天志”中的“天”，既不是具有创造世界万物的神性之天，也不是自然世界之天，而是根本之道的天，体现“万民之利”这原道的天。所以，我们说墨子的“天志”是万民意志的一种外化。在古代，自周代以来，人们都是把“天”看做是最高权威的观念。墨子依据这个特征，仍沿用这个具有最高权威性、普遍使用的观念“天”。不过他把农与工肆和万民的意志赋予的“天”的本质属性，而称“天志”，不是“上天”，也不是“天子”。同样，在当时具有恐吓观念的“鬼”，墨子也在沿用，以用来约束人们的道德观念和端行，天与鬼的对立，也就是善与恶的对立。从宗教学上说，“天”、“神”、“鬼”的问题，实际上都是人的问题。对“天”（上帝）、“神”和“鬼”的研究，都不能脱离一定历史条件下的现实的“人”去研究。因此，我们冒然提出，对墨子的“事天明鬼”的思想研究，不能停止在“宗教迷信”的简单结论上，而要以墨家手工业者群体和小私有者政治诉求的意志为切入点，作进一步的研究。因为“天”的根本意愿是“兼相爱”、“交相利”。“天之爱天下之百姓，以其兼而明之”，“天之志者，义之经也”。《贵义》篇中明确指出：“万事莫贵于义。”而《天志上》则提出：“天下有义则生，无义则死；有义则富，无义则贫；有义则治，无义则乱。”所谓“义政”、“义行”就是“天志”的付诸实践，“义政”就是王公大人为政要爱民利民；“义行”就是每个社会成员积极履行社会责任和义务。由此看来，墨子的“天”不应为宗教迷信之天。再者，从对整个《天志》篇的综合研究看，在现实世界中，“天”具有“赏善罚恶”的正义功能，以实现“爱利百姓”的和谐社会的建设。所以，墨子反复讲“置立天之，以为仪法”，“立为天子以法也”。为了说明“天之爱天下之百姓”，他指出：“且吾言杀一不辜者，必有一不祥。杀不辜者谁也？则人也。予之不祥者谁也？则天也。若以天为不爱天下之百姓，则何故以人与人相杀，而天予之不祥？此我所以知天之爱天下之百姓也。顺天意者，义政也；反天意者，力政也。”[10]这里，若从字面分析，似有“天人感应”的迷信色彩，但从思想深层上分析，是为实现“兼相爱”的宗旨，为政者要“兼而明之”和“兼而有之”。要人与人相爱，人与人相利。由此我们认为，墨子的“天”是为政、为人的最高指导原则，是手工业者群体和小私有者的政治诉求与利益的意志反映。在当时人们普遍存在和易于接受观念“天”的情况下，墨子虽然不赞同自周代以来的“天命”、“天子”等思想观念，但不能不以“天”的观念来宣传和实现其学说的宗旨。以《非命》来与儒家宣扬的“天命”相对立，提出“天志”概念，并把“天志”的核心内涵以法义表明是：“兴天下之利，除天下之害。”爱利百姓是天的意愿，只有顺天意，才能使为政者实现良好的“义政”局面，才能更好地调动和发挥农与工肆和小私有者生产的积极性，从而使社会的存在和谐稳固，社会的发展才能有序前进。因此，我们认为，墨子的“天志”思想与其“兼相爱，交相利”的宗旨紧密结合着的，不能就《天志》作孤立研究和阐释，一定要与《兼爱》、《贵义》、《非命》等篇结合起来进行研究和说明。

三、创建尚义和谐，推行兼爱非攻

在中国古代和谐文化传统中，墨子的和谐文化思想具有很突出的历史地位和重要意义。因为，墨子的和谐思想是以其“兼爱”、“非攻”、“贵义”等主张为理论基础的。“兼爱”、“非攻”要求的和谐，是以法义为准绳的，具有公平正义价值诉求的，属于尚义和谐文化传统，与儒家的尚礼和谐是不相同的。墨子尚义和谐的诉求，对当时贵族之间不断进行的掠夺战争，是有强烈的现实针对性的。墨子为维护农、工肆及小私有者的利益，免受战争带来的痛苦，能够具有安定生产的环境，他强烈谴责贵族之间的掠夺战争，批判贵族间发动的战争，实质上是强盗间的争夺，是对劳动者的强暴杀戮。贵族发动的掠夺侵略战争，不仅给被侵略国的百姓带来灾难，也给侵略者国内的百姓造成极大的悲痛。墨子说：“以攻伐无罪之国，入其沟境，刈其禾稼，斩其树木，残其城郭以御其沟池，焚烧其祖庙，攘杀其牺牲。民之格者，则劲

(到）拔之；不格者，则系操而归。丈夫以为仆圉、胥靡，妇人以为舂酋。”[11]墨子认为，这是极端不“仁义”的侵略行为。同样，这种侵略行为也为本国的万民百姓带来灾难：“春则废民耕稼树艺，秋则废民获敛。今唯毋废一时，则百姓饥寒冻馁而死者，不可胜数……与其途道之修远，粮食辍绝而不继，百姓死者，不可胜数也；与其居处之不安，食饭之不时，饥饱之不节，百姓之道疾病而死者，不可胜数……国家发（废）政，夺民之用，废民之利，若此甚众，然而何为为之？”[12]不仁义的罪恶战争，对交战双方国家的万民百姓，都是巨大的灾难。墨子不仅揭露和批判这种罪恶的战争，而且还以赴汤蹈火的精神亲自去制止战争。“止楚攻宋”的历史记载，就是生动的说明。当墨子听到有关公输般制造云梯帮助楚国攻打宋国的消息时，他忘记疲劳，日夜兼程，从北方鲁国出发，“行十日十夜”，赶到楚国的都城郢，破解了公输般的云梯攻城取胜的技艺，说服了楚王取消攻打宋国的计划，实现了其“非攻”的主张，成为历史上主张和平反对战争的著名故事。

墨子的“非攻”是服务于其“兼爱”宗旨的，或者说，“兼爱”是“非攻”的理论基础。墨子认为，为政的国君实行“兼爱”，就不会发生战争。在他看来，春秋无义战，就在于社会上下没有兼爱。他说：“圣人以治天下为事者也，不可不察乱之所自起，当察乱何自起？起不相爱，臣子之不孝君父，所谓乱也。子自爱不爱父，故亏父而自利；弟自爱不爱兄，故亏兄而自利；臣自爱不爱君，故亏君而自利，此所谓乱也。虽父之不慈子，兄之不慈弟，君之不慈臣，此亦天下之所谓乱也。父自爱也不爱子，故亏子而自利；兄自爱也不爱弟，故亏弟而自利；君自爱也不爱臣，故亏臣而自利。是何也？皆起不相爱。”[13]因此，墨子积极主张和推行“兼相爱，交相利”，以“兼”代替“别”。

“兼相爱，交相利”是墨家学说的宗旨，也是墨子的社会伦理学的核心内容，更是推行社会政治制度改革所实现的目的。墨子明确提出“兼相爱”，“兼以易别”，以“兼”来代替“别”，是有历史进步意义的。可以说在当时是对儒家主张的“仁爱”的挑战和批判。他反对为世袭贵族制度服务等级之爱，主张“爱人”不应有亲疏、厚薄之别，而应是兼爱。他说：“厚不外己，爱无厚薄。”主张“使天下兼相，爱人若爱其身”。并进一步说：“爱人不外己，己在所爱之中。己在所爱，爱加于己。伦列之爱己，爱人也。”[⑭]就是说，无差等的爱己，也就是爱人，从而也就做到了兼爱，可见，墨子的“兼爱”不仅具有批判儒家的“爱有差等”的精神，而且更具有朴素的平等思想。因为把“爱”的“主体对象”予以换位，“仁爱”的主体对象是贵族、王公和君子，庶民百姓处于爱的陪衬地位，所谓“仁者人也，亲亲为大”也。“兼爱”的主体对象主要是农工、小私有者等平民百姓。所以，墨子明确提出“爱民谨忠，利民谨厚”的原则，是天子君王必须要做到的。与此同时，墨子为了实现“兼相爱，交相利”的和谐世界，还提出了强本节用、非命非乐的实施方略和具体途径。

综上所述，墨子的“兼相爱，交相利”的世界观，“天志”、“非命”的人生观，“尚贤”、“尚同”的社会政治观，“贵义”、“非乐”的价值观，主张和谐“非攻”的战争观等，均富有其当代意义。特别是在当前人们反思和研究后现代性给世界带来的诘难和困惑之际，墨子思想的借鉴意义和价值更大，更有其针对性。

注释

①《墨子·尚贤中》。

②《墨子·尚贤上》。

③《墨子·尚贤上》。

④《墨子·尚贤上》。

⑤《墨子·尚贤中》。

⑥《墨子·尚贤上》。

⑦《墨子·尚同上》。

⑧《墨子·非乐上》。

⑨《墨子·非乐上》。

⑩《墨子·天志上》。

⑪《墨子·天志下》。

⑫《墨子·非攻中》。

⑬《墨子·兼爱上》。

⑭《墨子·大取》。

《墨经》当出后期墨家之手问题之我见

姜宝昌

《墨经》之称源于《庄子·天下篇》“俱诵《墨经》，而倍谲不同，相谓别墨”一段话，然未言《墨经》出谁人之手。晋鲁胜《墨辩注》云：“墨子著书，作《辩经》以立名本。……《墨辩》有上下《经》，《经》各有《说》，凡四篇。”人们推知，《墨辩》应即《墨经》，且为墨子自著。（另据明宋濂所见《墨子》十三卷本云：“上卷七篇号曰经，中卷下卷六篇号曰论。”此书早佚，兹不论）孙诒让《墨子间诂》称《墨经》中坚白同异之辞与公孙龙、惠施之论相关。他说：“以下四篇（按：指《经上》、《经下》、《经说上》和《经说下》），皆名家言。……其坚白同异之辩，则与公孙龙书及《庄子·天下篇》所述惠施之言相出入。《庄子》又云：‘相里勤之弟子五侯之徒，南方之墨者苦获、已齿、邓陵子之属，俱诵《墨经》而倍谲不同，相谓别墨，以坚白同异之辩相訾，以觭偶不仵之辞相应。’《庄子》言即指此经。……据《庄子》所言，则似战国之时墨家别传之学，不尽墨子之本从。”孙氏之论，埋下《墨经》未必墨翟自著之伏笔。胡适《中国哲学史大纲》把《经上》、《经下》、《经说上》、《经说下》、《大取》、《小取》六篇称为“别墨的书”。他说：“我以为这六篇就是《庄子·天下篇》

所说的'别墨'做的。这六篇中的学问，决不是墨子时代所能发生的。况且其中所说和惠施、公孙龙的话最为接近。惠施、公孙龙的学说差不多全在这六篇里面。"又说："由于墨家的后人，于'宗教的墨学'之外，另分出一派'科学的墨学'，这一派科学的墨家所研究讨论的，有'坚白同异'、'觭偶不仵'等等问题，这一派的墨学与宗教的墨学，自然'倍谲不同'了，于是他们自己相称为'别墨'。"冯友兰《中国哲学史新编》亦称此"所用的辞句也都可以说是'觭偶不仵之辞'"的"性质相同，前后相承"的六篇，大体应为后期墨家之作。他说："有一种说法，认为《经》和《经说》是墨翟自己作的，或者是墨翟的弟子们所记载的关于墨翟平日讲学的记录。照这种说法，墨经应该是代表墨翟和前期墨家的思想。不过，就上面所说的六篇看起来，其中有许多地方批评名家，尤其是公孙龙一派的理论，也有许多地方批评告子、老聃、庄周和五行家的某些论点。就这些材料看，这六篇的形成，应在名家和庄周之后。它们并非作于同一年代，也不是出于一人之手。其中可能保存了墨翟本人的某些思想，但大体说来，应该是后期墨家的作品。"

笔者以为，胡氏谓墨辩六篇非墨翟自著而出于别墨之手（"别墨"之称容有可商），冯氏易"别墨"为"后期墨家"，谓墨辩六篇大致出于后期墨家之手（非一人、一时），是合乎情理的，因而得到学界较为普遍的认同。侯外庐"前期儒家"之称，应认为是一个明证。不过，反对之声，即坚执《墨经》为墨翟自著的文章时或见到。笔者认同胡、冯两先生之说，至今不改。今以《墨经》所述内容（驳辩名家惠施、公孙龙论点）与撰写体例（战国中晚期论文书写体式）两个方面，略加论列，以就教于大家。

一、《墨经》驳辩名家相关论点

《墨经》对名家惠施、公孙龙以及儒家孔子、道家老庄以及阴阳家驺衍等的某些观点都做了或多或少的批评。其中以对惠施和公孙龙的批评分量最大，观点也最鲜明。兹仅就此方面展开论述。

（一）《墨经》对惠施及其他相关辩者的驳辩

1. 惠施“历物之意”之五：“大同而与小同异，此谓之小同异；万物毕同毕异，此谓之大同异。”

惠施此命题提出“万物毕异”思想，具有一定的辩证法因素，但总的说来，是强调“合同异”，忽视事物之间的差别，有其片面性。

（1）《墨子·经上88》：“同，异而俱于之一也。”《经说上88》：“侗。二人而俱见是楹也。”

（2）《经上89》：“同异交得，放有无。”《经说上89》：“同异交得。于福家良恕，有无也……”

（3）《经上86》：“同，重、体、合、类。”《经说上86》：“同。二名一实，重同也。不外于兼，体同也。俱处于室，合同也。有以同，类同也。”

（4）《经上87》：“异，二、不体、不合、不类。”《经说上87》：“异。二必异，二也。不连属，不体也。不同所，不合也。不有同，不类也。”（《经上》、《经下》、《经说上》、《经说下》、《大取》和《小取》序号，依拙著《墨经训释》，齐鲁书社2009年版）

（5）《大取37》：“重同，具同，连同，同类之同，同名之同，丘同，鲋（附）同，是之同，然之同，同根之同。有非之异，有不然之异。有其异也，为其同也，为其同也，异。”

（6）《小取6》：“夫物有以同而不率遂同。辞之侔也，有所至而正。其然也，有所以然也。其然也同，其所以然不必同。其取之也，有所以取之，其取之也同，其所以取之不必同。”

墨家对惠施提及的“同异”一事，做了极为精审的分析与探究：首先从众异之中所同具的共相切入，给“同”下了定义，并对同和异做了分类，即同有重同、体同、合同、类同［后又增益为重同、具同（即合同）、连同（即体同）、同类之同（即类同）、同名之同、丘同、鲋（附）同、是之同、然之同、同根之同］，异有二之异、不体之异、不合之异、不类之异（后又改变为非之异、不然之异），然后以举例方式说明同异的关系，即同中有异（同一性中的差别性），异中有同（差别性中的同一性），同、异可于同一事物中交互得到。最后强调一类事物虽有其共相，但共相的成因与选取此共相的缘故或恐有异。总之，既不能把同和异等同起来，也不能把同和异对立起来。显见，墨家对同异及其相互关系的认识比惠施更深入、更全面，也更辩证。

2. 惠施“历物之意”之六：“南方无穷而有穷。”

惠施认为，南方空间的有穷、无穷是相对的。显见，此种看法是辩证的。

《经下73》：“无穷不害兼，说在盈否。”《经说下73》：“无。‘南者有穷则可尽，无穷则不可尽。有穷无穷未可智（知），则可尽不可尽未可智。人之盈之否未可智，而必人之可尽不可尽亦未可智。而必人之可尽爱也，悖。’人若不盈先（无）穷，则人有穷也。尽有穷，无难。盈无穷，则无穷尽也。尽有穷，无难。”

墨家借惠施“南方无穷而有穷”之论，以宣扬兼爱理念，谓无论人盈不盈无穷之南方，人皆有穷，故兼爱可行。这里，“（人）盈无穷，则无穷尽也”语涉诡辩。因为既南方无穷，则人不可尽。

3. 辩者二十一事之七："火不热。"

辩者之意为，火本身不热，热为人向火时之感受。显见，此种主张陷入唯心主义和诡辩论泥沼。

《经下47》："必（火）热，说在顿（屯）。"《经说下47》："火。谓火热也，非以火之热我有，若视曰（日）。"

墨家认为，有火必有热，因为可燃物质中屯聚热质。火生，热质转化为热量，此种固有性质不以人是否感受到为转移。人感受到，火是热的，人感受不到，火同样是热的，正如太阳的热一样。显见，这排除了辩者的唯心主义和诡辩论，属于正确的认识。

4. 辩者二十一事之十："目不见。"

辩者之意为，如无火光，仅用目力，不能见外物。这里，辩者片面强调了见物条件（火），而否定了见物根据（目），属于唯心主义的认识。

《经下46》："知而不以五路，说在久。"《经说下46》："智（知）。以目见，而目以火见，而火不见。唯以五路智。久，不当以目见若以火见。"

墨家说明，感知由五官目、耳、口、鼻、舌而得。单就见外物而言，目为见外物之根据，火仅为目见物所借助之条件而已，火不能见物。如果说有不直接经由五官感知的知识，那只能是经验。显见，墨家的认识是既唯物又辩证的。

5. 辩者二十一事之十三："矩不方，规不可以为圆。"

辩者之意为，矩尺作不出绝对的方，圆规也画不出绝对的圆。我们知道，绝对的事物，只是属于理想状态，现实中是不存在的。这里，辩者犯了绝对化和形而上学的错误。

（1）《经上58》："圜。一中同长也。"《经说上58》："圜。规写支（交）也。”

(2)《经上59》:“方，柱隅四讙（权）也。”《经说上59》:“方。矩见支（交）也。”

(3)《经上70》:“法，所若而然也。”《经说上70》:“法。意、规、员（圆），三也俱可以为法。”

(4)《经下65》:“一法之相与也尽，若方之相合也，说在方。”《经说下65》:“一。方尽类。俱有法而异，或木或石，不害其方之相合也。尽类犹方也，物俱然。”

(5)《大取48》:“故一人指，非一人也。是一人之指，乃是一人也。方之一面，非方也。方木之面，方木也。”

墨家认为，方为四个内角皆为直角的几何图形，圆为从圆心至圆周处处距离相等的几何图形。用矩尺能作出矩形，用圆规能画出圆形。矩尺即为成方之法，意识中的圆、圆规以及已有之圆即为成圆之法。用同法作业，所得结果必同，正如用矩尺所作方形一定相合，而不论其为木之方或石之方一样。当然，这只是对平面方与平面圆而言。对于立体，又当别论。一多面体只有一面为方形，不能据以论定其为方体，但正方体之木，却能凭其一面为正方形论定其为正方体之木。这里，墨家正面批驳了辩者绝对化和形而上学的观点，十分肯定地指出，矩尺可以作方，圆规可以画圆，并由此抽绎出“法”的概念，说明循法作业所得结果必定相同，可以说已触及现代意识的畛阈。

6. 辩者二十一事之十五：“飞鸟之影，未尝动也。”

辩者之意为，飞鸟每一瞬间之影都是定格的。这里，辩者只看到了运动的非连续性，而忽视了运动的连续性，使此一命题带上形而上学的色彩。

《经下18》："景（影）不徙，说在改为。"《经说下18》："景。光至景亡。若在，尽古息。"

墨家既看到飞鸟之影的瞬间静止性，又看到鸟飞过程中其影的不断运动性，即鸟飞与影动是瞬间非连续性与整个飞行过程连续性的辩证统一，从而抛弃了辩者形而上学的偏执。

7. 辩者二十一事之十六："镞矢之疾而有不行不止之时。"

辩者之意为，虽然就整个运动过程而言，镞矢处于疾行状态，但就疾行的每一瞬间而言，镞矢是既静止（不行）又运动（不止），即镞矢既在某一位置又不在此一位置而在另一位置。这种辩证的认识，实在难能可贵。

（1）《经上49》："动，或（域）从（徙）也。"《经说上49》："动。偏祭（际）从（徙），户枢免瑟。"

（2）《经上50》："止，以久也。"《经说上50》："止。无久之不止，当牛非马，若矢过楹……"

墨家将"运动"定义为"物体在空间中的位置移徙"，将"静止"定义为"只有时间的延续"，并举例说明。此为较辩者胜出之处。但只论及"无久之不止"的矢瞬时间运动的一面，而未论及其瞬时间静止的一面，也许墨家认为这一点并非《经说上50》解说《经上50》之所需吧，因为在"影不徙"的论列中，已经阐述了这方面的观点。

8. 辩者二十一事之十七："狗非犬。"

辩者之意为，严格说来，"未成毫，狗"；已成毫，犬。于是，狗非犬。这里，从强调概念的严密性方面来说，谓"狗非犬"，可。然而，从常识来说，狗、犬为一物二名，属"重同"之类，谓"狗非犬"，不可。辩者仅强调一方面，邻于形而上学和诡辩论。

(1)《经下40》:“知狗而自谓不知犬，过也，说在重。”《经说下40》:“智（知)。智狗重智犬，则过。不重，则不过。”

(2)《经下54》:“狗，犬也。而杀狗非杀犬也，[不]可，说在重。”《经说下54》:“狗。狗，犬也，谓之杀犬，可。”

墨家既从同种属方面说狗即犬，因而“知狗而自谓不知犬，过也”，“杀狗非杀犬也，不可”。因为狗、犬为二名一实的“重同”。又从大小方面说狗非犬，因而“知狗而自谓不知犬”，“则不过”。排除了辩者的形而上学和诡辩论错误。

9. 辩者二十一事之二十：“孤犊未尝有母。”

辩者之意为，犊已成孤，自然现在无母。这里，辩者有意掩盖孤犊曾经有母之事实，是典型的诡辩论。

(1)《经下49》:“无不必待有，说在所谓。”《经说下49》:“无。若无焉，则有之而后无。无天陷，则无之而无。”

(2)《经下61》:“可无也，有之而不可去，说在尝然。”《经说下61》:“可。无也，已给则当给，不可无也。”

墨家认为，无与有，相对而称。有从来即无之无，如“无天陷”之无，有先有后无之无，如“无焉”之无。孤犊之母先有而后无，与后者同类。显见，墨家的观点是符合辩证法的。

10. 辩者二十一事之二十一：“一尺之捶，日取其半，万世不竭。”

辩者之意为，尺捶分半取中，永无分毕之时。就数理逻辑而言，自属正确之论。

《经下60》:“非半不𣃁，则不动，说在端。”《经说下60》:“非𣃁半，进前取也。前则中无为半，犹端也。前后取，则端中也。𣃁必半，毋与非半，不可𣃁也。”

墨家认为，尺捶分半取中，运作无穷次之后，可得非半之端，端则不可再分。如以数学表达式表示之，即为 $lim\frac{1}{2^n}=0$［设木捶长为1，第一次取$\frac{1}{2}$，余$\frac{1}{2}$；第二次取$\frac{1}{2}$之半，即$\frac{1}{2^2}$（$=\frac{1}{4}$），余……］。可见，后世“极限”概念呼之欲出。不过，不如辩者之论更为接近现代科学关于物质无限可分之理论。

（二）墨家对公孙龙的驳辩

1.《公孙龙子·坚白论》：“‘坚白石，三，可乎？’曰：‘不可。’曰：‘二，可乎？’曰：‘可。’曰：‘何哉？’曰：‘无坚得白，其举也二；无白得坚，其举也二。’……曰：‘视不得其所坚，而得其所白者，无坚也；拊不得其所白，而得其所坚，无白也。’……曰：‘得其白，得其坚，见与不见与不见离，一二不相盈，故离。离也者，藏也。’……曰：‘石，一也；坚白，二也，而在于石。故有知焉，有不知焉。有见焉，有不见焉。故知与不知相与离，见与不见相与藏。藏故，孰谓之不离？’”

公孙龙认为，视得白，不得坚，坚藏（离）；拊得坚，不得白，白藏（离）。白、石或坚、石为二，而非坚、白、石为三。此“离坚白”之说，割裂石之坚白二固有性质，显系诡辩。

（1）《经上66》：“坚白，不相外也。”《经说上66》：“坚。于尺（石）无所往而不得，得二。异处不相盈。相非是相外也。”

（2）《经上67》：“撄。相得也。”《经说上67》：“撄。……坚白之撄相尽……”

（3）《经下7》：“不可偏去而二，说在见与俱、一与二、广与脩（修）。”《经说下7》：“不。见与不见离，一二不相盈，广脩坚白。”

（4）《经下15》：“不坚白，说在无久与宇。”

(5)《经下 16》:“坚白，说在因。”《经说下 16》:“坚。无坚得白，必相盈也。”

(6)《经下 37》:“于一，有知焉，有不知焉，说在存。”《经说下 37》:“于。石，一也；坚白，二也，而在石。故有智（知）焉，有不智焉，可。”

墨家认为，于石，坚白二性处处相撄而不相外。有坚必有白，有白必有坚。手拊石，得其坚，而白非离；目视石，得其白，而坚非离。一石，二坚白，三也。此“合坚白”之论。显见，墨家批驳了公孙龙之诡辩论，而得物理之真谛。

2.《公孙龙子·名实论》:“以其所正，正其所不正，以其所不正，疑其所正。其正者，正其所实也。正其所实者，正其名也。……其名正，则唯乎其彼此焉。谓彼而彼不唯乎彼，则彼谓不行；谓此而此不唯乎此，则此谓不行。其以当不当也，不当而当，乱也。故彼彼当乎彼，则唯乎彼，其谓行彼；此此当乎此，则唯乎此，其谓行此。其以当而当也，以当而当，正也。故彼彼止于彼，此此止于此，可。彼此而彼且此，此彼而此且彼，不可。夫名实，谓也。知此之非此也，知此之不在此也，则不谓也；知彼之非彼也，知彼之不在彼也，则不谓也。……审其名实，慎其所谓。”

公孙龙肯定物（实）的客观实在性和名（概念）的质的规定性，认为名与实必须相符，否则，应予正名，即以其所正，正其所不正。正其所实，即正其名。只有如此，人们的交际和交流才不会发生困难。显见，这是朴素唯物主义的观点。

(1)《经上 31》:“举，拟实也。”《经说上 31》:“举。告以文（之）名，举彼实也故。”

（2）《经上78》：“名，达、类、私。”《经说上78》：“名。物，达也。有实必待文（之）多（名）也。命之马，类也。若实也者必以是名也。命之臧，私也。是名也止于是实也。声出口，俱有名，若姓宇（字）俪（丽）。”

（3）《经上80》：“知……名、实、合、为。”《经说上80》：“知。……所以谓，名也。所谓，实也。名实耦（偶），合也。志行，为也。”

（4）《经下33》：“或（域），过名也，说在实。”《经说下33》：“或。知是之非此也，有（又）知是之不在此也，然而谓此南北，过而以已为然。始也谓此南方，故今也谓此南方。”

（5）《经下68》：“循（彼）此循（彼）此与彼此同，说在异。”《经说下68》：“彼。正名者‘彼此’。‘彼’、‘此’可：彼‘彼’止于‘彼’，此‘此’止于‘此’。‘彼’、‘此’不可：‘彼’且‘此’也。‘彼此’亦可：‘彼此’止于‘彼此’。若是而‘彼此’也，则彼亦且此此也。”

（6）《经下72》：“唯吾谓，非名也则不可，说在仮（反）。”《经说下72》：“惟。谓是霍（鹤）可，而犹之非夫霍也。谓，彼是，是也。不可谓者，毋惟乎其谓。彼犹惟乎其谓，则吾谓行。彼若不惟其谓，则不行也。”

（7）《大取35》：“以形貌命者，必智（知）是之某也，焉智某也。不可以形貌命者，唯不智是之某也，智某可也。诸以居运命者，苟人于其中者，皆是也。去之，因非也。诸以居运命者，若乡里齐荆者，皆是。诸以形貌命者，若山丘室庙者，皆是也。”

墨家给名和实下了定义：名，所以谓；实，所谓。并强调名实必偶方可。又将称谓物实之名分类为达名、类名和私名，并着重指出，不能表示实的名为“过名”或“非名”，而过名、非名必须予以是正。所谓正名，即使称此之名唯谓此实，称彼之名唯谓彼实，并举例说明具体命名时应把握的尺度。显见，墨家的认识不仅是唯物主义的，而且比公孙龙更全面、更深刻。

3.《公孙龙子·白马论》：“马者，所以命形也；白者，所以命色也。命形色者，非命形也。故曰：白马非马。……马者，无去取于色，故黄、黑次所以应；白马者，有去取于色，黄、黑马皆以所色去，故唯白马独可以应耳。无去者非有去也，故曰白马非马。”

公孙龙指出个别区别于一般，这很高明，但又用个别否定一般，以致成为绝对主义的诡辩。

(1)《大取19》：“语经：语经也，非白马焉，执驹焉说求之，舞说非也。”

(2)《小取7》：“白马，马也；乘白马，乘马也。”

墨家认为，白马有别于一般的马，即白马有其特殊性。同时认为，白马也是马，即白马也有马的共同性，自然就排除了公孙龙的绝对主义诡辩。

我们看到，《墨经》与《公孙龙子》关于“坚白”和“名实”的论述，不仅内容相关，而且某些文句相似甚至相同。于是，有的学者认为，是公孙龙刺取了墨子自著的《墨经》中的相关文句，从相反立场上反驳墨子。例如，李渔叔先生在《〈墨经〉真伪考》一文中说：“在没有细核其内容前，单就文章词句来看，两者不仅酷似，而且一定有雷同抄袭之嫌。假定有人自居问宫，把墨翟、公孙龙视为两造，判公孙龙是抄袭《墨经》的，理由可以成立，因为墨翟著书在前，公孙龙著书在后，谁抄谁的，不判自明。反之，如判定《墨经》是抄袭《公孙龙子》的，理由亦能成立，因为我们也可以说《墨经》是伪书，是公孙龙或其同时人作的，所以有很多材料和相同的文章词句都在里面。后者是胡先生的判决。如此草率落案，这位‘青天大老爷’可算是糊涂到家了。如果两造都可以说话，准会同时声明不服，而提起上诉。如今且就公孙龙书的大旨言，我们可以看出，他是掠取《墨经》的语法，而对墨家的议论，则始终站在反对者的立场，层层列举，处处加以驳斥。……最后，归结到《墨经》作者的问题，从名、墨两派主张与公孙龙子著作材料、文章字句来推论，则惠施、公孙龙所作的话，不攻自破。至于说到同时人的伪造，若属于墨徒，则墨自有经，何须再作，若属之施龙一派，何故著经立义，全与本门相违，反助他派张目。……我的意思是，《墨经》上下四篇，当为墨子自著，或至少亦系及门弟子亲承讲授者所记录而成。”平心而论，笔者也不认同将惠施、公孙龙划为“别墨”，并将墨辩定为施龙或同时人所作的意见。但也不能因为急于论定《墨经》为墨子自著，而将后期墨家针对公孙龙“离坚白”主张进行驳辩的文字，硬说成是公孙龙抄袭早已有之的墨子自著的《墨经》。难道，我们可以不顾及古人的记述而向壁虚造吗？首先，《汉书·艺文志》载“名家者流”“七家”“三十六篇”，其中“《公孙龙子》十四篇”。颜师古注：“即为坚白之辩者。”而在“墨家者流”“六家”“八十六篇”后，颜氏并未加注。此外，《公孙龙子·迹府》谓“公孙龙……为守白之论，假物取譬，以守白辩”，《庄子·秋水》和《淮南子·齐俗训》称“公孙龙离坚白”，《史记·平原君虞卿列传》称其“善为坚白之辩”，《论衡·案书》称其“著坚白之论”，等等。如果认同李先生之说，就须承认上述记载统统是错误的，此其一。于“坚白”之论，两家主张相反，而于“名实”之论，两家主张又大致相同，仅有详略不同而已。所谓“掠取《墨经》的语法，而对墨家的议论，则始终站在反对者的立场，层层列举，处处加以驳斥”，又从何谈起呢！此其二。《史记·孟子荀卿列传》记墨子生年“或曰并孔子时，或曰在其后”，刘向说“在七十子之后”，班固说“在孔子后”，张衡说“当子思时，出仲尼后”。梁启超考证墨子生卒年代为公元前468～前390年。对照司马迁、刘向、班固、张衡之记，又参看子思生年为公元前483～前402年，笔者以为梁说可信，即墨子生当春秋战国之际。而据胡适推算，惠施生年约为公元前380～前300年，公孙龙生年为公元前325年～前315年，卒年为公元前250年左右，即惠施生当战国中期，公孙龙生当战国晚期，惠施、公孙龙皆与墨子生年不相值，尤其是公孙龙，只能与墨子后学并时。既然公孙龙“为守白之论”，后期墨家起而驳辩，自然是顺理成章之事。此其三。墨家对惠施、公孙龙某些观点的驳辩，唯出现于《墨经》六篇之中，其他诸篇全然不见。这种内容上的截然不同的划分，自然也不是《墨经》系墨子自著之说所可解释的。（当然，这并不否认后期墨家接受了墨子的若干思想观点）此其四。总之，李先生的意见，笔者不敢苟同。

二、《大取》十三个“其类在……”给予我们的启示

《大取》计62段，第50段至第62段计十三段的撰写体例均为“……，其类在……”，如第62段“兼爱相若，一爱相若，其类在死蛇”。此十三段“其类在”前之文，其义可瞭，无非言兼爱之道，或重述《兼爱》、《非攻》诸篇所主张的爱出诚心，一无差

等，兴天下之利，除天下之害等旧义，或增“杀盗非杀人”等新义。然“其类在”后之文，其义率多难知，令人有如堕五里雾中之感。究其原因，除文字或有讹脱外，每段之后，当原有解说文字，集为一篇，一如《经上》之解说有《经说上》，《经下》之解说有《经说下》者然。难解说久佚，无从索解而已。此事清苏时学已言之矣。笔者以为，此种先经后传（说）的著作体例肇始于春秋时期，如鲁国史官编《春秋》（后经孔子修订），左丘明为之作传，即其一例。迨及战国，影响及于某些子书。《墨子》中《经》与《经说》分篇以述，便是明证。不仅如此，时至战国之末，此种撰写体例竟至发展成为一种定式，即前撮述某事某理之要旨，后缕说其事其理之详情，有的加“经”、“说”字样以标举之。兹举战国末至秦之鸿著《韩非子》和《吕氏春秋》之用例说明如次。

例 1《韩非子·内储说上·七术》：

主之所用也七术，所察也六微。七术：一曰众端参观，二曰必罚明威，三曰信赏尽能，四曰一听责下，五曰疑诏诡使，六曰挟知而问，七曰倒言反事。此七者，主之所用也。

观听不参则诚不闻，听有门户则臣壅塞。其说在：侏儒之梦见灶，哀公之称莫众而迷。故齐人见河伯，与惠子之言亡其半也。其患在竖牛之饿叔孙，而江乙之说荆俗也，嗣公欲治不知，故使有敌。是以明主推积铁之类，而察一市之患——参观一。

爱多者则法不立，威寡者则下侵上。是以刑罚不必则禁令不行。其说在：董子之行石邑……——必罚二。

赏誉薄而谩者下不用，赏誉厚而信者下轻死。其说在：

文子称若兽鹿……——赏誉三。

一听则智愚不分，责下则人臣不参。其说在：索郑与吹竽……——一听四。

数见久待而不任，奸则鹿散，使人问他则不鬻私。是以（按：当为其说在：）庞敬还公大夫……——诡使五。

挟智而问，则不智者至。深智一物，众隐皆变。其说在：昭侯之握一爪也……——挟智六。

倒言反事，以尝所疑，则奸情得。故（按：当为其说在：）阳山谩樛竖……——倒言七。

右经。

说一——卫灵公之时，弥子瑕有宠，专于卫国。侏儒有见公者曰："臣之梦践矣。"公曰："何梦？"对曰："梦见灶，为见公也。"公怒曰："吾闻见人主者梦见日，奚为见寡人而梦见灶？"对曰："夫日兼烛天下，一物不能当也。人君兼烛一国，一人不能壅也。故将见人主者梦见日。夫灶一人炀焉，则后人无从见矣。今或者一人有炀君者乎？则臣虽梦见灶，不亦可乎？"

鲁哀公问于孔子曰："鄙谚曰'莫众而迷'……"

……

齐人有谓齐王曰："河伯，大神也。王何不试与之遇乎？臣请使王遇之……"

张仪欲以秦、韩与魏之势伐齐、荆，而惠施欲以齐、荆偃兵。……王果听张子，而以惠子言为不可。……惠子因说："……今一国尽以为可，是王亡半也……"

叔孙相鲁，贵而主断。其所爱者曰竖牛，亦擅用叔孙之令。……叔孙有病，竖牛因独养之，而去左右，不内人。曰："叔孙不欲闻人声。"因不食而饿杀……

江乙为魏王使荆，谓荆王曰："臣入王之境内，闻王之国俗曰：'君子不蔽人之美，不言人之恶。'诚有之乎?"

卫嗣君重如耳，爱世姬，而恐其皆因其爱重以壅己也，乃贵薄疑以敌如耳，尊魏姬以耦世姬……

夫矢来有乡，则积铁以备一乡……

庞恭（按：即庞敬）与太子质于邯郸，谓魏王曰："今一人言市有虎，王信之乎?"……

说二——董阏于为赵上地守，行石邑山中……

……

说三——齐王问于文子曰："治国何如?"……"若如臣者，犹兽鹿也，唯荐草而就。"

……

说四——魏王谓郑王曰："始郑、梁一国也，已而别。今愿复得郑而合之梁。……齐宣王使人吹竽……"

说五——庞敬，县令也。遣市者行，而召公大夫而还之……

……

说六——韩昭侯握爪而佯亡一爪，求之甚急……

……

说七——阳山君相卫，闻王之疑己也，乃伪谤樛竖以知之。

此外，《内储说下》体例与《内储说上》全同。而《外储说左上》、《外储说左下》、《外储说右上》、《外储说右下》体例亦大致相同，有"经一"、二、三……又有"说一"、二、三……唯无

“其说在……”。

例2《吕氏春秋·有始览》

《有始篇》：“……天地万物，一人之身也，此之谓大同；众耳目鼻口也，众五谷寒暑也，此之谓众异，则万物备也。天斟万物，圣人览焉以观其类。解在乎天地之所以形，雷电之所以生，阴阳材物之精，人民禽兽之所安平。”

（1）《应同篇》：“……凡人之攻伐也，非为利则因为名也。名实不得，国虽强大者，曷为攻矣。解在乎史默来而辍不袭卫。赵简子可谓知动静矣。”（解在下《召类篇》）

《召类篇》：“……赵简子将袭卫，使史默往睹之。期以一月，六月而后反。赵简子曰：‘何其久也。’史默曰：‘谋利而得害，犹弗察也。今蘧伯玉为相，史鳍佐焉。孔子为客，子贡使令于君前甚听。’《易》曰：涣其群元吉。涣者贤也，群者众也，元者吉之始也。涣其群元吉者，其佐多贤也。赵简子按兵而不动。”

（2）《去尤篇》：“……而有所殆者，必外有所重者也。外有所重者，泄盖内掘。鲁人可谓外有重矣。解在乎齐人之欲得金也，及秦墨者之相妒也，皆有所乎尤也。”（解在下《去宥篇》）

《去宥篇》：“东方之墨者谢子，将西见秦惠王，惠王问秦之墨者唐姑果。唐姑果恐王之亲谢子贤于已也，对曰：‘谢子，东方之辩士也。其为人甚险，将奋于说以取少主也。’王因藏怒以待之。谢子至说王，王弗听。谢子不说，遂辞而行。凡听言以求善也。所言苟善，虽奋于取少主，何损？所言不善，虽不奋于取少主，何益？不以善为之悫，而徒以取少主为之悖，惠王失所以为听矣。用志若是，见客虽劳，耳目虽弊，犹不得所谓也。……齐人有欲得金者，清旦被衣冠往鬻金者之所。见人操金，攫而夺之。吏搏而束缚之。问曰：‘人皆在焉，子攫人之金，何故？’对吏曰：‘殊不见人，徒见金耳。’此真大有所宥也。夫人有所宥者，固以昼为昏，以白为黑，以尧为桀。宥之为败亦大矣。亡国之主其皆甚有所宥邪。故凡人必别宥然后知，别宥则能全其天矣。”

（3）《听言篇》：“……凡人亦必有所习其心，然后能听说。不习其心，习之于学问，不学而能听说者，古今无有也。解在乎白圭之非惠子也，公孙龙之说燕昭王以偃兵及应空洛之遇也，孔穿之议公孙龙，翟翦之难惠子之法。此四士者之议皆多故矣，不可不独论。”（解分别在下《不屈篇》、《应言篇》和《淫辞篇》）

《不屈篇》：“白圭新与惠子相见也，惠子说之以强，白圭无以应……”（注4）

《应言篇》：“公孙龙说燕昭王以偃兵……”

《淫辞篇》：“空洛之遇……孔穿、公孙龙相与论于平原君所……惠子为魏惠王为法……献之惠王，惠王善之。以示翟翦，翟翦曰：‘善也。’惠王曰：‘可行邪？’翟翦曰：‘不可。’……”

（4）《谨听篇》：“……诸众齐民，不待知而使，不待礼而令。若夫有道之士，必礼必知然后其智能可尽。解在乎胜书之说周公，可谓能听矣。齐桓公之见小臣稷，魏文侯之见田子方（按：当作段干木）也，皆可谓能礼士矣。”（解分别在下《精谕篇》和《下贤篇》）

《精谕篇》：“胜书说周公旦……”

《下贤篇》：“齐桓公见小臣稷，一日三至，弗得见。……魏文侯见段干木，立倦而不敢息……”

（5）《务本篇》：“……古之事君者，必先服能然后任，必反情然后受。主虽过与，臣不徒取。《大雅》曰：‘上帝临汝，无贰尔心。’以言忠臣之行也。解在郑君之问被瞻之义也，薄疑应卫嗣君以无重税也。此二士者皆近知本矣。”（解分别在下《务大篇》和《审应篇》）

《务大篇》：“郑君问于被瞻曰：‘闻先生之义不死君不亡君，信有之乎？’……”

《审应篇》：“卫嗣君欲重税以聚粟，民弗安，以告薄疑……薄疑曰：‘不然……’”

(6)《谕大篇》：“……故小之定也必恃大，大之安也必恃小。小大贵贱，交相为恃，然后皆得其乐。定贱小在于贵大。解在乎薄疑说卫嗣君以王术，杜赫说周昭文君以安天下，及匡章之难惠子以王齐王也。”（解分别在下《务大篇》和《爱类篇》）

《务大篇》：“薄疑说卫嗣君以王术……杜赫以安天下说周昭文君……”

《爱类篇》：“匡章谓惠子曰：‘公之学去尊，今又王齐王，何其到也？’……”

此外，《管子》（成书于战国晚期，实为后人托名之作）前有“经言”《形势篇》、《立政篇》、《版法篇》，而后有“管子解”《形势解篇》、《立政九败解篇》、《版法解篇》等，其体式同《墨子·经上》、《经下》与《经说上》、《经说下》，全无二致。限于篇幅，不再一一举例。

显见，《墨子·大取》“其类在……”与《韩非子》“说……”、“其说在……”、《吕氏春秋》“解在乎……”、《管子》“……解”属同一撰写体例，只是其后解说篇文字久佚，无从知晓而已。

现在回看《墨经》其余五篇。其中，《经下》体例为“……，说在……”，而《经说下》即《经下》“说在……”之解释，或理论，或事例，或理论加事例。这同《韩非子·内储说》前总述（数件）后详说（数件）的“说……”、“其说在……”以及《吕氏春秋》先论理后例证（或数件）的“解在乎……”的体例完全一致，唯是《墨经》、《吕氏春秋》解说在异篇，《韩非子》解说在同篇。至于《经上》、《经说上》体例，可以视为《经下》、《经说下》体例的省略式，即省略标格字“说在”而已。如此说来，《小取》大部分文字的撰写体例亦可视为省略标格字的经与说相偶式。如“夫物或乃是而然，或是而不然，或不是而然，或一周而一不周，或一是而一非也”，此可视为“经”，其下:“白马，马也，乘白马，乘马也。……此乃是而然者也。获之亲，人也，获事其亲，非事人也。……此乃是而不然者也。夫且读书，非读书也，好读书，好书也。……此乃不是而然者也。爱人，待周爱人，而后为爱人。不爱人，不待周不爱人，不周爱，因为不爱人矣。……此一周而一不周者也。居于国，则为居国，有一宅于国，而不为有国。……此一是而一非者也。”可视为“说”。

综上所述，《墨经》六篇，从撰写体例上可认为是战国中晚期至秦时比较通行的前经后说相偶式，如果有标格字，标格字或为“说在”，或为“其类在”。这种体例与《墨经》其他篇迥乎有别。此为《墨经》当出于后期墨家之手而不可能为墨子亲撰的又一证明。

参考文献

1. 詹剑峰：《读墨余论》。

2. 李渔叔：《〈墨经〉真伪考》。

3. 杨俊光：《惠施公孙龙评传》。

墨子与当代教育

李绍崑

主席，各位墨学同志，各位朋友：

中国墨学会成立20年了。大会能在北京人民大会堂举行庆祝，并邀请本人作专题报告，绍崑作为创会的成员之一，一则感到荣幸，一则也感到惭愧。荣幸的是，10年前我第一次到人民大会堂，曾经讲了话。今天又来多嘴，大会对我过宠了，我深深感谢。老一辈的同志们如任继愈、匡亚明及张知寒诸先生都已先后逝世了。他们对墨子学会的贡献是伟大的，让我们为这些墨学前辈们致以热烈的掌声，并由衷地表示哀悼和敬意。

我这个晚生后辈，早于1950年代就开始研究墨子，60年代就专攻墨子的教育哲学，用英语写成了有关墨子论宗教教育、人文教育和科学教育等文，并且分别在加拿大和美国的三所大学获得教育学士、教育硕士和国际比较教育哲学博士学位。1997年，我从美国宾州爱丁堡大学退休之后，又回到离别40年的祖国，为我们的高教改革服务了近20年，同时也参与了中国墨子学会的多项工作，更为我们滕州的墨学中心及墨子中学举行了破土典礼。为此，我要感谢滕州的父老乡亲们，尤其是林书记和李主任！此外，更在他们的大力鼓舞和支持之下，我和中国人民大学的孙中原教授以及中国社科院的谭家健教授共同完成了《墨子全书》的中译和英译。在这个学术背景下，我想借这个机会，来谈谈“墨子与当代教育”：

一、《墨子：伟大的教育家》

这本书是我1968年向美国公教大学教育学院提出的博士论文。1985年湖南吉首师专的张志怡校长译成了中文，并由湖南教育出版社精装发行，一时洛阳纸贵，三个月内销售一空。1989年，台北商务印书馆重版了正体字本。在台湾及海外发行，虽然不如国内畅销，但在海峡两岸的教育界也引起了广泛的注意。为什么会如此呢？

先是1980年，我应教育部的邀请来到了大江南北，访问了几所较有名气的大学和研究院，并且代表宾州爱丁堡大学作了广泛的学术交流，也引起了台湾方面的注意。台北的“立法院”和“中央研究院”邀请我对大陆的教育现状作了报告。他们发现海峡两岸的高教都有严重的问题，并且对墨子所主张的教育理论和实践感到很大的兴趣。当时，我明白地指出：当代海峡两岸的教育太重视科学的教育，而忽视了社会教育和宗教教育。而墨子科学、社会和宗教三合一的全人教育，才是我们最理想而又最切合实际需要的教育！

二、我们对教育的最新主张

去年5月间，在武汉市的几位老教育家，包括武汉大学前校长刘道玉先生、华中师范大学的老校长章开沅先生，以及武大哲学院马列主义专家朱传棨教授的支持下，我们成立了一个小小的新机构：“爱的教育心理咨询中心。”邀请了全国几十位优秀的学者们展开了爱的教育，希望我们的家长、学生和各大、中、小学的教师们来研究并实践孔子的“仁爱”、墨子的“兼爱”，以及耶稣的“博爱”精神。我们认为，这不仅是个抽象的理想，这也是我们这一群老、中、青三代的具体实践。不信，请各位浏览一下我们给大家带来的一份小礼品，我们刚出版的《爱的教育》一书。书内既有我们老一辈的文章，也有中生代的经验谈，更有年轻学生们的习作。

结论：我对中国墨子学会的希望

近些年来，中国在经济方面突飞猛进，成了世界的经济大国；但是，在义务教育方面，我们还是在世界倒数十名之列，而在宗教教育方面更是落伍之最！但是，也有可喜的例外！

2006 年，我在国内出版了一本《宗教与伦理》，那是前一年应武大宗教系的主任段德智教授的邀请，为该系博士班讲授比较宗教学的讲义。他也为该书写了几千言的长序，将拙作与“世界宗教学”大师 Huston Smith 博士相比。他认为：

> 李先生作为墨学专家，特别把一般西方学者忽视的“墨家和墨教”，与“道家与道教”、“儒家与儒教”并列，单独作为一讲，这不仅在西方学者看待中国宗教史中很难见到，即使在中国学者著的中国宗教史也是很难看到的。

其实，我之所以这样大胆地对墨子和墨学做如此开创性的主张，是曾受到了我们胡锦涛主席的鼓励。大家可能还记得，多年前胡主席提出“权为民所用，情为民所系，利为民所谋”的主张。我在次年到北京参加世界心理学大会上，用英文讲述了“人民心理学”，就是受到了胡主席的启发。

主席，各位同志，各位朋友！

作为一位美籍华人，我既爱美国，也爱中国；一辈子做了基督徒，半辈子做了墨徒。我要引用已故美国总统肯尼迪的名言与各位共勉。他说：

不要问，国家能为你做些什么；

你要问，你能为国家作出什么贡献！

作为一个离开了祖国六十多年的老中国人，作为一个自幼热爱中国文化的学者，作为一个祖国三十多所大学的客座讲授，我要借用一位为祖国社会捐躯的真福圣人董若望神父的名言，向大家郑重其事地宣誓：

我只有一个身体，我将之献给祖国；

我只有一个灵魂，我将之献给天主。

最后，我要祝福：

God bless America, and God love China!

愿上帝福佑美国，愿上帝福佑中国。

当然也包括所有的中国人。但愿中美两国的人民携手合作，共创一个21世纪的新世界，来实现墨子的梦想和理想："爱人之身若其身，爱人之家若其家，爱人之国若其国。"希望有一天我们也能实现墨子另一个梦想："上尊天，中事鬼，下爱人。"

这就是我今天对国际墨子学会的最大期望！谢谢各位！

参考资料：

1. 李绍崑：《墨子：伟大的教育家》，台北商务印书馆1989年版。

2. 李绍崑：《墨子研究》，台北商务印书馆1971年版。

3. 李绍崑：《宗教心理学》，武汉中美精神心理研究所2009年版。

墨子军事思想的当代价值与启示

李殿仁

墨子思想是我国古代思想文化史上的一朵奇葩，因其重要的历史地位和时代价值被世人越来越关注。春秋战国时期，墨家与儒家相并列，被称为“世之显学”。墨子思想以其鲜明的实践性、指导性和操作性区别于其他诸子百家思想，并深刻地影响着我国社会发展的历史进程。所以，毛主席认为：墨子是一个劳动者，他是比孔子高明的圣人。

墨家思想内容博大精深，自成体系，不仅在哲学、政治、伦理、逻辑、科技等方面有卓越建树，而且在军事上也取得了令人瞩目的成就。直到今天，墨子的某些军事思想仍然可以穿越时空，对我国的国防和军队现代化建设仍具有重要的启迪价值。

一、“忧患”、“尚同”思想与加强全民国防教育

墨子生活在战争频仍的时代，他亲历了战争之惨烈、社会之动荡、人民之痛苦。残酷的社会现实引发他对战争的深沉思索。他认为，乱世之源在于缺乏“忧患”。他在《墨子·七患》中指出：“国有七患。”即国防之患、外交之患、财政之患、内政之患、国君之患、团队之患、政权之患。其中，国防之患居首。墨子还

对“七患”的内容、原因和对策进行了系统的阐述，这就把忧患意识作为重要的救世治国思想用理论系统地提了出来，为历代政治家提供了镜鉴。

当今世界，虽然国际形势总体稳定，但是因霸权主义和强权政治的存在，国际纠纷和局部战争此起彼伏。我国和周边一些国家历史遗留的领土、领海权益纠纷仍然没有完全解决，特别是我国与周边国家的一些领土、领海主权权益之争有国际化和复杂化的发展趋势。在长期的和平环境中，市场经济条件下，我们以经济建设为中心，坚持发展主导战略，推动经济社会发展，这个大方针是正确的，必须长期坚持，不能动摇。但是，长期的和平环境中，以发展经济为中心，容易消磨人们的忧患意识，削弱国防和军队建设的责任感和紧迫感。新形势下我们要借鉴墨子“忧患”思想，加大国防安全教育，牢固树立“安全与发展同样重要”的理念，使安全理念更加深入人心；切实把安全上升到和发展同等的高度来看待，做到在发展的同时，不忘国防，不忘安全。我们要像关心经济社会发展那样关心安全，像关心经济社会建设那样关心国防和军队建设，使全体国民始终保持忧患意识，做到“安而不忘危，存而不忘亡，治而不忘乱”，在忧患中警醒，在警醒中自强，建设强大的国防和军队，成功应对来自国际国内各种风险和挑战，为经济社会发展提供安全保证。

面对战争动荡之祸，墨子还提出了“尚同”的重要思想，要求百姓与天子皆上同于天志，上下一心，实行义政。这一思想要求做到上下要同心同德、万众一心，统一意志、统一思想、统一行动，齐心协力，共赴危艰。墨子的“尚同”思想对全民国防教育的启示是：国防绝不单纯是军队的事，也不仅是哪一个部门的事，而是全党、全国、全民的共同事业。任何一位中国共产党党员，任何一个中华人民共和国公民都应该关心国防、支持国防。要通过持续有效的国防教育，坚决防止“地方抓经济，军队抓国防”的思想在社会中扩散。新形势下贯彻“尚同”思想，还要以科学发展观为指导，坚持辩证思维，统筹兼顾，统筹协调好经济建设和国防建设两个重要方面。坚持推进军民融合式发展，实现发展与安全协调同步。搞好拥军优属、军政爱民工作，搞好转业军官和退伍士官、士兵的工作安排，解决军人的后顾之忧，形成各级政府、全国人民同心协力建设国防、支持军队建设的良好局面。真正做到“军民团结如一人，试看天下谁能敌”！

二、“武备”思想与全面加强国防和军队现代化建设

墨家学派提倡全面的备战思想，即从政治、经济、军事、外交、战略、战术和技术等各个方面做好迎敌准备。墨子认为，备战才能止战。战争准备得越充分，胜算的可能性越大，和平期望值越高。这就要求一个国家必须具有全面的武备建设思想，只有具备了强大的武力准备，才能做到胸有成竹，临大敌而不乱，才能保证在危急时刻具有“危示以安”（《墨子·杂守》）的信心和底气。具体地说，一个国家要想避免“攻城滥杀，覆高危安”（《墨子·修身》）的悲剧，在平时就要见微知著，适时对国家安全形势作出正确的分析，对敌对国家和各种势力居心叵测的图谋进行准确判断，未雨绸缪地做好“武备”。墨子明确指出：“备者，国之重也；食者，国之宝也；兵者，国之爪也；城者，所以自守也。”这里，墨子将“食”、“兵”、“城”三者看做国防准备的三个基本要素，称之为有效应对威胁的“国之具也”。他认为，平时

就要在这三个方面进行充分的准备，以求在战乱之时，能够安国保民、诛讨不义，实现非攻止战、加强三备、杜绝七患(《墨子·七患》）的目的。同时，墨子还强调，战前要重视反对非正义战争的宣传，揭露其残酷性、掠夺性和欺骗性。通过反战宣传，在道义上和精神上赢得主动。一旦战争打响，墨子强调“勇”字当先，要以勇为本，扶弱击强，全民皆兵，发扬敢于斗争、敢于胜利的战斗精神。有了旺盛的战斗意志和战斗精神，加上充足的战争准备，即使面对强敌，也能做到“所以持也”(《墨子·备城门》)。因此，墨子的武备思想对于当今的国防和军队建设有着重要的启示意义。

世界军事发展的历史表明：有国无防，注定灭亡。没有强大的国防和军队作保障，国家在世界上就站不住脚，说话就没人听，办事就不灵。强大的国防和军队建设就像建防洪大坝一样。最好是没有洪水，虽然它的防洪作用得不到发挥，但这个大坝一定要坚固耐用，要不然，等洪水滔天时再去修就晚了。有了强大的国防和军队，放在那里本身就是威慑。威慑越强，越能不战而屈人之兵。新形势下，我们和平时期建设一支常备军，重要的是“常备”二字，就是经常准备，天天准备，以应不测。当然，今天的国防和军队建设，远非墨子时代简单的“食”、“兵”、“城”三个要素，而是一个复杂庞大的系统。其内部涉及军种、兵种、后勤、装备等多个条块系统以及不同层次的子系统，其外部涉及政治、经济、科技、人力资源等方方面面。因此，我们今天强调“武备”思想，最重要的是要加强对国防和军队建设的顶层设计，从思想政治、军事训练、编制体制、人才培养、武器装备、后勤保障等方面做好全方位的准备。科学合理地确定军队建设的整体目标和系统框架，为实现国防和军队建设的科学发展奠定坚实的基础。当前，要以推动国防和军队建设科学发展为主题，以加快转变战斗力生成模式为主线，坚定不移地推进中国特色军事变革。要按照建设信息化军队、打赢信息化战争的目标和要求，坚定不移地走中国特色的精兵之路，实现我军现代化的跨越式发展，努力开创军队建设科学发展新局面。无论形势和任务怎么变，“武备”的出发点一定要落实到提高部队战斗力上，关键时刻军队才能有所作为，不辱使命，不断增强有效履行新世纪新阶段我军历史使命的能力，为全面建设小康社会提供重要力量支撑和坚强的安全保障。

三、“兼相爱，交相利”思想与我国国防力量的运用

墨子针对政治动荡、战乱频仍、冲突不止的社会现实，提出了颇具理想化色彩的“兼相爱，交相利”的思想，这一思想在当时显然具有积极的普世价值和伦理价值。“兼相爱”是针对“别相恶”而言。墨子认为，社会上之所以出现动荡和战争，出现强执弱、富侮贫、贵傲贱的现象，是因天下人不相爱所致。要结束动荡，就要“兼相爱”。他要求君臣、父子、兄弟都要在平等的基础上不分亲疏、贵贱、贫富，一视同仁地爱一切人，“爱人若爱其身”。只有这样才能用无私之爱召唤人间大爱，在社会上树立起互爱风尚，促进社会和谐。在“爱有无差等”这个问题上，儒家坚持有，而墨家以为无，这也是儒墨两家思想分歧的关键点。“交相利”是针对“交相贼”而言，主张人们互相帮助，共谋福利，反对互相争夺。在此基础上，墨子还提出了“七不”准则，即“大不攻小也，强不侮弱也，众不贼寡也，诈不欺愚也，贵不傲贱也，富不骄贫也，壮不夺老者也”（《墨子·天志下》）。这“七不”准则，为人们践行“兼相爱，交相

利”思想，为共同建设和谐家园提供了基本原则和具体规范。同时，墨子又提出了“非攻”思想，意在劝说各国君王止战息争，救天下百姓于水深火热之中。他主张用和平方式解决国与国之间、人与人之间的矛盾和纠纷，从而达到理想的社会状态。墨子这一思想旨在通过人们之间的互爱来改善人际关系，消除破坏性冲突，创造良好的社会环境，使人们既能自爱又能爱人，从而使每个人的利益都能得到满足。这既符合人自然性的需要，又符合社会道德法律规范，对伸张正义、保障人权、主持公道、维护和平、促进人际关系与国际关系的和谐具有强烈的指导作用。

虽然历经数千年，用当代的眼光看，墨子“兼相爱，交相利”的思想并没有过时，越来越引发人们的浓厚兴趣，被世人关注认同。当今世界，虽然和平与发展成为当今时代的主题，但是战争、战乱、动荡、灾难从来没有停止过。从美国发动的几场战争来看，美国不仅没解决问题，反而使自身伤痕累累，给世界和地区带来了战争的苦果，严重影响了世界与地区的和平稳定与经济发展。这越来越引发世人对和平的向往与追求。随着经济社会的发展，全球的能源资源越来越稀缺，全球的可持续发展问题已经成为世界各国的现实考验。要实现人类自我救赎，挽救地球，挽救人类，暴力至上主义是一条不归路，只能靠我们东方的和谐文化。从理论和实践看，墨家文化是典型的“和”文化。墨家文化与其他诸子百家思想文化的传承和发扬，使我们的五千年文明得以源远流长，并深深地流淌在中华民族的血脉里，化为我们的实际行动，被世界广泛认同。从 20 世纪 50 年代起，我们奉行“互相尊重主权和领土完整、互不侵犯、互不干涉内政、平等互利和和平共处”五项原则。军事上，我们奉行积极防御的军事战略，根本目标是反对战争，维护和平。我国的国防和军队是和平的盾牌，是正义的保障，这就决定了我国武装力量的使用，完全是为着和平与防御目的。新中国成立以来，我们没有建过一个海外军事基地，没有侵略过任何一个国家，没有在海外驻扎过一兵一卒。随着国家经济的发展，我们的国家利益的确在不断拓展，但是，这种利益拓展是与其他国家互惠、互利、共赢的拓展。近年来，我国武装力量参与的国际维和、国际救援、海道护航、打击海盗等，对发挥维护地区和平稳定、遏止战争起到了积极作用，得到了国际社会的普遍理解和充分肯定。由此可见，中国当代国防力量的运用，是以世界和谐为目标，以维护世界和平为己任，在与世界各国的军事合作中，既维护中国人民的利益，也维护世界人民的利益。这样的军事力量建设，无疑有更广阔的发展空间和更持久的发展动力。

四、墨子技术制胜思想与我军信息优势的培育

墨子重视军事技术，他和他的弟子们制造的守城武器，增强了城防的御敌能力。墨子九拒公输般，从而制止楚国攻打宋国，这其中就包含了技术威慑。此后，在中国漫长的历史中，墨子的政治学说，虽然不能与儒家思想相提并论，但他的军事技术思想却被一代又一代王朝发扬光大。宋代制造使用燃烧性火器、爆炸性火器，在世界上遥遥领先。元代创造了世界上最早的金属管形火器。明代在社会生产力提高和科学技术进步的基础上，把简单的火铳，发展到鸟枪、巨炮，把单管发射发展到多管连发，把没有瞄准装置和火绳点火的火器发展到有较完善的瞄准装置和击发装置的火器。明中叶，京军装备，火器已占居十分之六。清代正

处于欧洲各国火器飞跃发展的时代，而清朝统治者却不重视火器的发展，致使我国的兵器研制，由停滞不前到趋于衰落。信息时代的军事变革，其实质是一场技术革命。它和冷热兵器的替代作用一样，是军事技术发展的转折点。先进的军事技术历来对敌方就是一种威慑。从墨子守城武器的威慑一直到今天的核威慑，可以说杀伤威力逐步升级。信息时代我们将面临的是信息威慑。信息威慑首先体现在作战单元的综合集成上。它要求三军通过信息链实现各作战要素的互联和多平台、多系统的综合集成。其次是基于信息系统联合火力打击。它通过精确点穴对敌指挥控制系统、侦察预警系统、电子对抗系统、后勤补给系统等进行打击，瘫痪其体系。再次是特种渗透、引导打击。即通过特工潜伏等方式，以信息引导火力对敌方纵深要害目标进行打击。在利比亚战争中，英、法、美等空中精确打击，就采用了信息引导的方式。以上所有的这些打击方式，其核心都是围绕信息技术进行的，否则，再好的装备也难形成战斗力；同时，基于信息体系的军事打击在速度和效能上是空前的。与制空权、制海权一样，制信息权也属于木桶的短板，谁拥有制信息权，谁就拥有一种战略优势。这种战略优势与两千多年前墨子所讲的技术优势虽不可比拟，但其中所包含的技术制胜的深刻道理都是一样的。

在中国的传统兵学文化中，强调技术并非只墨子一人。比如《管子·幼官》一文中说："备具，胜之原。"较早地提出武器装备是制胜源泉的重要命题。为了获得先进的军事技术，他主张用高价"聚天下之精材"，用三倍于别国的高酬雇佣天下的能工巧匠。由此可见他把技术在战争中的作用看得很重要。但总体而言，类似的论述还没有形成体系。墨子军事技术制胜思想，不仅在理论上把技巧系统化，更重要是在实践上为后人提供了可供操作的具体技术。如果把东西方兵学体系简单作一下比较，就不难发现，西方国家重视技术的传统更甚于东方。在当代，西方国家在取得信息优势的前提下，却出现了把东方的谋略与西方的技术相融合的趋势。作为兵学大国，我们有自己善谋的优势，但在信息技术主导时代发展的今天，绝不能忽略信息优势的培育，否则，我们的军队建设就会迷失方向。

总之，墨家思想是我国古代博大精深的宝贵思想文化遗产，是我们国家民族软实力的重要载体，是中华民族创新发展的强大精神动力，也是中国和平崛起不可或缺的重要文化基础和理论依托。客观地讲，我们对墨子的理解、宣传、运用和推广还有很大空间。所以，我们纪念墨子最好的方式，不是简单开开研讨会、发发言，出些理论成果，而是要深入挖掘整理，潜心静学，发扬光大墨子的优秀传统思想。我们要以全局的观念、世界的眼光和战略的思维，灵活运用墨子的智慧与思想，不断推进我国国防和军队现代化建设事业，努力实现中华民族伟大复兴的历史伟业！

甘瓜苦蒂，天下物无全美

——墨家的辩证理论思维

孙中原

一、甘瓜苦蒂，天下物无全美

《墨子》有佚文说："甘瓜苦蒂，天下物无全美。"显示中华民族绝妙的辩证哲理。"甘瓜"和"苦蒂"，相互依赖、渗透、联结和转化，是《墨经》所谓"同异交得"（对立统一）的一例。

甘苦是对立概念。"蒂"是瓜果和枝茎相连结的部分。成语有"瓜熟蒂落"。苦蒂是甘瓜的前因，甘瓜是苦蒂的后果。无苦蒂，不能长甘瓜；无甘瓜，苦蒂会凋零。这是自然辩证的哲理。

《墨经》列举众多"同异交得"（对立统一）的辩证事例。"甘瓜苦蒂，天下物无全美"，是再添一例。"天下物无全美"，等于说"所有天下的事物都不是尽善尽美"，等于说"所有天下的事物都是不尽善尽美"。这是用全称命题的形式，概括世界的普遍原理。任何事物都是美丑、长短等性质的对立统一。人无完人，白璧微瑕。把《墨子》"甘瓜苦蒂，天下物无全美"作上联，可对以下联："白璧微瑕，世上宝有小疵。"加上横批："自然辩证。"颇具理趣。

“甘瓜苦蒂，天下物无全美”，是典型分析式科学归纳论证的浓缩。“甘瓜苦蒂”是正反两面对立统一的典型事例。“天下物无全美”，是由“甘瓜苦蒂”典型事例概括一般规律。这是个别和一般“同异交得”（对立统一）的辩证法。“甘瓜苦蒂”，因有“天下物无全美”的概括，而显示其典型意义。“天下物无全美”，因有“甘瓜苦蒂”的典型事例，而得其实际论证、科学实证。

“甘瓜苦蒂，天下物无全美”，可用《经下》的论证方式改写为：“天下物无全美，说在甘瓜苦蒂。”公式是：“所有 S 是 P，说在 S_1。”“所有 S 是 P”：一般命题。“说在 S_1”：用“S_1”的典型事例论证。“说在”：论据与论题论证关系的逻辑连接词。

用《大取》的论证方式改写为：“天下物无全美，其类在甘瓜苦蒂。”公式是：“所有 S 是 P，其类在 S_1。”“所有 S 是 P”：一般命题。“其类在 S_1”：用“S_1”的典型事例论证。“其类在”是论据与论题论证关系的逻辑连接词。如此改写，逻辑脉络更为清晰。

《墨子》“甘瓜苦蒂，天下物无全美”的哲理智慧，影响深远。汉无名氏《古诗二首》说：“甘瓜抱苦蒂，美枣生荆棘。”《左传·宣公十五年》引谚语：“川泽纳污，山薮藏疾（毒害），瑾瑜匿瑕（美玉隐藏瑕疵）。”归结为“天之道”，即自然哲理。《吕氏春秋·举难》说，尺之木必有节目，寸之玉必有瑕疵，荐举人才，不可求全责备，只能权衡用其所长。

《墨子》佚文“甘瓜苦蒂，天下物无全美”，《四库全书》征引6次。《四库》收唐马总《意林》卷1首引“《墨子》十六卷”语。马总（8 世纪末、9 世纪初人），唐扶风人，字元会，贞元（785 ~ 805）时，官大理评事，元和（806 ~ 820）时，由虔州刺史，迁安南都护，终户部尚书，赠右仆射，于823 年卒。

除马总《意林》外,《四库》所收其他 5 种文献是：宋陆佃《埤雅》卷 16 说：“瓜之脱华处也，其当谓之蒂。蒂，瓜系蔓处也。蒂味小苦。《墨子》曰：‘甘瓜苦蒂，天下物无全美也。’”宋施宿等《会稽志》卷 18 说：“《墨子》曰：‘甘瓜苦蒂，天下物无全美也。’”

明徐元太《喻林》卷 29 说：“《墨子》曰：‘甘瓜苦蒂，天下物无全美也。’”清王夫之《诗经稗疏》卷 1 说：“《墨子》曰：‘甘瓜苦蒂，天下物无全美。’瓜之类不一，唯甜瓜正谓之瓜，甜瓜之蒂极苦。”清陈大章《诗传名物集览》卷 9 说：“瓜之脱华处，其当谓之蒂。蒂，瓜之系蔓处，蒂味小苦。《墨子》曰：‘瓜甘蒂苦，天下物无全美也。’”

隋唐史志都说：“《墨子》15 卷,《目》一卷。”合计为“16 卷”。唐马总编《意林》时，“《墨子》16 卷”名句“甘瓜苦蒂，天下物无全美”尚存。今存明正统十年（1445）刊《墨子》53 篇，则遗落此语。

《墨子》53 篇，是流传至今最全的版本，比《汉书 · 艺文志》著录的《墨子》71 篇，已丢失 18 篇。《四库》收唐宋明清历代文献 6 种，都明说此语引自“《墨子》”，可信其为《墨子》语无疑。

唐贞元丁卯（787）柳伯存《意林序》说：“墨翟大贤其旨，精俭教垂后世，名亚孔圣至矣!”“圣贤则糟粕靡遗，流略则精华尽在。可谓妙矣!”“予懿（赞美）马氏之作，文约趣深，诚可谓怀袖百家，掌握千卷，之子用心也远乎哉!”

纪昀等《四库全书总目》说，马总《意林》据南梁庾仲容《子抄》增损而成，录取比《子抄》更为精严。“今观所采诸子，今多不传者，惟赖此仅存。”这都证明马总《意林》所引《墨子》

“甘瓜苦蒂，天下物无全美”一语的可信性。墨家“甘瓜苦蒂，天下物无全美”的辩证原理，至今仍是我们正确认识世界美丑是非的指针。

二、同异交得

《经上》说：“同异交得放有无。”《经说上》举例解释说：“同异交得，于福（富）家良恕（知），有无也。比度，多少也。免蚓还园（蛇蚓旋圆），去就也。鸟折用桐，坚柔也。剑犹早（甲），死生也。处室子，子母，长少也。两绝胜，白黑也。中央，旁也。论行、行行、学实，是非也。难（鸡）宿，成未也。兄弟，俱适也。身处志往，存亡也。霍，为姓故也。价宜，贵贱也。超城，员（运）止也。”

“同异交得”即同一性和差异性（矛盾性）互相渗透与同时把握。同一事物，有相异（对立）的性质，这是事物存在的性质，是世界观、本体论、存在论的命题和原理。而同时，这又是认识和思维的方法，即只有如此这般来认知和思考世界，才有可能获得符合实际的结论。所以，这又是认识论、方法论、逻辑学的命题和原理。

“同异交得”是辩证法对立统一规律的别名，是世界观、认识论、方法论和逻辑学的核心命题和原理。“同异交得”，即同异兼得。“兼”，是兼有，合取。“交”，是交互，交错，交叉，渗透。“得”，是获得，占有，把握。

放眼世界，可见到处都存在着复杂多样的矛盾现象。《经说上》“于富家良知，有无也”，是墨家所举第一个典型事例。有人家里有钱，这叫“有富家”。但是却没有良好的知识素养，这叫

"无良知"。有人家里无钱，这叫"无富家"。但是，却有良好的知识素养，这叫"有良知"。同一个人，在"富家良知"的问题上，既有且无，是"有无"的对立统一，"同异交得"。

《经上》说"同异交得放有无"，是从"富家良知，有无也"的典型事例，概括世界的普遍规律"同异交得"。其推论方式，是典型分析式的科学归纳推理。"同异交得放有无"的意思是：理解辩证法"同异交得"规律的一个典型事例，是"有无"。"放有无"：例如"有无"，例如"于富家良知，有无也"。

"放"：借为"仿"。《法仪》"放依以从事"，毕沅注："放与仿同。"《说文》："仿，相似。"范耕研："放借为方字，比方也。"高亨说："放当读为比方之方。""放"犹言"比方"、"例如"。

《经上》"同异交得放有无"7 个字，分为两部分，第一个部分，是说有一个规律，它叫做"同异交得"。第二个部分，是说有一个典型事例，即"于富家良知，有无也"。"同异交得放有无"7 个字的内在逻辑，是"观点加实例"。个别中有一般，一般寓于个别。从"于富家良知，有无也"的典型事例中，抽出一般原理"同异交得"；一般原理"同异交得"，依赖于"于富家良知，有无也"典型事例的论证、证实。"《墨经》是奇书"，"奇"就奇在其辩证理论思维的奇妙、奇怪、奇特。"《墨经》是浓缩的宝典"，如果不能对其"浓缩的"含义解释清楚，其所包含的真理，将永远被埋没。

《墨经》论证论题，常用举例的证明方式。"举例证明"，就是归纳法。《墨经》论证一般原理，通常列举一至数个典型事例。但唯独本条，为证明"同异交得"的一般原理，竟一口气列举 15 个典型实例。

辩证法是自然、社会和人类思维的普遍规律，不是实例的总和。但在表述、宣讲和解释上，多举实例的好处，是可以加深印象，帮助理解。人们对辩证法的理解和运用，是一个从无到有，由少到多，由浅入深，由量的点滴积累，逐渐进到质的飞跃变化的过程。

墨家总结和阐述“同异交得”的辩证规律，多举大量实例，足以震撼形而上学、冥顽不灵的痼疾。品味墨家的精彩举证，领略其深邃绝妙的辩证意境，颇有理趣。

“比度，多少也”：一个数，跟不同的数比较度量，既多又少。如齐国比鲁国大，却比楚国小，是既多又少。“六颗骰子”，是既多又少。古希腊智者普罗泰戈拉（公元前481~前411）说：“这里有六颗骰子，我们在旁边再放上另外四个，我们会说原来的骰子比后放的要多些；如果在旁边放上十二个，我们便会说，原来的六个是少些。”①

“蛇蚓旋圆，去就也”：蛇和蚯蚓蠕动的运动方式，是既“去”（离开）且“就”（接近）。“鸟折用桐，坚柔也”：鸟儿筑巢，折取使用的梧桐树枝，既“坚”且“柔”：不坚不足以承重居住，不柔不利于编织成型。

“剑犹甲，死生也”：“剑”的作用，在于击刺消灭敌人。“甲”的作用，在于防护保存自己。消灭敌人，正在于保存自己。“剑”有类似“甲”的防护作用：致敌死，是为了保己生。这是“死生”两种对立性质，共存于一“剑”之身。

“处室子，子母，长少也”：一妇女，比女儿“长”一辈，比母亲“少”一辈，是“长少”两种对立性质，共存于一人之身。“两绝胜，白黑也”：一物颜色，比甲物“白”（淡），比乙物“黑”

（浓），是“黑白”两种对立性质，共存于一物之身。

“中央，旁也”：甲圆的圆心，是乙圆的圆周。这是“中央”和“旁”两种对立性质，共存于同一空间点。“论行、行行、学实，是非也”：言论和行动、行动和行动、学问和实际，既有“是”，又有“非”。“自以为是”者的错误，在于没有同时“自以为非”。

“鸡宿，成未也”：母鸡孵雏，雏鸡即将出壳，又未出壳时，是“成”和“未成”两种对立性质，共存于一物之身。高亨说，“鸡宿”，即鸡抱窝，孵雏。“兄弟，俱适也”：兄弟三人中的老二，说是“兄”或“弟”都合适，是“兄弟”两种对立性质，共存于一人之身。

“身处志往，存亡也”：一人身体处在这里，思想（志）却跑往别处，是“存亡”两种对立的性质，共存于一人之身。《孟子·告子上》说，奕秋教下棋，“一人虽听之，一心以为有鸿鹄将至，思援弓缴而射之”（一心盘算，将有天鹅飞来，想用弓箭去射它）。《吕氏春秋·开春论》、《庄子·让王》说：“身在江海之上，心居乎魏阙之下。”《封神演义》第八回说：“身在林泉，心怀魏阙。”《儒林外史》第十一回说：“身在江湖，心悬魏阙。”鲁迅《书信集·致姚克》说：“身在江湖，心存魏阙。”这都是“身处志往，存亡也”的事例。从“身处志往”的角度说，是“存亡”两种对立性质，共存于一人之身。

“霍，为姓故也”：古代繁体“霍”字，既指水鸟鹤，也指人的姓氏。说“霍”，不加解释，不知是指水鸟鹤，还是指人的姓氏。这是由于水鸟“鹤”字，兼用做人姓氏的缘故，产生一词多义的现象。一词多义，是对立统一的事例。“霍”、“鹤”古通。《经说下》：“狗假霍（指鹤）也，犹氏霍（姓霍）也。”

“价宜，贵贱也”：买卖双方谈妥一种商品的价格，对卖方说够“贵”，对买方说是够“贱”，才能使贸易成功。这是“贵贱”两种对立性质，共存于同一价格之身。“超城，运止也”：以超越城墙为目标的竞技活动，既有运动，又有停止，这是“运止”两种对立性质，共存于一人之身。吴毓江解释：“超越城为运，已超越城则止也。”

《经上》“同异交得”辩证规律的论证，《经说上》共列举了15个典型实例。墨家对“同异交得”辩证规律的总结和阐发，标志墨家已登上当时世界辩证哲学的最高峰。《经上》“同异交得”辩证规律的论证，是以同和异两个概念对立统一的辩证本性为核心的理论思维，是墨家科学思维的灵魂。

三、两而无偏

《经说上》说：“权者两而勿偏。”“两而勿偏”，是墨家辩证理论思维和辩证逻辑的基本原理。“权”：权衡思考。“两”：两面，全面，整体。“偏”：一面，片面，部分。权衡思考，要遵守“两而勿偏”的原理，兼顾事物矛盾的两方面，不要只顾一方面。

《墨经》用“偏”、“体”、“特”、“或”表示部分，用“兼”、“二”、“尽”、“俱”表示整体，认为观察思考有部分和整体两种境界。《经上》说：“见：体、尽。”《经说上》解释说：“特者体也，二者尽也。”“见”：观察。“体”：部分、局部、一面。“尽”：整体、全局、两面。“体见”：部分观察；“尽见”：整体观察。《小取》说：“不可偏观也。”即不能片面观察。

“两而勿偏”的思维方法，提倡全面性原则，反对片面性弊端。任一事物的矛盾，都有正反两面，不是只有一面。这是事物普遍存在的性质，是辩证法世界观的基本观点。根据世界观、认识论和方法论一致的原理，“两而勿偏”的思维方法是正确的，其反面“片面极端”是错误的。

“两而勿偏”的辩证法，俗称“两点论”，是正确的世界观、认识论和方法论。其反面“片面极端”，是形而上学，俗称“一点论”，是错误的世界观、认识论和方法论。

整体和部分，是反映事物统一性与可分性的一对哲学范畴。整体是部分的有机统一，部分是整体的构成元素。相近的术语，在数学上有集合和元素（集合和子集），管理学上有全局和局部，西方哲学史上有全和分，多和一。

《墨经》把整体和部分，叫做“兼”和“体”。《经上》说：“体，分于兼也。”《经说上》举例解释说：“若二之一、尺之端也。”即“体”（部分）是从“兼”（整体）中划分出来的。如数学集合“二”中的元素“一”,线段中的点。数学集合“二”,是“兼”,即整体,它兼有其中两个元素“一”。线段(尺)是点(端)的集合,是“兼”,即整体,它兼有其中所有“点”(端)的元素。

整体和部分互相依赖和转化。整体不能先于或脱离部分而存在，没有部分就没有整体。部分归属、从属、纳入整体，形成整体的特性，受整体制约，没有整体就没有部分。整体和部分的区别和界限是相对、可变的。

一个整体，包含部分。整体又可作为部分，归属于更上一层级的整体。部分则可以作为更下一层级的整体，包含再下一层级的部分。整体和部分，是世界观的重要范畴。整体和部分的对立统一，是世界观、认识论和方法论的重要原理。把握整体和部分的对立统一，是正确认识与改造世界的必要条件。

《墨经》对“兼”和“体”范畴的规定，有广泛影响。《资治通鉴·唐太宗贞观二年》载魏征说：“兼听则明，偏信则暗。”墨家“两而勿偏”的名言，是中华民族辩证理论思维的基本原则，有重大理论意义和实践价值。

四、不能而不害

《经下》说：“不能而不害，说在容。”《经说下》举例解释说：“举重不举针，非力之任也。为握者之奇偶，非智之任也。若耳目。”墨家“不能而不害”的名言，揭示人才学的一个普遍规律，即任何一个人的才能，都是“能”和“不能”的“同异交得”、对立统一。

这里“容”是面容，指面部器官。“举重不举针”，是举重运动员，不善举针绣花。“为握者”，是古代握算筹计算的数学家。“奇偶”，是谈话和辩论。《庄子·天下》成玄英疏解释说：“独唱曰奇，对辩曰偶。”

这里整条意思是，人有所不能，但不是害处，这就像面部器官，各有所能，各有所不能，其所不能，不害其所能。如举重运动员，不善举针绣花，因举针绣花，不是大力士的职能专长。握筹善算的数学家，不能讲演辩论，因为讲演辩论，不是长于数学智慧者的职业专长。论证的理由在于：用面部器官的作用和局限类比：耳能听，不能看，不害其能听。目能看，不能听，不害其能看。耳目各有职任专长，不能互相替代。

《经下》“说在容”是提示语，提示论证“不能而不害”的论题，理由在于“容”。《墨经》简化浓缩的编写体例，适应墨子学团背诵记忆的需要。这里把论证论题的理由，简化浓缩为一个

"容"字，已简到最简，无可再简，真可谓"大道至简"。

"说"即推理论证。《小取》："以说出故。""说在"，是《经下》的特殊表达方式，格式化的翻译是："论证的理由在于。"其论证的理由，若是列举一般概念，则与论证论题构成演绎论证。若是个别事实，则与论证论题构成归纳论证。若是列举与论题主项相似的个别事例，则与论证论题构成类比论证。

本条"说在容"，是列举与论题主项相似的事例，与论证论题构成类比论证。"说在容"和《经说下》"若耳目"，意即：论证的理由在于，用面部器官耳目的作用和局限类比，耳能听，不能看，不害其能听。目能看，不能听，不害其能看。耳目各有职任专长，不能互相替代。

"举重"力士，是归纳"不能而不害"论题的个别事例。战国社会重军事，尚武艺。"举重"角力，是讲武比赛游戏的重要项目。《史记·秦本纪》说："（秦）武王有力好戏，力士任鄙、乌获、孟说皆至大官。王与孟说举鼎，绝膑，八月武王死，族孟说。"

秦武王（公元前 310 ~ 前 307 在位，共 4 年）力气大，爱好"举重"角力的游戏比赛。大力士任鄙、乌获、孟说，都被任命为秦国大官。任鄙力气大，能"自极于权衡"，严格遵守法制，公元前 294 年被任命为秦汉中郡守，公元前 288 年卒。

乌获据说能举重千钧（三万斤），活到八十岁。孟说是秦武王"举重"角力的教练兼助手。公元前 307 年 8 月，秦武王带孟说到周的洛阳举鼎，举起龙文赤鼎，两眼出血，绝膑（折断胫骨）而死，孟说被灭族。孟说是齐国人，力气大到"能生拔牛角"。

《孟子·滕文公上》引孔子说："上有好者，下必有甚焉者矣。"由于国君的爱好，民间就涌现了著名的大力士。有的民间大力士，暗藏沉重铁锥，被用为刺客。公元前257年，魏公子无忌（信陵君）窃符救赵，从隐士侯嬴处，访得屠者大力士朱亥，用暗藏四十斤铁锥，击毙将军晋鄙，夺得兵权，假托君命救赵。张良从沧海君处，访得大力士，用重一百二十斤铁锥，狙击秦始皇未遂。《经说下》“举重不举针，非力之任也”，反映历史事实。

“为握者”的智慧，是归纳“不能而不害”论题的又一个别事例。古代用竹、木、骨、铁等制作的计算工具，叫算筹。用算筹计算，称筹算、筹策。《老子》二十七章说：“善数，不用筹策。”《汉书·律历志》说：“其算法用竹，径一分，长六寸，二百七十一枚而成六觚，为一握。”算筹直径0.23厘米，长13.86厘米，二百七十一枚捆成六角形的捆，叫“握”。《经说下》“为握者之奇偶，非智之任也”，反映历史事实。

术业有专攻。握筹善算的数学家，由于特化专长不同，不善讲演辩论。数学智慧的专长，不以善于讲演辩论为必要条件。所谓“奇”，即“独唱”，指讲演，谈话，一个人说。“偶”，即“对辩”，指辩论。《耕柱》载墨子对弟子说：“能谈辩者谈辩。”“谈辩”，指谈话辩论，即“奇偶”。

本条“不能而不害”的论点，以“举重”和“为握者”两项为论证的论据，举一反三，连类而及，可列举更多同类事例。如某人有勇武之力，英雄气概，敢于上山搏猛虎，却无游水技艺，惧怕深水，不敢下海拯救溺水者，是“不能而不害”的一例。

《经下》和《经说下》原文仅33字，言简意赅，理趣无穷。“不能而不害”，从本条整体语境来看，其完整的意思是“不能不害其能”。如耳朵不能看，不害其能听；眼睛不能听，不害其能看。举重运动员不能举针绣花，不害其能举重。握筹善算的数学家，不能讲演辩论，不害其能善算。

《墨经》用省略浓缩手法，把“不能而不害其能”的完整表达，简化为“不能而不害”的纲领提示语。在墨家学团的领域内，不会产生“词不达意”、“以辞害意”的弊病。这里使用古代辩者惯用的“悖论”式语构，有简练易记、耸人听闻的修辞效果。

“悖论”式语构，类似辩者（名家）的奇辞怪说：奇怪的命题论证。对应于英文 paradox，即与通常见解对立，违反常识，超脱尘俗，似非而是的言论，也叫奇论、怪论、诡论、反论、异论、悖论、谬论、佯谬和自相矛盾的议论。常识的见解是“不能而害”（不能而有害），墨者偏说“不能而不害”，是违反常识的悖论（paradox）。但墨者能讲出其中蕴涵的精妙哲理，令人惊异。

从今日科学观点看，墨者“不能而不害”的悖论式语构，像辩者的奇辞怪说一样，有耸动天下、启发深思的修辞效果。其中蕴藏的精妙哲理，可视为辩证的人才学定律，足以启发今人，全面看待人才，充分发挥贤人智士治国安邦、经世济民的社会作用。

五、是久与是不久同说

《经下》说：“是是之是与是不是之是同，说在不殊。”《经说下》解释说：“是不是，则是且是焉。今是久于是，而不于是，故是不久。是不久，则是而亦久焉。今是不久于是，而久于是，故是久与是不久同说也。”

墨家“是久与是不久同说”的意思是：对任一事物的存在而言，说“是久”，跟说“是不久”，都同样成立。因为“久”（长久，指事物存在时间的绵延），是一个相对的概念。一个人活九十岁，比活八十岁者为“久”，比活一百岁者为“不久”。

俄国作家赫尔岑（Herzen Aleksandr，1812～1870）说，辩证法是“革命的代数学”。本条是刻画世界普遍运动变化的“代数学”。它用古汉语的指示代词精心建构，是战国时期墨家的杰作。

对此，如果不加以正确解读，它将完全是不知所云的“天书”，像是相声演员练习发声器官灵活性的“绕口令”，文字形状和发声雷同近似，却完全不解其意。如果予以正确解读，则是妙不可言的辩证法“代数学”。

《经下》“是是之是与是不是之是同，说在不殊”，是比较两种变化过程。我们先解释这句话中共出现6次的“是”，是一个古汉语指示代词，意即：“这，这个，这样。”它像代数符号“x”，可以带入任何具体内容，如“树”、“马”、“牛”等，意义不变。

被比较的两种变化过程是：

第一，现在是“是”（x），将来还是“是”（x）。如一棵杨树，生长50年，在50年中“是树”（x），在第51年“还是树”（x）。这棵杨树，就前50年而言，叫“是是之是（x）”。

第二，现在是“是”（x），将来变成“不是”（非x）。如一棵柳树，生长50年，第51年被砍伐，加工成桌子。这棵柳树在前50年中“是树”（x），在第51年“不是树”（非x）。这棵柳树，就前50年而言，叫“是不是之是（x）”。

试比较这两种变化过程：这棵杨树，就前50年而言，叫“是是之是（x）”；这棵柳树，就前50年而言，叫“是不是之是(x)”。它们的共同点是：就前50年而言，“都是树（x）”。这就叫：“是是之是（x）与是不是之是（x）同，说在不殊。”意即：在上述两种变化过程中，就其前面肯定的阶段（50年）而言，都是“是”（x）。用代数的语言说：“都是x。”x用“树”代入。

于是，《经下》“是是之是与是不是之是同，说在不殊”的正确解释如下：

比较两种变化过程。第一种：现在是“是”，将来还是“是”。第二种：现在是“是”，将来变成“不是”。在这两种变化过程中，就现在都是“是”这一点说，是相同的，论证的理由在于，在这两种情况下，现在都是“是”这一点，没有差别。

《经说下》说：“是不是，则是且是焉。今是久于是，而不于是，故是不久。是不久，则是而亦久焉。今是不久于是，而久于是，故是久与是不久同说也。”

其意思即：现在是“是”，将来变成“不是”。但就现在来说，这个“是”仍然是“是”。现在这个“是”，维持其为“是”，已经很久了，于是不再是“是”，而变成“不是”，所以现在这个“是”，又有其“不久”的一面。

现在这个“是”，虽然有其“不久”的一面，但就现在来说，这个“是”，仍有其相对长久的一面。现在这个“是”，不能长久地维持其为“是”，但是又在一定限度内，长久地维持了这个“是”。所以说：现在这个“是”是长久的。又说：现在这个“是”不是长久的。这两种相反的说法，都同样成立。

再代入上述柳树的例子解释即：现在是柳树，将来变成不是柳树（变成桌子）。但就现在来说，这棵柳树仍然是柳树。现在这棵柳树，维持其为柳树，已经很久了，于是不再是柳树，而变成不是柳树(是桌子)，所以现在这棵柳树，又有其“不久”的一面。

现在这棵柳树，虽然有其“不久”的一面，但就现在来说，这棵柳树，仍有其相对长久的一面。现在这棵柳树，不能长久地维持其为柳树，但是又在一定限度内，长久地维持了这棵柳树。

所以说：现在这棵柳树是长久的。又说：现在这棵柳树不是长久的。这两种相反的说法，都同样成立。

代入其他例子，如“马”、“牛”等一样，所以说，《经下》的绝妙概括，是辩证法的“代数学”。

“久”与“不久”这两种相异对立的性质，共存于同一事物（如“树”、“马”、“牛”等）之身，是《经上》论证“同异交得”的又一典型例证。

“是”犹如说“A”，“不是”犹如说“非A”。“久”指时间的延续，意味着事物或概念本质的相对稳定性。“不久”指这种稳定性的界限，即质变，指一事物性质改变，变为别的事物，即《经说下》所说“知是之非此也”。

任何事物或概念，不论其存在时间的长短，都是“久”与“不久”的对立统一。如一棵柳树，生长50年，50年后被加工为桌子，在这50年之内，就是“久”。而就其变为桌子而言，又是“不久”。一粒种子，存放一年，这是“久”；一年后种在地里，长成庄稼，这是“不久”。

《经说下》对这种现象，高度抽象、概括，表达概念确定性和灵活性、变动性的“同异交得”（对立统一）。这是墨家用古汉语代词作变项符号，对辩证法的世界观、认识论和方法论形式化、公式化的尝试，表现墨家高度的哲学智慧和理论思维水平。墨家“是久与是不久同说”的名言，至今仍是我们观察认识世界时空变化的正确指针。

注释

①黑格尔：《哲学史讲演录》第二卷，商务印书馆1983年版，第29页。

"现代墨学巨子"谢湘及其《墨子学说研究》

谭家健

1997年，我在香港中文大学做访问学者，在图书馆看到一本《墨子学说研究》，署名"墨学巨子谢湘著"，香港上海印书馆1967年7月出版。读后觉得颇有意思。根据书前胡逸民的序言和书后作者的编后记，特向大家作简单的介绍。

谢湘，字晓帆，号典梅，广东东莞人。清光绪二十八至二十九年（1902～1903）中秀才。如果他当时20岁左右，可能出生在1882年前后。民国五年（1916），就读于北京大学法科，同年参加北洋政府举办的第一届文官高等考试，录取后任外交官，历任驻东南亚和日本领事、总领事，凡二十余年。后定居南洋，1957年回到香港，著述，讲学。这时已是七十多岁高龄，仍然兴致勃勃，应香港电台之约，讲《墨子学说》、《中国著名长篇小说》、《中国历史人物质疑》等题目。还成立"墨道堂"，在九龙谢氏宗亲会馆内，每周召集中国学术座谈会一次，宣扬墨家学说。有已刊及未刊著作多种，内容涉及中国文学、史学、哲学、外交及南洋史话等许多方面。最有趣的是他被任命为墨家102代巨子的经过。据他本人所作《北京奇遇记》称，当年在北京大学读书时，游西郊白云观，遇见一位"褐道人"，来自辽蓟，昂藏七尺，髯长及腹，自言120余岁。终日盘坐于白云观后花园窟室，不言不动，不饮不食，辟谷多年矣。每天清晨东方未白，即往西山，朝太阳习吐纳，其出入，人未之见也。谢湘经人引见，晤谈之后，褐道人对他说："吾为墨翟后身，汝则弟子禽滑釐也，转世不知若干次矣……吾传汝相人之奇术，济世之秘方。汝享富贵四十年后，当急流勇退，弘扬旧学，永昌墨学。锡汝为102代墨学巨子，勉之勉之，勿误吾嘱。"据谢氏《编后记》称，当时并未在意，后来在日寇肆虐期间，屡陷险境，赖吾师灵言，均得化险为夷。以上故事充满传奇色彩，真幻莫辨。在现代社会中，令人不可思议。近十余年来，我曾多次访问香港，托人寻觅谢氏踪迹，皆无结果。算起来此人如今已130多岁了。

《墨子学说研究》分为总论、本论、余论三编。总论包括：1. 对墨子的新认识；2. 墨子的身世、姓氏、籍贯、年代、学历；3. 墨子学说的遗书、篇数、真伪、注释、阅读；4. 墨子学说概要，思想方法、兼爱主义、实利主张、力行政策、有神论；5. 墨子思想的渊源：尚文尚质的观感转移，痛恨士大夫舍本逐末，由鲁宋对比而觉悟，崇禹励志，以勉徒众；6. 墨家与儒家的异同；7. 墨学的面面观，墨子是中国唯一的宗教主，墨家的科学技术，墨子似是民约论者，墨家像会党式集团；8. 墨子学说的时代性；9. 墨学可以匡时救弊论。

以上各点，有的注明吸收俞樾、陆世鸿、许啸天等人的意见，有的是谢氏自己的补充或概括。其"面面观"中各题，不乏精彩独到之见。

本论包括：兼爱、贵义、非攻、节用、节葬、非乐、天志、明鬼、非命、非儒十节，与《墨子》书中的十论略有出入。另设

“其他”一节，包括：亡国象征的认识（见《七患》），用人标准的选择（即《尚贤》），法令制度的统一（即《尚同》），修身务本的教育（见《修身》），利害取舍的权衡（介绍《大取》、《小取》有关观点）。在介绍墨家见解之后，还往往联系现代社会加以发挥。

余论包括：1. 墨子的事迹：阻楚攻宋、劝齐息兵、献书楚王、出使卫国、制木鸢；2. 墨子门徒：同门的互助、徒众的互助、团结的领袖；3. 墨学的支派。

在《编后记》中，作者特别介绍两位实践墨学精神的名人。一位是明代的海瑞，是公正廉明的清官；另一位是民国时期的石瑛，曾任南京市长、武昌高等师范学校（武汉大学前身），作者对他们推崇备至。

谢氏此书，出版于1967年，那时正是中国“文化大革命”的高潮，全社会被煽动起来，疯狂地大破“四旧”，五千年的中华文化遭到彻底否定，儒家已经被批倒批臭，再踏上千万只脚。墨家也被视同垃圾，无人问津。从50年代到70年代，仅出版过任继愈先生写的小册子《墨子》，不到五万字。谢湘在香港出版这本约七万字的《墨子学说研究》，在当时内地看来，正是“逆流而上”的反动派。他极力弘扬墨学，就是弘扬中华传统文化。谢湘的观点，大体上是实事求是的。他综合前人成果又出以己意，尊重文本又能有所阐发，即使以40年后的眼光去看，并无太大的谬误与偏颇。他虽然自称102代墨学巨子，未免有些滑稽，但并没有神化自己，并没有以此头衔从事与学术无关的活动。所以，我认为，谢湘其人其书在中国现代墨学史上，是值得写上一笔的。

当代社会隐而不彰的墨子精神

黄世瑞　柏　玲

先从陈贤妹救小悦悦说起。

最近，广东省以至全中国都在传颂着拾荒阿婆陈贤妹义救小悦悦的事迹。小悦悦是年仅二岁的小女孩，由于父母忙于生意，疏于看管，独自走出家门玩耍时，不幸被过往的车辆撞倒。据摄像头显示，此后有车有人经过（数目竟达十八人之多），却没有停下施救的（或许十八人中有因视觉或其他原因没有注意到被撞的小悦悦的，尚属情有可原，但也应有看到却不愿救援的）。直到第十九人走近发现时，才抱起血肉模糊的小悦悦大声呼救，送往医院……此第十九人便是本文刚才说的拾荒阿婆陈贤妹。

为什么前面经过的十八人熟视无睹没有施救（除开那些实在没有发现的）？用墨子的话来说就是“此何自起？皆起不相爱”（《墨子·兼爱上》，以下只注篇名），他们“独知爱其身，不爱人之身”，如果“天下之人皆不相爱”，那么就会“强必执弱，富必侮贫，贵必敖贱，诈必欺愚。凡天下祸篡怨恨，其所以起者，以不相爱生也”（《兼爱中》）。

而陈贤妹实行的正是墨子大力倡导、大声疾呼的“兼爱”，即不分亲疏、爱无差等的爱。尽管陈贤妹恐怕并不知道墨子是何许人也（恕我们妄测），也未读过《墨子》这本著作，但她心中知道应该“人与人相爱则不相贼”，“视人之身若视其身”（《兼爱中》），“有力者疾以助人”（《尚贤下》），“天之欲人相爱相利，而不欲人之相恶相贼也”（《法仪》）。所以她看到危难中的小悦悦，虽然并不认识小悦悦，也并不认识小悦悦的父母，但她把小悦悦当成是自己家的孩子救助，这正是墨子所提倡的“爱人之亲，若爱其亲”（《大取》）。陈阿婆的文化水平恐怕不高（我们只知道她不会说普通话），即便她是文盲，也无碍于她实践墨子的兼爱。这恰恰说明墨子的兼爱已溶于我们民族的血液之中，两千年来，不绝如缕而又顽强地代代遗传下来，草根陈贤妹的义举便是明证。

据《广州日报》2012 年 2 月 9 日报道，由中央文明办主办的“我推荐、我评议身边好人”活动，近日在中国文明网公布了“中国好人榜”2012 年 1 月份入选名单，广州市助人为乐“好人”黄显标和见义勇为“好人”黎锦聪、黄柏联、岑家棣等榜上有名（具体感人事迹参见当日报纸，限于篇幅，此处从略）。

中央文明办举办的“我推荐、我评议身边好人”每月按照“助人为乐”、“见义勇为”、“诚实守信”、“敬业奉献”、“孝老爱亲”五个类别，对全国各地推荐的候选人事迹，进行为期 20 天的集中展示宣传和评议投票，由全国网民评议推选出百位“中国好人”。截至 2012 年 1 月，广州市已有 104 名市民荣登“中国好人榜”。

仅就上面中央文明办所列的几个类别，我们学习研究墨子或读过《墨子》的人都会会心一笑，因为在这里隐隐可以看到墨子的身影，只不过中央文明办并未亮出墨子的旗号而已。谓予不信，请看《庄子·天下篇》所称颂的“墨子真天下之好也，将求之不得也，虽枯槁不舍也，才士也夫！”古时“天下”即指中国，“天下之好”也即中国之好人。以我等之愚见，中央文明办关于“中国好人”的称谓，绝不是有意沿袭庄子“天下之好”而来的。但正是因为无意，正是因为不约而同，则更有力地说明了二者之间由实质的一致而导致称谓的一致。这绝非是偶然的巧合，而是必然的暗合，可谓实至名归了。

众所周知，孟子批杨墨为“无父无君，是禽兽也”，但他也不得不承认墨子“摩顶放踵，利天下为之”。最著名最有代表性的是墨子的“止楚攻宋”。当墨子听到楚王将以公输盘所造“云梯之械”攻宋，“行十日十夜而至于郢”（《公输》，《文选注》引云：“裂裳裹足，十日至郢”），先找到公输盘，晓之以理，动之以情：“宋何罪之有？荆国有余于地，而不足于民，杀所不足，而争所有余，不可谓智；宋无罪而攻之，不可谓仁；知而不争，不可谓忠；争而不得，不可谓强；义不杀少而杀众，不可谓知类”（《公输》）。终于说服了公输盘。

但自高自大骄傲蛮横的楚王倚仗着有先进的云梯之械，听不进墨子的忠告，执意攻宋。于是墨子以大无畏的英雄气概，就在楚王的眼皮底下，与公输盘进行了一场模拟战。“公输盘九设攻城之机变，子墨子九距之。公输盘之攻械尽，子墨子之守圉有余”（《公输》），并且明确地视死如归地告诉楚王，即便杀了我，你也攻不下宋，因为“臣之弟子禽滑釐等三百人，已持臣守圉之器，在宋城上而待楚寇矣”（《公输》）。这才彻底让楚王死了攻宋之心。

请看这些不是助人为乐和见义勇为吗？而且墨子将这些作为墨门必须遵守、必须尊奉的准则，如《经上》说：“任，士损己而益所为也。”又说：“勇，志之所以敢也。”《经说上》说：“任，为身之所恶，以成人之所急。勇，以其敢于是也，命之，不以其不敢于彼也，害之。”《墨经》是墨家的经典，尽管后来“墨离为之”，分裂为三派，但“俱诵墨经”（《庄子·天下》）却是一致的。可见《墨经》在墨家的权威地位……好了，此话题必须打住，下面还是言归正传吧。

至于中央文明办所列的“诚实守信”、“敬业奉献”和“孝老爱亲”，我们也可从《墨子》文本中找到蛛丝马迹，试举隅如下，愿读者诸君垂览：

子墨子曰：“政者，口言之，身必行之。”（《公孟》）

子墨子曰：“言足以迁行者，常之；不足以迁行者，勿常。不足以迁行而常之，是荡口也。”（《贵义》）

子墨子曰：“言足以复行者，常之；不足以举行者，勿常。不足以举行而常之，是荡口也。”（《耕柱》）

“信，言合于义也。”（《经上》）

“务言而缓行，虽辩必不听。”（《修身》）

“言不信者行不果。”（《修身》）

“言必信，行必果，使言行之合犹合符节也。无言而不行也。”（《兼爱下》）

子墨子说穆贺，穆贺大说，谓子墨子曰：“子之言则成，善矣。”（《贵义》）

以上是有关“诚实守信”方面的，再看有关“敬业奉献”方面的如下：

王公大人，蚤朝晏退，听狱治政，此其分事也。士君子竭股肱之力，亶其思虑之智，内治官府，外收敛关市、山林、泽梁之利，以实仓廪府库，此其分事也。农夫蚤出暮入，耕稼树艺，多聚叔粟，此其分事也。妇人夙兴夜寐，纺绩织纴，

多治麻丝葛绪，綑布縿，此其分事也。(《非乐上》)

今也王公大人之所以蚤朝晏退，听狱治政，终朝均分而不敢怠倦者，何也？曰：彼以为强必治，不强必乱；强必宁，不强必危，故不敢怠倦。今也卿大夫之所以竭股肱之力，殚其思虑之知，内治官府，外敛关市、山林、泽梁之利，以实官府，而不敢怠倦者，何也？曰：彼以为强必贵，不强必贱；强必荣，不强必辱，故不敢怠倦。今也农夫之所以蚤出暮入，强乎耕稼树艺，多聚叔粟，而不敢怠倦者，何也？曰：彼以为强必富，不强必贫；强必饱，不强必饥，故不敢怠倦。今也妇人之所以夙兴夜寐，强乎纺绩织纴，多治麻统葛绪綑布縿，而不敢怠倦者，何也？曰：彼以为强必富，不强必贫；强必暖，不强必寒，故不敢怠倦。(《非命下》)

最后请看一下有关“孝老爱亲”方面的文本：

为人父必慈，为人子必孝，为人兄必友，为人弟必悌。(《兼爱下》)

孝，利亲也。(《经上》)

昔者三代圣王禹、汤、文、武方为政乎天下之时，曰：必务举孝子而劝之事亲。(《非命下》)

好了，不必再唠叨了，举一反三可说明问题了。但必须指出的是，墨子与墨家学派毕竟距现在已有两千几百年了，与今日中央文明办所列出的当代的中国好人不可同日而语。我们这里只是略略溯其渊源而已。

总之，墨子精神在几千年的历史中并未烟消云散，而是隐姓埋名，潜流于历史长河之中，绵绵不绝，直至于今日（特别是在民间），只不过是隐而不彰，没有堂堂正正亮出墨家旗号而已。尽管民间多有践行墨子主张的，但正所谓“百姓日用而不知”，他们不知道踵武的前贤就是墨子。我们作为墨学研习工作者，应该实事求是地予以指出，理所当然地弘扬其精华，堂堂正正地走出来，让无边无差等的大爱，促进我们和谐社会更上一层楼。

儒墨和谐社会论

陈克守

中国的传统文化，特别是作为中国传统文化两大主流的儒学和墨学中，都具有关于和谐社会的思想学说，对于我们构建社会主义和谐社会来说，都具有重要的理论和现实意义。

儒墨两家创始人孔子和墨子所生活的春秋战国时代，礼崩乐坏，“天下无道”（《论语·季氏》），“君不君、臣不臣、父不父、子不子”（《论语·颜渊》）。人与人之间不是互爱互助，而是“执其兵刃毒药水火，以交相亏贼”，“国之与国之相攻，家之与家之相篡，人之与人之相贼，君臣不惠忠，父子不慈孝，兄弟不和调”（《墨子·兼爱中》）。当时的社会，就是这样一个极不和谐的社会，孔子和墨子对此痛心疾首，他们都主张构建和谐社会以改变当时的社会现状。

2005 年 2 月 19 日，胡锦涛总书记在中央党校省部级主要领导干部关于提高构建社会主义和谐社会能力专题研讨班上的重要讲话中说：“我国历史上就产生过不少有关社会和谐的思想。比如，孔子说过‘和为贵’；墨子提出了‘兼相爱’、‘爱无差等’的理想社会方案……这些思想虽然带有不同时代和提出者阶级地位的烙印，但都在一定程度上反映了广大人民群众对美好生活的向往。”肯定了儒墨两家关于和谐社会的思想学说。

儒家和墨家都有和谐社会的系统论述，主要是人与人之间的和谐，国与国之间的和谐，也包括人与自然的和谐。在构建和谐社会的很多方面，儒家与墨家都是一致的，当然，二者之间也存在着明显的差异。

一

儒墨两家都认为，和谐的人际关系是和谐社会的核心，为了构建和谐的人际关系，他们都提出了人与人之间要相爱。但是，儒家提出的是“仁爱”，墨家提出的是“兼爱”，他们和谐社会的理论基础就有明显的不同。

“孝弟也者，其为仁之本与?”“弟子入则孝，出则悌，谨而信，泛爱众，而亲仁”（《论语·学而》）。父子、兄弟之间的关系是最重要的人际关系，而在血缘宗法社会，国不过是家的延伸，君臣关系不过是父子关系的推演，把在家爱父兄之心用于社会就是“仁者爱人”。推己及人，把亲情之爱扩大到一切人，这就是儒家“仁爱”的实质。

墨子反对儒家的“仁爱”，明确提出了“兼爱”论。

兼爱主要是强调爱的范围广泛，爱的程度无差别，不分亲疏，不分贵贱，做到“爱无差等”，即人与人之间不分血缘关系的亲疏和身份等级的贵贱，普遍地、平等地互相爱，这就和儒家的“仁爱”思想形成了对立。

儒家主张“爱有差等”，即根据亲疏贵贱施予不同程度的爱，墨家在《墨子·非儒》中批评儒家的观点：“亲亲有术，尊贤有等。言亲疏尊卑之异也。”这句话出自儒家的经典《中庸》：“仁者人也，亲亲为大。义者宜也，尊贤为大。亲亲之杀，尊贤之等，礼所生也。”墨子把儒家的这种有差等之爱叫做“别爱”，明确提出了“别非而兼是”、“兼以易别”的主张(《墨子·兼爱下》)。这种主张遭到儒家的强烈反对，孟子就大骂墨子兼爱是“无父”，是“禽兽”。

“仁爱”与“兼爱”的对立，还体现在两家对“爱”与“利”的关系上有不同的观点，而“爱”与“利”的关系，则表现了“义”与“利”的关系。

墨家认为，爱人必须利人，利人就是爱人。《墨子·大取》中说：“圣人有爱而无利，伣日（儒者）之言也，乃客之言也。”意思是：不能像儒者那样只讲爱人而不讲利人。墨家的观点是爱利合一，兼相爱与交相利是辩证统一、不可分割的关系。所以，墨子讲兼爱时，常常是爱利连言：“爱利万民”、“兼而爱之，从而利之”（《墨子·尚贤》)、“兼相爱，交相利”、“爱人利人”（《墨子·兼爱》)，诸如此类。

墨家重利但并不轻义。

一般地说，义是指道义，即道德仁义，利是指利益、功利。墨家为了强调利，明确地把义定义为利：“义，利也。”（《墨子·经上》）义即利，二者之间的关系是等同的，所以，墨家重利，也必然重义。《墨子》中有《贵义》专篇，明确提出：“万事莫贵于义。”在《公孟》篇中，墨子也说过：“夫义，天下之大器也。”尤其对为政来说，一同天下之义是天下大治的首要条件：“是故古者圣王之为政也，言曰：不义不富，不义不贵，不义不亲，不义不近。”（《墨子·尚贤上》）“有义则生，无义则死，有义则富，无义则贫。”（《墨子·天志上》)

墨家所说的利有不同的含义，有“天下之利”即公利；有“爱人利人”之利即他利；也有所谓“利，所得而喜也”之利即自利。墨家承认正当的自利，但提倡与奉行的则是他利与公利。“举天下之利”，是利他人，利社会，而不是利己。

说儒家重义而轻利，似乎已成公论。

孔子有句名言：“君子喻于义，小人喻于利。”（《论语·里仁》）因为讲利是“小人”的事，所以孔子“罕言利”（《论语·子罕》）。

应该指出，孔子“罕言利”并不是绝对排斥“利”：“富而可求也，虽执鞭之士，吾亦为之”；“不义而富且贵，于我如浮云”（《论语·述而》）。可见，孔子也讲利，但相对于义而言，利则处于次要地位，处理二者关系的原则是以义为上，以义为本。“见利思义”，“义然后取，人不厌其取”（《论语·宪问》），就是强调义和利有轻重之分，有先后顺序。当二者发生冲突时，当然是先考虑义，所谓杀身成仁，舍生取义，就是必然选择。

自孔子之后，儒家重义轻利的倾向是愈演愈烈，梁启超说：“自孟子说：‘何必曰利？亦有仁义而已矣。’后世儒者，因此以言利为大戒。董仲舒更说：‘正其谊不谋其利，明其道不计其功。’于是一切行为，专问动机，不问结果，弄得道德标准和生活实际距离日远，真是儒家学说莫大的流弊。”①遗憾的是，儒家重义轻利、以义代利的流弊却成了中国传统价值观的主要取向，而墨家的义利统一、义利并重的正确观念却不被重视，甚至被排斥。

“仁爱”与“兼爱”的分歧突出地表现了儒墨两家理想的“和谐社会”有着本质的区别。

孔子的政治理想就是他要恢复“周礼”，即恢复西周时期的封建宗法制社会等级次序，“礼之用，和为贵，先王之道斯为美”（《论语·学而》)。“礼”实际上就是等级制度、宗法制度的代称，这种以礼为准则的“和为贵”就是儒家“和谐社会”的思想核心，在中国传统文化中一直占有重要地位，至今仍有广泛而深刻的影响。

墨家所要构建的“和谐社会”，恰恰是以否定封建宗法制为前提的，正因为如此，才遭到封建统治阶级的排斥与打击。马克思主义唯物史观的一个基本的理论原则是：“理论在一个国家的实现程度，决定于理论满足这个国家的需要的程度。”[②]墨家的“和谐社会”，就是不能像儒学那样适应秦汉以后以血缘关系为基础的农业宗法大一统封建社会的需要，满足那个社会发展的需要。随着儒学统治地位的确立，墨学几乎成为绝学，墨家的和谐社会，也只是一种在阶级社会里根本不可能实现的崇高理想。当然，我们不能因此而否定其意义和价值。

二

儒墨两家都认为，和谐的国际关系，是构建和谐社会的前提，而战争则是破坏和谐国际关系的最大祸害，所以他们都反对战争，但是，墨家主张非攻，儒家主张仁战。两家在反战的立场态度等方面，却有较大差异。

非攻，是墨家的十大主张之一，《墨子》中有“非攻”专论，专论详细地考察了战争的起因，深刻地分析了战争的危害，并对好攻伐者进行了激烈的批判。

大国攻打小国，双方都是逼迫劳动人民放弃了他们赖以生存的生产活动而从事战争，“国家失卒，而百姓易务也”(《非攻下》)，国家失去劳动力，百姓不能安居乐业，这对于双方都是不利的。《非攻中》篇说：“今师徒唯毋兴起，冬行恐寒，夏行恐暑，此不可以冬夏为者也。春则废民耕稼树艺，秋则废民获敛。今唯毋废一时，则百姓饥寒冻馁而死者，不可胜数。”农业生产带有很强的季节性，春秋是耕种收获的时节，而兴师攻伐又只能在这两个季节进行，这就使人民农作失时，丧失了衣食之源。另外，攻伐战争还要损耗大量军需物资，这对于侵略者自身也是极为不利的。

既然攻伐战争对双方都不利，为什么那些大国之君还要发动侵略战争呢？他们说：“吾处大国而不攻小国，吾何以为大哉？”赤裸裸地宣称，他们就是为了兼并，开疆拓土，扩大势力范围。他们认定：要增加自己的土地和人民，只有去攻打别的国家，到别的国家去掠夺。对于这种强盗逻辑，墨子痛加批驳：“古者天子之始封诸侯也，万有余。今以并国之故，万国有余皆灭，而四国独立。此譬犹医之药万有余人，而四人愈也，则不可谓良医矣。”（《非攻下》）得利者少，失利者多，这不符合国际公理。

儒家认为发动战争是不仁不义不礼之事，应受到谴责。自孔子始，便对战争持否定态度。

当卫灵公问阵于孔子，孔子的态度是：“俎豆之事，则尝闻之矣，军旅之事，未之学也。”（《论语·卫灵公》）对军旅之事，他采取不耐烦、不屑一顾、避之唯恐不及的态度。事实是孔子不仅本人学习战事，还教授弟子：“冉有为季氏将师，与齐战于郎，克之。季康子曰：‘子之于军旅，学之乎？性之乎？’冉有曰：‘学之于孔子。’”[3]

孟子的批评则较为直接，旗帜鲜明地指出“春秋无义战”（《孟子·告子下》），直指战争为“罪”的本质。“争地以战，杀人盈野；争城以战，杀人盈城，此所谓率土地而食人肉，罪不容于死，故善战者服上刑”（《孟子·离娄上》）。旗帜鲜明地指出

"善为阵"、"善为战"不是什么能事，而是"大罪"。

另外，荀子等先秦诸儒都认为战争是对人性的践踏和对"仁"的破坏。都有反对战争之论。

反对不义的兼并战争，却不反对正义战争，两家的这种态度也是一致的。

墨家反对侵略战争，却支持反侵略战争。为了帮助小国抵抗大国的入侵，墨子及其弟子们专门研究了防御战术与军事管理，并创造发明了一系列守御武器。墨家以善于守城、善于打防御战而闻名于世。

儒家支持"仁战"，孔子以"有道"和"无道"作为区分界线，而孟子则提出以"至仁伐至不仁"，明确支持"仁战"。有一次齐宣王和他谈到汤放桀、武王伐纣时别有用心地问到："臣弑其君，可乎？"孟子回答说："闻诛一夫纣矣，未闻弑君也。"这很容易使我们想到墨子在《非攻下》篇针对当时的好攻伐之君用"昔者禹征有苗、汤伐桀、武王伐纣，此皆立为圣王"作为根据替自己的攻伐掠夺行为辩护时批评他们的话："子未察吾言之类，未明其故者也。彼非所谓攻，谓诛也。"（《非攻下》）孟子的这种思想显然是受到墨子的影响。

儒家与墨家都充分认识到战争的危害，旗帜鲜明地反对侵略战争，但两家反对战争的理论与实践却有着明显的不同。

儒家站在上层统治者的立场，主张以礼求和，"礼"即周礼，儒家谴责非礼之战，就是看到战争的发起都是上层统治者，所以避免战乱的根本途径，就是教之以礼，让统治者有礼仪之心，使好战者检点自我，从而杜绝发动侵略战争念头。儒家主张尽量不以军事手段解决战争，不积极参与战争，也不注重研究战争。儒家反战的理想是美好的，但在礼崩乐坏的时代，却显得有些苍白和迂腐。

墨家站在弱势群体立场反对侵略战争，认为战争直接损害被侵略国家的利益，而被侵略国家的广大劳动人民则是首当其冲。《天志下》里具体地描写了被侵略国家人民受害的惨状："入其沟境，刈其禾稼，斩其树木，残其城郭以御其沟池，焚烧其祖庙，攘杀其牺牷。民之格者，则劲（刭）拔之；不格者，则系操而归。丈夫以为仆圉、胥靡，妇人以为舂酋。"表现了对侵略者的无比痛恨和对被侵略国家人民的深切关怀与同情。

墨子不仅是理论家，而且是实行家，为了制止战争，他和弟子们奔走于即将开战的国家之间，凭着他们的智慧、勇气和军事实力，制止了一次又一次即将爆发的战争。阻齐伐鲁、劝说鲁阳文君、止楚攻宋的故事更是千古流传，家喻户晓。

为了制止战争，保卫和平，墨子及其弟子还经常直接参与反侵略战争，取得了宝贵的实践经验，也形成了系统的军事思想。墨子以研究积极防御战为主的军事著作与以研究进攻战为主的《孙子兵法》，被合称为中国古代军事学中的双璧。墨家的非攻思想与实践、军事理论以及军事科学技术都是儒家所望尘莫及的。

三

儒墨两家都认为，人与自然的和谐，也是和谐社会的重要组成部分，但是两家在认识程度和表达方式上存在着显著区别。

孔子的"仁爱"，是从和自身接触最多、关系最密切的父兄开始，由近及远，推至社会一切成员即"泛爱众"。孟子发挥了这一思想："亲亲而仁民，仁民而爱物。"（《孟子·尽心上》）由爱人推及自然万物，包括动物和植物。当然，对人的爱要放在对物的爱之前，爱物不能超过爱人，这也体现了“爱有差等”的原则。

曾子则说：“草木以时伐焉，禽兽以时杀焉，夫子曰：‘伐一木，杀一兽，不以其时，非孝也。’”（《大戴礼记·曾子大孝》）为了强调“仁爱”与爱护自然万物的紧密联系，将不爱护万物、破坏自然的行为视为“不孝”。

荀子的论述更具体也更科学：“圣王之制也，草木荣华滋硕之时，则斧斤不入山林，不夭其生，不绝其长也；鼋、鼍、鱼、鳖、鳅、鳝孕别之时，罔罟毒药不入泽，不夭其生，不绝其长也；春耕、夏耘、秋收、冬藏四者不失时，故五谷不绝而百姓有余食也；污池、渊沼、川泽谨其时禁，故鱼鳖优多而百姓有余用也；斩伐养长不失其时，故山林不童而百姓有余材也。”（《荀子·王制》）主张保护自然万物，反对不遵守其生长发展规律的破坏式采伐，这种态度是值得充分肯定的。

墨家主张人与自然和谐的思想，首先体现在墨子的尊天论上。

墨子所谓的“天”，是主宰之天，有人格之天。人如果遵从天的意志，就会得到天的奖赏：“天之为寒热也节，四时调，阴阳雨露也时，五谷熟，六畜遂，疾灾戾疫凶饥则不至。”（《墨子·天志中》）人如果不遵从天的意志，就会受到天的惩罚：“当若天降寒热不节，雪霜雨露不时，五谷不熟，六畜不遂，疾灾戾疫，飘风苦雨，荐臻而至者，此天之降罚也。”（《墨子·尚同中》）墨子把这些自然现象看做是天的赏罚。天的赏罚是任何人都无法逃避的，所以，人必须尊天，与天保持和谐的关系。

一般认为，墨子讲“天志”，是“以神道设教”，为了治国安民，而墨子所说的天志实际上都是墨子的主张，是他的治理乱世的“药方”，是他的政治理想。迷信的形式，表达的却是社会现实的内容，说明墨家的“天志”具有客观性、自然性。也有人明确地说：“他（墨子）认为，人若违背了自然规律，不顾及自然生态的平衡，‘则天灾将犹未止也’……这些严重的灾害，概由违背自然规律所致，只不过墨子是假托天意罢了。”④说得很有道理。墨子规劝人们遵从天志，也就是遵从自然规律。主张人与自然的和谐，这也是墨家构建和谐社会的重要组成部分。

墨子与孔子在天鬼观上是对立的，墨子曾把“儒以天为不明，以鬼为不神”作为儒之道足以丧天下的四大弊端之一加以攻击，但是西汉时期的儒学大师董仲舒，在发展儒学时，却吸收了墨子的思想，他的“天人感应论”就明显地受到了墨子天志明鬼论的影响。他在《春秋繁露》中说“唯天子受命于天，天下受命于天子”，几乎是对墨子原话的照搬。董氏认为，天是有意志的天，如果违反了天意，就会受到天的惩罚：“灾者，天之谴也，异者，天之威也。谴之而不知，乃畏之以威。诗云‘畏天之威’，殆此谓也，凡灾异之本，尽生于国家之失。国家之失乃始萌芽，而天出灾害以谴告之，谴告之而不知变，乃见怪异以惊骇之。惊骇之尚不知畏恐，其殃咎乃至。”这显然是源于墨子的天志明鬼说。天人感应，天人合一，即天人和谐，在某种意义上说，就是人与自然的和谐。

应该说，墨子对人与自然的和谐问题有着比较深刻的认识。在《墨子·非乐上》篇，墨子说：“今人固与禽兽麋鹿、蜚鸟、贞虫异者也。今之禽兽麋鹿、蜚鸟、贞虫，因其羽毛以为衣裘，因其蹄蚤以为袴屦，因其水草以为饮食。固唯使雄不耕稼树艺，雌亦不纺绩织纴，衣食之财，固已具矣。今人与此异者也，赖其力者生，不赖其力者不生。”墨子的这一段话强调的是人具有支配自然、主动改造世界的能力，而其他动物只是利用自然，被动地适应自然。这是人和其他动物的本质区别。恩格斯曾说过：“动物仅仅利用外部自然界，单纯地以自己的存在来使自然界改变；而人则通过他所作出的改变来使自然界为自己的目的服务，来支配自然界。这便是人同其他动物的最后的本质的区别，而造成这一区别的还是劳动。”⑤

人必须进行物质生产劳动创造生活资料才能生存。人类不能像其他动物那样依赖耗费自然资源而生存，更不能掠夺式地破坏自然资源，浪费自然资源，所以，墨家反对奢侈浪费，主张节用节葬。长期以来，人类错误认为，自然界是取之不尽、用之不竭的宝藏，毫无节制的占有、耗费自然资源，严重破坏了自然界的生态平衡，使人类的生存环境不断恶化。现在提倡节制人的物质欲望以减少对生态环境的破坏，保持人类社会的可持续发展。特别是我国，人口众多，而自然资源相对不足，在这种情况下，继承墨家的优良传统，勤俭节约，合理地开发利用自然资源，保护自然生态，建立人与自然的和谐关系，这对于我们构建社会主义和谐社会，也是十分必要的。

另外，墨家重哲学、逻辑，重自然科学的研究以及科技发明，这在客观上都有利于正确认识自然世界，遵守客观规律，也可以说，有利于建立人与自然的和谐关系。只不过，他们自己并没有这样的表述，也许他们没有这么明确的认识。

人与自然的关系，应该是一个完整的哲学体系的重要组成部分，墨子对于人与自然的认识还是比较深刻的，用现在的观点分析，也是比较科学的。但是，墨子及其后学对于这个问题却不如儒家讲得具体，甚至没有明确而清楚的表述。

孔子主张“务民之义，敬鬼神而远之”(《论语·雍也》)，“子不语怪、力、乱、神”(《论语·述而》)，“夫子之言性与天道，不可得而闻也”(《论语·公冶长》)。作为儒家学派的创始人，他不愿意谈论鬼神与天道，不愿意探究神秘的自然，也很少论及人与自然的和谐，儒家在这方面的有关理论建树，应归功于儒家后学。

作为中国传统文化两大主流的儒墨两家，都有关于和谐社会的系统理论学说，应该说，各有特色，都有值得我们吸取的精华，但是，因为儒家是站在统治阶级的立场上，代表了统治阶级的利益，而墨家则是站在平民百姓的立场上，代表了被统治阶级、劳动人民的利益，所以，他们的和谐社会论有着明显的区别。

朱传棨先生把墨家的和谐社会论称为“尚义和谐”，而把儒家的和谐社会论称为“尚礼和谐”，认为墨家以“兼爱”为宗旨的“尚义和谐”，是“具有公平正义思想的价值观”，而儒家以“仁爱”为宗旨的“尚礼和谐”，是“不具有公平正义思想的等级价值观”。“相对而言，墨家的‘尚义’和谐思想，较儒家的‘尚礼’和谐思想，更具有适应当代中国实践发展要求的，也更能贴近中国现代化建设需求的”⑥。朱先生说得很有道理，就现实意义而言，儒学不如墨学，两家关于和谐社会的理论学说，也是如此。

尽管儒家的“尚礼和谐”，是“不具有公平正义思想的等级价值观”，但毕竟在我们的传统文化中一直占有主流地位，在国内外都产生了极大影响，而且，不可否认，它本身也有积极的一面。

我们今天要构建社会主义和谐社会，就应该借鉴中国传统文化中关于和谐社会的思想学说，去其糟粕，取其精华，特别是墨家和谐社会的思想精华，更值得我们继承并大力弘扬。

注释

①《墨子学案》，1921 年排印本，第 27 页。

②《马克思恩格斯全集》第一卷，人民出版社 1972 年版，第 462 页。

③《史记·孔子世家》，中华书局 1959 年 9 月版，第 1934 页。

④《墨子研究论丛（八）》，齐鲁书社 2009 年版，第 449 页。

⑤《马克思恩格斯选集》第三卷，人民出版社 1972 年版，第 517 页。

⑥朱传棨：《"仁爱"与"兼爱"：两种不同的和谐文化传统》，载"中国墨子"（http：www. chinamozi. net/news_ view. asp？id = 1740）。

李约瑟墨子研究再评价

秦彦士

相对于国内的墨学研究，国外相关的成果数量并不多，但其研究的深度以及研究方法却有我们所不及之处。这里我们仅以李约瑟为领军人物的《中国科学技术史》为例来略作剖析。

李约瑟的《中国科学技术史》这一奇迹的出现也为我们提供了多方面的启示：一部中国最难读的典籍，一个研究生物化学胚胎的学者，一套享誉世界的中国古代科学技术史巨著，这三者之间似乎根本不可能产生任何联系。然而一个令中国学者汗颜的奇迹却实实在在地发生了。对于世界而言，李约瑟及其所领导的学者们为西方展现了一个令人惊讶的东方文化宝库，并进而在很大程度上改变了世人对中国古代文明尤其是科学技术面貌的看法；而对中国学者而言，以全面系统的科学方法作为研究利器的西方学者为我们提供了许多令人深思的问题。首先，科学思维能力与方法的训练。作为生物化学胚胎学家，李约瑟在科学的观察能力、实验能力、思维能力以及研究方法方面受过全面系统的训练，这为他以后跨学科的研究打下了良好的基础。因为不同的学科在内容上虽有很大的差异，但在研究方法上却有许多相同之处。李约瑟能够在跨学科研究方面取得重大成就，这是一个重要的原因

（即使在学习汉语方面，他也有独创的科学实用的方法，因此他才能够迅速地实现一种陌生语音和多种专业研究的飞跃）。这一事实对于从事人文学科的研究者来说具有重要的启示。这种研究者虽然不一定要学习大量的专业自然科学知识，但在科学精神和科学方法上却必须具有基本的素养。尤其是对于从事墨学研究的人来说，这一点尤为重要。在传统的墨学研究中，长期以来大多数学者只是把它作为单纯的诸子学来看待，而对其百科全书的性质缺乏具体深入的把握（古代的绝大多数学者对于它的自然科学内容更是茫然不知）。注意到从文化特质的角度去把握它的人就更为罕见了。而李约瑟由于有深厚的科学素养和科学研究方法的训练，这使得他在把握研究对象方面具有独特的视觉和宏观的眼光，这正是他在古代中国科学技术——实际正如英文书名所准确表达的"中国古代科学与发明"——研究方面取得超越我们本土学者的重要原因。其次，广博的知识积累和多方面的实践技能。对于中国古代科学技术尤其是墨学研究，传统的学者因其对这一领领域的轻视与无知，自然也就谈不上什么研究成果。近代以来在西方科学的影响下，一些具有敏锐眼光的学者重新发现了《墨子》的价值，并取得了一些初步的成果。但对于其中涉及的自然科学知识，人文社会科学研究者却难以把握。在这一方面李约瑟的经历给了我们重要启示：早在进入剑桥大学之前，他就在知识与技能方面作了大量的积累。在昂德尔公学读书期间，李约瑟在学习书本知识之外，专门学过工程学及相关的基础技能，他学过木工，开过车床、铣床，这对于他后来从事中国古代机械技术研究方面有直接的帮助。在学校重视写作的氛围下，他写过关于圣殿骑士团（他的朋友鲁桂珍认为，这一团体"成员类似中国的墨家"）的文章。进入剑桥以后，他更是获得了多方面的进步。他的第一个老师就是一个跨专业的人才："组织学家、生物物理学者、润滑物理学大专家，热衷于驾驶快艇且技术高超。"李约瑟在这样的老师指导下既攻读生物又攻读化学，从而为以后从事生化研究打下了良好的基础。剑桥大学毕业后，他又获得了哲学博士学位。同时他在大学学习期间积极参加学生活动，还担任了一个学生团体的分会秘书。正是在听取了一位应邀学者的讲演以后，他对异域文明的历史产生了强烈的兴趣。如果说他对中国古代文明产生兴趣的直接诱因是中国的留学生的话，那么，这种强烈兴趣的基础早在大学期间就奠定了。这种学习经历也对他以后能像海绵吸水一样，在向中国的各学科领域的专家身上吸取大量的知识上奠定了良好的基础。上述各方面的训练与素养对墨学研究者具有重要的启示。《墨子》是一部与先秦诸子的内容有明显差异的著作，其中涉及大量的自然科学知识，还包括一些工程技术细节。没有相应的知识与训练是很难把握和理解的。在《墨经》研究中有一个很有启示的现象：凡是缺乏专业知识的人，哪怕是第一流的学者，也往往产生明显错误；而物理学家、数学家一类学者则往往对涉及专业知识的条目有准确的把握。这一现象对我们认识《中国科学技术史》的启示意义也有重要价值。未来的墨学研究尤其是《墨经》的自然科学研究要想取得进一步的突破，需要一批李约瑟式的学者。

其三，系统工程的组织管理（多学科领域合作）。李约瑟虽然是一个跨越多学科领域的学者，但对于中国古代文明涉及的众多学科领域而言，仅凭他一个人的能力是远远不够的。因此他就像一位总工程师一样，在广泛挑选世界各国各专业领域的专家的基础之上（其中许多是第一流的学者），将他们组织起来进行攻关，最后将其成果形成一个庞大的系统工程。这里我们仅举出其中一卷为例，就可以知道这是一个多么浩大的工程：在《中国科学技术史》第三卷《数学》分册中，作者仅仅列出的“审阅各章节手稿的人士姓名录”就有五六页之多，而引用的中英文参考文献更是多达67页！这一事实对我们深入开展墨学研究同样具有巨大的启示：长期以来，不同学科领域的学者对《墨子》做过不少研究工作，但其中一些难点问题依然缺乏重大突破，原因之一就是不同学科领域的学者很少通力合作。近几十年来，自然科学史界、逻辑学界与一般人文社会科学界的学者几乎没有什么来往，更不用说合作研究。我们可以设想：如果墨学研究也像《中国科学技术史》的研究一样，有大量各学科领域的专家学者通力合作，将理论研究和实验方法结合起来，那么墨学研究的难点一定会有非常有效的突破。

作者根据《墨子》一书科学技术的内容，以西方科学分类研究方法，按照物理学与力学、数学与几何学等各学科类别，对《墨子》的自然科学内容作出了专门的研究。通过全面深入的研究，《中国科学技术史》的作者认为，《墨经》的物理学研究具有非常广泛的特征，它“已不同程度涉及物理学的几乎所有分支”。作者结合《墨经》的《经》与《经说》大量条文，具体分析了墨家在时空问题探讨、滑轮与杠杆原理、力的平衡、机械运动、光线直线传播、小孔成像原理等方面的研究。在《数学》分册中，作者通过《墨经》数学、几何学条文与欧几里得几何定义的比较，对其数学成就进行了细致深入的研究，并由此得出许多发人深思的观点。作者一方面承认：“中国数学的主流是朝着代数学的方向发展的。在中国从未发展过理论几何学，即与数量无关，而纯粹依靠公理和公设作为讨论基础来进行证明的几何学。”但另一方面，通过对《墨经》数学几何条文的研究之后作者认为：“中国的数学也不是没有理论几何学的某些萌芽，这些幼芽没有得到发展是中国文化的特征之一，包含着这些幼芽的命题见于《墨经》。”

在研究《墨经》数学、物理学内容时，作者不仅对大量《经》与《经说》的条文作了具体探究，而且将它放在世界科学史的背景下加以考察，从而指出了墨家的独特贡献与价值。比如在阐释《经下》“衡而必正，说在得”一条及其相关《经说》条文时，作者利用中国科技史专家钱临照、钱宝琮等人的研究成果，指出“《墨经》作者在简单机械的研究中已有力矩的初步认识”，同时“本条内容表明墨家清楚地掌握了杠杆平衡的原理”。因而在科学技术史上，“《墨经》最早对秤的杠杆原理做了理论探讨”。在另一条难度更大，文字更长的经文讨论中，作者显示了对外国人而言可谓是相当具有水平的考证功底，这就是《经下》的“挈与收反，说在薄”及其《经说》一条。此条经文中国的墨经研究学者也是见仁见智，众说纷纭。作者利用《经》文与大量史料对其疑难字词作了详细考辨，并以绘图的方式对《经》与《经说》所探讨的滑轮涉及的杠杆原理作了详细深入的讨论（此条经文解说长达二千余字），并得出了一个重要的结论：《墨经》在世界上最早讨论了滑轮举重的力学现象。

在探讨《墨经》数学内容时，作者一方面将它们与中国数学内容与特征进行比较，从而突出了墨家数学成就的显著特征：即与中国数学代数学主流相异的几何学特征。另一方面作者又将《墨经》几何学条文与西方古代数学典范的欧几里得几何进行比较。《数学》第十九章探讨《墨经》几何时，一共具体讨论了十五条《墨经》条文（包括《经》与《经说》）其中有十条都与欧几里得几何学一一对应。在谈到《经》中“次，无间而不相撄也”及《经说》“次，无厚而后可”时，作者指出：“这与《几何原本》第一卷第七个定义完全相同。”其实，另外一些条文，如《经》“一中同长也”等条，作者虽然并未直接下这种断语，但实际上我们比照这一条文与《几何原本》第一卷定义十七，就会惊讶于东西方科学家完全相同的定义式研究成果了。但另一方面作者也清楚地认识到：“由于《墨经》只有非常零乱而残缺的版本留传下来，我们确实不能肯定说他们从未超出过这些命题或定义的范围。但是，即使他们曾超出这个范围，他们的演绎几何学也始终只是一个特殊学派的秘密，几乎没有或完全没有影响到中国数学的主流。”这一结论无疑是非常准确的。

但由于《墨经》的脱误与文字的艰深，作者在观点与文字理解上出现失误也是难免的。这里我们仅举出一些例子加以说明。首先看观点的问题：在评价墨家数学时文章这样写道：“墨家思想所遵循的路线如果继续发展下去，可能已经产生欧几里得式的几何学体系了。”（《中国科学技术史》第三卷《数学》分册中译本，科学出版社 1978 年版，第 212 页）这种观点是很成问题的。这里有两个重要的原因：第一，《墨子》的《经》与《经说》是各自独立的陈述关系，而非欧几里得式的定义——公设——公理逻辑关系。第二，《墨经》的内容是将数学等自然科学与政治等社会科学混在一起，这与欧几里得用公理化的方法对古希腊的数学知识进行系统化、理论化的总结有重大差别（《欧几里得几何》全书有 119 个定义，465 条命题和证明）。人们会问：一个经过严格科学训练并取得杰出成就的科学家为什么会出现这样明显的失误？这与他过分的情感因素有明显关系。他曾经这样表示说：“后来我发生了信仰上的皈依（conversion），我深思熟虑地用了这个词，因为颇有点像圣保罗在去大马士革的路上发生的皈依那样。……命运使我以一种特殊方式皈依到中国文化价值和中国文明这方面来。”正是这种过分的情感因素在某些方面影响了他的科学态度。在给坦普尔的《中国:发明与发现的国度》一书的英文提要中他明确地写道：“对于这项任务（即撰写《中国科学技术史》）非常重要的不在于知之甚多,而在于对中国人及其自古以来的成就怀有满腔热情。”热情的重要性竟然超过了知识本身,认识的偏差也就不难理解了。

而文本的误读就更多了。这里我们仅举出一些明显误译的例子。如《中国科学技术史》第二卷第十一章《经上》14 条：“信，言合于意也。”作者将“信”译为“信仰”，大误。实际上这里的信只是诚信之意。此条经文讨论的是言语、思想与客观实际的关系。结合《经说》，此条的意思是说：“所谓诚信是指言语出于真心。”《说》文解释说，言语真实可信叫诚信，但有时言语合于实际也并不是诚信的表现。比如，骗人说城上有金子，听说的人果然在城上找到了，但这只是巧合，并不说明他的话是真的。又如《经上》第 86 条：“同：重，体，合，类。”《经说上》：“同，二名一实，重同也。不外于兼，体同也。俱处于室，合同也。有以同，类同也。”作者将最后一句：“有以同，类同也。”译作“某些类似点，则是类属关系”。可谓一字之差，全盘皆误，在《墨经》一书中，“类”是其逻辑学核心概念之一，它是墨家逻辑学研究的一个重大成果。“类”概念的提出使墨家在抓住事物本质方面作出了一个划时代的突破：即由儒家的伦类比附进入到真正的逻辑概念。所以这里的“类”是本质的意思。此句意为：事物之所以能归于同类是因为它们有本质的相同属性，这就叫类同。作者不解此意，以致一误再误。比如将 87 条“不有同，不类也”，译作“当事物没有相似性时它们就不能分为一类”。也是犯的同样错误。

还有更明显的失误，是将原文不同的词句混揉在一起。比如《经上》第81～82 条：“知：闻，说，亲，名，实，合。”《经说上》解释说：“知：传受之，闻也；方不瘴，说也；声观焉，亲也；所以谓，名也；所谓，实也；名实耦，合也；志行，为也。”李约瑟译《经》文为：“知识（知）包括对某件事物的听闻（闻），对它作出推论或解说（说），亲身体验它（亲），协调名与实而后有所作为（为）。”这里的后一句显然是错的。“名、实、合”与“闻、说、亲”并列，显然是一字一义。对《经说》李译为：“听人传达事物。是听闻知识。（分类）而不受空间位置的障碍（因有关事物可能相距很远）是推类，或解说。由自己身体观察到的，是为亲身体验。称谓的是名，被称谓的是实；当名和实套在一起像联起畜牲耕地那样，这就是（所要的）协调。同样，意志（志）和行动（行）配合起来，就是行为（为）。”《经》和《经说》的译文不仅许多不合，且有明显失误，尤其是“方不瘴”和“名实耦”二句尤误。前句陈梦麟《墨辩逻辑学》译作“由推论得来的知识是说知”，依据为《广雅·释诂》：“方，表也。”即揭示。瘴，借为彰，即把蕴涵在前提里（不瘴）的结论通过推理形式加以揭示。这种解释显然强于李说。丽“耦”为二人并耕（《论语》：“长沮、桀溺耦而耕。”），段注《说文》谓“俗借偶”。显然不是“套在一起像联起畜牲耕地那样”。原文是借二人合力并联比喻事物的名称与实际相合。

当然，这种文本的误读在中国学者那里同样存在，本不足为怪。但它确实提醒我们在墨子研究中必须具有深厚的功底和严谨的态度。而观点的问题则更应引起注意，因为李约瑟的失误为我们提供了深刻的教训：首先，科学研究必须保持一种客观公正的态度，避免过分的情感因素，尤其是先入为主的观念；其次，科学研究者必须有科学的知识与素养以及文献整理功底，这一点对于墨学研究尤为重要；其三，对百科全书性的《墨经》来说，必须有社会科学与自然科学专家的通力合作，这样才能开拓出新的局面。

然而，李约瑟提供给我们的更重要的是启示。尽管他的研究有不少错误，但《中国科学技术史》的《墨经》研究仍然取得了极大的成就。李约瑟首先从《墨经》条文的科学技术内容出发，以微观研究与宏观审视相结合，从而更为深刻地把握了墨家学派的文化特征。其次，他将墨家学派的科学技术成就置于中国古代文明甚至世界文明的背景之下加以研究，因而为我们提供了更多的思考。这对我们深入推动墨学研究具有重要的启示。比如他在评价墨家科学思想特征时这样说道："完全信赖人类理性的墨家，明确地奠定了在亚洲可以成为自然科学的主要基本概念的东西……它们勾画出了堪称之为科学方法的一套完整理论。墨家论述了感觉和知觉、因果和分类、类同和差异、部分和整体的关系。他们认识到在确定名词和命名时的社会因素，区别了第一手和第二手证据，领会到这种证据是独立于现行的伦理信念之外的。"

这种对墨家学派文化特征的深刻把握是中国学者从来没有过的。仅此一点就可以看出李约瑟墨子研究的价值，尤其是墨家将科学视为"独立于现行的伦理信念之外"这一特征的揭示更使我们认识到：被排斥在主流文化之外的墨家学派的丧失不仅是传统文化的重大损失，而且这种科学精神的丧失对我们的现代化建设仍有巨大的负面影响。这无疑是我们必须深思的问题。

墨子思想对建设中国特色社会主义文化的重要价值

邵长婕

在世界历史的长河中，能把自己的思想化成民俗，引领百姓世代生活；能把自己的体验融入社会，成为天下文明规范；能把自己的言行形成文化，教育唤醒沉迷之人；能把自己的宏观高论贯通世界，放之五洲四海皆准；能把自己的实践科学创新，领先世界最新潮流的，除了墨子，恐怕再也找不出第二个人了。可以说，墨子在这方面开创了中国和世界之先河，成为中国、世界第一人。中华文化的思想宝库里，能够与现代全方位接轨的，也只有墨子。当今构建和谐社会、节约型社会、科技创新型国家等命题的提出，无不来源于中国传统文化的深远影响，来源于博大精深的墨子思想。墨子的思想需要继承，墨子的精神需要发扬，墨子的文化需要传承，让国人感知墨子，接受墨子，加快中国特色社会主义文化建设进程，这正是我们举办墨子文化节、国际墨子鲁班学术研讨会的目的所在。

“文化”一词之意，我国最早在《易经·贲·彖传》写道：“观乎天文，以察时变，观乎人文，以化成天下。”即我们观察天文可知自然的变化，我们观察人类社会，可用我们的道德、理想去培育一种精神，说服人民。赋予“文化”现代意义的则是英国著名人类学家爱德华·泰勒，他在《Primitive Culture》一书中认为:“文化是一个复杂的整体，包括知识、信仰、艺术、道德、法律、风俗以及作为一个社会成员的人所获得的任何其他的能力和习惯。”我们认为：文化是人的生存状态以及感情愿望的反映，反过来又对人的生存、发展给予能动的影响。

文化是民族的血脉，是人民的精神家园。文化建设是中国特色社会主义事业总体布局的重要组成部分，我们党始终把文化建设放在党和国家全局工作的重要战略地位。从物质文明和精神文明两手抓到依法治国和以德治国相结合，理论创新和实践探索不断推动着文化建设取得新成就，走出了一条中国特色社会主义文化发展道路。墨子思想是中华民族传统文化中最富有科学和人文精神的优秀文化遗产，蕴含着“施诸四海而皆准，行诸百世而不悖”（胡适语）的普遍真理成分，由于墨子思想的价值符合现代社会发展的需要，所以具有重要的世界意义和现代价值。在建设中国特色社会主义文化的进程中，我们应将墨子的先进思想、科学理念纳入中国特色社会主义文化之中，这对建设中国特色社会主义文化，提高全民族思想道德素质和科学文化素质，实现全面建设小康社会的奋斗目标，有着非常的重要意义。

可以纳入中国特色社会主义文化之中的墨子思想有：

一、提出的和谐社会主张

建立和谐稳定的社会，一直是中国人的追求和梦想。墨子认为，要建立和谐社会，根本在于贤人治国。必须把有德行、有才能的贤良之士，选拔到各级领导岗位。贤良之士的标准：“厚乎德行，辩乎言谈，博乎道术者乎，此固国家之珍，而社稷之佐也。”（《尚贤上》）也就是道德高尚，睿智善辩，博学多才，才是国家之珍宝和栋梁之材。墨子同时又提出了“上下一致、行动统一、和谐有序”的要求。国家如果思想不一致，就会互相矛盾。墨子强调：“上之所是必皆是之，上之所非必皆非之。上有过则规谏之，下有善则访荐之……”（《尚同上》）也就是上级正确必须服从，上级有错必须提出建议，下边有好的经验，必须积极推广，从而达到上下一致，和谐统一。对墨子提出的建立和谐社会的革新主张，我们不仅要从当时的社会政治变动的形势上去探索，而且还要联系墨子思想去研究。在墨子看来，不论是天子还是一般民众，必须从事耕织和听政才能生活和生存。必须各从其事，各尽其责。这是求得全社会的思想共识和舆论一致的举措。

二、燃起的兼爱非攻之光

建立和谐社会，必须唤醒人们的良知和道义精神。这种良知和道义的本质便是“爱”，即“兼爱”。只有“兼爱”，才能化解人与人之间的怨恨和敌视，才能把人们的思想行动统一起来，共同走进和谐社会的乐园。为实现建立和谐社会，墨子认为战争是最大的障碍。所以他高举反战大旗。针对当时天下诸侯相互攻伐的行径，他义正词严地谴责：“强之劫弱，众之暴寡，诈之谋愚，贵之敖贱，此天下之大害也。”（《兼爱下》）需要指出的是，墨子主张“非攻”而不废除“征诛”。他明确地把为了侵略的“攻伐”（非正义）之战和为民除害的“征诛”（正义）之战区别开来，完全是和他倡导的“兼爱”原则相符合的。墨子的“兼爱”、“非攻”思想，是人世间的大爱、博爱、前所未有的爱。没有任何一种爱可以与墨子的“兼爱”相比。尽管墨子生前这一理想没能实现，但他为我们构划的人人相爱的和谐社会，绝不是“乌托邦”，时隔2400多年的今天，“和平与发展”是当今世界的主题，科学民主政治在世界各地推进，我们已经看到了它的曙光。

三、倡导的廉洁从政思想

墨子“非乐”，并非是反对音乐本身，而是反对为满足贵族统治者的淫乐享受所从事的音乐活动。在他看来，专门为满足贵族寻欢作乐、淫荡不羁的音乐活动必会加重人民的负担。统治者为满足奢欲而制作众多的乐器，“将必厚措敛乎万民”，为了演奏众多乐器而征集大批青年男女，这不仅使他们脱离生产劳动，影响生产，还要供给他们美衣美食，势必更加重了人民的负担。墨子“节用”、“节葬”是他倡导兼爱利民的一个基本内容，是针对统治者骄奢淫逸、横征暴敛的腐败生活方式提出来的，并借“天志”的名义要求统治者能仿效古代“圣王”的生活方式。他指出古圣王节用的原则，是以能否有利于人民的利益为基点的。墨子“节用”并不是消极地缩衣节食，而是同增加生产、发展经济相结合的积极主张。他注重“强本”，就是加强生产、发展经济的具体体现。墨子主张的“节葬”，实际上是“节用”的一个重要方面，是对统治者奉行的厚葬久丧的恶俗所做的批判。他明确指出，统治者奉行厚葬久丧习俗是愚蠢之举，会带来“国家必贫，人民必寡，刑政必乱”（《非葬下》）的恶果。因此，墨子提出“节葬”，是以变革社会习俗和腐败风尚为要旨的，这在当时是具有进步意义和革新精神的；即使在今天这一思想也不落后。

四、创立的独树一帜哲理

墨子创立的哲学理论独树一帜，是先秦其他诸子所无法比拟的。墨子认为，人的知识有“闻知、说知、亲知”。“说知”包含有推论、考察的意思，指由推论而得到的知识。“亲知”即自身亲历所得到的知识，其过程分为“虑”（动脑思想，进行探索）、“接”（亲临其境，实际接触）、“明”（综合整理，分析推论）三步。墨子还是中国逻辑学的奠基者。他称逻辑学为“辩”学，视之为“别同异，明是非”的思维法则。他认为，人们运用思维，认识现实，作出的判断无非是“同”或“异”，“是”或“非”。由这一思维法则出发，墨子进而建立了一系列的思维方法：“摹略万物之然，论求群言之比。以名举实，以辞抒意，以说出故。以类取，以类予。”（《小取》）也就是说，思维的目的是要探求客观事物间的必然联系，以及探求反映这种必然联系的形式，并用“名”（概念）、“辞”（判断）、“说”（推理）表达出来。此外，墨子还总结出了假言、直言、选言、演绎、归纳等多种推理方法，从而使墨子的辩学形成一个有条不紊、系统分明的体系，在古代世界中别树一帜，与古代希腊的逻辑学、古代印度的因明学并立。

五、开创的科技发明思想

墨子的创新发明至今还无人超越。墨子重视科学研究和技术应用，其科技思想在当时独领风骚。英国著名学者李约瑟在《中国科学技术史》中这样评价墨家的科学技术成就：“完全信赖人类理性的墨家，明确地奠定了在亚洲可以成为自然科学的主要基本概念的东西。”墨子一身兼具经验家、技术家、工匠和科学理论家的素质和品格，是手工机械制造的能手，会造车，善造守城器械，熟悉生产技术工艺，有丰富的科学技术知识。《韩非子·外储说》记载，墨子制作的飞鹰飞上高空，几日不落。《墨子·公输》记载，公输盘在与墨子的比赛中甘拜下风。墨子从世代相传的手工技艺中提炼出数学、力学、光学、机械学等方面的许多科学知识，总结出其中的规律，在中国科学技术史上留下了光辉的一页。蔡元培认为："先秦唯墨子颇治科学。"胡适在《中国哲学史大纲》中说："墨家论知识，注重经验，注重推论。看《墨辩》中论光学和力学的诸条，可见墨家学者真能做许多实地实验。这是真正的科学精神，是墨学的第三种贡献。"历史学家杨向奎称：中国古代墨家的科学成就等于或超过整个古代希腊。

六、开启的素质教育先河

墨子的素质教育思想至今还在世界范围内广泛应用。素质教育是以全面提高人的基本素质为根本目的的教育。墨子是在世界上第一个提出"义务教育"的先驱，是一位最早倡导素质教育的教育家。墨子素质教育的基本理念、准则与方法，他的"量力而行"、"因材施教"、"学思结合"和"学以致用"等原则，对后世产生了深远的影响，在大力推行素质教育的今天，值得我们借鉴和反思。墨子（约在其 30 岁之前）创办了人类历史上第一个设有文、理、军、工等科的综合性平民学校，培养了大批人才，史称"弟子弥丰，充满天下"。墨子素质教育思想的特色有：以德树人——讲究力行献身；以纪约人——做到严于律己；因材施教——提倡量力而行；人人受教——打破等级界限；环境育人——重视育人氛围；技能教育——理论联系实践；全面教育——培养社会所需。

七、践行的无私奉献精神

墨子以其强烈的忧国忧民的情怀，救苦救难的悲愿，以救世济民为宗旨，赴汤蹈火，不辞生死。墨子为建立和谐社会，赴汤蹈火，奔波天下；他积极发展生产、科学，努力富国强兵。他的思想、情操、品行，即使是激烈辟墨的孟子，也称扬他是一个“摩顶放踵，利天下为之”的利天下主义者。墨子以利天下的救世为自己的使命和职责，以舍小我成大我为志。在墨子那里，如果舍弃自己局部之利可以维护天下整体之利，那是一宗非常划算的买卖。正如陆贾所言，“墨子之门多勇士”，乃“化之所至”。历史上的墨家，就是由一群民间草根结成的志愿者社团。他们以一种任侠的勇气与商人的冒险精神去维护世界的和平推进社会的进步，墨家志愿者为了天下，可断指可断腕，可生可死。这种献身精神，是世界的一面光辉旗帜，也是中华民族每个儿女的永远骄傲！

新的时代，呼唤适应社会发展要求的新的文化；新的时代，必须建设新的文化。继承和弘扬墨子思想，在建设和谐社会的实践中加以发展，就能充分激发整个民族的潜能，为社会主义现代化建设提供精神动力。“国民之魂，文以化之；国家之神，文以铸之。”文化体现着国家和民族的品格。当前，中国特色社会主义文化的要素已经渗透到经济发展的全过程，把握好中国特色社会主义文化的前进方向，把继承和发扬优秀传统文化上升到全民族的高度。让我们为中华民族的伟大复兴，为中华民族的屹立于世界先进民族之林，倾心倾力建设好中国特色社会主义文化。

墨子“法仪”说浅析

王　凯　郑延龄

墨子作为我国古代著名的思想家，《法仪》是其思想体系中关于法治叙述的最为精辟的篇章。墨子所说的“法”或“法度”，泛指一切标准、规范或者制度，是一个含义十分广泛的概念，但从他这里所强调的“至士之为将相者皆有法”，以及“治大国”、“治天下”等方面来看，无疑包括了我们今天所说的“法律”和“国家制度”等内容。然而，笔者发现如果想深入全面地认识墨子的法治思想，还需结合墨子的其他篇章，如《尚同》、《兼爱》篇，这样才能形成一个完整的体系。本文的叙述脉络是从墨子的“程序”观，到“天”观，再到“天人感应”观。墨子的法治思想正是按照这个脉络而逐渐演进，形成一个能够自圆其说的理论体系。

一、“程序”观

在《法仪》篇中，墨子对“程序”[①]的重要性作了简短的介绍，认为在天下做任何事情都要遵守一定的法度，并以“百工”为例，“百工为方以矩，为圆以规，直以绳，正以县。无巧工、不巧工，皆以此五者为法。巧者能中之，不巧者虽不能中，放依以从事，犹逾己”[②]。由于历史局限性，墨子的“程序”观是粗糙的，与现代社会所流行的“程序”观还是有着很大的差距的。但是他强调了“法”的重要地位，介绍了程序的工具性价值，无疑是对法及法治的一个重要启蒙。在论述完程序的重要性之后，墨子将程序的重要性类推到治理国家之上，认为治理国家也需要遵守一定的法度，《墨子·法仪》指出：“天下从事者不可以无法仪，无法仪而其事能成者无有也。虽至士之为将相者皆有法，虽至百工从事者，亦皆有法。百工为方以矩，为圆以规，直以绳，正以县。……故百工从事皆有法所度。今大者治天下，其次治大国，而无法所度，此不若百工，辩也。”③

对于以谁为法的标准的问题，墨子也进行了详细论述。墨子认为：“天下之为父母者众，而仁者寡，若皆法其父母，此法不仁也。法不仁，不可以为法。”（《墨子·法仪》）同理，天下之为学者众，而仁者寡；天下之为君者众，而仁者寡。“故父母、学、君三者，莫可以为治法。”④在父母、学者、君都不可的情况下，提出了“法天”的观点。

二、“天”观

墨子信奉传统的天命观，相信“天志”的存在，认为“天”高高在上，是社会和自然的最高主宰，能够为民设置王公侯伯；他还相信鬼神的存在，鬼神能在冥冥之中监督人类的行为，也就是传统的因果报应观。墨子在《法仪》篇中详述了“天”的优点，如“天之行广而无私，其施厚而不德，其明久而不衰，故圣王法之。既以天为法，动作有为，必度于天，天之所欲则为之，天所不欲则止”⑤。墨子将“天”视为最高等级，认为天“以其兼而爱之，兼而利之也。奚以知天兼而爱之，兼而利之也？以其兼而有之，兼而食之也”，这体现了墨子的“兼爱”思想。[⑥]在群雄并起、征战不断的战国时期，“天”的仁慈与厚德与当时暴虐的社会现实形成了鲜明的反差。那么如何才能结束这混乱的局面呢？墨子又在此基础上提出了“天人感应”观，君主只有按照“天”意志去行事，才能够治理好国家，同时自己也享受到无尽的福禄。《墨子·天志上》云：“我为天之所欲，天亦为我所欲。”墨子以为“天下从事者，不可以无法仪”（《墨子·法仪》），然则“奚以为治法而可”？墨子的结论是“莫若法天”。所以“子墨子置立天之，以为仪法”（《墨子·天志下》）。

墨子所言的“天志”实际上是墨子自己的意志，墨子主要想通过“天志”这个思想来说服人们兼爱，即兼爱是有利天下的唯一道路，“夫爱人者，人必从而爱之；利人者，人必从而利之；恶人者，人必从而恶之；害人者，人必从而害之”[⑦]。

三、“天人感应”观

恰如前文所述，笔者认为墨子提出了“天人感应”观的雏形。而墨子所说的天，主要是突出天的公平、公正的特点，强调天的客观性，也就是强调法的客观公正性，否定立法的偏私性。至于天有欲，欲人们相爱相利，墨子实际上是提出了法治的目的性，就是要维持社会的公正秩序、强调法的社会整合功能，弱化了人们对天、鬼的社会控制依赖。几乎所有的先秦法家，如韩非子等，都强调“法”是神圣不可侵犯的。但具体谈及法的来源，都说君主是“生法”的，也就是说，法由君主所立。如《管子·任法》说：“有生法，有守法，有法于法。夫生法者君也，守法者臣也，法于法者民也，君臣上下贵贱皆从法，此谓为大治。”那么君主立的法就一定是神圣的么？就一定是正确的么？君主不公正、不理性、不圣明怎么办？所立的法不客观、不公正、不符合社会状况怎么办？君主也是人，他个人的智力和见识是有限的，许多君主还是昏君暴君，法家的理论家们从来没有解释：昏君乱君暴君会对立法起到什么灾难性的作用，以及如何避免君主在立法的环节上的偏见，制定出公平优秀的法来。⑧

墨子思想的价值就在于此，他所强调的“天人感应”观是能够解决这一问题，唯有君主制定的法律与天契合，才算是一部公正、理性的法律。其意义在于君主不应是法律的源泉，法律更不应该成为一家的私法，相反法律应该是公正无私的，是为天下人谋利益的。制定法律也要遵循一个客观标准，从而形成持久的社会维持作用。根据墨子的理论，若君主能够“兼爱”、“非攻”、“尚贤”及“敬天”等，就一定能够制定出一部良法，当然至少理论上如此。

四、墨子法仪思想的反思

墨子借助“天志”，规劝统治者能够兼爱、非攻和尚贤，从而实现天下大治。可见，“天志”就是墨子的意志，是墨子意志的一种表现形式而已。“天志”之于墨子，只是一种工具。与其说墨子在“替天行道”，倒不如说天在“替墨行道”。“天”、“鬼”主要是适应墨子需要的一种手段，而不是派生出墨子思想的本源和骨干，也不是墨子思想的本质所在。

墨子在关心国计民生的同时，要求他人对自己无限服从。墨子为天下立法，墨者思想轻而易举地成为天的意志，拥有了绝对权威，人们的一切言行完全置于墨者之法的规范之下。在集团内部，墨家实行巨子制，巨子不仅教化墨徒，更重要的是执行墨者之法，掌管墨徒的生杀命运。巨子严格遵守墨者之法，是墨家大义的绝对执行者和示范者。巨子孟胜为阳城君守国失败，以身殉职，诸弟子决心同生共死，“孟胜死，弟子死之者八十三人”[9]。淮南王刘安说，墨家弟子“皆可赴火蹈刃，死不还踵，化之所致也”[10]。

墨子为民立法，以求一统，忽视了个体的差异。社会是由不同的个体组合而成，一味强调服从只能走向独裁。任何社会的道德建设都是一个长期复杂、循序渐进的过程，不可能一蹴而就。另外，墨子要求世人服从墨者之法的权威，无助于培养自觉的道德义务感。“道德之所以是道德，全在于具有知道自己履行了义务这样一种意识。”[11]道德的基础是人类的自律，任何理性教育，都是外部的客体，都要通过主体的心理过程才能起作用。如果没有主体的心理过程的发生，这种教育就是徒劳无功的。道德是在人与人的社会关系中，在调整人们之间的行为、互相承担道德义务的过程中自然而然形成的，真正高尚的道德行为乃是人出自道德义务感和道德责任心对别人、集体、社会作出无私的贡献，利用上命的奖惩，诱之以利禄，吓之以灾祸，无助于培养人们良善的道德意识，不符合道德发生、发展的真正过程。在当时的情势下，天命鬼神观念日益动摇，人获得从未有过的自由，反对任何来自个体之外的驾驭和控制。从这个意义上说，墨子为民立法的强烈愿望恰恰成为墨家集团发展的巨大障碍。

无论如何，墨子的法律思想具有先驱者的作用，不可低估。实际上，我们在研究中国古代法的思想时往往不提墨子，这是由于法家思想的系统性和功用卓著，将墨子思想的价值给遮蔽住了。但墨子的论说比法家要早，也包含了法治思想的启蒙，因此是十分值得研究的。探究墨子思想，对于推动我国法治及道德进步，有着重要的现代意义。

注释

①程序，从法律学的角度来看，主要体现为按照一定的顺序、方式和手续来作出决定的相互关系。其普遍形态是：按照某种标准和条件整理争论点，公平地听取各方意见，在使当事人可以理解或认可的情况下作出决定。摘自季卫东著：《法律程序的意义——对中国法制建设的另一种思考》，中国法制出版社2004年版，第17页。

②方勇译注：《墨子》，中华书局2011年版，第20页。

③〔清〕孙诒让：《墨子间诂》，中华书局2001年版，第20页。

④方勇译注：《墨子》，中华书局2011年版，第21页。

⑤方勇译注：《墨子》，中华书局2011年版，第21页。

⑥笔者认为，墨子与老子关于天地间最终的“法”的论述是有一定的相似性的，老子在《道德经》中也谈到“天长地久。天地所以能长且久者，以其不自生，故能长生。是以圣人后其身而身先，外其身而身存。非以其无私邪？故能成其私。”

⑦方勇译注：《墨子》，中华书局2011年版，第127页。

⑧孟天运、葛敬静：《墨子“法天”“听民”的法律思想》，载《东方论坛》2011年第4期，第118页。

⑨《吕氏春秋·上德》。

⑩《淮南子·泰族训》。

⑪黑格尔：《精神现象学（下）》，商务印书馆1979年版，第157页。

从“墨守成规”说墨学中断

张庆军

中央电视台《走遍中国》栏目于2010年9月27日播出了《千年墨学中断之谜》，引起了国学爱好者的关注。国人更关注墨学文化，关注墨学中断的原因。

客观地说，墨学中断的原因有许多，既有墨家自身的原因，也有社会政治、经济、文化方面的原因。从自身上来说，庄子就认为墨家对弟子要求太苛刻，以致后继无人，“奈天下何！”从政治上来说，墨子学说超越了时代，人人平等的兼爱主张显然不可能为封建统治者所接受；从经济上来说，墨家不分血缘，不分远近，天下大同的乌托邦思想显然也为封建社会家族式的小农经济生产方式所排斥；从文化上来说，百家争鸣的后果，“罢黜百家，独尊儒术”，儒学文化对非儒的墨学文化自然是不遗余力地压制打击。这些都是墨学中断的原因，也有许多墨学专家和墨学爱好者进行了或深或浅的论述。而我所选的角度略有不同，我希望通过和墨家有关的成语中最有名的成语“墨守成规”来探讨一下墨学中断的原因。

墨守成规，我们先来看一下它的成语解释：【释义】墨守：战国时墨翟善于守城；成规：现成的或久已通行的规则、方法。指思想保守，守着老规矩不肯改变。【用法】作谓语、定语、宾语；指思想固执保守。【结构】动宾式。【近义词】因循守旧、故步自封、抱残守缺。【反义词】标新立异、推陈出新。【辨义】“墨守成规”和“故步自封”，都含有“因循守旧，不求进步或革新”的意思。但“墨守成规”偏重在固执地按老一套办事，不肯改进；“故步自封”偏重在不求进取。

可以看出，墨守原来是称赞墨子在守城方面的军事成就，确实有一套，形成了自己的防守体系。《墨子·公输》一篇，就记载了墨子“止楚救宋”的故事，《吕氏春秋·离俗览·上德》也记载了墨家巨子孟胜替阳城君守城。而现在，墨守成规就完全变成了贬义词。

我认为，从“墨守成规”一词说开来，可以找到墨学中断的几个原因：

一、从“墨守成规”的主体上看，以墨家弟子为主体军事团体为统治者所忌。

“墨守成规”的主体，要看是谁来守城，具不具备守城的资格。墨家为了“扶弱拒强”，经常“替”人家守城，或“帮”人家守城。确实，墨家的军事成就非常突出，与孙子可称我国古代军事史上的“双璧”。如果说孙子兵法主要强调的是运动战，那么墨子就主要研究的是阵地战。《墨子·备城门》以下就有十一篇，专讲守城之法。这些攻守之法，在以后“战必攻城”的情况下，屡放异彩。关键的是，墨子用他的军事成就培养了一大批守城军事专家，他和他的弟子们组成了一个半军事化的团体。“止楚救宋”的故事中，墨子就自称已派禽滑釐带三百弟子，助宋国守城，使得楚王不得不放弃攻宋。问题来了：在诸侯数百的战国初期，墨家团体还可以在夹缝中生存，可到了大秦帝国一统天下时，就完全没有这种半军事化团体的生存土壤了。秦始皇“焚书坑儒”搞得骂名不绝，却没有如何对待墨家弟子的记载，可能有几个原因：一是墨家已在战争中死绝了；一是被秦始皇悄悄派人灭了；一是墨家弟子所剩无几，隐匿或转移了。我们知道的是，秦以后的两千年，有儒家弟子、道家弟子、法家弟子，却不再有墨家弟子，只有寥寥几个研究者。

二、从“墨守成规”的后果上看，精英弟子在累次守城之战中大量牺牲，传承渐渐中断。

墨家的守城之法，是在战争中总结出来的，又应用于战争之中。“兼爱”是墨子思想的核心，守城是墨家行动的核心。所以，精通守城之法的弟子，皆是墨家精英。墨子一生言传身教，以身作则，故墨家弟子亦深得其精髓，可以“赴火蹈刃，死不还踵”。他的弟子都成了他的政治主张的忠实信徒和执行者，随时都可能因“扶弱拒强”而在战斗中牺牲。曾有一个死亡弟子的家人责备墨子，墨子认为这个弟子为义而来，为义而死，死得其所。而墨家三代巨子孟胜为阳城君守城，除自己死亡外，“弟子死之者百八十三人”（《吕氏春秋·离俗览·上德》）。精英弟子的大量死亡，造成了墨家后继无人的状况。

三、从“墨守成规”的延伸贬义意义上看，墨家弟子因循守旧，无人能继往开来，发展墨学。

一个学派的壮大，仅仅有创始人是不够的，还需要许多后继者随着时代的变化，适时地继承和发展。像儒家，孔子之后，战国有亚圣孟子、汉代有董仲舒、宋代有程朱理学、明代有王阳明，使儒家文化独霸两千年。而墨家弟子有记载的仅有四十个，还不出色。墨家一方面如前所述，精英弟子大量死亡，另一方面，墨家思想仅仅适应了春秋战国时代部分人的需要，才得以盛行二百年，战国后，情况变化了，却无人能像叔孙通、董仲舒那样继往开来，继承发展前人学说，终至墨学脱离了时代。应了“墨守成规”这一贬义之意。成为墨学千年中断的重要原因。

四、从“墨守成规”的目的上看，墨家奋斗目标定位不明，弟子变质。

“墨守成规”的目的，要看为谁守城。从理论分析，墨家学说代表的应该是手工业者和平民的利益。可也许是因为墨子将理想的推行寄希望于君王与诸侯，所以只有拿“天下”说事。“兴天下之利，除天下之害”这句话在《墨子》一书中重复出现，被着重强调。追求群体的利益是墨子功利主义所要达到的最高境界。所谓“国家百姓之利”，就是意味着王公大臣与庶民百姓同利。所以墨家是不排斥做官的，但他们有一个原则，就是君王必须实行自己的政治主张才能做官，《墨子》中有多处记载了墨子的学生学成后游历诸侯国，有的还当了诸侯国官员的记载。后来墨家弟子“显荣于天下者众矣”（《吕氏春秋·仲春纪·当染》）。不过问题就是墨者的政治主张未必得以实施，他们很多都成为了守城的工具。

墨子强调的利是群体之利，这种天下之利对各个社会阶层是普遍有意义的。可是，这种普遍意义的定位，是乌托邦式的幻想，恐怕到共产主义才能实现。各个阶级、各个阶层的利益是不可能完全一致的。儒家就聪明地强调为君子、为君主、为士大夫服务。所以，墨家服务对象、奋斗目标的模糊定位，造成了后世弟子的变质。最显著的表现就是孟胜助阳城君守城。

《吕氏春秋·离俗览·上德》记载，阳城君因楚国内部纠纷受到楚王的制裁，阳城君贪生出逃，但他出逃前却给他的朋友墨家巨子孟胜提出了一个天大的要求——死守城池。面对前来讨伐的楚国大军，孟胜与他的部属发生了激烈的争执，争执的焦点围绕无意义的牺牲是否值得而展开，一名叫做徐弱的墨家弟子这样质问孟胜："如果我们的牺牲能够有益于阳城君，那么我死而无憾，但如果我们战死却改变不了任何东西，反而却要使本来就所剩不多的墨者灭亡，这样的事，我不能同意！"孟胜的回答，就是典型的中国人关于"义"的理解："我对阳城君，既是他的老师，又是他的好友，更是他的臣子。如果我不守诺而死，天下人就再也不会把我们墨者当做严师、贤友和良臣了。我死之后，田襄子可以接替我做墨家巨子，有他这样的贤人，墨家怎么会就此灭亡？"

中国人最优秀的一类思想就在这种微妙的关系中被取代成忠义精神了。墨者贤如孟胜者，也没能逃过"士为知己者死"的盲义，介入了贵族的内部纷争，孟胜或许早把"利天下"的抱负扔在了一边。墨家此时，从巨子开始，都已渐渐远离了墨子创建墨家学派时的本意。以至于后来，伟大的、利他的墨子甚至被人说成是黑社会的鼻祖，其来有自。

"墨守成规"让我们看到了墨子卓越的军事成就，同时也让我们看到了墨学中断的种种原因。墨学文化的精华，我们应该继承和发扬，同样，墨家学说里面不适应时代的东西我们也要予以淘汰和抛弃。这样，优秀的传统民族文化，才能成为我们的时代前进的底蕴和动力。

参考文献

1. 《现代汉语词典》。
2. 《墨子·公输》。
3. 《吕氏春秋·离俗览·上德》。
4. 《墨子·备城门》。
5. 《吕氏春秋·仲春纪·当染》。
6. 《血性中国随笔：从孟胜到田横五百壮士》。

墨团组织纪律与墨家思想流传

颜玉明

墨家组织由墨子一手创建。墨学，在先秦时代和儒学并称“显学”。墨子招收弟子，聚徒讲学，建立了一个有严格的规章制度和严密的组织形式的团体，带有一定的结社性质，从而创立了自己的学派，墨门子弟必须听命于巨子，正是因为有严密的组织，才使墨家有很强的战斗力，所以说墨家是先秦时代唯一的有严密组织和鲜明宗旨的学派。墨家弟子不光要学习墨家学说，还要亲身加入到实践主张的行列中，为实施墨家的主张，舍身行道。墨学是中国古代文化中的瑰宝。墨家思想所代表的是处于社会中下层的普通百姓的实际需要和实际利益，因而具有更大代表性和普遍意义，将永远流传。

一、墨家：组织严密纪律严明的团体

墨家是中国最早的民间准军事团体。墨家的亲信弟子达数百人之多，最高的领袖被称为“巨子”，巨子有绝对的权威。巨子的职位是由集团中公认的贤者递相传让的。墨家的成员都称为“墨者”，必须服从巨子的领导。墨者大多来自社会的中下层，能够吃苦耐劳，平时一律短衣草鞋，参加劳动，“串足胼胝，面目黎黑”，以吃苦为高尚的事。他们勤于实验，作战十分勇敢，平时从事生产劳动，主要职业是教师、工匠等。墨子及其门人为人们做好事，即使是牺牲了个人性命也在所不惜。《淮南子·泰族训》说："墨子服役者百八十人，皆可使赴火蹈刃，死不还踵。"而且他们功成不受赏，施恩不图报。

中国历史上的墨家学派由墨子和他的弟子及其后学者（墨者）组成，墨家发展很快，人数众多，是一个组织严密的政治军事跨国集团。他们通过遍布各国的组织体系和"墨者之法"对墨家成员进行严格管理和严密控制，并根据需要从而安排弟子到各个国家出仕，而仕宦收入必须分出一部分供墨家团体作活动经费。《公输篇》记载：墨子为止楚攻宋，派禽滑釐等三百人，持墨子守圉之器，在宋城以待楚寇。没有严密的组织，在先秦的时代，一下组织三百个弟子参与守御的任务，是不可想象的。如此有计划、有目的的行动，说明墨家组织发挥着重要的作用。

墨家纪律严明，而且执法如山，不徇私情，即使巨子本人也不例外。《吕氏春秋·去私》说："墨者有巨子腹䵍居秦，其子杀人。秦惠王曰：'先生之年长矣，非有他子也，寡人已令吏弗诛矣。'腹䵍对曰：'墨者之法曰：杀人者死，伤人者刑，王虽为之赐，而令吏弗诛，腹䵍不可不行墨者之法。'遂杀其子。"这个故事生动地反映了墨家纪律的公正严明。正因为如此，墨者能征善战，具有"赴火蹈刃，死不还踵"的战斗精神，墨家成为有极强战斗性的团体。墨子身后他的传人仍然恪守墨者之法，保证了墨家组织的严密性，墨家组织起着团结广大成员的桥梁作用。墨家比较全面和系统的管理体系，也反映出墨家的管理智慧。

二、墨家主张的推行实践

墨家弟子不光要学习墨家学说，还要亲身加入到实践主张的行列中。为了实现非攻的主张，弟子们要时刻准备着投入到守御弱国的任务中。为实现其道德理想，应有不怕牺牲的勇敢精神。《墨子·鲁问篇》说："鲁人有因子墨子而学其子者，其子战而死，其父让子墨子。子墨子曰：'子欲学子之子，今学成矣，战而死，而子愠。而犹欲粜，粜售则愠也，岂不费哉！'"墨家弟子要有牺牲自己的心理准备，以身践义。墨子之后，墨家巨子孟胜"善荆之阳城君，阳城君令守于国……荆王薨，群臣攻吴起，兵于丧所，阳城君与焉……收其国……（孟胜）属巨子于宋之田襄子……死之者百八十三人。"孟胜死之前，说要"死之"原因道："不死，自今以来，求严师必不于墨者矣，求贤友必不于墨者矣，求良臣必不于墨者矣。死之，所以行墨者之义而继其业者也。"其行为虽然不免迂腐，但为"义"而死，墨家之牺牲精神可见。

但是，墨家并不是出身于游侠的武士团体，而主要是一个学术团体，他们所从事的是一般游士的共同事业：完成学业，然后四处游说，用自己的观点和辩才去影响各国诸侯，并争取出仕，实现自己的政治主张以建功立业。如墨子他曾使其弟子耕柱子于楚，游高石子于卫，游公孙尚过于越，出曹公子于宋，使胜绰事齐国项子牛，很有"读万卷书，行万里路"的味道。……其实，用现代学生的"读万卷书，行万里路"来形容墨家子弟并不为过。墨子的五个"家"里面就有一个"教育家"。人类历史上第一个设有文、理、军、工等科的综合性平民学校，就是墨子约在其三十岁时创办的。这个学校培养了大批人才，史称"弟子弥丰，充满天下”。墨子的思想的十项主张：兼爱、非攻、尚贤、尚同、节用、节葬、天志、明鬼、非乐、非命，想来应该是这个学校的必修课。

三、墨家思想的流传

墨子死后，墨家分为三大派别，分别为相里氏之墨、相夫氏之墨和邓陵氏之墨(《韩非子·显学》)。他们从事“谈辩、从事、说书”的工作。其中谈辩即辩论，从事即研究科学，说书即教书和研究各种典籍。他们各自以为是正宗，不相上下，谁也不服谁，甚至互相倾轧，致使墨家元气大伤。到了战国后期，墨家三派又汇合成二支：一支转化为秦汉社会的游侠，另一支则注重认识论、逻辑学、数学、光学、力学等学科的研究，是谓“墨家后学”，亦称“后期墨家”。

可惜的是此后的时间，也就是从秦统一六国以后到清朝初年的近两千年里，墨学进入最低潮的时期。墨学基本上是处于停滞阶段，治墨者屈指可数，能找到的的有：晋时的鲁胜、唐时的乐台、宋代的何芜及元代的陆友等。这些人名都生疏得很，可谓是“凤毛麟角”。这其中的原因固然有秦始皇的以法为教、焚百家之书和汉武帝的“罢黜百家，独尊儒术”等政策，但也有墨家自身未能保持生机和活力，以适应社会历史发展的需要的内因。大抵说来，还是墨家那种以天下为己任的精神难以实行，加上墨家独特的巨子制度，已经是一种变相的神秘组织，既不如儒家有治世的理想，也不如道家可深植于心灵，更不如法家能被巧妙地应用在政治上，因此，墨家思想慢慢地没落了。

但是墨家思想并没有失传，而是在中国民间流传着。墨子处处为人民着想，主张凡是一切举动浪费财力而无明显利益者，一概不为。他认为封建贵族之奢侈浪费，大谈礼乐，厚葬攻战，都是“加费不加于民利者”，他都反对。墨子提出和谐社会思想，其目的就是为了解决如何实现平等、如何协调人与人的关系、如何解决贫富差距以及如何制止战争和暴力、实现永久和平等问题，以真正实现和谐社会的理想未来。墨子所描绘的和谐社会蓝图，主要体现在他的十大主张中，即兼爱、非攻、尚贤、尚同、节用、节葬、天志、明鬼、非乐、非命。这些主张集中反映了广大人民对于和谐社会美好生活的渴望。尽管墨子和谐社会思想是生产力水平十分低下时期的产物，但从总体上看，墨子的这些主张还是有着冷静而深刻的内涵，而且由于其所代表的是处于社会中下层的普通百姓的实际需要和实际利益，因而具有更大代表性和普遍意义。

到了现代，人们更高地评价墨子在哲学、政治、伦理和自然科学等方面的成就。孙中山在《民报》第一号中称颂墨子为“世界第一平等博爱主义大家”，与黄帝、华盛顿、卢梭并列为四大伟人。毛泽东誉墨子为“平民圣人”。蔡元培更是发出了“墨学中断使中国科学不得发达”的感叹。当代社会更需要墨学精神。墨子精神与现代社会提倡的价值观念不谋而合。梁启超在《墨子学案》认为：“欲救今日之中国，舍墨学之忍痛苦何以哉？墨学之轻生死何以哉？”台湾政治大学的沈清松教授认为：墨子精神体现了尊重科学技术的创新精神、开放的人文主义与深刻的宗教精神，与现代社会的需要对照，“墨子实为最合乎当今时代趋势的中国传统思想”。

墨学涉及社会科学与自然科学两个方面的许多领域，闪耀着人道主义、民主与法制思想、逻辑原理、科技造福社会的思想光芒，是中国古代文化中的瑰宝。墨学文化虽然衰微了两千多年，但墨家的思想永远不会消亡，因为它折射着人性的光辉，必将不断流传，永久阐扬。

墨家兼爱思想及其可行性的逻辑分析

杨武金　刘婷婷

“兼爱”是墨家思想学说的核心观点。准确认识“兼爱”的含义，并对其可行性作出合乎逻辑的分析，对于弘扬墨学具有重要作用。

一、墨家“兼爱”概念的内涵和外延

墨家的爱是关爱的意思，即关心、爱护。兼爱，就是要平等地相互关爱，尤其强调要像对待自己那样来对待别人，要像对待自己的那样来对待他人的。《墨子·兼爱中》说：“视人之国若视其国，视人之家若视其家，视人之身若视其身。”要像对待自己国家那样来对待别的国家，要像对待自己的家庭那样来对待别人的家庭，要像对待自己那样来对待别人、他人。

从古至今，对墨家“兼爱”思想的非议从来没有停止，但这些非议基本上都误解或者曲解了墨家的思想。孟子曾经批评墨子兼爱是“无父”，是“禽兽”（《孟子·滕文公下》）。这其实是儒家为了能够宣传自己的思想，不得不采取卑劣的手段，将墨家妖魔化，从而尽快把当时已经得到广泛传播的墨家显学打压下去而做出来的污蔑和诽谤。事实上，墨家思想并没有“无父”的观点，相反，墨家特别强调对父母双亲的关爱。《墨子·经上》说："孝，利亲也。"《墨子·经说上》说："孝：以亲为芬，而能能利亲，不必得。"对父母双亲的孝敬，就是要做对他们有好处的事情，墨家将对父母双亲的孝敬看做是儿女的职责，所以凭借自己的能力来做对自己父母双亲有好处的事情，不一定需要得到什么样的回报，因为这是一种义务。又有观点认为，"墨家这一兼爱思想不能推广，因为如果将别人的妻子也当做自己的妻子一样看待，岂不荒唐？"我们曾对这种观点进行了批驳，其根本错误就是将墨家所说的"爱"，片面理解成了"性爱"，歪曲了墨家关于"爱"这个概念的真实内涵。[①]

"兼爱"的"兼"具有整体、全部的意思。墨家的"兼爱"和"尽爱"、"俱爱"、"周爱"等都是相通的。"兼爱"强调要把"爱"推广到人的外延的全部。[②]《墨子·小取》中说："'爱人'，待周爱人而后'爱人'；'不爱人'，不待周不爱人：失周爱，因谓'不爱人'矣。"说"爱人"，必须周遍地爱所有人才可以说是"爱人"；说"不爱人"，不依赖于周遍地不爱所有的人：没有做到周遍地爱所有的人，因此就可以说是"不爱人"了。因此，墨家的"兼爱"同时要求爱所有的人，不能有的爱有的不爱，如果是这样的话就不能算是"兼爱"了。

整个来说，墨家的"兼爱"不但要平等地爱人，而且要平等地爱所有的人，即只要是人，就需要平等地、毫无区别地去关爱他。总之，"兼爱"的内涵是爱无差等，互爱互利，爱与利相结合；"兼爱"的外延则需周延所有的人，不受地域和亲疏的影响。

墨家的兼爱和儒家的仁爱是有区别的。儒家的"仁爱"是由己及人，这种爱随着血缘关系的由近变远而由浓转淡，从父母兄弟之爱到国家社会之爱，有亲疏厚薄之分，最终目的是维护奴隶阶级秩序，是一种差等之爱。在儒家看来，血缘、地域关系，决定了个人对他人的关爱，至少在量上是有分别的。墨家的兼爱则强调人与人之间、国与国之间的相互平等，而这正好反映了在当时社会动乱时代作为小生产者阶层的墨家学派要求取得人格平等的要求。

墨家的兼爱和西方的博爱，在内涵和外延上也存在不同。西方的博爱，在爱的范围上比墨家的兼爱相比要大。《墨子·小取》说："盗人，人也。多盗，非多爱人也。无盗，非无人也。"而且《墨子·尚同中》进一步指出，发动侵略战争，公开掠夺别国的财物，其不仁义之处更有过于盗贼，所以，应该进行更严厉的惩处。总之，墨家将强盗等看成是非人的另类，即兼爱的对象是不能推广到盗贼、败类的。西方的博爱则认为也要爱你的敌人，《马窦福音》上说："你们当爱你们的仇人，当为迫害你们的人祈祷。"[③]仇敌也是爱的对象。与墨家兼爱思想比较起来，西方的博爱显得不是太讲逻辑：本来该痛恨的对象，却强调要去爱。

王赞源先生指出，西方的博爱是"以人性的自由平等为前提的。在墨子的理论里，与君权概念相对应的并不是民权，而是臣权概念"[④]。西方的博爱是以人性的自由平等为前提的理论，而墨家的兼爱则是存在于君权和臣权的对立之下。《墨子·经上》说："君，臣萌通约也。"君主将臣子和老百姓统统约束。从整个墨家的尚同思想来说，墨家兼爱在本质上隐藏着不平等。当然，西方的博爱思想也存在着欺骗性和虚伪性。但总体来看，儒家的仁爱、墨家的兼爱和西方的博爱，这三个概念之间在外延上存在着由小到大的区别。三个概念所体现出来的外延关系，可以大致表示如下：

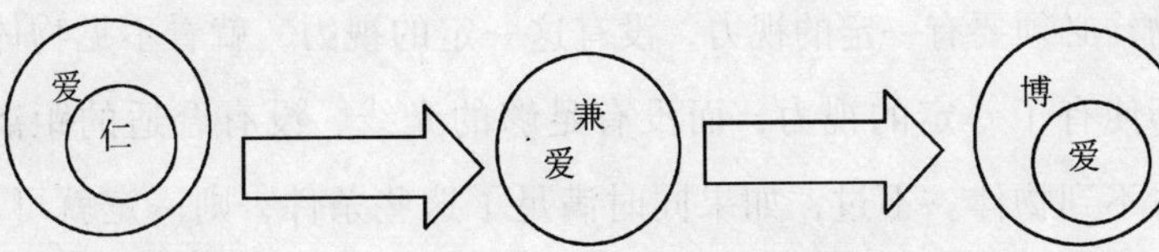

儒家的仁爱未能扩及人爱的全部范围，墨家的兼爱要求周遍所有的人，西方的博爱则将对人之爱扩展到了对非人的爱。

二、从必要到充分：墨家兼爱理想的实现逻辑

墨家提出兼爱思想的目的，是为了实现天下大治，建设和谐社会。《庄子·天下》说："天下之治方术者多矣，皆以其有为不可加矣。"诸子百家都提出了自己的救世方略。墨家认为，要实现天下大治，首先需要明确其故。《墨子·经上》说："故，所得而后成也。"《墨子·经说上》说："小故，有之不必然，无之必不然，体也，若有端。大故，有之必然，无之必不然，若见之成见也。"墨家认为，天下大乱的原因是人们之间不相爱、不兼爱。《墨子·兼爱上》说："圣人以治天下为事者也，不可不察乱之所自起。当察乱何自起？起不相爱。臣子之不孝君父，所谓乱也。子自爱不爱父，故亏父而自利；弟自爱不爱兄，故亏兄而自利；臣自爱不爱君，故亏君而自利，此所谓乱也。虽父之不慈子，兄之不慈弟，君之不慈臣，此亦天下之所谓乱也。父自爱也不爱子，故亏子而自利；兄自爱也不爱弟，故亏弟而自利；君自爱也不爱臣，故亏臣而自利。是何也？皆起不相爱。"所以，要实现天下大治，必须提倡兼爱。

兼爱是实现社会和谐的必要条件，而这个必要条件在一定的社会背景下即可转化为充分条件，小故就会变成大故。就像需要

见物，必须要有一定的视力，没有这一定的视力，就看不见物体。但即使有了一定的视力，而没有足够的光线、没有合适的距离，也看不到物体。不过，如果同时满足了这些条件，则一定就可以看见物体了。《墨子·兼爱中》说："故诸侯相爱则不野战，家主相爱则不相篡，人与人相爱则不相贼，君臣相爱则惠忠，父子相爱则慈孝，兄弟相爱则和调。天下之人皆相爱，强不执弱，众不劫寡，富不侮贫，贵不敖贱，诈不欺愚。凡天下祸篡怨恨可使毋起者，以相爱生也，是以仁者誉之。"如果国家之间、君臣之间、父子之间、兄弟之间，甚至人与人之间不分强弱、众寡、富贫、贵贱，都能平等地相亲相爱，则社会就安定，国家就太平。

综上所述，墨家关于为什么要兼爱的论证是纯逻辑的推论：不兼爱必然导致天下大乱，而通过提倡兼爱则可以实现天下大治。墨家学者不但这样认为，而且也努力这样去亲自作为。《庄子·天下》说："后世之墨者，多以裘褐为衣，以跂蹻为服，日夜不休，以自苦为极。"我们知道，墨家所提倡的兼爱理想，在当时并没有能够很好地实现过。而且，从古至今都有人对其可行性进行过质疑，这些质疑不是毫无道理，首先就是因为统治者无法接受"兼爱"思想中打破一切阶级、互爱互利的主张对其阶级利益的冲击，而墨子又将兼爱的实现寄希望于当政者的提倡，这样一来兼爱的实现确实是阻碍重重。《庄子·天下》说：墨子"其生也勤，其死也薄"、"使人忧，使人悲，其行难为也，恐其不可以为圣人之道。"认为墨家的兼爱思想是难以推行的。

儒家通过仁爱思想来实行仁政，其仁爱思想隐含着"报恩"、"感恩"的心理因素。仁爱思想的内核是"孝"，由于父母对于我们有恩，所以我们就应该报恩，应该孝敬父母。既然每一个人都要来自父母，所以，感恩父母就是必然的、普遍的，既然是普遍的，当然也就是必须要做的。儒家仁爱的实行是一种德行推广，这种推广在政治上就体现为以德治国，在实践中是比较好操作的。西方的博爱强调爱的“博大”和“无私”，爱是上帝赋予我们的从而我们也应当彼此相爱，爱者和被爱者同为受造物，这种爱具有超越自然和超越自我的特点，也因此真正地成为了一种宗教、一种说教，通过人们的信念、信仰来实现，所以，西方的博爱也是最难以实行的。

墨家的兼爱是通过有往则有来、在经济活动中互利双赢来实现的，其实现主体包括自我在内的每一个个体。《墨子·兼爱中》说：“夫爱人者，人必从而爱之；利人者，人必从而利之；恶人者，人必从而恶之；害人者，人必从而害之……”墨子这句话实际上是在“投之以桃，报之以李”的因果假设下得出的。墨子假定，当你爱别人，为别人付出，别人也会爱你，回报你。这一点也历来被质疑者们提到，但是如果我们先把这一假设有没有现实性的问题放在一边，我们就会发现墨子其实是想通过兼爱，最终使人们达到互利。你爱别人，别人也会爱你；你利别人，别人也会利你。整个社会处于一种和谐的状态。因此这一假设恰好也能够说明，兼爱并非是完全的无私利他，不求回报的，只不过这种回报是一种全社会性的，而非我们日常理解的狭义的回报。所以，从思想本身来说，兼爱思想对于改变人与人之间的关系，实现和谐共处是有重要作用的。而且它也并非像人们认为的那样不食人间烟火，但是我们也不得不承认，兼爱思想相对于当时的社会条件来说，带有梦幻的色彩，就像墨子“投之以桃，报之以李”的假设，要求人们有比较高的觉悟才可以，它的实现需要具备一定的社会历史条件。

《墨子·兼爱下》回应“非兼者之言”的时候就说过：“是故约食、焚舟、苴服，此天下之至难为也，然后为而上说之，未逾于世，而民可移也，何故也？即求以乡其上也。”就是说，节食、焚舟、穿粗衣服，这本是天下最难做的事，但是因为君主喜欢，民风就会改变。墨子认为只要当政者能够提倡兼爱，兼爱就能够在民众中得到推广。但是在奴隶和封建社会，这是不可能的。统治阶级不允许有人侵犯他们的阶级特权和利益，更不会去“视人之家若视其家，视人之身若视其身”地去兼爱那些下层百姓。但是在当代中国，封建社会由血缘关系维系的宗法制度已经消失，共产党执政下的中国是人民当家作主的，每个人的权利平等，共产党作为执政党，立党为公，执政为民，始终代表着最广大人民的根本利益。我国实行人民民主专政的政体，对占大多数的人民民主，对占少数的敌对阶级专政。人民民主专政为实行“兼爱”思想提供了良好的体制保证。在我国社会主义时期，“人民”包括工人、农民、知识分子和军人，以及支持和拥护社会主义建设的各阶层人士。而“墨子兼爱的范围是指排除‘盗人’之类的坏人之外的所有人，与我们今天所说的‘人民’，外延大致相当”⑤。从这里来看，“兼爱”思想要比不分彼此，连敌人也要爱的“博爱”思想更适合中国的国情。并且，大力提倡“兼爱”思想能够帮助党更好地实现为人民服务的根本宗旨，具有得到党的青睐的特质。

三、从“擦桌子主义”看墨家兼爱思想的现实价值

近来，人们喜欢用“擦桌子主义”来说明当前人们的思想道德行为状况。所谓“擦桌子主义”，指的是两个人、两张桌子，共

处一个办公室，这两个人是否该给对方擦桌子的问题。从逻辑的可能性看，该问题存在以下几种可能性：

A. 不擦自己的，也不擦别人的。

B. 只擦自己的，不擦别人的。

C. 不擦自己的，只擦别人的。

D. 既擦自己的，也擦别人的。

针对上述选项，我们应该作何选择呢？

如果选择 A，说明是一个不兼爱也不自爱的人。如果当事人双方都如此，则事情最终将无法正常进行下去。这种人的好处是，不会受到道德上的谴责。如果选择 B，则属于自爱而不兼爱的人，但如果每个人都能做到这一点或者基本上能够做到这一点，则事情还是能够顺利进行的；但如果不是每一个人都能做到这一点，甚至还在擦自己桌子的同时，将脏东西甩到别人的桌子上，则可能会发生冲突。这种人容易受到道德上的责备。如果选择 C，则是一个毫无自私自利的大好人。这种人也许显得虚伪或者别有所图。如果选择 D，则属于既自爱也兼爱的人，这种人不会受到谴责，这也是社会中需要提倡和学习的人。

结合我们对“兼爱”和“仁爱”的分析，兼爱与仁爱应该都隶属于选项 D，既擦自己的，又擦别人的。兼爱之人虽然应该属于选项 D，但其实现往往需要大量选择 C 项的人即“不擦自己的，只擦别人的”。仁爱之人虽然也属于选项 D，但搞不好会变成选项 B 中“只擦自己的，不擦别人的”这种情况。要真正实现天下大治、社会和谐，仁爱和兼爱需要相结合，即在提倡兼爱的过程中也需要以仁爱为基础，而提倡仁爱的同时需要兼爱来补充。不过，在当今的中国社会里，提倡兼爱显得更为重要，即仁爱易行而兼爱难得。

当今的中国社会，随着社会主义市场经济体制的建立，参与其中的经济主体都是以盈利为目的的，竞争被当作促进经济发展的手段得到提倡。随着经济的发展，人们对于物质利益的追求愈演愈烈，贫富差距扩大，人民公仆贪污受贿，不法商家不正当竞争和不公平交易等现象不断出现；人与人之间的距离越来越远，整个社会缺少温情和关爱。“事不关己，高高挂起”、“各人自扫门前雪，莫管他家瓦上霜”成为一种普遍心态，轰动一时的“小悦悦事件”就是血淋淋的例证。因此，提倡“兼爱”对于构建和谐社会具有极大的必要性。进一步来说，在当代，“兼爱”比“仁爱”更需要得到提倡。“仁爱”一直以来都是封建社会的主流思想，它所提倡“亲亲之爱”也由于更容易做到而为人们普遍接受。但是“仁爱”的局限性在今天已经开始显现。它受到血缘关系的影响，随着血缘关系变远，对人的爱也越淡，按照这个推己及人的过程，爱终究是难以遍及所有人。当小悦悦倒在肇事车辆下，18 个路人经过却没有一人上前扶起她。试问如果小悦悦是自己的亲人，我相信每个人都会送她去医院。再有，遇到公共问题时，比如 1998 年长江洪水、2008 年汶川地震，这时再按血缘关系推己及人难免会有问题。仅仅依靠“仁爱”已经很难解决现今社会中存在的冷漠，我们现在需要的是普遍的平等的爱。所以在当代，提倡兼爱是必要的、必须的。

在经过 30 多年改革开放后的中国社会，一小部分人已经先富裕起来，同时贫富差距也越来越严重。联合国开发计划署 2005 年 12 月 16 日发表的《中国人类发展报告 2005》指出，中国当时的基尼系数为 0.45。而北京大学的徐滇庆教授则认为，到 2011 年

9月中国的基尼系数，无论从哪个角度看，都突破了0.5。[⑥]按国际标准，基尼系数为0.3以下为最佳平均状态，0.3～0.4为正常状态，超过0.4则为警戒状态，0.6为危险状态。2006年美国波士顿咨询公司发表的《2006全球财富报告》指出，在中国，0.4%的家庭占有70%的国民财富，而在日本、澳大利亚等国，一般是5%的家庭控制国家50%～60%的财富。[⑦]北京市人力资源和社会保障局和北京市统计局2012年4月8日发表统计数据称，北京市职工2011年平均年薪56061元，月平均工资4672元。[⑧]数据公布后，很多职工都觉得奇怪，平均工资怎么这么高？而自己和周围的人却远没有这么高的工资啊。这种现象表明，在北京市，极少数高收入人群领取了过高的工资。财富过于集中，造成极大的贫富分化，如果找不到好的办法来解决，长久下去，势必影响社会和谐和安宁。如何实现先富带动后富，实现共同富裕，首先就需要这些先富起来的人们具有兼爱精神。可是，中国的富人们是十分的不慷慨。2009年，全国87.5万个千万富翁却仅仅捐款509亿元人民币，占当年GDP的0.17%，而美国在2008年富翁捐款额高达3000亿美元，占当年美国GDP的2%左右。美国许多像比尔·盖茨这样的富人们都表示愿意在有生之年将自己的全部财富捐出，而中国仅有陈光标等极少数的富人做过这样的表示。[⑨]《墨子·鲁问》说："子墨子曰：'不然。夫鬼神之所欲于人者多；欲人之处高爵禄，则以让贤也；多财，则以分贫也。'"鬼神希望人做的事是多方面的：希望人处在高爵地位上的时候，能够让贤；财产多的时候，能够赡济穷人。这对缓和今天贫富差距拉大和社会不公平现象将有积极作用，符合人们的渴望公平的愿望，更易为人们所接受。"兼爱"思想是墨子为中国传统文化贡献的巨大财富，时至今日不仅具有重要的理论价值，同时也具有可行性，如何有效地发扬其在今天中国社会中的应有作用，对于构建中国社会主义和谐社会具有重大意义。

注释

①参见杨武金：《论墨子兼爱思想的逻辑维度》，载《职大学报》2008 年第3期，第6页。

②参见孙中原：《墨学通论》，辽宁教育出版社 1993 年版，第 32 页。

③思高圣经学会：《圣经》，思高圣经学会出版社 2005 年版，第 1515 页。

④王赞源：《再论墨家的兼爱思想》，载《职大学报》2007 年第 1 期，第 3 页。

⑤陈克守、桑哲：《墨学与当代社会》，中国社会科学出版社 2007 年版，第 52 页。

⑥徐滇庆：《中国贫富差距与当前出路》. http：//www. sina. com. cn.

⑦《全球财富报告：中国最富的 150 万家庭占有 70% 财富》. http：//www. ccpit. org/Contents/Channel_ 70/2006/1018/14629/content_ 14629. html.

⑧《北京职工 2011 年平均年薪 56061 元，月平均工资 4672 元》. http：//www. 022net. com/2012/4 –9/452976192595948. html.

⑨《富人捐款：沉默的大多数》. http：//cqrbepaper. cqnews. net/cqrb/html/2010 –08/24/content_ 1225745. html.

运用墨学教育改造罪犯的研究与实践

赵富平

近年来，滕州监狱利用地处墨子故里这一地域优势、文化优势，借鉴墨子优秀传统文化强化对服刑人员的教育改造，开展了“弘扬墨学文化，提高教育改造质量”活动，取得了良好效果，用实践印证了传统文化的巨大魅力，也验证了运用墨学思想教育改造服刑人员具有很强的现实意义。

一、用健康向上的墨学文化，温暖和照亮狱园

2010年5月14日上午，滕州监狱成功举行了“墨学与罪犯改造研究实践基地揭牌仪式”。为推行墨学在罪犯教育改造中的具体运用，滕州监狱首先组织警察学习研究墨子思想。近年来结合服刑人员的特点，进行监狱管理工作的经验总结和理论探索，先后出版了《走近墨子》、《墨子思想与罪犯教育改造》、《墨子思想新解100则》三部著作，编写了《墨子思想于罪犯教育改造三字文》及墨子歌曲。将墨学的研究范围扩展到刑法的研究与实践之中，是墨学理论研究和罪犯教育改造理论的创新和发展，填补了墨学在服刑人员教育改造研究中的空白。监狱警察通过各种形式的学习、讨论、交流，使大家对墨子思想有了较深层次的了解，干警

积极参加监狱组织的“学墨子思想，育道德新人”专题理论研讨会，主要领导带头撰写理论研讨文章，为进一步把墨学思想用于教育改造罪犯奠定了理论基础。在环境上打造墨家文化狱园。在硬环境建设方面，以滕东关押点为试点，将狱内主要干道分别命名为“尚同大道”、“兼爱路”、“尚贤路”等，将狱内广场命名为“兼爱文化广场”，将狱内教学楼命名为“尚贤楼”，将罪犯餐厅命名为“节用餐厅”，并摆放“染山观染”、“止楚攻宋”大型人物群雕，在狱内设立墨子名言宣传标语铭牌，努力打造墨学特色文化环境。在软环境建设方面，通过多种形式进行墨学文化推广、普及，在监狱内部进行全方位、多角度、立体式渗透教育，设计制作墨学文化与教育改造文化手册、墨学文化教育展板，在育新文化网上开设“学墨促改”专栏，设立“墨香润新生”教育专题，充分发挥潜移默化的感召作用，逐步实现“导入一种理念、规范一种行为、形成一种文化”的建设规划。

其次组织服刑人员学习墨子思想，积极组织罪犯参加监狱、关押点开展的“学墨育新”活动，充分利用就餐前、出工前、学习前后、开会前后等时间，通过对墨家经典名言的集体竞读、会前竞背、队列竞诵、活动竞唱等形式，让服刑人员在诵读中接受教育，加深理解，升华情感，强化认罪悔罪、向善图新意识。安排罪犯参加学墨专题讲座的学习，以《走近墨子》、《墨子思想新解100则》、《墨子思想与罪犯教育改造》等书籍资料作为罪犯学墨育新的学习内容，并以罪犯三大现场范围内随处可见的室内标语和室外宣传栏，及墨子广场墨子雕塑和名人评价墨子的语录作为载体，同时，充分发挥狱内通讯、黑板报、广播稿等多种形式，组织罪犯踊跃投稿，让其在学习中感悟，在感悟中灵魂得到洗礼，认知得到升华。在罪犯的学习、劳动、生活等现场进行全方位多角度地立体渗透教育，打造“处处见箴言，时时闻圣训”的狱园文化环境，让罪犯周围都充满墨学思想的影响，最终把墨学思想自觉应用到学习、改造和生活中来。

二、把握墨学精髓，提高墨学的教育效果

墨子将天下祸乱的根本原因归结为“不相爱”，从而深刻地揭示了犯罪根源问题，发人深思，令人警醒。在教育罪犯时全面灌输和倡导墨学中富有生命力的思想，尤其是灌输和倡导墨子爱人如爱己的思想，有的放矢地教育引导罪犯，正确对待惩罚和改造，戒除自私自利、损人利己的思想，对于监管改造工作不无裨益。

墨子不仅把兼爱作为治世救人的药方，而且从法理上对于罪与罚进行了准确定义。《尚同中》说：“赏当贤，罚当暴，不杀不辜，不失有罪。”就是说赏的应当是贤能之人，罚的应当是残暴之人，不错杀无辜之人，也决不放过有罪之人。墨子的法治思想有助于服刑人员认罪、悔罪，开启悔过自新之路。

其次，墨子重视和强调政策惩恶扬善的导向作用。墨子这种通过制定政策，奖罚并举，激励导其前，刑法威其后的思想，有助于罪犯向善图新。

监狱工作就要从治病救人、法治教育、激励约束几个方面开展有针对性的工作，坚持对罪犯实行惩罚和改造相结合，教育和劳动相结合的原则，将罪犯改造为守法公民。

优秀的传统文化是一个民族的灵魂，也是种族延续的文化基因。优秀的传统文化具有传承性、实践性和时代引领性。同时传统文化也不可避免地具有历史局限性和时代特定性，弘扬传统文

化就要去粗取精、去伪存真，做到古为今用、洋为中用。实践证明，文化只有找准切入点、把握结合点，拨动被教育者的心弦，打动受教育对象，才能起到应有的作用。

三、警察践行兼爱，照亮囹圄囚子

学习墨学也要学习墨子海纳百川的兼爱胸怀，学习他化腐朽为神奇的教育本领。

（1）大爱无边

在监狱推行学墨育新活动中，监狱各级领导非常关心活动的开展情况，利用到监区检查指导工作的机会，调研活动进度，并统筹、协调监区工作中遇到的困难。冬天到了，监区长到老残病犯监室嘘寒问暖，及时解决实际困难。节假日，警察放弃与家人团聚的机会，却陪伴在服刑人员身边，罪犯外出就医时，警察扶着、甚至抬着服刑人员在楼梯间上下奔波。许多警察的父母、亲人生病住院，也没有尽到陪护之责，却把这份真情倾注到了罪犯身上。郭某，在外出就医期间，由陪护警察抱着他上下楼梯，尽管在寒冬却累得满头大汗，后来该犯被警察的真情所感动，主动承认以前小病大养、抗拒劳动改造的错误，积极投入改造之中。

（2）细微之处见真爱：

值班警察谢某看到一名罪犯冬季还穿一双凉鞋时关切询问，得知该犯鞋号为特大号，监狱已经为此联系了有关厂家，但目前还未到货。在请示了有关领导后，谢警官利用下班时间到超市为其购买了一双布鞋。政府的关爱，如涓涓细流，浇灌着服刑人员的心田，如冬日暖阳，温暖着他们的心灵。一名罪犯给警察写了一封感谢信，信中说，他感谢警察队长，让他在狱内感受到了在家里都感受不到的温暖，表示一定积极改造，此后该罪犯践行了自己的诺言，用实际行动报答警察的恩情。

滕州监狱警察就是这样，首先修炼墨子的兼爱情怀，然后把握墨学的精髓，对罪犯实施有效的教育和感化，从而产生良好的教育效果。

四、精心组织，实施针对性教育

深入开展各项活动，认真组织罪犯在实践中领悟墨子思想，在行动中践行墨子思想，从而达到内化于心、外化于行的目的。结合罪犯实际，组织开展对墨子思想“兼爱、非攻、尚贤、尚同、节用”等精髓的学习实践活动，引导罪犯学墨向善、学墨修身。

（一）遵规守纪求“尚同”

强化对罪犯遵规守纪方面的教育，教育罪犯要上同于国家法令和监规纪律，上同于全民的利益。具体改造细节落实上，监区加强联组联号制度落实，强化队列训练，抓好内务卫生，加大对违规违纪行为的打击力度，强化罪犯的规范意识和行为养成。举办“兼爱杯”篮球赛、“尚同杯”象棋比赛等活动，让广大服刑人员在比赛中感受集体荣誉的力量，强化团队意识。

（二）戒奢求俭行“节用”

墨子强调人生要“节用”、“非乐”。这对于经济型罪犯而言更有针对性。节用就是要节约、节俭，不要铺张浪费；非乐就是不要沉迷于声色犬马，不要光想着花天酒地、吃喝玩乐。有不少服刑人员的犯罪是因贪图享乐，逐渐养成了好逸恶劳的恶习，以至最终走上了犯罪的道路。无论在入狱前，还是入狱后，不少服刑人员对劳动是极其厌恶的，总想天上掉馅饼，不劳而获。而墨子在《非乐》中指出“赖其力者生，不赖其力者不生”以及“强必富，不强必贫；强必饱，不强必饥”等劳动观，这对于我们教育改造罪犯，使之走向社会后成为一名守法的、自食其力的合格公民有着更加现实的指导意义。为此，对罪犯的日常生活中的衣着和饮食等方面，监区有针对性地重点进行节用思想的教育，让罪犯结合《墨家思想与罪犯教育改造三字文》体会墨家的忠告，告诫其“俭节则昌，淫佚则亡”的道理。尤其是对供应全关押点罪犯餐饮的伙房，大力倡导节约节用，限制高消费，“节用”教育让罪犯更充分体会到“一粥一饭，当思来之不易；一丝一缕，恒念物力维艰”的教诲，让其克服好逸恶劳、好吃懒做的恶习，从而培养节约的习惯。经过教育，部分服刑人员主动把积攒下来的钱寄给家里，作为家庭贴补之用，放大了教育效果，产生了积极的社会影响。

（三）包容互让践“非攻”

警察在日常管教工作中，引导罪犯反思以前过失，强调其改造中注意兼爱的同时，应彻底杜绝不相爱而相攻的恶习。罪犯长期关押形成的心理压抑，相互之间更需要包容忍让，形成良好的改造氛围。对违规违纪的罪犯，监区在严厉打击处理的同时，积极做好事后矛盾调解工作，让当事人双方学会换位思考，让其他罪犯看到违规违纪付出的代价，受到教育。对个别心理方面有疾病的罪犯，不但需要给予相应的照顾，还要忍受其发病期间给护理者造成的不愉快乃至可能出现的伤害，包容更为需要，也更有意义。进行“非攻”教育之后，罪犯之间的小纠纷小冲突也有所减少。

墨学思想使服刑人员懂得了互相尊重、互惠互利、团结友爱、和谐共处，帮助服刑人员养成良好的道德行为，形成正确的劳动观念和生活方式，为他们指明了正确的改造方向。由此可见，只要把握墨学精髓、运用方法得当，即使那些服刑人员，也会与墨子思想产生强烈共鸣，同样可以产生解离犯罪思想、重塑健康人格的积极效果。

（四）学墨助残倡“兼爱”

针对老弱病残罪犯在学习、生活、改造过程中的实际困难，监狱开展了“学墨助残”活动。在活动中，一部分身体健康的罪犯自愿与病残罪犯结成帮扶对子，在业余时间伸出友谊之手，帮助病残罪犯洗脸、洗脚，搀扶残疾罪犯散步锻炼。建立“兼爱之家”，每季度举办一期刑释人员联欢晚会，监区警官对刑释人员热情寄语，目前已举办23期。通过系统深入的实践活动，罪犯的遵规意识、爱心意识和节俭意识明显增强，罪犯相互谦让、彼此宽容、和谐相处的氛围更加浓厚，罪犯遵规守纪的自觉性得到有效提高，在创造和谐监区方面产生了积极影响。

五、结语

通过墨学的学习教育，产生了积极效果，违反监规监纪的少了，积极改造的多了；发牢骚的少了，自律的多了；打架斗殴的少了，团结互助的多了；外归因的少了，内归因的多了，监狱工作焕然一新。新华社《每日电讯》、《大众日报》、《联合日报》等三家媒体到监狱参观考察时，切实感到了墨学对罪犯改造的积极作用，他们对监区的“学墨育新”成果给予了高度评价。实践证明，把墨学思想与教育改造工作有机结合起来，适应了教育改造工作的新发展、新要求，必将为教育改造工作的创新发展注入新的活力。同时，墨学实践反过来又推动了墨学研究向纵深拓展，值得继续实践探讨。

在理想与现实的碰撞中沉浮

——关于墨学兴衰的思考

孙卓彩

作为战国时期的一代显学，墨学何以长期衰微，后又两度复兴？对此学界虽不乏说辞，但鲜见有说服力的探讨。墨学兴衰，不单是学说自身的问题，更是一个多元的社会价值取向问题。

一

继孔子之后的二百五十余年间，办学最早、影响最广、规模最大者是墨子。与儒家一样，“从属弥众，弟子弥丰，充满天下”(《吕氏春秋·当染》)，墨、儒并称“显学”。墨子曾“学儒者之业，受孔子之术”，但因其“贱民”的出身和平民的立场，“以为其礼烦扰而不悦，厚葬靡财而贫民，久服丧生而害事，故背周道而用夏政”(《淮南子·要略》)，终于抛弃了周礼，背弃了儒学。自此，以“礼”为核心，儒、墨两家展开了激烈的论争。孟子作为儒家一代宗师，随世事变迁将周礼因势利导，推而广之于士人处世进退之道，发展了儒学而不离孔子其宗，对墨家的抨击最为激烈。农家学派许行、陈仲等人主张君民并耕而食，秉承墨家强本、节用、平等之遗风。庄子承袭老子“道法自然”，主张“物我齐一”，“弃智去己”，“无为”、“无用”；虽然儒、墨同讥，但在愤世嫉俗、反对周礼这一点上，与墨家臻于一致。韩非师荀卿而好老子，既主儒家差等阶级之别，又尚道家绝圣弃智之说，遂融两家之说，倡法治之论；然其重视劳作、反对文饰之主张，又与墨家相通。惠施、公孙龙等名家学派，其学说主张与孔子“正名”思想通于一脉；虽与墨家在“坚白”、“同异”等辩题上论战不休，但均属同一逻辑范畴。至于阴阳家如邹衍者流，以自然比附人事，以天地阴阳类推上下尊卑，划分人伦等级，批评贵族淫逸，提倡仁义节俭等，又与儒、墨两通。因此，就学说立场和旨归而言，如钱穆先生所说：“先秦学派，不出两流，其倾向于贵族化者曰‘儒’，其倾向于平民化者曰‘墨’。儒者偏重政治，墨者偏重民生。”[①]春秋战国时代诸子蜂起，百家争鸣。是孔子奠定了诸子发言的平台，各派学说均源于儒；是墨子拉开了百家争鸣的序幕，争论的核心是“礼”。文化界所谓“儒、墨并显”，不仅在其门派之大，影响之广，更在其乃诸学之源头，争鸣之滥觞。

然而，自秦汉至今的两千多年中，儒学地位日高，备受尊崇，竟成国学之正宗；即使作为流裔的道、法诸学，也与儒学相拥而行，长流不息，而曾是主流显学的墨学却几度断流，几经沉浮。本是同时同根而生，命运何以如此大相径庭呢？

二

任何一种学说都因社会的需要而产生、随社会的变迁而隐显，社会对学说的价值取向决定学说的命运。社会需要学说的现实和实用，也需要学说的理想和浪漫。而在现实和理想之间，人们首选的是现实。在或满足或麻木或无奈于现实的时候，美好的理想不过是虚妄的奢谈。只有当人们感到生存危机、不满现实而要求变革并需要理论支撑和思想动力的时候，才有理想的苏醒和顺应理想学说的需求及行动。先秦诸子学说，无论是儒家的“礼治”，法家的“法治”，道家的“无为而治”，还是墨家的“贤治”，所关注的焦点都是社稷民生。但是他们的立场不同，追求不同，设计不同：要么是维护现实，甚或为了既有现实的延续作些无伤根本的矫正和改良；要么是不满现实，以至提出对现实社会的革命而从根本上代之以全新的愿景。前者立足于既定社会制度和人伦规范，钟情于现实；后者着眼于对现实的变革及变革后的新的社会制度和人伦规范，憧憬于理想。在诸侯纷争、僭越无君、礼崩乐坏、天下失序的二百多年间，论战争鸣，热闹非凡。但在此后迄今的两千多年间，在激烈的现实与理想的碰撞中，各因自身与不同时代及其社会现实的适应性和需求度的不同而此消彼长，时沉时浮。

在长达两千年的封建专制社会，唯墨学一路沉寂，几乎湮没无闻。究其原因，就在于其自身的理想化特色。儒学的理论核心是“礼”。礼者，西周社会等级制度和由此演绎出的道德规范和行为方式。尽管奴隶制在春秋战国之交行将崩塌，但儒家所主张和捍卫的等级制度和治国理念，对不同时代的各种社会却具有普适性。荀子说：“有天有地而上下有差，明王始立而处国有制。夫两贵之不能相事，两贱之不能相使，是天数也。势位齐而欲恶同，物不能澹则必争。争则必乱，乱则穷矣。先王恶其乱也，故制礼义以分之，使有贫富贵贱之等。”[②]他把社会等级制度视为天经地义和治国安邦之所必需。虽立场在于“人主”，但也道出了社会得以存续和发展的真谛。无论何种社会形态，都只能是自下而上、分等列序的金字塔式的立体结构，没有等级差别，就没有社会。虽然后世社会的等级制度已抛弃了孔子所谓“周礼”的内涵，但在不同社会制度的外延层面上，却因其客观的合理性和现实的可行性而被历朝历代所接受和传承。

墨家和儒家的根本分歧在于“复礼”和“废礼”。墨家身处社会底层，要求平等，当然认为“周礼”“烦扰”而“害民”，其立场和用心固然可贵，但其无视差别、取消等级的主张却不仅触动了统治者的敏感神经而不予包容，而且也不合社会稳定的现实需求。正如荀子批评说：“墨子有见于齐，无见于畸；有齐而无畸，则政令不施”[③]。由“礼”衍生出来的关于“爱”的争论，与儒家相比，墨家同样显得过于理想化而缺乏可行性。儒家讲“仁爱”，分亲疏、贵贱、先后，所谓“亲亲有术，尊贤有等”（《墨子·非儒下》）。他们从人性自私而又有恻隐之心的共性出发，将爱推己及人。这种爱便于接受，利于推行。墨子讲“兼爱”，爱人如己，爱人父若己父，爱人国若己国，可谓博大而高尚，但毕竟有点一厢情愿。正如庄子所说，“其行难为也，恐其不可以为圣人之道，反天下之心，天下不堪。墨子虽独能任，奈天下何!”[④]孟子詈斥“兼爱”为无父无君的禽兽之论，更为后世墨学多舛之命运雪上加霜。儒、墨均有“大同”思想，但儒家的大同是再现“周礼”制下的回首可及的西周盛世，墨家的大同却是平等民主、相爱无差、可望而不可即的理想社会。儒、墨都“尚贤”，而儒家是为“兴灭国，继绝世”而举贤才，贤的标准是“克己复礼”的“仁爱”；墨家是为背周道、废周礼而举贤才，以“兼爱”为标准。其“官无常贵而民无终贱”（《墨子·尚贤上》）言论之激烈，不啻震动了当世，而且被后来的陈胜一变而为“王侯将相宁有种乎”的起义口号而对皇权亮剑。两者相较，对于深谙“过犹不及”中庸之道的儒家能在千百年中大行其道、而墨家却因过于理想和激进而不能见容于世的原因，亦可见其一斑了。墨子热爱和平，强力非攻。虽然对战争也有“诛”、“攻”之分，然所谓“诛”者，只是初期墨家对儒家话语的沿用而已，实质上反对的是一切战争（此观点见本人《墨子战争观论略》，载《学术论坛》2004 年第 2 期）。儒家却出于维护王权的需要，主张“礼乐征伐自天子出”（《论语·季氏》），由此生出了后世对战争的所谓“正义”与“非正义”之分。在战争观问题上，儒家的市场远远大于墨家。出于对下层百姓疾苦的同情和对上层贵族奢侈的疾愤，墨家反对并主张废绝一切音乐；而在儒家看来，“乐”同“礼”是一对孪生兄弟，都是社会等级制度的应有内容和表现形式，都是治国化民须臾不可或缺的国柄。事实证明了“乐”之不可废，也废不了。“乐”源于劳动，生于民间，虽有为统治者用于享乐的一面，也有社会生活所必需的一面。墨子偏激，故其“非乐”主张一直为世人所非议和摒弃。概而言之，作为分庭抗礼、风行当时的两大学派，儒学因其思想和理论的现实实用性和历时适应性为自己赢得了存续的时间和空间，墨学因其思想和理论的超前性和理想化而随时代的发展和社会的变迁而几经沉浮。

道、法诸学，与儒、墨相通，但都以其对社会现实的针对性和社会对其学说思想的需求性而自成一家，占有各自的市场份额。老子主张“道法自然”，“天道无为”；庄子主张通过“坐忘”的修行方式回归自然，以达到弃圣智，齐物我的忘我境界。因愤世嫉俗而看破红尘，倡无为之治而逍遥世外。针砭时弊虽形同儒、墨，却不像儒、墨积极入世。熙熙攘攘，名来利往。在激烈的社会竞争中，有胜利者，得志者，更多失败者，失意者。多少不得已而退居台下的“隐士”，都是生活在老、庄为他们早已营造好的精神家园里。生老病死，自然法则。人在垂垂老矣之后，在感到无为于社会、无力于名利、乃至无能于自身的时候，也总是把老、庄思想作为自身物质存在的精神寄托。道家哲学消极却充满睿智，飘忽却无比博大，超拔却现实可行，玄奥却代有信徒。这正是其伴儒不衰的原因所在。

韩非上承李悝、商鞅、申不害等人，提出了“法、术、势”三结合的治国理论，主张严刑峻法，“以法为教”，以术驭下，“以吏为师”；“抱法处势”，专制集权。这对于处于上升时期而又缺乏治国理论的新兴地主阶级无异于雪中送炭。其法治理论，不仅在两千年的封建专制社会被统治者奉为圭臬，即使在高扬民主、和谐的当今社会，仍有研究与借鉴之价值。两千年兴亡更替，或明以法治，或阳儒阴法，没有哪一个王朝对法家弃之不顾。虽不曾显于儒，却与儒并行不悖。

三

对于儒、墨的关系，钱穆先生认为：“墨家之学，盖本孔子批评贵族阶级之精神，而为更进一步之主张耳。……其思想激进，于先秦诸子中可称左派，而儒家一脉则右派也。”⑤正是墨家的“左派”身份和“激进”风格，决定了其学说的理想化特点；而其学说的理想化特点，一方面奠定了它在战国时期的显学地位，另一方面也导致了它在中国封建时代的衰微和在20世纪初与20世纪末的两度复兴以及在当今和后世的文化历史价值。

人都在现实中生活，也都为理想而前行；既需要有现实价值的学说思想以矫正现实，规划生活，也需要有理想色彩的学说思想以改变现实，指导方向。现实与理想碰撞出的火花不仅可以照亮脚下的大地，而且能够成为远方的灯塔和前进的动力。儒、墨两家在由对“礼”的不同态度而衍生出的关于“爱”的争论上，“儒家比较实际，利用了人人都有私心，层层扩大，向外类推，因此也较为可行；墨家比较理想，认为在爱的问题上不能玩弄自私的权术，但他们的‘兼爱’难于实行”⑥。但余秋雨坚持认为，“虽然难于实行，却为天下提出了一种纯粹的爱的理想。这种理想像天际的光照，虽不可触及，却让人明亮”⑦。

春秋战国之交，没落贵族阶级与新兴地主阶级中原逐鹿，生死搏杀。一方要捍卫处于风雨飘摇中的“礼”以维护自身既有的高贵与尊严，于是他们选择了儒家；一方要打破等级森严的“礼”以争取地位的平等和觊觎以久的权利，于是他们选择了墨家。虽然墨家的理想未必是他们想要的现实，但他们却利用了墨家的理想改变了现实。墨家学说成了适合他们胃口和行动的精神营养和革命动力。大变革的时代语境和社会土壤，孕育了处于社会底层的墨家学说的崛起和显荣。遗憾的是，在地主阶级推翻了贵族统治登上了皇权的宝座之后，他们便抛弃了墨家，转身皈依了儒家。这不是历史的玩笑，这是历史的必然。

封建地主阶级当然不需要代表奴隶主贵族阶级利益的“周礼”，但需要森严的等级和皇权的专制。当年孔子为周王朝的天子显贵所描绘、所整理、所矫正过的一切，诸如社会秩序、人伦道德、修齐治平等等，都被改头换面而贴上了新的标签。这一套不仅好听，而且管用，既可治国，又可化民。尽管两千年中轮番登场，但制度未变，故而代代尊孔，直至奉之为“圣人”、“素王”。墨家主张爱无差等，人人平等，这是对封建等级制度的悖逆；墨家主张民选天子、三公乃至各级官员，这是对封建世袭制度的挑战；墨家反对攻战，而统治者要用战争兼并土地，掠夺财富；墨家“非乐”倡俭，而声色犬马、骄奢淫逸正是他们应有的生活。墨家“非命”尚力，而统治者要用“天命论”愚弄、麻醉百姓，让人安贫知命而对他们的蚕食鲸吞、花天酒地而毫无怨言；墨家在统治者头上设置了“天志”、“明鬼”两把悬剑以示惩戒，他们便用“君权神授”、“真龙天子”的说教化却这原本就子虚乌有的符咒。墨家的学说思想与封建统治者的既得利益格格不入，针锋相对，若其运不衰，反而不正常。

19 世纪末 20 世纪初的中国社会，走到了沧桑巨变的十字路口。一方面是国势衰颓，外侮频仍，最后一个封建王朝垂死挣扎，一方面是西学东渐，民主与科学撞开国门在华夏大地风生水起，各界人士救亡图存的声浪日益高涨。中国需要革命，于是有识之士拣起了富有革命性的墨家和理想化的墨学。梁启超在《新民丛报》上大声疾呼：“今欲救之，厥惟墨学。”爱国志士易白沙说：“周秦诸子之学，差可益于国人而无余毒者，殆莫过于墨子矣。其学勇于救国，赴汤蹈火，死不旋踵，精于制器，善于治守，以寡少之众，保弱小之邦，虽大国莫能破焉。”⑧国人呼吁平等，需要大爱，孙中山在《民报》创刊号上指出：“墨子是中国第一平等博爱主义大家。”中国需要科学思想，而在先秦诸子学说中，惟墨学有与西方相媲美的科技创造和科学理论。梁启超在他的《墨子学案》中，把墨子比做西方的亚里士多德、培根和穆勒。从此，发掘、研究墨家学说，学习、弘扬墨子精神，在学界乃至各界蔚成风气。

于是，随着千年睡狮的苏醒，湮没已久的墨学得以复兴。

无奈好景不长。命运多舛的墨学又在华夏连年内战和抗侵救亡的战火中归于沉寂。新中国在炮火中诞生以后，因百废待兴、忙于重建而被冷落的先秦诸子学说，又遭受了汹涌而来的“文化大革命”的冲击和荡涤。20 世纪 80 年代后，改革开放，国势日强。盛世修学，国学大张。人们发现，姗姗来迟而又举步维艰的民主与科学、和平与发展的社会命题，并不是西方的专利。早在两千四百年前的墨家那里，就已经有了最原始的描述和朦胧稚嫩的萌芽。墨子主张兼爱天下，人人平等，不分贵贱，选贤任能，非攻反战，和平共处；墨子重视科技，致力创新，成果丰硕，建树卓绝。改革现实的需要，实现理想的愿望，促使人们再次走近久违了的墨子，重新认识被亏待了的墨学。推动民主进程，构建和谐社会，实现科学发展，墨家那里有值得借鉴和弘扬的宝贵精神财富。胡锦涛在构建和谐社会的讲话中就曾指出，墨子所提出的“爱无差等的理想社会方案”，“反映了广大人民群众对美好生活的向往”。放眼世界，在贴有“和平发展”主题标签的大旗下面，仍上演着诸如恃强凌弱、以富欺贫、战乱恐怖等的不太平、不公正和不和谐。究其根本，唯一能够补救而恰恰为世人所缺失的就是平等，就是“爱”。所以英国学者汤因比说：“把普遍的爱作为义务的墨子学说，对现代世界来说，更是恰当的主张。”[9]

鲁迅先生说，伟大也要有人懂[10]。墨学在沉寂了两千年之后，人们终于在现实与理想的碰撞中读懂了它，接受了它。随着社会主义文化的大繁荣和大发展，墨学将日益展露出它的文化历史意义和现实借鉴价值，在优秀传统文化的殿堂里熠熠生辉。

注释

①②⑤钱穆:《国学概论》，商务印书馆1997年版。

③④邢兆良:《墨子评传》，南京大学出版社1993年版。

⑥⑦余秋雨:《黑色的光亮》，载《新华文摘》2007年第19期。

⑧⑩李小龙:《墨子》，中华书局2007年版。

⑨徐希燕:《墨学研究——墨子学说的现代诠释》，商务印书馆2001年版。

社会进步不能离弃墨学“贵义尚利”之精神

潘树仁

前言

墨学被隐没一段长时间，自清末才被社会重新论述，无论对墨学是否深究，都会接受“兼爱”之善良行为，并认同“义利相兼”之墨学思想。本文探讨现代经济型社会之攻利情况，能否重新应用墨学之“贵义尚利”精神，为现今社会提供正能量之思考和改进。《墨子》一书，有“义”字295个，贵义2个，义利3个，“利”字出现381个，仍以利字占多数，下文将提出讨论。

一、社会进步之潮流和历史痕迹

（1）文明与文化

本文为文明和文化两词，作简单定义，文是文字记录，文明：人类活动之进步和提升，使人类步向更光明更幸福之前景，彰显光辉美好之人性；文化：人类活动转变之潮流和历史痕迹，变化中有智慧之结晶，或许其中部分不能被后世所采用。

人类自然追求生存以外，必然希望更舒适更美好，另一方面，人群之自然聚合，成为家庭和社会之群体，追寻快乐幸福，就成为社会共同关注之问题。领导人之职责，便是带领人民步向更文明和稳定之生活，在精神和物质两方面，改善生活质素，都是所有老百姓之渴求。中华文化重视家庭伦理，家庭之内传承礼义道德教育，外国人之体会："中国古代的妇女一举一动都要顾及对其后代性格的影响。他们把这个称之为'教'。"①

物质文明容易被人们理解，因为科技日新月异，使人们之生活方便舒适，大部分科学产品确实达到这个目标，利益大众。而精神文明则不易被衡量，因为精神不能用任何价值标准来比较，至今人类又不能有共同人性之理想指标，中华文化当中一些重要内涵，能够成为普世文明之指标，但必须通过中西方人们之重新理解，才能总结出新成果。

（2）全球一体化

社会进步，但大部分人都感觉到精神文明反而下降，人们对传统文化有摒弃之想法，认同西方物质文明更有实际利益。全球一体化建基于科技跃进，令交通来往时间缩短，资讯即时到达世界每一个角落，人性之弱点，在于容易受到物欲之诱惑，只顾眼前名利，不计后来结果，所以全球一体化之效益，就是大量之物质消费，不管对自己有没有用途，购物既是潮流，又可以炫耀自己，浪费也不计较。这些积压之因素，明显导致全球金融风暴，骗人之垃圾债券被人臭骂，欧洲多个国家破产，面临国家被他国收购之危机。究其原因，这是社会道德没有约束力所致，"具有道德约束力的规范是使现在社会更加和谐的规范"②，此现象是全球一体化之悲剧。

这些现象，其实与春秋末期和战国之纷乱差不多，以个人利益为主，不择手段坑害他人，甚至杀人取货而获利。当时之儒家思想，极力维护人性之仁义礼智，孔孟以人性本善，希望人人自我寻找人性真谛，荀子以人性为恶之角度出发，要教育人们去恶从善，都是顺着教育作为出发点，但人们所能接受者不多，因为脱离攻利之现实，只被视为遥远之崇高理想而已。

墨子之智慧虽然说“万事莫贵于义”[3]，但是看出人们攻利思想之心态，在此前提下，提出“贵义尚利”，要兼顾利益和仁义，这种考虑问题之方式，才是人类延续发展之道，用“利”作为诱因，亦易于被大多数人接受，在全球一体化之环境，希望世人以墨子之学说为方向，义利要同时兼顾。

二、生活之愉悦

(1) 物质之发明与创新之利益

器物之创制，抵御天灾，使人们减少生命危险，降低劳动力，生活更舒适，墨子以人类改善生活质量为宗旨，发明很多物品，甚至是一些战争用之防守工具，城门和城墙之设计，都令人感到舒适而安全。可知古代中国人之思想，绝无反物质之想法，例如轩辕黄帝利用磁石造指南针，被后人赞许，《韩非子·有度篇》：“先王立司南以端朝夕。”[4]舟车之交通，全部要定方位计算，非指南针不可。

有人称墨子为“科圣”，因为以当时之科学来说，确实是世界首创，包括摄影技术、墨斗和建筑技术、车辆和木鹰等，对各种研究有先设之定义、公式、命题等范围，还有几何学和逻辑学等大量数学原理之奠定，可见从理论到工艺细节，已被墨子编排成一个工程系统，再加以扩充，便是今天之工厂和手工业。用科学基础，考虑人们之应用，创新制造器物，使人生活愉悦幸福，这是墨子贡献大众之利益。

(2) 社会整体之幸福

基础物质增加，整个社会之生活提升，最重要的是“不患寡而患不均”，如果贫富悬殊，仇富心理衍生，便会破坏和谐，产生不安情绪，扰乱幸福。这时代人口正处于膨胀期，密度大增，人际之沟通与交往，必须互相照顾与体谅，家庭成员反而缩小，因此社会之稳定更为重要，社会大家庭必须寻求共识，避免纯粹攻利为首之价值定义，相互接纳和谅解，提倡宽恕、孝道、忠诚这些简单之做人原则，幸福才能遍满每一家。

墨子生活俭朴。用简单之“贵义尚利”作为互助互惠之指标，已经令很多人明白简朴是幸福。近代人萧昌明（1895~1943）提出廿字哲学“忠恕廉明德正义信忍公博孝仁慈觉节俭直礼和”，同样以简洁之哲理，指出人生之幸福意义，不在于成为大富翁大名人，道德人格圆满于廿字当中之一二字，则人生彰显出光辉，足以为顶天立地之真君子。

三、墨学之今用

(1) 贵义尚利之平衡

墨子对“义”之看法，认为也有“利”在当中，其中《天志下》：“义者，正也。”《经上》：“义，利也。”[⑤]《修身》：“君子之道也，贫则见廉，富则见义。”《尚贤上》：“不义不富，不义不贵，不义不亲，不义不近。”作为君子，贫穷时见到他是否廉洁不贪，富有时见到他是否仁义去助人，没有仁义之不会富贵，这些都是行仁义之利益，当中有公利之部分，令社会大众获益，也有个人之得益。一个人只求个人利益，把其他人之利益也据为己有，短时间内或者可以保有这些利益，但其他人很快便想尽办法抢夺，因为只顾利益，没有仁义之朋友，一旦受人攻击，恐怕声嘶力竭也得不到援手。

做义务工作，对现代人来说，只花一点时间，也不是困难之事，因为没有利益，令很多人不去参与，若果一千人做一小时义工，社会之得益就非常巨大，这样想去，对其他人作出如此大之贡献，令社会和谐得到平衡，是非常有意义之工作。现在有老师，劝年轻人参加义工，除了获利证书外，也可增加见闻，扩阔交友圈子，打开未来人生大路，纯粹用利益引诱青年人，这种向利益倾斜之想法，会导致下一代没有发挥真正之善良心态，去完成义务工作，或许在没有人价值利益之下，放弃仁义道德行为。

（2）人性之身心安泰

人类寻求身心安泰，是一种自然之反应，利益物欲，可使身体享乐，但义行助人，获利之精神满足，也令心性愉悦。《墨子·亲士》："非无安居也，我无安心也。非无足财也，我无足心也。"一个人心无满意，则不能安顿心身，永远都感觉物质利益不足够，如果身边受你帮助之人，说一声多谢，立刻使你心情愉快，利益之多寡使抛诸脑后。当人只想到与人分享利益，那里有攻打杀伐，所以墨子之理想学说："举天下人之兼相爱，交相利，国与国不相攻，人与人不相害。"⑥

想成为君子之善人，或许很多人请求他帮忙，卻有人对受助人产生怨恨，遇到有实践义举之机会，见义勇为立刻完成，跟着放下，不计较义利之多少报酬，反而令身心安泰。《墨子·贵义》说："世之君子欲其义之成，而助之修其身则愠。"

四、结语

社会经济不断进步，墨子之学说既简单和实用，更应受到关注：

（1）义工和仁义之行为，应受到珍贵之重视，而且可以与利益作一并思考。

（2）贵义尚利之思维方式，并不复杂，国家领导人和一般平民百姓，都可以采用于日常事务之中。借此平衡人们追求物欲享乐之单一思想，不致令人性物化而消失。

（3）现代社会不断进步，但道德哲学却被人忽视，贵义尚利之简单善良行为，足以从小处着手，改变社会之不良风气，以利作诱因，促使大众做出所有“义”之道德行为，这是社会之福，愿世人切勿离弃墨子“贵义尚利”之优秀精神。

注释：

①〔美〕丁韪良：《汉学菁华》，中华书局出版2010年版，第223页。

②〔美〕詹姆斯·雷切尔斯：《道德的理由》，中国人民大学出版社2009年版，第151页。

③江心力：《墨子与中国人的兼达情怀》，长春出版社2009年版，第96页。

④龚月红主编：《智圆行方的世界：中国传统文化概论》，暨南大学出版社2000年版，第293页。

⑤同③。

⑥光晟：《道墨新诠》，台湾学生书局1988年版，第151页。

墨子教育思想探微

颜晓华

墨子，公元前五世纪鲁国人，我国战国时期伟大的思想家、教育家、科学家、军事家，他一生都在追求平等与仁爱，主张用兼爱的方式治理国家，达到天下太平、人人平等的境界。他的许多教育主张与教育思想，在中国古代教育史中占有一席之地，至今仍熠熠生辉，是我国教育领域宝贵的精神财富，对我国现代教育教学的改革和发展具有积极的借鉴作用。

一、开启心智的道德教育

墨家思想形成时期正值战国时期各诸侯国纷争不断，割据争霸，社会处于大变革之中，代表社会各个阶级和阶层的人们从各自政治、经济利益出发，形成了儒、墨、道、法等各种重要学派，各重要学派的代言人诸子百家纷纷表明自己的立场和态度，并自始至终致力于鼓吹和宣扬本学派的观念和思想。但是无论哪种学派，哪种观点，他们宣扬的一种思想是一致的，即道义思想。而在其中墨子的道义思想尤为明确和清晰，并以此构成了他重要的思想基础——“兼爱论”。

《墨子·兼爱上》中提出“为吾友之身若为吾身，为吾友之亲若为吾亲”，“为人之家若其家”，“为人之国若其国”等思想观念，要求对待朋友的身体、亲人像自己的身体、亲人一样爱护和关心，对待别人的家、国像自己的家、国一样热爱和负责。爱人先爱其亲，然后再推己及人，逐渐扩大爱的范围，直至到热爱祖国。纵观墨子的教育思想，我们可以明显地感受到一种道义精神。突出道义的地位，重视人的道德水平便是这一特质的体现。可以说墨子看到了思想道德素质在个人发展中的重要作用，因此把教会做人放在教育目标的首位，通过个体的自我修身内省、自我约束促使自己自觉自愿地选择“若为吾身”、“若为吾亲”、“若其家”、“若其国”，达到一种自动化了的道德行为，即由道德认识、道德情感、道德意志向道德行为转化，从而促使自己去恶扬善，成为一个品德高尚的人。

在社会主义核心价值体系构建过程中，墨子的道德教育思想给我们很多启迪。“本不安者，无务丰末；近者不亲，无务来远；亲戚不附，无务外交；事无始终，无务多业”（《墨子·修身》），说明墨子重视对弟子品德的培养，主张君子务本，要求弟子的品性根基要牢靠，做事要善始善终。如若不然，就不可能见多识广，有所成就。可见，墨子早就认识到了良好的品德是一个人成才的基础。

当前，爱国主义、社会责任感、善于合作、诚实守信、竞争意识、创新精神、敢于负责等成为这一代人追求的价值取向和道德认同，成为公民道德建设的一种标准，也是中国优秀传统文化的发扬与继承。在对青年学生进行思想教育和道德教育过程中，要牢牢把握《公民道德建设实施纲要》中提出的基本道德规范“爱国守法、明礼诚信、团结友善、勤俭自强、敬业奉献”，采取多种方式和途径进行宣传和教育，让青年学生了解我国公民道德规范的演进过程，了解包括墨子在内的古代著名思想家的德育思想和主张，加深对品德重要性的认识，提高个人修养。

同时，墨子的这一思想对于新时期构建社会主义和谐社会具有积极作用。“为吾友之身若为吾身，为吾友之亲若为吾亲”，“为人之家若其家”，“为人之国若其国”体现了平等友爱、互相关心，融洽相处、互帮互助的社会关系，是一种与人为善、诚实守信社会风尚的提倡和宣扬，是以人为本、尊重人性的美好追求和向往。

二、重视环境在人发展中的作用

环境对人的影响是广泛的、潜移默化的，自发的，同时又是无目的、无系统、无计划的。环境对人的影响有时是积极的，与教育影响相一致；有时是消极的，与教育影响不一致。人对环境的影响不应该是消极被动地接受，而应该是积极主动地凭借自己的经验和能力，去选择、适应和利用环境，因此我们在对青年学生进行教育时，要积极引导学生、教会学生选择环境，防止不良环境对青年一代的侵害。

墨子对这一问题有独到的见解。

他在《墨子·所染》中提到：“染于苍则苍，染于黄则黄，所入者变，其色亦变，五入必而已则为五色矣。故染不可不慎也。非独染丝然也，国亦有染……非独国有染也，士亦有染。”——即著名的“染丝说”理论，阐明了这样一个道理，即人的本性不是天生的，它是随着社会环境的不同而不同的，有什么样的环境就能造就出什么样的人，就像染丝一样，把待染的白丝放置于不同颜色的缸中，就会漂出不同颜色的丝来，因此染丝之前一定要慎重。对待国家的治理也如染丝一样，如果国君能“亲贤臣，远小人”，则国可以兴隆也。如果国君“亲小人，远贤臣”，那国将倾颓也。同样对于个体的成长，环境的作用也非常重要，环境是个体由单纯走向成熟的媒介，是个体成长不能脱离的必要条件。教育是一种特殊的环境，影响力更大。复杂多变的社会环境，其影响是以一种隐性的方式存在着，就像五颜六色的大染缸，使人很难抗拒。所谓“近朱者赤、近墨者黑”就是“染丝说”的另一种解释。因此染丝要慎重，对待学生的教育环境更要慎重，教育工作者要为学生创造一个好的学习环境和生活环境，要让品德高尚勤奋敬业的学生带动其他学生，“榜样的力量是无穷的”，在校园内形成一种积极向上的学习氛围。另外它不仅强调环境及周围人对人的影响作用，还强调与人交往应该慎重，要让学生明白择友而交的重要性，“其友皆好仁义，淳谨畏令，则家日益、身日安、名日荣、处官得其理矣……其友皆好矜奋，创作比周，则家日损、身日危、名日辱、处官失其理也”（《墨子·所染》），“是以与善人居，如入芝兰之室，久而自芳也；与恶人居，如入鲍鱼之肆，久而自臭也”（《孔子家语·六本》），交到良师益友才能真正不断提高自己的素质。

另外，墨子的“染丝说”与17世纪英国唯物主义经验论哲学家、思想家、教育家洛克（John Locke，1632～1704）的“白板说”有异曲同工之处，只是洛克的“白板说”要迟于“染丝说”两千多年。洛克在《教育漫话》中阐述了他的“白板说”理论，即认为人的心灵如同白板，观念和知识都来自后天，在人的发展中起决定作用的不是遗传，而是人的生活环境和后天所获得的教育，“我敢说我们日常所见的人中，他们之所以或好或坏，或有用或无用，十分之九都是他们的教育所决定的。人类之所以千差万别，便是由于教育之故”（引自《教育漫话》）。这是洛克关于教育的基本主张，充分显示了他极为强调教育在人的身心发展中的巨大作用，认为教育塑造了现实社会的人。因而洛克的教育理论在西方引起了广泛关注，具有深刻的社会影响。

由此可见，墨子和洛克这两位中外思想家、教育家，虽年代相隔很远，文化背景各不相同，但是他们的思想相近，观点相仿，在环境和教育的认识问题上同出一辙，都对世界教育进步做出了贡献，对我们今天的教育发展具有指导意义。

三、注重教育实践性原则

墨子一生勤勉节俭，反对浪费，躬身实践，立言践行。强调动手能力，强调实用技术，受到“农与工肆之人”的欢迎。

《墨子·公孟》中提到：“教人学而执有命，是犹命人葆而去其冠也。”即教人学习而又让他相信命运，就好像让他保暖又摘掉其冠，不以贫富贵贱论短长，闪烁着朴素的唯物主义教育思想的光辉，他的“谋而不得，则以往知来，以见知隐。谋若此，可得而知矣”(《墨子·非攻》)的教育主张，注重实践和生活经验的作用，强调学习要靠学生的主观努力，要根据过去的经验积累去探索未知，是一项符合规律、至今沿用的教育原则。《墨子·修身》中提到的“士虽有学，而行为本焉……志不强者智不达，言不信者行不果”思想告诉我们，意志不坚强的智慧一定不高，说话不讲信用的行动一定不果敢。对学生进行教育，首先要进行意志的锻炼和实践的锻炼，故同一时代儒家学派代表人物的孟子评价他的教育意义时说：“墨子兼爱，摩顶放踵，利天下为之。”

总之，墨子的教育思想之所以受到当代众多学者的关注和社会认可，是由于这种教育思想不仅在当时的社会历史背景下产生了卓有成效的伟大作用，还在于这种教育思想在当今时代仍具有深远的历史意义和现实意义，指导我们的教育改革和实践的开展，因此我们应该继承发扬墨子不为名利，兼爱非攻的士者精神，以务实求真的态度对待教育对待学生，将本职工作开展好。

熔优长与缺失于一炉的
“农与工肆之人”代表的墨子和墨子思想

孟祥才

墨子和他的著作如何定位，自战国以后的两千多年间，一直聚讼纷纭。近代学者，梁启超认定他力图达到“兼爱社会”，实现大同理想[①]；冯友兰认为他重功利，以人民富庶为目的[②]；陈顾远认为他政治上主张实利主义、力行主义、救世主义、泽务主义，近世社会主义也包括其中[③]；侯外庐认为他倡导平民为主体的社会理想，宣传兼爱交利非攻的社会政治理想[④]；郭沫若认定他“代表王公大人”，是社会制度上的复辟派[⑤]；更多学者则认为他是中国历史上仅有的劳动人民的思想代表。

究竟应该如何认识墨子和他的思想呢？

一

墨子和墨子思想本身就是一个矛盾体。墨子曾经将自己的主张归纳为十项“纲领”：

凡入国，必择务而从事焉。国家昏乱，则语之尚贤、尚同；国家贫，则语之节用、节葬；国家熹音湛湎，则语之非乐、非命；国家淫僻无礼，则语之尊天事鬼；国家务夺侵凌，即（则）语之兼爱、非攻。[6]

墨子看到了几乎无日不在进行的兼并战争给广大劳动人民带来的危害，所以他提出“兼爱”、“非攻”的口号，要求人们“兼相爱，交相利”，每个人都换位思考，“视人之国若视其国，视人之家若视其家，视人之身若视其身”[7]。这里，墨子的理想虽然反映了广大劳动人民希冀避免战争、渴求和平的愿望，但他用说服人们信仰“兼爱”而放弃互相攻伐只能是一种幻想。因为当时从事兼并战争的各国统治者都力图通过战争的手段获取人口、土地和财富，墨子“兼爱”的说教不啻对牛弹琴。

墨子的“非乐”、“非命”、“节用”、“节葬”的主张比较集中地反映了小生产者的愿望。面对王公大人，尤其儒家宣扬的“死生有命，富贵在天”的说教，面对王公大人的恣意享乐、奢淫无度和厚葬之风的蔓延，墨子直斥“命者暴王所作”，是用以欺骗劳动人民的，因而提出“非命”与之对抗，要求“赖其力者生，不赖其力者不生”[8]；提出“非乐”、“节用”、“节葬”的口号，要求全社会都向劳动人民的最低生活标准看齐。音乐没有实用价值，干脆弃之如敝履；豪宅精舍、轻裘华服、山珍海味统统是浪费社会财富，必须弃之不用，而代之以低檐茅屋、粗衣芒鞋、粗茶淡饭；凿山为圹、棺椁数重、随葬器物无数的厚葬必须废止，而代之以“衣衾三领，桐棺三寸”的薄葬。这些主张自然有其反对贫富不均、要求平等平均，反对铺张浪费、要求节俭勤朴的善良愿望，但也同时反映了小生产者安于最低生活水平的局限。这种理念是不利于生产发展和社会进步的。

墨子的“尊天”、“事鬼”尽管赋予天、鬼以墨家思想守护神的人世情怀，因而具有“工具理性”的意义，然而，墨子也同时赋予天、鬼以人格神的定位，这就使他的天与殷人的“帝”、周人的“天”具有了一脉相通之处。他认为天同样是法力无边的：它既能够将王权交给“顺天意者”，又能够将王权从“反天意者”那里取走，并且不时地与地上的王者互相感应和沟通：

然则禹、汤、文、武，其得赏何以也？子墨子言曰：其事上尊天，中事鬼神，下爱人，故天意曰：“此之我所爱兼而爱之，我所利兼而利之。爱人者此为博焉，利人者此为厚焉。”

故使贵为天子，富有天下，业万世子孙，传称其善。方施天下，至今称之，谓之圣王。然则桀、纣、幽厉，得其罚何以也？子墨子言曰：其事上诟天，中诟鬼，下贱人。故天意曰：“此之我所爱别而恶之，我所利交而贼之。恶人者此为之博也，贼人者此为之厚也。故使不得终其寿，不殁其世，至今毁之，谓之暴王。”⑨

子墨子曰：吾所以知天之贵且知于天之子者，有矣。曰：天子为善，天能赏之；天子为暴，天能罚之。天子有疾病祸祟，必斋戒沐浴，洁为酒醴粢盛，以祭祀天鬼，则天能除去之。⑩

这表明，墨子既相信君权神授说，又相信“天人感应”论，并以天意之然否解释王朝的更替。在墨子所处的战国初期，除个别思想家对天帝鬼神表示怀疑外，从正面完全否定天帝鬼神的还未出现。因而，我们没有理由对墨子的“尊天”、“事鬼”进行过多的非议。但也必须指出，墨子的“尊天”、“事鬼”比孔子的“不语怪、力、乱、神”、“未知生，焉知死”和“祭如在，祭神如神在”的思想不能不说是一种历史的退步。而到了汉代，墨子的“尊天”、“事鬼”论就成为董仲舒构筑他“神学目的论”的重要思想资料之一。

有的学者认为墨子的“尚同”、“尚贤”思想中有与近代民主意识相通的一面，这自然不无道理。但是，作为一种思想资料，“尚同”恰恰成为中国封建社会专制主义中央集权理论的渊源之一。先看墨子对国家起源的解释：

> 子墨子言曰：古者民始生，未有刑政之时，盖其语人异义。是以一人则一义，二人则二义，十人则十义。其人兹众，其所谓义者亦兹众。是以人是其义，以非人之义，故交相非也。是以内者父子兄弟作怨恶，离散不能相和合。天下之百姓，皆以水火毒药相亏害，至有余力不能以相劳。腐朽余财，不以相分，隐匿良道，不以相教。天下之乱，若禽兽然。夫明乎天下之所以乱者，生于无政长。[11]

这里，墨子在断定无政府的社会必然导致混乱的前提下，引出他的“尚同”的理念。其思路是：上天选立天子，设立从上到下的各级政府以建立秩序，消除无政府状态，共同遵守“兼相爱，交相利”的“一同天下之义”，太平盛世也就出现了。墨子把消除无政府状态、恢复秩序作为政府的重要功能无疑是有见地的。不过，在他设计的“尚同”的社会里，只要剔除其中的幻想成分，剩下的也就只能是专制主义了。他说：“明乎民之无正长以一同天下之义，而天下乱也，是故选择天下贤良圣知辩慧之人，立以为天子，使从事乎以一同天下之义。天子既以立矣，以为唯其耳目之请(情)，不能独以一同天下之义，是故选择天下赞阅贤良圣知辩慧之人，置以为三公，与从事乎一同天下之义。”[12]而后层层选择诸侯国君、左右将军、大夫、乡里之长。这些人自然都是“贤者”。无疑，这些从天子到乡里之长的“贤者”系列就是墨子“一同天下之义”的前提。墨子接着说：“民之政长既已定矣，天子为发施政教曰：‘凡闻见善者，必以告其上；闻见不善者，亦必以告其上。上之所是，必亦是之；上之所非，必亦非之。已有善，傍荐之；上有过，规谏之。尚同义其上，而毋有下比之心。上得则赏之，万民闻则誉之。’”[13]如此一来，也就达到了墨子设想的理想境界：里长“率其里之万民，以尚同乎乡长”，“乡长之所是，必亦是之；乡长之所非，必亦非之。去而不善言，学乡长之善言；去而不善行，学乡长之善行”。乡长又“率其乡万民，以尚同乎国君”，“国君之所是，必亦是之；国君之所非，必亦非之”。国君再率国之万民“尚同乎天子”。这样，全国的百姓就在乡里之长、大夫、将军、诸侯国君、三公等的统帅下，逐级“尚同”，最后同天子保持绝对一致：以天子之所是为是，以天子之所非为非。天子以下的各级政长以及百姓如果违反了“尚同”之义，天子就有权以“五杀之刑”加以惩罚。表面看起来，墨子这个“尚同”是很令人神往的。从天子到各级政长都是“圣知辩慧”的贤良之人，自下而上的“尚同”既维持了统一，又维持了秩序，一个“兼相爱，交相利”的理想国不就实现了么！然而稍加推敲，就会发现，墨子设计的这个“尚同”的前提在事实上是不存在的：因为他没有办法保证从天子到各级政长都是贤人。而一旦抽掉了前提，“兼相爱，交相利”的理想国自然就成了空中楼阁，“上之所是，必亦是之；上之所非，必亦非之”的逐级“尚同”也就成了赤裸裸的专制主义。如果从这个意义上理解，郭沫若的论点“尚同是绝对的王权统治”、“以一人的意志为天下人的意志，以一人的是非为天下人的是非”[14]，就是可以接受的。事实上，墨子的“尚同”论与法家的“事在四方，要在中央，圣人执要，四方来效”的中央集权论确有异曲同工之妙。这个“尚同”论后来被法家的李斯、儒家的董仲舒充分吸收了。墨子的幻想自然无法实现，但以皇帝为代表的专制主义中央集权的行政体制却实实在在地在中国实行了两千多年。

墨子思想中最有价值的部分是他的“尚贤”理论。“尚贤”的理论并不是墨子第一个提出来的。在他之前，周公、姜尚、管仲、孔子，在他之后，孟子、荀子、慎到、商鞅，都提出或对“尚贤”理论进行了充分阐述。但是，应该承认，在其前后所有提倡任贤使能的思想中，以墨子的“尚贤”理论视野最广阔，内涵最丰富。他的“尚贤”有两层含义：一是要求当时的王公大人坚持任人唯贤的原则，选取贤人做各级行政长官；二是要求从王公大人到各级行政长官都依照贤人的标准修养自己，成为君子人格的表率。墨子列举大量事实，论证“尚贤”为“政之本”，同时猛烈批判西周以来的任人唯亲、世卿世禄的权力垄断，特别是“王公大人，骨肉之亲，无故富贵，面目美好者，则举之”[15]的弊端。要求王公大人广揽贤才，委以重任：

> 故古者圣王之为政，列德而尚贤。虽在农与工肆之人，有能则举之。高予之爵，重予之禄，任之以事，断予之令。……举三者授之贤者，非为贤赐也，欲其事之成。故当是时，以德就列，以官服事，以劳殿赏，量功而分禄。故官无常贵，而民无终贱。有能则举之，无能则下之，举公义，避私怨。[16]

> 古者圣王，甚尊尚贤而任使能。不党父兄，不偏富贵，不嬖颜色，贤者举而上之，富而贵之，以为官长。不肖者抑而废之，贫而贱之，以为徒役。是以民皆劝其赏，畏其罚，相率而为贤者。[17]

这里，墨子要求打破当时还残存的奴隶制等级贵贱身份的限制，以贤能面前人人平等的原则，公正地在社会各类人，包括“农与工肆之人”中选取贤能之士，给以高官，授以重禄，使之有职有权，充分发挥自己的聪明才智。同时对在职的各级官吏依政绩事功进行奖惩，“有能则举之，无能则下之”，破除终身制，防止某些人对官位的垄断。墨子的“尚贤”论反映了“农与工肆之人”参政的愿望，较之其他各家的举贤思想要进步得多。不过，墨子真正关注的还是“士”为代表的平民知识分子的参政要求。因为这部分人最具与那些贵族执政者相抗衡的知识和能力。他说：“故士者所以为辅相承嗣也，故得士则谋不困，体不劳，名立而功成，美章而恶不生。……故子墨子言曰：得意贤士不可不举，不得意贤士不可不举。”⑱又说：“入国而不存其士，则亡国矣。见贤而不急，则缓其君矣。非贤无急，非士无与虑国。缓贤忘士而能以其国存者，未曾有也。”⑲这里墨子简直将贤与士等同起来了。既然贤士关乎国家的生死存亡，所以国君就必须有容士的雅量，尊士的风度，亲士的至诚，用士的眼光，使贤能之士各得其所，以发挥他们最大的潜能。

二

显然，墨子的许多思想显示了他对“农与工肆之人”的钟爱，说他是劳动人民的代言人应该是对他的比较确切的定位。但是，他的“尚同”理念又的确在事实上导致专制主义，说他代表了“王公大人”的利益似乎也不冤枉于他。从阶级观点看来，“农与工肆之人”和“王公大人”是绝对对立的两极，为什么在墨子那里水乳交融地统一在一起了呢?

墨子代表的“农与工肆之人”，在战国时代主要是由平民和奴隶转化而来的个体农民和手工业者，这些人是当时社会物质生产的主要承担者。作为劳动者，他们意识到自己改造自然、创造物质财富的力量，所以强调“非命”、“赖其力者生，不赖其力者不生”；他们向往和平的生活和社会的平等，因而主张“兼爱”、“非攻”；他们对统治者因骄奢淫逸造成的社会财富的巨大浪费痛心疾首，故而倡导“节用”、“节葬”、“非乐”；他们热望打破世家贵族对政治权力的垄断，使自己跻身于权力阶层，所以大声疾呼“尚贤”，要求实现阶层的上下流动。然而，作为个体劳动者，他们的力量又毕竟是微弱的，在强大的自然力量面前他们又感到无助和无奈，于是他们期望有一个全能的上帝和无处不在的鬼魅代表他们的利益，反映他们的意志，所以拼命强调“天志”和“明鬼”。而天和鬼也都邪门般地成为墨子理论的守护神，墨子之所是，天、鬼必是之；墨子之所非，鬼必非之。不管墨子是骨子里笃信，还是心知肚明那是他杜撰出来忽悠所有世人的，他之求助于“天志”和“明鬼”，恰恰说明他对自身力量的信心不足，需要一个最高的主宰上帝和一群聪明万端的鬼魅时刻给他们以无条件的佑护。

墨子既然给“农与工肆之人”请来上天和鬼神的虚无的佑护，那么，他就更需要在地上给他们找到真实的佑护之神，这就是“一同天下之义”的天子。这其中最根本的原因就是农民和手工业者自己不能代表自己，他们必须要求有一个全能的主宰从上面赐给他们雨露和阳光。于是，与天相对应的天子就成为“农与工肆之人”最真实的主宰，而“尚同”的理念在墨子那里也就合乎逻辑的归宿。马克思在《路易·波拿巴雾月十八日》一文中曾对法国农民进行过十分深刻的分析，他说：

> 小农人数众多，他们的生活条件相同，但是彼此间并没有发生多式多样的关系。他们的生产方式不是使他们互相交往，而是使他们互相隔离。……一小块土地，一个农民和一个家庭；旁边是另一小块土地，另一个农民和另一个家庭。一批这样的单位就形成一个村子；一批这样的村子就形成一个省。这样，法国国民的广大群众，便是由一些同名数相加形成的，好像一袋马铃薯是由袋中的一个个马铃薯所集成的那样。

最后，马克思得出结论，法国农民既是一个阶级，又不是一个阶级，所以他们就不能代表自己，而只能由别人来代表自己。马克思笔下的法国农民虽然与墨子心目中的“农与工肆之人”有着地域、民族和时代的差异，但在本质上又有许多相同之处。他的分析似乎可以帮助我们理解：墨子既代表“农与工肆之人”，又为什么给他们请来天、鬼和天子作为守护神？

过去，历史学家中的不少人，包括我自己，片面理解马克思主义经典作家关于农民阶级是“民主主义者”的论断，认定农民阶级有着朴素的平等观，他们的“革命民主主义”与近代资产阶级的民主主义是相通的，这实在是一种误读。在中国，农民没有什么“革命民主主义”，他们的平等观念绝对不能通向近代民主，而是通向封建专制。他们有时反对封建皇帝和封建专制，但不是消灭封建皇帝和封建专制，而是由自己做封建皇帝和执掌封建专制的权力。由此，也就不难理解，代表“农与工肆之人”的墨子为什么对“尚同”那么执著？

俄国著名作家赫尔岑的如下一段话，或许可以帮助我们加深对墨子思想的理解：

> 群众只想制止那只把他们赢得的面包粗鲁攫走的手……对于个人自由、言论自由，他们漠不关心，群众爱权威。他们至今仍目眩神迷于权力的傲慢闪光，有人特立独行，他们就怫然不悦。所谓平等，他们作“大家一律受压迫”的平等解释……他们要一个为他们的利益而统治的社会政府，不要一个现在这样违反他们利益的政府。但是，他们从无自治之念。

旅美的中国史学家何炳棣，曾对墨子的“尚同”与“尚贤”作过如下评论：

> 深深了解金字塔式制度的崩溃和一元化政治机制建立的必然趋势，于是提出自己的“尚同”与“尚贤”的理论系统。……天子一定是贤明的，因为他是最高神“天”参照人民的意愿而选派到人间的最高统治者。但这绝不是卢梭《社约论》式的政原论，因为人民既无知，也从未曾被征询过他们的意见，所以根本谈不到天和天子与人民间的“契约”关系。最后分析起来，这种政制是一人专制，意识上是墨子一人专制。历史演变的结果是秦始皇一人的专制。[20]

何炳棣的评论，与郭沫若基本一致。作为一种学术观点，尽管与多数意见相左，但仍然是值得重视和深思的。

注释

①梁启超：《墨子学案》，《饮冰室合集》第8册，中华书局1989年版，第3~4页。

②冯友兰：《中国哲学史》上册第5章，上海神州国光社1931年版。

③陈顾远：《墨子政治哲学》，上海泰东图书局1934年版。

④侯外庐：《中国古代思想学说史》第五章，文风书局1944年版。

⑤郭沫若：《十批判书·孔墨思想的批判》，《郭沫若全集》历史编2，人民出版社

1982 年版。

⑥《墨子·鲁问》。

⑦《墨子·兼爱中》。

⑧《墨子·非乐上》。

⑨《墨子·天志上》。

⑩《墨子·天志中》。

⑪《墨子·尚同上》。

⑫《墨子·尚同中》。

⑬《墨子·尚同中》。

⑭郭沫若:《十批判书·孔墨的批判》,《郭沫若全集》历史编 2,人民出版社 1982 年版。

⑮《墨子·尚贤下》。

⑭《墨子·尚贤上》。

⑯《墨子·尚贤上》。

⑰《墨子·尚贤中》

⑱《墨子·尚贤上》

⑲《墨子·亲士》。

⑳何炳棣:《读史阅世六十年》,广西师范大学出版社 2009 年版,第 479 页。

当今社会的"重大缺失"

——《墨子归来》著后赘语

焦世瑜

当今改革开放以来，中国发生了翻天覆地的变化，人有钱了，地丰产了，物质"极大"地丰富了。真是到处"莺歌燕舞"。如此美好的社会，我们还有什么"缺失"？而且是"重大缺失"！

2012 年是国际墨子学会成立 20 周年，为了庆祝它的到来，笔者花了十几年的时间，于去年国庆之日，在北京国家图书馆出版社出版了三十万字长篇传记文学《墨子归来》。书中记录了山东大学与滕州市合办的"国际墨子学会"从无到有的艰难成长历程，同时讴歌了以山东大学教授张知寒先生为代表的一大批新时期国内外墨学者的感天动地的真实事迹。从另一个角度看，这本书的出现，也正是为了回答"重大缺失"这个问题的，并以此试图唤起民众来弥补这个"重大缺失"。

为了直观地说明这个问题，笔者将直接引用书中章节：

传统文化的"钥匙"

自从研读《墨子》以来，张知寒对"儒、墨"问题难以释怀。

他多次请教过刘子衡。因为刘子衡曾经是当年《子见南子》案的参加者，又是由此案牵连的被开除者。晚年，刘子衡又编写了《孔子编年》。他对儒家问题是应该最有发言权的。

谈起在曲阜二师参加《子见南子》的斗争，和晚年编写《孔子编年》，似乎其中有某种情结。刘子衡的回答："这并没有什么矛盾。'子案'是革命的学生反封建的运动，《孔子编年》则是学术思想研究。孔子其实仍然是孔子。我写《孔子编年》的目的就是'复其真'。孔子生活在一个社会大变革的时代。春秋时期，铁器、牛耕已普遍应用，生产力已大大提高。冲破旧的奴隶制度，建立新的生产关系，成为不可抗拒的潮流。东周以后，公室卑弱，诸侯兼并，弑君夺权，奴隶暴动，社会大乱，奴隶制度在激烈的阶级斗争中日趋瓦解。这是产生孔子思想的社会背景。西方周族通过战争逐渐取代东方殷族，并把殷族俘虏统统变为奴隶。殷、周两族在鲁地逐渐融为一体，这是孔子思想产生的文化渊源。孔子是殷代贵族奴隶主的苗裔，属于'士'这个阶层。'士'阶层是统治阶级的最下者。既属于统治阶级，又是统治阶级的最下者，所以孔子的思想既有保守性，又有进步性；既有反抗性，又有妥协性。孔子的哲学思想，就是士阶层的思想观念的反应。正是因为孔子思想的这些特点，适应了旧的宗族制度的瓦解和新兴家族制度形成的历史进程，因而成为新兴地主阶级的代表。但自汉以来，孔子的学说是经后人加工改造了的。在整个封建时代，孔子都被当做皇权法统的护身符，尤其清末以后，孔子已被利用为腐朽反动政权的统治工具。虽说孔子所创儒学形成了贯穿两千多年封建社会的文化核心，但这个核心并非纯粹是孔子的学说。"

张知寒非常赞赏刘子衡对孔子及儒学的分析和评价。

与此同时，张知寒很自然地想到，1981 年 1 月 1 日，刘子衡在《大众日报》上发表的那篇文章：《“谈古论今话回归”——新年与台湾诸友好商讨孟子为什么批“子莫执中”》。

该文载于《大众日报》1981 年 1 月 1 日第七版。张知寒见了，如获至宝，忙从报纸上剪下贴起。他知道，这是刘子衡在新中国成立以来第一次公开发表有关《易学》的文章，刘子衡“不飞也不鸣”的日子结束了。文章题目是《谈古论今话回归》，其信息量之大令张知寒吃惊。与其说这是呼唤台湾的回归，毋宁说是对中华传统文化的“谈古论今”。字里行间，他看到了凤凰展翅高飞，且飞且鸣。但令张知寒没有想到的是，看到此文百日后便看到了《自诔》，看到《自诔》百日后便真正地送走了他追随 36 年的恩师。

《谈古论今话回归》和《自诔》，两篇奇文，张知寒爱不释卷，常读常新。今天再次读刘子衡“谈古论今”，张知寒忽然又有了新的发现和领悟。

张知寒从刘子衡的文章中看到了两个孔子。

刘子衡对张知寒说过：“从哲学思想看，贯穿孔子学说的一条总线是‘时’与‘中’。孔子赞《易》释‘中’字至为严谨。《小戴记·中庸》一篇，论‘中’尤备。关键孔子的‘中’，不是机械的，‘中’与‘时’是不可分割的。他反复强调‘时之为义大矣哉’。孔子学《易》，即抓‘时’与‘中’。什么是‘时’？什么是‘中’？‘上下四方为宇，古往今来为宙’，时、中即宇宙。孔子对《易》贡献很大，主要就在这里。”张知寒认识到，这就是历史上真实的孔子，一个伟大的思想家和教育家的孔子。正如刘子衡在文章中强调的：“孔子重时如此，非倒转历史车轮者也。”

历史和现实中，还有另外一个孔子。这个孔子，比真实的孔子还要被大家所熟悉。他就是既可以被人们封为“至圣”的孔子，又可以被人们任意践踏在“脚下”的孔子。

《谈古论今话回归》中，刘子衡谈了后来被当做“皇权法统的护身符”的孔子之后，就是文章的副标题内容“新年和台湾诸友好商讨孟子为什么批‘子莫执中’”。而在文章中，也仅有一小段：“孟子批子莫执中，执中无权犹执一也。所恶执一者，为其贼道也，举一而废百也。”就是在这段话里，张知寒吃惊地发现，刘子衡于新年之际，通过和台湾的诸友好商讨“孟子为什么批‘子莫执中’”，竟将中华文化的三大思想源头都搬到一起来了。

何以见得？

孟子批“子莫执中”，出自《孟子·尽心上》，原句为：

> 孟子曰：“杨子取为我，拔一毛而利天下，不为也。墨子兼爱，摩顶放踵利天下，为之。子莫执中。执中为近之。执中无权，犹执一也。所恶执一者，为其贼道也，举一而废百也。”

孟子在这里论及两个人，一个是杨朱，一个是墨子。

杨朱，战国哲学家，主张“贵生”、“重己”、“全性保真，不以物累形”，重视个人生命的保存，反对别人对自己的侵夺，也反对去侵夺别人。这就是孟子笔下的“拔一毛而利天下，不为也”的杨朱。

墨翟，即墨子，“兼爱”思想的提出者和实践者，孟子赞扬其“摩顶放踵利天下为之”。

孟子作为儒家代表人物，他是反对杨朱和墨子思想的。他甚至骂杨朱和墨子：“杨氏为我，是无君也；墨氏兼爱，是无父也。无父无君，是禽兽也。”

这里，墨家有了。孟子代表儒家，儒家有了。只少道家了。

由刘子衡接引，张知寒再次读到孟子这段文字的时候，不禁拍案大笑："啊呀，中国三大文化源头及其关系，原来就在这六十四个字里了！"

六十四字中哪有中国文化三大源头？甚而还有它们之间的关系？

问题在于孟子提到的"拔一毛而利天下，不为也"的杨子，也就是杨朱，弄清杨朱的身份十分关键。

张知寒想起刘子衡这样论道家："人们多认为道家是老子、庄子首创的。其实不然。道家是在儒墨之后兴起的新学派，他源于春秋末年隐士的思想。真正的创立者应是杨朱。但到后来，杨朱的地位竟被老庄所代替。老庄原为杨朱的后学，后来居上，一跃而为道家祖师。这都是谁也否定不了的历史事实。"

这里，道家终于露出真面目。

如此道、墨、儒，同时出现在这六十四字中。就是在这六十四个字里，藏着孟子打开中国文化大门的"钥匙"。

《孟子·滕文公下》指出："杨朱、墨翟之言盈天下，天下之言不归杨，则归墨。"即是说，道家和墨家，曾经盛行于春秋战国时代。他们处于人类情感归宿的两极：一是"爱已"："拔一毛而利天下，不为也。"一是利他："墨子兼爱，摩顶放踵利天下，为之。"在这其中，孔子主张"君子之中庸也，君子而时中"。这便是儒家的第三种立场——既不一毛不拔，也不舍身"利天下"，亦即是"子莫执中"的立场。

如此，简而言之：道家爱已；墨家爱人；儒家有分寸地爱已，也有分别地爱人。可以说，这就是中国三大哲学思想的基础。

在此基础上，结构并演义出五彩斑斓的中国大文化。

浓缩、简化，一切复杂问题都变得简单了。

孟子在文中论及杨子的“爱己”，同时还“明确肯定”了墨子“爱人”的立场。但在涉及儒家的代表人物时，突然笔锋一转，批到“子莫”头上。子莫是鲁国的贤人，他坚持“折中”的主张。但孟子分析批评说：“执中为近之。执中无权，犹执一也。所恶执一者，为其贼道也，举一而废百也。”意思是说：折中好像近乎对了。但折中的立场如果不知道变通权衡，就是固执一偏。我们反对固执一偏，就是因为它损害仁义之道，顾及一端而偏废所有了。

在显微镜下再仔细地看清《孟子·尽心上》的这段文字：孟子曰：“杨子取为我，拔一毛而利天下，不为也。墨子兼爱，摩顶放踵利天下，为之。子莫执中。执中为近之。执中无权，犹执一也。所恶执一者，为其贼道也，举一而废百也。”

白纸黑字，可以肯定上述的理解是唯一的，也就是说，孟子批评了在道家和墨家之间的“执中”立场。这种“执中”，没有权衡变化，必然导致“执一”。“执一”就是“贼道”，“举一而废百”，是万恶之源！

众所周知，在中国历史上，真正“执一”而“废百”始于汉武帝，“罢黜百家，独尊儒术”最终愈演愈烈，道家进入出世文化范畴，儒学、墨学，两大“显学”只执其“儒”。于是，中国文化进入“举一而废百”的“贼道”之路。这是中国专制文化的滥觞。

读到这里，张知寒拍案叫绝。孟子的六十四个字，打开了千年中国文化之谜。孟子的话，充分证明自己的另一观点也是正确的——“孟子曾是墨子的入室弟子”，而且“是墨子的杰出弟子”。在两千年前，孟子对子莫的批判，完全是墨子的文化观。他在“为我”与“兼爱”之间，已经看到“执一”、“执中”的极端“危害性”。从两千年前孟子提出这个问题至今，这种危害性持续存在已达两千年之久。

张知寒痛彻地认识到，孟子指出了中国文化存在着重大的历史缺失！这个缺失，不是一，不是二，而是百。百者，非百数也，而是全体也。自从汉武帝将“别爱”执一，两千年来，中国现实中的一切弊端，无一不包罗万象，直至今天。而中国历史上墨子的“大爱启蒙”受到毁灭性伤害。

伟大的曾经是墨家杰出弟子的儒家“亚圣”孟夫子，身为“儒”，心存“墨”，甚至到了后来，朱元璋将《孟子》思想闪光之处大加砍删。但今天，还是透过两千余年的时空尘封，被两个小人物，将中国儒家文化的“黑匣子”从中国传统文化中打捞出来。尽管打开这个千年“黑匣子”，解密这把“密钥”尚待时日！但孟子对“墨学”的贡献已经逐渐显露出来。

道、墨、儒与“兴亡周期律”

“杨朱、墨翟之言盈天下，天下之言不归杨，则归墨。”《孟子·滕文公下》。一个“为己”，一个“利他”。两大互相对立的思想，充盈中华大地。人们的思想，不归杨则归墨，中间“执一”的道路为“贼道”。孟子描绘了先秦人们的思想归宿，标志着人类进化的高度。

人类精神的两极，究竟是个什么面目呢？

听听刘子衡的意见吧！

刘子衡论道家：

道家对中华文化的贡献很大。本来世界拥挤不堪，它给人们开辟了一条通往世外桃源的道路。它首先提出“个体自由，思想解放”。它是思想史上第一个明确区分知识领域与超知识领域，即所谓“为学”与“为道”的学派。他们认为

“绝学无忧”。这是用否认知识以达到知足无忧的境地。《老子》又说：“复命曰常，知常曰明。”他教人通晓常规，依常而行，反之，“不知常，妄作，凶”。这里所说的常，是指物极必反之通则，“知常”就是教人“知其雄，守其雌，为天下溪”；“知其荣，守其辱，为天下谷”，这都是物极必反的通则。因此《老子》才主张“无知无欲”。因为知欲愈多，则物极必反，反而不知足，不能“无忧”。为了达到“无忧”的境地，就该“如婴儿之未孩”。就不能像愚人那样一味地追求知识，昭昭、察察；而要像“愚人”那样，超出知识欲望，“昏昏”、“沌沌”。这种混沌不是真正的“愚”，而是“知常曰明”的“明”。所谓“不学之学”，也就是不明之明。他的“绝圣弃智”也是这个意思。有人说道家是反对伦理，不讲道德，我以为不然。因为他提倡“贵己”、“贵真”，可说是最道德的，即所谓不言道德而自然合乎道德，是超道德的。这绝非怪论，你们如能真正品味“老、庄”之书，即会以我言为不谬。

刘子衡论墨家：

墨由火而成，其性刚烈，故崇尚刚勇。他们以墨子为祖师，是代表劳动者的平民学派。墨子的思想充分反映了当时劳动者的愿望。墨家提出了“兼爱”之说。它认为世界动乱的原因就是不相爱。大家一不相爱，必然天下大乱。因此要达到“兼相爱”，就必须劝大家相爱，要人们爱别人像爱自己一样，爱别人的家像爱自己的家，爱别人的国家就像爱自己的国家。“若使天下兼相爱，国与国不相攻，家与家不相乱，盗贼无有，君臣父子皆有孝慈，若此则天下治。故天下兼相爱则治，交相恶则乱。”故墨子曰“不可以不劝爱人者”，此也。墨子的这种兼爱思想是没有等级的，是一种博大的爱。

他的科学论著，总结了古代劳动人民的实践中所得到的知识，因而使他成为古代人类智慧的最高代表。他不但是一位理论家，而且是一位伟大的社会活动家。他所著的《墨经》，被人们称为人类古代第一部《百科全书》，成为人类文化的瑰宝。墨家学派，以“兴万民之利，除万民之害”为终生职志，实在是不容易的。

道家以“无为”为基础，以不变应万变，当“工业革命”给地球带来毁灭性灾难的时候，人们突然发现，道家的“绝圣弃智”是“知常曰明”，他们所提倡的“贵己”、“贵真”是不言道德而自然合乎道德，是超道德。“低碳”与“绿色”仅是其中之一。中华“道家”给世界保存了超级道德和智慧。这是道家交给世界的答卷。

当疾病、饥饿、灾难降临人间，环境污染、经济危机不断爆发，世界战火频仍，恐怖主义、扩张主义威胁人类安全的时刻，人们突然发现，小小的地球上的人类需要“大爱”的终极关怀，一次“人类大爱”的启蒙。中国社会乃至世界需要墨家“兼爱”精神的彰显。这是墨家送给世界的希望。

而儒家呢？中华文化的宠儿，独行于世两千多年，在全球经济极速发展的今天，它给中国的答卷呢？

时代在前进，历史在发展，两千多年“文化”风云激荡，尽管儒家为中国封建社会的兴盛起到促进作用。但在封建社会的末期，孟子指出的“执中”“执一”的危害终于凸显出来。儒家思想作为独家大餐，被统治阶级充分“消费”，以“别爱”为基础的等级制度给中国社会带来了无穷的灾难。中国近代史浸透了中华民族的血泪，签满了丧权辱国的条约，世界上大大小小的帝国主义国家几乎都侵略过我们。中国成为“一盘散沙”。

对于这个问题，很多人可能通不过，要说明这个问题，需要用“典故”说明。这个典故，就是“兴亡周期律”。

1945年7月4日下午，延安的窑洞里，毛泽东专门邀请黄炎培等人到他家里做客，整整长谈了一个下午。毛泽东问黄炎培，来延安考察了几天有什么感想？黄炎培坦率地说：“我生60多年，耳闻的不说，所亲眼看到的，真所谓‘其兴也勃焉，其亡也忽焉’。一人、一家、一团体、一地方乃至一国，不少单位都没能跳出这周期律的支配力。大凡初时聚精会神，没有一事不用心，没有一人不卖力，也许那时艰难困苦，只有从万死中觅取一生。继而环境渐渐好转了，精神也渐渐放下了。有的因为历时长久，自然地惰性发作，由少数演为多数，到风气养成，虽有大力，无法扭转，并且无法补救。也有因为区域一步步扩大了，它的扩大，有的出于自然发展；有的为功业欲所驱使，强求发展，到干部人才渐渐竭蹶，艰于应付的时候，环境倒越加复杂起来了，控制力不免薄弱了。一部历史，‘政怠宦成’的也有，‘人亡政息’的也有，‘求荣取辱’的也有。总之，没有能跳出这个周期律。”

张知寒对黄氏的这段讲话非常重视。不仅重视他所总结的规律，更重视他抽象出这个规律的客观事实。黄氏以“一人、一家、一团体、一地方乃至一国，不少单位”乃至“一部历史”为研究对象，得出存在一个“周期律”的结论。这个结论的得出，不是在仙草琼树的“道家”圣地，不是在“马列主义”指导下的延安，更与被废黜两千年的“墨家”毫无干系，而是发生在封建社会最后二百年的中国。

这个规律，完全是“独尊儒术”的总结，是儒家“别爱”的概括，是孟子“执中无权犹执一也。所恶执一者，为其贼道也，举一而废百也”的抽象。在“文化”这个“层面”，还能找出第二种诠释吗？

“别爱”、“执一”乃至“独尊”，为什么会有“举一而废百”的破坏力呢？

十分简单！

“别爱”尽管也是一种爱，但这个爱是以自己为圆心的爱。“执一”不变，最终“独尊”，这就形成了中国人有一个算一个，人与人地位可以不同，权力可以有大小，力量可以有强弱，但有一个东西不变，即人人都是“别爱”的圆心，如此便出现了中国人“十个人有十一个心眼”的笑谈。随着封建社会的一步步衰落，曲终幕落，中国终于成了“一盘散沙”。散沙上的宫殿是没有结构力的，建了垮，垮了建，黄炎培极目中国历史，终于得出一个可怕的“兴亡周期律”，而且是被毛泽东和大家都认可了。在这个“规律”的支配下，一幕幕君臣篡夺、父子相弑、外族入侵的血腥历史活剧上演着，中国用两千余年的时光才从封建社会跋涉出来。直到最后，泱泱中华，竟然迎来了八国联军的屠杀和掠夺。圆明园付之一炬，石头城下，日本人杀死我三十万同胞，拥有四万万同胞的中华民族最后到了“把我们的血肉筑成我们新的长城”的时候，这何尝不是难逃“兴亡周期律”魔咒的悲剧，不是“执一”、“独尊”的结果。

“执一”，从哲学上来说是一个“点”，一点不成线，更不成面。于任何参照物都失去比较、衡量、判断的标准。“执一”、“独尊”只能作为“兴亡周期律”的圆心，而独尊下的中华之“点”，游弋于变幻莫测的世界大坐标之外，等待它的只有毁灭，只是早晚而已。

对于两千年的儒学单一文化影响，哲学家任继愈在今天的现实中认识得更加深刻。他不仅将它单单看做一种学说，还具体地认定是一种宗教。他在《具有民族形式的宗教——儒教》中说：“儒教建立之后，历代政府用行政命令推行他的主张，用科举考试鼓励青年人钻研诵习，耳濡目染，是宗教社会，把俗人变成僧俗。人们记忆犹新的十年动乱期间的造神运动所以得逞，千百万群众如醉如痴的心态，它的宗教根源不是佛教，不是道教，而是中国儒教的幽灵在游荡，只不过他是以无神论的面貌呈现在人们面前的。”

突破“兴亡周期律”展望

就“兴亡周期律”的问题，黄炎培对中国共产党有着殷切的期待。他说：“中共诸君从过去到现在，我略略了解的，就是希望找出一条新路，来跳出这个周期律的支配。”

黄炎培这一席诤言，掷地有声。毛泽东高兴地答道：我们已经找到了新路，我们能跳出这周期律。这条新路，就是民主。只有让人民来监督政府，政府才不敢松懈；只有人人起来负责，才不会人亡政息。

但是，就在毛泽东和黄炎培谈话之后第20年，1965年，黄炎培去世。第二年，“无产阶级文化大革命”爆发。短短10年时间，“国民经济濒临崩溃的边缘”，“民主”的“新路”梗阻，从国家主席到平民百姓，都在斗争的哲学里人人自危。毛泽东要用“无产阶级专政下继续革命”的理论，来最终突破黄氏“兴亡周期律”

的尝试，其结果是众所周知的。

毛泽东的讲话错了吗？

中华传统文化优秀吗？当然优秀，无与伦比。诸如“孔子文化”，它几乎成为中国传统文化的代名词。

既然中华传统文化优秀，那为什么在优秀的“儒家文化”孕育下，黄炎培总结出那么无奈而悲观的“兴亡周期律”？

中华传统文化不优秀吗？

中华传统文化如果不优秀，中华民族赖何能屹立在世界民族之林？

如此，我们只能这样解读毛泽东的话：

我们已经找到了跳出“周期律”的新路，也知道这条“新路”就是“民主”。

但如何将这条引导我们跳出“周期律”的新路铺向永远，还不是一个完成时，而是一个未完成时。

张知寒的老师张维华在分析儒家和“文化大革命”时说：“儒学是坚决维护血缘宗法封建制的。‘文革’这场灾难，不能说与这种宗法制无关。江青他们不是疯狂地在恢复这种制度吗？蔡尚思先生说得对，他们批孔只是批周恩来而已。过去的封建主，实行的是阳儒阴法，它们只是赤裸裸地把法家搬到前台而已。今天实行社会主义，不论恢复儒家还是大唱法家都是极为有害的。对这种封建残余制度与残余思想不能再搞什么复兴了！只要社会主义的商品经济能得到发展，它将会把儒家和法家赖以生存的经济基础都彻底摧垮，儒也好，法也好，如没有封建势力的保护是发展不起来的，不必再为它们效劳了。”

张知寒能够接受张维华的结论。但他也有疑问。在中国传统文化中，如果儒家和法家都不行了，那么中国优秀的传统文化体现在什么地方呢？

张知寒是马列主义者，他的马列基础是在华东大学打下的，在山东大学，马列主义理论家、校长华岗对他的影响也很大，理论水平有了更大的提高。张知寒深知，马列主义不仅仅是面旗帜，而且是深刻的思想。马列主义要在一个国家取得胜利，不是在那个国家插满旗帜就可以了，它必须与那个国家的实际相结合，其中最根本的是文化融合。如果马列主义不能与输入国的文化相融合，那它是根本不会被接受的，要想长久扎根更不可能。

一个模糊而清晰的文化问题出现在张知寒的脑海里：马列主义为什么能来到中国，并取得了胜利？

也可从文化流派提出问题：马列主义来到中国，是儒家的呼唤吗？是法家的呼唤吗？是道家的呼唤吗？还是被一阵西北风，稀里糊涂地刮过来的呢？

以马列主义为理论基础的中国共产党已经成立90年了，新中国已经半个世纪了，它为什么能战胜一次次危机，跳出一次次“兴亡周期律”？这样的跳出会不会中断？还能坚持多久？

可以说，在中国的历史上，从文化的角度来关注认识中国兴亡的人无以计数。其中，黄炎培是典型的一个。他总结了一个悲观的“兴亡周期律”；张维华是另外一个典型，他站在世界的高度指出：“我认为中国之所以能长期持续发展，中华民族之所以能长期屹立于世界民族之林，不能归功于儒家，主要是因为我们这个民族能长期地吸收各种外来文化，兼收并蓄，不排斥其他优秀文化。”

但是，还没有人能从中国内在的传统文化流派本身来分析认识马列主义所以走进中国的具体历史原因。

张知寒是关注到并提出这个问题的第一人。

张知寒基于深厚的历史文化知识、广阔的视野、宽广的胸怀，站在了历史的制高点上。

“取与守不可同术。”一场战役，一个国家，一个朝代，倏忽几年，十几年，最多二三百年，尚且如此，那么一个时代，从封建社会到社会主义，二千余年，泱泱中华，难道可以“同术”吗？

两千年来，“独尊儒术”，难道有所改变吗？既然没有改变，岂不是今天的中国人，还在使用汉武帝的思维吗？

今天的中国，难道可以用封建社会的土壤来不加改造地移植世界先进文化吗？

在张知寒的眼里，如果说对儒家的没落前程看得最透的人应属“兴亡周期律”的提出者黄炎培，那么对墨家看得最透的人是中国近代史上著名的政治活动家、启蒙思想家、资产阶级宣传家、教育家、史学家和文学家梁启超。作为戊戌变法领袖之一，他必然要对中国历史人物有个分析和判断。结果他发现：“今之匹夫匹妇，曷尝诵墨子书？曷尝知有墨子其人者？然而不知不识之中，其精神乃与墨子深相悬契。……乃墨翟、禽滑釐、孟胜、田襄子等诸圣哲，溅百余年之心力以莳其种于我先民之心识中，积久而成为国民性之一要素焉。我族能继继绳绳于天长地久，未始不赖是也。”

这是梁启超早在20世纪初的一段振聋发聩的话，出自他的《墨子学案》。张知寒每每读到这段文字，心中都充满激情。他认为在中国历史上，梁启超的这段文字是对墨子精神及其历史作用最恰切的描述。意思是说：今天的中国老百姓，何尝都读过墨子的书，何尝都知道还有墨子这个人。但在不知不觉中，中国人民的精神竟然和墨子精神"无形中相一致"。墨子及其弟子，将其全部精神植于我们的先民之中，从而成为了中国国民的重要品格。中华民族所以能天长地久，代代相传，正是依赖于这种精神。

中国国民之所以没有被"一盘散沙"所淹没，中华民族之所以天长地久、代代相传，就是因为有墨子的精神自觉不自觉地根植于中华民族之中。这一点，不但梁启超看到了，清代墨学大家孙诒让也看到了，认为墨子精神远为先秦诸子所不及。章太炎认为不仅先秦诸子，就连儒家、道家的祖师孔子和老子都不能和墨子相比。他说过："墨子之道德非孔老所敢窥视。"胡适也说过："墨翟也许是中国出现过的最伟大的人物。"孙中山看到了，说："古时最讲爱字的莫过于墨子。墨子所讲的'兼爱'，与耶稣所讲的博爱是一样的。"毛泽东评点古今人物时也说到了，说："墨子是个劳动者，他不做官，但他是比孔子高明的圣人……是古代辩证唯物论大家，是'中国的赫拉克利特'。"

其实，真正认识到自身价值的是墨家学派自己。在《墨子·大取篇》中，墨者自信地指出"天下无人，子墨子之言也犹在。"意思是说：天下无人继承墨子学说，但墨子的话仍然起着作用。

回首今天墨学的复兴，历史不清楚地证明着这一点吗？

墨家，中国平民思想的代表，自战国就盛行一时，直到中国封建社会走向末日，代表无产阶级的共产主义在西方出现的时候，被墨子精神濡染的中国人民马上认识了它，其代表人物就是共产党。

历史上有两人将墨子和马克思进行过粗略的"比较研究"。一是共产党人蔡和森，他说："列宁在苏俄实行的与墨子理论近似，但比墨子的学说更彻底、更深刻、更伟大。"（唐铎《回忆我的良师益友——蔡和森同志》）另一位还是梁启超，他在《墨子学案》称“墨子是个小基督，从别的方面说，墨子又是个大马克思。马克思的共产主义，是在‘唯物观’的基础上建设出来。墨子的‘唯物观’，比马克思还要极端。”不管是将墨子思想与马列主义比，还是拿马列主义与墨子思想比，其本质是鲜明的，即中国墨家代表平民思想和马列主义代表世界无产阶级思想是相玄契的。其核心是：中国传统文化本体中的优秀成分，中华民族能长期地吸收各种外来文化，兼收并蓄，不排斥其他优秀文化的优秀品质。这两大因素，是马列主义来到中国并取得胜利的重要原因。

所以，重新架构民族文化，开放墨家“兼爱”思想的闸门，彻底打破文化“独尊”、“执一”格局，发扬儒家除宗法观念以外的一切积极因素，融汇各派文化优点，将马列主义思想中国化，是跳出“兴亡周期律”的出路所在。

继绝学　接当世

——论墨学与当代文明的对接

黄大昭　黄俶成

中华文明是世界上唯一没有中断而连续发展的文明。五千年来，血脉没有中断，文脉也没有中断。各种学说、学派皆犹如江河川流发展至今。墨家则有点特殊，中断了二千余年，几乎成了绝学，然未绝失。

墨学的中断又与世界上其他一些文明的消失有所不同。例如古印度的哈拉帕文明，被来自伊朗高原的雅利安人消灭了，甚至创造哈拉帕文明的达罗毗荼民族也消灭了，印度次大陆的文明向后倒退一千余年，到中国墨子时代才出现圣人释迦牟尼。古印度文明几乎没有一个人名和城市名可以让今人知道。今印度人并不是古印度文明的嫡系传人。同样，今埃及人、伊拉克人也非古埃及文明和古巴比伦文明的嫡传。墨家中断，但《墨经》仍在，墨家曾经的辉煌仍记在史册。

一

我们可再考察一下儒学的传播。孔、孟以后经董子倡导，儒学大显。《书经》有古文、今文两大派系传习，《春秋经》有左氏、公羊、谷梁分别从史实、义理、考据方面传习，《诗经》则有毛、韩诸家。汉晋南北朝，“户习七经”，郑康成等遍注群经。隋唐由韩愈等儒推向新的高峰，宋明则有程朱理学。清儒乾嘉学派对儒学各经作仔细考据，从而与近代文明接轨，并远播域外。当今新儒学乃是经上百代人延续不断地传衍发展而来。

再以具体的经济思想为例：周公就提出“劳则富”、“导利而布之”，孔子则具体化为“什一而税”，并提出“百姓足君孰与不足”。孟子除坚持“什一而税”外，又提出“九一而助”、“土地为源”。荀子提出“省工商之数、减工商之税、便工商之行”，并强调“强本节用”。汉武帝实行盐铁官营。曹操初行租调，鼓励发展工商，强令豪强负担赋税徭役。唐代韩愈主张工商并重，反对食盐专卖。白居易则主张“百货流通，四人（民）交利”。欧阳修提出“权商贾”。苏东坡首次从理论上论证预购和赊买。朱熹首提“经济之学”，则比西方蒙古莱田首用“政治经济学”（1615）的概念早了五百余年。元代耶律楚材提均平税负、统一中央财权。明代有一条鞭法，清代有摊丁入地。梁启超提租税转嫁和整顿币制。如此传衍而来，可自然与今日新儒家和政府各项经济政策对接。而当今世界各大文明提到儒家都很亲切，许多国家办孔子学院就是很好说明。美国哥伦比亚大学在1911年就有博士学位论文 *Economic principles of Confucius and his school*（可译为《孔门理财学》）。

历代诸家不断丰富儒学内涵，新儒学实际是以周公、孔子为起点的未曾中断过的呈射线状发展的一个新的阶段，道、兵诸学亦然。

二

今人面对的墨家，犹如汉儒董子面对儒家。我们现在要从墨家的许多初始思想研究，试举数端。

本，原指草木之根。《诗·大雅·荡》：“枝叶未有害，本实先拔。”即此意。儒家创始人也曾用“本”，如《论语》：“君子务本”。《大学》：“德者，本也。”此皆用树根的比喻义，但限于伦理、道德的范畴。墨子首先赋予其经济学的含义。《墨子·七患》：“先民以时生财，固本而用财，则财足。”可见此处之“本”有生产、生财之意，当然也包含农业。其后法家之商鞅首先将粮食生产比为“本”。所云“本业”、“本事”即使粮食行业。后世儒家再云“本”，则扩大到包括桑麻等在内的农业。直至今日，人们讲“重本抑商”等皆指农业。可见墨子所讲之“本”与常人所云之“本”有所区别。墨家“固本”，在强调发展农业的同时，也强调发展畜牧业、手工业、建筑业以及开辟各种生财之道。

儒家重农，提出“关市讥而不征”，而墨子在主张减轻农民负担的同时，则主张加强关市和国家自然资源开发的税收以充实国家财政。《墨子·尚贤中》：“贤者之长官也，夜寝夙兴，收敛关市山林泽梁之利以实官府。是以官府实而财不散。”人们常说墨家代表自由小生产者的利益，而此处却强调国家府库的充实，是很发人深思的。

传统各家都重视君权，强调民众服从官府，下级服从上级，各级服从国君。墨家的“尚同”思想却另有新意。例如，他强调平民百姓要“尚同乎乡长”，乡长要“尚同乎国君”，国君要“尚同乎天子”。他并没有到此为止，还进一步强调天子要“总天下之义以尚同于天”。古人对“天”有多种解释。墨家所云不外乎强调作为代表国家的天子必须顺应和服从自然、社会发展规律。

三

墨学是一座伟大的宝库。当今墨学研究者正做着类似汉儒的工作。儒学经两千多年发展到当今的水平。墨学若要发展到相当于今日儒学的水平，大概不需要两千年了。我们一方面要追溯墨学的本源，一方面也要借鉴儒学、道学、法学发展的经验，光大墨学传统，对接当代文明。墨家的尚同尚义、爱民利民、兼爱非攻、和谐相利等思想无疑至今仍熠熠生辉，但今天与产生这些思想的社会条件已有很大变化，如何合理承继，仍需我们进行探索。

中国墨学会和广大墨学研究者做了大量开辟性工作。数十年以及至数百年后，人们会记得21世纪的墨学“董仲舒”的。

墨家学说与当代国际政治关系

张晓芒　关兴丽

一

墨学与儒学同为先秦显学，尽管其有相互抵牾之处，“夫弦歌鼓舞以为乐，盘旋揖让以修礼，厚葬久丧以送死。孔子之所立也，而墨子非之。兼爱、尚贤、右鬼、非乐，墨子之所立也，而杨子非之。全性、保真，不以物累形，杨子之所立也，而孟子非之”（《淮南子·氾论训》），但在“务为治”上，却“天下同归而殊途，一致而百虑”（《易传·系辞》）。这也表明，即使是在两千多年前的先秦时代，“异质思维”的相互碰撞、多元表达，对于一个社会发展的可持续性或可选择性来讲，仍然是有益的。它至少提供了文化的选择性和交融性。以此映射于当今时代，世界和平事业的建设，国际政治关系的和谐发展，是一个不同文化、不同理念、不同思维方式多元共存、求同存异的扬弃交融过程，在此过程中，我们所能提供给世界的除了传统儒家的“和”的理念外，还可以向世界传播传统墨家的治世精神与手段。这种涉及文化全球化过程中的不同元素问题，不仅是世界文化多元化的问题，同时也是中国文化传播内容多元化的问题。

毋庸讳言，当今世界仍然是一个“竞于力”而远非“竞于德”的世界，丛林法则无论其如何披挂着“民主”、“人权”的“皇帝的新衣”，依然是一些国家在强行推行自己具有“绝对标准”的“普世价值”时，信于斯、行于斯的潜在的观念与方法。但是，从另一个意义上讲，当今国际政治关系的现状表明，在可预见的未来，“当今世界的全球一体化，推动着世界各种文化的融合，因此在文化上表现出不断同一的趋势。在这个过程中，需要通过不同文化之间的交流与互动，寻求自身文化变革的世界意义，在对历史与现状的反思中，以理解不同文化的历史与现实的文化内涵为基础，继续挖掘、融合各种文化在思想与实践方面的优秀资源，真正在融会贯通中，顺应全球化浪潮中多元共存的历史使然”[①]。例如，中国传统儒家文化中的“己所不欲，勿施于人”已被认定为一个“黄金法则”，但在其他文化中也可以找到内容基本相同的不同表述。如基督教文化中的“你们愿意人怎样对待你们，你们也要怎样待人”；佛教文化中的“在我为不喜不悦者，在人亦如是，我何能己之不喜不悦加诸他人?”[②]因此，先秦老子所说：“天下皆知美之为美，斯恶已。皆知善之为善，斯不善已。”（《老子·第二章》）这段话可以说是对人类文化中共性的东西的一个亘古不变的恒久总结。而这种文化的共通性不但反映了先秦荀子所说的“人能群”与马克思所说的“人是一切社会关系的总和”的人类的本质，同时说明了任何一种从古代延存至今的文化都存在着超越本民族文化的伦理价值观。“随着不同文化频繁而广泛的交往，这些作用于不同文化主体身上的价值观自然就成为形成一套全球伦理的基础。”[③]其中包括有两千多年前墨子“止楚攻宋”中对“强势”攻打“弱势”的犀利驳斥：“杀所不足而争所有余，不可谓智。宋无罪而攻之，不可谓仁。知而不争，不可谓忠。争而不得，不可谓强。义不杀少而杀众，不可谓知类。”（《墨子·公输》）同时也包括有当今世界要求“强势”文化对“弱势”文化应该宽容和理解的希望。因此，“尽管不同文化注定在处理和表现真、善、美各方面彼此相异，但它们之间也存在着某种历史交汇点，这就是对未来巨大潜在意义的道德文化感受。世界古代文明就人类优秀品质的构成形成了影响深远的共识”④。既然如此，即如上述，当今国际政治关系的现状表明，在可预见的未来，在对所面临的全球共同问题的解决中发掘早已存在于不同文化中的“共性”，并为这种“共性”找到一个新的历史交汇点，是人类为了世界和平事业的建设、国际政治关系的和谐发展的新的使命。

二

杜国庠曾经指出：“如果我们可以说，孔子的中心思想是一个‘仁’字，那么墨子的中心思想就可说是一个‘义’字。”⑤墨子对其解释为：“义者，正也。何以知义之为正也？天下有义则治，无义则乱。我以此知义之为正也。”（《墨子·天志下》）又说：“义正者何若？曰：大不攻小也，强不侮弱也，众不贼寡也，诈不欺愚也，贵不傲贱也，富不骄贫也，壮不夺老也。……故凡从事此者，圣知也，仁义也，忠惠也，慈孝也。是故聚敛天下之善名而加之。”（《墨子·天志下》）墨子将这种对“义”的语义解释及语用解释具体体现在他对“天志”的认识与身体力行中。

其一是以“天志”为准则：“莫若法天”，“取法于天”（《墨子·法仪》），“动作有为，必度于天。天之所欲则为之，天所不欲则止”（《墨子·天志上》）。而“天”之“所欲”、“所不欲”者何？

“欲义而恶不义”(《墨子·天志中》),“欲人相爱相利,不欲人相恶相贼”(《墨子·法仪》),“不欲大国之攻小国”(《墨子·非攻》)。

其二,“取法于天”的过程也就是践行墨子学说的中心思想的过程,即如何“兼相爱,交相利”的过程。体现在政治上,是“不辩贫富、贵贱、远迩、亲疏,贤者举而尚之,不肖者抑而废之”(《墨子·尚贤中》)的无私品格;体现在管理上,是“选择天下之贤可者”、“选择其国之贤可者”(《墨子·尚同上》),使“唯能以尚同一义为政”,从而“为万民兴利除害,富贫众寡,安危治乱”(《墨子·尚同下》)的无私意志;体现在国与国的关系上,是“顺天之意”(《墨子·天志下》)的“天不欲大国之攻小国”,要以“上利天,中利鬼,下利人。三利而无所不利,是谓天德”(《墨子·天志下》)来反对那种的“天下之巨害”(《墨子·非攻下》)。[⑥]

由之,在理念与方法结合的现实过程中,我们可以以当今世界的“天志”就是世界人民的和平发展、和谐发展的意愿,将儒家“己所不欲,勿施于人”的黄金法则,熔铸在墨家“兼爱”、“非攻”、“节用”、“法仪”的手段上,在政治、经济、文化、环保、军事等各个可操作层面上,通过“夫辩者,将以明是非之分,审治乱之纪,明同异之处,察名实之理,处利害,决嫌疑”(《墨经·小取》)的充分沟通,落实为一系列话语平等的国际制度安排,“保证共生(兼相爱,交相利)的伦理原则,保证尊崇自然(贵节)的生活态度,保证法制与平等(法仪)的精神,保证和平发展、和平崛起(非攻)的逻辑”[⑦]。

但任何一种解决问题的逻辑思路都应具有一个大家“共许”的假设性前提,从而使得在解决问题的过程中,理念与方法的统一具有一种合理性。这种具有合理性的假设性前提的话说起来容易，但做起来就难了。这是因为，对待任何一个社会问题尤其是世界性的社会问题，都会由于不同的意识形态与具有差异的价值观念，给予人们具有差异甚至相反的认识角度和主观态度，从而形成不同的价值判断。又由于世界近代以来文化发展传播的一个显著特征是西方文化的持续向外强势扩散，这种强势扩散是以西方现代化发展的实力为其基础的，因此其解决问题的理念与方法，即使在今天的国际政治关系中，虽然西方以实力为基础的强势文化随着一些发展中国家的相继崛起显得有些江河日下，但仍旧以"西方的历史逻辑"惯性现实存在着，使得如前所述，当今世界仍然充斥着"竞于力"而远非"竞于德"的气氛。美国学者亨廷顿就曾认为："每一个文明都把自己视为世界的中心，并把自己的历史当做人类历史主要的戏剧性场面来撰写。与其他文明相比较，西方可能更是如此。"[8]如此到今天仍然有"很多美国人将美国视为经济最发达、最民主的国家，因而理所当然地认为只有美国的规矩是对的"[9]的心态：我的观念是具有普遍意义的"终极公理"，应该让所有人接受。对此建立在错觉与偏见基础上，将自己的价值观抽象为一个具有绝对标准的"普世价值"的狭隘心态，美国学者乔纳森·萨克斯在 2002 年 5 月 21 日的一次讲话中即给予了批评："这是一个很危险的思想，因为它表明，所有的差异将导致部落主义，继而导致战争。因此，取而代之的最好方法是消灭差异，把一种单一的普遍真理强加给世界。如果这一点无可置疑，那么当你与我出现分歧时，我就是对，你就是错。如果我关心真理，我必须改变你的错误。如果我不能改变你，也许我能征服你。如果我不能征服你，那么我只好在真理的名义下杀死你。"[10]最近两年来的中东、北非局势似乎为此做了注脚。在此"西方的历史逻辑"

的映射下，当经过改革开放日益发展壮大的中国出现在世人面前时，“中国威胁论”的假设性前提就以一个以己度人的虚假前提被西方的一些政客及媒介甚嚣尘上地渲染出来。尽管2007年7月5日，中国外交部发言人在记者会上甚至三次强调“中国坚定走和平发展道路，奉行防御性的国防政策”，表明了中国政府建立和谐社会的决心，同时这也是对“中国威胁论”的虚假前提的最好驳斥，也以“中国的历史逻辑”表明“实力的增长”与“必然扩张”之间没有必然的因果联系。但当2012年2月中国在联合国安理会表决叙利亚问题的决议草案时投了反对票，中国驻英国大使刘晓明还专门投稿英国《卫报》告诉英国读者，中国人反对暴力，投反对票是个“艰难决定”，“是出于一个简单原因，该决议草案无助于缓和局势，相反，中国认为强行推行表决会加剧紧张局势”[11]后，西方一些习惯于听顺从声音的人还是有些气急败坏了。因此，当中国学者王缉思和美国学者李侃如（Kenneth Lieberthal）4月初共同发表一份报告《中美战略互疑：解析与应对》后，激起世界的热议。[12]

由之，世界历史发展的“逻辑”迫切需要合理性的论辩精神和确定真实有效的大家“共许”的假设性前提。服从这个“共许”，有时未必是自觉的或自愿的，但却是现实的。如果说传统儒家的“和”的理念今天仍然具有贡献给世界的恒久的现实性，那么，传统墨家的“兼相爱，交相利”、“非攻”、“节用”等制度性安排的方法，在今天同样具有贡献给世界的恒久的现实性。

如何证明这种现实性？“有诸己不非诸人，无诸己不求诸人”（《墨经·小取》）。这是因为，道德作为一种用来调节各种利益关系的规范体系，是人们行为的一个内在标准。道德是社会历史发展的产物，存在于人类历史的任何一个阶段以及社会生活的所有领域。不同的社会形态，有着共同之处，这就是荀子所说的“人能群”的共同生活的群体，而每一个群体都必须用人们同然的道德规范来处理、调整人与人之间、个人与群体之间的关系，因此，任何一种社会形态在道德上都有着共性，这就是“同”。孔子所提出的“己所不欲，勿施于人”的道德要求，对任何一种社会群体用以维护社会正常秩序来讲，都是适用的。谈说论辩是在具有社会性的人之间进行的，是一种晓谕真理、论证是非的言语行为，因此，“正确的谈说论辩，也具有道德性，也应该遵守一定的道德要求，墨家所说的‘有诸己不非诸人，无诸己不求诸人’的论辩道德要求实际是孔子‘己所不欲，勿施于人’的道德要求在谈说论辩中的延伸与发挥。它体现了谈说论辩中论辩双方的主体平等性，以及公平竞争的人伦精神；反对了谈说论辩中的滥用强势压人”[13]。从这个意义上讲，墨家学说中的论辩精神对于当代国际政治关系仍然有着现实的意义。

三

任何文化对社会的影响不是动摇或破坏社会正常运转的根基，而是通过对生活在社会中的主体的影响来保持社会的稳定和不断的进步，所以由此而衍生的基本价值观并不因文化的不同而有所差异。只要我们进行不同文化的比较，文化内涵上的相通性处处可见，它们在不同文化语境中完全可以具有相同的意义。

由此而观照世界，“取辩于一物而原极天下之污隆”[14]，当今世界的发展现状，更凸显了保持人类的理性和保持人、社会、自然和谐是如何重要。保护自然归根到底就是保持自然的和谐，而保持自然和谐归根到底仍然是保证民生民安。敬重、热爱自然，实际上仍然是敬重、热爱人类自己，仍然是保护人类的现实生存与长久发展。基于此，人类为了长久的利益和长远的生成、发展，就必须摒弃那种只顾眼前利益而不顾子孙后代的急功近利，认真处理好眼前和长远利益的关系、局部利益和整体利益的关系，充分认识到人类既然是自然界的一部分，人类与自然在自然法则面前就具有同样的发展权利。这对于重新认识世界，重新认识自己，都是一种积极的辩证态度。因为，在社会发展的每一步中，每一代人都是思维取法的标准。

由自然而人类社会，“发展才是硬道理”。但发展必须是在一个求同存异的和平条件下的和谐发展。在这种观念下，与其将世界看成是一个不同政治制度组成的集合体，还不如将其看成是一个不同文明组成的集合体。从逻辑的角度谈，集合体指一类事物中每个分子按照一定方式组合起来，形成了一个具有新的本质属性的整体。其中的每一个个别事物相对于集合体，都是这个集合体的个体，两者之间是集合体与个体、整体与部分的关系。反映集合体的概念就是集合概念，其外延只是作为集合体的事物，不是集合体中的个体。因此，一个集合体所具有的本质属性（内涵），它的个体却不一定具有。如我们不能指着森林中的任意一棵树说：“这是森林。”由之，在这个文明集合体中，就无法说哪个个体的发展模式就是整个文明集合体的发展模式，哪个个体的价值观就是整个文明集合体的普世价值观。但我们仍然可以说，这个文明集合体的内涵（本质属性）——求同存异的“和”，可以为每个人、每个民族、每个国家的自由和谐发展提供了理念支撑，从而可以使得整个文明社会为持续地进化生存下去，寻找可以相互借鉴的和谐发展的手段与方法。由之，挖掘各自文化中的优秀的传统资源，就可以为挖掘人的潜能所具有的无限发展的可能性，提供了宽广的空间。

培根曾就他所发现的求因果联系方法的作用说过："我所建议的关于科学发现的途程，殊少有赖于智慧的锐度和强度，却倒是把一切智慧和理解力都置于几乎同一水平上的。譬如要画一条直线或一个正圆形，若是只用自己的手去做，那就大有赖于手的坚稳和熟练，而如果借助于尺和规去做，则手的关系就很小或甚至没有了；关于我的计划，情形也正是这样。"⑮虽然从逻辑学角度讲，求因果联系的方法（穆勒五法）是或然性推理，它的可靠性依赖两个因素：第一，正确地划出有关情况的范围；第二，正确地分析有关的情况。但这两点不是求因果五法本身所能解决的，还需要具体的科学知识和把已知的科学知识正确地运用于所研究场合的演绎推理。同时，人类的科学认识是不断发展的，所以，求因果五法是有用的；但人类又不可能穷尽一切真理，所以，求因果五法也不是万能的，片面夸大它的作用也是不对的。这应该是我们学习求因果五法时应有的辩证态度。但对培根这种认识的批判性思考中，我们仍然可以从中得到一种联想式的启发，亦即，在世界和平事业的建设与国际政治关系的和谐发展过程中，和谐、和平发展的理念与方法是一个逻辑的理性与理性的逻辑的统一体。

在认识论的价值层面上，世界和平事业的建设与国际政治关系的和谐发展是一个全球化浪潮中多元共存的历史使然，"和"的多种因素的统一与和谐基础，可以使不同的思想观念"和而不同"。

在方法论的事实操作层面上，亦如前述，当今社会的"天志"就是世界人民的和平发展、和谐发展的意愿，我们应该并且也可以将儒家的“己所不欲，勿施于人”的黄金法则，熔铸在墨家的“兼爱”、“非攻”、“节用”、“法仪”的手段上，在政治、经济、文化、环保、军事等各个可操作层面上，通过“夫辩者，将以明是非之分，审治乱之纪，明同异之处，察名实之理，处利害，决嫌疑”（《墨经·小取》）的充分沟通，落实为一系列话语平等的国际制度安排，保证共生（兼相爱，交相利）的伦理原则，保证尊崇自然（贵节）的生活态度，保证法制与平等（法仪）的精神，保证和平发展、和平崛起（非攻）的逻辑。把解决各种世界性社会问题的态度，从嘴上移到手上。

“在这个过程中，如何挖掘、贡献、使用好中华文化的传统资源，所遇到的第一个问题是文化的多元共处何以可能，第二个问题如何保证多元共处中的诚信，第三个问题是如何对待文化交流中的硬影响和软影响。这三个问题的认识得当，才能从文化传统资源中发掘出最本质的，也必然是与其他民族共同的价值观念”[16]，加深和加速在文明集合体中，不同民族的优秀文化的交流与融合。从而使得和谐社会的历史使然，“必然要以一种新的理念召唤着不同的文化主体，人们不再安于仅享受独一的文化，也不会希望或强迫所有的人们都享受同一种文化。文化的多元共处的希望，就是如此在挖掘各自的优秀文化传统资源，并由此而消除各文化间的鸿沟的过程中激发出来的”。从而如同泰戈尔在其《中国和印度》中所说的那样：“当黎明来临，我们就从个人生活的封闭和孤独中自由了。就是这时，我们看到了光明，这是赐予全人类的永远的光明。就是这时，我们开始了解，开始在生活中彼此合作。”这种合作，就是建立在合理性的论辩精神和确定真实有效的大家“共许”的假设性前提基础上的理念与方法的统一。它可以在“发展才是硬道理”的实力保证下，在话语权的有效争夺下，在和平、和谐的理性发展的真诚态度下，促成对制度安排的分享与运用，并使之成为一种具有人类“共许”的极具人文精神的“强约束”，借以消除文化交往融通过程中的“终极公理”。

总之，同样作为当时的一种显学，经过语义说明和语用运用的墨家思想仍然是当今重建国际政治关系中不可或缺的重要组成部分，在提倡“和”的理念的过程中，我们所能提供给世界的传统资源，虽然有必要以儒家文化为主，但也不能忽视墨家思想在当代的影响力。因为，在社会科学中观念、公理流变得很快，当世界反思所谓新自由主义、全球化、举债、财政赤字、军事扩张等方式都无法阻止一些国家经济衰退时的社会问题时，仅靠经济的表现不足以表达一种文明，文化将同政治、经济一道，成为国与国之间交往及联系的三大支柱。我们能否悬置所谓的绝对真理，传承发展多元的优秀传统文化？或许，在孔子学院遍地开花的当今世界，虽不需要再开什么“墨子学院”、“老庄学院”，但在孔子学院中也应传播包括墨家在内的中国古代诸思想家的治世思想、方法、手段，这种涉及和谐社会发展的不同元素问题，不仅是世界文化多元化的问题，同时也是中国文化传播内容多元化的问题了。而只有了解了多元的中国传统文化，才能从三个向度（文化、历史与经济）了解“中国的历史逻辑”；才能在多元的文明话语体系的比较中，选择合理的途径，采取有效的方式，保证不同文化之间的跨文化传播过程中的有效性。并在强调创新的人文精神的同时，体会创新的“发现”作用及意义。作为建立在逻辑思维基础上的创新思维的特点之一，这也是世界和平事业的建设与国际政治关系的和谐发展的要求，是为之服务的。

墨家“兼相爱，交相利”、“非攻”、“节用”、“法仪”等思想，墨家“为义首务”的尚辩精神，在当代国际政治关系中，仍然可以散发着它熠熠生辉的光彩。

注释

①张晓芒：《文化交往中的传统资源》，载《湖南科技学院学报》2008年第10期。

②参见〔德〕孔汉思等编《全球伦理：世界宗教议会宣言》，四川人民出版社1997年版，第75~76页。

③王晓德、张晓芒主编：《历史与现实——世界文化多元化研究》，天津人民出版社2007年版，第12页。

④〔美〕克莱斯·瑞恩：《异中求同：人的自我完善》，北京大学出版社2001年版，第32页。

⑤蔡尚思主编：《十家论墨》，上海人民出版社2004年版，第194页。

⑥张晓芒：《孔墨公私观的不同走向及现代启示》，载《职大学报》2004年第1期。

⑦张晓芒：《墨家治世的方法和手段》，载《中国社会科学报》2010年9月7日第6版。

⑧〔美〕塞缪尔·亨廷顿：《文明的冲突与世界秩序的重建》，新华出版社2002年版，第41页。

⑨〔英〕理查德·D. 刘易斯：《文化的冲突与共融》，新华出版社2002年版，第140页。

⑩Sacks, “The Dignity of Difference: Avoiding the Clash of Civilization”, p. 2. 转引自王晓德、张晓芒主编《历史与现实——世界文化多元化研究》，第31页。

⑪参见李逸大等：《西方激辩是否军事干预》，载《环球时报》2012年2月11日第1版。

⑫参见青木等：《“中美战略互疑”激起热议》，载《环球时报》2012年4月5日第16版。

⑬张晓芒：《先秦诸子的论辩思想与方法》，人民出版社2011年版，第198~199页。

⑭〔晋〕鲁胜：《墨辩注序》。

⑮〔英〕培根：《新工具》第一卷，商务印书馆1984年版，第33页。

⑯张晓芒：《文化交往中的传统资源》，载《湖南科技学院学报》2008年第10期。

墨家学说在中华新文化建设中应该与儒家学说优势互补

——兼论中华新文化建设中的几个关键问题

张希宇　张幼林

在从21世纪开始的中华民族伟大复兴的过程中，重建中华新文化既是我们民族复兴的重要任务，又是完成民族复兴的基本条件。采取科学的态度、原则、标准和方法，重新界定中华新文化的概念和内涵具有重大的理论和实践意义。墨家学说在中华新文化建设中应该与儒家学说优势互补，发挥比儒家学说更大的作用。

一、中华新文化的概念辨析以及中华新文化建设的原则标准以及科学态度

（一）中华新文化的概念界定和歧义辨析

中华新文化建设是21世纪中国文化战略的主要组成部分，中国文化战略则是在“中国崛起”的背景下为实现“中华民族伟大复兴”这个战略目标服务并被这个战略目标所规定的。决定中国文化战略的要素主要是内部性规定和外部性规定。内部性规定是由我国的历史性和现实性决定的，它“决定了国家文化战略发展

的个性及其与他国的战略差异性”[①]，如果没有这样一种内在的质的规定性，也就无所谓中国文化战略。外部性规定是指在一定的国际环境下由国家和国家集团之间的文化战略竞争和战略博弈而形成的国际文化战略秩序。这个外部性规定就是中国文化战略与其他国家乃至世界文化战略的关系，也是任何一个国家在作文化战略选择时都无法回避的战略问题。

中华新文化概念也可以参照中国文化战略的决定要素加以辨析和确定：从内部性规定来看，一个“宗旨”、两个“依据”是构成内部性的基本要素。中华新文化的宗旨就是服务于“中华民族的伟大复兴”，这是毫无疑问的；同时五千年中国传统文化是我们无法抹去的历史性，当前正在进行中的社会主义市场经济则是我国的现实性。这种内在规定性就决定了中国新文化建设必须以马克思主义为指导，体现社会主义核心价值观，既要吸收和借鉴中国优秀的传统文化，又要采纳和融合近现代以来优秀的中国革命和建设文化。由内在性规定决定的中华新文化具有鲜明的中国个性、中国气派，是中华新文化参与世界文化竞争和博弈的首要条件。从外部性规定来看，中国作为世界大家庭的一员和最大的发展中国家，是在全球化浪潮不可阻挡的国际环境中与其他各国展开全面的竞争和合作的；就各国之间的文化竞争和博弈而言，在文化上的相互交锋、相互借鉴、相互影响、相互促进是必然的，全球化为各国提供了巨大的挑战和机遇。因此，外部性规定决定了中华新文化只有广泛借鉴和吸纳世界各国文化的精华，特别是要借鉴和吸纳资本主义的先进文化为我所用，才能使自己具有开放性、包容性、世界性和普世性，从而具有更大的竞争优势和强大的生命力。

由此确定中华新文化的概念就是：以马克思主义为指导，在广泛借鉴和吸纳优秀的近现代以来的中国革命和建设文化、中国传统文化和资本主义文化的基础上建立起来的以社会主义核心价值观为核心、以平等民主、科学理性、改革创新、和谐统一等普世价值观为灵魂、既立足于中国现实、又面向世界和未来的博大精深的文化。

（二）中华新文化建设的原则和标准

就是立足于中国国情、体现中国特色，同时必须具备适应全球化要求的普世价值。中华新文化应当是在批判继承人类以往全部优秀文化遗产的基础上建立起来的并以平等民主、科学理性、改革创新、和谐统一等普世价值观为核心的博大精深的文化体系。这个体系站在中国人民、中华民族和全人类的立场上，以中国人民、中华民族和全人类的发展和福祉为根本宗旨，既具有阶级性、人民性、阶段性等鲜明的中国特色，又有时代性、开放性、普世性等世界眼光。

（三）中华新文化建设的科学态度和方法

就是以马克思主义为指导，以不发达的社会主义市场经济的中国国情为立论依据，参照和吸取中国社会主义核心价值观，在准确批判、精心甄别和科学选择的基础上，广泛吸收资本主义的先进文化和优秀的中国传统文化。要警惕和反对两种观点：一方面，摈弃以往人类创造的全部文化，设想另起炉灶、建立纯粹社会主义文化的观点固然是行不通的；另一方面，企图“全盘西化”移植资本主义文化，或者全盘接受中国传统文化，即全盘肯定和继承儒家文化，以儒家文化代替中华新文化的观点也是完全错误的。

二、墨家学说在中华新文化建设中应该与儒家学说优势互补，发挥其更大作用

（一）作为“官方之学”的儒家学说与作为“平民之学”的墨家学说的两千年对立

在先秦诸子百家中最具代表性和最有影响力的是儒、墨、道、法四大家。自西汉中期儒学被树立为官方统治思想，儒学逐步广泛而全面地吸收了道家思想，儒道虽有差异甚至存在一定斗争（儒尊古尊崇和恢复周礼，道家尊古要回到没有文明尚未开化的上古之世；儒家主积极入世刚健有为，道家主消极避世、清静无为等），但儒道的互补和融合则是基本趋势。儒家与法家在社会历史观（历史发展动力和今古观）、人性论（性善和性恶）、治国论（法治和德治）等方面都存在巨大差别，但法家在建立和完善封建政治法律制度以及在治国辅政进行统治管理方面，都发挥了重要作用。任何封建王朝要进行有效和长期统治，都必须依赖法家思想的指导。虽说汉代以后法家作为一个学派在组织上已不复存在，但儒家对法家思想一直采取容忍和依赖的实用主义态度，儒与法是基本合作而不是对抗的。而唯有墨学自汉代以后两千多年，成为被封建统治者压制的、与儒学直接对立的“平民之学”。儒学虽然也吸收了一部分有利于自身发展的墨学思想，如反战非攻、尚贤尚同等，但对墨家的基本态度是排斥、漠视和反对的。因此，在建立中华新文化的过程中，主要是批判和借鉴墨家和儒家的思想学说；儒墨两家可以而且能够做到优势互补，并且墨学在其中发挥的积极作用要远大于儒学作用。

（二）确立和发展市场经济体制的中国和不可阻挡的全球化浪

潮导致儒墨两家学术地位的互换

西汉中期以后，墨学由“天下显学”沦为两千多年无人问津的“千年绝学”，其根本原因在于，墨学的主要思想和主张是与建立在血缘宗法小农自然经济基础之上的封建制度相矛盾、相排斥的。而儒学之所以被定为“一尊”，成为官方统治思想，长达两千多年，最根本的原因则是儒学经过不断地调整、充实和发展，基本符合血缘宗法自然经济的需要，满足了历代封建统治者长治久安、进行有效统治的政治要求。

宋元王朝以后，随着欧洲文艺复兴逐步崛起的资本主义文明的形成和发展以及明代中期资本主义的萌芽，中国封建专制制度日益趋于黑暗和残暴，作为封建专制统治理论支柱的儒家学说虽有宋代理学和明代王阳明心学的发展，然在孔孟儒学原典中具有的民本主义、人文主义色彩却明显淡化，保守、僵化、消极甚至反动色彩反而大幅度增加，越来越成为阻碍社会发展的理论体系。以鸦片战争为起点的中国近代社会的发展，就是西方资本主义列强不断对中国实行军事、经济、文化和宗教侵略，中国民族危机日益加深、逐步沦为半殖民地半封建社会的过程，也是儒家学说遭到巨大挑战、逐步衰落乃至最终退出官方统治思想地位的过程。到1919年五四运动爆发前，中国民族资本主义已有相当规模的发展，以血缘宗法为纽带的小农经济因遭到严重冲击濒于破产的边缘。1949年社会主义制度建立，1958年完成农业集体化以后，小农经济虽然通过行政命令被强制消灭，但血缘宗法关系的残余实力在广大农村仍然存在。1978年以来的30年，通过改革开放逐步建立起社会主义市场经济体制，工业化、城市化完成之日，就是基于血缘宗法的农村自然经济被彻底摧毁之时。加之在席卷而来、不可抗拒的全球化进程中，中国作为最大的发展中国家和世贸组织的重要成员国，对世界经济、政治、文化等参与日益广泛和深入。在这样的社会和时代背景下，儒家学说已失去了它赖以生存和发展的经济社会土壤和政治氛围，作为“天下显学”和官方统治思想的时代终将成为历史而不可逆转。儒学也只能作为中国传统文化中的一个学派被批判继承，从而成为中华新文化中的一个构成因素。而墨家学说作为“平民之学”，本身所包含的丰富的平等、民主理念和科学理性精神，不仅在很大程度上与建设社会主义现代化强国和中华民族伟大复兴的要求相契合，而且有利于人类的发展和福祉，契合普世价值观。虽然墨学不可能再度成为“天下显学”，但在中华新文化建设中，应当占据一个重要位置，发挥其他各派传统中国文化不能代替的重要作用。

（三）在吸收和运用优秀中国传统文化重建中华新文化方面，墨家学说和儒学学说都应占据重要地位，并且墨家学说应当发挥更大作用

1. 儒家以血缘为本位、建立在血缘宗法关系基础之上的等差仁爱（仁是礼的统帅和灵魂，礼是仁的实质和要求。仁要求仁者爱人，己所不欲勿施于人，推己及人地老吾老以及人之老、幼吾幼以及人之幼，对小人和所有被统治者施于温情的仁爱之心，给予合礼的、有限制的剥削和压迫。礼要求承认固定社会等级秩序，从先天后天、道德层次、社会分工等方面严格区分君子与小人、统治者与被统治者）学说和以“三纲五常”为核心的社会政治伦理体系只能产生民本主义和仁政思想，这种民本主义和仁政思想对于我国社会主义民主制度的完善是有鲜明的参考意义的。但是，儒家学说不可能发展出平等、民主的价值观。墨家以社会为本位

的兼爱观和以天为法，人则不仁、不可为法的天志观（任何人在天帝面前不分高低贵贱，人格都是平等的，墨家之爱是对古往今来所有人的无差等的平等之爱）已经内在地蕴含了并且有完全可能发展出现代的平等和民主的价值观。

2. 儒家的心性哲学（孟子的性善论和不可忍之心、程朱理学、王阳明致良知等）所阐述的道德决定一切的道德全能观以及主观唯心主义的认识论，以圣贤为真理标准、以经书为立论标准的经学真理观，以天人合一为核心的天道观、宇宙观，表现出在为人处世、修身齐家治国等方面要充分发挥主观能动性、积极进取、刚健有为的良好精神和态度，表现出尊重自然规律、天人和谐共处与和谐发展的先进理念，但儒家的心性哲学、真理观和天道观不可能具有科学、理性价值。而墨家主张主观与客观相异、主观可认识了解客观的“天人相分”的“天道观”和宇宙观，提出以“三表”为核心和“以天（自然界和宇宙运行的法则）为法”相补充的认识论（第一、三表是间接经验，第二表是直接经验，即以古代和当代人的实践作为检验认识真伪的标准），主张人类认识的目的是“摹略万物之然，论求群言之比”，即探求宇宙万物之然和所以然，辩论和证实各种认识的是非真假，建立起粗具规模的人类认识真理的基本工具——墨家逻辑，发现和归纳出接近近代自然科学大门的关于数学、力学、几何光学等一系列自然科学知识，因而墨学所包含和张扬的科学和理性价值无可怀疑、昭昭在目。

3. 儒家尊古、崇古、以古非今、人与动物的根本区别是道德、“天不变道亦不变”的社会历史观和“以圣贤之是非为是非”的经学真理观，直接阻碍了改革创新价值观的形成和发展。社会的发展有赖于改革创新，改革创新有赖于认识和真理的发展，认识和真理发展的前提就是敢于怀疑、批判已有的认识和学说，不断创造崭新的思想观点和学说体系。墨家学说本身就是在怀疑和批判儒家学说的基础上创立的，它提出的述而且作、今胜于古、人与动物相区别的根本标准是劳动的进步社会历史观和“三表法”认识论和真理观，决定了墨家学说具有改革创新的价值观。

注释

①胡惠林：《当前中国文化战略发展的几个问题》，载《艺术百家》2011 年第6期。

《墨经·大取》训释失误举正

王兆春

《墨经》[①]被誉为中国古代的百科全书，是中华古代文明的精粹之一。《墨经》内容博大精深，其所涉及领域，按孙中原分类，涵盖了世界观、认识论、逻辑学、方法论、历史观、经济学、政治学、伦理学、数学、力学、光学、心理学共十二类。[②]由于墨学的一度中绝，加之留传下来的《墨经》版本稀少，而且传抄过程中脱漏讹误颇多，导致今人对《墨经》的解读出现诸多问题。因此自清乾嘉以来注译者甚众，特别是自孙诒让《墨子间诂》后，使《墨经》成为一部可读的墨家经典文献，曹耀湘继之以《墨子注》洋洋十四卷，又有梁启超、胡适等开墨经研究方法论之新声，至21世纪初，经栾调甫、谭戒甫、伍非百、沈有鼎、张纯一、吴毓江、陈孟麟、姜宝昌、孙中原、张仁明等的不懈努力，关于墨学，特别是墨经的研究无论从广度、深度，还是从方法论上，都取得了重大突破和进展，使新墨学呈现出欣欣向荣的复兴景象。但由于《墨经》版本并未得到可靠的解决，加之真正可以参见的相关文献仍然非常匮乏，诸注家和译家还是不得不面对无法举证而进入主观推断的尴尬处境。因此，至今出现的各种注本、译本，还是存在一些尚待解决的问题。《墨经·大取》作为主要涉及伦理学和逻辑学的部分，其训释中出现的错误会对整个《墨经》的研读造成极大障碍。正如孙中原所言："此篇文字讹误窜乱甚多，校勘、诠释不易。"[③]今笔者不欲仅针对一家之言，而是就整个《大取》训诂、释义中存在的各种问题作一番梳理，庶几有助于读者。

（一）不辨字音而误。

1. 多音字误读。

句例（1）：圣人也，为天下也，其类在于追迷。

孙诒让《墨子间诂》：圣人为天下谋利，目的在追正迷惑。[④]高亨：墨家认为圣人之为天下人，即在于追其迷路者耳。[⑤]吴毓江《墨子校注》：论衡对作篇曰："论者不追救，则迷乱不觉悟。"或即此追迷之义。[⑥]周才珠：追迷，解人之惑。周译：圣人为了天下人，极力解人之惑，使人返正。[⑦]以上诸家说略同。显然都将"为"读为去声。此句当针对前文"立辞而不明于其所生，忘也；不明于其道，其困也可立而待也；立辞而不明于其类，则必困矣"而言。此言圣人之治天下，当以立辞为要，以解天下之惑乱也。为当读阳平 wéi，意为"治理"。为天下即治天下。句当译为：圣人治理天下啊，就像给迷路的人指引方向一样。

2. 强为通假而误。

句例（2）：天之爱人也，薄于圣人之爱人也；其利人也，厚于圣人之利人也。

吴毓江："薄读为博，下同。墨家以天爱人至博，利人至厚，莫与比伦。"[⑧]孙中原据吴毓江校改为："天之爱人也，博于圣人之爱人也；其利人也，厚于圣人之利人也。"[⑨]李渔叔："薄，疑为溥字，溥，大也，普也。"[⑩]按："薄"与"厚"相对而用，义本甚明，即指体积、程度等的薄、厚。下文又有"大人之爱小人也，薄于小人之爱大人也；其利小人也，厚于小人之利大人也。”“义可厚，厚之；义可薄，薄之。”“为长厚，不为幼薄。亲厚，厚；亲薄，薄。亲至，薄不至。”文末犹言：“爱二世有厚薄。”等语，其中之厚、薄均成对使用，可证。墨者兼爱，主张爱无伦列、无厚薄，此正与利之有厚薄相反，这是以小大之爱与小大之利相对举，突出利有厚薄，大人应当为小人取大利。上下两句皆当以“厚”对“薄”。而强为通假，或解为“博”，或解为“溥”，辗转解释者甚众。正是由于通假之说等的错误，吴毓江便主张删“爱、利”下之“大、小”字，则更加脱离本原。今还墨经文本之原，而通篇可证。“厚”，“薄”于经中多次成对出现，正与此开篇之句相呼应，可证。此言天之爱人不若圣人爱人之厚，而其利人则盈无穷也。是为大取，即利之中取大之意。此两句可译为：上天给人以爱，不如圣人给人的爱多；上天施予人利益，比圣人施予人的利益更多。居上位者对小民之爱，比小民对上位者之爱薄；其对小民之利，则比小民对上位者之利厚。

句例（3）：以臧为其亲也，而爱之，非爱其亲也。以臧为其亲也，而利之，非利其亲也。句中“臧”的释义为正确理解全句的一个关键。据毕沅《墨子注》：（臧）即葬字正文，谓葬亲。[11]谭戒甫：以厚葬为其亲也而谓为爱亲则可，以厚葬为其亲也而谓为利亲则不可。[12]按：毕、谭以“葬”释“臧”，显以通假而论。毕沅认为“臧”乃“葬”字正文，证据唯《说文》：葬，臧也。缺乏说服力。谭戒甫从毕沅说，亦未添加任何佐证。今笔者查诸文献，高亨《古字通假会典·葬字声系》列“葬与臧”。即认为臧通葬。《会典》引《易·系辞下》：“葬之中野。”《汉书·刘向传》引“葬作臧”[13]。似亦有其证，但其举例既孤，尤其与《大取》上下文及墨家思想都有冲突。墨者主张节葬，如何以厚葬为爱亲之举？下文（大取）：爱臧之爱人也，乃爱获之爱人也。又《小取》：臧，人也；爱臧，爱人也。可与此条互证。今据《说文》：臧，善也，从臣戕声。“臣”本义指男奴，因此据字形分析，则“臧”的本义当指男奴。另一个更有说服力的证据是杨雄的《方言》：齐之北鄙，燕之北郊，凡民男而壻婢谓之臧，女而妇奴谓之获。意思是婢女之夫婿叫“臧”，奴隶之妻叫“获”。因此，孙诒让《墨子间诂》言：臧，贱称也。周才珠等也从孙诒让。另吴毓江《墨子校注》：“臧”与下文“乐”均假设之人名，亦未知所据，不足信。[14]总而言之，《大取》中“臧”字共出现11次，其中9次都是与“获”相对言之的“臧”，即“男奴”的用法，2次表示“收藏”之意，没有一次是表示“丧葬”的通假用法的。

根据以上分析，“臧”的正解，当为古代对男奴的贱称。则此句当译为：因为奴仆侍奉自己的亲长而爱奴仆，这是爱其亲长。因奴仆侍奉自己的亲长而给奴仆利，并不是给亲长利（父母未受其利）。

（二）增字、删字、改字为训而误。

句例（4）：以乐为利其子，而为其子欲之，爱其子也。以乐为利其子，而为其子求之，非利其子也。

毕沅《墨子注》：当有“非”字。即句当作“非爱其子也”。[15]张纯一《墨子集解》：“‘以乐为爱其子’爱旧作利，今据上下文审校改。”[16]据张纯一说则前句当为：“以乐为爱其子，而为其子欲之，爱其子也。”按：毕注增字为训，纯一集解改字为训，而后人多有采用发挥者，有大胆之假设，而无小心之求证，故孙诒让言：毕云“当有‘非’字”，误。然孙诒让又言“非利其子也”疑当作“非求其子也”。[17]又改原文为“求”字，未知所据。笔者认为，

“为其子求之”当是针对上条“为其子欲之”而言。“欲之”是使之爱好并进而学习、掌握音乐，“求之”则是把音乐当做玩物一般塞给儿子，这样的音乐对于这儿子毫无助益。句当译为：认为音乐有利于自己的儿子，从而去为儿子四处奔走寻找音乐，而不是培养儿子自己的音乐素养和爱好，这寻找来的音乐对他儿子实际没有好处。

句例（5）：害之中取小也，非取害也，取利也。

清代以来主要注家如毕沅[18]、孙诒让[19]等均以为“害之中取小也”。句中“也”当作“者”。独吴毓江则据茅本、宝历本等校作“子”[20]，义虽可通，然以“子”解稍显生硬、突兀，亦不足信。据上文“害之中取小也”句，则此句不当为重文，从上古汉语语用习惯来看，此“害之中取小也”。句中“也”作“者”解似乎为正解，但就上下文来看，此“害之中取小也”当为引用上文，所以“也”不当作“者”。

句例（6）：义可厚，厚之；义可薄，薄之。谓伦列。

孙诒让：“‘谓’上当重‘之’字。”[21]未知所据。按孙说则句当作“之谓伦列”，即以“之”作后句的主语，这显然不合于先秦时期语法特点。“之”作主语的用法当在汉代以后，而《墨经》公认为先秦时期著作，所以孙诒让删字为训，于语法不合。

（三）不明句读而误。

句例（6）：于所体之中而权轻重之谓，权，权非为是也；非，非为非也，权，正也。

孙诒让句读：“于所体之中而权轻重，之谓权。权非为是也，非非为非也。”孙诒让句解：圣人权福则取重，权祸则取轻。（非非为非也）上“非”字乃“亦”之误。[22]按：孙说似可通。然就先秦汉语句法特点而言，“权”、“非”作为两个重要概念，字后宜有停顿以示强调。句断为“之谓权”，颇觉勉强，先秦时期文献中无“之”作主语之用法，此句读之失误源于对缺乏历史比较语言学的观点和方法。“之”、“谓”于先秦文献中常连用，主要有三种用法：1. 体词 + 之谓，如：“诗云：‘自西自东，自南自北，无思不服。’此之谓也。”（《孟子·公孙丑上》）2. 体词 + 之谓 + 体词，如：“富贵不能淫，贫贱不能移，威武不能屈。此之谓大丈夫。”（《孟子·滕文公下》）3. 体词 + 之谓 + 谓词，如：“孔子之谓集大成。”（《孟子·万章下》）另外，查先秦至西汉时期主要文献，无“之谓”作主谓结构的用法（一般用“此之谓”、“是之谓”等）。因此，“之谓权”句读及说法存疑。句当读为：于所体之中而权轻重之谓，权，权，非为是也；非，非为非也。权，正也。“于所体之中而权轻重之谓。”是据上文所举爱、利之事而阐发，爱无所谓厚薄大小，利则有大小轻重。“轻重之谓”，谓利之大小好比权轻重，要利之中取大，害之中取小。权衡的目的不是为了得出对错的结论（而是孰轻孰重）；否定的目的，也不是为了否定而否定（而是为了求真）。句当译为：上述所言，是就在不同的实践当中如何权衡取舍而论。所谓权衡，就像称物不是为了肯定什么是对的（而是为了称出轻重）；否定，也不是为了否定而否定（而是为了求真）。权，就是要追求平正取舍利害（好比称物，根据大小轻重决定某一端当取当舍，以求得平正）。

句例（7）：死生利若一，无择也。

孙诒让《墨子间诂》：“‘死生利若，一无择也。’‘一无择也’当作‘非无择也’，谓必舍死取生。”[23]吴毓江《墨子校注》：“此示墨家牺牲精神之伟大。苟利天下，断指可，断腕亦可。生可，死亦可，举无择也。”[24]周才珠《墨子全译》：“死与生利虽差不多，却并非无区别。”[25]吴毓江与周才珠说显受诒让影响，虽释义不尽相同，但由于句读未跳出孙诒让《墨子间诂》，且孙诒让于此句又有增字为训之疑，有失《墨经》本义。此句读之失，首先失于未与上文“利于天下相若，无择也”联系起来，也与脱离文献的历史语境有关。先秦时期文献中，“若一”，犹“相若”。《荀子·劝学》：“施薪若一，火就燥也，平地若一，水就湿也。”又《韩非子》：“用财若一也，加务善之。”“若一”皆当解为“一致”、“相当”之义。显见与之同时期的先秦文献中，此用法很普遍。故本句当作“死生利若一，无择也。”此句紧接上句而言，由断指与断腕推及死生之利天下，苟利天下，则皆无择也。诒让说改字解经，未必切实，又与前文及墨家兼爱思想相违。正因如此，谭戒甫《墨辩发微》[26]、孙中原《墨经分类译注》[27]等均句读为“死生利若一，无择也。”可证。句当译为：或死或生，其利于天下相当，则死与生彼此即失去“害之中取小，利之中取大”的价值，唯以天下之利为取舍的标准。

（四）不明语境而误。包括上下文语境（包括字词之间的对文、互文用法，句式之间的关联等）、同一文献语境、相关文献语境、文献时代背景等等。

句例（8）：杀一人以存天下，非杀一人以利天下也；杀己以存天下，是杀己以利天下。

孙诒让：“‘杀一人以存天下，非杀一人以利天下也。’此对下‘是杀己以利天下’为文，当作‘非杀人以利天下也。’”[28]孙说注意到上下文语境、句式的联系，惜未一以贯之，遂删改原文为训，似是而非也。张纯一《墨子集解》：“言假使杀一人，可以存天下，则为利天下而杀一人何伤。”[29]张纯一说好在不删字、不改字，尊重原文本，但忽略了与下文的联系，所以出现“杀一人何伤”这一错误解释，违背了墨家牺牲自我、主张兼爱的精神。下文“于事为之中而权轻重之谓，求，求为之，非也，害之中取小。”意为在处事过程中权衡轻重，比如前面提到的杀己还是杀人的选择上，以杀己而利天下，而不是杀人以利天下，这就是所谓的“害之中取小”。杀人与杀己形成对比：杀一人以存天下，只是杀人产生的客观效果，而非主观上有利天下的意愿。后代注家多从诒让，唯顾实《墨子辩经讲疏》有独到见解：“《非攻》上篇曰：‘杀一人，谓之不义。’《法仪》篇曰：‘杀不辜者，得不祥焉。’是杀一人以存天下，天下将受其不祥。故曰非杀一人以利天下也。”[30]顾说注意了时代和文化背景上的联系，实属难能可贵。句当译为：杀一个人而使天下得以保存，并不是因杀一个人使天下人有利。杀死自己而使天下得以保存，这是知道杀死自己对天下人有利（这是害之中取小）。

句例(9)：为暴人语天之为是也，而性；为暴人歌天之为非也。

据高亨《古字通假会典》“之”与“志”：“按天之即《天志》篇的天志。”[31]又白于蓝《简牍帛书通假字字典》“之”与“志”：“善弗为亡近，悳（德）弗之（志）不成，智弗思不得。”[32]《墨子·天志中》：“子墨子之有天之，辟人无以异乎轮人之有规。”诸注家多采“之”“志”通假之说。“天之”即“天志”无疑。但对全句的注译则由于忽视了上下文语境的联系、句读不明等原因而出现一些问题。孙诒让：“‘为暴人语天之为是也而性’”，‘性’当作‘惟’，‘性’与‘唯’通。惟是亦即唯是，谓言是则应之也。”[33]孙说注意到下文有“暴人为：我为天之！以人非为是也，而性。不可正而正之。”“而性”两次出现，应该不是偶然，就其句意之间联系来看，应该是相互呼应的。孙诒让看到了这一点，但又“疑‘性’并当作‘为’”，是不得已而改字为训。所以又言：“而上下文仍难通。”[34]吴毓江：“为暴人语天之为是也？而性为暴人，歌天之为非也。”上一“也”字读如邪。而，读为如。夫歌者，口言之也。单就本句来看，此解似可通，但与下文失去了呼应，于是吴毓江便对下文进行了改动：“暴人为我，为天之以人非为是也。而性犹在，不可正而正之。”“‘犹在’二字，本错于下文‘子墨子之言也’下，今校移于此。”[35]吴说对原文的改动，包括文字的校移、句读的重定等，在缺乏版本依据的前提下对原文作出如此大的改动，其可靠性值得怀疑。按：“为暴人”之“为”字，读为去声，意为“向着”、“对着”。“语”是告之，针对“暴人”之性情，符合暴人之身份。而“歌”是颂之，对“暴人”歌则不合其性情，犹如对牛弹琴。直译：对残暴之人说：“这是上天的意志”，这是对的，因为这是针对暴人的天性而言；对残暴之人歌唱：“这是上天的意志”，这就不对了。下文“暴人为：我为天之！以人非为是也，而性。不可正而正之。”综上，则句当译为：“暴人说：我就是天志！”把世人所否定的当作是正确的，这是暴人的天性所致。其暴虐的本性，虽然看起来已经无法纠正，但还是要努力地去纠正它。

结论：《墨经》训释中存在的问题，原因复杂，表现形式多样，很多时候还是几种问题并存，如通假问题、句读问题和语境问题常常就是纠葛在一起的，又如增、删、改字问题往往也是同现于一句或上下文中，有时也受到句读等因素的制约，拙文分条叙说，只是为了说明问题的方便，而不是为了回避问题的复杂性和多样性。如句例（9），就各家注译情况来看，就是几种问题共现。又如句例（4）“薄”“博”通假之误，除其孤证缺乏说服力之外，也与不顾全文语境及墨家思想背景有关。正因为如此，想以一管之见的小文而窥《墨经》训释的全貌，实是力有未逮。由于可见版本稀少，自清乾嘉以来校注、训释的成果蔚然可观。但这也带来一个后果，后人在进行校注训释工作的时候往往习惯于师法前人，因循旧说，缺乏敢于质疑的学术勇气，于是对前人的某些失误视而不见，甚至去复制或扩大原有的错误，于是便出现了《墨经》研究精粹与杂芜并存的局面。如何去芜存精，使这一工作健康发展，便成为《墨经》研究者的重要任务。拙文自身也一定存在问题甚至错误，但我认为，为《墨经》研究发现问题，探索规律，是每一个学墨者的责任。显然，《墨经》训释应该遵循一定的原则，如尊重原文本的原则，尊重历史的原则，尊重语言自身规律的原则，以期更好地服务于《墨经》读者，以期新墨学的重光。

谨以拙文，求教于方家。

注释

①本文所引《墨子》（含《墨经》）原文，全部引自上海古籍出版社1986年11月版之《墨子引得》所录道藏本。

②③⑨㉗参见孙中原：《中国逻辑研究》，商务印书馆2006年版。

④⑰⑲㉑㉒㉓㉘㉝㉞〔清〕孙诒让：《墨子间诂》，中华书局2001年版，第413、403~404、404、405、404、404、404、404~405、405页。

⑤高亨：《诸子新笺》，山东人民出版社1962年版，第42页。

⑥⑧⑭⑳㉔㉟吴毓江：《墨子校注》，中华书局1993年版，第640、617、618、619、619、611~621页。

⑦㉕周才珠：《墨子全译》，贵州人民出版社1995年版，第523~524、509页。

⑩李渔叔：《墨子今注今译》，台湾商务印书馆1979年版，第290页。

⑪⑮⑱〔清〕毕沅：《墨子注》，扫叶山房本1925年版，第121、121、122页。

⑫㉖谭戒甫：《墨辩发微》，中华书局1964年版，第352、354页。

⑬㉛高亨：《古字通假会典》，齐鲁书社1989年版，第308、403页。

⑯㉔张纯一：《墨子集解》，成都古籍书店1988年版，第374、376页。

㉚顾实：《墨子辩经讲疏》，上海书店1996年版，第168～164页。

㉜白于蓝：《简牍帛书通假字字典》，福建人民出版社2008年版，第19页。

论20世纪上半叶胡适和冯友兰墨学观的契合点

柴文华

胡适20世纪上半叶的墨学观奠基于他用英文写作的博士论文*The Development of Logical Method in Ancient China*（中译本名为《先秦名学史》），集中体现在他1919年出版的《中国哲学史大纲》(卷上)中，另外还有一些单篇论文，如《〈墨子·小取篇〉新诂》、《梁任公〈墨经校释〉序》、《墨字》、《论墨学》、《翁方纲与墨子》等。冯友兰20世纪上半叶的墨学观集中体现在他20世纪30年代初出版的《中国哲学史》和1948年用英文出版的*A Short History of Chinese Philosophy*（中译本名为《中国哲学简史》）中，也有一些单篇论文，如《原儒墨》、《原儒墨续》等。众所周知，胡适是中国现代自由主义的代表，冯友兰是第一代现代新儒家的代表，二人的文化立场可谓“大异而小同”，但仅就他们20世纪上半叶的墨学观来讲却是“大同而小异”。作为大同不是表层的相同，而是根本方法上的契合。这种契合表现在哪些方面，为什么会出现这些契合？这是一个饶有兴味的话题，对于我们深入把握胡适和冯友兰的中国哲学观和哲学史方法论具有重要的启发意义。

一、历史主义的态度

20世纪上半叶胡适和冯友兰墨学观的第一个契合点是历史主义的态度。思想史研究中的历史主义态度并非历史唯物论所独有，早在先秦，孟子就提出过知人论世的主张(《孟子·万章下》)，强调对往古人物和思想研究的历史情境分析。胡适和冯友兰虽然一个是实用主义的宣传家，一个是“新理学”的建构者，但在中国哲学史包括墨学观的研究中都坚持了历史主义的态度。

胡适在《中国哲学史大纲》（卷上）中说：“欲知一家学说传授沿革的次序，不可不先考定这一家学说产生和发达的时代。如今讲墨子的学说，当先知墨子生于何时。”[①]胡适经过考证，认为墨子大概生在周敬王二十年与三十年之间（公元前500至前490年），死在周威烈王元年与十年之间（公元前425至前416年）。墨子生时约当孔子五六十岁之间（孔子生于公元前551年）。到吴起死时，墨子已死了差不多四十年了。[②]胡适指出，墨子出生在孔门正盛的鲁国，所以墨学与儒学的关系非常密切。一方面墨子曾经学儒者之业，受孔子之术，另一方面针对儒家提出诸多反对意见。比如针对儒家的轻视鬼神提出“明鬼”论；针对儒家的厚葬久丧提出“节葬”论；针对儒家重礼乐提出“非乐”论；针对儒家信天命提出“非命”论，等等。[③]墨子的其他主张如“兼爱”、“非攻”、“尚贤”、“尚同”等也与当时的时代息息相关。胡适对墨学衰微也进行了历史分析，认为主要原因有三条：一是儒家的反对，二是遭政客的猜忌，三是墨家后学的诡辩太微妙了。[④]在《清华学报》第10卷2期发表的《原儒墨》中，冯友兰重点解析了的墨家的起源，指出贵族政治衰败之后，在失业大军中有一种专门帮别人打仗的职业，从事这一职业的可以称作“武专家”或“侠士”，“此等人自有其团体，自有其纪律。墨家即自此等人中出；墨子所领导之团体，即是此等团体。”[⑤]认为墨家来源于侠士群体，其基本主张反映了侠士群体的道德。比如，墨家兼爱的目的是使天下人皆视人如己，互相帮助，这反映了侠士群体“有福同享，有马同骑”的道德；墨家的尚同则体现出侠士群体绝对服从团队领导的道德，等等。[⑥]但墨子和墨家与普通的侠士又有区别：第一，侠士是帮人打仗的专家，而墨家是有主义的帮人打仗的专家。墨子非攻，专门替受侵略的弱小国家打仗；第二，墨子不仅是有主义的帮人打仗的专家，而且是会宣传治国之道的专家；第三，侠士群体自有其道德，而墨子不但实行其道德，而且把此道德系统化、理论化，并欲使之普遍化，以为一般社会之公共的道德。[⑦]在《中国哲学简史》中，冯友兰专门设了一节谈《墨家的社会背景》，用直白生动的语言重申了《原儒墨》中“墨子及其门徒出身于侠”、“墨学”是对侠士职业道德的发挥、侠士“更多的是出身于下层阶级”等观点。[⑧]

胡适和冯友兰分析墨学所坚持的历史主义的态度显然是一种知人论世的理路，与历史唯物论所讲的社会存在决定社会意识有相通之处。胡适和冯友兰的历史主义的态度与他们各自的学说体系有着重要的逻辑关联。胡适称自己的历史观是不带有色彩帽子的“秃头历史观”，其实是一种多元历史观。他说：“历史事实的原因往往是多方面的，所以我们虽然极欢迎‘经济史观’来做一种重要的史学工具，同时我们也不能不承认思想知识等也都是‘客观的原因’，也可以‘变动社会，解释历史，支配人生观。’”[⑨]胡适虽然不承认经济是唯一的因，但不否认它是一种因，甚至认为它能“解释大部分的问题”。[10]胡适还提出过所谓的“历史的态度”，即研究事情的发生、发展及其原因。[11]胡适把“历史的态度”具体运用到了中国古代哲学的研究当中，认为哲学史的研究有三个目的：第一，“明变”；第二，“求因”；三，“评判”。[12]这样一种哲学史方法论本质上是历史主义的。可以说，胡适不反对用经济史观解释历史，提出了“历史的态度”的主张，并把它落实到了中国哲学史的研究当中，所以他在墨学研究中坚持历史主义的态度应在情理之中。20世纪上半叶的冯友兰虽然是一个非马克思主义者，但从二三十年代开始就对马克思主义哲学饶有兴味。1927年在燕京大学时期，冯友兰就受到过马克思主义哲学的影响。他说：“随着马克思主义在中国的传播，在历史工作中，唯物史观也流传开了。……唯物史观的一般原则，对于我也发生了一点影响。”[13]在《中国哲学史》中，冯友兰坚持了哲学史的研究要与时代背景相结合的方法论原则，认为哲学家的思想与其所处的时代息息相关，“盖人之思想，皆受其物质的精神的环境之限制”[14]，“一时代有一时代之时代精神，一时代之哲学即其时代精神之结晶也”[15]，因此，“对于一人之哲学，作历史的研究时，须注意于其时代之情势及各方面之思想状况”。[16]冯友兰还把这种历史主义的态度贯彻于中国哲学史的研究之中，比如在阐释子学时代哲学繁荣的原因时说：“上古时代哲学之发达，由于当时思想言论之自由；而其思想言论之所以能自由，则因当时为一大解放时代，一大过渡时代也。”[17]说它是解放时代、过渡时代，就是指当时政治制度、社会组织及经济制度，皆有根本的改变。1934年，冯友兰从欧洲回来后作过两次演讲，其中一次的题目叫《秦汉历史哲学》，这是借题发挥，所要发挥的是冯友兰在当时所了解的唯物史观。他说：

"唯物史观的看法，以为社会政治等制度，都是建筑在经济制度上的，实在是一点不错。……一种经济制度之成立，要靠一种生产工具之发明。"[18]"有某种经济制度，就要有某种社会政治制度。换句话说：有某种所谓物质文明，就要有某种所谓精神文明。"[19]可以说，由于受马克思主义哲学的影响，用历史主义的态度研究中国哲学史，是冯友兰所坚持的一贯立场，其对墨学观的研究也不例外。

在历史、思想史、哲学史的研究中坚持历史主义的态度是正确的，就此而言，历史唯物论解释历史的基本原则并未过时。哲学史的研究不能停留在哲学史本身，必须阐明某种哲学之所以能够产生、发展并形成影响的社会历史原因，只有这样才能对哲学史做出深度透视。在这一点上，胡适和冯友兰在墨学研究中的历史主义态度依然是我们今天研究思想史、哲学史所应该坚持的。

二、以西方哲学为参照

20世纪上半叶胡适和冯友兰墨学观的第二个契合点是以西方哲学为参照。胡适主要以实用主义为参照，而冯友兰则主要从功利主义切入。

胡适认为，儒墨两家的哲学方法不同，也就是"逻辑"不同。儒家讲"什么"，墨家讲"怎样"或"为什么"[20]。墨子以为无论何种事物、制度、学说、观念，都有一个"为什么"。换言之，事事物物都有一个用处，知道那事物的用处，才可以知道他的是非善恶。[21]"为什么呢？因为事事物物既是为应用的，若不解应用，便失了那事那物的原意了，便应该改良了。……能应'用'的便是'善'的；'善'的便是能应'用'的。譬如我说这笔'好'，为什么'好'呢？因为能中写，所以'好'。又如我说这会场'好'，为什么‘好’呢？因为他最合开会讲演的用，所以‘好’。这便是墨子的‘应用主义’。”[22]墨子的“应用主义”也可称作“实利主义”，这个“利”和“用”不是指“财利”、“财用”，都是指人生的行为。在墨子看来，值得推崇的理论、学说是那些能够改良人生行为的理论、学说，否则就不值得提倡。仅知道几个好听的名词，或几句空洞的解说，都算不上真知识，真知识“在于能把这些观念来应用。”[23]胡适还分析了墨子应用主义的具体应用，如“三表法”的第三表、“兼爱”、“尚贤”、“尚同”、“非攻”、“非乐”、“非命”、“节用”、“节葬”等。[24]所以，“墨子在哲学史上的重要，只在于他的‘应用主义’”[25]。抓住这一纲要，其他问题皆可迎刃而解。胡适用应用主义去解析墨学，与他根深蒂固的实用主义理念密切相关。在胡适所宣传的美国实用主义思想中，“用”、“效果”占有十分重要的地位。用这样一种理念去反观墨学，可以说胡适找到了两千多年前的“知音”。冯友兰《墨子及前期墨家》一章中的第四个标题就是“墨子哲学为功利主义”[26]，认为“兼爱”、“非攻”、“尚俭”、“节用”等，都是当时人们原有的主张，但墨子不但躬身实行，而且经营出一套理论系统，这是墨子对于中国哲学的贡献。这套系统与儒学根本观念的差异就在于其注重“功”、“利”，是一种功利主义学说。比如，墨子三表法中的第三表，即“国家百姓人民之利”，“乃墨子估定一切价值之标准。凡事物必有所用，言论必可以行，然后为有价值”[27]。这个“国家百姓人民之利”就是指人民的“富”与“庶”，“凡能使人民富庶之事物，皆为有用，否则皆为无益或有害。……可见功利主义之注重算账”[28]。但墨子的功利主义具有狭隘性，如过度尚俭、过度非乐，等等。后期墨家发展了墨子的功利主义，“与功利主义以心理的依据”[29]。冯友兰实际上是以边沁（Jeremy Bentham）的功利主义学说为参照反观墨学，确认墨学的根本观念是功利主义。

胡适和冯友兰选择西方学说为参照，是基于他们对用西方哲学诠释中国思想合理性的肯认。胡适在《中国哲学史大纲》（卷上）中说，后期墨家的著作长期没有人研究，但“到了近几十年之中，有些人懂得几何算学了，方才知道那几篇里有几何算学的道理。后来有些人懂得光学力学了，方才知道那几篇里又有光学力学的道理。后来有些人懂得印度的名学心理学，方才知道那几篇里又有不少知识论的道理”[30]。就是说，只有具备了科学、逻辑学、知识论的视域，才有可能发现墨经中的科学、逻辑学和知识论的思想，不然，对于不懂音乐的耳朵，再美的音乐也没有意义。胡适接着说：“我做这部哲学史的最大奢望，在于把各家的哲学融会贯通，要使他们各成有头绪条理的学说。我所用的比较参证的材料，便是西洋的哲学。”[31]明确宣称他编撰中国哲学史的参照是西方哲学，而且这种参照是有价值的，“我比过去的校勘者和训释者较为幸运，因为我从欧洲哲学史的研究中得到了许多有益的启示。只有那些在比较研究中（例如在比较语言学中）有类似经验的人，才能真正领会西方哲学在帮助我解释中国古代思想体系时的价值”[32]。冯友兰也是这样，他说：“就事实言，则近代学问，起于西洋……哲学本一西洋名词，今欲讲中国哲学史，其主要工作之一，即就中国历史上各种学问中，将其可以西洋所谓哲学名之者，选出而叙述之。……所谓中国哲学者，即中国之某种学问或某种学问之某部分之可以西洋所谓哲学名之者。”[33]就哲学一词和近代哲学起于西方而言，中国的哲学史应当以西方哲学为参照。以西方哲学为参照，不仅仅是胡适和冯友兰两人的选择，而且是那一时代的一种思想潮流。比如：蔡元培在为胡适《中国哲学史大纲》所作的《序》中说："中国古代学术从没有编成系统的记载……我们要编成系统，古人的著作没有可依傍的，不能不依傍西洋人的哲学史。"[34]张岱年认为："如此区别哲学与非哲学，实在是以西洋哲学为表准，在现代知识情形下，这是不得不然的。"[35]

以西方哲学为参照研究中国哲学在今天看来可能会产生贴标签、牵强附会、教条化或湮灭中国哲学的主体性等问题，但在20世纪上半叶却是大势所趋、潮流所致，如果不是这样，就不会有中国哲学史这门学科，就不会有中国传统学术的现代转型，中国的学术可能还会在经史子集的框架内、在经学思维方式的束缚下打转。因此，胡适和冯友兰及同时代的思想家选择西方哲学为参照诠释中国传统思想，从而创立中国哲学史这门学科是符合中国学术走出中世纪、走向现代化的历史发展趋势的，就是当下和未来的中国哲学史建构也很难说就能完全脱离西方哲学的视域。因此，胡适和冯友兰墨学观选择西方哲学作为诠释框架是合理的，也是我们今天研究墨学仍需借鉴的。

三、逻辑和科学的视域

20世纪上半叶胡适和冯友兰墨学观的第三个契合点是逻辑和科学的视域。在对逻辑和科学的重视上，胡适是毋庸置疑的，但冯友兰同样观点明确。他们以此为视域，解读了墨学尤其是后期墨家的逻辑学说和科学思想。

胡适把前期墨家称作"宗教的墨学"，把后期墨家称作"别墨"、"科学的墨学"，把后期墨家的《经上》、《经下》、《经说上》、《经说下》、《大取》、《小取》六篇称作《墨辩》，认为

“《墨辩》乃是中国古代名学最重要的书”[36]，并对《墨辩》的知识论、逻辑和科学思想做了细密的解析。胡适认为《墨辩》的“知”有三层含义：一是“所以知”的官能；二是由外物发生的感觉；三是“心”的作用。三者合才有“知觉”[37]。《墨辩》把知识的种类分为“闻”、“说”、“亲”，胡适认为第一种和第三种知识是有限的，而“说”即“推论”的知识则是《墨辩》的一大发明，“有了推论，便可坐在屋里，推知屋外的事；坐在北京，推知世界的事；坐在天文台上，推知太阳系种种星球的事”[38]。胡适专设《论辩》一章，阐释了《墨辩》中“辩的界说”、“辩的用处”“辩的方法”等。尤其对辩的七种方法即“或”、“假”、“效”、“辟”、“侔”、“援”、“推”进行了细致的分析，认为这七种方法当中，“推”最为重要。胡适指出，“推”就是“归纳法”，也称“内籀法”，但《墨辩》的归纳法只包含三种：求同、求异、同异交得。[39]胡适还关注到了《墨辩》中的科学材料，涉及算学、几何、光学、力学等多个领域，同时还包含诸如心理学、经济学、人生哲学等人文社会科学的材料。[40]胡适总结说：“墨家名学的方法，不但可为论辩之用，实有科学的精神，可算得‘科学的方法’。试看《墨辩》所记各种科学的议论，可以想见这种科学的方法应用。……墨家论知识，注重经验，注重推论。看《墨辩》中论光学和力学的诸条，可见墨家学者真能作许多实地试验。这是真正科学的精神。……总而言之，古代哲学的方法论，莫如墨家的完密，墨子的实用主义和三表法，已是极重要的方法论。后来的墨者论‘辩’的各法，比墨子更为精密，更为完全。从此以后，无论哪一派的哲学，都受这种方法论的影响。”[41]冯友兰与胡适大同小异，也以逻辑和科学为视域，解析了墨家的知识论、逻辑学等思想，他的

《中国哲学史》涉及《墨经》知识的性质、知识的起源、知识的分类、概念的分类、辩的功用、辩的方法等，同时还探讨了《墨经》的"同异之辩"、"坚白之辩"，《墨经》与其他辩者和同时代诸家的辩论等。[42]在《中国哲学简史》中，冯友兰在某些方面对《墨经》的逻辑学思想有了更深入的研究，比如在谈到《墨经》的"故"时，他指出，墨经所谓的"小故"显然就是现代逻辑学所谓的"必要原因"；墨经所谓的"大故"显然是现代逻辑学所谓的"必要而充足原因"[43]。在谈到《墨经》的"效"时，冯友兰指出，在现代的逻辑推理中，若要知道某个一般命题是真是假，就用事实或用实验来检验它，这是演绎推理，也就是墨经中所谓的"效"的方法[44]。冯友兰也指出了《墨经》的某些不足，如认为现代逻辑学还区别出另一种原因，即充足原因，可以说是"有之必然，无之或然或不然"，墨家却没有看出这一种原因[45]。再比如，后期墨家在批评道家的时候，揭示出了一些在西方哲学中出现过的逻辑悖论，只有在现代建立了新的逻辑学，这些悖论才得到解决。因此在当代逻辑学中，后期墨家所作的批评不再有效了[46]。这显然是以现代逻辑为视域对《墨经》逻辑思想的深入解读。然而，冯友兰并没有否认《墨经》的价值，他说："我们看到后期墨家如此富于逻辑头脑，实在令人赞叹。他们试图创造一个认识论和逻辑学的纯系统，这是中国古代其他各家所不及的。"[47]肯定了后期墨家对中国哲学史的独特贡献。

胡适和冯友兰墨学观逻辑和科学的视域基于他们对逻辑和科学的自觉。五四新文化运动时期的胡适就是科学和民主的拥护者和宣传者，也是后来"科玄论战"中坚定的科学派的代表。他把实验主义方法与清代学者的治学方法结合起来，注重用证明的方式筛选史料，辨别真伪，蔡元培称其为《中国哲学史大纲》的第一个特长，“不但可以表示个人的苦心，并且为后来的学者开无数法门”[48]。冯友兰也主张用科学的、理智的、逻辑的方法建构哲学体系，研究哲学史。他虽然反对维也纳学派取消形上学的哲学主旨，但却吸收和运用了维也纳学派的逻辑分析方法建构了“新理学”的形上学，他认为：“西方哲学对中国哲学的永久性贡献，是逻辑分析方法。……逻辑分析方法就是西方哲学家的手指头，中国人要的是手指头。”[49]当时有人认为：“研究哲学所用之方法，与研究科学所用之方法不同。科学的方法是逻辑的、理智的；哲学的方法是直觉的、反理智的。”[50]冯友兰反对这种观点。他说：“无论科学、哲学，皆系写出或说出之道理，皆必以严刻的理智态度表出之。凡著书立说之人，无不如此。”[51]“一个道理，是一个判断，判断必合逻辑。各种学说之目的，皆不在叙述经验，而在成立道理，其方法必为逻辑的、科学的”，“科学方法，即是哲学方法”[52]。冯友兰进一步指出，逻辑的方法实际上就是对道理的论证和证明，借荀子的话说，叫“持之有故，言之成理”。论证和证明只有使用逻辑的水平有高低，不存在使不使用逻辑的问题。

胡适和冯友兰对逻辑和科学的自觉在今天仍有重要意义。我们中国人缺少的不是辩证思维，而是精确的实证的分析性思维。今天的理论研究如果离开逻辑和科学方法几乎是不可想象的。当然逻辑和科学也有自身的限制，它们不可能包办人文领域的所有事情。改用一句时髦的话，逻辑和科学不是万能的，没有逻辑和科学是万万不能的，这正是胡适和冯友兰墨学观逻辑和科学视域留给我们的一个重要启示。

四、中外比较的方法

20世纪上半叶胡适和冯友兰墨学观的第四个契合点是中外比较的方法。胡适的比较侧重于“求异”，冯友兰的比较侧重于“求同”。胡适在评价墨家名学时，认为它“在世界的名学史上，应该占一个重要的位置”[53]，并通过中、西、印的比较论证了这一问题。胡适指出，在法式（Formal）方面，墨家名学远不如印度的因明和欧洲的逻辑，因为印度和欧洲的“法式的逻辑”经过了千年的演进，所以有“完密繁复”的法式，而墨家名学的前后历史最多不过二百年，以后两千多年就成了绝学，所以没有形成发达的法式。平心而论，墨家名学法式上的缺陷很可能正是它的长处[54]。第一，“墨家的名学虽然不重法式，却能把推论的一切根本观念，如‘故’的观念、‘法’的观念、‘类’的观念、‘辩’的方法，都说得很明白透切。有学理的基本，却没有法式的累赘”[55]。而印度的因明学，自陈那以后，改古代的五分法为三支，法式上似乎更完备了，但却丢失了归纳的精神，因为古代的五分法含有归纳，而三支差不多全是演绎法了。古代的“九句因”很有道理，后来法式越来越繁琐，宗有九千二百余过，因有百十七过，喻有八十四过，名为精密，实为大退步。欧洲中古的学者没有创造的本领，只能把古希腊逻辑的法式演为种种详式，其实法式越繁，离亚里士多德的本意越远[56]。第二，“印度希腊的名学多偏重演绎，墨家的名学却把演绎归纳一样看重”[57]。《小取篇》说“推”一段及论归纳的四种谬误一段，近世名学书也不过如此说法。墨家因深知归纳法的用处，故有“同异之辩”，故能成一科学的学派[58]。胡适是从反思印度因明学、欧洲逻辑学、墨家名学三者不同点的基础上为墨家名学法式不健全辩护，在揭示前二者弊端的基础上肯定了墨家名学的价值。从胡适对墨家名学的评价中，也可以看出他对归纳法的偏爱。冯友兰以边沁的功利主义为参照，找寻墨学与边沁学说的共同点，确认墨学的主旨是功利主义的。他说："边沁以为道德及法律之目的，在于求'最大多数之最大幸福'，墨子亦然。"[59]冯友兰指出，后期墨家的功利主义思想与边沁的学说如出一辙。《墨经》认为："吾人之所喜者为利，吾人之所恶者为害。故趋利避害，乃人性之自然，故功利主义，为吾人行为之正当标准也。"[60]边沁说："'天然'使人类为二种最上威权所统治；此二威权，即是快乐与苦痛。只此二威权，能指出人应该做什么，决定人将做什么。功利哲学，即承认人类服从此二威权之事实，而以之为哲学之基础。此哲学之目的，在以理性法律，维持幸福。"[61]冯友兰的结论是："边沁所谓快乐苦痛，《墨经》谓之利害，即可以致快乐苦痛者也。边沁所谓理性，《墨经》谓之智。欲是盲目的必须智之指导，方可趋将来之利而避将来之害。"[62]冯友兰还用霍布士（Thomas Hobbes）的国家起源说印证墨子的"尚同"说。他指出，在西方近代哲学史中，霍布士认为人类最初没有国家，生存在"天然状态"之中。当时人人皆是一切人的仇敌，互相争夺，连年战争。人们对这种状态十分不满，所以不得已才设立一个人人必须服从的绝对统治者，这即是国家的起源。这个绝对统治者的威权必须极大，只有这样才能避免国家解体而人民而返归到"天然状态"中。墨子的政治哲学，可以说与霍布士的学说"极相似"，他认为在没有国家刑政之时，是非标准无所定而导致天下大乱，所以国家建立之后，天子的号令应该成为绝对的是非标准。[63]显然，冯友兰是通过探寻墨学与近代西方某些学说之间的共同性来确认墨学的主旨，进一步深化人们对墨学的认识。

胡适和冯友兰所运用的中外比较法与他们的知识背景以及对中外哲学共同性的认可有关。胡适和冯友兰少年时代接受的都是传统文化教育，后来又有长期的留美经历，对国学和西学都有深切的理解和把握，这就为他们能够运用中外比较的方法研究中国传统思想包括墨学提供了现实的可能和深厚的背景。在他们看来，中外哲学虽有差异，但也有共同的问题和方法。胡适指出："凡研究人生切要的问题，从根本上着想，要寻一个根本的解决，这种学问叫做哲学。"[64]具体包括"宇宙论"、"名学及知识论"、"人生哲学"、"教育哲学"、"政治哲学"和"宗教哲学"[65]。哲学的这些门类以及所涉及的问题在中国古代都是存在的，如果不是如此，胡适也不会那么热衷于中国哲学史的研究了。冯友兰指出，尽管西方哲学家对哲学的界定不同，但从主要方面看不外乎三大部分：第一是宇宙论，目的在求一对于世界之道理（A Theory of World）；第二是人生论，目的在求一"对于人生之道理"（A Theory of Life）；第三是知识论，目的在求一"对于知识之道理"（A Theory or Knowledge）。在冯友兰看来，以西方哲学的三大部分为参照，中国的魏晋玄学、宋明道学、清代的义理之学，就其研究对象而言接近于西方哲学。中国古代的学说当中，"其研究天道之部分，即约略相当于西洋哲学中之宇宙论。其研究性命之部分，即约略相当于西洋哲学中之人生论。惟西洋哲学方法论之部分，在中国思想史之子学时代，尚讨论及之，宋明而后，无研究之者。自另一方面言之，此后义理之学，亦有其方法论，即所讲'为学之方'是也。不过此方法论所讲，非求知识之方法，乃修养之方法，非所以求真，乃所以求善之方法。"[66]明确指出了中国传统思想中有与西方哲学的共同之处，当然也有不同。

当代世界是一个文化交流、融合当然也包含抗争的时代，从20世纪开始的世界哲学中国化和中国哲学世界化的双向运动正在展开。恰当地运用中外哲学的比较方法，不论是对于深入理解外国哲学还是中国哲学都是必要的，因此，胡适和冯友兰墨学研究中所运用的中外比较法在今天仍有启发意义。

余论

以上探讨了20世纪上半叶胡适和冯友兰墨学观四个方面的契合点及其原因和意义，但还有余下来的两个问题需要说清楚。

第一，胡适和冯友兰20世纪上半叶墨学观“大同而小异”，那么这些“小异”是什么？首先在使用的概念上有分歧。冯友兰在《中国哲学史》中说：“晋人鲁胜称《经》上下，《经说》上下为《墨辩》，胡适之先生因之，称《经》上下，《经说》上下，《大取》、《小取》为《墨辩》；又以作《墨辩》者为‘别墨’。按《墨经》中虽亦有‘坚白同异之辩’，‘奇偶不仵之辞’，然其主要目的，在于阐明墨学，反对辩者。《墨辩》之名，鲁胜以前无有也。墨家各派，‘倍谲不同’，‘相谓别墨’，即互相指为非墨学正统，非自谓‘别墨’也。”[67]认为胡适所使用的《墨辩》和“别墨”不恰当，应为《墨经》和“后期墨家”。其次，二人所选择的参照虽都是西方哲学，但侧重点不一样，一个是实用主义，一个是功利主义。再次，二人虽然都使用了中外比较法，胡适侧重于“求异”，冯友兰侧重于“求同”。除此之外，二人在对墨学内容的解析上，某些部分也有笔墨不均的现象。

第二，胡适和冯友兰20世纪上半叶墨学观的“大同而小异”与他们文化立场上的“大异而小同”是否矛盾？这看似矛盾的现象其实是可以理解的。胡适和冯友兰的文化立场从学派划分上来讲存在着重要的差别，一个是对以儒学为代表的中国传统文化的激烈批判者（但却赞赏墨学、名家和清代学者的治学方法）和根本西化（不是全盘西化）的拥护者，是典型的文化自由主义的代表；一个是维护中国传统优秀文化但却赞赏西学的现代新儒家的代表。所以二者的“大异”主要体现在对中国传统文化的态度上，而对西学的认肯则是共同的，从冯友兰对科学、民主、现代化、逻辑的拥护上可以得到印证。而在中国传统思想中，墨学最能与现代科学、逻辑产生共鸣，所以二人的墨学观“大同而小异”是完全可以理解的。

注释

①胡适：《胡适学术文集》，中华书局1991年版，第101页。

②胡适：《胡适学术文集》，中华书局1991年版，第103页。

③胡适：《胡适学术文集》，中华书局1991年版，第103～104页。

④胡适：《胡适学术文集》，中华书局1991年版，第172～173页。

⑤冯友兰：《三松堂学术文集》，北京大学出版社1984年版，第321页。

⑥冯友兰：《三松堂学术文集》，北京大学出版社1984年版，第327～328页。

⑦冯友兰：《三松堂学术文集》，北京大学出版社1984年版，第325页。

⑧冯友兰：《中国哲学简史》，北京大学出版社1985年版，第62～63页。

⑨胡适：《胡适文存二集》，黄山书社1996年版，第160页。

⑩胡适：《胡适文存二集》，黄山书社1996年版，第160页。

⑪胡适：《胡适文存一集》，黄山书社1996年版，第276页。

⑫胡适：《胡适学术文集》，中华书局1991年版，第10页。

⑬冯友兰：《三松堂全集》第一卷，河南人民出版2000年版，第186页。

⑭冯友兰：《中国哲学史》，中华书局1961年版，第16页。

⑮冯友兰：《中国哲学史》，中华书局1961年版，第16页。

⑯冯友兰:《中国哲学史》,中华书局1961年版,第16页。

⑰冯友兰:《中国哲学史》,中华书局1961年版,第37页。

⑱冯友兰:《三松堂全集》第一卷,河南人民出版2000年版,第201页。

⑲冯友兰:《三松堂全集》第一卷,河南人民出版2000年版,第202页。

⑳胡适:《胡适学术文集》,中华书局1991年版,第107~108页。

㉑胡适:《胡适学术文集》,中华书局1991年版,第108页。

㉒胡适:《胡适学术文集》,中华书局1991年版,第108页。

㉓胡适:《胡适学术文集》,中华书局1991年版,第110~111页。

㉔胡适:《胡适学术文集》,中华书局1991年版,第116页。

㉕胡适:《胡适学术文集》,中华书局1991年版,第121~122页。

㉖冯友兰:《中国哲学史》,中华书局1961年版,第115页。

㉗冯友兰:《中国哲学史》,中华书局1961年版,第117页。

㉘冯友兰:《中国哲学史》,中华书局1961年版,第119页。

㉙冯友兰:《中国哲学史》,中华书局1961年版,第310页。

㉚胡适:《胡适学术文集》,中华书局1991年版,第28页。

㉛胡适:《胡适学术文集》,中华书局1991年版,第28页。

㉜胡适:《胡适学术文集》,中华书局1991年版,第767页。

㉝冯友兰:《中国哲学史》,中华书局1961年版,第6~7页。

㉞胡适:《胡适学术文集》,中华书局1991年版,第1页。

㉟张岱年:《中国哲学大纲》,中国社会科学出版社1982年版,第17~18页。

㊱胡适:《胡适学术文集》,中华书局1991年版,第127~128页。

㊲胡适:《胡适学术文集》,中华书局1991年版,第133~134页。

㊳胡适:《胡适学术文集》,中华书局1991年版,第136页。

㊴胡适:《胡适学术文集》,中华书局1991年版,第138~152页。

㊵胡适:《胡适学术文集》,中华书局1991年版,第153~154页。

㊶胡适:《胡适学术文集》,中华书局1991年版,第155~156页。

㊷冯友兰:《中国哲学史》,中华书局1961年版,第307~348页。

㊸冯友兰:《中国哲学简史》,北京大学出版社1985年版,第146页。

㊹冯友兰：《中国哲学简史》，北京大学出版社 1985 年版，第 146～147 页。

㊺冯友兰：《中国哲学简史》，北京大学出版社 1985 年版，第 146 页。

㊻冯友兰：《中国哲学简史》，北京大学出版社 1985 年版，第 154～155 页。

㊼冯友兰：《中国哲学简史》，北京大学出版社 1985 年版，第 155 页。

㊽胡适：《胡适学术文集》，中华书局 1991 年版，第 1 页。

㊾冯友兰：《中国哲学简史》，北京大学出版社 1985 年版，第 378～379 页。

㊿冯友兰：《中国哲学史》，中华书局 1961 年版，第 4 页。

51冯友兰：《中国哲学史》，中华书局 1961 年版，第 4 页。

52冯友兰：《中国哲学史》，中华书局 1961 年版，第 5 页。

53胡适：《胡适学术文集》，中华书局 1991 年版，第 154 页。

54胡适：《胡适学术文集》，中华书局 1991 年版，第 154 页。

55胡适：《胡适学术文集》，中华书局 1991 年版，第 154～155 页。

56胡适：《胡适学术文集》，中华书局 1991 年版，第 154 页。

57胡适：《胡适学术文集》，中华书局 1991 年版，第 155 页。

58胡适：《胡适学术文集》，中华书局 1991 年版，第 155 页。

59冯友兰：《中国哲学史》，中华书局 1961 年版，第 128 页。

60冯友兰：《中国哲学史》，中华书局 1961 年版，第 310 页。

61冯友兰：《中国哲学史》，中华书局 1961 年版，第 310 页。

62冯友兰：《中国哲学史》，中华书局 1961 年版，第 310～311 页。

63冯友兰：《中国哲学史》，中华书局 1961 年版，第 133～134 页。

64胡适：《胡适学术文集》，中华书局 1991 年版，第 8 页。

65胡适：《胡适学术文集》，中华书局 1991 年版，第 310 页。

66冯友兰：《中国哲学史》，中华书局 1961 年版，第 7 页。

67冯友兰：《中国哲学史》，中华书局 1961 年版，第 309 页。

墨家为功利主义学派论*

孙君恒　高　珍

墨家提出了世界历史上最早、最典型的功利主义。中国学者以胡适、冯友兰为代表，强调墨家是功利主义。胡适说："作为一个思想体系，墨家与功利主义和实用主义又有很多共同之处。"①冯友兰指出墨子思想的实质是功利主义，例如节用、节葬，就是从对于人们的利益出发认识、进行算计的，浪费的做法可以暂时获得满足，但是不能在长期获得利益，利少而害多。"墨家所有底主张的理论底根据，都是功利主义底。"②西方的葛瑞汉（A. C. Graham）、保斯（Judith A. Boss）、罗慈（Heiner Roetz）确认墨学是功利主义。著名汉学思想家葛瑞汉指出："墨家自身是道德主义者，他们用功利原则来判断所有问题，他们从诡辩论者获得的是建构一种逻辑十分复杂的功利主义（utilitarianism）的工具。"③保斯在《伦理视野》一书里的第六部分，收集了功利主义的资料，选择了梅贻宝（Y. P. Mei）的《墨子政治及伦理著作选》（1929 年）。墨子的"兼爱"被分三方面收入。保斯认为墨子的思想体现了典型的功利主义，是历史上最早、最完善的功利主义论述，墨子强调幸福就是快乐而不是痛苦，能够促进人们的利益、消除伤害就是善，反之，造成痛苦就是恶。"兼爱"是道德上的实际运用。[④]罗慈在《轴心时代的孔子伦理学》中，把墨子学派作为一节，专门论述，指出："儒家学派与墨家学派争论的焦点在于家庭和功利主旨的作用问题……墨翟主张绝对互惠的伦理学。"[⑤]墨家属于功利主义学派，虽然在前辈学者那里已经有论述，但是有点分散，后来人也有分歧，为了明确墨家的功利主义本质，我们在此严格按照西方功利主义的思想体系，进行比较详细地说明。

一、功利的界定

（一）"利"在于"用"

墨子的功利主义主张利益、在社会整体层面讲究公利（天下之利）、在人际关系上实施互利。墨子强调"利"（利益）和"用"（效用）的思想，对利益的道德属性进行了比较详细的论述。

第一，道德的善恶判断在于它是否带来利益，是否具有"仁之实"，因为"仁人之事者，必务求兴天下之利，除天下之害"（《墨子·兼爱下》，以下《墨子》原著仅标记篇名）。墨家认为有用、有利才体现了善，或者说善就是有用、有利；恶则表现为不利、灾祸。一切行为的价值评价，就看它的利益效果。国家的法律作用在是否利民，"废以为刑政，观其中国家百姓人民之利"（《非命上》）。孝的实质在于有利于亲人。"孝，利亲也。"（《大取》）效用是确定人的选择的根本依据。"用而不可，虽我亦将非之。且焉有善而不可用者？"（《兼爱下》）

第二，根据利益贡献情况，决定分配是可靠的原则。"以德就列，以官服事，以劳殿赏，量功而分禄。"（《尚贤上》）

第三，利益是人们喜欢的，损害是人们所厌恶的。它根源于人们的需要。脱离实际利益的道德是不存在的。"义，利也。利，

所得而喜也。害，所得而恶也。”(《经上》)

第四，利害的权衡、利弊的多少，需要掌握比较、取舍的方法。“权，正也，断指以存擘，利之中取大，害之中取小也。害之中取小也，非取害也，取利也。……利之中取大，非不可得已也；害之中取小，不得已也。所未有而取焉，是利之中取大也。于所既有而弃焉，是害之中取小也”。(《大取》)

墨子对道德的确定是从利益上来说明的，反对脱离利益的、空洞的道德。而利益之善，最明显体现为效用。边沁这样定义“功利”（utility）的：“就功利而言，它指的是这样一种性质，靠它能在任何问题上给利益相关的当事人带来利益、好处、快乐、善或幸福……或……阻止损害、痛苦、邪恶或不幸福的发生。”[⑥]胡适说墨子的“应用主义又可叫做‘实利主义’”[⑦]。张岱年论述道：“墨子的价值观可以称为功用价值论。”[⑧]

（二）公利

墨学的利益宗旨不是谋求自己的私利，而是公利（社会利益）。公利是普天之下、芸芸众生的利益，是占社会最大多数的、广大劳动群众的利益，是相对于少数统治者的区区私利而言的最大化的社会利益。墨子用医生行医做类比，指出如果一种药只能为四五个人服务、得利的话，那么它的价值就特别有限，而应该想到所有天下人，才是好药。

仁人之所以为事者，必兴天下之利，除去天下之害。(《兼爱中》)

凡言凡动，利于天鬼百姓者为之。凡言凡动，害于天鬼百姓者舍之。(《贵义》)

虽四五国则得利焉，犹谓之非行道也。譬若医之药人之

有病者然。今有医于此，和合其祝药之于天下之有病者而药之。万人食此，若医四五人得利焉，犹谓之非行药也。（《非攻中》）

墨子强调，正义在于公利，为天下兴利除害，是治理国家的根本对策。“天下有义则生，无义则死；有义则富，无义则贫；有义则治，无义则乱。”（《天志上》）追求公共利益，就要反对自私自利思想与行为。蔡尚思说：“以公利为正义，不重个人的名利。与儒家的求名不求利，道家的反对名利相反。”[⑨]要实现公共利益，每个人必须做到对他人有利，达到互利互惠、互相帮助，梁启超在《墨子学案》（第一章）里面认为：“墨子特注意经济组织的改造，要建设一种劳力本位的互助社会。”[⑩]

（三）互利

墨子旗帜鲜明地提出的“兼相爱，交相利”的互利理论，强调了人与人之间的平等，提出了一种无差别、无等级“尚兼反别”的兼爱观，提倡一种不分亲疏贵贱，普遍平等地相爱互助的思想，响亮提出了“官无常贵而民无终贱”的观点。墨子在宣讲了“使天下人兼相爱，爱人若爱其身”直至今日，仍然闪现着她理想主义的色彩和追求人类和睦的光辉。梁启超认为：“墨家此种交利主义，名义上颇易与英美流（就中边沁一派）之功利主义相混。然有大不同者。彼辈以‘一个人’利益为立脚点，更进则为‘各个人’利益之相加而已（所谓最大多数之最大幸福）。墨家全不从一个人或各个人着想，其所谓利，属于人类总体，必各个人牺牲其私利，然后总体之利乃得见。”[⑪]

互利要求“有力者疾以助人，有财者勉以分人，有道者劝以教人”，从而达到“强不执弱，众不劫寡，富不侮贫，贵不敖贱，诈不欺愚”的理想社会。江泽民同志2000年访问俄罗斯时，就引证了墨子的这段名言，说明了国家、民族之间，要互相尊重、平等的原则立场。在其位者，“敬惧而施”（怀着敬惧之心努力去做事）；农工肆人“竟劝尚意”（互相劝勉，崇尚道德）；为政者“爱民、节用”，国与国之间“非攻、恶战”。墨子正是用自己善良的意愿，表达了人民互利互惠、和平相处的普遍呼声。

墨学的功利主义不是求私利，也不是狭隘的牟利、逐利。并非所有的利都是义，窃人桃李，对窃贼而言是利，只在“亏人自利”，属于不义。对墨子来说，自利未必一定不义，但亏人必定是义的反面。义与不义的分界线，在人而不在己，即：是利人还是亏人。从窃人桃李，到攘人鸡犬、取人马牛、杀一不辜，直至攻城陷国，“亏人自利”的程度越大，不义的程度也相应地越严重。最严重的情形莫过于天下之人个个“亏人自利”，这便是墨子最担忧的人人“交相贼”的局面，是天下最大的祸害。墨家强调在公利、互利原则引导，得到平等与法制公正的保证，是规则功利主义。

二、功利的标准

墨子提出了判断事物是非的三项标准，称为“三表法”：“有本之者，有原之者，有用之者。……上本之于古者圣王之事，于何原之。下原察百姓耳目之实，于何用之。废以为刑政，观其中国家百姓人民之利。”其中，一表是古代圣王的作为，二表是百姓民众利害，三表是“百姓耳目之实”，即根据百姓耳闻目睹的事例来判断是非。他强调了“本”、“原”、“用”、“事”、“实”、“利”的作用，而不是空泛的谈道德说教，这本身就是功利主义。“三表法”的实质是功利的标准，因为一表古代圣王的作为，是功利标准的典范，“圣王之法”的“兼爱”包括“忠”、“惠”、“孝”、“慈”等道德规范和行为；二表百姓民众利害是功利的最大体现和应用；三表“百姓耳目之实”是功利的具体反映，三个方面最终都归结在“用”上。

墨子是效果论（后果论）者。他分析社会问题都是以功利效果为基础的：“有力者疾以助人，有财者勉以分人，有道者劝以教人。若此，则饥者得食，寒者得衣，乱者得治。”（《尚贤下》）墨子在评价人们的道德行为的时候，强调效果的重要性，要看他在实际效果上是否“利君”、“利臣”、“利父”、“利子”，甚至使“万民被其利”。

墨子肯定“利人”、“利天下”为至善的标准。

冯友兰先生指出：“‘功’、‘利’乃墨家哲学之根本意思”，“‘国家百姓人民之利’乃墨子估定一切价值之标准”[12]。

葛瑞汉在《论道者——中国古代哲学论辩》一书中认为墨子是一个功利主义者，强调墨子注重实践，把功利主义原则贯彻到忠、孝、人际关系、国家关系等各个方面。他分析了墨子衡量一个人是否有爱的行为，就是验证是否有效益于他人，不是凭空的。这种思路，是根据近代西方边沁、密尔的功利主义模式来认识和分析的。

三、功利原则的应用

利益是判断善恶与否的试金石。善在于能够带来利益，恶就是某人或某些人对另外的人造成的伤害。用功利主义的语言说，善是快乐，恶是痛苦。主要应用在三大方面。

应用一：孝亲上。墨子重视道德的实际内容，认为“孝”如果不利亲，无法证明孝与敬。“为人君者之不惠也，臣者之不忠也，父者之不慈也，子者之不孝也，此又天下之害也。”“仁之实，事亲是也；义之实，从兄是也。”

应用二：国家治理上。尚贤使以内治刑政的关键。只要任用贤者“治国”、“长官”、“治邑”，便可以“上有以絜为酒醴粢盛，以祭祀天鬼；外有以为皮币，与四邻诸侯交接；内有以食饥息劳，将养其万民。”此不惟有利于天鬼、诸侯、万民，且也有利于贤臣、明君。墨子说“欲天下治，而恶其乱，当兼相爱、交相利，此圣王之法，天下之治道也，不可不务为也”。“兼相爱、交相利”。兼相爱、交相利是目的，又是手段。“子墨子言曰：‘仁人之事者，必务求兴天下之利，除天下之害。’然当今之时，天下之害孰为大？曰：‘若大国之攻小国也，大家之乱小家也，强之劫弱，众之暴寡，诈之欺愚，贵之敖贱，此天下之大害也。’”（《兼爱下》）

应用三：对危害恶果的强烈排斥。墨子反对的浪费、厚葬、乐乐、战争等，也是从效用的角度进行分析的，指出它们不能带来利益，反而带来危害的恶果。善与利是统一的，没有无用的善。“执其兵刃毒药水火，以交相亏贼，此又天下之害也”。

四、小结

由是观之，墨家学派是最典型的功利主义。中外著名学者都持此见解。

冯友兰《中国哲学史》认为：墨子哲学为功利主义，“儒家‘正其谊不谋其利，明其道不计其功’。而墨家则专注重‘利’，专注重‘功’”[13]。李泽厚在《中国古代思想史论》里是这样论述墨家的：“墨子把道德要求、伦理规范放在物质生活的直接联系中，也就是把它们建筑在现实生活的功利基础之上”。“儒家的‘爱’是无条件的、超功利的；墨家的‘爱’是有条件的而以现实的物质功利为根基的。它不是来自内在心理的‘仁’，而是来于外在的互利的‘义’。基于‘利’的‘义’是小生产劳动者的准则尺度”[14]。

《美国百科全书》指出：“墨学的道德不是根据传统来界定，而是根据通常的道德指导，与功利主义相似。传统主义是不一贯的，人类需要超越传统的指导，来鉴别什么传统是可以接受的。道德指导必须促进和鼓励总体效用最大化的社会行为。”[15]

《斯坦福哲学百科全书》认为：“墨学制定了中国第一个明晰的伦理和政治理论和世界最早的结果主义的最完善形式”，“墨家在培育且形成中国古典哲学许多中心的概念、假定和争议方面，扮演了一个关键角色”。墨学制定了复杂的语义学理论、认识论、功利主义伦理学、类比推理理论，而且在几何学、机械原理、光学和经济学等不同领域有贡献。墨学功利主义伦理学强调基于功利的、对所有人的公正，主张统一的伦理和政治上的秩序；坚决反对军事的进攻和对他人的伤害；致力于效用和节俭，反对浪费和奢侈；在传统的民间宗教中，墨家尊敬天义和对鬼服从；他们的道德规范关心效用，有客观标准，能够可靠、无私地进行裁判和行动，讲究有益的和正确的结果。墨家相信人们会自然地选择有效果的事情，德育将会促使人们遵照正确的伦理与政治基准。《斯坦福哲学百科全书》指出，墨子认为“所有人都在一个蓝天下”，强调利益的互惠、关系的和睦、和平的社会秩序和人类整体福利，劝阻军队进攻，而且尝试攻击不听劝阻的统治者。他们是和平主义者。《斯坦福哲学百科全书》强调，墨子对儒家进行了批评。墨子认为，儒家提倡的礼，是当地的传统、习惯、风俗，但并不意味着正当（Right）。在丧葬上，铺张浪费，就是当时的儒家礼节，浪费了大量的资源，且延长了悲伤。“节葬”，会减少浪费、奢侈，扩大福利。《斯坦福哲学百科全书》论述到，墨家主张建立普遍行之有效的伦理标准，那就是单一的幸福和道德法。“利益”是道德的一般标准。人的行为应该寻求促进世界的利益，除去对世界的伤害。按照这样的利益标准“法”（fa，model，standard），对人们有益才做；不对人们有益反而有害，就停止。“非攻”、“非乐”、“节葬”就是严格按照它们带来的利益好坏、效果大小来进行评价、选择的。墨家实现“兼爱”的范围非常宽广，生活的各个层面和时间，都是推行“兼爱”的空间。通过“法”的制度，“兼爱”不是提倡牺牲个人利益的完全利他主义，而是主张互利互惠的人际关系。在理论上，“兼爱”包含的显然是完全平等的关心，通过“待人如己”，彼此交互作用，从国对国、家对家、人对人等方面，达到平等的“双赢”，形成墨子心目中的社会“治”（秩序，zhixu，order），而不是“乱”（luan，disorder）。[16]

有的学者认为墨家虽然是功利主义，但是与西方功利主义不同，是新的、规则的、统合的、复杂的、有自己特色的功利主义；有的学者不赞成墨家是功利主义。我们对此的相关论述与驳斥，在今后会进一步表达。

＊基金项目：2011年度教育部人文社会科学研究规划基金项目“墨子伦理思想的当代审视”（项目批准号：11YJA720022）。

注释

①姜义华主编：《胡适学术文集（下）》，中华书局1991年版，第817页。

②冯友兰:《贞元六书·新原道(下)》，华东师范大学出版社1996年版，第735页。

③〔英〕葛瑞汉著，张海晏译:《论道者——中国古代哲学论辩》，中国社会科学出版社2003年版，第9页。

④Judith A. Boss, Perspectives on Ethics. Mountain View, California: Mayfield Publishing Company，1998，第274页。

⑤Heiner Roetz，Confucian Ethics of the Axial Age. Albany，N. Y. : State University of New York，1993，第234页。

⑥〔英〕尼古拉斯·布宁、涂纪亮:《西方哲学英汉对照辞典》，人民出版社2001年，第1046页。

⑦胡适:《中国哲学史大纲（上)》，东方出版社1996年版，第137页。

⑧张岱年:《文化与价值》，新华出版社2004年版，第189页。

⑨蔡尚思主编:《十家论墨》，上海人民出版社2004年版，第330页。

⑩蔡尚思主编:《十家论墨》，上海人民出版社2004年版，第3页。

⑪梁启超:《先秦政治思想史》，天津古籍出版社2003年版，第147页。

⑫冯友兰:《中国哲学史（上)》，中华书局1961年版，第116、117页。

⑬冯友兰:《中国哲学史（上)》，中华书局1961年版，第115页。

⑭李泽厚:《中国古代思想史论》，人民出版社1986年版，第58、59页。

⑮ http://www.nationmaster.com/encyclopedia/Mohism，http://united-states.asinah.net/american-encyclopedia/wikipedia/m/mo/mohism.html.

⑯ http://www.iuwe.net/elearn/b06/10.html.

《墨经》疑难字研究之四

——兼及《汉语大字典》编纂疏漏

张仁明

《墨经》①中所用字共8436个，非重出单字769个，就有30来个疑难字。典型例子如第76条《经》文及《说文》，共128字，其中就有疑难字如“㒂”、“䨲”、“𢜔”三个，其中“㒂”出现2次，“䨲”出现4次，“𢜔”出现1次。孙诒让说《墨经》多古字，此言不妄。之所以称为“难”字，是因为这些字历代字典辞书，包括迄今为止收字最多的《汉语大字典》（2010年新版的《汉语大字典》收60370字，《墨经》大部分疑难字已收入）均未收录，典籍中也无用例，《墨经》中出现的语境也非常有限，甚至仅为孤例，难以为文字的训释提供有力证据。之所以称为“疑”字，是因为尽管《大字典》或其他字典辞书虽已收录，但注音、释义、引文、对用字现象的处理及对《墨经》研究成果的吸收等等诸多问题还值得商榷。

因为是疑难字，历代字典辞书获失收，或形、音、义略而不详，或误解误释。《大字典》也同样存在失收或误解《墨经》疑难字音义的情况。

《墨经》疑难字是正确解读《墨经》的一大障碍，是导致众说纷纭的主要原因。我们将历代《墨经》研究者对疑难字训释的情况作了考察，并梳理后发现：一是将疑难字处理为讹误字，即或因形而误，或因声而误，或误合二字为一字，或误拆一字为二字。二是将其或视为异体字，或为古今字，或为通假字，或为省、繁文（所谓省文、繁文是着眼于字形结构的增减来考察字义及说明其用字现象的。在原字形上增加声符或意符，原字形即为增形字的省文；在原字形上除去声符或义符，原字形即为减形字的繁文。实质上，繁文省文均可分析而归并到古今字、异体字、通假字的范畴中去）[②]。

本文对历代墨经疑难字的训释作一梳理、总结，以便更好地吸取前人在墨经文字训释方面的经验教训，理清思路，借鉴方法，并提出墨经文字训释中的一些须解决的问题。同时还以《墨经》中疑难字为例，指出《汉语大字典》（以下简称《大字典》）编纂存在的疏漏，以期对墨经的正确训释及研究有所裨益，为《大字典》的进一步完善尽一分力。在《墨经疑难字研究之一》一文中，我们对古今字典辞书，包括《大字典》均未收录的字《墨经》疑难字作了讨论。在《墨经疑难字研究》之二、之三等文中又讨论了《大字典》已收入，但无书证。例证[③]仅出自《墨经》的部分疑难字。本文继续讨论第二种情况。

因篇幅所限，本文仅论及“濆”、“惰”两字，其他的字将陆续撰文讨论。

“濆”字在《墨经》中出现1次。即“圣人之拊濆也，仁而无利爱”(《大取》)。

毕沅注：“‘濆’字未详。”[④]孙诒让仅转引毕沅注而未注此字。

第一个专释《大取》的清代学者傅山说："'潰'字字书不见。'拊'与'抚'同，此非拊击之拊，盖拊循之拊，犹拊循也。从'贾'，从'水'，水平也。称物平施如物之贵贱之价也，不容私心轻重之，下文'仁而无利爱'是也。"⑤

傅山对"拊"字的解释是正确的。他将"潰"字分析为从"贾"从"水"的会意字，并根据字形分析字义，但对"潰"字的释义，后人无遵从者。字书不见此字，而傅山也未指出是讹字，似乎认为是《墨经》作者所造字。

对"潰"字的解释，有影响的两种说法是：

一、"潰"，当为"瀆"。拊瀆，即抚育。谭戒甫说："潰，字书所无，曹耀湘校作'覆'，形不甚似。余疑'潰'当为'瀆'之形误。'瀆'字从'卖'⑥声。卖，《说文》谓：读若'育'。此'瀆'为'卖'之繁文，即假用为'育'字耳。拊瀆，即拊卖，亦即抚育。"⑦

谭戒甫注释首先指出"潰"是"瀆"的形近致讹字，然后分析"瀆"字为形声字，由于"瀆"的声符"賣"与"育"同音，故"瀆"通"育"。又将"拊瀆"作为复音词释为抚育。瀆的古音：屋韵定母。育，觉韵喻母。屋觉旁转，定母喻母同是舌音，为准旁纽。声韵极近，符合通假的语音条件。谭戒甫对字形、字音的分析及文字的通假皆有理有据，此说一出，赞同者众，如孙中原、周才珠、齐瑞端、王冬珍、王赞源等就遵从此说。

伍非百说："淯，旧本作'潰'，乃'瀆'之省字。'瀆'即'淯'之古文。淯，通'育'。《管子·宙合篇》：'天淯阳，无计量；地化生，无涯崖。'房玄龄注：'淯，古育字。'拊瀆，即抚育也。圣人之抚育也，仁而无利爱。谓圣人之抚育群生也，但有仁心而已矣，非遂能利之爱之也，能利之爱之者，其惟虑乎？”[8]张纯一、姜宝昌等从之，将“拊㵝”视为复音词，释为“即抚育也。”只是姜宝昌认为“㵝”当为“濆”之讹字，而非省文（省字）。[9]

伍非百与谭戒甫的结论是一样的。淯，通“育”有古籍用例及古注为证，只是“濆”是“淯”的古文，不知所据为何。既然此字字书所无，省文之说就不成立。

刘昶虽认为“㵝”为“濆”之形误，但释义为“拊濆者，禹之行水也。”[10]释义无据。

二、“㵝”，当为“覆”。拊覆，即抚育。曹耀湘说：“‘㵝’当作‘覆’。‘拊’与‘抚’同。抚覆者，天下皆在含育之中也。”[11]陈孟麟、李渔叔、周云之等从之。

“㵝”校为“覆”，谭戒甫即已指出：“形不甚似”。但曹耀湘是第一个将“拊㵝”作为复音词训释为“含育”，即“抚育”的人。

其他尚有诸说，可供参考：

尹桐阳：“‘㵝’即‘贾’，沽也。”[12]叶瀚：“当作‘循’。”[13]张其锽：“当作‘制法’。”[14]水渭松：“疑‘贾’字增形，贾，求取也。”[15]刘文清：“当作‘濆’，借为‘讟’，痛怨也。”[16]这些说法影响不大。

《大字典》：“濆”的讹字。《墨子·大取》：“圣人之拊㵝也，仁而无利爱。”梅季林金宝注：“㵝，当是濆之形误。”[17]

《字海》未收此字。

从以上的论述可见：“㵝”为“濆”的讹字，拊濆，义为“抚育”，是学界主流观点。《大字典》的疏漏有四：

1. 应在“梅季”后加顿号。梅季、林金宝为两作者名。

2. 梅季、林金宝所著的《白话墨子》（岳麓书社 1991 年版）

未对“濆”字作注，也没有把“濆”校改为“瀆”。仅将此句译为：“圣人抚育天下之人，只有仁而没有利爱。”“拊濆”对译为“抚育”，由于未加注解，“濆”、“瀆”、“育”三者看不出有何关联。我们查阅了所有《墨子》研究典籍，也未见梅季、林金宝曾有过《大字典》所引注文，不知《大字典》所据为何。即使梅、林有注，也不是梅、林首创此说。《大字典》所引书证未免有些随意。

3.“濆”是一个多义字(《大字典》列有两个读音，九个义项)。“濆”字究竟是采用正字“瀆”的哪一个义项，《大取》中的“濆”字是何意义，仍然让人不知所云。因此，《大字典》编纂者无论是采用谭戒甫之说（“瀆”通“育”），或是伍非百（“瀆”即“淯”之古文。淯，通“育”）、曹耀湘（“濆”当作“覆”，拊覆，即抚育）之说，均应将其观点的主要内容引出来。对书证的取舍可看出编纂者水平的高低来，试与“濆”字条引文（见下）作比较，编纂者所引高亨《墨经校诠》提供给读者的信息有：(1)既然字书无“濆”字，可视为墨经自制字，而据形释义，与“遁”义同，这是《大字典》编纂者将其处理为全同异体字的依据。(2)分析字形是为释义作依据，即此字为何要从“心”这一意符。(3)将“遁逃——遁逃之心——退缩之心”三者贯通起来，实际上既释了造字之义，又释了句中义。这样的书证对读者是非常有用的。而本条书证提供给读者的信息非常有限，难以起到工具书释疑解惑的作用。

4.《大字典》应当采用学界公允之说。将“拊濆”校为“拊瀆”，并当作复音词，释为“抚育”，这是墨学研究者们较为一致的看法。最早将“拊瀆”作为复音词释为“抚育”的是伍非百，但视“濆”为“瀆”之省字则不为众人所认同。谭戒甫之说，形音义皆通。《大字典》当采用谭戒甫而非梅季、林金宝之说。作为大型权威字书，不应忽略了学术观点的渊源关系。

《大字典》：同“遁”，《墨子·经说上》：“（佴）与人遇，人众，惰。”高亨《校诠》：“《说文》无惰字，以形求义，惰，遁也，有遁逃之心也。从心，盾声。有遁逃之心，即有退缩之心。”

《字海》：“‘惰’，同‘遁’。字见《墨子·经说上》。”

高亨注“《说文》无‘惰’字”。不仅仅是《说文》无此字，历代字典辞书都没有此字（毕沅注：“字书无‘惰’字”），古籍用例也仅此一例，释义为“遁也”。高亨虽未明说其用字现象，但分析字形为从“心”“盾”声的形声字，且强调其义符“有……心”，看来是将其看作《墨经》自制字。这一自制字“惰”与“遁”形成了异体关系，只是“惰”未沿用下来。

若按高亨对字形的分析，“惰”是从“心”的形声字，而“遁”字是从“辵”的形声字，二字音同义同，仅形体不同，确可看作异体字。《大字典》根据高注而将其处理为全同异体字[18]是可以的。但古籍中既然没有此字，其实也可将此看作《墨经》为表达“有遁逃之心”这一特指义的自造字，或者不如直接处理为通假字。谭戒甫、陈孟麟、孙中原、周云之等人就认为“惰”是“遁”的通假字，而不是异体字。也有未说明用字现象，直接释为“遁”字者，如邓云昭、于鬯、徐廷荣等。

由于《墨经》中亦仅此孤例，经文提供的语境又相当有限，且《墨经》言简义深，故高亨之说并非定论，尚有两种说法值得注意。

一、“惰”乃“循”的异文。义为“遵循、依顺”。持此说者有邓高镜、尹桐阳、刘昶、鲁大东、顾实、吴毓江、李渔叔等。

根据训释术语，“惛”与“循”是异体字关系。

用字现象处理不同或释义略异者。张纯一：“惛之声义，当与循同。而‘心’较‘彳’，义犹深切。”[19]（按：与高亨一样说明了“惛”字是《墨经》自制字，且据字形分析，“惛”有独到含义。）叶瀚：“即‘循’字。亦即‘修’字。”[20]石广权：“‘遁’或‘循’之异文。逡循不安。”[21]曹耀湘：“当作‘循’，因也。”[22]姜宝昌：“盖因（‘惛’、‘循’）二字同声符而得相通。”[23]邓高镜：“惛，随顺。”[24]

二、“惛”当作“揗”，同声假借。义为“摩切”。[25]孙诒让首先作如是说，胡韫玉等从之。王景曦认为：“当作‘揗’，但‘揗’借作‘循’。”[26]刘文清说：“‘惛’字乃字书所无，恐系误字而非假借。正字通曰：‘凡以思相抚，以心相恤，皆曰揗。’此所以‘揗’误从心旁乎。”[27]

还有一些说法，如：伍非百：“当作‘楯’，甲盾，引申为助。”[28]王闿运：“当作‘悁’，倦也。”[29]张之锐：“当作‘惰’。怠惰。”[30]水渭松：“疑为‘盾’字增形。义为后盾。”[31]这些说法影响不大，但也可供参考。

《大字典》采用高亨说，高亨说确实代表了学界主要意见。对用字现象的处理也是恰当的。但疏漏在于：

1. 引文有误。“有遁逃之心也”、“有遁逃之心”两句中“逃”均当作“退”。

2. 体例不一。此条引文，《大字典》编纂者明白《墨经》“牒经标目字”体例，将标目字“佴”用括号括起来，但这种作法，在编写体例中未说明（由于《墨经》体例的特殊性，应在编撰体例中说明），读者难明其意。这也与别的条目对标目字的处理不同而致体例不一。其实，既然牒经标目字在句中无义，仅起标目的作用，因此，例证应尽量不引，如本条就可不引。

注释

①《墨经》指“《经上》、《经下》、《经说上》、《经说下》、《大取》、《小取》”六篇。

②可参见本人所撰《墨经分类译注质疑举要》及《墨经用字研究——繁文省文辨》两文。

③辞书界通常把列举前代字书、韵书中的音义称为书证，而把古今文献中的实际用例称为例证。在《墨经疑难字研究》之二、之三两文中讨论了“儢”、“賵”、“稘”、“䧱”四字。

④〔清〕毕沅：《墨子注》（《墨子大全》第十一册，北京图书馆出版社2004年版；以下凡收在《墨子大全》者，仅出书名和册数），第293页。

⑤〔明〕傅山：《墨子大取篇释》（《墨子大全》第九十九册），第146页。

⑥卖，繁体字作“賣”。《说文》：“读若‘育’。”“育”是“賣”字而非“卖”字的读音，《说文》中没有“卖”字。以下同。

⑦谭戒甫：《墨辩发微》，中华书局1964年版，第371页。

⑧姜宝昌《墨经训释》第407页，张纯一《增订墨子间诂笺》第550页。

⑨㉓姜宝昌：《墨经训释》，齐鲁书社2009年版，第407、19页。

⑩刘昶：《续墨子间诂》，民国十四年石印本（《墨子大全》第三十四册），第525页。

⑪㉒〔清〕曹耀湘：《墨子》，清光绪排印本（《墨子大全》第十九册），第630、587页。

⑫尹桐阳：《墨子新释》，民国八年排印本（《墨子大全》第二十二册），第81页。

⑬〔清〕叶瀚：《墨辩校注》（《墨子大全》第二十五册），第317页。

⑭张其锽：《墨经通解》，民国二十八年印本（《墨子大全》第三十九册），第256页。

⑮㉛水渭松：《墨子直解》，浙江文艺出版社2000年版，第301、233页。

⑯㉗刘文清：《墨子间诂训诂研究》，1998年博士生论文印本（《墨子大全》第八十六册），第481~478页。

⑰这里照录《汉语大字典》原文。但有几点说明：1. 将原文繁体字转换为简化字。

但“瀆”字未用其简化字“渎”。因为“瀆”字才能看出与“瀢”形近而讹的关系，且下面谭戒甫对字形的分析引《说文》，也牵涉到声符“賣”。文中简化字，若有必要，就加注说明。2.《汉语大字典》书名、人名号是在文字下加波纹号的形式，本文中改为“《》”号。3. 由于《汉语大字典》原文本身引文就多，若本文所引《汉语大字典》原文加引号，势必引号重叠，反而层次不清，所以《大字典》后仅用冒号，不加引号。

⑱根据《汉语大字典》编纂体例，全同异体字不注音，在“同‘×’”之后出书证、例证。

⑲张纯一：《增订墨子间诂笺》，民国二十六年排印本（《墨子大全》第二十九册），第418页。

⑳〔清〕叶瀚：《墨经诂义》，民国间铅印本（《墨子大全》第二十四册），第549页。

㉑㉘转引自杨俊光《墨经研究》，南京大学出版社2002年版，第196、193页。

㉔邓高镜：《墨经新释》，民国二十年排印本（《墨子大全》第三十九册），第454页。

㉕〔清〕孙诒让：《墨子间诂》，中华书局2001年版，第336页。

㉖王景曦：《墨商》（《墨子大全》第二十册），第435页。

㉙王闿运：《墨子注》（《墨子大全》第十九册），第386页。

㉚〔清〕张之锐：《新考证墨经注》，民国十年河南官书局排印本（《墨子大全》第三十二册），第50页。

关于“儒墨互补”问题研究的几个认识

薛柏成

一、近年来“儒墨互补”问题研究已经进入学者的视野，并有一定突破

中国优秀传统文化资源是吸收了包括儒家、墨家、道家、法家学等先秦诸子的学说而形成的，国内外学术界对“儒道互补”、“儒法互补”问题都有深入的研究，而在“儒墨互补”方面的成果却寥寥无几，20 世纪二三十年代以吴宓诸人为代表的学衡派主张“儒墨互补应成为中华民族复兴的指针”①，但惜之没有推演开来，特别是对中国近现代的“儒墨互补”思想的研究就更为薄弱了。

在近年来儒墨联系问题的研究上，涉及了“儒墨互补”问题，但零散而不具体，薛金东从“尚行”的实践精神、重利为民的思想、“与民同乐”的观点和对待战争的态度四个方面深入论述了墨家思想对韩愈的影响。认为墨学由盛转衰后仍然发挥着作用，在民间保持着经久不衰的影响力。在韩愈驳杂、矛盾的思想中，深刻体现了“儒墨互用”思想对其的影响。究其原因，生当唐朝后期社会动荡之际的韩愈，为维护封建正统王朝的秩序，以儒家入世的政治态度，积极展示其定国安民的观点、决策和谋略，而其

中许多观点代表了底层百姓的心愿和呼声，使得“儒墨互用”思想在其身上的影响得以彰显。[②]

夏忠龙深入分析了儒墨伦理思想互补的必要性和可能性，指出儒墨两家思想均有其合理性与局限性，对儒墨两家应该各取其长、各去其短，从而更好地为建设社会主义道德和构建和谐社会服务[③]；又如张景云从儒墨礼乐与俭的观念出发谈到了“儒墨互补”，认为“现代社会，人们的物质需要基本满足，过分追求物欲，会使人精神匮乏，文明衰落。从这个意义上，儒家的礼乐观对于现代社会更有价值”，“墨家主张节俭，是对儒家在物质方面过分铺张的一种制约，只有在物质上有所克制，才能在精神上不断充实。墨子的主张也是我们建设‘节约型社会’的有力支持”[④]。

梁冰从孔墨的从周和背周，仁爱和兼爱，天、天命与天志、非命、明鬼，举贤才与尚贤这四个方面论述了两家的相同点和不同点，进而认为孔墨思想同中有异，异中有同，二者是互补的。并呼吁：“如能发掘墨家思想中的精华，能真正感悟墨家思想其精深，并使之与已成为中国文化主流的儒家思想相结合，必将是当代中国文化发展的一大幸事。”[⑤]但并未就此展开论述。

邱德修认为，战国时代之主流思想为儒、墨二家，充斥于当时各个角落。根据出土竹简可以断定，先秦儒、墨两家关系表面上看起来是南辕北辙；事实上却是彼此交情，彼此灌注，彼此交集，彼此影响[⑥]；徐岿然认为：儒家“以人意相存问”，忽视了人的全面发展及其大实践的境域诉求。走出儒墨各自的形而上学弊端，走向大实践的境域，儒家的“以己养鸟”，墨家的“以社会养鸟”是互补的。[⑦]

郭齐勇从儒家孝亲、丧礼、爱有差等的分析入手，认为：儒墨两家都务实，都重功利、效果，相对而言，墨家更为务实，而儒家更重长久的人文价值，没有局限于功利论与效果论。儒家坚持德性论，不因实务功利而偏离絜矩之道。“爱有差等”不废仁爱之普遍性，反而更能证成之。但另一方面，墨家的批评并非毫无价值。墨家警惕孝亲、丧礼的变味：儒家的“三年之丧”的主张及其制度化确实造成很多弊病，造成真情的旁落与社会财物的浪费。所以墨家批评社会不公及爱的不周遍是有道理的，也是有其理想的；这种对儒家及其流俗流弊的批评，对于完善儒家学说适成一种补充[⑧]。

值得注意的是，近年来一些学者开始对“儒墨互补”学术史及有关方法论进行了系统的研究，其中比较有代表性的有郑杰文、秦彦士、薛柏成等学者。

秦彦士在其《墨子考论》书中的“汉代经学与墨学关系考”一节认为：考汉代经学家的言行著述，其诸多隐然是源出墨家，如《礼记·礼运·大同》、董仲舒、刘向的经学及政治实践，对汉代“儒墨互补”学术史进行了探讨。[⑨]

郑杰文通过对儒学和墨学的深入分析，其专著《中国墨学通史》[⑩]认为：用“儒墨同称”的提法来阐释中国学术史，极具理论意义。同时作者结合现在学术界许多学者运用西方研究方法研究诸子学术中产生了诸多问题这一现象，提出在古代文史研究中应注意东西方学术体系的差别，运用综合方法来研究儒墨学说的互补互用。创造性地提出将儒墨互补互用的理论和方法运用到现代文史研究中，对我们研究传统思想文化有重要的启示作用。[⑪]

薛柏成在其《墨家思想新探》[⑫]一书中也对“儒墨互补”的学术史的具体内容进行了梳理与探讨，认为儒家思想在其发展演变的进程中吸收了墨家思想，而历代统治者又利用儒家思想作为自己巩固统治的一个手段，从这个意义上讲，墨家思想的一些成分也间接渗入统治阶级的治国思想之中，或多或少地发挥作用，这也从另一个角度说明思想的相溶性与继承性。对于中国近现代“儒墨互补”的学术史的具体内容的探讨，如在其“鲁迅的墨学观”一文中认为：鲁迅思想中有很多来自中国传统墨家思想的内容。鲁迅思想中的坚韧与不妥协、正义与公平、民主与科学等内容与墨家的兼爱、平等、为民谋利的思想有许多一致性，同时鲁迅的墨学观创造性地转化墨家的兼爱、非攻、贵义等思想价值，与墨家学说保持了最为深厚的思想联系[13]。进而认为儒墨互补互用这一理论不仅可以运用在学术研究中，还可以运用到政治、经济、文化等方面的研究和实践当中，为构建和谐社会提供来自于传统的思想参考。

这实际上是继郑杰文提出将儒墨互补互用的理论和方法运用到现代文史研究中之后，又一个关于将儒墨互补互用这一命题运用到我们当今社会生活实践中的一个观点。这是明确提出将儒墨互补互用这一命题运用到我们当今社会生活的各个方面，试图将儒墨互补这一问题上升为一种方法论，这对我们研究该问题有重要的启发借鉴作用。[14]

二、“儒墨互补”方法论在中国优秀传统文化形成及发展过程中独特的运行规律及历史影响

作为在中国传统文化中占据举足轻重地位的主流学说，墨学的发展必然与儒学有不可分割的密切关联，因此，墨学研究如果离开了对儒学发展的观照几乎难以进行。郑杰文教授的看法较科

学地说明了“儒墨互补”方法论在中国优秀传统文化形成及发展过程中独特的运行规律：

由于儒墨两家在学理上有了更多可沟通处，在社会政治理想和社会治理措施等方面，儒墨在争辩诘难的过程中实际上导致了‘儒墨互补’的学术结局。所以在汉代有更多人主张“儒墨相通”。正是汉代这种“视墨同儒”的学术观念，造成了“墨学中绝”的假相，妨碍了墨学的研究和流传。南北朝时，墨学不再像两汉那样与儒家并称，而是退出了“主流学术”的行列。隋唐思想开放，就墨学的流传出现截然相反的两种观点。一种是主张在传儒经之外，亦传含有《墨子》在内的其他诸子书，因而发展到韩愈的“儒墨为用”说；另外一种是继承了孟子以来“尊儒辟墨”的观点，在维护儒学时将“杨、墨”与“释、老”一同作为儒学的对立学说来对待，这两种观点的对立，开启了千余年来的“儒墨为用”之争。“儒墨为用”之争是宋学反汉学的结果。到了明清时期，墨学重兴与抵制心学的“经世致用”之实学的提倡有关。西学东渐后，20 世纪墨学研究有了突破性进展，都赖于借用西方近代研究方法。但是，产生于东方古老文化环境中的墨学特别是墨辩逻辑和墨家科技，用西学思想来比附和用西学方法来解析是错误的。[15]

同时我们认为：在中国优秀传统文化形成及发展过程中，中国“儒墨互补”学术史分七个历史时段，每个阶段都有其自己的特点与丰富的内容：

1. 先秦时代：墨家学派创立之后，墨子即对孔子思想进行的吸收与借鉴，墨子吸收借鉴了孔子学说中“仁爱”、“举贤才”等思想，并进一步改造成了墨家的“兼爱”、“尚贤”等理论；孟子也对墨家思想的战争观、民本思想、“天志”理论进行了吸收与借鉴；

荀子对墨家思想的逻辑思维、政治伦理思想亦进行了吸收与借鉴。

2. 汉代：墨家思想中的许多内容，被不同程度的整合到了儒家思想当中。如在汉代由于董仲舒与公孙弘等学者的阐释，促进了儒墨的合流。

3. 隋唐时期：这一时期的“儒墨互补”也表现出两个内容，一是统治阶级大力提倡墨家中的节用思想以适应休养生息的政治需要，发展社会生产；二是以韩愈为代表的儒家知识分子为维护儒家正统地位，与佛、道斗争，提出“孔墨互用”的口号，吸取墨家中的某些思想学说，来充实、完善儒家的理论体系，以抗衡佛、道。

4. 两宋时期：这一阶段的“儒墨互补”也表现为三个方面，一是墨家思想在理学中的隐性表达，主要是在张载、程颢等理学家思想中的隐性表达；二是以王安石为代表的改革家对墨家胸怀天下、力行务实精神的发扬；三是以陈亮、叶适为代表的事功学派思想中体现出的墨学特质。

5. 明清时期：这一时期墨家的兼爱、尚贤、节用等思想，墨家的勤俭务实、身体力行、坚韧不拔、大公无私、胸怀天下等精神以及墨家义利并重、知行合一等主张都被不同的儒家知识分子不同程度的肯定、利用和发挥，如一些著名儒家“异端”人物（如颜元、李贽等人）的思想及行为方式存在墨家思想的成分，并受其影响。

6. 鸦片战争至新中国成立时期：这一时期“儒墨互补”大致有三种表现：一是一些儒家学者继续用中国传统学术方法研究墨学，并对墨家思想做出较高的评价；二是一些知识分子用近代西学方法研究墨学，主张用墨家思想中的一些与近代科学、思想相通的内容来弥补儒家思想统治下的中国的不足。三是对儒墨关系的研究不断深入，如梁启超、胡适、章太炎、鲁迅、吴宓等人对这一论题的研究，特别有指导意义的是20世纪二三十年代以吴宓诸人为代表的学衡派的思想以及鲁迅对“儒墨互补”的现代性探讨。

7. 新中国成立后：毛泽东对儒家哲学思想中的合理成分有独到的发挥和吸取，如对“中庸”的评论，对“智、仁、勇”的论述，对“诚”的范畴作的新解等。但他对儒家哲学思想更多的是着重于批判，就毛泽东的人格精神、价值理想等深层次的文化心态而言，相比于儒学，墨家文化传统的影响有着更深刻的意义。换句话说，毛泽东继承发扬中国传统文化的方法论就是以墨学为主的“儒墨互补”，考察毛泽东受墨家思想的影响程度和在革命与建设实践中对墨家思想的继承和借鉴，对今天中国共产党人实现马克思主义中国化以及所进行的文化建设具有重要的启示意义。

用“儒墨互补”的提法来重新阐释中国学术史,极具理论意义。

三、“儒墨互补”应是今天中华优秀传统文化传承体系建设的重要的方法论之一

探讨“儒墨互补”问题对于重新阐释中国学术史以及当代建设优秀传统文化传承体系都有着重要意义。首先，作为个案，以往的中国学术史建构由于相对忽视了墨家思想，加之许多学者运用西方研究方法研究中国哲学学术，产生了诸多问题。如能注重“儒墨互补”问题，必将减少对传统文化的误读；其次，中国传统文化的主流是儒家文化，有“精英文化”之称，而墨家文化有“平民文化”之称，且它对传统文化的影响是多层面的，其在政治、经济、军事、科技、逻辑学、哲学宗教领域的影响，不可低

估。研究中国传统思想文化不能忽视墨家思想，这样才能形成一种全新的如中共中央十七届六中全会阐述的“民族的科学的大众的社会主义文化”，以适应当前经济基础的主流文化系统。同时总结对优秀传统文化思想价值的挖掘和阐发的经验，为马克思主义中国化提供更准确的来自于中国优秀传统文化资源，最终为当代乃至今后的优秀传统文化传承体系建构提供有益的启示。

所以“儒墨互补”这一理论不仅可以运用在学术研究中，还可以运用到政治、经济、文化等方面的研究和实践当中，为构建和谐社会提供来自于传统的思想参考，当前我们正在解构传统文化，塑造中华民族新的精神文化，构建和谐社会，墨家思想无疑是重要内容之一，从当前社会现实的发展看，要成为一种主流文化，必须面对中国的政治现实，必须为政权所接受才能推广，必须为民众所接受才能实行。当代中国需要科学、公利、互利、民主、平等、公正、法制、进取、改革精神，这就要有一种以人为本的文化，要求必须重视平民文化，打破文化知识垄断，使文化回归于平民阶层中。需要精英文化与平民文化共生共存，相互渗透，相互交融和合而成。在当代中国既要破除“精英文化”的垄断，也要肃除民间文化中的糟粕，所以应以儒墨文化互补为例，把所谓“精英文化”与“平民文化”有机对接，去除“平民文化”的空想性、非现实性、矛盾性，把它的功利性、现实性、进步性与“精英文化”的超功利性、道德理想主义、坚信人道正义之价值精神等普适性内容有机整合，具体方式应主要做到：首先，有机对接墨家“兼爱”与儒家“推爱”。其次，有机对接墨家“尚贤”与儒家进贤、墨家“尚同”与儒家“畏大人”。第三，有机对接墨家“非攻”与儒家的和合理想。第四，有机对接墨家“节”

与儒家的“俭”。深入分析和论述儒墨两家思想的互补性，指出两家有机对接的方法和必要性，将“儒墨互补”这一命题运用到我们当今社会生活的各个方面，从而完成当代优秀传统文化传承体系的建构，这应是“儒墨互补”或者说当前以及今后思想文化建设的主要任务。[16]

注释

①吴宓：《民族生命与文学（续）》，载《大公报》（文学副刊第197期）1931年第197期，第19页。

②薛金东：《“儒墨互用”对韩愈思想影响之探微》，载《盐城工学院学报》（社会科学版）2006年第2期。

③夏忠龙：《先秦儒墨伦理思想之比较》，载《学术交流》2009年第8期。

④张景云：《先秦儒墨哲学思想比较分析》，载《北方论丛》2005年第6期。

⑤梁冰：《孔墨哲学思想之比较》，载《中国科技信息》2005年第3期。

⑥邱德修：《从上博、郭店楚简看战国儒墨之交流》，载《传统中国研究国际学术讨论会论文集》2006年。

⑦徐嵩然：《从大实践的境域看儒家思想》，载《齐鲁学刊》2010年第2期。

⑧郭齐勇：《儒墨两家之“孝”、“丧”与“爱”的区别和争论》，载《哲学研究》2010年第1期。

⑨秦彦士：《墨子考论》，巴蜀书社2002年版，第196页。

⑩郑杰文：《中国墨学通史》，人民出版社2006年版。

⑪⑮郑杰文：《社会治理构想中的“儒墨相用”及其启示》，载《管子学刊》2008年第3期。

⑫薛柏成：《墨家思想新探》，黑龙江人民出版社2007年版，第58页。

⑬薛柏成：《鲁迅的墨学观》，载《社会科学战线》2009年第8期。

⑭⑯薛柏成：《论“精英文化”与“平民文化”有机对接——以儒墨文化互补为例》，载《中南民族大学学报》2009年第1期。

庄子“剽剥”墨学析论

高　深

春秋战国时期诸子蜂起，百家争鸣，互相论战，势同水火。特别是儒、墨、道之间，多有诋訿与非难，庄子[①]“诋訿孔子之徒”、“剽剥儒墨”（《史记·老子韩非列传》）[②]是个不争的事实。儒道之间的分歧显而易见，道墨之间则复杂得多。有人认为道家与墨家有许多相通的地方，如张纯一在《墨子集解》中说：“盖墨与道之相类者，不一而足。”[③]孙以楷也承认墨子与老子思想有相通的一面，并对墨子与老子的相通作了全面而详尽的论述。[④]他对庄子受墨子的影响也进行了专门论述。[⑤]以批判儒学而起家的墨家，理应免于道家庄子的“剽剥”才对，为什么庄子诋訿儒家时，连同墨家也带上？庄子“剽剥”墨学的原因何在？这方面的研究非常有限，童恒萍认为庄子与墨家论争与“他们的学术趋向的差异是分不开的。庄学作为境界型的内圣之学，注重的是人生心灵自由的追求，而作为知性形态的墨学注重自然科学知识的追求。”[⑥]儒学也同为内圣之学，为什么遭到了庄子更为严厉的批评呢？郑杰文在《中国墨学通史》[⑦]中有“《庄子》所载庄周及后学对墨家及墨学的评说”一节专门论述，其中有很多精到的分析。本文在参考前贤论著的基础上，继续探讨庄子“剽剥”墨学的表现、原因及得失。

一、庄子“剽剥”墨学的表现

对于墨家及其学说，庄子既有肯定又有否定。《天下》篇对墨学的渊源、墨学的特色、墨学的发展都做出了客观公允的评价，尤其对墨家的人格推崇备至，如：“墨子泛爱，兼利而非斗，其道不怒；又好学而博，不异，不与先王同，毁古之礼乐”，“以绳墨自矫，而备世之急”，“真天下之好也，将求之不得也，虽枯槁不舍也。才士也夫！”[⑧]庄子对墨家的人格虽然给予了崇高的评价，但对其思想和行为却是否定的。除《天下》篇对墨家学派及其学说的集中评论外，庄子对墨家的批评还以“儒墨”、“杨墨”并提的形式散见在其他各篇之中。概而言之，庄子对墨学的“剽剥”主要表现在“淆是非”、“乱人性”两个方面。

（一）淆是非

庄子认为：“道不欲杂，杂则多，多则扰，扰则忧，忧而不救。”(《人间世》）因此对活跃在当时政坛上的诸子学说持冷静的批评态度，特别对作为显学之一的墨家更是不满。

1. 对“以自为方”的批评

庄子生活的时代，墨学作为“世之显学”，聚徒讲学、互相辩难，活跃在当时的历史舞台上。《吕氏春秋·尊师》中说：“孔墨徒属弥众，弟子弥丰，充满天下。”[⑨]《庄子》对儒墨相争多有记载。《列御寇》篇记载“郑人缓”一家兄弟分别为儒墨，“相与辩”，“其父助墨”，导致“十年而缓自杀”的悲剧。庄子认为，儒墨之间的辩难皆“以是其所非而非其所是”(《齐物论》)，让人无所适从。《知北游》篇说：“君子之人，若儒墨者师，故以是非相谶也。”庄子认为“天下非有公是也，而各是其所是”（《徐无鬼》），“多得一察焉以自好。譬如耳目鼻口，皆有所明，不能相通……是故内圣外王之道，暗而不明，郁而不发，天下之人各为其所欲焉以自为方。”（《天下》）这是庄子对墨家独断论的批评。

2. 对“墨辩”的批评

墨家充分肯定辩论的作用，认为“夫辩者，将以明是非之分，审治乱之纪，明同异之处，察名实之理，处利害，决嫌疑”（《小取》）[⑩]，“辩，争彼也。辩胜，当也。”（《经上》）庄子认为辩无用，“道之所一者，德不能同也；知之所不能知者，辩不能举也；名若儒墨而凶矣。”（《徐无鬼》）又说：“是若果是也，则是之异乎不是也，亦无辩；然若果然也，则然之异乎不然也，亦无辩。”（《齐物论》）庄子将墨家的辩论比喻为“骈拇枝指”，强调其无用。庄子说：“骈于辩者，累丸结绳窜句，游心于坚白异同之间，而敝跬誉无用之言，非乎？而杨墨是已。”（《骈拇》）庄子将儒墨并举的一个重要表现就是儒墨“相与辩”（《列御寇》）、“善否相非，诞信相讥”（《在宥》），“相拂以辞，相镇以声”（《徐无鬼》），“以‘坚白’、‘同异’之辩相訾，以觭偶不仵之辞相应”（《天下》）。

庄子对墨辩的批评有其认识论根源。在《齐物论》篇，庄子对“辩无用”的命题给予了符合逻辑的分析：即使辩论一方胜了，也不能证明他的观点就是正确的；由他人作裁判，也同样不能判定是非。这是因为判断属于人的意识问题，具有很强的主观性和差异性，很难有一个公正的标准。所以论辩本身无法判定是非对错。针对判断的标准问题，庄子又设一个比方：“毛嫱、丽姬，人之所美也；鱼见之深入，鸟见之高飞，麋鹿见之决骤，四者孰知天下之正色哉？”（《齐物论》）依庄子之见，色、味等感觉是依不同的认识主体之感觉经验的状况而定的，而感觉经验在不同主体之间是千差万别的，因此感觉的这种相对性就决定了“正”与“邪”之间并不存在公共的或共同的判定标准。由此，人们围绕善恶、是非而形成的种种分歧和争执本身的是非对错就无法得到判定。[11]因此，庄子认为辩论“能胜人之口”，却“不能服人之心”，而这一点恰恰是“辩者之囿”（《天下》）。

（二）乱人性

《庄子》一书随处可见对违背人的自然本性的批评，其中又以儒墨以仁义扰乱人性为最。庄子对墨家扰乱人性的批评主要表现在以下两个方面：

1. 对“兼爱”的批评

《天道》篇，庄子借孔子与老聃对话的寓言批评了儒家的仁义和墨家的兼爱。孔子认为“要在仁义”，并对“仁义”作出了解释：“中心物恺，兼爱无私，此仁义之情也”，很明显，孔子是作为儒家和墨家的代言人而出现的。庄子借老聃之口指出：“夫兼爱，不亦迂乎！无私焉，乃私也。”人本身有自己固有的属性，如同“天地固有常矣，日月固有明矣，星辰固有列矣，禽兽固有群矣，树木固有立矣”一样。仁义并非出自人的本性，人只要“放德而行，循道而趋”就达到极致了，没有必要“偈偈乎揭仁义”，宣扬仁义适足以扰乱人性。

2. 对“非乐”、“节葬”、“节用”等的批评

庄子学派对墨家“非乐”、“节葬”、“节用”等主张有一段概括的批评：“今墨子独生不歌，死不服，桐棺三寸而无椁，以为法式。以此教人，恐不爱人；以此自行，固不爱己……其生也勤，其死也薄，其道大觳；使人忧，使人悲，其行难为也，恐其不可

以为圣人之道，反天下之心，天下不堪。”（《天下》）“生不歌，故非乐；死无服，故节用。”（《庄子集解》注释）庄子认为墨子“非乐”、“节葬”、“节用”等主张既“不爱人”，又不“爱己”，“反天下之心，天下不堪”。这是对乱人性的批评。

二、庄子“剽剥”墨学的根本原因

庄子“剽剥”墨学的根本原因之一，就在于墨家的说教不符合道家自然无为的旨趣。庄子认为：“夫虚静、恬淡、寂漠、无为者，天地之本而道德之至。”（《天道》）庄子将墨家的辩论视为无用的“骈拇枝指”而加以“剽剥”。庄子说：“骈于辩者，累丸结绳窜句，游心于坚白异同之间，而敝跬誉无用之言，非乎？而杨墨是已。故此皆多骈旁枝之道，非天地之至正也。”（《骈拇》）对墨家“摩顶放踵利天下”（《孟子·尽心上》）[12]的兼爱行为，庄子认为也是无用的，徒然扰乱人心。庄子说：“昔者黄帝始以仁义撄人之心，尧舜于是乎股无胈，胫无毛，以养天下之形，愁其五臧以为仁义，矜其血气以规法度。然犹有不胜也。”（《在宥》）黄帝、尧、舜等都是墨家效法的圣王。墨家“以绳墨自矫”、“以自苦为极”明显是尧舜“股无胈，胫无毛，以养天下之形，愁其五臧以为仁义，矜其血气以规法度”的翻版。然而，“犹有不胜”，于是“乎斩锯制焉，绳墨杀焉，椎凿决焉。天下脊脊大乱，罪在撄人心”（《在宥》）。庄子批评墨家学说的利器就是道家“自然”、“无为”的原则。这可以解释庄子一方面对墨子人格推崇备至，另一方面又对其学说屡屡批评的原因。

庄子“剽剥”墨学的原因还在于，庄子认为宣扬仁义本身就是对“道”的损害。《马蹄》篇说：“故纯朴不残，孰为牺尊！白玉不毁，孰为珪璋！道德不废，安取仁义……毁道德以为仁义，圣人之过也。”在庄子眼里，墨家也是“毁道德以为仁义”者。因此，庄子提出极端的主张：“削曾史之行，钳杨、墨之口，攘弃仁义”（《胠箧》），“绝圣弃知而天下大治”（《在宥》）。庄子否定仁义说教的目的就在于引导人们认识“道”，因为“是非之彰也，道之所以亏”（《齐物论》），对仁义礼法之类价值观念和行为规范的过度宣扬就会阻挡人们对“道”的认识。这就是庄子学派对其他诸子理论大加批判的根本原因，也是庄子思想中最难理解之处，也是道家之所以为道家的独特之处。

三、庄子“剽剥”墨学辨惑

庄子所剽剥墨学的“淆是非”、“乱人性”，其实不仅适合墨家，更适合儒家。在《庄子》中对墨家的剽剥是依附在对儒家的剽剥之中的。墨家聚徒讲学，与儒家展开论辩，“善否相非，诞信相讥”（《在宥》），“名曰治之，而乱莫甚焉”（《知北游》）。这是庄子将儒墨并举予以批评的主要原因，而批判的核心就是儒墨的仁义说教。儒墨同因宣扬仁义而遭庄子诟病，然而儒墨在宣扬仁义上有显著区别。

儒家缺乏与道家之“道”相对应的本原一环，因而被庄子目为“语道而非其序者”（《天道》）。在庄子“道”教的序列中，先“道德”，后“仁义”，然后“赏罚”。为什么要强调这个秩序呢？《淮南子》解释说：“仁义之不能大于道德也，仁义在道德之包。先针而后缕，可以成帷；先缕而后针，不可以成衣。”[13]先“道德”，后“仁义”，然后“赏罚”，如此才是“治之至也”。儒家学派的做法正是相反。本来“本于天”的“仁”却在“子不语怪、力、乱、神”（《论语·述而》）[14]与“夫子之言性与天道”（《论语·公冶长》）中被割断了它与“天”的联系，成为无本之木、无源之水。因此庄子“剽剥”儒学的一个重要原因就在于舍本逐末。

墨家则不然，其学说中“天”的地位就与道家的“道”相当。在墨家哲学中，“天”不是“自然之天”，乃是“超越之天”，是万物的本源，人类行为的终极准则。家将其学说建立在“超越之天”的信仰上，主张“尊天”、“明鬼”、“尚同”、“法仪”。墨家学派以“尊天明鬼”的宗教信仰而独树一帜。墨家由“尊天”看到了人性“自私”的缺陷，看到效法“天”是人真正的需要。在《法仪》篇，墨子以严谨的逻辑论证了“天”是人效法的准则，墨家由“尊天”导向对“天志”、“义”等超然价值准则的力行和宣扬。基于此，墨子提出了“兼爱”、“非命”、“尚贤”、“非攻”、“节用”、“节葬”、“非乐”等主张，其中以“兼爱”为其学说的核心。

《庄子》所揭露的儒学的缺陷，墨学并不存在。墨家以其“天志”、“明鬼”信仰超越于儒家。墨家批评儒家的四政之一就是：“儒以天为不明，以鬼为不神，天鬼不说，此足以丧天下。”（《公孟》）墨家主张上同于“天”、以“天”立教和道家主张上同于“道”、以“道”立教，本质上是相同的。然而，庄子为什么却将墨家与儒家并提而批判呢？

据现存《庄子》文本来看，墨家的“兼爱”、“尚贤”、“非攻”、“非乐”、“节用”、“节葬”六大主张都进入了庄子学派的视野，而“天志”、“明鬼”、“非命”、“尚同”、“法仪”则丝毫没有被提及。而后者却恰恰体现了墨学的特色，弥补了儒学缺乏“天”、“人”之际的缺陷。庄子既然对“天志”、“明鬼”、“非命”、“尚同”、“法仪”等主张没有认识，因而将墨学与儒学等量齐观，不加区别地加以批评。

墨学中的“天志”、“明鬼”、“非命”、“法仪”等主张为什么没有引起庄子的注意，则是值得进一步探讨的问题。郑杰文在《中国墨学通史》中猜测说：“今存《墨子》所载庄周学派没有提及的墨家的天志、明鬼、非命诸说，是墨家为了规范和劝诫内部上下而主要在学派内部宣传的学说。”[15]从墨家对儒家显著影响看，似乎这种猜测不能成立。众所周知，大儒董仲舒的《春秋繁露》就是在吸取墨家超越之天的“赏善罚恶”基础上提出“天人感应”的理论的，此理论又与道教教义有密切的关系。这说明，墨家的“天志”、“明鬼”等学说不可能仅在墨家内部传播。前引《墨子·公孟》篇墨家以“儒以天为不明，以鬼为不神，天鬼不悦，此足以丧天下”非儒就是一个明证。

只有一种理由可以解释庄子对墨家的“天”信仰视而无睹的原因，这就是：道家与墨家对作为“超然者”的“道”和“天”的认识和理解迥异。道家认为：“道不可闻，闻而非也；道不可见，见而非也；道不可言，言而非也。”（《知北游》）人只能借助于“法地”、“法天”而“法道”。老子曰：“人法地，地法天，天法道，道法自然。”墨家却以雄辩的逻辑证明，“天”是有意志的，“天”“欲义而恶不义”(《天志上》)、“天”“欲人之相爱相利，而不欲人之相恶相贼”（《法仪》)、鬼神“赏贤而罚暴”（《明鬼下》)。在道家庄子看来，墨家“天志”等学说同样出于人的理性，是有为，而非“无为”，从而将儒墨并提。

墨家虽然强调“天”、“人”之际，但因“道”性“无为”，墨家对“天志”等的论说并不为庄子所承认或认识，最终墨家与儒家沦为同类。庄子将儒墨及其他诸子不加区别地予以批判，自然也难逃“隐于小成”的命运。道家虽强调“道”、“人”首伦，却不易操作实行而流于空疏。惠子即认为他的学说“大而无当，往而不返”（《逍遥游》）。以反对儒墨独断论著名的庄子，也难免不陷于独断论之中。如《吕氏春秋》中有一段很有意味的话：

孔墨之弟子徒属充满天下，皆以仁义之术教导于天下，然而无所行。教者术犹不能行，又况乎所教？是何也？仁义之术外也。夫以外胜内，匹夫徒步不能行，又况乎人主？唯通乎性命之情，而仁义之术自行矣。（《有度》）[16]

以“通乎性命之情”自居的道家学派，指责儒墨不“通乎性命之情”。但若从“通乎性命之情”的角度来看，正是道家学派的不足之处。庄子认为：“天下有常然。常然者，曲者不以钩，直者不以绳，圆者不以规，方者不以矩，附离不以胶漆，约束不以纆索。故天下诱然皆生，而不知其所以生，同焉皆得而不知其所以得。故古今不二，不可亏也。”（《骈拇》）因而主张“顺物自然而无容私焉，而天下治矣”（《应帝王》）庄子将人泯然于万物之中，将人性与物性等而视之，岂不知“顺物自然”易，“不容人私”难。道家老庄将人本性笼统地以“素朴”（《马蹄》）称之，却不知分析人性的复杂性。人性既有善端，亦有恶端。“人性以从欲为欢”（《难自然好学论》）[17]，为恶易如流水，为善难于登天。因此，正需要仁义教化等手段予以正确引导，否则“无容私”就成为一句空话。以“越名教而任自然”相标榜的魏晋士人，最终以任诞狂放、放荡不羁而流于颓废，这便是庄子自然人性论不良影响的一个反映。仁义教化本身并没有错，问题在于缺乏宗教信仰的支撑。儒家、墨家所说的“天”和道家所说的“道”虽然有一定的神秘性和超越性，但都缺少改变人生命的力量，不足以除掉人性中的恶。在对人性的认识上，道家并不比儒家和墨家高明多少。庄子对墨家的批评自然也难免偏颇。

注释

①庄子的生平事迹和思想观点主要见于33篇本《庄子》一书。《庄子》书中虽然杂有弟子后学的言论，但即使弟子的言论也是对庄子思想的阐发，是庄子思想的代表。本文对庄子思想和庄子弟子后学的思想不加区分，笼统地以“庄子”代之。

②〔汉〕司马迁：《史记》，中华书局1982年版。

③转引自蔡尚思《蔡尚思论墨子》，载《十家论墨》，上海人民出版社2004年版，第364页。

④孙以楷：《老墨通义论》，载《中国哲学史研究》1996年第2期。

⑤孙以楷：《〈庄子〉中的墨学》，载《职大学报》2003年第1期。

⑥童恒萍：《〈庄子〉与墨家》，载《中州学刊》2004年第5期。

⑦⑮郑杰文：《中国墨学通史》，人民出版社2006年版。

⑧〔清〕王先谦撰：《庄子集解》，中华书局1987年版。本文所引《庄子》，皆据此本。

⑨张双棣、张万彬等注释：《吕氏春秋译注》，北京大学出版社2000年版。本文所引《吕氏春秋》，皆据此本。

⑩谭家健、孙中原：《墨子今注今译》，商务印书馆2009年版。本文所引《墨子》皆据此本。

⑪参考葛荣东《庄子论“辩”中的主体间性问题》，载《文史哲》1997年第2期。

⑫杨伯峻译注：《孟子译注》，中华书局1960年版。

⑬何宁：《淮南子集释》，中华书局1998年版。

⑭李学勤主编：《十三经注疏》，北京大学出版社1999年版。

⑯张双棣、张万彬等注译：《吕氏春秋译注》，北京大学出版社2000年版。

⑰〔晋〕嵇康著，殷翔、郭全芝注：《嵇康集注》，黄山书社1986年版。

墨子的教育艺术与罪犯沟通技巧

陈春风　白焕然

墨子是春秋战国时期一位伟大的思想家和教育家。他创立了与儒家对抗的墨家学派，成为中国古代与孔子齐名的学者。他提出了一整套独特的教育理论，构建了相当完备的思想体系。与同时期的诸子百家相比，墨家学派有自己独特的理论见解，其教育思想内容涉及社会、政治、哲学、道德、科学技术、形式逻辑、教学实践等多方面。今天看来，墨子的教育主张、教育艺术仍具有重要的现实意义，其“人性所染论”、“强说人”、“不扣必鸣”、“因材施教”、“辩乎言谈”、“言有三表”等教育思想对监狱警察如何与罪犯沟通，并对其进行教育改造有着重要的启示。

一、“染于苍则苍，染于黄则黄”，重视环境教育与罪犯教育的关系

环境是围绕在个体周围并对个体产生影响的外部世界。人一生下来，就接受着环境的影响，在环境的影响下获得了一定的生活知识和经验，形成了各种思想意识和行为习惯。

在环境与人问题上，墨子提出了人性所染论。“染于苍则苍，染于黄则黄，所入者变，其色亦变，五入必，而已则为五色矣。

故染不可不慎也！”“非独国有染也，士亦有染。其友皆好仁义，淳谨畏令，则家日益，身日安，名日荣，处官得其理矣，则段干木、禽子、傅说之徒是也。其友皆好矜奋，创作比周，则家日损，身日危，名日辱，处官失其理矣。则子西、易牙、竖刁之徒是也。”[①]这里，墨子以染丝为喻，说明天子、诸侯、大夫、士必须正确选择自己的亲信和朋友，以取得良好的熏陶和积极的影响。影响的好坏不同关系着国家的兴亡、事业的成败、个人的发展，对此必须谨慎。人性所染论是墨子对于人的本性的认识，墨子认为人的本性没有善恶的分别，人之所以形成善恶之心很大程度上是受周围人，特别是朋友的影响而产生的。

墨子的人性所染论肯定了环境对人的思想道德品质的形成和发展的引导和培养作用，对于我们今天教育改造罪犯有积极的指导意义。

首先，对于监狱警察来讲，与罪犯沟通教育必须了解罪犯的情况，了解犯罪的家庭、朋友、所受教育等罪犯入狱前所处的环境，因为不同的环境塑造出具有不同品质的人。据我们调查，在监狱服刑人员中，很多人是由于交友不慎而走上了犯罪的道路，甚至在刑满释放回归社会后又由于朋友的不良影响而再次犯罪。古人云：近朱者赤，近墨者黑，朋友间相互潜移默化的影响是很大的。与好的朋友交往，必然得到好的净化，使自己的品格更完美，情操更高尚，学识更渊博；与坏的朋友交往，必然得到坏的熏染，会使自己在精神上品格上都受到不良影响。日久天长，与坏的朋友互相熏陶，交叉感染，犯罪率就越高，陷得也就越深。比如，我们对某监狱调查发现，在吸毒犯中，因为朋友吸毒觉得好奇而吸毒和受朋友引诱后吸毒的占76.92%。所以，我们必须坚持用正确的交友观教育罪犯。

其次，由于环境对教育的巨大作用，监狱警察在与罪犯沟通教育时，还要善于营造良好的改造氛围，用积极健康的人生观、价值观去影响和熏染罪犯。监狱警察要积极发挥主观能动性，自觉地对监狱教育环境改造与优化，使之成为对罪犯的认知、情感和行为具有激发、优化、调控与促进功能的教育环境。一个经过改造与优化的教育环境，它对罪犯道德品质的教育和改造具有重要的引导和培养作用，对罪犯的情感具有熏陶和感染作用，对其行为具有约束和规范作用。只有在良好的改造氛围下，各种教育活动从形式到内容，才能发挥真正的作用和效果。

二、“强说人”、“不扣必鸣”，对罪犯教育要主动沟通，积极作为

在教育原则上，墨子提倡主动从教。他认为教师应该以“强说人”的教育态度，积极从事教学。“子不学，则人将笑子，故劝子于学”，“今求善者寡，不强说人，人莫之知也”[②]。墨子主张要努力去游说，劝说人们，强说强教，主动去解决问题，在教育中起主导作用。他认为“虽不扣必鸣者也”[③]，教师施教应扣则鸣，不扣亦鸣。问即答，不问也讲。对于来求学的人要去教，对于不来求学的人也应该主动去教。他曾举例说：如果国家有患难，他人不知道而我能知道。则我对他人讲了必然就有利于国家，所以不扣也必鸣。他反对儒家学派“击之则鸣，弗击不鸣，隐知豫力，恬漠待问”[④]消极等待的教学方法。他还说：“行说人者，其功善亦多，何故不行说人也?”[⑤]墨子这种以教人为己任的精神是非常可贵的。

墨子不仅主张主动从教，而且亲自践行，不畏劳苦送教上门。墨子曾亲自到鲁国南郊名士吴虑家劝学，使得吴虑点头称是接受劝导⑥。墨子还主动开导教诲有不轨行为的骆滑牦，使其改邪归正，后来成为墨子的学生⑦。庄子对墨子的精神给予了“以此周行天下，上说下教，虽天下不取，强聒而不舍者也”的赞赏⑧。

墨子在教育活动中充分发挥教育者的主导作用的教育原则，在推进素质教育的今天有重要的借鉴价值，对于当前罪犯教育改造也有着重要的启发意义。监狱警察与罪犯沟通教育时应积极主动地采取有效的方法和手段以达到教育改造的目的。

首先，对于监狱警察来讲，要积极主动了解和关心罪犯。经常询问罪犯的思想情况，家庭情况，关心罪犯的健康状况。这样的互动交流，不仅能够消除罪犯的戒备、畏惧和封闭的心理，而且能够使监狱警察在对犯人进行思想教育时有针对性，为实施有效的教育改造提供了前提。

其次，监狱警察还要以“不扣必鸣”的教育态度积极主动教育罪犯。罪犯改造说到底是世界观的改造。罪犯走上犯罪道路，绝大多数是道德观及其价值取向出现了偏差，他们的犯罪行为不仅触犯了国家法律，也违背了社会主义道德规范。因此有必要对他们进行思想道德教育，让他们对各种道德观及其价值取向有所了解，使罪犯对道德有一个比较全面清楚的了解，应该坚持什么样的道德观及价值取向，应该抛弃什么样的道德观及价值取向，通过对罪犯的道德和人格的不断改造，使他们逐渐从邪路走上正路。

三、“能谈辩者谈辩，能说书者说书，能从事者从事”，对罪犯教育要因人而异，量力而行

在教育方法上，墨子主张因人、因时、因事、因地的不同，而施于不同的教育。《墨子·耕柱》篇记载：治徒娱、县子硕问于子墨子曰：“为义孰为大务？”子墨子曰：“譬若筑墙然，能筑者筑，能实壤者实壤，能欣（同‘掀’）者欣，然后墙成也。”“能筑者筑，能实壤者实壤，能欣者欣”表明墨子根据学生的特点因人施教。他要求弟子“能谈辩者谈辩，能说书者说书，能从事者从事”⑨，依据教育对象素质的不同，分别给予教育，“深其深，浅其浅，益其益，尊其尊”⑩，充分发挥学生的特长，重视学生的个性发展。墨子反对弟子不考虑自身的条件，随心所欲，盲目学习，“夫知者必量其力所能至而从事焉”⑪，不主张贪多骛广，希望弟子们能够根据自己的情况量力从事。

墨子在教学中注重教育者的具体情形，区别对待，因材施教又量力而行的教育，对于教育罪犯也有现实的指导意义。

首先，在罪犯教育改造中，监狱警察要结合罪犯的知识水平、受教育程度等情况实施教育，以提高教育改造的有效性。比如，我们在调查吉林某女子监狱的文化程度时发现，100 名犯人中有文盲 10 人，小学学历 39 人，初中学历 33 人，高中学历 11 人，中专学历 5 人，大专学历 2 人，大学以上学历无一人，让他们都接受政治文化教育、科学技术教育、法律教育，恐怕不是一件非常容易的事情。因此，从这个意义上来讲，监狱人民警察更像教师，无论是做思想工作，还是进行法制教育，或者是进行科学技术教育，除了必要的合法的强制命令和刑罚惩治外，适当运用因人而异，

因材施教，灵活多样的教育方法，对犯人的教育是有益的，我们不能因为教育对象是犯人，就不讲求教育方法。

其次，要根据罪犯个人能力和技能的不同，量力而行，分配劳动岗位。监狱警察要根据罪犯的生理状况、技术水平、文化程度、刑期长短、改造表现等不同指标，对罪犯劳动改造的不同工种和岗位进行选材适用，营造一个公平合理，公正无私的氛围，以促进罪犯劳动改造质量的提高。

四、“辩乎言谈”、“言有三表”，充分认识言语的表达技巧对罪犯教育改造的作用

在教育过程中，墨子非常重视对学生言谈辩说能力的培养，甚至把是否善于言谈当做选择人才的重要条件之一，“贤良之士厚乎德行，辩乎言谈，博乎道术者乎，此固国家之珍，而社稷之佐也”[12]。这里的“厚乎德行”是指具有“义”的高尚品德；所谓“博乎道术”是指通晓“兼爱”之道。墨子把“辩乎言谈”提到了与“兼爱”、“贵义”同等的地位，都是“贤良之士”的标准，可见其地位之重要。墨子培养学生言谈辩说能力的思想可概括如下：

1. 言语表达要分清场合，把握时机

墨子认为，说话的场合和时机直接影响言语表达效果，他说：“虾蟆蛙蝇，日夜而鸣，舌干櫂，然而不听。今鹤鸡时夜而鸣，天下振动。多言何益？唯其言之时也”[13]，“言无务为多，而务为智”[14]。可见，说话不在于多少，而在于切合时机，抓住关键。时机恰当，即使言语少也有好的效果；时机不恰当，言语再多也无益。

墨子在行教的过程中，经常抓住时机用恰当的言语来教育学

生。比如墨子教导耕柱的故事就很典型：耕柱是墨子的得意门生，不过他老是挨墨子的责骂，让他很没面子。一天，耕柱愤愤不平地问墨子："老师，难道在这么多学生当中，我竟是如此的差劲，以致于要时常遭您老人家责骂吗？"墨子听后，毫不动肝火："假设我现在要上太行山，依你看，我应该要用良马来拉车，还是用老牛来拖车？"耕柱回答说："再笨的人也知道要用良马来拉车。"墨子又问："那么，为什么不用老牛呢？"耕柱回答说："理由非常简单，因为良马足以担负重任，值得驱遣。"墨子说："你答得一点也没有错，我之所以时常责骂你，也是因为你能够担负重任，值得我一再地教导与匡正你。"[15]耕柱听后恍然大悟。墨子在回答耕柱的问题时抓住时机，用充满智慧的语言，达到了教导学生的最佳效果。

2. 言语表达要立足"三表"，言出有据

墨子认为人的认识和言论是否正确，需要有衡量标准，即所谓的"言必立仪"，因此"是非可明"。对此他提出了"言必有三表"："有本之者，有原之者，有用之者。于何本之？上本之于古者圣王之事。于何原之？下原察百姓耳目之实。于何用之？废（发）以为刑政，观其中国家百姓人民之利，此所谓言有三表也。"[16]第一表"有本之者"，即要根据前人的经验，言必有据，理论要有来源；第二表"有原之者"，即依据广大人民群众的经历，以广见闻，言必据实；第三表"有用之者"，即必须在社会实践中检验思想与言论的正确与否。"三表"法是考察历史、社会和实践检验的方法，是墨子用来指导学生判断是非、考虑问题的方法，它体现了实事求是的求知精神。墨子认为言谈辩说应以此为立足点才能言出有据，以理服人。

3. 言语表达要有思辨性、逻辑性

墨子非常注重论辩教育，注重对学生逻辑思维能力的培养。“夫辩者，将以明是非之分，审治乱之纪，明同异之处，察名实之理，处利害，决嫌疑。焉摹略万物之然，论求群言之比，以名举实，以辞抒意，以说出故，以类取，以类予。有诸己不非诸人，无诸己不求诸人。”[17]这是墨子在逻辑思维方面比较全面的表述，他认为“辩”有四项任务：“明是非，审治乱，明同异，察名实。”接着提出了对任务的要求：“处利害，决嫌疑，焉摹略万物之然，论求群言之比。”进而提出了“辩”的方法：“以名举实，以辞抒意，以说出故，以类取，以类予。”最后，提出了要“有诸己，不非诸人，无诸己，不求诸人”的说辩态度，辩者要有自觉的精神，要严格要求自己。墨子在对弟子论辩才能和逻辑思维的培养中，强调形式逻辑，归纳与演绎相结合。“察类明故”，把假言推理、选言推理和归纳并列使用，追求思辨技巧，逐步建立了中国古代第一个较为完整的逻辑学体系。

在教育改造工作中，监狱警察运用最直接、最频繁和最方便的手段就是语言表达。墨子对于学生言谈辩说能力的培养和教育，对于今天监狱警察增强自身言语表达能力教育改造罪犯有重要的借鉴价值。

首先，监狱警察要善于掌握时机，适时教育罪犯。一个教育时机的出现，往往是与某个具体问题联系在一起的，要注意影响罪犯改造情绪和心境的因素。由于罪犯的情绪、心境常常随着环境的变化而变化。当罪犯受到来自社会、家庭、改造环境、自身改造心理因素以及监狱民警方面等不同内外因素的影响时，最容易表露出内心的思想活动和某种言行，如能及时予以捕捉、借题发挥、加以利用，将会达到事半功倍的教育效果。

其次，监狱警察要提高自身语言表达质量，言出有据，言之有理。教育改造罪犯内容多样、复杂，这就要求监狱警察掌握多方面的知识，不断学习，以社会主义核心价值体系武装自己，充实并完善世界观、人生观、价值观。同时，还要严格掌握政策、法规，力求做到持之有据、言之有理。监狱警察只有具备了比较广博的知识和高尚的思想道德品质，才能在各种形式的教育活动中，运用语言艺术，旁征博引，左右逢源，使罪犯心悦诚服，从而帮助他们提高认识，澄清思想，促进改造。

再次，监狱警察要增强语言表达的逻辑性。思维是语言的灵魂，语言表达体现出思维品质达到的程度。监狱警察要不断加强语言表达的逻辑性，使讲话主题突出，观点鲜明，内容充实完整，有条有理，前后照应，论证有力。只有这样才能使监狱警察在复杂的改造环境中，其言语表达做到临场不慌、遇惊不乱、从容镇定，面对罪犯抵赖、狡辩、发难和各种突发事件，能够在短时间采取随机应变的对策，让监狱警察的语言成为钳住罪犯的思想，宣传真理、批驳谬误的有力武器。

综上，墨子丰富而具有实用主义的教育思想是中国传统教育思想的重要组成部分，不仅在古代教育思想上具有独特的价值，而且对于今天监狱警察如何与罪犯进行沟通教育有重要的启发意义，值得我们不断挖掘，深入探讨。

注释

①《墨子·所染》。

②③⑤⑪《墨子·公孟》。

④《墨子·非儒下》。

⑥《墨子·鲁问》。

⑦⑮《墨子·耕柱》。

⑧《庄子·天下》。

⑨《墨子·耕柱》。

⑩《墨子·大取》。

⑫《墨子·尚贤上》。

⑬《墨子·佚文》。

⑭《墨子·修身》。

⑯《墨子·非命上》。

⑰《墨子·小取》。

墨家思想对现代社会管理的启示

王耀寰

春秋战国时代，中国社会剧烈变动，政治上的动荡纷争进而导致思想上的百家争鸣，代表不同利益阶层的诸子百家蜂起立说，形成中国思想史上蔚为壮观的文化景观。在那样波澜壮阔的背景下，诸子著书立说，希望凭借自己的思想理论而建构一个自认为理想的社会，儒、道、墨、法等诸家无不如此。从这样的层面看，诸子学说是一种管理学说，有着强烈的政治、社会管理的色彩。墨家是先秦最重要的学派之一。《韩非子·显学》说："世之显学，儒、墨也。"在先秦时代，墨家学说足以与儒家思想相颉颃。墨家不遗余力地宣传自己的思想，并且身体力行，其主张虽不为当时的统治者所采纳，但并不能减损其思想的意义与价值，在今天依然有借鉴意义。

如果从管理哲学的层面来理解墨家思想，那么，兼爱则是墨家管理思想的伦理基础，尚贤、尚同是其管理原则与方法，贵义则是管理思想的最高目标。墨家的管理思想，是力图构建一个人人相爱平等、社会安定、生活安足、崇尚道义的理想社会。

一、兼爱：社会管理的伦理基础

《吕氏春秋·不二篇》说：墨翟贵兼，“兼爱”是墨家伦理思想最根最典型的特征。“兼”是整体、全部的意思，《经上》说：“体，分于兼也。”“兼爱”也可以说是“尽爱”、“俱爱”、“周爱”。“兼爱”的另一层意义是“爱无差等”。可见，兼爱是一种平等的无差别的爱，无血缘、亲疏、贵贱之分。兼爱思想与儒家“仁爱”有着鲜明的不同。孔子说仁，“君子喻于义，小人喻于利”(《论语·里仁》)，“君子而不仁者有矣夫，未有小人而仁者也”(《论语·宪问》)。孔子说“仁”，只是属于君子的，只有贵族阶层才能够实行“仁”，践履“仁爱”，而那些重利轻义的“小人”是没有“仁爱”可言的。“仁爱”的等级化显然不是下层平民所能接受的，而并且，儒家的仁爱思想还是由近及远的“亲亲”。墨家从下层平民的利益出发，针锋相对地提出“兼以易别”，在墨家看来，儒家的“仁爱”实际上是一种“别爱”，要用“兼爱”来代替它。《兼爱上》说：“若使天下兼相爱，国与国不相攻，家与家不相乱，盗贼无有，君臣父子皆能孝慈，若此则天下治。”

在先秦儒家的人性论中，孔子没有明确说明，而孟子则标举人性善的旗帜，指出人皆可以为尧舜；而墨家很少直接谈论人性。但是，综观《墨子》，其自然人性论思想比较明显。墨子认为，古代社会是个纷乱动荡的社会，其原因是大家只爱己身而不爱他人，《兼爱上》说：“圣人以治天下为事者也，不可不察乱之所自起。当察乱何自起？起不相爱。臣子之不孝君父，所谓乱也。子自爱，不爱父，故亏父而自利。兼自爱，不爱兄，故亏兄而自利。臣自爱，不爱君，故亏君而自利。此所谓乱也。虽父之不慈子，兄之不慈弟，君之不慈臣，此亦天下之所谓乱也。父自爱也，不爱子，故亏子而自利。兄自爱也，不爱弟，故亏弟而自利。君自爱也，不爱臣，故亏臣而自利。是何也？皆起不相爱。”因此。在《墨子》中，“兼相爱”常常与“交相利”并用，“兼相爱”有互爱互利的意义。墨家对“利”也有自己的诠释，《经说下》说：“义，利也。”墨家所指的“利”实际上是一种社会公利，而非一己之私利。只有实行“兼相爱，交相利，”才能社会稳定，生活安足；反之，就会社会动荡。墨家说仁人应该“兴天下之利，除天下之害”。这与儒家罕言“利”有着根本不同，先秦儒家在义利之辩中认为只有小人才会重利，割裂义与利的辩证关系；而墨家则把义与利有机统一起来。

从管理哲学的层面考察墨家的“兼相爱，交相利”思想，在社会管理中的价值是不言而喻的。社会管理的主要对象是人。把人管好，一切都好办。现在我们讲“以人为本”，那么，在社会中实行“以人为本”，最重要的就是要实现社会的公平正义、互爱互利的关系，唯有如此，在制定各种法律法规中，才能够充分考虑到全体公民的利益，充分调动广大人民群众参与社会管理的积极性。在社会管理中如果能够充分贯彻墨家的兼爱思想，就像《兼爱中》所说的“视人之国，若视其国；视人之家，若视其家；视人之身，若视其身”，每一个公民都像爱家一样爱国家，那么老百姓的积极性与创造性就会充分发挥，就会实现社会中人际关系的和谐，进而实现社会的和谐稳定。

二、尚贤与尚同：社会的管理原则

“尚贤”是墨家思想的第一论题，由此可见尚贤在墨家思想的重要地位。墨家所说的贤人，用现在的话来说就是德才兼备的人，当然，这里指的是具备墨家伦理思想的人，与儒家圣人有着明显的不同。在儒家的圣人观中，圣人应该是具备仁义德性的。儒家所说的“仁”是从人性内部自然发展出来的。孟子认为，人天生就具有仁、义、理、智“四端”，推而广之，就成了人的四重常德。而墨家的贤人应该是能够实行兼爱思想的人，兼爱是社会的需要，是人与人之间和谐关系的需要。“兼相爱，交相利”。因此，墨家所说的贤人应该是功利主义者。在《尚贤上》中，墨家提出了贤才的标准：“厚乎德行，辨乎言谈，博乎道术。”墨子认为贤良之士是国家的财富，《尚贤上》说：“是故国有贤良之士众，则国家之治厚；贤良之事寡，则国家之治薄。故大人之务，将在于众贤而已。”

“尚贤”是“为政之本”。在《墨子》一书中，《亲士》、《尚贤》诸篇反复论证贤良之士对于国家的重要性。《亲士》说：“入国而不存其士，则亡国矣。见贤而不急，则缓其君矣。非贤无急，非士无以虑国。缓贤忘士，而能以其国存者，未曾有也。”《尚贤上》说：在一人国家中，“贤良之士众，则国家之治厚；贤良之士寡，则国家之治薄”。对于贤能之才，不仅要储备，而且要予以重视，并给予丰厚的报酬，“高予之爵，重予之禄，任之以事，断予之令。曰：‘爵位不高则民弗敬，蓄禄不厚则民不信，政令不断则民不畏’。举三者授之贤者，非为贤赐也，欲其事之成。”

那么，如何寻求贤能之士？《尚贤上》以古代圣王为例来说明：“虽在农与工肆之人，有能则举之，高予之爵，重予之禄，任之以事，断予之令。”也就是，对于用人应该打破门第、血缘、远近、亲疏关系，“唯才是举”，这与我们社会管理中提出的“任人唯贤”是一致的。但与儒家又有显著的区别，儒家认为：“君子而不仁者有矣夫，未有小人而仁者也。”（《论语·宪问》）儒家一般不把“小人”包括在贤人之内。墨家以兼爱为伦理原则，小人与君子在才能与品性上没有根本的区别，不应该为求人才划定界限。对于贤能之士，墨家认为要做到各尽其才。《耕柱》篇指出：用人“譬若筑墙然，能筑者筑，能实壤者实壤，能欣者欣，然后墙成也。为义犹是也，能谈辩者谈辩，能说书者说书，能从事者从事，然后义事成也”。《节用中》也说：“凡天下群百工，轮、车、鞼、匏、陶、冶、梓、匠，使各从事其所能。”

尚同与尚贤是相辅相成的。《墨子》认为，在一个国家中，如果政令不一，只能导致社会动荡。因而，尚同与尚贤一样，是“为政之本”。《墨子》指出，坚人治理国家，应该一统天下之义，才能政令畅通，社会稳定。从组织关系讲，要做到下级服从上级，以上级的意志为意志。用现代政治学来评判，《墨子》尚同思想是一种开明专制。事实上，《墨子》也对贤能之士提出了监督机制，《尚同中》就指出：“已有善，傍荐之；上有过，规谏之。尚同义其上，而毋有下比之心。”《尚贤上》更指出：“官无常贵，而民无终贱，有能则举之，无能则下之。”而且，对于贤人还要“听其言，迹其行，察其所能”（《尚贤中》）。可见《墨子》并不是无原则的“尚同”。建立能上能下的竞争机制。贤者上，庸者下，平者让。

《墨子》的尚贤与尚同思想在现代社会管理中有着积极意义。当今社会的竞争，人才的竞争是最重要的竞争。因为只有人才才是社会发展最根本的因素。广泛的延揽人才，不分远近、亲疏、学历、城乡之别，并做到知人善人行，才可能使社会具有竞争力。在社会管理中，应该建立一整套有效的激励人才脱颖而出的机制。

人无完人，在用人上不可求全责备，知人善任，用其所长，避其所短。美国管理学家德鲁克就曾告诫管理者：“一位经营者如果仅能见人之短，而不能见人之长，因而刻意于避其所短而非着眼于展其才，则这位管理者本身就是一位弱者。”这与《墨子》的尚贤思想有相通之处。现代社会要善于发现人才，用好人才，使人尽其才。

三、贵义：是社会管理的目标与责任

在墨家“十论”中，虽然没有“贵义”一说：但是，在整个墨家思想体系中，贵义与兼爱密不可分，成为墨家伦理思想的一部分。《墨子·贵义》一开头就说：“万事莫贵于义。”儒墨两家都言“义”，在儒家那里，义是与利相对应的词汇，“君子喻于义，小人喻于利”，二者是对立关系。在儒者看来，“义，事之宜也”，做应该做的事就是“义”，至于结果是不在考虑范围之内，相反就是不义，儒家反对见利忘义。由此可见，儒家所谈的“义”是就动机来说的。墨家对“义”有自己的界定，《经上》说：“义，利也。”《大取》也说：“义，利，不义，害。志功为辩。”“义”与“利”不仅不矛盾，而且是一而二、二而一的问题。前面说过，墨家所谈的“利”不是一己私利，而是社会公利。在墨者那里，“志功为辩”，“义”与“利”、动机与结果得到了有效的统一。必须提出，墨者虽然是功利主义者人，但不是那种只重结果而不论动机的人，“合其志功而观”是墨家义利统一观的思想基础。《鲁问》以鲁阳文君与墨子对话的形式表达了这一观点。鲁君谓子墨子曰：“我有二子，一人者好学，一人者好分人财，孰以为太子而可?”子墨子曰：“未可知也。或所为赏与为是也。钓者之恭，非为鱼赐也。饵鼠以虫，非爱之也，吾愿主君之合其志功而观焉。”

墨家从功利主义的角度来看待义利关系，认为：“义可以利人，故曰：义，天下之良宝也。”（《贵义》）在墨家那里，做对个人、社会有益的事就是义。因此，墨家大力提倡“贵义”，教化天下之人，《鲁问》说：“天下匹夫徒步之士少知义，而教天下以义者功亦多，何故弗言也？若得鼓而进于义，则吾义岂不益进哉！”

目前政府倡导的科学发展观，我想以墨家的“贵义”思想作为最高目标，就是一种科学发展观。

人们在理解成功的时候，有时有偏差。有人认为，赚得更多的钱，当上更大的官就是一种成功。这种观点是非常狭隘的。如果要说这是成功的话，那么也仅仅算小有成就。真正的成功还必须体现其社会价值，做到“有力者疾以助人，有财者勉以分人，有道者劝以教人”（《尚贤下》）。这才是一种真正的成功。

当今的中国处于转型过程中，不少所谓成功人士都是从贫困中成长起来的，由于教育等因素，他们富起来了，却成了财富的奴隶，追求金钱、名利成了终极目标，因而常有牺牲环境、社会发展为代价，盲目追求眼前的经济效益，在两千多年前的《墨子》面前，不感到惭愧吗？

管理文化崛起于20世纪，而管理学走进中国则是20世纪后期的事。由于中西方不同的文化背景，中国不可能照搬西方的管理学，更不可能把西方的管理文化全盘搬进来。胡适在20世纪初就曾用墨学来嫁接西方文明，今天要构建中国自己的管理学与管理文化，必须吸纳中国传统文化中的精髓，墨家的管理思想不失为一个参照。《墨子》是两千多年前的著作，其中体现的管理思想是建立在当时当地的社会背景基础上的，在今天不可能全盘照抄。

墨家关注国计民生，其管理思想可以说是一种目标管理，希望建立一个政治清明、法纪井然、国富民众、民富国治的理想社会。由于种种原因，墨家的愿望没有能够实现。但是，如果能够对墨家管理思想进行创造性诠释，将对今天的政府管理社会具有重大的借鉴意义。

传承墨子文化思想　推进和谐世界发展

李文庆

新形势下，我国提出了建立和谐世界的理念，主张世界各国平等相待，彼此尊重，和睦相处，共同建设一个持久和平、共同繁荣的和谐世界。面对纷繁复杂、风云骤变的世界局势，传承中华民族优秀的文化传统，汲取先人的精髓，运用墨子思想文化遗产，推进和谐世界的发展，具有重大的现实意义与悠久的历史意义。本文就传承墨子文化思想，推进和谐世界的发展问题谈一点自己的认识，以就教于大家。

一、把握《墨子》精髓，追求一个"和"字，坚持以"慎"为先，积极追求大同世界

学习和分析墨子与孙子的思想，我认为，他们所追求的最大目标是国家利益、民族利益、是人类的和平。墨子在《七患》中以国家利益为重，指出："国有七患……以七患居国，必无社稷；以七患守城，敌至国倾。七患之所当，国必有殃。"为了国家的利益，他告诫要采取防危、除恶、治国、备战等战略性措施，搞好"国备"。《孙子兵法》则开宗明义："兵者，国之大事，死生之地，存亡之道，不可不察也。"要慎重对待战争，因为战争会使"亡国

不可以复存，死者不可以复生。”[①]主张尽量用不战的方式解决争端，并从国家的战略高度提出了许多具有十分重要意义的思想和战略举措。继而讲到，“将者，国之辅也。辅周则国必强，辅隙则国必弱”[②]，“知兵之将，生民之司命，国家安危之主也”[③]，为了国家的利益和民族的生存与发展，必须慎重择将、用将。墨子在《亲士》中也蕴涵了关于国君慎重选择将帅的思想。在实施战略决策时，孙子十分强调要“以利动之”，“非利不动、非得不用、非危不战”[④]。我认为，墨子和孙子所讲的“利”，是大利，是军队之利，是国家之利，是人类社会的发展问题。所言的“动”与“止”，是“战争”与“和平”问题。其中，和平是目的，战争是手段。当前，和平与发展是中国人民的最大利益，也是世界人民的最大利益。我们要把墨子和孙子所蕴含的“慎战”、“非攻”、“贵和”、“兼爱”以及“全胜”的理念运用到处理国际关系中去，以其所阐述的深邃哲理，慎重对待“国之大事”。在权衡“利”“害”的时候，既要考虑当前的、直接的利益，更要关注长远的、综合的利益，特别是在作出涉及国家安全和国际斗争的重大战略决策时，“主不可以怒而兴师，将不可以愠而致战”[⑤]，必须“杂于利害”，“合于利而动，不合于利而止”[⑥]，一定要高瞻远瞩，趋利避害，慎重从事；要找到墨子和孙子与“构建和谐世界”的对接点，以其所阐述的深刻理论，为构建和谐社会服务。要从国家的战略利益和人类和平的高度，去探索求“和”之道，追求人们所期望的大同社会。

二、领悟《墨子》精髓，注重一个“战”字，坚持一个“备”字，紧盯科学技术发展前沿

墨子和孙子的思想以其凸显的特有魅力和独特的视角及深邃

的哲理，为人们思考和探索解决纷繁复杂的国家安全、社会生活、经济建设等方面的问题，提供了穿越时空、超越国界的大智慧和思想指导，其中墨子一个重要的思想就是“备”，《孙子兵法》的一个重要的理念就是“不战而屈人之兵”。我们应当清楚，他所讲的“不战”，是在具有强大实力基础上的“不战”，是墨子所言“备”的基础上的“不战”，若不积极备战，没有使敌人惧怕的实力，是不可能实现“屈人之兵”的。如果面对国家主权遭到侵犯、领土被分裂的危险，不讲积极备战，不讲勇猛作战，不讲善于作战，一味强调“不战而屈人之兵”，势必会走向逃战和避战，甚至会造成文恬武嬉和绥靖主义的严重后果，致使国土分裂、民族不存、国家灭亡。因此，我们把握墨子的精髓，这里的关键是要注重对“战”字的深刻理解，从中悟出“不战”之理，积极备战，搞好防御，探索“战胜”之道，实现“不战而屈人之兵”最佳境界。当今世界很不安宁，许多不安定因素严重地影响着人类的和平事业，我国也面临着诸多威胁。走和平发展的道路、奉行防御性的国防政策，既是我国现实发展的需要，也是我国几千年来兴衰存亡的历史经验的郑重选择。面对风云变幻的世界，我们绝不能被世界的“和平景象”遮望眼，要有清醒的头脑，时刻保持高度警惕。要注重“先胜”、坚持谋胜于防，把立足点放在积极备战上，先把自己的事情办好。

墨子的思想有一个重要理念就是“技术创新”，这一思想引领人们不断地发展新的武器装备。当今，一些国家不仅不断发展陆、海侦测仪器，侦察卫星也早已遨游太空；“主”攻、“客”防谋略的运用，导致了一批又一批新式武器装备的发明；核潜艇和太空兵器的发展，体现了墨子关于技术创新的理念和孙子关于“藏于九地之下”[7]和“动于九天之上”[8]的谋略思想。现在各国十分注重科技的发展，充分利用陆、海、空、天新技术和新手段实现国家的战略目标。西方大国国际性战略的调整，既充分反映了其军事文化的发展，又使其军事高技术走向新的阶段。美国国家战略的确立，全维作战理论的提出，就是以其信息技术和各种高新技术武器装备为依赖；俄罗斯为实现快速投送兵力的目的也曾购置法国的新式战略武器装备等，无不是重视对高新技术的运用。一些国家新的作战思维和竞争于“九地之下”的海洋军事文化与竞争于“九天之上”的太空军事文化，就是建立在其雄厚的经济实力和军事高技术基础之上的。我们清楚，赢得胜利，维护和平，不仅需要先进的思想作指导，而且需要先进的军事技术作支撑。在信息化条件下传承墨子技术创新的思想，促进世界和平与发展，是我们当前面临的一个重大课题，既是历史发展的新创举，又是一个全新的战略性课题，也是一场复杂的系统工程，还是墨子思想与现代高技术实现最佳结合的伟大实践。我们传承墨子和孙子思想，要以前瞻的战略思维意识，紧紧地盯住高新技术的发展前沿，去实现谋略与科技的最佳结合，充分运用先进的高技术手段，建设起高效能的系统防卫体系，以维护国家的安全和稳定。

三、发展《墨子》精髓，善用一个“衡”字，注重找准“制衡点”，实现世界大同的目标

当今世界正处于大发展大变革大调整时期，存在着许多不稳定的因素，严重地影响着世界人民的安全。正如胡锦涛主席在金砖国家领导人第四次会晤大范围会谈时的讲话中所说的那样：“谋和平、求发展、促合作的时代潮流没有改变，建设一个持久和平、

共同繁荣的和谐世界仍是人心所向。”是人们的共同心愿与期盼。墨子和孙子的一个共同的重要战略思想就是最大程度地追求和平效益，这与我们当今世界人民的期望是一致的。而如何实现最大的和平效益呢？我的理解就是善用一个“衡”字，积极寻求各种力量的制衡点，保持世界的平衡发展。和谐世界意味着一个国家内部要实现和谐社会，使人们安居乐业，不断发展；一个国家在实现自我利益的同时，也应当促成其他国家的利益实现。构建和谐社会过程中，必须综合平衡各个群体、各个阶层、各个国家之间的利益关系。我们要汲取墨子、孙子的精髓，发展墨子和孙子的和平制衡观，就要紧紧联系社会现实的各种现象，善用一个“衡”字，注重找准社会前进与世界发展的“制衡点”，积极推动各个群体、各个阶层、各个国家的发展进程，特别是在国际上，要设法保持各国力量的相对均衡，创造维护世界和平与发展的良好国际环境。首先，我们不仅要重视墨子所言的“备”字，谋孙子所言的“先为不可胜”之胜势，以维护我国的安全，而且要充分利用和创造制约战争发生的条件，维护世界的和平与发展。其次，注重综合运用政治、经济、军事、外交等手段，积极推进各国发展的进程，保持各国力量相对均衡态势，力争用非军事手段解决争端和历史遗留问题。第三，坚持和平共处五项基本原则，努力寻求各国共同利益的交汇点，进一步发展各国之间的建设性关系。第四，注重在国家间平等互利和维护人类共同利益的基础上，开展经济、科技、文化等交流与合作，朝着共同发展、共同繁荣的方向前进，创造一个有利于国际安全和世界和平与发展的国际战略环境。第五，世界上所有的国家不分大小强弱，平等相待，彼此尊重，和睦相处，尊重各国自主选择社会制度和发展道路的权利，共同为建设一个持久和平、共同繁荣的和谐世界而努力。第六，利用各种有利因素和条件，积极地促进联合国真正承担起国际保障机制的职能，充分发挥其在国际社会中的协调作用，解决国与国之间、各国的国家利益与国际社会整体利益之间的矛盾，保证世界各国的国家利益都不受到侵害，保证世界平衡地向前发展，努力构建一个和谐世界，使各国在和平共赢基础上不断发展，走上共同繁荣，经过世界各国人民的共同努力，实现人类的永久和平。

注释

①《孙子兵法·火攻篇》。

②《孙子兵法·谋攻篇》。

③《孙子兵法·作战篇》。

④《孙子兵法·火攻篇》。

⑤《孙子兵法·火攻篇》。

⑥《孙子兵法·火攻篇》。

⑦《孙子兵法·形篇》。

⑧《孙子兵法·形篇》。

墨子教育思想对现代素质教育的启示

梁　伟　孙国庆

墨子是我国古代伟大的思想家、杰出的教育家和卓越的科学家。墨子的教育思想和教育实践有一套比较完备而严谨的教育体系，在教育功能、教育对象、教育目标、教育原则、教育内容和教育方法等方面均有独到的见解。

墨子关注民生，注重自然规律和科学技术，强调教育服务现实的功能。墨子与孔子一样，强调教育在人格培养和完善中的重要作用。同时，在中国教育史上，墨子是实践科学技术知识和技能技巧的专门教育的第一人。因而，与孔子创立的儒家教育体系相比，墨子教育思想和实践具有独特的价值和启示意义。墨子的教育主张和实践十分深刻，其中关于教育在培养创新精神与实践能力等方面的思想和教育实践，与现代素质教育的特点是不谋而合的，包含了丰富而朴素的素质教育思想。学习、研究墨子教育思想，对于培养服务于经济社会发展的德智体全面发展的创新人才，对于不断深入开展的素质教育，具有重要的现实启示意义和借鉴价值。本文将结合学习墨子教育思想的体会，谈谈传统教育遗产对现代素质教育的启示。

启示一：墨子强调“上说下教”在建立“兼爱”社会中的重

要作用。教育的主要社会功能在于促进个体的社会化，而个体的社会化程度直接影响着社会的秩序与和谐，教育在实现社会理想方面具有重要的作用。墨子的教育思想对于我们进一步认识素质教育的重大意义，提供了历史依据和启迪。

墨子关于教育功能方面的思想，是与他的社会政治理想紧密联系的。墨子从社会政治方面着眼，认识到教育对于人和社会都具有极其重要的作用，他认为教育是实现社会理想的手段，教育的根本目的就是为“国家百姓人民之利”，也就是“兴天下之利，除天下之害”，“饥者得食，寒者得衣，乱者得治”，建设一个民众平等、互助的“兼爱”社会。

对于环境和教育对人发展的重要作用，墨子提出了著名的“染丝说”，“染于苍则苍，染于黄则黄，所入者变，其色亦变”，来说明“士亦有染”，所以“染不可不慎也”。在他看来，先天的人性不过如待染的素丝，有什么样的环境与教育，就能造就什么样的人。

墨子关于“上说下教”主张，在一定程度上反映了他对教育作用于社会、推进社会进步的思想。“王公大人”掌握着统治大权，他们的领导作风和个人的好恶影响着整个社会的发展，所以要对他们进行“上说”，说服教育他们“尊天、事鬼、兼爱、非攻、尚贤、尚同、非命、非乐、节用、节葬”。“农与工肆之人”是社会的创造者，占人类的绝大多数，因而要对他们进行“下教”，教育唤醒他们共同创造一个“兼相爱、交相利”的理想社会。墨子就是要通过教育唤起广大人民的觉悟，提高全社会人的素质，如此才能实现崇高的社会政治理想，达到社会的进步与完善。

由此可以看出，墨子对于教育的社会功能有深刻的认识，教育在完成个体社会化方面发挥着重要的作用，同时，个体的社会化是社会的秩序与和谐的基础。当前，我们致力于建设一个民主法治、公平正义、诚信友爱、充满活力、安定又序、人与自然和谐相处的和谐社会，我们国家已经把教育摆在了优先发展的战略地位，社会的发展和进步有赖于提高整个国民的综合素质，提高国民的思想道德水平和科学文化水平，这就必须依靠教育。从整体上把握教育的社会功能，才能充分认识素质教育在构建社会主义和谐社会进程的重要作用。

启示二：在两千多年前，墨子关于提出教育平等的理论和实践，在今天仍然具有重要的意义。素质教育应在“以人为本”原则下，尊重社会成员享受平等教育的机会，充分发挥教育在人的全面发展方面的功能。

墨子的“兼爱”思想的实质，是对每一位社会成员尊严和权力的尊重。社会成员平等地享受教育，特别是让社会底层人们的有受教育的机会，是墨子在等级森严的社会背景下提出的超越历史的宝贵教育理念。

墨子是最早开始聚徒讲学的先秦教育家，他非常重视学校教育，并作为培育人才的摇篮，培养出来一批又一批的墨者。墨家弟子“摩顶放踵”传播墨学、维护和平、“上说下教”、兴利除害、研究科学规律，成为活跃在战国时期历史舞台重要的政治力量。

孔子在教育对象方面提出了“有教无类”的思想，墨子则在教育实践中将教育对象大众化真正落到了实处。墨子是春秋后期社会大变革中从小生产者阶层中涌现出来的，代表农民与手工业者的利益，所以门下弟子多是“匹夫徒步之士”、“农与工肆之人”，所收弟子不分贫富贵贱，只要能从事艰苦的劳动，具有吃苦耐劳的实践精神，并忠心耿耿履行墨家“道义”，即可成为墨门弟子。墨子面向天下，在民间广泛招生。招生办法灵活多样，主要是有人推荐入学，如在《鲁问》篇记载鲁人推荐儿子上学就是一例。再就是上门动员入学，如《公孟》篇里有一人以“吾族人无学者”为理由而不学习，墨子听了力劝他改变错误想法，要他去学习义。这是墨子亲自动员入学行义的事例。

墨子提倡的是全民的教育，要求人人享有完全平等的教育机会，这种教育思想之所以与现代教育理论相通，正是因为这种思想是以人类社会人人都有接受教育、不断完善自我的基本需要为基础的。古时代的人们有这种需要，墨子大办私学，广招学生，满足了人们这种基本需要；今天我们提出对所有学龄儿童和少年实行义务教育，对全体国民实行广泛的继续教育和终身教育，同样是满足了人们接受教育、完善自我的基本需要。因此，教育平等理应是我们推进素质教育的重要观念。

启示三：培养具有完善人格的“兼士”，是墨子的教育目标。与此同时，在教育实践中注重学生个性的培养。我们知道，素质教育的目标应该是人的全面发展与个性化培育的辩证统一，墨子教育思想对于我们准确把握素质教育的目标和实现途径的关系具有重要的意义。

墨子的教育思想和教育实践以人的全面发展为目标，这一思想主要体现在他关于“兼士”一系列论述中。墨子主张教育要培养“贤士”，由于“贤士”的主要品德是“兼爱”，故亦称“兼士”。对于贤士，《墨子·尚贤上》曾提出过三条具体标准：“厚乎德行，辩乎言谈，博乎道术”，即道德的要求、思维论辩的要求和知识技能的要求。知识技能的要求是为了使兼士们有兴利除害的实际能力，思维论辩的要求是为了“上说下教”，去向社会推行其“兼爱”主张。墨子办学宗旨就是培养德才兼备、博学多能、文武双全、义利并重、能强力办事并富有“有道教人、有财分人、有力助人”精神的“兼士”。墨子要求弟子“利人乎即为，不利人乎即止”(《墨子·非乐上》)，并注重培养与锻炼弟子的意志，要求弟子要有自我牺牲精神和强烈的社会责任感，所以墨子门下多勇士，“服役者百八十人，皆可使赴火蹈刃，死不旋踵。”

同时，墨子注重根据学生的自然禀赋，实施个性化培养。墨子根据教育对象素质的不同，挖掘弟子潜力，发挥弟子特长，分别给予教育。墨子反对弟子不考虑自身的条件，随心所欲，盲目学习。有弟子欲学射击，墨子断然拒绝。二三子有复于子墨子学射者，子墨子曰：“不可，夫知者必量其力所能至而从事焉。国士战且扶人，犹不可及也。今子非国士也，岂能成学又成射哉？”(《公孟》)不固守培育全才、通才的教育目的，而是考察被教育者的具体情形，区别对待，使他们学有专长。他要求弟子“能谈辩者谈辩，能说书者说书，能从事者从事”(《耕柱》)。

素质教育的目标是培养德、智、体全面发展的人才，这一目标是通过一个个人格完善的、个性的人而体现的。因此，注重发展学生的个性；根据学生的特长、爱好、性格的差异，施于不同的教育内容；根据教育对象的天赋资质或才能高低，予于不同的要求标准，这些均是实现素质教育内在要求，因而是素质教育实践的基本原则。

启示四：墨子强调教育主体的主导性与教育客体的主动性的辩证统一，这些理论和实践仍是我们在素质教育中需要不断深入认识和实践的问题，因而，具有现实的借鉴意义。

“强学强教”是墨子对教、学两个方面所提的最基本要求，对于教育主体的主导性与客体的主动性均提出了要求。孔子实施的是“有教无类”，来者不拒，而墨子则更进一步，主张对不来者也主动施教，这叫做“行说人”。

墨子认为，既然学是为义，教也是为义，那么作学生的就必须强学，作教师的就必须强教。成了墨子一贯坚持积极主动教育，主动去解决问题。他说：“不强说人，人莫之知也。”(《公孟》)即使人们不来请教，也应主动上门去教，问则答，不问则讲。这种以教人为己任的精神是很可贵的。他以从撞钟至国家的政事为例，说明主动教育的重要性。坚决反对教师“待问而后对”、“弗问不言”的被动施教。他在《公孟》和《非儒》篇里都驳斥了儒家“击之则鸣，弗击不鸣”的施教原则。墨子还把不积极主动施教看做是施教者的过失，认为是危害社会的祸乱之源，所以一再强调要“强说强教”，“扣则鸣，不扣则不鸣”。这对于教学来说，有利于教师主导作用和主观能动作用的发挥，也有利于教学质量的提高，具有极其重要的现实意义。

墨子提倡师生在教学中培养积极主动和创造精神。孔子自述是“述而不作，信而好古”。墨子批评儒家“述而不作，信而好古”的保守态度，认为不述又不作，是不对的；而只作不述，也是错误的；仅述不作，和只作不述是同样不应该的。他主张：“古之善者则诛之，今之善者则作之，欲善之益多也。”对古代的优秀遗产应继承，对现在有价值的就应当进行创造。这充分体现了他重创造的教育原则。

启示五：墨子在教育内容方面突出应用性与专业化，丰富了先秦时期的教育内容。墨子在人格培养与专业教育相统一的理论和实践，对于我们全面把握素质教育的教育内容具有重要的启示作用。

墨子心目中的“兼士”是“各从事其所能”具有社会理想和实际本领的人，与注重繁文缛节、四体不勤、五谷不分的儒士有很大的区别。

墨家学派是先秦诸子百家唯一具有科学意识的学派。墨子的教育内容全面丰富，门类众多，几乎涵盖了文史知识和各种自然科学方面的知识和技能。除了以“兼爱”为核心的道德教育外，墨子还注意对自然科学、生产技能、军事知识等技能的训练，墨子所教学科大体包括哲学、宗教、伦理、教育、天文、数学、物理、应用科学、军工科学、政治、经济、外交等等。根据社会分工的不同，又分为农学、纺织学、手工学、机械学、建筑学、商业学、军学，涉及面非常广泛。

墨子学校教育的课程设置比较全面。公共必修课有古代文献，如《诗》、《书》、《春秋》以及墨子所编的讲义《墨经》。获得基础知识后，再分为三科：“能谈辩者谈辩，能说书者说书，能从事者从事。”根据学生的能力、爱好、特长编班，或入文科，或入理科，或入军工科。墨子对其弟子施以严格的组织纪律教育，培养高尚的情操和优秀的道德品质，授予各种专门的知识和各种生产劳动的技能技巧，使他们在分工合作的原则下，各从事其所能，把他们培养成真正履行墨家道义，实现“兴天下之利，除天下之害”的政治目的而行义的“兼士”。就内容和水平来说，墨家的自然科学水平在当时的社会条件下已具有很高造诣。另外，在实用科学技术知识教育方面也有出色的成就，这主要表现在器械制造上。

墨子的教育内容论很有特色，其价值主要体现在科学技术应用性和分类专业化上，突破了儒家六艺教育的范畴，有进步意义。墨子这种教育内容和效果也是与当前培养高素质的应用型专门人才是一致的。

启示六：墨子在教育方法方面注重针对性与实践性，为我们改进教育方法、完善教育过程、实现教育目标提供了丰富的教育遗产。

墨子在长期的教育实践中，因人、因时、因事、因地的不同，而施于不同的教育，增强教育的针对性和实效性。

墨子认为教育必须充分考虑学生的年龄阶段、知识结构和心理发展上的阶段性特点和个体差异，对学生实施既因材又量力的教育。在中国教育史上，墨子是第一个明确提出量力性教育原则的人，也是在世界教育史上首创这一方法的教育家。它比西方近代量力性的提出早了两千多年。同时他又根据弟子接受能力的不同，又分为优等生、中等生、末等生。有的弟子感到不平，质疑墨子："先生每次教我的都非常简单，而教给别人的却非常详细，这样做不是太偏心了吗?"墨子听了，语重心长地说："假如你一天完成十个项目，而别人能完成一百项，这就说明你的接受能力比别人差一些，所以你必须由浅及深，循序渐进，最终能精通此门技术。假如和别人一样，教给你的太多，你就承受不了，日久天长你就会感到乏味，最终就会放弃，一技无成。你看我说的对吗?"这个弟子听了，顿时如拨云见日，想不到老师有这样周密的安排，令人佩服。

墨子在教学中很注重学思结合、提倡实践力行。他认为在学习时，不但要知其然，更要认真地思考其所以然。在《墨子》书中，有许多"是故何也"、"何以为"、"何以知之"、"何自"等关于究其所以然的记载。就是要求弟子们开动脑筋，多加思考，注意学思并重。墨家是一个力行的学派，墨子论学更是着重实践力行，提出“以行为本”、“士虽有学，而行为本”（《修身》）等实践性的原则。实践与理论相结合，使墨子既是一位渊博的知识分子，又是一位著名的能工巧匠。他将实践中积累的丰富的知识经验，毫不保留地传给弟子，其弟子也注重理论联系实际，会干善干。如墨子在日常生活生产中制造了桔槔、辘轳、车梯等机械工具，同弟子一起进行了本影、半影、球面镜成像、小孔成像等一系列光学试验。通过这些实践，既锻炼了弟子的实际操作技能，又为科学技术的研究创新作出了贡献。胡适曾说：“墨家论知识，注重经验，注重推论。看《墨辩》中论光学和力学的诸条，可见墨家学者真能作许多实地试验。这是真正科学的精神，是墨学的第三种贡献。”在这方面，墨家科学与作为西方近代科学种子的古希腊科学不仅极为相似，而且处在相当的水平上。墨子在教育方法上注重实践，他所培养的学生能够学以致用，学成以后直接从事拯救社会和普济民生的大业，成为时代的栋梁之才。

总之，墨子丰富的实用主义教育思想理论实践体系，是中国传统文化教育思想的重要组成部分，在某些方面对现代教育特别是我们目前大力倡导的素质教育仍然有着重要的启发和借鉴意义。

墨子的政治哲学思想及其现代启示

董志铁

墨家崛起、兴盛于战国时期，这与当时诸侯国的纷争、兼并密切相关，思想家们纷纷为治乱开出自己的“药方”。墨子的治国主张极有针对性。他指出，到了一个国家，必须针对这个国家的现状和存在的问题，采取相应的措施，对症下药予以治理。这就是“凡入国，必择务而从事焉”。具体说来：“国家昏乱，则语之尚贤、尚同。国家贫，则语之节用、节葬。国家憙音湛湎，则语之非乐、非命。国家淫僻无礼，则语之尊天、事鬼。国家务夺侵凌，即语之兼爱、非攻。”（《墨子·鲁问》，下引《墨子》只注篇名）这些思想集中体现了墨子的政治哲学理念。

一、“尚贤”、“尚同”的人才、行政管理理念

墨子为“国家昏乱”开出的药方是“尚贤”、“尚同”。尚贤就是选拔、任用贤能的人才，给予权力、发挥其才能。墨子认为这是“为政之本”，唯有如此，才能改变国家昏乱的局面。

改变国家昏乱必须尚贤的理由是，首先，古之圣王就是如此做的。“古者圣王之为政，列德而尚贤，虽在农与工肆之人，有能则举之。”（《尚贤上》）例如，舜本是打鱼、种田的田野村夫，尧立舜为

天子、接天下之政；伊尹原为庖人（厨师），汤立伊尹为“三公”（宰相），管理天下；傅说原为筑城的苦力，武丁立傅说为“三公”，管理天下等。(《尚贤下》) 被推举的三人都成就了一番事业。其次，世人都明白这样的道理，做衣服必定请“良工”，宰杀牛羊，必定请“良宰”；马病了必定找“良医”；弓坏了，必定请“良工”，诸如此类，那么治理国家，不找这方面的贤能之人怎么行呢？因此，在治理国家这样重大的事情上，更应“尚贤使能”，那么，什么样的人才是治理国家的贤能之才呢？墨子指出这些人必须具备三个条件：“厚乎德行，辩乎言谈，博乎道术者。”（《尚贤上》）这里，道德标准第一，具体说就是：“有力者疾以助人，有财者勉以分人，有道者劝以教人。”（《尚贤下》）其次，要善于讲演、辩论、宣传墨家政治理想，“上说诸侯，下说列士”（《天志上》）。第三，必须具备治国从政的理论、方法、知识与才干。

这样的贤者标准，显然不能根据被选之人是否是自己的亲戚，长的是否漂亮作标准。也不能因为那些人没有功勋而承袭祖上之荫而富贵就可以中选。因为“夫无故富贵、面目佼好则使之，岂必智且有慧哉？若使之治国家，则此使不智慧者治国家也。国家之乱，既可得而知已”（《尚贤中》）这是对儒家“亲亲有术、尊贤有等”的任人唯亲的反动。墨子提倡德才兼备的任人唯贤的用人理念。他主张：“官无常贵，而民无终贱，有能则举之，无能则下之。”一切依据是否贤能而定。即便是“农与工肆之人，有能则举之”（《尚贤上》）。这使得农民、手工工人之中的贤者也有机会参与政事管理国家。这种主张，在当时无疑是一种进步观念。

在提出崇尚贤人主政的同时，墨子又主张“尚同”，即把尚贤这种主张推广到全国。使得全国各地各级“正长”（行政长官）全由贤人充当。如此便可“一同天下之义”，达到天下大治的目标。

墨子生活的时代，国家政权的组织形式，占主导地位的是依照血缘关系的亲疏，确定社会地位的尊卑等级。从天子以至“三公”、诸侯、里长、乡长各级官吏莫不如此。至于这些人是否都是贤人，则不得而知。墨子主张，从天子开始，人们就应当选择贤人充当。仅有人事上的保证还不够，还必须注意从思想上要上下保持一致。不同的家庭、诸侯国乃至天下都要上下一致，这就是“尚同”。其最高理想就是“一同其国之义”，“一同天下之义”（《尚同下》）。为保证这一目标的实现，天下百姓必须做到“上之所是，必亦是之；上之所非，必亦非之”（《尚同上》）。尚同要求层层与上级相同，达到“举天下之万民，以法天子”（《尚同中》）。“天下之百姓，皆上同于天子”（《尚同上》）。天下还能治理不好吗？在墨子眼中尚同是“为政之本”，是“治民一众之道”（《尚同中》）。

为保证下与上同，从而“一同天下之义”，要求百姓最终都上同于天子。采取什么措施以保尚同得以贯彻执行呢？墨子引经据典，以古说今，提出以赏罚作为手段或措施。墨子说：“古者圣王为五刑，请以治其民。譬若丝缕之有纪，罔罟之有纲，所连收天下之百姓不尚同其上者也。”（《尚同上》）对于“不尚同其上”之人有五刑伺候。这就如同丝带有节、渔网有纲绳一样是必不可少的。对于能够循规蹈矩尚同其上的人则要赏。因为“凡使民尚同者，爱民不疾，民无可使。曰：必疾爱而使之，致信而持之”（《尚同下》）。要使百姓尚同的人，如果没有表现出强烈的爱民之心，老百姓则不会被驱使。所以说，一定是强烈地爱民才可驱使之，言而有信才可持续如此。如此“富贵以道其前，明罚以率其后。为政若此，唯欲毋与我同，将不可得也”（《尚同下》）。用富贵引导在前（赏），申明（不尚同）的惩罚措施紧随其后，如此管理，恐怕想不让百姓尚同，也是不可能的。墨子的结论是：“故古者圣人之所以济事成功，垂名于后世者，无他故异物焉，曰：唯能以尚同为政者也。”（《尚同中》）

墨子尚同思想要求百姓层层与上相同，直至天下百姓皆尚同于天子。那么天子如果不贤怎么办？天子又尚同于谁呢？墨子提出了“尊天”“事鬼”的主张。其前提则是天有意志（天志）鬼神是存在的（明鬼）。

二、“天志”、“明鬼”的精神约束

墨子提倡任贤使能。全国上下莫不如此，最终均要效法“天子”。墨子到此并未止步。因为他认识到现实是“天下为君者众，而仁者寡，若皆法其君，此法不仁也，法不仁不可以为法”。那么什么是人们最终的楷模呢？墨子的结论是：“莫若法天”。墨子最终要人们效法、与之同的是“天”。天子也不例外。因为“人无长幼贵贱，皆天之臣也”。“天”之所以值得天下之人、包括天子效法那是由于“天之行广而无私，其施厚而不德（息），其明久而不衰，故圣王法之”（《法仪》）。天的大公无私持久不衰的品德确实令人向往。针对那些“淫僻无礼”的国家提出的对症药方是“尊天、事鬼”。既然天是有意志的，那么遵从天的意志行事就是很自然的了。因为善有善报、恶有恶报。墨子说：“顺天意者，兼相爱，交相利，必得赏。反天意者，别相恶，交相贼，必得罚。”对天意的顺从与违反得到两种截然不同的结果：赏与罚。墨子有历史根据，他认为禹、汤、文、武，这些圣王都是顺天意者，故成

就一番事业，至今被称颂。而桀、纣、幽、厉，这些暴君都是违反天意者，故不得善终，至今遭人唾骂。圣王得赏，是由于他们“上尊天，中事鬼神，下爱人”（《天志上》）。

尊天之外，为什么还要事鬼神呢？原来鬼神在冥冥中代表天的意志掌握着对人们的奖罚。《尚同中》说：“古者圣王明天鬼之所欲、而避天鬼之所憎。”圣王不过是顺着天、鬼的意思行事，天、鬼所憎恨的事则不做。原因很简单，鬼神法力无边神通广大，你在“幽间广泽山林深谷”中所干的事，鬼神了解的一清二楚；你干了坏事，虽然你“富贵众强，勇力强武，坚甲利兵者，鬼神之罚必胜之”（《明鬼下》）。对天子也不例外：“天子为善，天能赏之，天子为暴，天能罚之。”（《天志中》）鬼神如此厉害，真的存在吗？墨子煞费苦心地论证、证明鬼神是存在的。墨子证明鬼神的存在依靠的是人们的感觉，他认定，人们普遍感觉到的东西必定是存在的。《明鬼下》说：“天下之所以察知有与亡（无）之道者，必以众之耳目之实，知有与亡墨子为仪者也。请（诚）惑（或）闻之见之，则必以为有；莫闻莫见，则必以为无。”以众人耳目是否听见、看见作为某些事物存在与否的唯一标准，这显然是不妥当的。墨子不能科学地认识人们的感觉受各种条件的制约是会产生错觉的。错误的感觉怎么可以作为论证某物存在的根据呢？墨子对那些怀疑鬼神存在的人说：“何不入一乡一里而问之，自古及今，生民以来者，亦有尝见鬼神之物，闻鬼神之声，则鬼神可谓无乎？”并列举《春秋》中宋、齐、燕、周等国及《诗经》等书记载的人们见神见鬼的传闻，声称“不可胜记”的见神见鬼乃“众人所同见”，“众人所同闻”（《明鬼下》）。墨子认定天有意志，鬼神确实存在，他的目的是什么呢？天有意志，具体说来

"天意"有哪些呢?《天志中》:"天之意,不欲大国之攻小国也,大家之乱小家也,强之暴寡,诈之谋愚,贵之敖贱,此天之所不欲也。"《法仪》:"天欲人相爱相利,而不欲人相恶相贼也?以其兼而爱之,兼而利之也。"这哪里是什么天的意志?完全是墨子自己的兼爱非攻等思想的表述。墨子自豪地说:"我有天志,譬若轮人之有规、匠人之有矩。"(《天志上》)按墨子的理想即他思想上的"规、矩"来做,就是顺天意,而"顺天之意,奉而光施之天下,则刑政治、万民和、国家富、财用足,百姓皆得暖衣饱食,便宁无忧"(《天志中》)。他描绘了一幅多么美好的天下大治的图景啊!原来如此。墨子生活的年代,神秘莫测的天已经受到人们的怀疑,天的至高无上的观念已经发生动摇的情况下,墨子却旧瓶装新酒,借助天的无上权威,作为推销自己的尚贤、尚同等政治理念的工具。任用贤能,层层尚同,天下百姓皆同于天子,最终天子要上同于天。这"天志"、"天意"的实质内容,就是墨子的政治理想与价值取向。

墨子尚贤、尚同的政治理念,辅之以尊天事鬼的配套措施,为使人们确认尊天事鬼的可能性与必要性,又赋予天以意志,使之成为主宰一切的人格神的至高无上的地位。与此同时,他又竭力证明能够"赏善罚暴"的鬼神的存在。这套政治哲学理念的深刻思想基础之一,就是在墨子思想体系中占有极重要地位的"兼爱"、"非攻"思想。

三、"兼爱"、"非攻"的处世原则

墨子针对兼并战争频仍、动乱不已的社会现实,提出了他的对治之方:"兼爱"、"非攻"。

兼爱，是墨子伦理政治学说的核心理念。他认为，社会动乱的起因在于国与国、人与人之间不相爱。《兼爱上》说：“圣人以治天下为事者也，不可不察乱之所自起。当察乱何自起？起不相爱。”由于天下之人皆不相爱，所以，“强必执弱，富必侮贫，贵必敖贱，诈必欺愚。凡天下祸篡怨恨，其所以起者，以不相爱生也。”（《兼爱中》）国与国、人与人不相爱，是导致社会动乱的根本原因。

社会的人“不相爱”，并非是一个人谁也不爱，而是人们只知爱自己的国，自己的家，自己的身，而不爱他人的国、他人的家，他人的身。这是依据血缘关系的亲疏及尊卑长幼的爱，是有选择的爱。墨子称之为“别”即“偏爱”。他要用“兼爱”去代替“别”。《兼爱下》指出：“非人者必有以易之。若非人而无以易之，譬之犹以水救火也，其说将必无可焉。是故子墨子曰：兼以易别。”墨子的兼爱理想指无条件地、平等地爱一切人。兼爱的“兼”字具有整体、全部的含义。《经上》：“体分于兼也。”整体（兼）是由部分（体）组成的。在《墨经》中，兼与“尽”、“周”、“俱”含义相同。故兼爱的含义是普遍、穷尽、毫无例外地爱一切人即周爱人。不管时间、地域的差别，只要是人就应相爱，平等、无差别地爱。只有人们普遍地实行这种兼爱，尚贤、尚同的政治主张即可成为可以企及的目标，经过人们不懈地努力而达到。

墨子依据社会现实的“不相爱”提出了兼爱的具体要求：“视人之国，若视其国。视人之家，若视其家。视人之身，若视其身。”如果真能做到，就会“诸侯相爱，则不野战。家主相爱，则不相篡。人与人相爱，则不相贼。君臣相爱，则惠忠，父子相爱，则慈孝。兄弟相爱，则和调”（《兼爱中》）。这是一副理想的人类和谐的美好景象。

墨子的兼爱，绝不只是付出而无回报，他的口号或原则是："兼相爱，交相利。"爱与利是紧密联系在一起的。"爱人者，人亦从而爱之。利人者，人亦从而利之。恶人者，人亦从而恶之。害人者，人亦从而害之。"（《兼爱中》）因此，"即必吾先从事乎爱利人之亲，然后人报我以爱利吾亲也"（《兼爱下》）。你想得到爱与利，而不是恶与害，你就应去爱人、利人，而不是去恶人、害人。

墨子以"务求兴天下之利，除天下之害"为己任。利与害是对立的统一。除天下之害，就是兴天下之利。兴天下之利，就是除天下之害。墨子眼中的天下大害是什么呢？《兼爱下》说："当今之时，天下之害孰为大？曰：若大国之攻小国也，大家之乱小家也，强之劫弱，众之暴寡，诈之谋愚，贵之敖贱。此天下之害也。"《非攻下》又特别指出："繁为攻伐，此实天下之巨害也。"国与国、家与家、人与人之间这种恃强凌弱、以大欺小的现象，是社会的大害。而频繁的攻伐战乱，尤为天下之"巨害"。所以，墨子在鼓吹兼爱的同时，又发出了"非攻"的呐喊。

墨子称"务求兴天下之利，除天下之害"者为"仁人"（《兼爱下》）。可见，义与不义的区别，亦要在能否"利"人。墨子主张"非攻"，即因当时的兼并战争，皆"亏人而自利"的不义之举。《非攻上》指出：对窃人桃李，攘人鸡豚，取人牛马，虐杀无辜而抢其衣裘、戈者，"天下之君子，皆知而非之，谓之不义。今至大为攻国，则弗之非，从而誉之，谓之义。此可谓知义与不义之别乎……今至大为不义，攻国则弗之非，从而誉之，谓之义，情不知其不义也"。显然，"亏人以自利"，是"不义"。而"大为攻国"即国与国之间无故而兴兵，攻城略地，则是"大为不义"，即更大规模上的“亏人以自利”的不义之举。墨子批评说，那些见“小为非”，则知其为非而“非之”，见“大为非”（“攻国”）却反而“誉之”的人，根本不知什么是“义”，什么是“不义”。

墨子的非攻绝不是盲目地反对武力、反对一切战争。他指出，战争有“义”与“不义”，即“诛”与“攻”之别。《非攻下》：“今逮夫好攻伐之君，又饰其说，以非子墨子曰：以攻伐之为不义，非利物与？昔者禹征有苗，汤伐桀，武王伐纣，此皆立为圣王，是何故也？子墨子曰：子未察吾言之类，未明其故者也。彼非所谓攻，谓诛也。”可见，墨子反对的只是那些不义的侵略战争，对正义的战争则取支持的态度。不管在理论上，还是在事实上，墨子都坚持了自己的原则。公元前440年，墨子“止楚攻宋”《公输》的壮举，就是最好的证明。

四、墨子政治哲学思想的现代启示

综上所述，墨子的“尚贤”，主张以贤人即“厚乎德行，辩乎言谈，博乎道术者”（《尚贤上》），来充当各级管理者，这三条要求体现了其德才兼备的用人观念。反观我们党对干部选拔、任用的政策与指导思想，同样是如此。德才兼备始终是我们党的用人原则，不论是烽火连天的战争年代，还是和平建设时期都是如此。当然德与才的内容随着时代的不同而有变化罢了。现阶段，我国以经济建设为核心，对干部的要求是什么呢？邓小平指出：“选人要选好，要选贤任能。……贤就是德，能无非是专业化、知识化，有实际经验，身体能够顶得住。”（《邓小平文选》第2卷，第400页）“革命化”就是“德”。一般地说就是人才的思想品德、政治品德。具体地说，在当前，选用的人才应当具有坚定的政治立场、贯彻党的方针、政策、路线的自觉性；全心全意为人民服务的精神等。而专业化、知识化、年轻化则是“能”的体现。具体说就是有知识、懂业务，具备与其工作相适应的知识、能力与工作经验。年轻化则是年龄相对较轻，具有健康的体魄，这是智力与能力的物质载体。

“尚同”，则强调各级政权机构政治与思想上的统一，体现了某种集权的倾向，为法家所接受并予以发展，使之成为封建专治统治的理论核心。这是一方面。另一方面，我国自秦汉以来，除暂短的分裂时期以外，基本上是大一统的国家。原因是多方面的，但墨子“尚同”思想观念的影响是不可忽视的。在当代，我国地方与中央在政治上必须高度保持一致，这是维护国家统一，保证国家持续健康发展与长治久安的必不可少的条件。改革开放以来，我国行政管理体制改革的一项重要措施就是中央适当向地方放权，兼顾全局与地方，提高地方发展经济的积极性、自觉性，是十分必要的，也取得了不错的效果。但是，我们不能不看到一些负面问题。随着地方权力的加大，中央的权威有一定的削弱，有的地方对中央的政策、命令执行不力，甚或阳奉阴违，中央三令五申，但“上有政策，下有对策”，反映出维护中央权威，保持政令统一，即“尚同”的必要性。深入研究墨子的“尚同”理论对我国行政改革的理论与实践有重要启示作用。

“兼爱”、“非攻”的观念，体现了人类美好的理想与愿望，是个人乃至国家的处世之道，有着巨大的现实意义。新中国成立以来，我国的外交路线与实践无不体现了“兼爱”、“非攻”的理念。它昭示世界：世界各国只要秉承“兼爱”的宽广胸怀，坚持用和平而非战争手段解决争端，就会共同推进世界的和平、进步与发展。可参见拙文：“兼爱”、“非攻”的理想诉求与新中国的外交路线与实践［载《重庆理工大学学报（社会科学版）》2010年第6期，第64～67页］兹不赘述。

“天志”、“明鬼”，是为了让人们“尊天”、“事鬼”，为其政治伦理理念的实行提供一种宗教信仰上的保证与精神上的约束。当然墨子的天、鬼意志，实质体现的是墨家自己的理想与意志。这能给我们一些什么启示呢？人生在世确实需要某种信仰，有所敬畏。或佛、或道、或上帝、或真主，这是宗教信仰。或社会主义、或资本主义、或帝国主义、或无政府主义；或马克思主义、或非马克思主义等，这是政治信仰。有人说，我什么也不信。这也是一种信仰。不过话说回来，如果一个国家、一个社会乃至人类的主流意识什么都不信、无所敬畏的话，这就极端危险了。2011年5月18日，20名诺贝尔奖得主向联合国递交建议，呼吁全球领导人采取紧急行动确保全球可持续性。在这份《斯德哥尔摩备忘录》中，这些诺贝尔奖得主和若干环境学家得出结论：“地球已经进入一个新的地质年代，即‘人类世’”，或者说是人类时代。备忘录说，在这个时代，地球身上发生的最重要变化不是由自然现象、而是由人类行为造成的。它“建议采取一系列紧急而影响深远的行动，是决策者和各团体为了子孙后代成为积极的地球管理员”。（见《参考消息》2011年5月29日，第7版）这是危言耸听吗？是杞人忧天吗？绝不是！科学的进步，使得人类认为自己无所不能，事实并非如此，凡事有个界限。远的不说，今年美国的龙卷风格外频繁且强度大，连夺数百条人命；密西西比河、密苏里河的大洪水浊浪滚滚，迫使人们不得不炸毁堤坝分洪；而我国烟波浩渺的鄱阳湖、洞庭湖2011年春几成牧羊、放马之地，进入6月旱涝急转，又暴雨成灾；日本的大地震引发的海啸、核灾难至今未平息；极地冰川的加速融化……这一切还不足以让人警醒吗？联合国第三次世界减灾大会的报告指出：“自然灾害给全球造成的经济损失40年前是5257亿美元，如今增加两倍，达到了1.58万亿美元。”报告再次发出警告说“与气候变化有关的极端天气越来越多。”（见《参考消息》2011年5月12日，第8版）这一切是如何造成的？诺贝尔奖得主们的结论是：“地球身上发生的最重要变化不是由自然现象，而是由人类行为造成的。”我们是无神论者，虽不信什么鬼神，但我们从墨子的“天志”、“明鬼”中应得到这样的启示：敬畏自然，尊重规律，善待地球。为我们自己，更为我们的子孙后代。

墨子防御装备思想探析

唐武文　陈卫平　鲁抗抗

墨子是我国战国时期非常著名的思想家，社会活动家和军事技工专家，墨家学派的创始人。墨家思想涉及哲学、政治、伦理、逻辑、科技、军事等诸多方面，给后人留下了大量宝贵的文化遗产。尤其是它对防御装备思想的阐述和应用，至今仍有借鉴和指导意义。

一、墨子军事防御装备思想的核心内容

墨家的基本主张包括“兼爱”、“非攻”、“尚贤”、“尚同”、“节用”、“节葬”、“非乐”、“非命”等。其中最能代表其思想核心的就是“非攻”。“非攻”从简单意义上理解就是说反对一切非正义的战争，这一点常常被人误解为反对战争。墨子认为，战争只有两类，即正义和非正义。对于正义的战争，墨子是拥护的，对于非正义的战争，墨子是声讨的。然而春秋战国时期的混乱局面是难以想象的，“夫德不足以亲近，而文不足以来远，而断断以战伐为之者，此固《春秋》之所甚疾已，皆非义也”（董仲舒《春秋繁露》），也就是所谓的春秋无义战。而对于处在其中又是农民出身的墨子来说，能够提出抨击大国非正义战争的“非攻”思

想，无疑是胆识过人。但是光有胆识是远远不够的，“惟非攻，是以讲求备御之法”（孙诒让《墨子间诂》），在非攻的基础上，墨家逐步形成了一套较为完整的防御作战思想。《墨子》53 篇中的《备城门》、《备高临》、《备梯》、《备水》、《备穴》、《备突》、《备蛾傅》、《迎敌祠》、《旗帜》、《号令》和《杂守》十一篇集中反映了墨家的军事防御思想，形成了一个以城池防守为核心的防御理论体系，这也是墨子军事防御装备思想的理论依据。

这十一篇主要记载的是墨家弟子与墨子研究防御方法的言辞，其中所涉及的军事防御装备思想和防御装备战术在我国军事防御理论历史上堪称经典。墨家军事防御装备思想的核心内容有以下三个方面：

（1）强调全民动员的防御装备策略

由于墨子是从弱者的角度出发而进行的防御战，那么在战斗力问题上处于劣势毋庸再提，所以在兵员上墨子采用的是全民动员的模式。墨家对于人员的区分和布置有着非常详尽的叙述，男女老少什么时间什么地点应该做什么，守城将领、侦察兵等等各种职务应该让什么样的人来担任，这些问题在城守各篇中都有一一说明。在防御装备配置上，墨子还专门就单兵防御装备进行了描述，例如在《墨子·号令》中说：“诸男女有守于城上者，什六弩、四兵。丁女子、老少，人一矛。”意思是在城上防守的男子，每十人中，六人拿弓箭，其余四人拿其他兵器；参加防卫的女子、老人和少年每人执一矛。墨子甚至还动员了没有参与守城的民众，“里中父老小不举守之事及会计者，分里以为四部，部一长，以苛往来不以时行、行而有他异者，以得其奸”（《墨子·号令》）。意思是街巷中老少等没有参与守城的人和管理财物的人，按街巷分为四部，负责盘查行人，捉拿奸细。甚至犯罪的人也要纳入到全城防守体系中来，去打扫厕所。这种全民动员的防御装备思想在当时的影响力是非常巨大的，有的守城之战能打几年之久可见一斑。

（2）强调由上到下形成防御装备体系

从整体上来说，墨子认为，防备是国家最重要的事情。粮食是国家的宝物，兵器是国家的爪牙，城郭是自我守卫的圣地，这三者是维持国家必备的工具。“故备者，国之重也。食者，国之宝也；兵者，国之爪也；城者，所以自守也；此三者，国之具也”（《墨子·七患》）。只有当统治阶级真正将积极防御思想作为治国之策在国家秩序中长期运行开来，才能赢得防御作战的胜利。治理国家者，长期要树立“惟事事乃其有备，有备无患”（《尚书·说命中》）的防御装备思想，不能抱希望于战时动员，和平时期就必须做好各种准备，外治兵器粮草，内备城池装备。“故有备则制人，无备则制于人”（《盐铁论·险固》）。墨子认为，指挥、分工、调配以及城防设施、防御器械的熟练运用，都必须要经过艰苦的日常训练，而保证这些策略得以实施的正是统治阶级的重视。下一步的目的则是让全国人民树立常备不懈的防御思想。这就是说，统治阶级要经常给民众灌输这种防御思想，使之达到常态意识化。“安则示以危，危示以安”（《墨子·杂守》），就是指在非战争年代要对平民指出战争存在的危险性，在战争时期则向平民说明灭敌守城以求安定的道理。只有由上到下的贯彻防御思想，达到统治者和老百姓的防御思想意识统一化，战时防御者才有可能以弱胜强，取得战争的胜利。

（3）强调灵活多变的防御装备运用原则

墨子的防御思想是从以小敌大，以弱敌强的角度出发，较为讲究实战，所以墨子多从作战角度探讨防御问题，形成了较完备的防御装备思想战术体系。墨家根据当时所产生的攻城战术，非常针对性地提出了防御之法。例如对付敌人居高临下进行攻城的战术方法为“守为台城，以临羊黔，左右出巨，各二十尺，行城三十尺，强弩之，技机藉之，奇器□□之，然则羊黔之攻败矣”（《墨子·备高临》）。意思是守城的一方只需在城头上继续加高做成台城，对敌方仍形成居高临下之势。台城左右用大木编连起来，两旁各横出20尺，高度为30尺，在上面用强弓劲弩射击敌人，凭借精良的武器打击敌人，这种进攻方式就必败无疑。如果敌人是用打隧道破坏城墙攻城的方法，那么对付这种进攻的战术就是：“备穴者城内为高楼，以谨候望适人，适人为变，筑垣聚土非常者，若澎有水浊非常者，此穴土也，急堑城内穴其土直之。穿井城内，五步一井，傅城足，高地丈五尺，下地，得泉三尺而止。令陶者为罂，容四十斗以上，固顺之以薄鞈革，置井中，使聪耳者伏罂而听之，审知穴之所在，凿穴迎之。”（《墨子·备穴》）意思是在城内修建高楼，用来观察敌情。一旦敌方有变，那么修筑掩体墙而积聚土石就不同于平时的情形，若四周有和正常情况下不同的浑浊泥水，即是敌人在挖隧道。这个时候应赶快在城内对着敌人隧道的方向挖沟和隧道来防范它。如果还不能准确判断敌人挖隧道的方位，那就在城内挖井，每隔五步挖一口井，要靠近城墙墙基。地势高的地方掘深五尺，地势低的地方，打到出水，有三尺深就够了。再让陶匠烧制肚大口小的坛子，大小能容纳四十斗以上，用薄皮革套紧坛口放入井内，派听觉灵敏的人伏在坛口上静听来自地下的声音，确切地弄清楚敌方隧道的方位，然后再挖隧道与之相抗。

这两种防御装备战术只是墨家城守诸篇中破解敌人十二种攻城之法的一部分，墨子认为针对敌人不同的攻城方法一定要灵活运用不同的防御战术，绝对不能一成不变，否则在防御战中就毫无胜算。

二、墨子防御装备思想的特点

在防御装备的问题上，墨子主张“守备缮利”（《墨子·备城门》），意思是防御装备要修缮的尖锐可用，能够发挥出应有的性能。关于防御装备的作用，墨子认为如果在防御装备的问题上不够重视，“则虽善者不能守矣”（《墨子·备城门》）。墨子发明了各种各样的城守装备，并根据每种不同的装备性能对应不同的城守战术，严谨有序，相互之间也能有所照应，力求达到效能最大化。墨学城守诸篇中提到了的很多防御技术和装备是由他发明或改造的。墨学和其他学派的最主要区别就是墨子将科学技术引用到实际战争中来，而不是用单纯的说教来支持他的思想。也就是说墨学是强调物质手段来实现其思想的学说，这一点是其他学派在防御装备思想上无法与之相提并论的关键所在。

（1）以技术手段实现“非攻”思想

前面提到过墨子的“非攻”思想并不是反对战争思想，也就是说墨子是“非攻”而不“非战”。在战争不可避免的情况下，墨子认识到只有拥有能够威慑到敌人的实力而使其不敢轻易发动不义战争才是“非攻”思想得以实现的基础。当年公输盘发明了一种叫云梯的攻城武器来攻打宋国，墨子知道这件事之后为了阻止战争找到公输盘，两人决定模拟一下战争过程，公输盘多次使用攻城的巧妙战术，墨子却一次又一次的抵挡了他。公输盘的攻城器械用完了，墨子的守卫方法还有很多没有用。然后墨子对楚王说："杀臣，宋莫能守，乃可攻也。然臣之弟子禽滑釐等三百人，已持臣守圉之器在宋城上而待楚寇矣。虽杀臣，不能绝也"（《墨子·公输》）。意思是杀了我容易，宋国就可以被攻下。但是我的弟子禽滑釐等三百人，已经拿着我制造的用来守城的装备，在宋国城墙上等待楚国的军队进攻。即使杀了我，也不能杀尽守卫宋国的人。最后楚国因为忌惮墨子的防御装备，害怕发动战争要付出巨大的代价，于是打消了攻打宋国的念头。如果墨子单纯用口舌之辩，楚国在拥有新式武器的情况下是不可能妥协的。正是楚王看到了墨子的防御装备能够抵挡住进攻这个事实，最终才会同意不攻打宋国。这件事是墨子强调物质手段实现其非攻思想的代表作。

（2）以技术手段实现"救守"思想

如果说"非攻"思想是指反对攻伐掠夺的不义之战的话，那么"救守"思想就是说墨子支持防守诛讨的正义之战。"救守"思想实际上就是指防御思想。墨子认为，一个国家要想取得防御的胜利，首先必须要有防御的物质基础，"库无备兵，虽有义不能征无义"（《墨子·七患》）。没有装备，没有武器，谈何防御？为了实现防御思想，墨子改造和制造了大量的防御器械和设备设施，例如墨子将旧式城门改造成"悬门"，有利于防御作战；发明了同时能放出六十支箭的"连弩车"和灵活攻击的"转射机"，用来对付攻城的敌人；制造了外部包铁，能够投射炭火的"藉车"，用来攻击敌人和破坏敌人的装备。除此之外，墨子采用的防御装备还有渠答、行栈、桔槔、连梃、飞冲以及戈、矛、剑、戟等。墨子防御思想的一个基本策略是速战速决，"凡守城者以亟伤敌为上，其延日持久以待救之至，明于守者也”(《墨子·号令》)。意思是说只要是守城的一方，都应该以迅速歼灭敌人为上策，如果拖延时间过久，一直到敌人的援兵到来，这种守城者是最没有战法的。要想快速取得防御战的胜利，一味处于防守状态是不行的，所以墨子的防御装备里才会有这么多在当时属于重装攻击的器械。以主动进攻代替被动挨打，及时转换作战态势，这才是最有效的防御。基于这种对防御思想的更深层次理解，墨子将防御装备的作用发挥到了极致。例如城墙上的武器装备，两步以上还有五步、十步、二十步甚至二百步和城四角的布置都有严格的要求，厕所的个数和具体位置，以及是否需要密闭，也都有着明确的规定。这些都说明墨子并不是将他的“救守”思想停留在理想主义阶段，而是通过这一系列的物质手段去支持他的思想。

（3）以技术手段实现“节用”思想

“节用”是墨家非常强调和推崇的观点，基本要求是节约生活开支，以满足人的生理需要为准。当时奴隶制开始瓦解，战争连年不断。百姓颠沛流离，食不果腹，而统治阶级却过着奢侈的生活，铺张浪费严重。墨子认为要想维持正常的社会运作，统治者应当首先注意节俭。“是故用财不费，民德不劳，其兴利多矣!”(《墨子·节用》)意思是要避免把有限的资源消耗在无用的事物上，这样才是对一个国家真正有利的事。墨子的“节用”思想对日常生活的要求面面俱到，这些也都体现在衣食住行等各个方面。除此之外，墨子在防御装备上同样贯彻了“节用”思想。墨子非常在意装备的消耗，对于消耗比较大的武器装备要注意回收。例如墨子发明的连弩车，长为十尺的弩箭的箭尾用绳子系住，射出后能用辘轳迅速卷起收回，这样就能够反复使用。墨子对于百姓的武器装备的要求也反映了其“节用”思想。墨子规定武器装备主要保障参战士兵，百姓的防御装备不予提供。这就大大集中保障了优势力量。不提供给百姓并不意味着不管不问，墨子积极动员他们改造农用生产工具，如锄头、镰刀等。必要时百姓还要备足杵木、瓦石以当后备武器。在充分发挥百姓创造防御装备能力的同时，墨子还把“节用”的思想放到了敌人的装备上，“城上以苔罗矢”(《墨子·备高临》)。意思是在城上用草编成厚厚的遮掩物来遮挡和收取敌方射来的箭。墨子的这些手段有效地节省了资源，各种物资的使用率得以大大提高，对整个防御作战的成功打下了坚实的基础。

三、墨子防御装备思想在古代战争中的地位

墨子的防御装备思想是一套较为完整和极具特色的理论思想，在中国古代战争史上起着划时代的作用。墨子不仅从理论角度探讨了防御的问题，更难能可贵的是墨子将科学的思想引入到作战的角度，强调以科学实践为出发点，更多的将重心放在用物质手段解决现实问题上来。这也就是说，墨子的防御装备思想的可操作性非常强，从装备的研制技术、配置数量、回收利用的论述到防御指挥系统的规定，从提高作战效率的各项说明到管理制度的制定标准等诸多方面都有比较全面的阐述。墨家学说已经不仅是作为一种文案出现在统治者手中，它还是一部集合了当时最先进军事技术的教科书。自墨家防御思想体系形成后相当长一段历史时期里，后世统治者所制定的军事防御原则和战术基本上都是基于墨家学说，它对中国古代军事思想的影响力不可估量。而墨子的防御装备思想更是被后人颂为经典，并且不断被应用在战国时

期以后的各种战争之中。

参考文献

1. 〔汉〕董仲舒:《春秋繁露》，中州古籍出版社2010年版。

2. 〔清〕孙诒让:《墨子间诂》，中华书局2009年版。

3. 慕平译注:《尚书》，中华书局2009年版。

4. 王利器译注:《盐铁论校注》，中华书局1992年版。

20 世纪墨子里籍研究及其特点

刘书玉

一、先秦诸子对于墨子的研究

墨子是中国古代杰出的思想家和科学家，他所创立的墨家学派是先秦时期显赫的学术团体，比肩儒学、声势浩大，墨子的思想和学说在中国学术史上占有重要的地位，对中国社会的发展影响深远。墨子其人其事在先秦文献如《吕氏春秋》、《庄子》、《淮南子》、《尸子》、《韩非子》中多有记载，概括起来，主要有三个方面的内容：第一，墨子的学术渊源，主要探讨墨学与儒学的渊源和承袭关系。例如："鲁惠公使宰让请郊庙之礼于天子，桓王使史角往。惠公止之，其后在于鲁，墨子学焉。"① "墨子学儒者之业，受孔子之术，以为其礼烦扰而不说，厚葬靡财而贫民，服伤生而害事，故背周道而用夏政。"② "孔子、墨子俱道尧舜，而取舍不同，皆谓真尧舜；尧舜不复生，将谁使定儒墨之诚乎？"③第二，墨子的学说思想，主要探讨墨子的治国理念，墨子与孔子在学说思想和政治主张的异同。例如："墨子贵兼，孔子贵公。"④ "孔子贵仁，墨翟贵廉。"⑤ "墨子泛爱兼利而非斗，其道不怒。"⑥ "墨子兼爱，摩顶放踵利天下为之。"⑦第三，记载墨子及墨家学派的活动。墨子及墨学团体的活动在先秦文献有较多的记载，如墨子止楚攻宋的非攻活动，不同文献中有类似的记载。《吕氏春秋》曰："墨子为守攻，公输般服，而不肯以兵加。"[8]《尸子》的记载则更为详细："公输班为蒙天之阶，阶成，将以攻宋。墨子闻之，赴于楚，行十日十夜而至于郢。"[9]先秦学者及其著作要涉及墨子和墨家学派的学术渊源、学术思想，以及为之论证的史实依据和具体的学团活动，而关于墨子的里籍问题并没有只言片语。

二、墨子里籍问题产生的原因

先秦诸子对于墨子和墨家学派的研究重点放在了学术渊源、学术思想和学派活动上，而非墨子的里籍问题。对于先秦学者来说，他们生活的年代与墨子相差无几，对于墨子的国别里籍熟视无睹，在他们看来，或许墨子的里籍本不是问题，更不属于学术问题，没有必要明确记录下来；同时，墨家学派的著作《墨子》也无明确的记载，导致了墨子里籍无意中成为先秦学术史上的一个空白。墨子里籍问题的出现既有独特性，也具有历史的必然性。春秋战国时期尚贤崇功的用人机制也往往使各诸侯国淡化人才的国别问题，以便招贤纳能，聚揽天下人才，如果将人才选拔范围局限于本国本土之内，则难以吸引天下优秀的人才为我所用，难免会造成人才流失，甚至出现吴起为求将而杀妻，韩非客死秦国的悲剧。其次，东周时期，政治混乱，社会动荡，"《春秋》之中，弑君三十六，亡国五十二，诸侯奔走不得保其社稷者，不可胜数"[10]；战国时期，诸侯之间土地兼并，鲸吞蚕食、战争更是连年不断，国与国之间割城赔地频繁，国家城池疆土和住户居民往往今天属之赵魏，明天归于秦楚；昨天是鲁宋贵族，今日成齐楚下囚的现象。因此，在频繁的战争拉锯中，民众常常居无定所，颠沛流离，里籍问题往往难以认定。因此，墨子的里籍问题，在历史的回避、错误与纷争之中，在有意无意之间，成为中国学术史上的一段公案。

三、古人对于墨子里籍研究

尽管墨家思想已经融入到中国社会发展的各个方面，但由于墨学的中绝，后人对于墨家学派的认识和了解甚少，对于墨子的里籍问题，往往也"一人一义，十人十义"[11]，见解各异，难得一同，逐渐产生了墨子为宋人、鲁人、楚人的不同学术观点。最早关注墨子生卒里籍的是史学家。司马迁根据纪传体史书的创作要求，全面整理和研究历史人物的里籍成为学术必然，但他在《史记》中仅提到"盖墨翟，宋之大夫，善守御，为节用，或曰并孔子时，或曰在其后"[12]；班固《汉书》则更为简短，仅言"名翟，宋大夫，在孔子后"[13]。关于墨子，中国两位大史学家能够说明的也不过是墨子曾担任过"宋大夫"一职，生活年代与孔子相当或较晚，并没能给后人提供关于墨子里籍的新发现和证据。两汉距先秦不远，传世文献较多，理清墨子的里籍问题，应该不是一件困难的事情，司马迁和班固语焉不详，对于墨子的思想仅言"守御"、"节用"，其他概不说明，既反映了墨学在秦汉的骤衰，也充分体现了汉王朝在"罢黜百家，独尊儒术"，采用儒学思想一统天下学术之后，对于墨子和墨家学说的否定态度，与孟子"杨墨之道不息，孔子之道不著，是邪说诬民，充塞仁义也"[14]的观点在本质上是一致的，有过之而无不及。后人治学，涉及墨子里籍问题，亦有以《史记》、《汉书》为宗者，如西晋学者郭象在注释《庄子》时说“墨翟，宋大夫”[15]，唐魏征撰写《隋书·经籍志》亦曰：“宋大夫墨翟撰”[16]，南宋陈振孙《直斋书录解题》也说“《墨子》三卷，宋大夫墨翟撰”[17]。

东汉经学家马融，沿袭了司马迁、班固的观点，也认为墨子是宋国人，他在《长笛赋》中提出了墨子为宋人的说法，“于是乃使鲁般宋翟，构云梯，抗浮柱”[18]。马融认为公输班为鲁国人，墨子为宋国人，所以说“鲁班宋翟”。唐人张铣注释《长笛赋》说：“鲁班，鲁公班，鲁人；宋翟，墨翟，宋人也，皆古之巧智人矣。”[19]晋代葛洪沿袭了马融的观点，他在《神仙传》说：“墨子者，名翟，宋人也，仕宋为大夫。”[20]唐人杨倞注《荀子》也采信了宋人的观点，他说：“墨翟，宋人，号墨子。”[21]南宋著名史学家郑樵也认为墨子是宋人，他在《通志·氏族略》注解“墨氏”说：“姓纂云，孤竹君之后，本墨台氏，后改为墨氏。望出梁郡，战国宋人墨翟，著书号《墨子》。”[22]

其次，认为墨子是鲁人或楚人。继马融“宋翟”说不久，他的再传弟子，注疏大家高诱在注释《吕氏春秋·所染》时却提出了不同的观点，称“墨子名翟，鲁人”[23]，他在注释《吕氏春秋·慎大览》中再次提出“墨子名翟，鲁人也”[24]的观点。清代墨学大家孙诒让认为：“《贵义篇》云：墨子自鲁之齐，又《鲁问篇》‘越王为公尚过束车五十乘以迎子墨子于鲁’，《吕氏春秋·爱类篇》‘公输班为云梯，欲以攻宋，墨子闻之，自鲁往见荆王，曰臣北方之鄙人也’，《淮南子·修务训》亦云‘自鲁趋而往，十日十夜至于郢’，并为墨子为鲁人之确证。”[25]孙诒让关于墨子里籍的观点是中国学术界第一次就墨子的里籍问题进行较为合理的论证，在今天墨子里籍的研究中仍有较大的意义。尽管以此为依据确定墨子的里籍尚不充分，但不可否认的是，根据这些事实和依据，我们至少可以确定墨子和墨家学派前期活动的中心。楚人说是鲁人说的一个分支，是建立在《吕氏春秋》高诱的注释“鲁人”基础之上的，认为“鲁”即是楚国的“鲁阳”，始于是清代的毕沅和武亿。毕沅在《墨子注·叙》，将高诱说的“墨子名翟，鲁人也”之“鲁”解释为“楚之鲁阳”；他认为“鲁人则是楚鲁阳，汉南阳县，在鲁山之阳，本书多有鲁阳文君问答，又亟称四境，非鲁卫之鲁，不可不察也”[26]。武亿纂清嘉庆《鲁山县志·跋墨子》也解释说“鲁即鲁阳，春秋时属楚”。[27]

从两汉到有清，古人对于墨子里籍的探究，出于行文、著述、或注疏的需要，间或提到了墨子的里籍所在，但并没有一人就墨子的里籍问题做专题的论述和研究，墨子的里籍问题并没有成为中国学术研究的一个热点。尽管墨子及墨家学派在先秦影响重大，但是，汉武帝之后，儒学一统中国两千多年封建之思想，墨学和墨学研究边缘化，使人们对于墨子和墨子思想认识空缺，直到清朝乾嘉以降，由于思想禁锢，毕沅、王念孙、俞樾、孙诒让等朴学大师纷纷将目光放在了古籍整理上，才将墨子和墨家思想从历史的尘封中挖掘出来，开始了对于《墨子》一书的梳理、墨子与墨子思想的研究，但重点依然是《墨子》版本整理、文字校勘、语词注释等方面。尽管如此，乾嘉学者已经将墨子和墨家学说提高了学术研究的前沿，甚至将墨子的里籍问题也提了学术的层面。但是，清王朝时期，思想禁锢严重，文字狱盛行，且文化传播途径狭窄、手段单一，难以形成对于墨子里籍问题做大范围研讨。直到到二十世纪，特别是辛亥革命以后，清政府的思想禁锢和文化专制制度被彻底推翻，中国文化开始进入多元化的发展进程，西方的资本主义民主思潮涌入中国；同时，随着西方科学技术，特别是电讯电报、现代印刷技术传入中国，政府和民间纷纷设立邮局，办学办报，使中国文化传播的方式得到根本的改变，专家学者们交流的手段和方式日渐增多。以陈独秀、胡适等为首的中国新文化运动的代表纷纷将学术研究的重点放在了中西文化的交融与中国传统文化的整理上，探求中国落后的根本原因和强国之路，试图寻找中西民主思想、科学精神的结合点。而这种交点恰恰存在于《墨子》之中，墨家学说的思想体系中，从而引发了学者们对于墨学人文思想和科技思想的广泛关注和研究，也间接引发了对于墨子里籍的深入探索。

四、民国学者对墨子里籍的探索

晚清以后，以梁启超、谭戒甫为代表的墨学研究者从中国文化的反思中掀起了20世纪的第一次墨学复兴，但关于墨子的里籍问题并没有过多关注，直到1928年，胡怀琛在《东方杂志》、《中国学术周刊》上发表《墨翟辨》、《墨学出于印度辨》两篇文章，提出了“墨翟出于印度”、“墨翟为印度人”以及“墨翟为印度婆罗门教徒”的说法，后又撰写了《墨子学辨》一书，蔡元培先生亲自为《墨子学辨》题名。墨子为外国人的说法，还得到了卫聚贤和太虚法师等人的认同，金祖同曾撰写《墨子为回教徒考》一文，附会胡怀琛的观点，这在当时的中国学术界引起了一次大的争论。墨子为“印度人”的辩论和争鸣不是偶然出现的，而是与中国所处的历史时代和发展阶段密切相关。20世纪20年代，中国正处封建专制向资本主义民主政治的过渡期，在五四运动的影响下，全国范围内正如火如荼地进行着“民主与科学”的深入探讨，而墨子的学说和思想，正是西方社会所提倡，中国民主政治与科学研究所追求的具体目标，是激励国民民主精神，唤醒国民科学意识的最佳例证，全面研究墨子的人文思想与科技精神成为时代发展的必然，而墨子的学术渊源与里籍自然而然地成为研究的一个组成部分。

墨子为印度人之说是中国近现代学者关于墨子里籍学术探讨的最大胆的假设，完全突破了古人的论断，超出了当时人们思想所能够接受的范围，为时人学者所痛批，后经学者（方授楚）的全面论证，彻底否定了印度人说的观点。尽管如此，墨子为印度人的观点，看似是对墨子里籍的探索，实际上是对于中国传统文化和学术的反思。在五四运动前后，新旧民主主义学者开始反思儒家学说在与西方资本主义文化接轨中的不足，大肆宣扬和信奉西方所谓的民主和科学的时候，发现了两千年前墨子超时代的民本主义思想和科学的原创精神，在引发人们对墨子成就和墨家学说惊叹的同时，也对中国古代能否产生如此先进的人文思想和科学精神的可能提出了质疑，从而引发了墨子为外国人的说法，是部分资本主义学者中国社会全盘西化思想的典型性体现。尽管墨子为印度人观点荒诞不经，但是，这是历史上第一次专家学者纷纷就墨子的里籍问题撰文探讨，展开大规模的学术争鸣和研究，创墨子里籍专题研究之先导。而且，胡怀琛将墨子的哲学、科学、文学、宗教等思想，以及《墨子》中的文字、风俗、器物等方面与印度的学术思想、风俗人情、文字等相印证来探讨墨子的里籍。可以说，胡怀琛以墨子里籍为抓手，展开了中国学术与西方学术的比较研究，展开了墨子思想的中西对比研究是有其历史意义的。根据历史文献，特别是先秦文献的记载，关于墨子的思想和学说的对比研究，大都是儒墨对比，而胡怀琛则是从墨子里籍入手，将墨子学说与国外学术思想进行比较研究，从而掀起了中国近现代学者将墨家思想与西方世界同时期的民主思想、哲学思想、科技思想、宗教思想等各方面全面对比研究的高潮，我们认为胡怀琛的结论是荒诞的，但过程是有意义的，不能因为胡怀琛的结论而否认了其对比研究的学术意义。

五、新中国学者对墨子里籍的研究

新中国成立以后，中国的专家和学者继续进行对墨子里籍的研究，但大都沿袭了前人的观点，直到20世纪80年代，在时隔半个世纪以后，中国学术界又一次开始了墨子里籍的大规模探讨与争鸣。此次关于墨子里籍的探讨和争鸣，是以前人研究为基础的，但比前人研究的要深入和彻底，不再像古人那样停留在墨子的国别研究，而是按照现有的行政区划来认定墨子的具体里籍，这不能不说是墨子里籍研究的一大进步，但由此产生的问题也最多。先秦诸子关于墨子的里籍语焉不详，且秦统一中国以降，墨子已经中绝，之后便无学说可究，线索可循；不像儒学史载典记、传承有序、延绵至今，因此，要确定墨子里籍的具体所在很是困难，且容易引发不同的意见，招致不同观点学者的批判。

20世纪后期最早探讨墨子具体里籍的专题文章是美籍华人宋正楷发表《墨子为齐国人考》（1955年台湾《大陆》杂志，第11卷8号），明确提出墨子为“即墨大劳山人”，1986年2月25日发表的《墨子为齐国人再论》[28]；其次是1982年刘蔚华发表的《墨子是河南鲁山人》[29]一文，明确提出墨子为“河南鲁山人”，1990年郭成智在《墨翟故里考辨》中指出墨子为“鲁山县赵村乡人”[30]；

其后1988年2月13日，张知寒在《枣庄日报》发表《墨子应为古代小邾国人》的文章，明确指出墨子为“枣庄滕州人”[31]；古人最早认定墨子是宋人，然而关于墨子里籍的现代探索，宋人说却出现的最晚，1993年钱光发表《墨子当为宋人考》[32]一文，但直到1996年王增文的《墨子宋人考辨》[33]，才明确提出了墨子为“河南商丘人”的观点。特别是张知寒教授经过严谨而翔实地考证，先后写了7篇文章（根据查阅到的相关资料，不排除更多文章的可能性），就墨子的里籍问题展开研究，考定墨子为山东滕州人，解决了墨子里籍的公案（得到了后续研究成果的支持），也将墨子里籍的学术研究推向新的高潮。

20世纪后期墨子里籍的研究，也有其历史的必然性。拨乱反正之后，中国开始了对于中国传统文化的全面反思，对于真理的大讨论。以此为背景，中国又一次开始了对于科学与民主的大讨论，对于中国优秀传统文化的全面研究，墨子的学说思想又一次成为探索中国民主与科学道路的重要历史文献，体现了对于中国传统文化的两种截然不同的态度：世纪之初的全盘西化和新中国国学为体的历史转变。可以说，20世纪关于墨子里籍的两次探讨都是思想解放（资本主义民主思想和社会主义民主思想）的结果，是墨子学说与思想研究的一个重要组成部分；但20世纪80年代墨子里籍研究较世纪之初的研究发生了质的变化、体现了不同的价值观，是中国现代“民主与科学”精神的探索，进一步推动了墨学的深入研究和探讨，促进了墨学的传播，弘扬了中国的优秀历史文化。

六、墨子里籍研究的学术特点

在墨子里籍的探讨和研究过程中，随着研究的不断深入，逐渐呈现出专业性和学科性的特点及趋势。第一，专业性。20世纪以前，人们对于墨子里籍的研究，只是出于行文（马融等），注疏（高诱、郭象、杨倞、张铣等）、修史（司马迁、班固、魏征、郑樵等），著述（陈振孙等），古籍整理（毕沅、孙诒让等）等需要，直接或间接提到了墨子的里籍，更没有展开对于墨子里籍的全面研究和深入探讨。直到20世纪以后，中国学术界开始重新审视中华传统优秀历史文化，审视墨子思想的时代价值和现实意义，开始将墨学研究提到了全新的历史高度的时候，将墨子的里籍纳入到学术研究的视野之中。民国时期，梁启超、伍非百、张纯一、吴毓江、顾颉刚等文史大家纷纷以古人的观点为基础，来探讨墨子的里籍问题。而胡怀琛却别出心裁地提出了墨子为“印度人”的观点，在当时的学界引起了轩然大波，郑师许、吴进修、方授楚、陈登原、杨宽等先后在《东方杂志》、《知难周刊》、《一般》、《大陆》等学术杂志上发表文章进行驳斥，特别是方授楚曾在《墨学源流》中专门拿出一卷四章内容辩驳关于墨子为外国人的观点。这是中国学术界第一次就墨子里籍问题开始进行大规模的专题性研究，开创了墨子里籍研究的学术论辩先河。新中国成立后，大陆学者如蔡尚思、任继愈、杨向奎、王献唐、童书业，刘蔚华、张知寒、孙以楷、孙中原等再次开始了墨子里籍的探索，期间港澳台和旅美学者宋正楷、冯成荣、李绍崑等也加入进来，纷纷在报纸和学术杂志上各抒己见，探讨墨子的里籍问题，将墨子里籍的学术研究推向新的高潮。

第二，学科性。近现代以来，特别是20世纪80年代以来，专家学者对于墨子里籍的研究，已不再局限于古籍文献的记载，满足于前人的论断，而是将视野扩展到了更大的范围，以更加科学、更加全面的论证方法从学科的角度研究墨子的里籍。首先，从训诂上考证墨子的里籍。如张知寒在考证“目夷”与“木石”的发展演变关系，就从训诂上找到了答案：“《路史·国名纪》在商氏后‘目夷条’下记曰：‘今滕之东南有目夷亭。’在古代，狐与目、化、货等同音；台、骀、胎与夷同音；同音字可互为通假，所以杜预肯定地认为狐胎就是滕东南的目夷。明代万历十三年所编的《滕县志》说狐台山，一名目台山，一讹为湖山，又曰壶山，皆非也。……山南头名木石者，疑亦目台之讹也。童书业在《目夷亭辨》一文里曾确认‘目夷亭就在今滕县境内’。王献唐也说‘滕东南有木台，亦即墨胎’。”[34]此外，杨向奎通过音训考证了“墨翟”与“目夷”的关系，他说：“目夷也作墨夷，而翟与夷古音可以通假，因之，我颇疑墨翟即目夷的别写。”[35]2010年姜宝昌再次从古人注疏训释体例上探讨了高诱注《吕氏春秋》中“鲁人”的具体所指当为“东鲁”；同时还认为刘蔚华所引《鲁颂·閟宫》中“居常与许，复周公之宇”中的“常”，当即“堂阜”，并进一步论证说：“《国语·齐语》：‘管子曰以鲁为主，反其侵地堂、潜。’‘堂、潜’，《管子》作‘常、潜。’堂阜，地处当今山东蒙阴县西北三十里。许，即许田，在今山东临沂西北五十里。常（堂）、许原皆鲁地，后常为齐所侵，许为郑以祊所换。史诗说，常与许后复还鲁，恢复鲁公昔日疆域。许不在鲁阳地区。”[36]

其次，从方言上考证墨子的里籍。如萧鲁阳《墨子原典校理与方言研究》，以鲁山方言来间接论证墨子的里籍，萧鲁阳认为《墨子》书中的许多方言词都是鲁山方言区所特有的，如“将养、相与、安生”等等[37]，此外，还有“隆火、阴暴”等等[38]。张知寒认为：“学术界公认语言是考订古代史实以及典章文章的活化石。春秋战国时期，邹鲁地区语言的语助词为‘焉、哉、乎、也’。《论语》、《墨子》、《孟子》等书，都是使用以‘焉、哉、乎、也’作语助词的邹鲁语言写成的。”[39]钱光在论证墨子里籍的问题时，发现《墨子》书中存在大量的宋方言语词，特点显著，他先后举出了“刘”、“植”、“环”、“轒”等语词来论证墨子里籍的问题。[40]郑杰文也曾以“巨”字为例，谈到《墨子》具有的齐宋方言的区域特点。[41]

第三，从民俗上考证墨子的里籍。张知寒在考证墨子的里籍时引《庄子·天下篇》“墨者，以跂蹻为服”并解释说：“跂蹻即屐屩，亦从尸（夷），知其为邾娄族所制。墨子生长于邾娄，服其乡人之服，以证其从夷之谊。又，夷人以鸟为神，自古就有爱鸟、敬鸟的习俗，所谓‘被服容止，皆象鸟也’。墨子特以翟［翟（狄），雉也］为名，即是邾娄族的习俗在墨子身上的一个印记。”[42]他又根据孟子中所说“墨子兼爱，摩顶放踵利天下为之”考证说：“从古代民俗学的资料看，邾娄或邹鲁地区的居民，自古就有头顶着东西走路的习俗，所以常‘摩秃其顶’……怎么知道邾娄地区的居民有此习俗呢？这在古文字学里有确切证明，例如邾娄人的‘娄’字，就是一个人头顶着东西走路的象形字。……王献唐说戴物之俗，自周、汉迄今尚其制，皆邾族遗风。”并引孟子“颁白者不负戴于道路矣”相佐证。[43]

第四，从考古上考证墨子的里籍。张知寒从文献记载和出土文物上考证墨子的里籍问题。“在今之滕州境内，尚有不少与墨子有关的遗址遗迹。除前面说的‘目夷子墓’以外，尚有位于小邻国北境的‘染山’，相传就是因墨子曾在此‘叹染丝’而得名的。滕州东南四十多里处，乃古‘目夷国’所在地，那里尚有不少迹象可寻。如木石（台）镇附近，还有东台（夷）、西台（夷）、南台（夷）、化石（台）沟等自然村。此地还有‘目台山’、‘目夷亭’以及‘沂（夷）河’等等。近几年出土的铜器有‘虘台戈’（即目夷戈）等器物。”[44]而萧鲁阳认为：“鲁山县有墨子庙、墨子祠八处，都是历史上传留下来的。鲁山人称墨子为墨祖、墨爷，也有称墨子为穷爷的。……山巅建有墨子庙，楹联‘放踵走天涯，摩顶归故乡’，很有气派，庙基下出土有宋代砖瓦，可见其年代之久远。鲁山县昭平湖西北角金山环岛上有墨子著经阁，传说是墨子著《墨经》的地方。”[45]

可见，20世纪以来专家学者对于墨子里籍的研究越来越深入，研究方法更为科学、研究领域更为全面，将文献学、历史学、民俗学、方言学、考古学知识综合运用到墨子里籍的探究之中，关于墨子里籍的考证也更加具体化、系统化，紧跟时代学术发展的步伐，并以此为基础推动了墨学研究的发展。根据专家学者在文献、训诂、方言、民俗、考古等学科研究所取得的综合成就，使我们对于墨子里籍有更深入全面的了解：从墨子的往来轨迹我们可以找到墨子的活动中心，从“目夷”的训诂我们可以窥探出墨子的祖籍所在，从鲁山的历史文物我们可以找到墨家弟子的传承，从方言中我们可以发现《墨子》中宋、齐、鲁、楚（鲁山）语言区的特征，从民俗中我们可以发现墨子与郳鲁的联系，这为我们深入研究墨子和墨家学说提供了线索和可能。

结语

墨子里籍由于史书语焉不详，逐渐发展成为一段历史公案。专家学者纷纷从不同的角度，采取不同的方法来探索墨子的里籍所在，使得墨子的里籍问题逐渐上升到学术的层面，并成为20世纪学术研讨的热点。墨子里籍研究是墨学研究的一个重要方面，墨子里籍研究在一定程度上推动了墨学研究的发展，20 世纪关于墨子里籍的探究已充分证明了这一点，甚至今天墨学研究的繁荣局面，也与墨子里籍的研究息息相关。墨子的里籍研究，既推动了墨学研究，也促进了中国学术的发展。

注释

①⑤⑧㉓㉔〔战国〕吕不韦:《吕氏春秋》，中华书局 1954 年版，第 20、213、162、18、162 页。

②何宁:《淮南子集注》，中华书局 1998 年版，第 1459 页。

③王先慎:《韩非子集解》，中华书局 1998 年版，第 457 页。

④⑨〔战国〕尸佼:《尸子》，上海古籍出版社 1989 年版，第 12、29 页。

⑥⑮郭庆藩:《庄子集释》，中华书局 2004 年版，第 1072、316 页。

⑦⑭杨伯峻:《孟子译注》，中华书局 2005 年版，第 313、155 页。

⑩⑫〔汉〕司马迁:《史记》，中华书局 1999 年版，第 2492、1844 页。

⑬〔汉〕班固:《汉书》，中华书局 1999 年版，第 1373 页。

⑯〔唐〕魏征、令狐德棻:《隋书》，中华书局 1999 年版，第 676 页。

⑰〔清〕陈振孙:《直斋书录解题》，上海古籍出版社 1987 年版，第 293 页。

⑪㉕吴毓江:《墨子校注》，中华书局 2006 年版，第 114、1058 页。

⑱⑲〔梁〕萧统编，〔唐〕李善等注:《六臣注文选》，中华书局 1987 年版，第 327、327 页。

⑳〔晋〕葛洪:《神仙传》，内蒙古人民出版社 2003 年版，第 66 页。

㉑〔清〕王先谦:《荀子集解》，中华书局 1988 年版，第 28 页。

㉒〔宋〕郑樵:《通志二十略》，中华书局 1995 年版，第 141 页。

㉖任继愈:《墨子大全（11）》，北京图书馆出版社 2004 年版，第 5 页。

㉗㉚郭成智:《墨翟故里考辨》，载《中州学刊》1990 年第 5 期，第 101、103 页。

㉙刘蔚华:《墨子是河南鲁山人》，载《中州学刊》1982 第 4 期，第 111 页。

㉘宋正楷:《墨子为齐国人再论》,载《中国政协报》1986 年 2 月 25 日。

㉛张知寒:《墨子应为古代小邾国人》,载《枣庄日报》1988 年 2 月 13 日。

㉜㊵钱光:《墨子当为宋人考》,载《兰州大学学报》1993 年第1期,第 151、156 页。

㉝王增文:《墨子为宋人考辨》,载《史学月刊》1996 年第 5 期,第 113 页。

㉞㊹张知寒:《再谈墨子里籍应在今之滕州》,载《文史哲》1991 年 2 期,第 93、97 页。

㉟杨向奎:《绎史斋学术文集》,上海人民出版社 1983 年版,第 339 页。

㊱姜宝昌:《从〈吕氏春秋〉高诱注论到墨子为东鲁人而非西鲁人》,载《经济参考报》2010 年 11 月 26 日。

㊲萧鲁阳:《论墨子方言研究的意义》,载《中州学刊》2004 年第 6 期,第 151 页。

㊳㊺萧鲁阳:《墨子里籍论略》,载《江汉论坛》1998 年第 8 期,第 89、89 页。

㊴㊸张知寒:《略述我所考定的墨子里籍》,载《东岳论丛》1998 年第 1 期,第 69、69 页。

㊶郑杰文:《墨子游鲁阳及孟胜守鲁阳考说》,载《西华师范大学学报》2005 年第 2 期,第 58 页。

㊷张知寒:《墨子里籍新探》,载《山东社会科学》1988 年第 6 期,第 64 页。

墨子的宗教观研究

梅良勇　俞世兰

墨子是我国先秦时期著名的思想家，他创始的墨家学派和儒家被并称为“当世之显学”。“墨子十义”是其全部思想的综合概括，即“天志”、“明鬼”、“非命”、“兼爱”、“非攻”、“尚贤”、“尚同”、“节用”、“节葬”和“非乐”。其中，“天志”、“明鬼”思想是墨子宗教观的主要内容，在其全部思想中起到了统摄的作用。本文将从“天志”、“明鬼”思想着手，来探求墨子是如何阐述其宗教思想的。

一、形成因缘

水有源，树有根。墨子的宗教思想形成既有其特定的时代背景，也有其思想渊源。

1. 时代背景

墨子生活的春秋末战国初期，是中国古代社会大变革大动荡的时代。周王室衰落，诸侯自重，兼并战争频繁，礼乐崩坏，宗法关系和等级秩序名存实亡。天下乱象丛生，社会治理混乱不堪。刘向直言：“仲尼既没之后，田氏取齐，六卿分晋，道德大废，上下失序。至秦孝公，捐礼让而贵战争，弃仁义而用诈谲，苟以取强而已矣。夫篡盗之人，列为侯王，诈谲之国，兴立为强。是以转相放效，后生师之，遂相吞灭，并大兼小，暴师经岁，流血满野，父子不相亲，兄弟不相安，夫妇离散，莫保其命，泯然道德绝矣。晚世益甚……国异政教，各自制断；上无天子，下无方伯；力功争强，胜者为右；兵革不休，诈伪并起。”[①]司马迁指出：“《春秋》之中，弑君三十六，亡国五十二，诸侯奔走不得保其社稷者不可胜数。察其所以，皆失其本已。……故曰‘臣弑君，子弑父，非一旦一夕之故也，其渐久矣’。”[②]千年之后，顾炎武也认为：“如春秋时，犹尊礼重信，而七国则绝不言礼与信矣。春秋时，犹宗周王，而七国则绝不言王矣。春秋时，犹严祭祀、重聘享，而七国则无其事矣。春秋时，犹论宗姓氏族，而七国则无一言及之矣。春秋时，犹宴会赋诗，而七国则不闻矣。春秋时，犹有赴告策书，而七国则无有矣。邦无定交，士无定主……而文武之道尽矣。”[③]墨子将天下混乱的原因归于世人天鬼观念的削弱，对天地鬼神的怀疑和否定，使得世人尤其是一些贵族不再相信超自然力量的存在，对鬼神的威慑作用失去了敬畏之心，致使社会信仰缺失，社会缺乏有效的约束机制。所以，墨子在无神论流行的情况下，提出了“天志”、“明鬼”思想，以期为礼乐崩坏的失治社会提供有效的社会治理之策。

2. 思想渊源

天鬼观念不是墨子自己创造出来的，有一定的思想渊源。在我国原始氏族社会，当时的社会生产力和人们的认识能力极为低下，人们对风雨雷电等自然现象和生老病死、做梦等心理现象不理解，逐渐形成天能主宰万物，人死后化为鬼魂的神学观念。进入阶级社会以后，宗教神学思想被统治阶级利用来进行阶级压迫和剥削。殷商是一个典型的宗教立国的国家，所信奉的是中国传统的至上神——天，整个社会具有浓厚的宗教氛围，在社会上层信奉天帝的同时，社会下层普遍存在着信奉鬼神的习俗。《礼记》说："殷人尊神，率民以事神，先鬼而后礼。"之后，周人打着天命的旗号"皇天震怒，命我文考，肃将天威"，使殷周政权更替。"敬天保民"是西周意识形态的核心。墨子虽然处于无神论流行的春秋战国，然而却受到自古以来宗教观念的影响，认为凡尊天事鬼者，社会才能安定与富荣。

二、基本内容

墨子的宗教观的内容是多方面的。就其主要观点来看，包括如下两个方面。

（一）天志观

1. 天无所不在，全知全能，审视万物

墨子曰："若处家得罪于家长，犹有邻家所避逃之……处国得罪于国君，犹有邻国所避逃之……且语言有之曰，焉而晏日，焉而得罪，将恶避逃之？曰：无所避逃之。夫天不可为林谷幽门无人，明必见之……"[④]所以，墨子所谓的天，是无所不在的。

2. 天是有人格和意志的至上神

天有意志。那么天的意志是什么呢？墨子说："天欲义而恶不义。"[⑤]那是怎么知道"天欲义而恶不义"呢？墨子论证说："天下有义则生，无义则死；有义则富，无义则贫；有义则治，无义则乱。然则天欲其生而恶其死，欲其富而恶其贫，欲其治而恶其乱，此我所以知天欲义而恶不义也。"[⑥]墨子认为："义不从愚且贱者出，必自贵且知者出。"[⑦]为了说明"义自贵且知者出"，墨子又提出

“义为善政”的证据，善政义治，有义亦治，于是“等量代换”，善政和义是一回事，义就等于善政。愚笨且低贱的人不能统治高贵且聪慧的人，高贵且聪慧的人才能统治愚笨且低贱的人。那么，谁是“贵且知”的人呢？有诸侯，有天子，然而“天子为善，天能赏之。天子为暴，天能罚之”[⑧]。因此，天是最高贵最智慧的人！义出于天！天是义的提倡者、发起者，是正义的化身。

天的意志之二，便是兼爱。即“天必欲人之相爱相利，而不欲人之相恶相贼也。奚以知天之欲人之相爱相利，而不欲人之相恶相贼也？以其兼而爱之，兼而利之也。奚以知天兼而爱之，兼而利之也？以其兼而有之，兼而食之也”[⑨]。墨子进而论证说：“上天安排日月星辰，照耀天下，制定春夏秋冬四季，以之为纲纪，降下霜雪雨露，以使五谷丝麻生长成熟，供给百姓的财用；天还分列山川溪谷，广布各种事业，用心监督百姓的善恶；天还分别设立王、公、侯、伯，使他善贤而罚暴，征收金木鸟兽，从事五谷丝麻的种植，以为百姓提供衣食。不仅如此，如果有人杀了人，上天必定给他带来灾祸。”[⑩]天是兼爱兼利的典范。

3. 天具有赏善罚恶的能力，是衡量是非的唯一标准

墨子说：“天之行广而无私，其施厚而不德，其明久而不衰，故圣王法之。既以天为法，动作有为必度于天，天之所欲则为之，天所不欲则止。”“我有天志，譬若轮人之有规，匠人之有矩，轮匠执其规矩，以度天下之方圆，曰：‘中者是也，不中者非也。’今天下之士君子之书，不可胜载，言语不可尽计，上说诸侯，下说列士，其于仁义，则大相远也。何以知之？曰：我得天下之明法以度之。”[⑪]这里，墨子所说的“天”显然就是法仪，准则，是天地间万事万物的规矩，特别是圣王行为处事的最高法则。

墨子认为，顺从天意，天必赏之；违背天意，天必罚之。天欲义而恶不义。顺天意，为“义政”。即“处大国不攻小国，处大家不攻小家；强不劫弱，众不暴寡；贵不敖贱，诈不欺愚”。这样就能“上利天，中利鬼，下利人”。违背天意，为“力政”，即“处大国攻小国，处大家攻小家；强者劫弱，众者暴寡；贵者傲贱，诈者欺愚”。这样就“上不利天，中不利鬼，下不利人”[12]。同时，墨子强调，只能从上正下，不能从下正上，即士人评判庶人，大夫将军评判士人，三公诸侯评判大夫将军，天子评判诸侯三公，而天子也要受到天的评判。逐级审查，归总于天。天是最高，也是最后的裁决。天是兼爱兼利的典范。顺天意，爱人利人，必然得到天的奖赏；逆天意，恶人贼人，一定会遭到天的惩罚。墨子运用古代帝王盛衰来说明。“昔三代圣王禹汤文武，此顺天意而得赏者也。昔三代之暴王桀纣幽厉，此反天意而得罚者也。然则禹汤文武，其得赏何以也？子墨言曰：其事上尊天，中事鬼神，下爱人。故天意曰：‘此之我所爱，兼而爱之；我所利，兼而利之’……然则桀纣幽厉得其罚何以也？……曰：其事上诟天，中诬鬼，下贼人。……故使不得终其寿，不殁其世，至今毁之，谓之暴王。”[13]

（二）明鬼观

1. 鬼神与天下治乱

所谓“明鬼”，就是说人要知道有鬼神的存在。墨子说：“逮至昔三代圣王既没，天下失义，诸侯力正。……由此始，是以天下乱。此其故何以然也？则皆以疑惑鬼神之有与无之别，不明乎鬼神之能赏贤而罚暴也。今若使天下之人，偕若信鬼神之能赏贤而罚暴也，则夫天下岂乱哉？”[14]墨子将天下治乱的原因归于鬼神的确信，认为人们对鬼神心存疑惑，对鬼神替天赏善罚恶的能力还不信服，那么，天下就会大乱。反之，信鬼神，则可消除天下混乱的局面了。

2. 鬼神是真实存在的

为了打消人们对鬼神存在与否的疑虑，墨子从以下三个方面做了证明。首先“以众之耳目之实”证明，以人们的实际见闻作为标准来证明鬼神的存在；其次“以昔者三代圣王足以为法”，以三代圣王的事迹作为证明；三是以“先王之书为证”，他列举《诗经》、《尚书》、《周书》中的一些记载来证明鬼神的存在。

3. 鬼神无所不在，具有扬善抑恶的能力

墨子认为，即使有人躲在没有人烟的深山老林中为非作歹，无所不在的鬼神也能明察秋毫。古书记载：“吉日丁卯，周代祝社、方。岁于社者考，以延年寿。”[15]据此，墨子认为，鬼神是能够赏贤罚恶的。对于官吏不清廉，男女不分之事，鬼神都看得见；百姓做淫乱、强暴、叛乱、偷盗之事，拿着兵器、毒药、水器、火器在道上拉劫无辜之人，掠夺人家的车马、衣襟。这些，鬼神都看得一清二楚。因此，官吏为政不敢不廉洁，见善不敢不赏，见恶不敢不罚，由此，百姓的胡作非为就会停止，这样，天下就安定了。墨子认为，鬼神是天的辅佐，是天志的推行者和拥护者。顺天意者，义政、兼爱，鬼神必赏之；逆天意者，力政、别爱，鬼神必罚之。

三、主要特点

就墨子的宗教观的特点来看，主要包括如下两点。

1. 非宗教教义

墨子的“天鬼观”是否是宗教教义，是长期以来的争论所在。

有人坚持认为墨子的“天鬼观”是宗教教义，墨子是宗教教主。郭沫若认为：“孔子思想中动摇了的传统鬼神，墨子则完全肯定下来……在奴隶制崩溃的时候，墨子提倡‘天志’、‘明鬼’，这说明他是在复古，而不是在革新。”[16]然而有人持相反的意见：不承认“天鬼观”是宗教教义，否认墨子是宗教教主。本文赞同后者的观点。最能反映宗教本质的东西，是宗教观念，即神灵观、灵魂观、生死命运观。墨子的“天鬼观”只是在形式上、字面上有类似于宗教的东西，如存在“超人间”的“上天”、“鬼神”，上天、鬼神能进行“赏善罚恶”的活动等，但由于墨子的“天鬼观”中并不存在一个与人对立、主宰人的“绝对至上神”，没有他界来世说，更不主张消极颓废的“生死命运观”，因而墨子的“天鬼观”从本质上看不属于宗教观念的范畴。詹剑锋指出：“墨子既没有老子那样全性葆真、超出物外之想，也没有后世道教的炼丹修道、白日飞升之术；既没有耶稣那样自命为救世主，宣传天国近了，也没有佛陀那样逃避现实，遁入空门。”[17]墨子主张尊天事鬼其目的是推行其学说。墨子作为一介平民，要想撼动整个社会的思想，是不易的。因此，借助天、鬼神来推行自己的思想。鲁迅说：“孔墨都不满于现状，要加以改革，但那第一步，是在说动人主，而那用以压服人主的家伙。则都是‘天’。”[18]“天志”、“鬼神”观的提出，只是作为一种手段，而非宗教本质。

2. 功利主义色彩

墨子是平民出身，代表小生产者的利益，其提出的思想也必然是代表小生产者的要求的，其学说也具有功利主义色彩。当无神论者提出祭祀费财而无利于父母是否有害于做孝子的疑问时，墨子的回答是：如果有父母兄母的鬼魂存在，他们享受了祭品，当然不算浪费；如果他们没有鬼魂，当然也就谈不到享受祭品了。但祭品并没有扔进污水沟中，而是内族、乡里的人都能够聚在一起吃掉。即使鬼神确实没有，这还可以聚合众人，在乡里获得好感。墨子的鬼神观，完全为现实服务，服务于下层民众的日常生活。但不是去追求彼岸，追求终极的宗教型的鬼神思想。

四、墨子宗教观的历史意义

1.“天志”、“明鬼”思想反映了下层劳动人民的正义要求，具有强烈的现实批判力量。

墨子面对当时列强纷争、战火迭起、民不聊生的社会现实，提出了“天志”、“明鬼”思想，希望利用这一思想，在统治者之上建立一个至高无上的权威，使人们按天意行事，约束自己的行为，希望建立一个“刑政治，万民和，国家富，财用足，百姓皆得暖衣饱食，便宁无忧的社会”[19]。墨子来自于平民阶层，墨学是平民显学。墨子及其学派始终是下层劳动人民利益的代表。所以，墨子的“天志”，可以说是“民志”、“民意”的代名词，表达人民的要求和意愿。任继愈说：“墨子借用统治阶级的天鬼崇拜形式，让天鬼为劳动者服务”，“天鬼赏善罚恶，都是为了保护百姓利益，天鬼总是站在百姓一边的”，“墨子心目中的善良爱民，主持正义，是人间最公正的裁判者”。[20]

2.“天志”、“明鬼”思想是制约统治阶级的外在力量

翦伯赞说：“降至三国时代，七雄并峙，天子将为诸侯之附庸，因而在诸侯心中早已没有天或上帝了。但是在这个时代的农民，他们却幻想有一个最高的权力，来制裁这些无法无天的诸侯，于是出现了墨子的‘天志’。”[21]墨子生活的时代正是战国初期，诸侯

混战，天下大乱，受害的是平民老百姓，老百姓希望过上太平的日子，希望有个最高权力来制裁无法无天的诸侯。然而，若是天子掌握了最高权力，失去制约，胡作非为，就像墨子常常说到的桀纣幽厉等暴王那样行事，那么，受害的还是老百姓。墨子之所以主张尊天事鬼，主要就是针对这种暴王的。在墨子所设计的行政管理体制中，天子并不是最高统治者，因为天子要受天的管理，天子要按天的意志管理天下。如果违反了天意，便会受到天的惩罚。这样，“天志”、“明鬼”思想的提出，就成为了制约统治阶级的外在力量。

3. “天志”、“明鬼”思想是推行墨子核心思想——“兼爱”学说的外在力量

墨子的核心思想是“兼爱”，以此为中心构成了墨家庞大的思想体系。然而“兼爱”是“贱人之说”，其所提出的主张主要是针对统治阶级而言的。对于上层统治者来说，这直接损害了他们的既得利益。即使在某个时期、某种程度上，为了一定的政治目的，调和阶级矛盾，统治阶级也许可以暂时牺牲一下，但绝不能持之以恒。而墨子及其弟子皆为平民，不能够实施“兼爱”思想。同时，小生产者的觉悟程度低，让他们毫无私心地对待他人，像爱自己那样去爱他人，是很难做到的。然而，若是将“兼爱”思想贴上“天志”标签，违反天意，则有鬼神惩罚，那么，情况就另当别论了。将“天志”、“明鬼”思想作为最具有威慑力、说服力、强制力的工具来辅佐“兼爱”学说的推行，具有很大作用。

墨学虽然在秦汉之际成为绝学，其思想在一定的社会历史条件下产生，有一定的社会作用和历史意义。墨子的“天志”、“明鬼”宗教观，贯穿于墨子其他思想当中，在当时社会，有一定的

现实作用。在现在，虽然宗教观受到质疑，但是仍然应以辩证的眼光来看待。

注释

①杨华：《墨子“天志”“明鬼”思想的社会根源》，载《江西师范大学学报》2009年第5期。

②〔汉〕司马迁：《史记》，中州古籍出版社1994年版，第991页。

③〔明〕顾炎武著，〔清〕黄汝成集释：《日知录集释》，上海古籍出版社1985年版，第467页。

④⑤⑥⑦⑧⑨⑮蒋玉斌、辛志凤等：《墨子译注》，黑龙江人民出版社2003年版，第147、148、149、154、13、189页。

⑩李亚彬：《中国墨家》，宗教文化出版社1996年版，第197页。

⑪高秀昌：《论墨子关于政治与宗教关系之思想》，载《中州学刊》2006年第2期。

⑫舒大刚：《墨子的智慧》，中央编译出版社2008年版，第107页。

⑬罗玉堂：《天、鬼、人——墨子顺天有为的天人观再探》，载《兰州学刊》2002年第4期。

⑭陈守克、桑哲：《墨学与当代社会》，中国社会科学出版社2007年版，第179页。

⑯张希宇、张幼林：《论墨子的“天鬼观”非宗教教义》，载《齐鲁学刊》2004年第3期。

⑰詹剑锋：《墨子的哲学与科学》，人民出版社1982年版，第73页。

⑱鲁迅：《鲁迅杂文全集》，河南人民出版社1994年版，第363页。

⑲王黎明：《墨子“天志”、“明鬼”思想积极意义分析》，载《天水行政学院学报》2010年第1期。

⑳任继愈：《中国哲学发展史》，人民出版社1993年版，第224、225页。

㉑翦伯赞：《中国史纲》，人民出版社1979年版第390页。

略论墨子的和谐社会思想及其当代价值

沈跃春

社会和谐是人类一直不懈追求的永恒主题，也是中国特色社会主义的本质属性。在加强社会建设和创新社会管理的新形势下，需要加强对社会主义社会建设的理论研究和实践探索，并注意研究国外社会建设理论，借鉴其积极成果，同时也迫切需要加强对中国历史上关于和谐社会建设的理论研究，按照去伪存真、去粗取精的要求，努力做到古为今用。中国古代传统思想文化蕴含着丰富的和谐社会思想，其中包括墨子兼爱学说蕴含的和谐社会思想。深入研究墨子兼爱学说蕴含的和谐社会思想，不仅可以为我们完善中国特色社会主义社会建设理论提供传统文化的历史借鉴，而且对于今天中国构建以人为本的和谐社会具有重要的现实意义。

一、墨子和谐社会思想的基本内容

墨子是先秦显学墨家学派创始人，是我国先秦时期重要的思想家、哲学家、政治家、教育家、军事家和科学家，被誉为“百科全书式的平民圣人”。《韩非子·显学》篇说：“世之显学，儒、墨也。”墨学是先秦时期的显学之一，到了汉武帝时期“罢黜百家独尊儒术”，孔子所代表的儒家思想被定为一尊，而墨子所代表的墨家思想却被“罢黜”，墨学成为绝响。在长达数千年的传统社会，墨学一直处于湮没无闻的状态。直到近代，墨子才受到进步思想家与民主革命派的青睐，人们才认识到墨学的内涵及其价值，墨学似有复兴之势。梁启超深刻地分析了墨学产生的社会根源、墨学在学术思想史上的地位、墨学与先秦其他诸子的学说的异同及其对后世的影响等。毛泽东曾给予墨子很高的评价，认为“墨子是个劳动者，他是比孔子更高明的圣人。”鲁迅曾称颂墨子为“中国的脊梁”。

春秋战国是中国社会由奴隶制向封建制转变的关键时期。旧的奴隶制度行将崩溃，新的封建制度正在孕育萌生，各种矛盾异常尖锐，社会充满纷争和动荡。各国统治者为了扩大地盘、增添人口，相互进行无休止的战争，弄得广大穷苦百姓民不聊生、流离失所。正是在当时诸侯国纷争、兼并的时代背景下，思想家们纷纷为治乱开出自己的“药方”。

墨子生活在春秋向战国过渡的时代。作为劳苦大众的代言人，墨子提出了以兼爱学说为核心的和谐社会思想。他希望建立一个理想的社会，实现人与人、家与家、国与国之间的和谐。墨子认为，若实现社会的和谐，就必须使劳动人民能够安居乐业，各尽所能，发展生产，以满足其基本生活需求。他说：“故昔者禹汤文武为政乎天下之时，曰：‘必使饥者得食，寒者得衣，劳者得息，乱者得治。’”实现社会的和谐，统治者要实行“义政”，反对“力政”。

墨子的治国主张极有针对性。他指出，“凡入国，必择务而从事焉”。也就是说，到了一个国家，必须针对这个国家的现状和存在的突出问题，采取相应的措施予以治理。针对当时“饥者不得食”、“寒者不得衣”、“劳者不得息”的社会状况，墨子对症下药予以治理，提出“天下和”“万民和”“上下调和”的思想。他主张通过“兼相爱，交相利”来达到社会和谐，提出“兼爱”、“非攻”、“尚同”、“尚贤”、“节用”、“节葬”、“天志”、“明鬼”、“非乐”、“非命”等一系列和谐社会思想，论述了实现社会和谐的具体途径和方法。《墨子·鲁问》说：“国家昏乱，则语之尚贤、尚同；国家贫，则语之节用、节葬；国家熹音湛湎，则语之非乐、非命；国家淫僻无礼，则语之尊天、事鬼；国家务夺侵凌，即语之兼爱、非攻。”

“兼相爱，交相利”是墨子和谐社会思想的核心。“兼爱”学说是墨家学派区别于其他学派的根本标志。在《墨子》一书中，“兼爱”思想主要集中体现在《兼爱》上中下三篇，其他各篇均有所涉及。墨子认为，社会的不和谐源于人们之间的不相爱。“是故诸侯不相爱则必野战，家主不相爱则必相篡，人与人不相爱则必相贼，君臣不相爱则不惠忠，父子不相爱则不慈孝，兄弟不相爱则不和调。”人们之所以去进攻别国残害同类，在墨子看来都是由于不能兼相爱的缘故。墨子曰：“天下之人皆不相爱，强必执弱，众必劫寡，富必侮贫，贵必敖贱，诈必欺愚。凡天下祸篡怨恨，其所以起者，以不相爱生也。”因此主张“以兼相爱交相利之法易之”。

墨子主张“兼相爱，交相利”。墨子曰：“今天下之君子，忠实欲天下之富，而恶其贫；欲天下之治，而恶其乱，当兼相爱、交相利。此圣王之法，天下之治道也，不可不务为也。”“修身”是“兼爱”的一个前提。所以墨子非常注重人自身的修身养性，注重人自身的发展。墨子“兼爱”的具体办法是：“有力相营，有道相教，有财相分。”墨子要求人们冲破等级、阶级、地域和国别的界限，普爱众生。在墨子看来，“兼爱”即爱人如己，不分亲疏远近、贫富贵贱，同等程度地爱一切人。人与人之间要相互理解、宽容、平等、尊重，并从兼爱交往中获得益处。墨子曰：“视人之国，若视其国；视人之家，若视其家；视人之身，若视其身。是故诸侯相爱，则不野战；家主相爱，则不相篡；人与人相爱，则不相贼；君臣相爱，则惠忠；父子相爱，则慈孝；兄弟相爱，则和调。天下之人皆相爱，强不执弱，众不劫寡，富不侮贫，贵不敖贱，诈不欺愚，凡天下祸篡怨恨，可使毋起者，以相爱生也，是以仁者誉之。”“夫爱人者人必从而爱之，利人者人必从而利之。”也就是说，全社会的每一个成员都人人相爱，人人互利，祸篡怨恨之事，均无从发生，那么天下就可以大治了。

“非攻”是墨子兼爱学说的延伸。“兼爱”是大到国家之间要兼相爱交相利，小到人与人之间也要兼相爱交相利。而“非攻”则主要表现在国与国之间。只有“兼爱”才能做到“非攻”，也只有“非攻”才能保证“兼爱”。“非攻”即主张不兴战争。在墨子看来，应该尽力避免非正义之战。在《非攻》篇中，墨子阐述了攻伐战争之危害。墨子说：“今若有能信效先利天下诸侯者，大国之不义也，则同忧之；大国之攻小国也，则同救之，小国城郭之不全也，必使修之；布粟之绝则委之，币帛不足则共之。以此效大国，则小国之君说。”他认为，最大的不义便是攻城。要想实现“兼爱”，就必须倡导“非攻”。他反对战争，希望国与国之间不要发动战争。他曾多次身体力行地反对侵略和战争，成功地阻止了公输般和楚惠王攻宋的计划。墨子止楚攻宋的故事是其兼爱学说的具体实践和生动写照。但墨子所提倡的“非攻”，并不代表“非战”，对于敌人的攻击，他主张正义的自卫之战。

墨子认为，“尚贤”为政之本，“兼爱”为“天下之治道”，所以“尚贤”也是“兼爱”的重要途径，即尊重知识，尊重人才。“尚贤”，就是崇尚贤德之人，把德才兼备的人选拔出来，参与国家管理事务。他建议用种种办法来选拔众多的贤者，称之为“进贤”。然后根据他们能力的大小，给他们相应的权力和地位，让他们从事国家的各级行政管理，这叫做“使能”。墨子把“尚贤”，看成是“治国之本”。所谓“尚贤”，就是任官不分贫富贵贱、远近亲疏，贤者举而尚之，不肖者抑而废之。贤者为政会实行“为贤之道”。使贤者治国、长官、治邑，可使刑法正，万民富，做到“民无饥而不得食，寒而不得衣，劳而不得息，乱而不得治者。”社会才能实现和谐。墨子说：“官无常贵，民无终贱，有能则举之，无能则下之”，无论出身如何，地位贵贱，都应做到“贤者举而尚之，不肖者抑而废之”，即便是王公贵族子弟，不肖无能者也应黜而不用；而对于出身寒微者，虽属“农与工肆之人”，也应是“有能则举”，封官赐爵，“量功而分禄”。同时他强调，在选拔贤能之人时，要“举公义、辟私怨”，要出于公心，从大局出发，抛开个人的恩怨好恶，选拔那些既具有真才实学，又真心为百姓办事的人为官。

墨子认为，“尚同，为政之本而治国之要也”。所谓“尚同”，一是“一同天下之义”，即统一人们的思想认识；二是要“上同”，就是乡里上同于国君，国君上同于天子，天子上同于上天，皆上同而不下比。“下比”指下面之人比周为奸。就是天下人与最高统治者同心同德，而不比周。此外，“上同”还指上情下达、下情上达。墨子说：“上之为政，得下之情则治，不得下之情则乱。”

墨子还提出了“节用”、“节葬”、“非乐”等主张。墨子倡导“节用”，强调勤俭节约，反对铺张浪费。统治者奢腐的生活，繁缛的礼俗，不仅滥用民力，妨害生产，而且挥霍大量财富，使下层劳动人民衣食无着。墨子批评说：“其使民劳，其籍敛厚，民财不足，冻饿死者不可胜数也。”要求统治者节约用度，做到“用财不费，民德不劳”，保证下层劳动人民的基本生活条件。在他看来，社会消费应以保持基本生产生活条件为限，能供给民用即可，反对奢侈浪费。墨子认为，“去无用之务”，是“天下之大利”。如果国家“用财不费，民德不劳”，就会得到很大的利益。如果国家“去其无用之费”，那么节约的财富“足以倍之”，可见节俭在增强国力方面的重要作用。针对当时社会厚葬久丧的风气，墨子说：“此存乎王公大人有丧者，曰棺椁必重，葬埋必厚，衣衾必多，文绣必繁，丘陇必巨。存乎匹夫贱人死者，殆竭家室。”并规定亲属为其服丧三年。厚葬久丧之俗劳民伤财，耽误生产。因此，墨子提倡节葬，反对久丧。墨子又指出：“以为大钟鸣鼓、琴瑟竽笙之声”是“亏夺民之衣食之财以拊乐”。“民有三患，饥者不得食，寒者不得衣，劳者不得息，三者民之巨患也。然即当为之撞巨钟，击鸣鼓，弹琴瑟，吹竽笙，而扬干戚，民衣食之财将安可得乎？”因此，他以为奏乐非宜，主张禁止。

墨子兼爱学说蕴含的和谐社会思想十分丰富，是一个完整的思想体系，其中“兼相爱，交相利”是墨子和谐社会思想的核心。“非攻”即不要战争，“尚贤”即尊重人才，“尚同”即思想统一，“节用”即勤俭节约，等等，都是其和谐社会思想的重要内容。墨子提出和论述的“非攻”、“尚贤”、“尚同”、“节用”、“节葬”、“非乐”等观点，都是围绕“兼相爱，交相利”这个中心而展开的。

二、墨子和谐社会思想的当代价值

从整体上看，墨子的和谐社会思想体现了他的民本思想，他的兼爱互利思想体现了劳动人民质朴、纯真、善良的品性与愿望，是一种弥足珍贵的追求和谐社会的理想。墨子的和谐社会思想产生于特定时代，具有平等性、功利性、利民性、空想性、历史局限性等特点。虽然在当时历史条件没能让墨子构想的和谐局面实现，但是他的和谐社会思想给我们今天建设和谐社会提供了丰富的思想文化资源。深入分析和探讨墨子提出的“兼爱”、“非攻”、“节用”等思想的深刻内涵，吸收其合理成分，重新审视与挖掘墨子和谐社会思想的当代价值，对于今天我们构建社会主义和谐社会具有十分重要的现实意义。

一是“兼相爱，交相利”思想有利于构建社会主义和谐社会。墨子提出“兼相爱，交相利”，就是把爱与利有机结合起来，做到人人为我，我为人人，其思想实质就是要求各种社会阶层之间要互爱互利，和谐处理人与人之间的利益关系，用爱为他人和社会创造幸福，建设一个尽善尽美的社会。墨子倡导“兼爱”，主张“视人如己”，是实现人与人之间诚信友爱的社会根基。一切为了百姓着想，爱人如己、互利共赢，这对处理个人与集体、个人与社会关系都有着重要的协调作用。除了提升个人的修养，“兼爱”是人际交往的基本原则，也是一种柔性管理，有利于构建社会主义和谐社会。当前，我国正处于社会转型时期，社会上存在着的很多不和谐的现象，如人际关系脆弱，群体性事件日趋频繁，拜金主义、享乐主义、道德缺失、诚信缺失问题导致人际关系日益冷淡和疏远等。倡导“兼爱”，伦理道德的秩序就能得以维持，有利于当今社会公德的建设，有助于形成一个相亲相爱、诚信和睦的社会人际关系，为建设小康社会营造良好的人际环境。在当今社会，构建社会主义和谐社会，实现“民主法治、公平正义、诚信友爱、充满活力、安定有序、人与自然和谐相处”的社会和谐奋斗目标，墨子提出的“兼相爱，交相利”和谐社会思想具有一定的借鉴价值。

二是“尚贤”、“尚同”思想有利于构建公平公正的选人用人机制。两千多年前，墨子就提出了“以德就列，以官服事”德才兼备的用人观。他认为，选拔和任用官吏的组织原则，就是不讲亲疏贵贱、远近差别，只依道德品行和行为能力。他说：“官无常贵，而民无终贱，有能则举之，无能则下之”，“不辩贫富贵贱，远迩亲疏，贤者举而尚之，不肖者抑而废之”。墨子强烈呼吁必须彻底打破血缘宗亲制度，公平地参与国家社会生活的管理，让每个社会成员都有机会和可能公平地参与社会竞争，实现管理国家的愿望。墨子主张选贤任德，尚贤使能，有助于建设一个公平公正的选人用人机制，使人才不分地位和职业的差别，都能参与社会管理，共享机会平等。当前，我们正在加强社会建设和创新社会管理，合理选拔人才，体现全体人民享有平等参与管理的权利，使民众在政治生活和事业管理中都具有参与意识十分紧迫与必要。胡锦涛总书记在“七一”讲话指出：“我们要以更宽的视野、更高的境界、更大的气魄，广开进贤之路，把各方面优秀干部及时发现出来、合理使用起来。要坚持把干部的德放在首要位置，选拔任用那些政治坚定、有真才实学、实绩突出、群众公认的干部，形成以德修身、以德服众、以德领才、以德润才、德才兼备的用人导向。”“要坚持凭实绩使用干部，让能干事者有机会，干成事者有舞台，不让老实人吃亏，不让投机钻营者得利，让所有优秀干部都能为党和人民贡献力量”。要切实保证选好人才、用好人才、管理好人才，以确保各项工作的顺利开展。墨子“尚同”主张的政令统一、上情下达，从管理学角度看，符合管理层级“扁平化”的要求，对于我们今天保证中央政令通达，减少中间管理层次，推进社会管理创新也有一些重要启示。

三是“节用”、“节葬”思想有利于树立正确的消费观和建设节约型社会。针对当时侈靡的经济现状，墨子发出了“俭节则昌，淫佚则亡”的呼唤，同时也提出了一系列“节用”、“节葬”的思想，其目的在于引导人们正确合理地利用资源，通过协调人与自然的和谐关系，最终实现社会、资源与环境的可持续发展。“节葬”是墨子针对当时统治者耗费大量钱财铺张丧葬而提出的节约主张，用“节葬短丧”反对当时盛行的“厚葬久丧”。墨子将厉行节约与努力生产看成是同等重要的治国安邦之策，墨子说：“财不足则反之时，食不足则反之用。故先民以时生财，固本而用财，则财足。故虽上世之圣王，岂能使五谷常收，而旱水不至哉。然而无冻饿之民者，何也？其力时急而自养俭……其生财密，其用之节也。故仓无备粟，可以待凶饥。”墨子倡导“强本”、“节用”、“节葬”，主张勤俭节约，反对奢靡浪费，对于我们树立崇俭抑奢的理念，建设节约型社会，实现人与自然和谐相处大有裨益。加强节约型社会建设，坚定不移地反对奢侈浪费，提倡科学消费，不断提高可持续发展的能力，是构建社会主义和谐社会关键一环，墨子的“节用”、“节葬”思想恰恰体现了这种要求，有助于实现可持续发展，对于我们树立正确的消费观和建设节约型社会有着重要的借鉴作用。

墨子的科技思想及其科学教育价值

宋广文

2004年，由世界上90多个国家科学院组成的国际科学院委员会（IAU）向联合国提交了题为“创造更美好的未来：在世界范围内建设科学技术能力的战略”的国际咨询报告。在这份咨询报告中，IAU强调了科学能力建设，并指出其中的关键是人力资源建设。无疑，科技人力资源建设需仰赖大力发展科学教育。我国新一轮的基础教育课程改革已明确提出，要以培养公众的科学素养为宗旨。经过几年的艰辛探索，应当说至少在观念层面上不少教师和家长开始更加自觉地关注孩子“科学能力”的发展。但毋庸回避的现实是，由于各种升学及选拔中无所不在的“重分数”或“唯分数论”，导致了我国的科学教育还存在科技实践不足，重视科学知识、技能的传授，轻视科学思维方法和科学素养的养成，应用科学方法解决社会及生活中问题的能力欠缺等突出问题。这不仅不利于学生个体创新精神和创造人格特征的完善，也不利于我国伟大民族复兴的历史重任的实现。墨子作为我国先秦时期杰出的科学家，不仅有许多重要的发明创造，也总结出了丰富的科学教育智慧，对革除我国当前科学教育中的一些弊端具有重要的借鉴意义。

一、墨子的科技理论是科学实践的产物

墨子在先秦时期创立了以几何学、物理学、光学为突出成就的一整套科学理论，并有不少重大发现，在中国古代科学史上占有重要地位。

墨子是我国历史上第一个从理性高度对待数学问题的科学家，他给出了一系列重要的命题和定义，这些命题和定义都具有高度的抽象性和严密性。比如，关于“圜”的定义，墨子说“圜，一中同长也。”（“圜”即为圆，《经说上》）。墨子关于圆的定义与欧几里得几何学中圆的定义完全一致。关于直线的定义，墨子说，三点共线即为直线，简洁而实用。墨子关于物理学的研究涉及力学、光学、声学等，也提出了不少概念定义，总结出了一些重要的定理。比如，墨子提出了力的定义，他说：“力，刑（形）之所以奋也。”（《经说上》）也就是说，力是使物体运动的原因，即使物体运动的作用叫做力。对此，他举例予以说明，说好比把重物由下向上举，就是由于有力的作用方能做到。关于杠杆定理，墨子也作出了精辟的表述。他说，称重物时秤杆之所以会平衡，原因是“本”短“标”长。用现代的科学语言来说，本即为重臂，标即为力臂，写成力学公式就是力 × 力臂（标）= 重 × 重臂（本）。现在人们一般都习惯于把杠杆定理称为阿基米德定理，其实墨子得出杠杆定理的时间比阿基米德早了200年，应称之为墨子定理才是公允的。在光学史上，墨子是第一个进行光学实验的人，并对几何光学进行了系统研究。正如李约瑟在《中国科学技术史》物理卷中所说，墨子关于光学的研究，“比我们所知的希腊的为早”，“印度亦不能比拟”。

从来源上看，墨子的学说继承了郳娄文化的传统。郳娄号称“百工之乡”，在科学技术方面遥遥领先于当时的世界各地。古人衣、食、住、行各方面的器物用品，大多为郳娄所首创。古代人把穿的鞋子叫“屦”，“屦”即出自郳娄之娄，古人住的屋称“庐”，即郳娄之娄，“楼”，《说文》释为“重屋也”，也由娄字而来。此外，像冶炼金属用的“炉”，农业生产用的“锄”、“耧”、“镂”、“锸”、“锹”以及农田之名“畴”等，都是郳娄人首创。其他如“舟”、“车”等重要的交通工具，也是郳娄人最先发明的。在古代，制造舟、车是最尖端的工程技术，如没有相当高的力学、数学，特别是几何学和机械学的知识是造不出来的。而墨子的科技成就和科技思想正是从对郳娄文化长期学习和创新的实践中总结而成的。

二、墨子的科学教育思想

墨子作为一位伟大的科学家，在长期的教育实践中总结出了丰富的科学教育思想，成为我国古代科学教育思想中的一枝奇葩。总的来看，墨子的科技思想可以归纳为两个方面：一是科学教育过程说，二是科学教育三表论。

墨子认为，人的科学素养的养成可分为三个方面，即闻知、说知和亲知。他把闻知又分为传闻和亲闻两种。但不管是传闻还是亲闻，在墨子看来都不应当是简单的接受，都必须消化并融会贯通，使之成为自己的知识。因此，他强调要“循所闻而得其义”，即在听闻、承受之后，加以思索、考察，以别人的知识作为基础，再加以继承和发扬。这种思想一再被历代哲人所证明：实践是知识和能力的主要来源。

墨子所说的“说知”，包含有推论、考察的意思，指由推论而得到的知识。他特别强调“闻所不知若已知，则两知之”，即由已知的知识去推知未知的知识。如已知火是热的，推知所有的火都是热的；圆可用圆规画出，推知所有的圆都可用圆规度量。由此可见，墨子的说知蕴含着类推法的思想，是科学思维的一个重要体现和表现形式。目前西方的科学教育中非常强调“类推能力”的养成，其实，这种“由此及彼”，特别是找到事物间相同、相似或不同的能力，正是真正“学习”的产生。记住单一事物是什么，仅仅只是学习的低级水平。“原型”对于善于思考者，可成为“启发”的工具或源泉，但对于不善思考者，“原型”即便存在，也会“视而不见，听而不闻”。阿基米德定律和牛顿定律的发现绝不是上帝的“恩赐”。

除闻知和说知外，墨子更重视亲知，这也是墨子与先秦其他诸子的一个重大不同之处。墨子所说的亲知，乃是自身亲历所得到的知识。他把亲知的过程分为“虑”、“接”、“明”三个步骤。“虑”是人的认识能力求知的状态，即生心动念之始，以心趣境，有所求索。但墨子认为，仅仅思虑却未必能得到知识，譬如张眼睨视外物，未必能认识到外物的真相。因而要“接”知，即让眼、耳、鼻、舌、身等感觉器官去与外物相接触，以感知外物的外部性质和形状。这也是中国古人所概括出的“物交而神生”哲学命题的体现。而“接”知得到的仍然是不完全的知识，它所得到的只能是事物的表观知识，且有些事物，如时间，是感官所不能感受到的。因此，人由感官得到的知识还是初步的，不完全的，还必须把得到的科学知识加以综合、整理、分析和推论，方能达到“明”知的境界。总之，墨子把科学素养养成的三个方面有机地联系在一起，在认识论领域中独树一帜。

墨子的这一思想与西方心理学家皮亚杰的建构主义以及布鲁纳的发现学习理论有异曲同工之妙。皮亚杰等认为，科学教育应该以儿童探究为中心，鼓励儿童在与周围环境的相互作用中，通过自身的动手操作和动脑思考，主动探索科学知识发生和发展的过程，让他们自己去发现科学结论，并且使新的科学概念经过与头脑中原有的旧概念发生冲突、协调、印证和澄清等过程，将其纳入到原有的知识体系，或者是生成新的知识。这个过程并不是一个简单的"反映"和"接受"。科学教育应该是一个能动的过程，是一种探索活动。学生学习科学是凭借自己原有的认知结构对科学知识进行选择和加工处理的过程，学生的学习只有通过自身的操作活动和主体参与才是有效的，否则，只满足于让学生记住"原理"、"规则"的教育，除了使学生有了"知识"之外，并不能对他们的"理性思维"产生推动作用。这便是我国部分学生较突出的"高分低能"或"有知识无能力"的表现。

除此之外，墨子还提出了检验科学教育效果的标准，即三表论："上本之于古者圣王之事"，"下原察百姓耳目之实"，"废（发）以为刑政，观其中国家百姓人民之利"。意思是向上本原于古时圣王事迹，向下考察百姓的日常事实，从中看是否符合国家百姓人民的利益。这说明墨子注意把"事"、"实"、"利"综合起来，以间接经验、直接经验和社会效果为准绳，检验科学教育的效果。由此来看，相比西方学者专注于个体科学教育内部心理的形成过程，墨子的思想具有更深邃和广阔的意蕴。

三、墨子科学教育思想的当代启示

1. 安排更多科技实践，培养学生的科技能力墨子“亲知”的思想对于现代科学教育具有重要的借鉴意义。现代西方各国在科学教学中普遍使用发现法、合作－探究法、情景教学法等。这些生动活泼的教学方法，强调学生的主体地位，倡导师生之间的互动合作，极大地促进了学生创造精神、求实精神、自由精神和审美精神的培养。这和墨子的思想是类似的。

目前，我国学校科学教育中的科技实践偏少，许多学校组织的实践活动只是走走过场，在应试教育的压力下，依然把主要精力放在科学知识的传授上，这不符合学生的认知发展规律，不利于学生科学能力的全面培养。我们应借鉴吸收墨子的思想，安排更多的科技实践，以便激发学生的好奇心，创造“虑”、“接”的情境，使学生对科学知识、发明创造产生浓厚的兴趣，迸发出强烈的求知欲，继而引导学生进行观察、思维，把得到的科学经验加以分析、综合、整理、比较、判断和推论，达到“明”知的境界。唯有加强科技实践能力的培养，才可能使学生的科学能力得到提升。

2. 注重科学思维教育，培养学生的科学品质

科学教育以科学知识和科学技能为基础，科学知识、技能的积累是掌握科学方法、培养科学品质的基础。但科学教育不仅仅要传授知识、掌握技能，更重要的是培养学生的科学思维和品质，因为科学研究中遇到的困难和问题，需要科学的思维方法去加以解决，学生科学素养的形成也需要科学思维方式的帮助。墨子的类推思想正是这样一种科学的思维方式。虽然孔子也曾说过“举一隅而不以三隅反，则不复也”，强调类推思维在教育中的重要性。但孔子的思想是就广义的教育来讲的，墨子的“说知”是专就科学教育而言的。除此之外，墨子在科学教育中还注重运用假

言、直言、选言、演绎、归纳等多种推理方法培养学生的科学思维。在科学教育中，我们应积极发扬墨子“闻所不知若已知，则两知之”的思想，即由已知的知识去推知未知的知识，以及假言、直言、选言、演绎、归纳等推理方法，培养学生的科学思维品质，向学生传授墨子智慧的精华，帮助其不断提高科学素养。事实上，最高的学习境界应当是“知理悟道”。“理”指的是已有知识，如果不知“理”，难以理解和发现事物的“本质”，但“知理”不是目的，只是手段，“悟道”才是目的。古往今来，“知理”不多而能“悟道”者少，如墨子、爱迪生、爱因斯坦等，大多数的人需要通过“他人之理”而“悟事物之道”。最糟糕的事情莫过于“为知理而知理”：头脑成了知识的仓库，生活成了“不懂事”的呆子。

3. 注重科学社会效果，培养学生的责任意识

墨子的“三表法”也是现代科学教育需要吸收借鉴的智慧，尤其是在我国当前各界呼吁大师为何难以形成的形势下。世纪之交，西方发达国家在科学教育中增加了STS课程，即以科学技术与社会相互关系和科学技术在社会生产、生活和发展的应用为内容的科学教育。通过STS课程，使人们理解科学技术与社会之间的相互作用，并使他们更有效的利用科学来解决实际问题。从而促使个体产生“求真求知”的需要、服务社会能力的发展、精神和人格特征的完善，自我价值得以实现。而我国的科技教育依然采用填鸭式的教学方法，学生为了应付科学考试，只需要记住考试的内容，不必主动去思考科学结论是如何产生和发现的。如此机械的、僵化的教学方法致使学生在解决实际问题中过于模型化和公式化，久而久之使学生丧失了个体创造精神和批判思考的能力。这与我国建设创新性国家和造就创新人才的要求相差甚远，

难以适应未来社会的需要。为此，当前的科学教育应吸纳墨子注意把“事”、“实”、“利”综合起来，以间接经验、直接经验和社会效果为准绳，检验科学教育的效果的思想，在科学教育中引导学生关注科学技术与社会的联系与应用，了解科学技术对人们生活的现实意义，培养学生的社会责任感，进而促进学生精神和人格的完善，以推动国家和社会的和谐进步。

牛顿曾说，“如果说我比别人看得更远些，那是因为我站在了巨人的肩上。”墨子的科学教育思想正是这种巨人之肩，它对于破解我国当前科学教育中的种种弊端，具有重要的指导和借鉴意义。

注释

①潘瑶珍：《基于论证的科学教育》，载《全球教育展望》2010 年第 6 期，第 82 ~ 86 页。

②宋广文、曹红：《中西科学教育的比较及其启示》，载《全球教育展望》2012 第 3 期，第 95 页。

③刘兵：《STS 与基础教育》，载《内蒙古大学学报》（人文社会科学版）2002 第 6 期，第 7 ~ 13 页。

④姚虎雄：《西方科学教育与人文教育融合的反思与启示》，载《外国中小学教育》2008 第 10 期，第 31 ~ 33 页。

墨子思想中的和谐观——“兼爱交利”

张文山

和谐观是墨家思想中最基本的价值观，是墨子所有主张的理论基础与逻辑的起点。

墨子生活在春秋战国时期，战争频仍，土地荒芜，死者遍野，民不聊生，民众渴望弥兵息战，休养生息。面对当时社会上“强之劫弱、众之暴寡、诈之谋愚、贵之敖贱”①的弱肉强食的丑恶现象，提出了：“以兼相爱、交相利之法易之。”②用所有的人都相互爱护同时相互给予利益的方法来弥兵息战，建立一个和谐的家园。

和谐的社会的建立与维系是依靠“削异求同”还是“存异求同”，这不仅是墨子生活时代的命题，也是中国当下社会的重要命题，“削”与“存”一字之差的争议，贯穿于近三千年的中国社会发展史中，时至今日对它的理解与认识仍然是“知”“行”有异的。

在墨子思想里，“兼爱”是求同的基本原则。所谓“兼相爱”，即“一视同仁地爱一切人”，“爱”的本义就是“像爱自己一样地爱所有人”，“兼相爱”又是博大无私的，“兼爱天下之博大也，譬之日月兼照天下之无有私也”③，这是墨子最核心的主张。它与儒家倡导“亲亲”、“尊尊”的“推爱”是相对立的。分歧的关键在于“爱有无等差”这个问题上，儒坚持有而墨以为无。

墨子认为："凡天下祸篡怨恨，其所以起者，以不相爱生也。"④他认为，一切祸乱都源自人与人之间的不相爱，"不相爱"归根结底是一种单纯的"利己观"，墨子为此提出了人际交往中的一个重要原则——换位原则，"视人若己"，即"视人之国若视其国，视人之家若视其家，视人之身若现其身。"⑤看待别人的国家就好像看待自己的国家，看别人的家族就像看自己的家族，看别人的身体就像看自己的身体一样。就是要从对方的角度考虑问题，这样可以避免误解、消除冲突。人人都能这样，墨子理想的社会就是"诸侯相爱则不野战，家主相爱则不相篡，人与人相爱则不相贼，君臣相爱则惠忠，父子相爱则慈孝，兄弟相爱则和调。天下之人皆相爱，强不执弱，众不劫寡，富不侮贫，贵不敖贱，诈不欺愚。凡天下祸篡怨恨可使毋起者，以相爱生也，是以仁者誉之。"⑥相爱出现了，穷的，尊贵的就不会傲视低贱的，狡诈的就不会欺骗愚昧的，消除了所有的产生祸害、篡夺、埋怨、愤恨等的原因，是因为相爱出现了，因此仁人之士赞誉它。

"兼爱"就是通过人们之间的互动的相爱来改善人际关系，消除破坏性冲突，创造良好的社会环境，使人们既能"自爱"又能"爱人"，从而每个人的利益都能得到满足，这符合人的自然性的需要，又符合社会道德法律规范。所以，构建和谐社会的前提是"求同"，而这个"同"就是"兼爱"——天下人皆相爱，这是墨子和谐思想的核心价值，也是他理想社会的愿景。

求同是和谐社会的基础，但这个基础是建立在"存异"之上，并不是为了"求同"而去强行"削异"。为解决这一问题，墨子提出了解决方案，即"兼相爱、交相利"思想。孔子讲"仁义"的基础在于道德本心，即先义后利，而墨子讲"兼爱"的基础在于义利合一，这是墨子“兼爱”比孔子“仁爱”高明的地方。

在墨子的思想里，“交相利”是存异的基本前提。“交相利”就是尊重、保护彼此利益，就是互相给予对方利益，就是利他人、为他人。这是“存异”的基本前提。墨子认为“兼相爱，交相利”就是“顺天意”，“别相恶，交相贼”就是“反天意”。“为人”是“人为”所要达到的目的，也是“人为”所考虑的角度、所瞄准的方向、所遵循的规范，保持良好的人际关系，其深刻含义就是人的行为要利于人民、利于国家，这是中国文化精神的一个组成部分。比墨子晚一百年的孟子说：“民为贵，社稷次之，君为轻。”又说：“天时不如地利，地利不如人和。”这也是强调了民本与人和的重要性，无疑也体现了墨子思想的影响。

墨子认为，人与人之间是互利互惠的关系。“夫爱人者，人必从而爱之；利人者，人必从而利之；恶人者，人必从而恶之；善人者，人必从而善之。”⑦主体的道德行为总是期望能得到相应的甚至更大的利益回报，人的自我利益的实现存在于利人之中。做有利他人之事，并不意味着只利于他人，其实利益是相互的，因而决不可做牺牲他人的事情。牺牲他人利益的同时亦将损害自己，如果只追求个人利益，个人最终也将无利可得。而爱人利人不仅无损于人的利益，还可以通过爱人利人使自己的利益得到保障。于是，爱人利人就与个人的利益取得了一致，只有人们各不相害，彼此相利，把个人利益建立在整体利益之中，只有把两者糅合在一起，才能实现富国安民之愿望。墨子将个人利益建立在整体利益之中这一思想是非常卓越的，因为离开了整体的利益，个人利益是根本无法实现的。

墨家倡导“兼相爱，交相利”的和谐观，诉求天下之大利，其实质是调和个人利益和他人利益的矛盾和冲突，求同存异，通过人们之间的互动的相爱来改善人际关系，消除破坏性冲突，创造良好的社会环境，使每个人的利益都能得到满足，这符合人的自然性的需要，又符合社会道德法律规范。只有“兼爱交利”，才能建立一个和谐的社会、一个协调的群体组织，墨子有着非常丰富的哲学伦理思想，挖掘墨子思想中的有益成分，尤其是墨子关于人与人、人与自然、人与社会的和谐思想，对今天我们构建全面、谐调、可持续发展的社会主义和谐社会具有很重要的意义。

注释

①《墨子·兼爱下》。

②《墨子·兼爱中》。

③《墨子·兼爱下》。

④⑤⑥《墨子·兼爱中》。

⑦《墨子·兼爱中》。

试论墨子的社会和谐思想

刘惠文

本文将尝试着侧重于论述墨子的“社会和谐”思想。诚然，这里的“论述”只可能是“泛论”。这是因为：

首先，在我国的历史上，先秦诸子，百家争鸣，思想交锋很是激烈；与春秋战国时期的社会环境和时代背景一样，东周列国，诸侯并起，争雄称霸，征讨战乱频仍，是故最终形成了“春秋五霸”、“战国七雄”。这就足以可见其时吞并与征伐的“弱肉强食”战争也很残酷。思想具有时代性的鲜明特点，各个时代有各个时代的思想代表，诸子百家就是先秦时期的思想代表。而社会思想则显然兼具时代性和社会背景性，马克思和恩格斯就说过：“不言而喻，他们在这个历史时代的一切领域中也会这样做，就是说，他们还作为思维着的人，作为思想的生产者而进行统治，他们调节着自己时代的思想的生产和分配；而这就意味着他们的思想是一个时代的占统治地位的思想。”[①]据马克思和恩格斯的这段话，可不可以这样来理解：诸子百家的思想是先秦时期占统治地位的思想？毫无疑问，那时的“百家争鸣”其实就是思想学术的争鸣，都是在讲治国、理政、救世之道。如果能这样来理解，那么再来细考诸子百家的思想，到了战国时期，还只有墨子（翟）所创立的墨家学派，能与孔子（丘）所创立的儒家学派相提并论，这就是以至于如今大约没有什么争议的所谓“汉代以前‘儒、墨同为显学’”。

其次，到了秦、汉时代，“儒、墨同为显学”的风光不再。秦代的年间很短，但秦始皇“焚书坑儒”这一事件，毕竟为史书所载，不管其理由若何，也当视为不仅是墨学，而且连儒学，也绝非“显学”了。汉代的时间较长，史分西汉、东汉，约有800年之久，就是在汉初，也似乎能“以一语道破天机”来审察，“汉家自有制度，本以霸、王道杂之”，也就是法家与儒家的思想学说杂夹而混用之。所以，在刘邦所创立的西汉王朝的初年，儒学也并非享有“显学”之“独尊”，而墨学也就更非“显学”而只是“百家”中之“一学”了。非要到汉武帝时，听取了汉儒董仲舒“罢黜百家，独尊儒术”的所谓“良策”，才把“儒学”抬到了“独此一尊”的正统思想之地位了。这当然就招致了“墨学”从“显学”到“一学”再到“衰落”之思想地位“一路下滑”的情况发生。就如蔡尚思所说的那样“墨学并未‘绝迹’，而是转入了‘地下’”[②]。这正如马克思和恩格斯所共同指出的：“统治阶级的思想在每一时代都是占统治地位的思想。”[③]墨子出身“贱民”，即“下层民众”，是战国时期“下层民众”的社会思想代表。“春秋战国”究竟是个什么样的时代？至少是个战乱的时代，是个社会转型、嬗变的时代，是“礼乐崩坏”、旧的社会体制业已衰败、新的社会体制有待建立的时代，所以，老子要逃遁“出关”，孔子要“克己复礼”，即恢复“周礼”（周代的体制），墨子强烈要求“兴利除害”、主张“兼爱”和“非攻”。但到了秦、汉时代，已成封建制的一统天下，而曾经作为“显学”的墨学不仅“显学”的风光不再，而且连占点“思想统治”地位之百家里的“一学”也不保了。马克思和恩格斯也曾经指明过，“一定时代的革命思想的存在是以革命阶级的存在为前提的”④。墨子于战国时期提出“兴利除害”的社会和谐思想，在当时是革命的、进步的社会思想，是代表那时的手工业艺人、下层人民的，墨子的社会和谐思想的存在，是以手工业艺人作为团体而存在、作为推动当时社会从奴隶制向封建制转化的进步力量而存在的。诚然，经秦至汉，时过境迁，人面皆非，墨学作为以往的“显学”也便自然而然地“风光不再”了。

再次，在我国历史上，也就是于百年之前的晚清时期，出现了“墨学中兴”，那也是历史发展、社会转型的一种“必然”。封建制在中国延续了两千多年，已经严重地影响了社会的进步。晚清时期的“学术主潮是：厌倦主观的冥想而倾向于客观的考察”⑤。既然是要“倾向于客观的考察”，那就要“去其偏颇，得其神明”、“取今复古，别立新宗”（均为鲁迅语），何况《墨子》一书里有许多待“开掘”的深奥东西，且又与晚清时代“西学东来”的实用科学相仿佛，于是就恰如梁启超后来在清华大学讲学时概括出来之所说：“墨学全部复活了。”⑥（关于近代“墨学中兴”，如梁氏所说“全部复活”的大致情形，笔者将在这次的“征文”里稍作详论）

最后，晚清时期“墨学中兴”，其时的学术风气，仍然沿袭了乾嘉朴学的治学规矩，考据、辨伪、训诂、校诠、勘误、补正、理顺句读等等，其功不可没，但因历史流变的缘由，《墨子》一书，自汉代以降，散失不少，至宋已失传，这样考证来考证去，现存该书的53篇，据学者较为一致的看法，除为数不多的（即其中无“子墨子曰”字样的）几篇为墨翟所亲撰外，多数篇则为墨子弟子或墨家学派的再传弟子所记。

正是出于上面的四条原因，笔者谨按：在我国历史上的战国时期，墨学是与儒学并行、“同为显学”的重要学派。尽管《墨子》一书多数篇什当属墨子弟子所撰，但本着“伪书不‘伪’”和“毕竟其中有引录的墨子原文、原答的原句”，即重视“原文原义”的原则，认定墨子当是这一时期我国社会思想的重要代表。墨子是墨家学派的创立者，是这一当时与儒学“同为显学”的墨学之学术思想的代表者。所以，本文仅仅是“泛论”，指称“墨子”也是“泛指”，讲“墨子”，探讨“墨子的社会和谐思想”，始终是与墨学、墨家学派、《墨子》这本书紧密相联系的。这也便是本文所强调的“社会思想的代表”之真实含义。

墨子的社会思想的核心是主张“社会和谐”。墨子强调社会上人与人之间要“兼爱”，诸侯国与诸侯国之间要“非攻”，诸侯国之大、小，强、弱，富、穷，虽然国情有别，但都是“国”，去攻是害，而“交相利”。如果我们能够特别关注于墨子所处的战国时期的时代背景和社会环境，就可以透析出墨子社会思想的核心就是主张“社会和谐”、维护社会稳定、促进社会进步。但是，作为“下层民众”的社会思想代表之墨子，何以要主张并且践行“社会和谐”呢？这就得从墨子以手工业艺人的利益和诸侯国保护和发展社会生产力的观察基点出发来加以审察。诚然，墨子提出主张并且亲领弟子践行“社会和谐”，既是其社会思想的集中概括、代表性表述，同时也表达出了墨家学派的社会理想。可是，即使是墨子领着弟子四出游说、宣传“社会和谐”的思想主张，并且积极参与抵御诸侯国之间的征伐战争，然而终究诸侯国之间仍是攻伐不已，也不乏有其弟子为之造器助攻……这些也说明了墨子提出“社会和谐”的思想主张有着“超现实”的一面，带有浓重的“理性主义”之色彩，或者说有着浓烈的理想化意识，当然也从另一个侧面表现出战国时期手工业者所期盼的那种社会愿景。墨子的社会和谐思想，表达了以手工业艺人为主体的社会底层民众的利益诉求，显现出基层劳动者对于社会“应该是个什么状况”的心理期待。

墨子的“社会和谐”思想以“兴利除害”为主要意旨。墨子提倡“兴天下之利，除天下之害”，这里的“天下”则是以当时所能看见的“全社会”为其思想视角或者说思考的出发点的。这种“兴利除害”主要意旨的倡导，雄辩地证明了墨子及其所创立的墨家学派固然表达了下层民众尤其是手工业者的根本利益，但也雄辩地证明了其思维视野相当开阔。“子墨子言曰：仁人之所以为事者，必兴天下之利，除去天下之害，以此为事者也。”（《墨子·兼爱中》）墨子的这句话，开宗明义，以“之所以……（是）以此”的句式，提出“仁者”之“为事者”即做事情、办事项的目的或宗旨，“为事者”就是指“办事的宗旨”或者“主要意旨”。那么，“仁者”办事的目的或宗旨是什么呢？是“必兴天下之利，除去天下之害”，简言之就是“兴利除害”，这就是必定的办事宗旨；“天下”是指的全社会，是人所能接触到、认识到的生存环境；“利”与“害”是相对的一对矛盾。然而，所谓“天下之利”和“天下之害”是什么、“为何物”呢？墨子针对社会现实而言，没有讲明“天下之利”，而是从反面而论，针砭或者说列举了现实生活中的“天下之害”，从而反证出“除去天下之害”，就“必兴天下之利”：“子墨子言曰：今若国之与国之相攻，家之与家之相篡，人之与人之相贼，君臣不惠忠，父子不慈孝，兄弟不和调，此则天下之害也。”（《墨子·兼爱中》）这里，墨子所列举的“国之与国”、“家之与家”、“人之与人”，全是社会的组织机构或最小单位、社会组织的最小“细胞”，个人—家庭—诸侯国—天下（即“全社会”），反映出以人的血缘关系为主要纽带的宗法社会之各个层级的结构形式；“今若”是古汉语的句式表述，用现在的话来表述就得将字序“颠倒”一下即是“若今”，就是“像现在这样”、“如现今的社会现实是”，国相攻、家相篡、人相贼；而具体到“社会的人”，即社会组织层级的个人，君臣不惠忠，父子不慈孝，兄弟不和调，分别开来讲，君不惠、臣不忠，父不慈、子不孝，兄不和、弟不调。墨子从“国、家、人”再到具体的个人“君臣、父子、兄弟”的行为关系上看到这是“天下之害”，必定要去除，而要兴“天下之利”——兴其反面：国要相交，而不是相攻；人要兼爱，而不是相贼。因此，“既以非之，何以易之？子墨子言曰：以兼相爱、交相利易之”（《墨子·兼爱中》）。“易”是变换、改变、变易，去除天下之害，改变为天下之利。墨子的“易之”办法，就是“兼相爱”、“交相利”。

墨子以“兴利除害”为主要意旨的“社会和谐”思想，是构建于维护和发展社会生产力的社会现实之基础上的。墨子提出“兼相爱”和“交相利”的人与人之间、诸侯国与国之间友爱对待、平等交往的主张，是有利于维护和发展当时的社会生产力的。“子墨子言：视人之国，若视其国；视人之家，若视其家；视人之身，若视其身。是故诸侯相爱，则不野战；家主相爱，则不相篡；人与人相爱，则不相贼；君臣相爱，则惠忠；父子相爱，则慈孝；兄弟相爱，则和调；天下之人皆相爱，强不执弱，众不劫寡，富不侮贫，贵不敖贱，诈不欺愚。凡天下祸篡怨恨，可使毋起者，以相爱生也，是以仁者誉之。”（《墨子·兼爱中》）这被“仁者誉之”的“除去天下之害”、“必兴天下之利”的行为和环境之结果，是多么美好的社会图景啊！这在列国争强、诸侯称霸的战国时期，恐怕是可想、可望而不可及的，因而它是理想的而不是现实的，而且也是不可能成为当时的现实的。然而，却应该看到，在东周末期经“春秋”而至“战国”的历史年代里，社会生产力最主要的因素是生产劳动者，所以墨子主张“爱己”、“爱人甚过爱己”和无等级差别的“兼爱”、“甚至要求‘爱获’（奴隶）”，不赞同甚至反对刑戮奴隶，其关注的是对于生产劳动者即劳动力的保护。与此同样重要的是，在战国时期诸侯国之间的征伐战争频仍，除了对生产劳动者相当不利而外，更主要的是各诸侯国的国君必然要求奴隶主率领奴隶去参战，从社会环境上来看，便会削弱社会生产力的保护和发展。战争是要流血牺牲的，从无差别的“兼爱”立场出发，“非攻”也就成为势所必然。墨子“兼爱”和“非攻”的思想主张，二者相辅相成，互为前提或互为因果，是辩证统一的关系。

墨子“兼爱交利”的思想主张，是为了维持社会的稳定，以便于推动社会的和谐发展。“子墨子言曰：天下之士君子，特不识其利、辨其故也。今若夫攻城野战，杀身为名，此天下百姓之所皆难也，苟君说之，则士众能为之。况于兼相爱、交相利，则与此异。夫爱人者，人必从而爱之；利人者，人必从而利之；恶人者，人必从而恶之；害人者，人必从而害之。此何难之有？特上弗以为政，士不以为行，故也。”（《墨子·兼爱中》）墨子辨别“天下之害”不能“除去”、“天下之利”不能“必兴”之“故”，是持政的国君喜不喜欢、提倡不提倡，为事的士众去实行不实行的根本问题，那种攻城野战、杀人性命、破坏社会生产力的事，天下百姓都认为是难事，如若国君为了声名，而士众为取悦国君也能去施行，而“兼相爱、交相利”有比“攻城野战”这种事情“难”吗？就现实的情形来说，“兼爱交利”有异于“攻城野战”，这又有何难！只是持政者不倡导、众士人不施行罢了！因此，墨子及其墨家学派在政治上倡导“尚贤”、“尚同”，重尚贤而任使能，下与上相同、相通；在经济上倡导“强本节用”，反对“铺张浪费”和“骄奢淫逸”；在军事上强调“积极防御”、“有备无患”；在诸侯国之间的国家关系上强调“友好交往”，“强不执弱”、“富不侮贫”；在教育上提倡“教育平等”，在施行教育方面提倡“劝教”与“强为”，并且提倡教、学、练、行并重；在处理各层级、各行业组织之间和人与人之间的关系上，即伦理道德方面，大力提倡“有力者疾以助人，有财者勉以分人，有道者劝以教人”；等等。墨子之所以提出这些措施或者叫做“纲领”，都是有利于“社会和谐”发展的。

此外，墨子及其学派还在“法仪”、“贵义”以及“逻辑”等方面作出了尽可能的倡导和表述，譬如：“子墨子曰：天下从事者，不可以无法仪。无法仪而其事能成者，无有也。……故百工从事，皆有法可度。今大者治天下，其次治大国，而无法所度，此不若百工辩也。”（《墨子·法仪》）“子墨子曰：万事莫贵于义。今谓人曰：‘予子冠履，而断子之手足，子为之乎？’必不为。何故？则冠履不若手足之贵也。又曰：‘予子天下，而杀子之身，子为之乎？’必不为。何故？则天下不若身之贵也。争一言以相杀，是贵义于其身也。故曰：万事莫贵于义也。”（《墨子·贵义》）“故官无常贵，民无终贱，有能则举之，无能则下之，举公义，辟私怨，此若言之谓也。”（《墨子·尚贤上》）“子墨子言曰：凡出言谈，则必可而不先立仪而言。……是故言有三法。何谓三法？曰：有考之者，有原之者，有用之者。恶乎考之？考先圣大王之事。恶乎原之？察众之耳目之请。恶乎用之？发而为政乎国，察万民而观之。此谓三法也。”（《墨子·非命下》，即“三表法”）尤其在先秦诸子百家中提倡“科学”并且有所创造、独有建树。这些也为其“社会和谐”思想的提出和形成提供了法制法治、社会道义、思维逻辑和自然科学等方面的主、客观依据。

参考文献

1. 〔清〕毕沅校注：《百子全书·墨子》，浙江人民出版社 1984 年版。

2. 谭家健、郑君华选译：《墨子选译》，上海古籍出版社 1990 年版。

3. 谭戒甫：《墨辩发微》，中华书局 1964 年版。

4. 张知寒、王裕安、李广星等主编：《墨子研究论丛》（一）至（六），山东大学出版社、齐鲁书社、北京图书馆出版社等。

5. 胡适：《中国哲学史大纲》，东方出版社 1996 年版。

注释

①〔德〕马克思、〔德〕恩格斯：《马克思和恩格斯：费尔巴哈》，《马克思恩格斯选集》第一卷，人民出版社 1972 年版，第 52 页。

②蔡尚思曾经在国际墨子学术研讨会上的发言，为笔者所听、所记。

③〔德〕马克思、〔德〕恩格斯：《马克思和恩格斯：费尔巴哈》，《马克思恩格斯选集》第一卷，人民出版社 1972 年版，第 52 页。

④〔德〕马克思、〔德〕恩格斯：《马克思和恩格斯：费尔巴哈》，《马克思恩格斯选集》第一卷，人民出版社 1972 年版，第 53 页。

⑤梁启超：《中国近三百年学术史》，东方出版社 1996 年版，第 1 页。此处也请参阅梁氏所撰《清代学术概论》。

⑥梁启超：《中国近三百年学术史》，东方出版社 1996 年版，第 257 页。此处也请参阅梁氏所撰《清代学术概论》。

墨家德育思想探新*

杨建兵　王晶晶

研究墨家的德育思想可从以下四个方面入手：第一，墨家德育的内容或者说德育的目标是什么？或者说墨家认为应该培养什么样的人或者引导什么样的社会道德风尚？第二，墨家道德教育预设了什么样的人性前提？即墨家认为其要进行道德教育的对象是什么样的一种人？第三，针对这样的人，墨家提出用什么样的方法进行道德教育？第四，墨家德育思想的现实价值如何实现？

一、墨家德育的目标：廉、义、爱、哀

墨家以“爱”释“仁”，以“利”释“义”，并且以“爱”和“利”为核心范畴构建其有别于儒学的理论体系。[①]其德育理论自然地体现出其“爱利”理论特色。墨家认为，有德性的君子无论贫富都应体现其正确的“利”立场，无论面对生人还是死者都要显现其善良的“爱”态度。按照墨家文本的表述就是：“君子之道也，贫则见廉，富则见义，生则见爱，死则见哀。”[②]“廉”与“义”是君子对待“利”的立场；“爱”与“哀”则是君子的“爱”的情怀。简单来说，墨家将道德修养的目标归结为四种德性：“廉”、“义”、“爱”、“哀”。

《墨经》对“廉”的释义是：“廉：作非也”[③]，“廉：己惟为之，知其䫉也”[④]。可见，墨家对“廉”德性的最基本的定位是道德主体在思想上“明是非，有羞耻心，有耻辱感”。对于基于这种“羞耻心”而形成的道德行为的外在特征，墨家有不同角度和层面的描述。墨家对官民、不同性别之“廉”进行了甄别。比如，在《明鬼下》篇中，墨家对不同身份的人其“不廉”行为的具体表现进行了不完全列举：“是以吏治官府之不絜廉，男女之为无别者，鬼神见之；民之为淫暴、寇乱、盗贼，以兵刃、毒药、水火退无罪人乎道路，夺人车马衣裘以自利者，有鬼神见之。”[⑤]在墨家看来，同样是“廉”的德性，在官民、男女各种不同身份的人身上就表现出不同的特征，所以，不同身份的人其“廉”的判断标准就各不相同。但是，有一个共同的特点就是要求道德主体不去贪占自己不应得的利益，甚至连这种想法都不应该有，因为，对于具有“廉”德性的人来说，有这种想法都是一种羞耻，是否有羞耻之心是“廉”的最深层特征。

墨家对“义”的解释是：“义：利也”[⑥]，“义：志以天下为芬，而能能利之，不必用”[⑦]。这是说，“义”的本质是“利”，但不是一己之“私利”，而是“天下之利”。从广义的角度来看，墨家认为，对于具有“义”之德性的人来说，首先要有为天下人谋福利而不顾虑自己利益的善良动机和广阔胸怀；其次，在道德行为的选择上要遵守“兴天下之利，除天下之害”的道德原则；最后，在制定不同领域具体的行动策略上要符合“十论”，即“尚贤、尚同、兼爱、非攻、节用、节葬、非乐、非命、天志、明鬼”的要求。从狭义的角度来看，墨家对“义”之德性的定义主要定位在个人如何看待和分配社会资源上，尤其表现在个人如何消费或者处置自有的社会资源上。墨子要求墨徒“量腹而食，度身而衣”[8]，墨者平日的生活是“短褐之衣，藜藿之羹”[9]。墨者无论治官抑或为民，都要厉行节约，努力积累财富分给无衣缺食的弱者，严守墨家的纪律：“有力者疾以助人，有财者勉以分人，有道者劝以教人。”[10]能够做到这一点的便是具有“义”德性的“义人”。不能做到这一点，“据财不能以分人者，不足与友”[11]。

墨家对“爱”的德性有四个不同角度的界说。第一个角度主要是从受爱的对象说“爱”，墨家称之为“兼爱”，即“同时广泛地爱不同的人，视人如己，爱无差等”[12]。第二个角度主要是从施爱的方式来说“爱”，墨家称之为“周爱”。《小取》云：“爱人，待周爱人而后为爱人。不爱人，不待周不爱人。不周爱，因为不爱人矣。”也就是说，在墨家看来，真正的“爱”是“周全的爱”，如果爱得不周全，就不是真正的“爱”。第三个角度是从施爱者的动机的角度说“爱”，墨家称之为“一爱”。《大取》曰：“兼爱相若，一爱相若，一爱相若，其类在死也。”所谓“一爱”就是动机纯洁的爱。《经说上》：“爱己者非为用己也，不若爱马，著若明。”第四个角度是从爱的实质内容来说“爱”，墨家认为其实质性内容就是“利”。《大取》云：“天下之利驩。圣人有爱而无利，伣曰之言也，乃客之言也。”这是说，如果认为有爱而可以无利，这种爱就不是墨家所说的“爱”。所以，墨家之“爱”的基本内涵可以总结为：有德性者以纯正的动机（即“一爱”），用周全的方式（即“周爱”），对所有善良的人（暴人与暴君除外）施予“利”（即“兼爱”），并且，主要是物质的“利”（即“利爱”）。简单来说，墨家之“爱”德性可概括为四个要点：“一爱”、“周爱”、“兼爱”、“利爱”。

墨家之所谓“哀”的德性其实也是“爱”的德性的一部分，但是，由于其作用对象的特殊性决定了它有别于通常意义上的“爱”，而且，死毕竟是与生直接相对待的人生的另一极，所以，这种特殊的“爱”就具有其独立的价值，成为一个独立的德目。墨家之“哀”的德性首先体现为对人命的珍惜，这源于对于人性的最基本体认：“民生为甚欲，死为甚憎。”[13]“哀”之德性首先体现在最大限度地挽救生命，包括节约资源以救助冻饿者，援助被欺凌的弱者和被侵略的小国。对于已死者，一是要表现出尊重与哀悼，另一个就是对其后事的处理也要服从节约的原则，而且，前者是第一位的，因为，“丧虽有礼，而哀为本焉”[14]。

综合以上四种德性的内涵及相互的关系，可以看出，墨家是以“利”与“爱”为轴心和杠杆规划其全面立体的道德培养目标。面对“利”，墨家为道德主体设定了仅有的两种可能的人生境遇（即墨家认定你要么是穷人要么是富人，或者你此时是富人，彼时变为穷人，没有中间环节），在不同的人生境遇下道德主体都有相应的德性显现，从而指引其正确地对待“利”，做“好”的事，成为“好”的人。这两种德性分别是“廉”和“义”。具体来说就是在穷困潦倒时要安贫乐道，廉洁自守；在显荣富贵时，要努力行义，不可为富不仁。同时，墨家非常重视对人的道德情感的涵养，认为对于君子来说要始终对所有的人都有广博而真诚的爱心。墨家试图以“生”和“死”来对这种持续而广博的爱进行完全概括，要求有德性的君子不论生死都应显示其博爱情怀，具体来说就是要对生者表现出发自内心的关爱，对死者要有真诚的哀伤之情。这样，“廉”、“义”、“爱”、“哀”四种德性就从两个维度、四个方面构成了墨家德育的目标体系。

二、墨家德育的人性预设："人性欲利，无称善恶"

德育是直接作用于人的，其目标的达成以教育对象的思想转换为标志。德育的成功与否关键在于德育方法是否得当，是否与教育对象的性质相符。所以，对德育对象的性质即人性如何的不同体认就成为思想家们设计其独具特色的德育体系的首要前提，相应地，人性观也成为区分不同流派德育思想的重要因素。关于墨家的人性思想，学术界存在较大的争议。[15]笔者认为通过分析墨家伦理思想的逻辑结构与核心内容可以分离出其对于人性的基本观点。

墨家伦理思想的核心是以"贵义"为宗旨的"兴天下之利，除天下之害"，因为它是孵出或者确证墨家其他道德命题的最高原则，在墨家伦理体系中居于核心的位置。[16]而在《墨子》文本中，这个最高原则作为一个道德命题的确证却只能是基于这样一个默认的事实，就是"人都是趋利避害的"。这是除"天志"以外的唯一充足理由。在墨家看来，如果不存在"人都是趋利避害的"这一基本的事实，那么，"仁人"（或称作"圣人"、"士"等）就没有必要去"兴天下之利，除天下之害"，更不可能借此成为令人称道的道德楷模而被贴上诸如"仁人"或者"圣人"的标签。墨家的主要道德命题之间的逻辑关系可以这样链接："人都是趋利避害的"，所以，一个以天下为己任的道德高尚的人（墨家称之为"仁人"、"士"、"君子"、"圣王"、"王公大人"等）应当"兴天下之利，除天下之害"，以满足天下人"趋利避害"的需求；为了"兴天下之利，除天下之害"则必须"尚贤"，"尚同"，"兼爱"，"非攻"，"节用"，"节葬"，"天志"，"明鬼"，"非乐"，"非命"。

可见，对于人的“趋利避害”之本性的基本体认是墨家道德思想的逻辑起点。

在《墨子》文本中，这种“趋利避害”的本性多以人自然而生的各种欲望出现。这其中最重要的就是强调人生而就有满足自己生存所需的“基本欲望”。这种“基本欲望”，在生死观上具体表现为“民生为甚欲，死为甚憎”[17]；在物质利益观上表现为“欲福禄而恶祸祟”[18]；在爱情和生育观上则表现为“天地也，则曰上下；四时也，则曰阴阳；人情也，则曰男女；禽兽也，则曰牡牝雄雌也”[19]。在墨家看来，乐生厌死、男女之情、饮食之欲，这是如同“天在上，地在下，一年分四季”一样最自然不过的本原的人性。对这样的人性，我们当然既不能说它是善，也不能说它是恶。所以，墨家自始至终都没有对人性作明确的善恶评判。而人性观一般包括两个层次的内容：其一，人性如何的事实性陈述；其二，人性如何的价值性评断。按照上文的阐述，墨家对人性的第一个层次的判断可概括为“人性欲利”，这是一个事实性陈述；墨家对人性的第二个层次的判断近似于又有别于告子的“性无善无不善”[20]，可以概括为“无称善恶”，也就是不需要去分别善恶。在墨家的眼里，人之“欲利”好似布之“吸水”是自有的本性，无所谓善恶，更不需要强分善恶。两个层次的判断结合起来，墨家的人性观完整的表述就是：“人性欲利，无称善恶。”具体来说，墨家认为，人性如素丝（白绢），没有任何颜色（就像人无所谓善恶），而且，它具备吸纳、附着颜料颗粒的特性方便着色成画（就像人之“欲利”特性使道德教育有了着力点才有可能实现德育目标），所以，可以涂出你想要的任何颜色，画成你所构想的美丽图画。

三、墨家德育方法："染"的道德修养论

墨家德育的方法与其人性观是相匹配的，既然人性无所谓善恶，那么，人的德性关键就在于后天的"所染"。墨家以"染"为中心构建了其独具特色的道德修养方法体系。

《墨子·所染》说："子墨子言见染丝者而叹曰：染于苍则苍，染于黄则黄，所入者变，其色亦变，五入必，而已则为五色矣。故染不可不慎也！非独染丝然也，国亦有染。……非独国有染也，士亦有染。"

分析以上所引的一段论述，可以看出墨家"染"的德育方法论体系具有以下几个方面的特点：

首先，"染于苍则苍，染于黄则黄"，这是肯定了上文所归结的人性前提即"人性无善恶"，因为只有一无所染之"素丝"才能被随意"染"成任何颜色，也只有非具已然之善恶的"素人"才能被培养成预定品质规格的任何人。墨家认为德性的养成有赖于人力的积极干预，这种观念比"德行可教"理念更加激进，彻底否定了德性天成的可能性。

其次，"所入者变，其色亦变，五入必，而已则为五色矣"。这是说，四种亟待培养的德性是外在于人的东西，就像即将用于"染丝"的"五色"外在于"素丝"一样。在墨家看来，德育对人作用的过程就像是电脑录入或者画画写字一样，是由外到内的过程，只要成功地写入或者说只要教育对象接受了所宣传或者传授的道德知识，就可以看成是道德教育的完成和德育目标的实现，就像"五入必，而已则为五色矣"。显然，这与儒家的"内求"和道家的"守"、"反"、"复"、"归"的道德修养的方法是有明显区别的。孟

子德育的基本方法就是“求”其“放心”，“养”其“浩然之气”。“良知”、“正义”、浩然正义的理性，不在人身之外，而于人的内心存焉，所以，不必“外求”。在道家看来人的本性是纯真至善的，一切恶的、丑的东西全在乎人为。所以，其修养的方法就是“守”其“真”，“反”其“朴”，“复”其“初”，“归”其“本”。可见，由于对于人性有着不同的认读，墨家与儒道修养的方法和径路就大不相同，甚至完全相反。

最后，“故染不可不慎也！非独染丝然也，国亦有染。……非独国有染也，士亦有染”。这是说道德教育一定要慎重，大到国家，小到个人都一定要进行全面的、正确的道德教育。墨家德育强调主动的、外在的道德灌输，并且，坚信道德教育的实效和对于国家人民的意义；儒家也肯定道德教育和修养的价值，但更重视自我的、内在的道德修养，强调主体主动修习的重要性，同时，也肯定社会环境的作用以及道德示范和道德认识的重要性；与儒墨相反，道家完全否定了外在的、人为的、主动的教化的价值，宁可以自然为“师”，推崇符合和顺应宇宙自然规律的“自化”，对于一切“人为”的努力则是全然负面的评价。

总体来说，墨家基于其对人性的体认把道德看成是外在于人的东西，从而把道德教育的原则总体上定调为“外染”，在具体的德育的方法上则主要有三种：

其一，物利引诱法。墨家也重视激励这种普遍使用的德育方法，但与主张“君子喻于义，小人喻于利”的儒家相反，墨家更强调现实的物质利益的刺激与引诱。墨家提出的“众贤之术”就是提高贤人的待遇：“富之，贵之，敬之，誉之”[21]，做到“不义不富，不义不贵，不义不亲，不义不近”[22]，以快速的可感、可视、可触、可握的“物利”吸引社会人群修德为义，从而达到短期内快速提升社会总体道德水平的目的。这当然可以说成是一种激励，所以，又可以称之为“激励法”。

其二，权力强制法。墨家认为“人性欲利”而且无可厚非，所以，其最基本的德育方法是“诱之以利”，但是，利益有大小而且对同一件事情不同的利益主体会有不同的评价标准，甚至会出现“一人一义，十人十义，百人百义……是以人是其义，而非人之义”[23]的情况，这就存在一个统一标准的问题。墨家主张通过权力来强制统一标准，统一思想，即所谓“尚同”，具体来说就是“上同而不下比”[24]，强调下级单向学习和绝对服从上级而不能相反。通过权力强制来保证德育行为和德育目标的双重实现。当然，这种强制的前提是官上的德性足以为众人的表率，所以，墨家设置的最高一级的长官兼为“上同”的终极标准是至德至明的“天”。

其三，鬼神监督法。墨家深知对于本性“欲利”的人来说，最渴望的情形就是自己假装道德，同时其他人都真道德。而鉴别和监督一个人所有行为善恶的真伪显然超出普通人的能力，包括贤德的官员，所以，墨家请来一对无所不能而且不知疲倦的监督者“天鬼”，全时段、全方位地监视所有人的行为。在鬼神的强力督促下，没有人能够偷懒欺骗，只能全心全意地践行墨家“兴天下之利，除天下之害”的道德原则。

总体来看，墨家以“人性欲利，无称善恶”为其立论前提，“外染”为显著特征，以“物利引诱”、“权力强制”和“鬼神监督”为具体方法构建了一个相对完整的德育方法论体系。

四、反思与批判：墨家德育思想的现实价值

按照《韩非子》、《吕氏春秋》等文献的记载，墨学在先秦时期曾是可以与儒学比肩的显学。[25]然而，自秦以后墨学却突然陷入了近2000年的中衰，直到今天在国学复兴的背景下，虽有墨学研习者的积极呼吁其影响却仍远不如儒学。这其中的原因，历代学者们多有探讨。[26]本文在此主要从德育的角度略窥其堂奥，以资当今德育之借鉴。

首先，必须肯定墨家所提出的"廉"、"义"、"爱"、"哀"的"四德"培养目标与儒家所提出的"仁"、"义"、"礼"、"智"以及柏拉图的"四主德"一样，都是人类文明早期对道德生活所设定的目标，反映了人们对理想生活模式的追求，都是人类德育宝库中的明珠，及至今日仍有一定的现实价值。墨家"四德"之中的"廉"德性和"哀"德性对当今中国的道德建设尤其具有补缺的价值。墨家将"廉"定位为针对"贫穷者"或者人在"贫穷时"，并且认为"廉"的最深层次的心理特征是"明是非，有羞耻心，有羞耻感"。这在一方面提醒我们，培养安守清贫的生活习惯和道德情操是治贪倡廉的关键；另一方面也告诉我们，养"廉"的本质在于培养官员的"羞耻之心"，如果官员内心真正"以贪为耻"，不管是否有人监督，贪腐的概率都会大为降低。墨家所提出的"哀"德性，其深层的内涵是体现了其对于人命的珍惜，是一种"敬畏生命"的博爱情怀，是一个人人文素质的重要体现，而我国现有的德育体系中却缺少相关的内容，尤其缺乏"哀伤素质"的教育和辅导。所以，重温墨家的"哀"观念对当下的道德教育不无启迪和补充价值。

其次，墨家对人性的设定是“人性欲利，无称善恶”，这样的人性定位，表面看来尊重事实，持论公允，客观上却为自利者提供了隐性的理由，为德育的顺利展开设置了重重障碍。因为，“人之欲利”既然是无可厚非的，那“欲利”的人为何要放弃“一己之利”，而去“兴天下之利，除天下之害”呢！墨家的回答是：“爱人者，人必从而爱之，利人者，人必从而利之”[27]；“爱人不外己，己在所爱之中”[28]。而对于真正“欲利”的人来说，最佳的人生策略莫过于对别人高喊“兴天下之利”，同时，自己却一心一意地经营“一己之私”，这样，既可以获得现实的物质利益，在心理上也没有任何愧疚之意。墨家为德育设置的人性前提使其道德推理变成了赤裸裸的“利叙述”，而以“利”为理由是没有办法说服人为了“天下之利”而放弃一己现实的利益的。而且，历史和现实都证明，当我们以“众利”、“公利”为借口而倡导“功利主义”时，“物质主义”、“利己主义”、“拜金主义”就会大行其道。可见，以“人性欲利”为起点的墨家伦理叙述在现实的生活中不具有可操作的价值，这给以“人性本善”（不“曰利”）为基础的儒家伦理叙述成为中国的主流意识形态甚至垄断社会政治舞台挪出了空间。墨学千年中绝的历史告诉我们：道德教育这种伦理叙述不宜以“利”为核心和起点。尤其是在当今这个工具理性恶性膨胀的时代，进行道德教育更应当避免一元化的“利叙述”，而应当多强调“义务”和“责任”，并辅之以榜样的示范和吸引，才有可能收到教育的实效。

最后，墨家以“外染”为特色的德育方法论，过于强调外在的道德知识灌输的重要性，忽视德育对象的内在心理需求，似不利于教育对象道德自觉的唤醒，从而影响其道德情感的培养和自律精神的养成。

道德教育是一个主观见之于客观又回复主观的双向作用过程，德育目标的实现以主体道德自觉和自律意识的形成为标志。如果不考虑教育对象的主观因素，德育的过程完全依赖外力的引诱、强迫和恐吓，其成功的可能性当然就很小。墨子本人也绝不是在利益的引诱、权力的强制和鬼神的威胁之下才成为墨子的，其克己利人的高尚节操的锻造，一者是受了前辈大禹高风亮节的人格吸引，二者是其强烈的社会责任感、使命感使然。墨家选择在孔子死后，儒家分裂势衰之时，以儒家批判者的身份出现，在极短的时间内就营造出炫目的显荣景象，但在墨子、禽滑厘等才德卓异的人才凋零之后很快归于沉寂，其道德教育或者社会教化模式的缺陷是一个重要原因。墨家在设计其德育模式和社会教化方式的过程中，沿着其“人性欲利，无称善恶”的人性理路将教育的重点放在“外染”的道德知识灌输上，在不知不觉中蔑视了人的主观能动性，甚至连陶冶性情的音乐也要废弃，使人完全工具化，使道德教育最终陷入了悖逆人性，一味强调利诱、强制、威胁和蛮干的盲动中，其丧失人心，为人所弃，最终湮没不彰也就是必然的了。墨学兴衰史所给予我们的另外一个启示就是：德育过程应当道德知识的外在传授和灌输与道德情感的内在唤醒和培养并重，在德育领域，“主知主义”和“主情主义”各有偏颇，二者的共同出路在于相辅互补，辩证统一。

＊本文为教育部人文社会科学研究规划基金资助项目“中国哲学史学史研究（08JA720021）”系列成果之一。

注释

①这一观点在本人的博士论文中有详细的论述。请参看杨建兵:《墨家伦理研究》,武汉大学2010年博士论文。

②《墨子·修身》。

③《墨子·经上》。

④《墨子·经说上》。

⑤《墨子·明鬼下》。

⑥《墨子·经上》。

⑦《墨子·经说上》。

⑧《墨子·鲁问》。

⑨《墨子·鲁问》。

⑩《墨子·尚贤下》。

⑪《墨子·修身》。

⑫王裕安等:《墨子大词典》,山东大学出版社2006年版,第148页。

⑬《墨子·尚贤中》。

⑭《墨子·修身》。

⑮比如,日本学者谷中信一认为,对人性问题采取漠然置之的态度是墨家被世人遗忘的主因。(参见谷中信一:《谈墨家的人性论》,载《职大学报》2007年第1期,第14页)徐复观则断言:“墨家无人性论,但并不是没有此一问题。”[参见徐复观:《中国人性论史(先秦篇)》,上海三联书店2001年版,第275页]

⑯此一观点在本人的博士论文《墨家伦理研究》中有充分的论证,在此限于篇幅不再重复。(参看杨建兵:《墨家伦理研究》,武汉大学2010年博士论文,第18~30页)

⑰《墨子·尚贤中》。

⑱《墨子·天志上》。

⑲《墨子·辞过》。

⑳部分学者认为,告子是墨家的弟子,笔者认同这种观点,但告子的人性观不能完全代表墨家。其细微的差别在于,告子为“性无善无不善”,这是作了第二个层次的明

确判断。但墨家的立场是“无称善恶”，即“不要说是善还是恶”。关于墨家与告子人性思想的关系，请参看杨建兵：《墨家人性论略》，载任守景主编《墨子研究论丛（九）》，齐鲁书社2010年版，第651~665页。

㉑《墨子·尚贤上》。

㉒《墨子·尚贤上》。

㉓《墨子·尚同中》。

㉔《墨子·尚同上》。

㉕《韩非子·显学》说：“世之显学，儒墨也。”《吕氏春秋·尊师》称：“孔墨徒属弥众，弟子弥丰，充满天下。”《吕氏春秋·当染》云：“孔墨之后学，显荣于天下者众矣，不可胜数。”《孟子·滕文公下》也说：“杨朱、墨翟之言盈天下，天下之言，不归杨则归墨。”

㉖关于这一问题，很多学者都发表了自己的看法。本人也作了一些研究，著有专文从墨学的生成及其与儒家的渊源、政治主张悖逆人性以及创始人的性格缺陷所导致的学派生态的保守等方面进行了分析。详文请参看杨建兵：《探寻墨学中衰的根源》，载《求索》2006年第3期。

㉗《墨子·兼爱中》。

㉘《墨子·大取》。

“上帝”之爱与人心改造

——民国基督徒知识分子的墨耶研究*

褚丽娟

墨子和基督宗教比较研究（简称墨耶研究）始于清末，当时的传教士扬耶抑墨以传教护教，而同时期的儒士基督教则源于墨学。则民国年间，虽然墨耶研究仍然以“爱”为核心，但由于此时的研究者主要是基督徒知识分子，他们积极探寻两种思想的精神力量和实践意义，以对当时中国的现实问题提供可参考的解决办法，因此研究着眼于“上帝”之爱的当下意义——改造人心，认为这是中国救亡图存、民族复兴的前提。

基督徒知识分子通过墨耶研究对人心改造问题的探讨，有其深刻的时代原因：从维新变法伊始，中国的儒学士人就开始探索民族复兴的道路，在认识上先后经过技术为重、制度为重，到人心为重等不同的阶段。特别是辛亥革命后，不少知识分子认识到，解决中国问题的第一要务乃是改造人心。鲁迅是这方面最有影响的人物之一，他对当时中国病症有深刻、清醒的体认，终其一生都在努力唤醒“铁屋里沉睡的人”。

在当时中国的特殊处境中，以张纯一、王治心、吴雷川等为代表的基督徒，将改造人心的行动与宗教联系起来。这些知识分子基督徒有别于传统的基督徒：将国家和民族置于信仰之上，其信仰因中国危难而生，而危难中国又令其改革基督教。与同时代的知识分子一样，他们毕其一生而躬身于民族复兴之大业，对他们来说，要解决中国问题同样首先是改造人心。这些民国基督徒知识分子不仅从宗教资源中挖掘改造人心的办法，而且通过比较文化，挖掘基督教和中国传统文化所具有的普世性价值。其中之一就是将基督教和墨子联系起来，寻找两种古代文化对解决时代问题的现实意义和精神力量。本文涉及的民国基督徒知识分子的文献有张纯一的《墨学与景教》、王治心的《墨子哲学》、吴雷川的《墨翟与耶稣》，他们从墨耶义理和墨耶人格行为等方面所进行的比较研究，不仅在民国当时对解决人心问题具有一定的影响，而且结合当下中国的现实问题，可以看到知识分子基督徒墨耶研究其价值和意义仍具有当代性。

一、“上帝”爱人故人要爱人

清末民初，使墨子和基督教联系起来的首要原因是，不仅传教士而且中国知识分子注意到了基督教的上帝与墨子的天的内涵最为接近。[①]本文所研究的张纯一、王治心和吴雷川在他们的墨耶研究中明确提出墨子的天和基督教的上帝是一回事，认为天/上帝爱人，所以人也应当效法天/上帝，爱人如己，兼爱天下人，并由此反对战争，热爱和平。

墨子之天同于基督教之上帝。张纯一（1871~1955），少时曾中清末秀才，甲午战争（1894）后，习英文，研西学以寻求富强国家之道。因维新变法失败，致使他认为革政不如革心，而革心在革教，于1905后开始信仰基督教，后又由耶入佛，提倡宗教对话，主张佛化基督教。《墨学与景教》初版于1923年，这本书是中国知识分子基督徒早期系统化墨耶研究的代表作，“景教”就是指基督教。张纯一是民国墨子研究的专家，著有《墨子间诂笺》、《墨子集解》，同时基督徒的身份，使他对墨子和基督教都相当熟悉，由于在写《墨学与景教》时，张纯一的信仰已发生变化，开始钻研佛理，并且开始思考耶佛对话，因此该作是以佛教思想统观，兼及儒道来论墨耶。在《墨学与景教》中，张纯一首先指出墨家之天志即景教之天父上帝，“墨之天即景之上帝”。“墨教二大纲，曰尽心爱上帝，曰爱人如己，其枢要在《大取》篇。景教二大纲，曰尽心爱上帝，曰爱人如己，其枢要在《约翰传》。”[②]张纯一将天与上帝的内涵总结为：体大而无外、无幽不潜、万有之原、兼爱天下厚于亲之爱其子、明哲维天/上帝至尊无上、惟天/上帝至仁可法大地人类尽属天有，一切平等；天/上帝之权力无限，赏罚至公诸方面。总之，张纯一认为墨子之天与基督教的上帝内涵外延并无二致。

王治心（1881～1968），前清考入庠生，在中国神学界影响比较大，一生致力于基督教在中国的本色化，著有《孔子哲学》、《道家哲学》、《中国基督教史纲》、《中国宗教思想史大纲》等。[③]他对墨耶的比较研究主要集中在《墨子哲学》（1925）一书，全书分两部分——爱与智，爱即是墨子的宗教伦理主张，智是关于逻辑、科技等的内容。在爱的部分，王治心从基督教的视角观照墨子的宗教思想。同样，在王治心看来，墨子所谓的天相当于基督教的上帝。“墨子的天之观念，是拟人的，与基督教所崇拜的上帝，有些相仿。”“而墨子独认天有意志，他能和人一样的有情操，有作为，完完全全是个造化天地，呵护人类底人格的上帝。”[4]他将墨子的天和基督教的上帝对于人而言的义理总结为四层：甲、天为万有之原。乙、天体广大，天道至大而至明，没有时间空间的限制。丙、天的权能：天秉大权，司赏罚，墨子的祸福论和基督教报应说都是应对此而提出的。丁、天的仁爱。墨子所说天之爱，是平等的，无差别的，凡属人类，都在天的爱下，耶稣所说的上帝之爱，不单爱犹太人，而是博爱世人。

吴雷川（1870～1944），1898 年中进士，并被点为翰林。1915 年皈依基督教，一生致力于儒家与基督教之间的融合，与王治心同为基督教本色化主张的重要人物，在晚年试图调解唯物主义和唯心主义，并向往社会主义，著有《耶稣的社会理想》、《基督教与中国文化》[5]等。《墨翟与耶稣》写于 1940 年，在这部著作中，吴雷川将墨耶思想视为一种早期的社会主义。吴雷川信仰基督教主要缘于对耶稣人格的感动。从功利主义角度，他描绘了墨耶的人格蓝图，以呼吁当时人们效仿墨耶，救时弊于世，为危难时期的民族寻找出路。至于墨子的天是否和基督教的上帝是一回事，并不是他的关注点。

天/上帝爱人，故人当法之。无论是张纯一、王治心还是吴雷川，均指出天与上帝的最本质属性即爱，天/上帝因为爱而创造天下万物，尤其是对人类的独爱，人应当以爱作为回报。在《墨子与景教》中，张纯一认为“天兼爱天下厚于亲之爱其子”，比父母爱更深刻的乃是天/上帝之爱，正因如此，他说“明哲维天至尊无上”，作为普通人，就更应效法这种伟大的爱，作为对天/上帝对人类的独爱而回报之。张纯一结合《墨子》和《圣经》义理，从三个角度解决人当如何配天的问题。甲、当上同于天。《墨子·尚同》提出人要上同于天子，天子上同于天，即人须与天的意志、禀性相契合。耶稣传福音，也是为了让众人离弃虚妄，归向创造万物的上帝。[6]乙、当感天恩爱人以图报。“墨景二圣，顺俗敷教，务感天恩而图报，兼爱之心至深远也。又以世人不知天道即在人道中，或致渎神而无利于人，乃以克己爱人即以报天。”丙、当光荣天道。“光者，所以破暗也，二家以上帝光无私照人，当与日月合明同。”总之，墨教和基督教均以“‘除上帝外无一善者’，使人效法上帝”[7]。

同样，王治心也指出爱是墨耶之天/上帝之根本。“兼爱本是墨子学说中的根本思想……他所说的爱乃是退本于天，亦犹我教所言‘上帝乃爱’。”“我们把他（墨子）所讲的爱，归纳起来可以见其大旨与基督相同。”“《兼爱》三篇中所说的爱，莫不有此意，天既爱人，人当体天之爱以爱之，爱人即所以爱天，亦即所以自爱。”对于上天/上帝大爱之恩，人该如何对之？王治心也从三个角度提出自己的观点。甲、当效法天，“换个说法就是天道至仁至公，人不免有私利，故当法天而不法人”。若人人能法天，那么每个人都像天一样仁爱公正，这就实现了天国，这点是与基督教绝对相同的。乙、当广行天道。“凡人不独当‘顺天之意’‘尚同于天’，更当推行‘天德’以利人。”效仿天不是口头的承诺，更当是践行，每个人都应该从己做起推行天德。丙、当感恩图报。“基督教以凡人皆是上帝的儿女，与墨子所说‘体分于兼’，都是原于一体的，表明天人的关系——相爱。”[8]

吴雷川在《墨翟与耶稣》中，认为墨子和耶稣所论之爱是一致的。“墨翟提倡兼爱，他的根据是‘天爱天下之百姓’，耶稣教人要博爱，也是说‘应当效法天父的完全’。这在理论上是同出一源了。”墨耶本人正是仿效天/上帝之爱，普爱世人，所以一个摩顶放踵利天下为之，一个钉上十字架代人赎罪，那么人也应该效仿天/上帝爱人，墨耶爱人而爱天/上帝，爱人如己。此外，吴雷川更进一步指出，天/上帝之爱有其深刻的功用——改革社会的动力。“他们（墨耶）既认清了爱是天理，又目睹现社会的民生痛苦，就不能自已的想要改造社会。爱是改造社会的动力，惟有爱才能创造，也惟有爱才是新社会成立的根基。”⑨人向天/上帝学会了爱，就会产生改造社会的动力，这正是当时中国所需要的。

天/上帝非战故人要和平。战争是爱的对立物，在《天志》中，墨子认为大国攻打小国，强者欺凌弱者，是“天贼”所为，这样的行为上不利天，中不利鬼，下不利民，因为天富好生之德，不容人或相杀。基督教虽没有对战争具体的讲明，可是杀人的事，是上帝的戒条。又由于耶稣主张爱仇，所以凡体基督爱仇主义的人，均以战争为人道的大害。

张纯一指出“墨景二教，仰体天心兼爱，以天下不义之事，莫如攻伐为祸之烈，故非之以救时之敝”。“二圣非攻，性德之宏，润齐天地。”并进一步比较墨耶二教非攻的区别：“顾墨重实利，就世法言，多属消极，景重慧命，本出世法摄世法，纯属积极，不无差异，故墨不废守圉，景则绝不抵抗，务不起分别，因以纯善度之，是墨所未逮也。”⑩虽然墨子和耶稣都反对战争，但是墨子讲防守，耶稣是绝不抵抗，张纯一由此认为，基督教之博爱要比墨子的兼爱更纯善。

王治心详细分析了墨教和基督教对战争的态度，将墨子主张非攻的理由归为三点：攻国必以杀人为目的，是大不义事；无论什么战事，所得者虚名，所失者实利，终是得不偿失的；战事违反天意，得天之诛，无论攻人的与受人攻的，都遭莫大不测，两败俱伤。所以，他极力赞成非攻，“从上看来墨子非攻的主义，非常可取”。至于基督教，王治心从四个方面论证基督教反战的态度。甲、基督教将杀人视为戒条，耶稣说过“凡动刀的，必死于刀下”（太26：52）并提倡爱仇，可推出耶稣和基督徒不会喜欢攻占。乙、对于《圣经》多处记载战争的情况，他认为只是比喻精神上与恶魔的状况，并非认为战争是可有的事。丙、对于基督教历史上的战争，如十字军东征、欧洲近年大战，他认为这不是基督教的错误，是不能同心归向基督教的缘故。丁、基督教举办的弭兵会、和平会，虽效力不大，但也能说明基督徒爱好和平。在看待墨子讲究防守的问题，与张纯一的看法相反，王治心对此给予积极肯定。“不过墨子的非攻，与各家的反对战争，大大不同，因为墨子不单是能讲实在能够实行，所以他一听见有什么打仗风声，便不辞劳苦，裂裳裹足，奔走劝止，而且他的劝止攻战，不是光藉口舌之能，实在有军事上的本领，看他与公输般的比试，能叫公输般穷于攻具，贴然佩服，这是我对墨子‘非攻’所佩服的地方。”⑪

此外，吴雷川虽然也讨论了非战，但他从历史角度解释墨耶反对战争。“墨翟主张非攻，于当时诸侯之互相侵伐，固然是极端反对……若耶稣则感受于罗马横肆侵略的刺激很深……他必是主张根本铲除武力。”⑫这里不再赘述。三位研究者讨论墨耶义理中的非战思想，其实质是呼吁人们认清战争的本质，反对攻占，要博爱、兼爱之风普及人心。

二、墨耶因爱以救世，人格示范以革心

墨子和耶稣提倡爱，用爱来改革人心，拯救时弊，并不停留在教义上，他们自身所具有的伟大人格，是人们学会爱，革旧习的最佳楷模。对于墨子和耶稣人格的关注早在清末民初，伴随墨学复兴和基督教与中国文化的联系加深[13]，已经被研究者所关注。梁启超在《墨子学案》中指出："就艰苦实行这方面看来，墨子真是极像基督。若有人把他钉十字架，他一定含笑不悔。"在《先秦政治思想史》中亦肯定墨耶人格之崇高："古今中外哲人中，同情心之厚，义务观念之强，牺牲精神之富，基督而外，墨子而已。"李麦麦在《中国古代政治哲学批判》里说："不管人们是怎样来形容墨子，墨子是古代中国的基督。……墨子的'摩顶放踵利天下为之'的精神，更不亚于基督上十字架的勇敢。"[14]本文所研究的三位知识分子基督徒，在他们的墨耶研究中，也是将墨子和耶稣的人格作为研究的重点。尤其是吴雷川，他认为基督教"只有耶稣的人格足为我们信仰的中心。他是以身作则，教训我们做人必以改造社会为天职，更教训我们持身涉世要服从真理，这正是我们做人的规范"[15]。张纯一、王治心和吴雷川对墨耶人格的研究主要挖掘了墨耶以天下为先的牺牲精神和贵义尚俭的奉献精神。此外，吴雷川就如何将墨耶精神付诸实践，对领袖人才和青年志士提出了号召。

以天下为先的牺牲精神。在《墨学与景教》中，张纯一指出墨耶不畏艰辛，舍身为义，以天下人之幸福为终生奋斗的目标。"《庄子·天下篇》论墨子云：'日夜不休，以自苦为极。'"耶稣"以故心妙莲华，身入污泥，恒不惜躯，命以福利社会，其德均可谓至矣"[16]。因此他呼吁民众效仿。王治心反对前人所持墨子不及

基督博爱，认为墨子富有耶稣的“十字架精神”。“墨子无杀身之必要，使墨子而生于犹太，钉死十字架，亦所不辞。因为他不但是个实行家，‘今子口言之二身不行，是子之身乱也’，更是不怕死的。”他遂引《淮南子》中所记载墨子门人和巨子孟胜的敢死事迹，“以上二事，可见墨者不怕死的精神，甘为教义牺牲，假若与基督易地而处，怕也不辞十字架之苦”[17]。吴雷川亦是讨论了墨子和耶稣的牺牲精神，认为墨耶二人认准了“凡爱人必舍己”的定律，不惜刻苦自己，牺牲自己，以谋求人类未来之幸福。

贵义尚俭的奉献精神。墨教和基督教均主张贵义尚俭，反对过度追求物质，崇尚克己奉公的奉献精神。张纯一讨论墨耶的义、俭思想，分别援引《贵义》、《辞过》和《罗马书》、《提摩太前书》的章节进行比照，论证二教义俭之说。王治心在《墨子哲学》中就墨耶节俭详细分析。墨子“再三地说到‘衣食住行’当如何节俭，和奢侈的弊端，更是着重‘单财劳力，毕归之于无用’……社会中人，各尽他的能力于生活上，没有一个不劳而食的人，‘踵事奢华’，‘无故糜资’，这大概是墨子的社会经济学。……不过我们看他这种刻苦的精神，不能不表示我们的钦佩……”王治心接着比较耶稣，“故耶稣有‘积财实在天——因为地上有虫蛀——贼偷’‘勿为生命忧虑吃什么！’的教训，以及奢侈的财主，如何受苦于阴间！而且常教人应当克己背十字架，喝耶稣所喝的杯……凡此种种都是由于爱的推衍，能行基督博爱精神的，决不愿人贫而我富，决不愿人劳而我逸，亦决不愿耗有用的金钱为无益的糜资”[18]。吴雷川在《墨翟与耶稣》中总结墨耶二教的共同处，除了爱、义、俭之外，还加上了勤。认为墨耶无论对自己还是教人都强调勤俭，认为凡是为义的人必要遵守勤俭。吴雷川从分析墨耶

"义"出发，结合《天志》中对"义"的解释，比较耶稣也称上帝为"公义的父"认为墨子和耶稣讲义崇尚勤俭。"而之于勤俭，墨子和耶稣二人更是以身作则，为了自己的理想事业，他们克己忘我地勤劳，是至今仍垂范世人。""庄子又称墨翟'其生也勤，其死也薄，其道大觳，以自苦为极'。耶稣尝自言'人子没有枕头的地方'，这可想见二人的简约。"⑲

墨耶精神，人当效仿。吴雷川在《墨翟与耶稣》中虽然也谈到墨耶思想中改革经济制度、建立公平社会机制等问题，他始终以墨耶的人格对当世人之心灵改造为讨论的轴心，"墨耶二人……同抱改革社会的宏愿，他们的理想，至今还能应付时代的要求，尤其是他们的人格，足为现今中国人效法的模范"。吴雷川这里所谓墨耶同具宗教的精神，不是指墨耶讲说宗教的言论如何，乃在于墨耶为人处世实行的态度，他由此总结宗教对人生的公用："初步是指示人当如何修己，更进一步则是使人能忘己以拯救社会，关于这一点，墨耶二人的表现是全然一致的。"吴雷川的《墨翟与耶稣》1940年正值国共内战时期，他分析了当时社会的弊病，总结为：不公、贪污、骄惰和奢侈。他认为解决这些问题，"不能只靠政治上的制裁，还要有良心上的制裁，就是宗教精神的鼓励与熏染，这便是墨耶一派将要显著的功能"。吴雷川认为，墨耶人格尤其应该唤起两类人——领袖人才和青年志士的注意。对于领袖人才，他呼吁要刻苦律己，肯于牺牲。作为两位时代的倡导者，墨耶以身作则，刻苦自励。在吴雷川看来，墨耶许多严厉的训言，都是为预备做领袖的徒党而发，并非全部要求于普通人。墨耶的本意是要使当下有少数人肯牺牲个人的利益，作为未来社会进步的代价，所以呼吁时下做领袖的就必要不畏艰难，多负责任，勉力遵行，以为全国之倡导，即使在改革过程中，容许免不了有极严的统制，拘束个人的自由，也是必须忍受的。对于青年志士，他认为“青年之士，更应当猛醒觉悟，努力预备自己。第一，要坚决地抵抗上述贪污、骄惰、奢侈、不诚实诸恶行，不受家庭社会间遗传势力的威胁与引诱，将它们看作传染病的毒菌，随时随事，一息不懈地防范，家业富有的青年，更要留心，贫寒的也不可丧志。第二，要趁着求学的时代，充实自己的学识，务使自己成为一个有用的人才，将来能在社会改良，国家复兴事业上有分。并且想到自己必有一日要担负改良社会复兴国家的重任，所以‘努力崇明德，随时爱景光’，乃至‘顺时自保千金’都是座右的格言。第三，必须寻求良师益友的助力，更要知人论世，尚友古人，就想墨耶二人所指示的爱、义、勤俭，不但是防卫各种恶德的良药，更是策励人心志坚定的力学保身的总动力。”[20]

三、“人心改造”之业未竟，“上帝之爱”价值犹存

人心改造——中国知识分子百年未竟之业。自维新变法以来，知识分子从未中断过对如何改造人心，重塑国民性这一问题的讨论。洋务运动旨在以技术救国终归不成。戊戌变法失败，证明法救不了中国。梁启超《新民说》开启了国民性改造的先声。到辛亥革命前，无论改良派和革命派，以两派的期刊为阵地，对如何改造人心，塑造中国人的德行进行过激烈的辩论，至后来鲁迅、胡适等知识分子孜孜不倦地探讨人心改造的可能途径。基督徒知识分子在对墨子和基督宗教的比较研究中，也积极参与到这一问题的讨论中。1949 年后毛泽东从政治、经济和文化等结构入手改造人心，塑造“新”人。[21]新时期以来，不少当代学者通过对民国

知识分子关于人心改造问题的研究，继续寻求改造人心的路径。但实际情况是这个问题从未真正解决。“睿智如梁启超，深刻如鲁迅者，毕其一生，都没能推动国民性的真正变革。”㉒单单反思“文化大革命”登峰造极的个人崇拜，对知识分子的疯狂迫害，对文化的毁灭性破坏，“文革”所释放出来的人性之恶，都在告诉我们一个血淋淋的事实：过去人心改造不成功。

结合当前现实，人心问题仍是中国社会的症候。当代中国人的道德素质似乎并没有比一百年前有所改善，国人的道德底线一再下滑，极端的拜金主义、功利主义使中华大地一再上演滑天下之大稽，耻天下之大辱的事件——“彩色馒头”、“毒奶粉”、“李刚事件”、“药家鑫案”、“强制拆迁”、“小悦悦事件”等等，这些沦为全世界媒体谈资的新闻背后，涉及政府信任危机、贪污腐败、贫富不均等诸多问题，于是专家、学者、政客纷纷出道，解析中国社会问题，法律界人士将问题归结为法制不健全；政治学家将问题定为体制改革的必要；经济学家将问题视为经济发展不平衡；不少政客将问题归之为发展所付出的必要代价。可事实上，我们感同身受的是，人与人之间的良性关系变得稀缺，冷漠渐渐取代了爱，爱的缺失又导致中国人幸福感被剥夺，那些曾经美好的情愫、优良的传统离我们的生活越来越远。不禁要问：人怎么了？冷漠、自私、不诚实等是现代人理所当然的标签吗？这就是一百年多年来无数仁人志士改造人心的结果吗？曾经全力投入国民性改造的人们不该反思吗？诚然，当前中国社会的主要症候与经济、法制、政体等紧密相关，但归根结底，这些问题都指向人心，德育教育长期被政治绑架，心灵塑造成为媒体的噱头和政客们的口号游戏，人格培养在学校沦为形式主义，在唯钱是看的逼仄下人性教育成为空白。事实上，要解决这些问题，就必须真正认识到改造人心、改变民风，重塑国民灵魂之迫切意义，进而认真对待历史遗产，对前辈的研究成果上整理扬弃，整合出能为当今社会需要的精神资源。

正在鉴于当前中国社会和中国人的状况，重新探讨墨耶研究的现实价值，诠释“上帝”之爱的当代意义就显得很有必要。本文所研究的民国三位基督徒知识分子，均在大学教书著述，有的还积极参加社会改造活动，如吴雷川曾做过杭州市市长和教育部参事，并且是燕京大学第一任华人校长。他们的一生，无论信仰还是研究都与寻求富强国家之道紧密联系在一起。研究者指出张纯一入教的动机乃是“心想欲改革国家，必先痛除国家的污染，终于决定受洗于圣公会”。进而将张纯一置于同代人中比较：“张纯一之说接受基督教，与同时代的知识分子有一定的相似性，就是欲寻找救国富强之道，而他发现基督教正可以在人（包括妇孺）的德行上有所贡献，对当时的中国有所裨益，因而选择接受基督教。”[23]由此可见，知识分子基督徒信仰的动机是出于对国家的爱，其墨耶研究的动机，也并非是为传教，而是寻找能够对疗救中国症疾，改造人心具有切实可行的方子。

因此，今天重新研究这些身为基督徒的知识分子对墨耶的研究，对当下改造人心，改善社会不良风气是有着积极的意义。首先，人人相爱的价值。墨子的兼爱和耶稣的博爱，分别代表了东方和西方“爱”文化的精粹，墨子和耶稣从人与人绝对平等的角度，强调爱他人，爱所有人，这完全有别于单面的狭隘的“独爱”思想，与今天后现代主义所言的“他者”理论颇有神合之处。可以说，墨子的兼爱和耶稣的博爱，不仅在过去，而且在今天乃至未来，对处理人与他者，人与自然的关系都有隽永的意义：只要世界一天有战争和纷争，我们就需要这种爱。因此，面对前人对墨耶之爱的研究，我们可以舍弃其宗教方面的因素，而取伦理方面的真谛，诠释、整理墨子兼爱和耶稣博爱的内涵，展开更全面、更深刻的东西方思想的对话和交流，最重要的是让这种对话和交流的思想成果成为改造人心、改善风气的精神动力。

第二，墨耶人格的感染力。墨耶爱人，是在人间的“爱神”，他们人格的伟大之处不仅在于以天下为先的牺牲精神，贵俭尚义的奉献精神，还有公平、自由等诸多其他精神内涵，需要今天的学者进行更深入的研究，挖掘出更多能为热燥烦恼中的世人所涵养的精神力量。此外，需要特别强调的是，本文所研究的三位民国知识分子，尤其是吴雷川对领袖人才的严格律己的呼吁，在今天具有弥足珍贵的价值。当前社会，很多领导人说一套做一套，每年因腐败而入囹圄的领导干部，过去往往是反腐会议的主持人，廉政爱民教育的倡导者。当下中国更危险的是，这种人格分裂，口是心非的领导不仅司空见惯，对普通人来说，更是习以为常。因此，急需呼吁领导人自己要勉力遵行，身正示范，只有“其身正，不令而行；其身不正，虽令不行”的原则，才可能会感化民众，改善社会风气。当然，墨耶人格的感染力不止于此：刻苦勉力的作风对青年人的示范，诚实守信对商业行为的规范，俭义公正对廉政建设的榜样，都是我们取之不尽的财富。

结语

在民国那一特殊的历史境遇中，墨子与耶稣的“相遇”注定打上那个时代的烙印。事实上，墨学和基督宗教的爱的义理，墨子和耶稣的人格力量被基督徒知识分子挖掘整理以解决当时中国的现实问题是一种必然。将民国基督徒知识分子的墨耶研究置于一百多年来知识分子对中国问题思考的历史当中，置于当下国人普遍热恼浮躁、社会矛盾重重的现实境况中，重新思考中国问题，认识到其根源仍出于人心改造，而不是头病医头、脚病医脚。对于人心改造这项未竟之业，与其凭空构想新思想，不如脚踏实地地整理前辈的成果，在批判性继承的基础上，进行有意义的补充和发展，在不远的未来对改造人心问题做出理论上完善，并真正推之于民，以利民强国。

＊本文系中国人民大学研究生科学研究基金（中央高校基本科研业务费转向资金资助）项目成果之一，项目编号：12XNH167。

项目名称：《追问“上帝之爱”:墨子与耶稣的“历史性”相遇》。

注释

①持这一观点的中国学者很多，如梁启超、陈独秀、胡适、冯友兰等均认为在先秦儒家思想中，墨子的天与基督教的上帝最为相似。

②张纯一：《墨学与景教》，民国十二年自印本。据任继愈等编《墨子大全》第二十八册，北京图书馆出版社2002年版，第729~769页。

③参见王治心撰、徐以骅导读：《中国基督教史纲·教会史学家王治心与他的〈中国基督教史纲〉》，上海古籍出版社2004年版，第1~2页。

④王治心：《墨子哲学》，民国十四年南京宜春阁印本。据任继愈等编《墨子大全》第三十三册，北京图书馆出版社2002年版，第412、413页。

⑤转引自查时杰：《吴雷川——致力中国文化与基督教信仰沟通的著名学者》，载《中国基督教人物小传》，香港中华福音神学院出版社1983年版。

⑥见《新约·使徒行传》第14、15页。

⑦张纯一:《墨学与景教》，第732、733、725页。

⑧王治心:《墨子哲学》，第401、412、401、421、422、420页。

⑨吴雷川:《墨翟与耶稣》，民国三十九年上海青年协会书局印本。据任继愈等编《墨子大全》第三十三册，北京图书馆出版社2002年版，第329页。

⑩张纯一:《墨学与景教》，第749、750、750页。

⑪王治心:《墨子哲学》，第449页。

⑫吴雷川:《墨翟与耶稣》，第328页。

⑬依张西平、卓新平在《本色之探——20世纪中国基督教文化学术论集》(中国广播电视出版社1999年版)的序言《交融与会通》所言，基督教与中国本土文化发生联系只有三次：唐代景教，明末清初之天主教和民国初年的基督宗教(即天主教和基督教的总称)。

⑭以上引文见吴雷川:《墨翟与耶稣》，第183~185页。

⑮吴雷川:《基督教与中国文化》，上海古籍出版社2008年版，第6页。

⑯张纯一:《墨学与景教》，第719页。

⑰王治心:《墨子哲学》，第410、412页。

⑱王治心:《墨子哲学》，第456、457页。

⑲吴雷川:《墨翟与耶稣》，第332、331页。

⑳吴雷川:《墨翟与耶稣》，第327、339、341页。

㉑参见肖南龙:《毛泽东建国后的国民性改造思想与实践研究述评》，载《求索》2002年第2期。

㉒李建军:《“国民性批判”的发生、转向与重启》，载《文艺研究》2009年第10期，第20页。

㉓苏远泰:《张纯一的佛化基督教神学》，香港道风书社2007年版，第84~85页。

墨子的古代国际法思想在战国时期的体现和影响

陈正健　陈明元

一、墨子的古代国际法思想概述

国际法主要是调整国家之间关系的规则、原则和制度的总称。一般认为近现代国际法产生以1648年《维斯特伐利亚公约》签订为标志，经过其后的300多年的发展，尤其是在第一次世界大战和第二次世界大战的影响下，近现代国际法的作用越来越被广泛地认同。马克思主义的唯物史观认为历史是螺旋式地往前发展的。即一个历史事件都有其产生、发展的过程。近现代国际法的产生也同样如此。近现代国际法绝不是凭空产生的，有一个漫长的历史发展过程。与近现代国际法相对的是古代国际法，即在1648年之前的国际法。古代国际法是调整古代国家之间关系的规则、原则和制度的总称，其渊源包括古代条约、惯例（习惯）等。古希腊、古罗马等为代表的古代欧洲就被认为存在古代国际法。①

那么，古代中国是否存在国际法呢？答案是肯定的。古代中国国际法之存在，尤其是春秋战国时期的调整各诸侯国之间关系的古代国际法已被广泛地论证和承认，如丁韪良先生的《古代中国国际法遗迹》、谭焯宏先生的《国际公法原论》、陈顾远先生的《中国国际法溯源》、洪钧培先生的《春秋国际公法》、徐传保博士的《先秦国际法之遗迹》等著作都对这一问题进行过较为翔实的论述。一般认为，春秋战国时期的古代国际法是指调整各诸侯国之间军事、政治、经济等各种关系的规则、原则、制度，其渊源包括古代条约、惯例（习惯）等。

我们都知道，墨子是战国时期的著名思想家，其思想涉及政治、哲学、科学等广泛领域。从国际法的角度，我们发现墨子思想中有较成体系的关于古代中国国际法的朴素思想。其大致包括以下几个方面：首先，"天志"、"兼爱"思想。"天志"、"兼爱"思想是墨子的古代国际法思想的核心；其次，"皆天之邑"思想与反对"助天伐"思想；第三，"非攻"思想；第四，"入守"、"出诛"思想；第五，"同救之"思想。[②]

总之，墨子的古代国际法思想主要是以"天志"、"兼爱"思想为核心，并且包括由"天志"、"兼爱"派生出的一系列思想所组成的思想体系。

二、墨子古代国际法思想的推行

墨子推行自己思想的前提是墨子自身的学识渊博。史料显示墨子"好学而博"[③]。在《贵义》中，弦唐子问墨子为何去卫国要在车中带这么多书时，墨子回答道："昔者周公旦朝读书百篇，夕见漆十士，故周公旦佐相天子，其修至于今。翟上无君上之事，下无耕农之难，吾安敢废此?"[④]足见墨子的勤勉而好学。正是因为墨子的勤奋努力，才使得墨子"修先圣之术，通六艺之论"[⑤]。而且，墨子没有在先人的知识上停滞不前，而是在前人知识的基础上，凭借自己的悟性提出了自己的思想体系。

墨子形成自己的思想后极力地推行其思想。他主要通过两种方式：

首先，是教学。墨子创办自己的学校，通过教学，将其思想传播给其学生。其弟子在各诸侯国中或从政，或从军，或通过其他途径对墨子思想进行广泛传播。“从属弥众，弟子弥丰，充满天下”，“后学显荣于天下者众矣，不可胜数”。[⑥]

其次，游说各诸侯国。墨子不赞同公孟子所说的被动的让世人接受自己的主张，墨子认为：“今求善者寡，不强说人，人莫之知也。”[⑦]正是基于对自身思想的自信以及对当时人们思想混乱状况的担忧，促使墨子主动地、不间断地到处游说。“墨突不黔”、“墨子无暖席”的典故就反映出这一情况。

三、墨子古代国际法思想在战国时期的体现

墨子不仅极力推行自己的国际法思想，而且还致力于将自己的思想变为实践，不遗余力地践行自己的国际法思想。具体表现在：

第一，组成自己的团体践行墨子的国际法思想。“墨子及其后学所组成的团队，有自觉的纲领、明确的组织形式和严密的纪律。其纲领是实现墨子的学说，他们叫做‘为义’（实现理想事业）。其组织的成员称为‘墨者’。他们有领袖（巨子）代代相传的制度。团队成员有严密的纪律约束（‘墨者之法’）……其成员不仅要有知识，有专业技能，多数成员还要接受军事训练，并随时准备参军打仗，为实行仁义的事业而献身。”[⑧]“墨者在战国时期的特定历史背景下，由任侠尚义而学军救守，组成一个带军事性的学术团

体。……一旦战争爆发，可随时拉出几百人，去指挥、组织和参与小国小城的防御战斗，以致于一次战斗可有上百名墨徒牺牲。"⑨

1. 墨子推荐自己的弟子去各诸侯国做官，弟子在从政或从军的过程，如果违背了墨子的思想，尤其是违背了墨子的国际法思想，就会被墨子直接召回。《鲁问》中记载了一个典型的例子："子墨子使胜绰事项子牛。项子牛三侵鲁地，而胜绰三从。子墨子闻之，使高孙子请而退之，曰：'我使绰也，将以济骄而正嬖也。今绰也禄厚而谲夫子，夫子三侵鲁而绰三从，是鼓鞭于马靳也。翟闻之，言义而弗行，是犯明也。绰非弗之知也，禄胜义也。'"⑩墨子的弟子胜绰由于没有阻止项子牛攻打鲁国，反而在攻打过程中起到了"鼓鞭于马靳"的积极作用，严重违反了墨子以"天志"、"兼爱"为核心的国际法思想，尤其是其中的"非攻"思想。因此，墨子认为是不义的，所以将胜绰召回。

2. 墨子为阻止楚国攻打宋国，亲自去楚国游说楚君和公输般时，早已经派弟子禽滑釐等三百人前往宋国，帮助宋国在其城墙上部署防御，并且全部做好了抵御楚国进攻的准备，其弟子们都是墨子思想虔诚的信徒，受"天志"、"兼爱"、"非攻"、"入守"、"出诛"等墨子国际法思想影响甚深，他们都以这些思想为指导，并且用实际行动践行墨子的古代国际法思想。

第二，游说好战国阻止战争践行墨子的国际法思想。墨子运用自己的思想，尤其是其国际法思想成功地化解了几场战争：

1. 止楚攻宋。

公元前440年，楚国在鲁国名匠公输般（或称公输盘、鲁班）的武器的支持下，准备攻打宋国，墨子连夜赶到楚国，以"兼爱"、"非攻"思想说服了楚君，以精湛的军事防御技术在模拟战争中“战胜”鲁班，最终成功地阻止了楚国攻打宋国，未动一兵一卒就保证了宋国的安全。

2. 阻止鲁阳文君攻伐郑国。

《鲁问》中记载：“鲁阳文君将攻郑，子墨子闻而止之。”[11]墨子首先驳斥了鲁阳文君的“我将助天诛也”的说法，他说：“郑人三世杀其父，而天加诛焉，使三年不全，天诛足矣。今又举兵，将以攻郑，曰吾攻郑也，顺于天之志。譬有人于此，其子强梁不材，故其父笞之，其邻家之父，举木而击之，曰：吾击之也，顺于其父之志。则岂不悖哉！”[12]墨子接着对鲁阳文君说：“世俗之君子，皆知小物而不知大物。今有人于此，窃一犬一彘则谓之不仁，窃一国一都则以为义。譬犹小视白谓之白，大视白则谓之黑。是故世俗之君子，知小物而不知大物者，此若言之谓也。”[13]墨子尖锐地指出了鲁阳文君攻打郑国违反了“兼爱”、“非攻”的思想，是不义的。鲁阳文君最终改变了攻打郑国的企图。

3. 游说齐国，使齐王认识到“过必反于国”。

齐将伐鲁，子墨子谓项子牛曰：“伐鲁，齐之大过也。……诸侯报其雠，百姓苦其劳，而弗为用。是以国为虚戾，身为刑戮，用是也。故大国之攻小国也，是交相贼也，过必反于国。”[14]墨子的意思是诸侯国与诸侯国之间的战争会使老百姓受灾，从而不管战争输赢，最终会对诸侯国自身带来灾难。墨子问齐王：用刀杀人者应该负杀人的责任，那么“并国覆军，贼敖百姓，孰将受其不祥？”[15]在墨子的追问下，“大王俯仰而思之，曰：‘我受其不祥’”[16]。可见，墨子不仅坚决地直接反对攻伐掠夺不义之战，而且他还站在好战大国立场上，利用古代国际法思想分析进行战争会给好战大国带来灾难来阻止战争。

第三，积极防御、以战去战践行墨子的国际法思想。

1. 建议鲁君“遍礼四邻诸侯”。

鲁君问墨子：齐国将要攻打鲁国，可有什么救助的方法？墨子说：“可。昔者，三代之圣王禹、汤、文、武，百里之诸侯也，说忠行义，取天下；三代之暴王桀、纣、幽、厉，雠怨行暴，失天下。吾愿主君之上者尊天事鬼，下者爱利百姓，厚为皮币，卑辞令，亟遍礼四邻诸侯，驱国而以事齐，患可救也。非此，顾无可为者。”[17]墨子的意思非常明确，从长远来看，应该“尊天事鬼”、“爱利百姓”；就目前的情形来看，应该“遍礼四邻”、“驱国事齐”。墨子的这一建议实际上与其“同救之”思想一脉相承的。

2. 运用精湛、完备、有效的防御战术践行“非攻”思想。

止楚攻宋中，墨子与公输班的模拟攻防战。“子墨子解带为城，以牒为械，公输盘九设攻城之机变，子墨子九距之。公输盘之攻械尽，子墨子之守圉有余。”[18]墨子通过运用自己精湛、完备、有效的防御战术，成功地防御了公输盘的进攻。要实现真正的“非攻”理想，积极有效的防御战是必不可少的保障。

3. 游说卫国“与绣衣之财以畜士”。

子墨子谓公良桓子曰：“卫，小国也，处于齐、晋之间，犹贫家之处于富家之间也。贫家而学富家之衣食多用，则速亡必矣。今简子之家，饰车数百乘，马食菽粟者数百匹，妇人衣文绣者数百人，吾取饰车食马之费，与绣衣之财，以畜士，必千人有余。若有患难，则使百人处于前，数百于后，与妇人数百人处前后，孰安？吾以为不若畜士之安也。”[19]墨子指出增加开支用于畜士，提前进行军事防御，有利于保证国家的安全。

四、墨子古代国际法思想在战国时期的影响

墨子的古代国际法思想在墨子及其后者的大力推行和实践下，对战国时期产生了重要的影响。

首先,为各诸侯国之间的关系提供了一个相对合理的理论体系。

"众所周知，春秋战国时，周朝衰微，名存而实亡，与此相对应的是，众多诸侯国相继产生，这些诸侯国还没有像近现代的国家那样拥有完整的主权，但是它们确实已经具有了一定的'主权'，可以说是近现代意义上主权国家的'雏形'。诸侯国之间存在着以经济、政治、战争、文化等为内容的纵横交错、纷繁复杂的'国际关系'，在这些看似混乱的国际关系背后却遵循着一定的关系准则，这些准则存在于各诸侯国的交往之中，并在其中发挥着重要的作用。"[20]墨子的国际法思想不仅体现了战国时期的诸侯国之间的一些准则，而且在很多方面还超越了这些准则，加之墨子及其弟子们积极地践行墨子的国际法思想，使得其在战国时期发挥了重要的积极作用。其中最为重要的是，以"天志"、"兼爱"为核心的墨子的国际法思想使好战之国在"道义"上很难站得住脚，这样就能够通过"讲道理"的分析方式阻止战争的爆发。从而为各诸侯国之间的关系提供了一个相对合理的理论体系。

其次，对好战大国的遏制与对弱小诸侯国的保护作用。

以"天志"、"兼爱"思想为核心，并且包括由"天志"、"兼爱"派生出的一系列思想所组成的较为完整的墨子的国际法思想体现了各诸侯国之间无论大小强弱都处于"平等"的地位，而且从战国时期的实际情况出发墨子的国际法思想更多的是站在"弱者"的立场上考虑问题，即其更多的是体现了如何维护小国的利益。通过

对“兼爱”的更深入分析，墨子提出了“非攻”的主张，并且墨子还区分了“正义之战”（“防守诛讨”）和“非正义之战”（“攻伐掠夺”），这就使得好战大国在侵略其他弱小诸侯国时丧失了正当性理由。不仅如此，墨子国际法思想中的“同救之”思想主张弱小的诸侯国在遇到侵略时，联合起来共同御敌，以及墨子的军事防御、以战去战等思想增加了弱小诸侯国抵御外敌侵略的能力。因此，墨子的国际法思想对好战大国起到了遏制的作用，同时对弱小诸侯国起到了保护的作用。

第三，促进了战国时期诸侯国之间相对的和平稳定局面。

周王朝在进入春秋战国时期后，逐渐丧失了一统“中国”的实力，出现了礼崩乐坏、诸侯国林立以及互相攻伐的局面。周王朝无力控制这一局势，因此，春秋战国时期的中国各诸侯国之间的关系从整体上来看是混乱无序，甚至可以说是处于弱肉强食的状态。

在这样的情形下，当时的仁人志士大都各事其主，致力于其所在诸侯国的富裕强大，关注所在诸侯国的“利益”，很少有人将眼光扩展到各诸侯国的利益、各诸侯国之间的和平相处关系，甚至扩展到兼爱全天下的黎民百姓。墨子就是这很少的一部分人中最显著的一个。墨子的思想，尤其是其国际法思想着眼于全天下人的利益、着眼于各诸侯国和谐相处的关系。在这种意义上来看，墨子的国际法思想是独树一帜的。从上面的论述，我们知道，由于墨子还不仅仅是一个思想家，更为特殊的是他及他的弟子更是其墨子思想的忠实的践行者。通过教学、游说、组成军事团队——墨家军、亲自率领军事团队阻止战争爆发、帮助弱小国家积极防御等等实践行为，促使其国际法思想在混乱无序的战国时期发挥了极其重要的作用，对于扭转战国时期由于缺乏强有力的中央集权力量而出现的诸侯国混战、弱肉强食的局面起到了一定的积极作用。而且，墨子的国际法思想还在一定程度上为战国时期各诸侯国之间关系提供了一个标准，这一标准在实践中也确实发挥了一定的作用。因此，可以说墨子的国际法思想在促进诸侯国之间的和谐稳定、防止战争带来的灾难方面发挥了重要的积极作用。

注释

①参见周鲠生：《国际法大纲》，中国方正出版社2004年版，第6页。参见王铁崖：《国际法》，法律出版社1981年版，第10页。

②关于墨子的古代国际法思想的详细论述，请参阅陈正健、陈明元：《墨子的国际法思想及其在近现代国际法中的体现和意义》，载任守景主编《墨子研究论丛（九）》，齐鲁书社2010年版。

③《庄子·天下》。

④《墨子·贵义》。

⑤《淮南子·主术训》。

⑥《吕氏春秋·当染》。

⑦《墨子·公孟》。

⑧孙中原：《墨子及其后学》，新华出版社1993年版，第11页。

⑨孙中原：《墨学通论》，辽宁教育出版社1993年版，第248页。

⑩⑪⑫⑬⑭⑮⑯⑰《墨子·鲁问》。

⑱《墨子·公输》。

⑲《墨子·贵义》。

⑳陈正健、陈明元：《墨子的国际法思想及其在近现代国际法中的体现和意义》，见任守景主编《墨子研究论丛（九）》，齐鲁书社2010年版，第381~382页。

从墨子的“贵义”、“兼爱”看“侠”之精神

成　琳

作为我国战国时期一位重要的思想家，墨子创立的墨学同儒学一并成为显学，在先秦时期盛极一时，“世之显学，儒墨也，儒之所至，孔丘也；墨之所至，墨翟也”（《韩非子·显学篇》）。墨子出身社会下层手工业者，“墨翟，宋之大夫”（《史记·孟子荀卿列传》）。任继愈也认同“墨子是手工业者出身的士”，“他平日言谈总不离耕织之事，百工之业”[①]。这注定了他的思想是从底层人民的立场出发，不可能利于当时的统治者。所以至汉代，汉武帝实行“罢黜百家，独尊儒术”后，墨家便逐渐衰落，成为隐学。“墨氏之学，亡于秦季，故墨子遗事，在西汉时已莫得其详”[②]，墨家虽然衰落，但是其思想一直广为流传，并得到后世的一致赞扬，其中之一便为“侠”之精神。康有为认为“游侠亦墨学”[《万木草堂口说·学术源流（七)》]，又在《儒墨最盛行并称考》指出：“侠即墨也。孔、墨则举姓，儒、侠则举教名，其实一也。”鲁迅先生说：“孔子之徒为儒，墨子之徒为侠。”冯友兰也认为“墨者之行为，与所谓侠者相同”[③]。

一、“侠”的由来及内涵

“侠”字出现的时期据冯友兰的《原儒墨补》说法：“侠之一字则在晚周较晚的书中，方始见。”“侠”字在篆文里始有，由“人”字与篆文“夹”字组成，像左右两个人夹持一件东西。正如颜师古所说：“侠之言挟，以权力挟辅人也。”许慎在《说文解字》中解释为：“俜也。从人。夹声。”“俜”字又通“甹”，“甹，侠也。三辅谓轻财者为甹。然则俜甹音义皆同”。“侠”字原始意义与“夹”同，《集韵》：“与夹通。傍也。”《周礼·冬官考工记》注记载：“今时钟乳侠鼓与舞。”又《仪礼·士丧礼》：“妇人侠床东西。”可见，“侠”在当初并不是现在所通用的意思。至春秋战国时期，侠作为一个特定阶层产生，它所对应的意义也相应产生。

韩非子对“侠”论述较多，他在《五蠹》中说：“儒以文乱法，侠以武犯禁。”春秋战国动荡时期最先产生的是刺客，养于私门以行刺为职业，这可以看做侠的源头。《史记·刺客列传》中记载了曹沫、专诸、豫让、聂政、荆轲等人行刺报恩的故事，司马迁对他们守信、勇武、献身的精神进行了赞美，说道“此其义或成或不成，然其立意较然，不欺其志，名垂后世，岂妄也哉！”然而在司马迁看来，刺客不能称为真正的侠，他们不具备侠士身上的特质。

之后游侠产生，虽出现于春秋战国时期，却在汉代盛极一时。荀悦在《汉纪》中说道：“立气齐，作威福，结私交，以立疆于世者，谓之游侠。”关于游侠，司马迁在《史记》中也有所揭示：“今游侠，其行虽不轨于正义，然其言必信，其行必果，已诺必诚，不爱其躯，赴士之厄困，既已存亡死生矣，而不矜其能，羞伐其德，盖亦有足多者焉。”（《史记·游侠列传》）司马贞在《史记集解序》中称："游侠，谓轻死重气，如荆轲、豫让之辈也。游，从也，行也。侠，挟也，持也。言能相从游行挟持之事。"这时的侠虽不脱于刺客的精神内涵，但已有了特定的历史意义。

侠在创字之初至后来的内涵都被定义为轻财重义，勇猛无畏，信守承诺，以武力为天下不敢为之事。关于侠之起源，历来有多种解释，这里不作讨论，无论其起源于原始遗风还是民间，抑或是诸子百家，它的精神内涵对后世之影响都不可磨灭。

二、墨子的侠之精神

1. 侠之"兼爱"

"兼爱"是墨子学说的中心思想，"它是墨子所由出身的游侠们的职业道德的自然延伸"④。墨子说："视人之国，若视其国；视人之家，若视其家；视人之身，若视其身"，"天下之人皆相爱，强不执弱，众不劫寡，富不侮贫，贵不敖贱，诈不欺愚"，"老而无妻者有所侍养，以终其寿；幼弱孤童之无父母者有所放依，以长其身"。(《墨子·兼爱》) 倘若能做到这几点，"则天下治"。

墨子提倡的"兼爱"即是平等的爱，爱一切人与事，这与儒家所倡导的等差的爱是不同的。儒家虽然也提倡"爱人"与"泛爱众"，但是，另一方面，他又强调"君君，臣臣，父父，子子"的宗法制度，"克己复礼"一直是以孔子为代表的儒家所忠实遵循的原则，即使是"仁爱"也是有等级之分的。而墨子的兼爱主张更加社会化，这就要求其成员为了平等的爱，"赴火蹈刃，死不旋踵"，"摩顶放踵利天下而为"。这种行为衍生出了侠的主要精神。

墨子主张："有力者疾以助人，有财者勉以分人，有道者劝以教人。若此则饥者得食，寒者得衣，乱者得治。"(《墨子·尚贤下》）这是兼爱主张中的“助人为乐”，与司马迁的“赴士之厄困”的侠义精神是一致的。正因为出于兼爱的精神，墨家成员为了底层普通百姓的利益甚至可以不惜牺牲自己的性命。

2. 侠之“贵义”

“义”在墨家文化中占有重要地位，也是侠文化中重要的组成元素，墨子提倡：“万事莫贵于义”（《墨子·贵义》），“义者，正也”（《墨子·天志下》），“义，利也”（《墨子·经上》）。倡导墨家成员将义气作为行事的原则。同时又说：“今用义为政于国家，人民必众，刑政必治，社稷必安。所为贵良宝者，可以利民也，而义可以利人，故曰：义，天下之良宝也。”（《墨子·耕柱》）江湖上盛行的侠士所从事的活动也是路见不平，拔刀相助，救人危难于水火，直接继承了墨家的“贵义”精神。同时墨子提到：“言必行，行必果，使言行之合，犹合符节也。”（《墨子·兼爱下》）言行一致，也是信守义气的一个重要表现，这也同《史记·游侠列传》中的记载相统一。

墨子本人就是一位行侠仗义的大侠，他的一生都在为制止战争而奔走呼告，“止楚攻宋”的故事就是这一行为的很好体现。墨子多次制止国与国之间的侵略战争，他的行为比之后来的侠客更多了一份社会责任感，不拘泥于一人一事，他关注的是更广阔的社会背景下小生产者的生活状况。

三、墨家的侠之形式

墨子以“欲求兴天下之利，除天下之害”的决心，建立了墨家学派，墨家学派不同于其他诸子百家，它有着极其严格的组织制度与管理制度，带有浓厚的宗教、军事气息特点，并且有严格的训练，才达到“墨子服役者百八十人，皆可使赴火蹈刃，死不旋踵”（《淮南子·泰族训》）。这也是后世社会团体组织效仿它的主要方面。

墨家的最高首领称为巨子。巨子由上代领导人指定，与禅让制有相似之处。团体内部一切命令都要听从巨子的指令，冯友兰在《中国哲学简史》中说道：“墨子及其门徒出身于侠，这个论断有充分的证据。从《墨子》以及同时代的其他文献，我们知道，墨者组成一个能够进行军事行动的团体，纪律极为严格。这个团体的首领称为‘巨子’，对于所有成员有决定生死的权威。”

墨子要求其弟子各学其“道”，各行其“义”，以此将弟子划分为三类，各司其职，分别为“谈辩”者、“说书”者和“从事”者。其中“从事”类弟子即是那些从事器械制造、守城保卫的弟子，这些弟子最接近侠的具体指向，最早是以禽滑釐为代表。墨子曾说“臣之弟子禽滑釐等三百人，已持臣守圉之器，在宋城上而待楚寇矣”。另外，《墨子》的《备城门》以下十一篇，都是采用禽滑釐和墨子问答的形式进行的，阐述了城池防守的各个要素及各种防御战术和器械。可见，墨子的这一类弟子不仅人数众多，且皆身怀一技，能够从事器械制造与守城保卫。

四、墨家侠义精神对后世之影响

墨家侠义思想作为隐学在社会中，尤其在底层平民与文学中得到了很大的推崇。中国古代官方主流文化受儒家影响较大，而民间文化则受墨侠文化影响明显。

1. 对文学的影响

历史上，记载侠的正史仅《史记》中《游侠列传》、《刺客列传》，《汉书·游侠传》，这些史书记载了各类性格鲜明的侠士，他们或杀身成仁，或行刺暴君，皆有“赴火蹈刃，死不旋踵”的墨家侠义献身精神。魏晋以来，侠的文学形式多样化起来，诗歌、小说、杂史中都可见到，从而为中国文学注入了一股新鲜血液。曹植在《白马篇》中对“捐躯赴国难，视死忽如归”的“幽并游侠儿”大加赞叹，并将自己愿意为国效力的愿望寄托其上。鲍照也在诗中对“骢马金络头，锦带佩吴钩”的“游侠儿”表达了羡慕之情。

直至唐代，侠士文学更是兴盛起来，众多诗人吟咏赞叹。如王维在《少年行四首》其三中写到：“孰知不向边庭苦，纵死犹闻侠骨香。”王昌龄也在《少年行二首》中说：“气高轻赴难，谁顾燕山铭。”岑参有诗：“功名只应马上取，真是英雄一丈夫。”这些诗中，侠士的豪情都与建功立业、保卫边关相联系，表现出强烈的英雄主义与爱国主义。其次，游侠大都为市井之徒，其生活放纵，许多诗歌表现出他们的豪迈任情，随行而行。如孟浩然的《同储十二洛阳道中作》：“珠弹繁华子，金羁游侠人。酒酣白日暮，走马入红尘。”李白《少年行二首》其二：“五陵年少金市马，银鞍白马度春风。落花踏尽游何处？笑入胡姬酒肆中。”任侠精神是唐代社会四大思潮之一，这除了表现在诗歌中以外，在唐人的传奇小说中也可窥见一斑。《虬髯客传》、《昆仑奴》、《聂隐娘》等传奇小说塑造了形象生动的各种侠士，对后代武侠小说有很大影响。

明清时期，武侠小说逐渐增多，其中以《水浒传》最具代表性。书中描绘的可以说是一部群侠的传记，鲁智深、林冲、武松、李逵等众多好汉本着“四海之内皆兄弟”的原则行侠仗义，除暴安良，塑造了中国文学史上的经典。此外《儿女英雄传》、《三侠五义》等侠义小说同样塑造了一批路见不平、拔刀相助的英雄豪杰。

近代以来，因社会动荡、政治腐败，人们对于那些身怀绝技、能够为下层人民伸张正义的侠士更加向往，于是涌现出一大批侠义小说。其中著名的如平江不肖生的《江湖奇侠传》、宫白羽的《十二金钱镖》等。鲁迅先生也写了两篇有关墨子和侠士的小说，一篇是《非攻》，写墨子止楚攻宋，一篇是《铸剑》。在这两部作品中，鲁迅对墨子和侠士献身精神表示了赞扬。20 世纪 50 年代以来，以金庸、古龙、梁羽生为代表的新派武侠小说兴起，他们的作品成为人们新的阅读对象，尤其是金庸的武侠小说系列风靡整个亚洲。

2. 对民间文化精神的影响

由于侠士“以武犯禁”，扰乱了封建社会的统治秩序，为统治者所禁止，《汉书》后史书不见记载，但是这一精神并没有消失，而是隐藏在民间。这也主要是因为侠义作为一种精神和处世原则，它的行为标准符合民间大众的心理倾向，是普通民众向往的一种人生境界。因而行侠仗义的人与行为在民间备受推崇。

历代农民起义中，侠义精神都作为一种团结民众的精神支柱而存在。梁山好汉以“替天行道”为行事原则，太平天国以“有田同耕，有饭同食，有衣同穿，有钱同使，无处不均匀，无处不保暖”为奋斗目标，从而获得下层民众的支持。这些侠义精神都无不浸透了墨家“兼爱”、“贵义”的思想。

到了近代，国难当头，民族意识觉醒，不仅出现了尚武的大侠如霍元甲等，也出现了一批文人侠客，如鲁迅、柳亚子、梁启超等人，他们十分推崇墨学，梁启超就说道：“墨学精神深入人心，至今不坠，固以形成吾民族特性之一者，盖有之矣！假使中国今日有墨子，则中国可救！”鲁迅也说：“墨子是中国的脊梁。”这也促使了墨学重新为人们所认识。

近现代以来出现的黑社会组织是一种犯罪团伙组织，这种组织更多的是个人色彩，空有侠的形式却不具备侠的实质精神。组织内部崇尚武力，但缺少了“兼爱”、“贵义”的思想支撑，从而发展为与社会背道而驰的一种存在。它可以看做是鲁迅先生所说的“侠的堕落”。

综上所述，墨家与侠关系密切，墨子的“贵义”、“兼爱”思想及其衍生出的侠义思想，对中国传统文化影响深远，同时也成为中华民族的传统美德，墨家行侠仗义、为天下公的精神，有利于当今道德新模式的形成和发展。

参考文献

1.〔清〕孙诒让撰，孙启治点校：《墨子间诂》，中华书局1986年版。

2. 冯友兰：《中国哲学简史》，生活·读书·新知三联书店2009年版。

3. 郑杰文：《中国墨学通史》，人民出版社2006年版。

4. 梁启超：《饮冰室专集》，上海中医学院出版社1989年版。

注释

①任继愈主编：《中国哲学发展史（先秦）》，人民出版社1985年版。

②〔清〕孙诒让撰，孙启治点校：《墨子间诂》，中华书局1986年版。

③冯友兰：《中国哲学史（上）》，华东师范大学出版社2000年版。

④冯友兰：《中国哲学简史》，生活·读书·新知三联书店2009年版。

墨子“节葬”观的现代思考

邵彦平

墨家学派在先秦时期一直是处于显学的地位，韩非子在《显学》开篇中提到“世之显学，儒、墨也。儒之所至，孔丘也。墨之所至，墨翟也”。但在秦之“焚书坑儒”后，墨家思想便经过了一个相对沉寂的时期。时至今日，墨家学说又回到了人们的视野之中，许多学者都进行了广泛深入的研究，使墨家学说在现代社会散发出光芒。本文拟从丧葬角度来探讨墨子“节葬”观对现代社会的借鉴意义。

一、墨子“节葬”观形成的历史背景

墨子生活的春秋战国时代，社会动荡不安，诸侯间征战连年，统治者急需稳定社会秩序，加强政治局势的稳定。另外，当时“灵魂不死”和“祖先崇拜”观念还根深蒂固，人们为了让死者安息并希求死者的保佑，以获得心理安慰，整个社会对丧葬礼仪十分重视，统治者也对丧葬程序作出了严格的规定。再加上当时儒家一派盛极一时，对丧葬等礼仪都作出了思想上的支持，诸多因素都使得厚葬之风大盛。

墨子在《节葬下》中记载：“此存乎王公大人有丧者，曰棺椁必重，葬埋必厚，衣衾必多，文绣必繁，丘陇必巨。存乎匹夫贱人死者，殆竭家室。[存]乎诸侯死者，虚车府，然后金玉珠玑比乎身，纶组节约，车马藏乎圹，又必多为屋幕、鼎鼓、几梴、壶滥、戈剑、羽旄、齿革，寝而埋之，满意。若送从，曰：'天子杀殉，众者数百，寡者数十。将军大夫杀殉，众者数十，寡者数人。'"[①]荀子《礼论》曰："天子棺椁十重，诸侯五重，大夫三重，士再重。"[②]庄子《天下》篇曰："天子棺椁七重，诸侯五重，大夫三重，士再重。"[③]虽然各家记载不尽相同，但都证明了那个时代奢靡的丧葬之风。厚葬耗费之大，使一般老百姓倾家荡产，而统治阶级耗费更大，将整个国家的库存财物都耗费一空。厚葬久丧给社会带来的影响几乎全是破坏性的，它破坏社会经济的发展，进一步又促使社会危机的到来，使人民大众的生活更加艰难。墨子站在国家发展的高度上，以人民大众的实际利益为根本，历数"厚葬久丧"之风的弊端，提出了"节葬"之说。

二、墨子"节葬"观之内容

(一) 提倡"薄葬"、"短丧"，反对"厚葬久丧"

对于"厚葬久丧"之危害，墨子在《节葬下》中进行了全面的剖析，并提出了自己的"节葬"之法。

首先，厚葬久丧之礼仪要求人哭泣不停，睡草苫，枕土地，忍饥挨冻，耳不聪目不明，手脚不能用力。地位较高的士人守丧则必须使人搀扶着才能站起，拄着拐杖行走。假若此种主张得以实行，王公大人就不能安心治理五官六府；农夫就不能早出晚归，辛勤耕作；工匠们就不能专务修造制作；妇女们就不能早起晚睡，纺纱织布。"细计厚葬。为多埋赋之财者也。计久丧，为久禁从事者也。财以成者，扶而埋之；后得生者，而久禁之”，所以，以厚葬久丧之法求富必不可得。其次，三年之丧期间对饮食、居住等还有一定的规定，在此期间，百姓因生病而死的不可计数。并且这样做会败坏男女交往婚嫁，想要这样追求人口的增加也是不可能的。再次，厚葬久丧之主张如果得以实行，在上者不能听政治国，国家的刑事政务就会混乱；在下者不能从事生产，衣食之资就必定会不丰富。生活不富足，不孝之子、不忠之臣等怪僻奸邪之人就会出现，国家的治理就不可能实现了。

由此可见，“以厚葬久丧者为政，国家必贫，人民必寡，刑政必乱”，“厚葬久丧”并非贤士治国之道。所以墨子主张，我们应效法古代圣王，“曰：‘棺三寸，足以朽体；衣衾三领，足以覆恶。以及其葬也，下毋及泉，上毋通臭，垄若参耕之亩，则止矣。’死则既以葬矣，生者必无久哭，而疾而从事，人为其所能”④，以交相得利，“饵乎祭祀，以致孝于亲”求得更好的发展。

对于自己的主张，墨子不仅说了而且做到了。《庄子·天下》记载墨家门徒在现实生活中“以裘褐为衣，以跂蹻为服，日夜不休，以自苦为极”。他们反对厚葬久丧，认为人活着时都要节约而行，死了就更不能浪费了。所以“节葬”之法不仅有利于生者，而且不失死者之利。这种主张与当时的主流社会相背离，具有极大的现实意义和无可争议的历史进步性。

（二）注重用心守丧，“以哀为本”

“厚葬久丧”其实不过是形式的表现，对于一个真正的丧礼，最重要的还是守丧者内心的哀痛。墨子在《修身》篇中说到“丧虽有礼，哀为本焉”，即丧礼虽然有很多礼节，但哀痛却是根本。孔子也曾说“丧致乎哀而止”（《论语·子张》），意思是一个丧礼如果做到了内心的哀痛，才算是一个完美的丧礼。《论语·八佾》中有“礼，与其奢也，宁俭；丧，与其易也，宁戚”，就礼仪而言，与其奢侈，宁可节俭，就丧礼而言，与其追求仪式的完备，不如内心真正的哀伤。墨子反对用“厚葬久丧”等形式欺骗死去的人，因为这样失去了丧葬礼节应有的追思、怀念逝者之意。

在现代这个物欲横流、缺乏温情的社会，墨子注重用心守丧之主张，不仅可以起到物质节约的作用，还启示我们不要丧失人类之本心，物质的东西毕竟只是身外之物，最重要的还是精神的支持。

纵观墨子“节葬”之主张，其中心即是一个“节”字，“棺三寸”、“衣衾三领”，且无随葬品，节约财力；掘地不深，“生者必无久哭，而疾从事”，少误工时，节省人力；不造坟丘，或仅留作为辨认的标记，又少占耕地，节省了土地。再者，守丧者尽快从事生产生活，创造社会财富，对于尽心地祭祀死者也是有所利的。可见墨子之主张对于现代节约型社会的建立是有着启发意义的，他注重经济效益的社会效益的做法是值得在全社会提倡的。

三、墨子“节葬”观的现代思考

对于墨家学派的现实性及平民色彩，葛兆光教授曾有这样的评价：“墨子一系则属于十分坚定的现世实用主义，他们有一种极为实用的思路，为了‘富裕’、‘繁庶’、‘安定’，为了消除三大患，那种理想中的形式主义的繁文缛节可以取消，一切围绕着实际社会的现实问题展开思索，儒者总是说‘正其谊不谋其利，明其道不计其功’，属于理想主义的人文思潮，而墨子一系则不同，对于那些‘道之不行，已知之矣’而还要固执地‘行其道’的主张绝不赞同，他把思考的基础放在现世的合理性上。"[⑤]鉴于现代社会的厚葬陋习的依然存在，我们可以深刻体会到墨子"节葬"主张对现代社会的借鉴意义。也许墨子许多具体的"节葬"之标准并不符合现代社会，但其精神实质却与我国正在进行的殡葬改革不谋而合，也与党提出的建设资源节约型、环境友好型社会的重大部署和要求相吻合。

现如今，我国很多地区的丧葬程序仍然复杂而浪费，充斥着浓厚的封建迷信色彩。土葬之法的盛行，已造成大量的土地资源浪费。即使在国家大力提倡火葬之法的情况下，由于各级部门执法的漏洞以及大众对火葬的必要性认识还不够，即使死者已被火葬，还要使用大型棺木来盛放骨灰盒，占用了大量的土地资源。另外还存在许多官员借丧礼名义收受钱财的现象，躲避法律责任，影响极其恶劣。这些行为不仅影响经济效益和社会效益的提高，对社会主义精神文明的创建也是不利的。

改革丧葬观，反对愚昧的封建迷信丧事活动，是我国社会主义精神文明建设的一个重要组成部分，是提高国民素质、净化社会环境、保持社会安定、促进社会全面进步的一个重要任务，在追求"和谐社会"的今天显得尤其重要。对于"厚葬久丧"之现象，墨子认为这不过是一种风俗罢了。这种丧葬风俗作为我国特定社会历史文化环境中历代人们共同遵守的行为模式或规范，它对社会成员有一种非常强烈的无形的心理制约作用，具有强大的社会根基。想要割除这种陋习，绝不是一件容易之事，这不仅需要广泛持久的宣传教育，扭转人们的传统观念，提高人民素质，形成文明的社会环境，更重要的是要有法律和制度的保障。1997年7月21日，我国发布了《中华人民共和国殡葬管理条例》。《条例》规定："在人口稠密、耕地较少、交通方便的地区，应当实行火葬"，这是"为了加强殡葬管理，推进殡葬改革，促进社会主义精神文明建设"，"殡葬管理的方针是：积极地、有步骤地实行火葬，改革土葬，节约殡葬用地，革除丧葬陋俗，提倡文明节俭办丧事"。这可以看做是墨子"节葬"主张在现代社会的法制化。同时，国家还要加强管理和监督，以保证法律的实施。随着国家各方面的共同努力，文明的丧葬礼仪必定会逐步在全社会得到实行。

注释

①〔清〕孙诒让撰，孙启治点校：《墨子间诂》，中华书局2001年版，第171～173页。

②〔清〕王先谦撰，沈啸寰、王星贤点校：《荀子集解》，中华书局1988年版，第359页。

③〔清〕王先谦：《庄子集解》，中华书局1987年版，第289页。

④〔清〕孙诒让撰，孙启治点校：《墨子间诂》，中华书局2001年版，第180～181页。

⑤葛兆光：《中国思想史》第一卷，复旦大学出版社1998年版，第192页。

对当前若干社会问题的反思

——从“兼相爱，交相利”谈起

刘　芳

当前社会信任危机凸显，社会信任显现缺失状态。“小悦悦事件”、“2008 年中国奶制品污染事件”、“地沟油事件”、“彩色馒头事件”、“河南瘦肉精事件” 以及“老人摔倒无人扶事件”引起了一系列的社会思考，人们对此亦广泛关注。针对造成如此严重后果的此类事件，如何解决？探究社会信任缺失的原因便成了首先需要思考的问题。早在春秋战国时期，我国古代伟大的思想家、教育家、军事家和社会活动家墨子（约前 468 ~ 前 376）就提出了以“兼爱” 为其核心的伦理思想。墨子认为：“圣人以治天下为事者也，不可不察乱之所自起。当察乱何自起？起不相爱。”[①]时至今日，我们再思考社会信任危机的原因，其亦“起不相爱”。

“小悦悦事件” 系 2011 年 10 月 13 日，2 岁的小悦悦（本名王悦）在佛山南海黄岐广佛五金城相继被两车碾压，7 分钟内，18 名路人路过但都视而不见，漠然而去，最后一名拾荒阿姨陈贤妹上前施以援手，引发网友广泛热议。2011 年 10 月 21 日，小悦悦经医院全力抢救无效，在零时 32 分离世。[②] “2008 年中国奶制品污染事件”（或称“2008 年中国奶粉污染事件”、“2008 年中国毒奶制品事件”、“2008 年中国毒奶粉事件”）是中国的一起食品安全事件。事件起因是很多食用三鹿集团生产的奶粉的婴儿被发现患有肾结石，随后在其奶粉中被发现化工原料三聚氰胺。根据公布数字，截至 2008 年 9 月 21 日，因使用婴幼儿奶粉而接受门诊治疗咨询且已康复的婴幼儿累计 39，965 人，正在住院的有 12，892 人，此前已治愈出院 1，579 人，死亡 4 人，另截止到 9 月 25 日，香港有 5 人、澳门有 1 人确诊患病。事件引起各国的高度关注和对乳制品安全的担忧。中国国家质检总局公布对国内的乳制品厂家生产的婴幼儿奶粉的三聚氰胺检验报告后，事件迅速恶化，包括伊利、蒙牛、光明、圣元及雅士利在内的多个厂家的奶粉都检出三聚氰胺。该事件亦重创中国制造商品信誉，多个国家禁止了中国乳制品进口。9 月 24 日，中国国家质检总局表示，牛奶事件已得到控制，9 月 14 日以后新生产的酸乳、巴氏杀菌乳、灭菌乳等主要品种的液态奶样本的三聚氰胺抽样检测中均未检出三聚氰胺。2010 年 9 月，中国多地政府下达最后通牒：若在 2010 年 9 月 30 日前上缴 2008 年的问题奶粉，不处罚。2011 年中国中央电视台《每周质量报告》调查发现，仍有 7 成中国民众不敢买国产奶。[③]探究此类事件深层次的原因，我们不难发现我国社会主义主流价值观不够完善，社会主义文化建设与社会经济发展不协调。如果人们“视人之子若其子”，那么“小悦悦事件”以及“2008 年中国奶制品污染事件”就不会发生。

“地沟油”，系城市下水道里悄悄流淌的垃圾。有淘者对其进行加工，摇身变成餐桌上的“食用油”。他们每天从那里捞取大量暗淡浑浊、略呈红色的膏状物，仅仅经过一夜的过滤、加热、沉淀、分离，就能让这些散发着恶臭的垃圾变身为清亮的“食用油”，最终通过低价销售，重返人们的餐桌。[④]“彩色馒头”，是在染色馒头的基础上繁衍出来的，通过回收馒头再加上着色剂而做出来的。上海一些超市卖的馒头违规添加色素、山梨酸钾、甜蜜素等，再经各种工艺处理，就成为了彩色馒头。[⑤]“河南瘦肉精事件”是河南省孟州市等地养猪场采用违禁动物药品“瘦肉精”饲养生猪，有毒猪肉流入济源双汇食品有限公司。事件经相关媒体曝光后，引发广泛关注。[⑥]食，维持人类生存最基本的需要之一，在马斯洛需求层次理论中属于最低一层的需要即生理上的需要，同样中国有句谚语“民以食为天”也说明了这一点。免除危险和威胁的需要即安全上的需要是马斯洛需求层次理论的第二级需要，也是人较基本的需要之一。然而当今社会频发的食品安全事件正在威胁人们的生命和健康，究其原因“贼爱其身，不爱人，故贼人以利其身。此何也？皆起不相爱”[⑦]。因为“视人身若其身，谁贼？”[⑧]当今社会，为何人们为了追求利益，不惜危害他人生命健康。试问怎么会产生这样的“贼”？原因是人们的思想观念当中没有“视人之身若视其身”[⑨]的意识，进而导致信任危机。

“老人摔倒无人扶事件”是2011年9月2日上午，湖北省武汉市，88岁的李大爷在离家不到100米的菜场门口迎面摔倒后，围观者无人敢上前扶他一把。一个半小时后才被送医院救治，李大爷终因鼻血堵塞呼吸道窒息死亡。[⑩]老人该不该扶？2011年10月18日，首都经贸大学等3所高校联合发布“社会信任问题的大陆消费者民意调查”，从政治、经济和社会3个层面来体察民众对中国社会的信任度。就目前热议的“老人摔倒该不该扶”问题，高达87.4%的民众认为不能扶老人的原因是怕惹祸上身。[⑪]

1 老人摔倒该不该扶

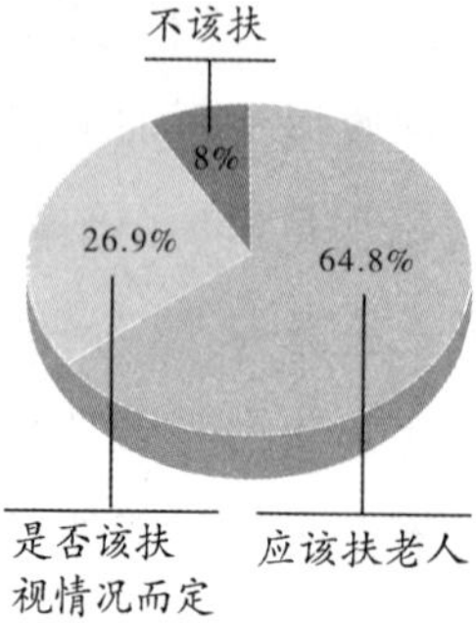

2 不扶老人主要原因

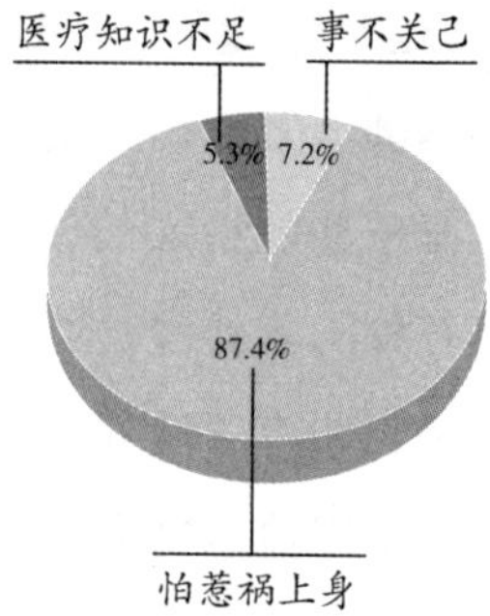

（来源：《新京报》）

探究深层次的原因“起不相爱”。如果人们“视人之父母若其父母”，老人就不会因无人搀扶致死。

因此大力提倡墨家“兼相爱”的思想，有利于增强人们之间的信任，有利于中国社会主流价值观的完善，有利于社会主义核心价值体系的健全。但是要把“爱”落到实处，还需要有“利”的保证，即墨子提出的“交相利”。

如果“兼相爱”是道德层面的，那么“交相利”就是法律层面的。如果“兼相爱”是目的，那么“交相利”就是手段。在大力倡导“兼相爱”的同时，如果不以“交相利”作为保证，那么“兼相爱”只能是一句空话。在现代社会，保证人们利益不受侵犯，法律法规是一项重要的手段。为了使“2008 年中国奶制品污染事件”、“地沟油事件”、“河南瘦肉精事件”以及“彩色馒头事件”中的“恶人者”、“害人者”受到应有的惩罚。达到“恶人者，人必从而恶之；害人者，人必从而害之”[12]的目的。健全的法律法规必不可少。同样，为了发扬中华民族“尊老爱幼”的优秀传统，鼓励“小悦悦事件”以及“老人摔倒无人扶事件”中的旁观者伸出援助之手，同样需要健全的法律法规保证援助之人的权益，达到“夫爱人者，人必从而爱之；利人者，人必从而利之”[13]。现代社会需要“交相利”，更需要健全的法律法规保证“交相利”顺利进行。

解除社会信任危机既需要道德层面的“兼相爱”，亦需要法律层面“交相利”，只有两者双管齐下，才有可能健全社会规范。“兼相爱”的具体操作需要政府的大力支持，加强国民的教育。“交相利”亦需要国家司法机关的鼎力协助，制订更加完善的法律法规保证“爱人者”、“利人者”的合法权益不受侵犯，“恶人者”、“害人者”得到应有的制裁。且只有政府、国家司法机关重视兼爱，提倡兼爱，社会上才更有可能出现与之相关的价值观。

“昔者晋文公好士之恶衣，故文公之臣皆牂羊之裘，韦以带剑，练帛之冠，入以见于君，出以践于朝。是其故何也？君说之，故臣为之也。”[14]

“昔者楚灵王好士细要，故灵王之臣皆以一饭为节，胁息然后带，扶墙然后起。比期年，朝有黧黑之色。是其故何也？君说之，故臣能之也。”[15]

“苟有上说之者，劝之以赏誉，威之以刑罚，我以为人之于就兼相爱、交相利也，譬之犹火之就上，水之就下也，不可防止于天下。”[16]至此，我们说实践“兼相爱，交相利”有利于促进中国社会主义文化建设，有利于和谐社会主义社会构建，需要政府的大力引导、支持，需要国家司法机关的鼎力协助。

“兼相爱，交相利”是墨子伦理思想的核心。大力提倡“兼爱”有利于社会稳定，有利于经济发展，有利于人民幸福。在社会信任呈现缺失的今天，我们需要弘扬墨学的“兼爱”精神，通过“夫爱人者，人必从而爱之；利人者，人必从而利之；恶人者，人必从而恶之；害人者，人必从而害之”⑰，使社会主义核心价值体系更加健全，与此相关的法律法规更加健全。

注释

①〔清〕孙诒让撰，孙启治点校：《墨子间诂》，中华书局2001年版，第99页。

②百度百科：http：//baike. baidu. com/view/4682882. html.

③维基百科：http：//zh. wikipedia. org/zh－cn/2008.

④百度百科：http：//baike. baidu. com/view/1176. html.

⑤百度百科：http：//baike. baidu. com/view/5593008. html.

⑥度百科：http：//baike. baidu. com/view/5466443. html.

⑦〔清〕孙诒让撰，孙启治点校：《墨子间诂》，中华书局2001年版，第100页。

⑧〔清〕孙诒让撰，孙启治点校：《墨子间诂》，中华书局2001年版，第101页。

⑨〔清〕孙诒让撰，孙启治点校：《墨子间诂》，中华书局2001年版，第103页。

⑩腾讯网：http：//news. qq. com/a/20110904/000202. html.

⑪京华网：http：//news. jinghua. cn/351/c/201110/19/n3502146. html

⑫〔清〕孙诒让撰，孙启治点校：《墨子间诂》，中华书局2001年版，第104页。

⑬〔清〕孙诒让撰，孙启治点校：《墨子间诂》，中华书局2001年版，第104页。

⑭〔清〕孙诒让撰，孙启治点校：《墨子间诂》，中华书局2001年版，第104～105页。

⑮〔清〕孙诒让撰，孙启治点校：《墨子间诂》，中华书局2001年版，第105页。

⑯〔清〕孙诒让撰，孙启治点校：《墨子间诂》，中华书局2001年版，第127页。

⑰〔清〕孙诒让撰，孙启治点校：《墨子间诂》，中华书局2001年版，第104页。

为什么墨子对于韩国人来说如此特别

奇世春

一、序论

我第一次读墨子的时候感到非常的敬畏和惊讶。墨子的天帝信仰为什么和耶稣的上帝信仰如同双胞胎一样相似呢？他的宗教观为什么和孔子的不一样呢？他来自阿拉伯吗？还是出身于东夷？还有墨子的宇宙论、所染论、民主平等思想、民约论、劳动思想、价格论、超过所费论、反战和平论等，都是在当时世界上哪个文明中都找不到的令人惊讶的理论。墨子是如何不同于诸子，说出如此先进的思想的呢？如此先进的思想是从怎样文明的土壤中形成胚胎的呢？还有不独断反而很开放的"同异相补论"让人产生一种错觉，墨子并非是生活在2500年前的人，而是一位现代的思想家。

但是，我要在这里对与耶稣相似的墨子的天帝观以及墨子出身作一些简略的叙述，并论及《史记》提到的墨子的两个特征："节用运动"和"反战运动"。

需要提示的一点是，这里所说言论是从古史中一些宗教史的侧面而来的，而并非是历史的事实。比历史学记录更重视遗物遗迹的实证史学虽是主流，但宗教史研究是非常重视神话的。如希腊罗马神话、天帝信仰、耶和华（Yahweh）信仰、檀君信仰等，都是实证主义无法判断的。考古学的遗物遗迹至今未被发现的记录，有些则可以从宗教史里有关信仰的历史书中得到认证。

二、舜是东夷人

孟子把舜称为东夷人。根据《史记》记载，从黄帝到舜、禹都是同源的。这样说来黄帝也是东夷人。

另外，根据《史记》记载，炎帝神农氏和黄帝轩辕氏都是少典的子孙。但是根据朝鲜的古记记载，少典和少皞都是高矢氏旁系。还记录高矢氏是古朝鲜的檀君。所以从朝鲜开始到现在，侍奉高矢氏的祭祀是把神农氏作为农神祭祀的。

《孟子·离娄篇》：

> 舜生于诸冯，迁于负夏，卒于鸣条，东夷之人也。

《史记·五帝本纪》：

> 黄帝者，少典之子。姓公孙，名轩辕……轩辕之时，神农氏世衰……以与炎帝战于阪泉之野，三战，然后得其志。蚩尤作乱，不用帝命。于是黄帝乃征师诸侯，与蚩尤战于涿鹿之野，遂禽杀蚩尤。而诸侯咸尊轩辕为天子，代神农氏……黄帝二十五子，其得姓者十四人……自黄帝至舜、禹，皆同姓而异其国号……

《史记索隐》：

> 少典者，诸侯国号，非人名也。又案：《国语》云“少典娶有蟜氏女，生黄帝、炎帝”。然则炎帝亦少典之子。

《桓檀古记·神市本纪第三》：

《震域留记神市纪》云：桓雄天皇，见人居已完，万物各得其所，乃使高矢礼专掌馈养之务，是为主谷。

《大辨经》曰：神农起于列山，列山列水所出也。神农，少典之子。少典与少皞，皆高矢氏傍支也。

《桓檀古记·三圣记上》：

檀君端拱，无为坐定世界，玄妙得道，接化群生。命彭虞辟土地，成造起宫室。高矢主种稼，臣智造书契，奇省设医药，那乙管版籍，羲典卦筮，蚩尤作兵马，菲西岬河伯女为后治蚕。淳厖之治，熙洽四表。

《论语·乡党》：

虽疏食菜羹，瓜祭，必齐（斋）如也。（根据《鲁论》，“瓜”应为“必”）

朱注：古人饮食，每种各出小许，置之豆间之地。以祭先代始为饮食之人。不忘本也。

《论语·乡党》：

侍食于君，君祭先饭。

疏：君子不忘本者。有德必酬之。故得食而种种出少许，置在豆间之地，以报先代造食之人也。

这样说来，我们也可以作出这样的推论，华夏族和东夷族先是作为相邻的部族，然后神农氏和轩辕氏还有蚩尤、檀君从在阪泉和涿鹿争霸以后，各自建立了相互不同的国家。

《史记·五帝本纪》：

轩辕……以与炎帝战于阪泉之野，三战，然后得其志。蚩尤作乱，不用帝命。于是黄帝乃征师诸侯，与蚩尤战于涿鹿之野，遂禽杀蚩尤。而诸侯咸尊轩辕为天子，代神农氏……

《史记正义》：

龙鱼河图云：黄帝摄政，有蚩尤兄弟八十一人，并兽身人语，铜头铁额，食沙石子，造立兵仗刀戟大弩，威振天下，诛杀无道，不慈仁。万民欲令黄帝行天子事，黄帝以仁义不能禁止蚩尤，乃仰天而叹。

《桓檀古记·三圣记下》：

后有葛古桓雄，与炎农之国划定疆界。又数传，而有慈乌支桓雄，神龙冠节（冠，至尊也），为众之首，以铜头铁额，以能作大露造九治。而采矿铸铁作兵，天下大畏之，世号为蚩尤天王。蚩尤俗言，雷雨大作，山河改换之义也。蚩尤天王见炎农之衰，遂抱雄图，起天兵于西。又自索度进兵，据有淮岱之间，及轩侯之立也，直赴涿鹿之野，擒轩辕而臣之。

三、伯夷、叔齐就是高丽的根——孤竹国的王子

伯夷、叔齐是孤竹国的王子，高丽之根孤竹国，因周国的周武王灭亡以后，由箕子朝鲜继承。所以，伯夷、叔齐是古朝鲜之根孤竹国最后的王子。也就是说伯夷、叔齐以及他们的后孙墨子，是韩国的根。孤竹国是在从周武王于公元前 1046 年即位到于公元前 1027 年把殷纣王赶走的期间中被灭亡的。所以伯夷叔齐是至今 3000 年前的人了。

令人惊奇的事实是，到今天中国和韩国都对他们极其恭敬和赞赏。但是他们既不是伟大的君主也不是将军。到底是什么原因呢？在《论语》里，2500 年前的孔子对于比自己早 500 年的先辈伯夷、叔齐作了“求仁得仁者”的评价。但是对于他来说，伯夷、叔齐也有令人困惑的地方。那是因为孔子把周武王当做圣人来推

崇，但是伯夷、叔齐却认为武王是“以暴易暴”的暴君；孔子主张义战，但是伯夷、叔齐却主张反战。所以对于伯夷、叔齐的实际记录，《论语》、《孟子》、《庄子》、《史记》都是参差不齐的。

结论就是孤竹国虽说在周国兴时衰落了，却成为辽河文明的主人公，是保持了天子的正统性的先进国，孤竹国的王子伯夷、叔齐是因反对战争而殉节的人类和平的伟大圣人。

1. 中国的记录

《史记·伯夷列传》：

其传曰：伯夷、叔齐，孤竹君之二子也。……武王已平殷乱，天下宗周，而伯夷、叔齐耻之，义不食周粟，隐于首阳山，采薇而食之。及饿且死，作歌。其辞曰：“登彼西山兮，采其薇矣。以暴易暴兮，不知其非矣。神农、虞、夏忽焉没兮，我安适归矣？于嗟徂兮，命之衰矣！”遂饿死于首阳山。由此观之，怨邪非邪？

《史记索隐》：

其传云孤竹君，是殷汤三月丙寅日所封。……按：《地理志》孤竹城在辽西令支县。应劭云伯夷之国也。其君姓墨胎氏。

2. 韩国的记录

《三国遗事·古朝鲜》：

周虎王即位己卯，封箕子于朝鲜。坛君乃移于藏唐京，后还隐于阿斯达为山神，寿一千九百八岁。唐《裴矩传》云：高丽本孤竹国，周以封箕子为朝鲜。汉分置三郡，谓玄菟乐浪带方。通典亦同此说。（周虎王，周武王。高丽第二代惠宗的讳是武，所以避讳）

《星湖僿说·孤竹安市》：

隋《裴矩传》云：高丽本孤竹国。按：丽史成宗十二年，契丹萧逊宁来侵，徐熙奉国书褰往丹营，逊宁责其侵蚀。熙曰……上国之东京皆我境，且鸭绿江内外，亦我境内，何谓侵蚀乎？逊宁不能答。又按：安市城今凤凰城也，凤凰东俗谓阿市乌，阿市与安市音近，故名之也。

《热河日记·渡江录》：

《唐书·裴矩传》言：高丽本孤竹国，周以封箕子，汉分四郡。所谓孤竹地，在今永平府。又，广宁县旧有箕子庙，戴冔冠塑像。明皇嘉靖时，毁于兵火。广宁人或称平壤。《金史》及《文献通考》俱言广宁、咸平，皆箕子封地。以此推之，永平、广宁之间，为一平壤也。《辽史》：渤海显德府，本朝鲜地，箕子所封平壤城。辽破渤海，改为东京。即今之辽阳县是也。以此推之，辽阳县为一平壤也。

孤竹郡原先的名字叫北平郡，又叫乐浪郡。北平郡是今天的北京。根据这一纪录，可以得出孤竹国的疆域是在今天北京东北方一带。

《史记·夏本纪索隐》：

碣石山在北平骊城县西南。《太康地理志》云：乐浪遂城县有碣石山，长城所起。

《史记·伯夷列传正义》：

《括地志》云：孤竹古城在卢龙县南十二里，殷时诸侯孤竹国也。

《山海经·海内北经》：

朝鲜在列阳东，海北山南。列阳属燕。

郭璞注：

朝鲜，今乐浪县，箕子所封也。列亦水名也。今在带方，带方有列口县。

《史记·朝鲜列传》：

汉兴，为其远难守，复修辽东故塞，至浿水为界，属燕。

《史记正义》：

《地理志》云：浿水出辽东塞外，西南至乐浪县西入海。

《大明统志·永平府》：

郡名孤竹，为古名北平，为秦名北燕平州及乐浪郡，北魏改乐浪为北平郡。(北平即今北京)

四、墨子是伯夷、叔齐的后裔

工人身份的墨子出生于东夷，是一位木匠；孔子是宋国贵族的后裔，在鲁国曾作为大司寇并代行政国政。那么，墨子是怎样与孔子天下两分的呢？墨子作为伯夷、叔齐的子孙，继承祖先之意，展开先祖的反战和平运动，这可能是其中的重要原因。

《史记·伯夷列传》：

其传曰：伯夷、叔齐，孤竹君之二子也。

《史记索隐》：

其传云孤竹君，是殷汤三月丙寅日所封。……按：《地理志》孤竹城在辽西令支县。应劭云伯夷之国也。其君姓墨胎氏。

《通志·氏族略四》：

墨氏，《姓纂》云：孤竹君之后，本墨台氏，后改为墨氏。战国时宋人墨翟著书号墨子。

《墨子·贵义》：

子墨子曰：昔者周公旦朝读书百篇，夕见漆十士。……翟上无君上之事，下无耕农之难，吾安敢废此？

五、箕子和紫府先生

根据《书经》记载，武王在十三年找到箕子，并要请教道，因此箕子教给武王《洪范九畴》。那么箕子是谁呢？他就是武王所灭亡的殷国王族，为继承亡国的伯夷、叔齐的孤竹国封为箕子朝鲜的始祖吗？因为用武力夺取殷国而不能获得人们的支持，所以公开找到箕子，这是为了认定其正统性吗？

依据《抱朴子》记录，黄帝轩辕氏向东去，到了桓雄的京都青丘，拜见紫府先生，得到了三皇内文，从此可以使唤万神。三皇内文可以看做是一种信任状。

按照《墨子》，可以发现武王在泰山的高丽神窟中祭祀的记录，这个也要看做与武王探访箕子的意思相同的脉络。

《抱朴子内篇·地真》：

昔黄帝东到青丘，过风山，见紫府先生。受三皇内文，以劾召万神。

《周书·洪范》：

惟十有三祀，王访于箕子。王乃言曰：呜呼箕子，惟天阴骘下民（阴，默也；骘，定也），相协厥居（居，畜也，生者也）。我不知其彝伦攸叙。箕子乃言曰：我闻在昔，鲧陻洪水（陻，塞）；汨陈其五行，帝乃震怒，不畀洪范九畴（畀，与），彝伦攸斁（彝，常）。鲧则殛死，禹乃嗣兴。天乃锡禹洪范九畴，彝伦攸叙。

《墨子·兼爱中》：

昔者武王将事泰山隧（将事，行祀；隧，神隧），传曰（传，禅也）：泰山有道（道，德也），曾孙周王有事。大事既获，仁人尚作，以祗商夏（祗，安也），蛮夷丑貉，虽有周亲，不若仁人。万方有罪，维予一人。

隧，《国语·周语》注："王之葬礼，开地通路曰隧。"

神隧，《魏志·高句丽传》："其国东有大穴，名隧穴。"《正字通》："高丽国左有大穴，曰神隧。"

丑貉，《山海经·海内西经》："貊国在汉水东北。"注：貊国"今夫馀国"，即涉、貊故地。

六、墨子和耶稣的上帝

早先，中国的孙文先生说没有能凌驾于墨子的古人，还说墨子所说的兼爱就是耶稣所说的博爱。韩国有名的圣书学者文益焕牧师认为："墨子的上帝和耶稣的上帝像是双生儿一样，释迦、墨子、耶稣是一棵树上的3个树枝。"

墨子和耶稣的神观意味着相同的文明圈，也可以假设他们是相同的民族，墨子唯一的语录《墨子》中300多次提到了天帝。《墨子》的第53篇都是以兼爱和交利的天帝思想为基础陈述的。不仅仅如此，不夸张地说所有内容都类似耶稣教里的教理问答。

这里不能把墨子的舆论一一进行论证，我们只能注目其中的一些特征和枝干。

首先，墨子兼爱的天帝是没有部族神要素的人类全体的普遍的神。

《墨子·兼爱中》：

视人之国若视其国，视人之家若视其家，视人之身若视其身。

《墨子·小取》：

爱人，待周爱人而后为爱人。不爱人，不待周不爱人。不周爱，因为不爱人矣。

《墨子·经说下》：

不知其所处，而不害爱之。说在丧子者。

《墨子·大取》：

臧之爱己，非为爱己之人也。厚不外己，爱无厚薄。举己非贤也。

第二，墨子兼爱的天帝不是支配者的守护神而是解放民众的守护神。

《墨子·天志中》：

又以先王之书驯天明不解之道也知之，曰：明哲维天，临君下土。

《墨子·兼爱下》：

是故子墨子曰：别非而兼是者，出乎若方也。……是以聪耳明目相为视听乎？是以股肱毕强相为动宰乎？……是以老而无妻子者有所侍养以终其寿，幼弱孤童之无父母者有所放依以长其身。

《墨子·大取》：

非虑臧之利也，而爱臧之爱人也。……去其爱而天下利，弗能去也。

第三，墨子兼爱的天帝是并非仅仅自己产生利益，而是正义的天帝观。

《墨子·贵义》：

今谓人曰：予子冠履，而断子之手足，子为之乎？必不为。何故？则冠履不若手足之贵也。又曰：予子天下，而杀子之身，子为之乎？必不为。何故？则天下不若身之贵也。争一言以相杀，是贵义于其身也。故曰：万事莫贵于义也。

《墨子·大取》：

杀一人以存天下，非杀一人以利天下也。杀己以存天下，是杀己以利天下。

第四，墨子兼爱的天帝是反对战争、追求和平的。

《墨子·法仪》：

今天下无小大国，皆天之邑也。人无幼长贵贱，皆天之臣也。……是以知天欲人相爱相利，而不欲人相恶相贼也。

《墨子·天志中》：

天之意，不欲大国之攻小国也……强之劫弱，众之暴寡，诈之谋愚，贵之敖贱，此天之所不欲也。不止此而已，欲人之有力相营，有道相教，财相分也。

《墨子·非攻下》：

大国之不义也，则同忧之。大国之攻小国也，则同救之。小国城郭之不全也，必使修之。布粟乏绝则委之，币帛不足则共之。……易攻伐以治我国，功必倍。量我师举之费，以争诸侯之毙，则必可得而享利焉。

七、人类和平和解放的复兴

我们人类生活在资本金钱商品为神的物神时代。韩国的先觉者咸锡宪先生这样说过：

资本主义时代来了。现在新的元首将出现。如果说以前的元首手里握着象征力量的刀的话，现在就是握着象征欲望和智谋的金钱。现在金钱就是王。钱站出来的话，王也可以卖掉自己的王冠，武士也可以卖掉自己的刀，宗教家也可以卖掉自己的法义。所以钱好像统一了整个世界。耶稣说世上有两个王，要么是供奉的上帝，要么是供奉金钱的王 Mammon，因为金钱和上帝是对立的关系。

但是尼采（F. W. Nietzsche 1844～1900）在 19 世纪曾宣言神已经死了。这样受神的承认才能被扶持的善恶也消逝了。

根据尼采的言论，人杀掉了神，相信自己的理性。人的神死了，人终于成了超人。

现在物神成了破坏人类破坏地球的怪物，人类世界成了阿鼻叫唤的世界。因为支撑道德秩序的神死了，理性也破产了。

我在 18 年前和文益焕牧师共同写的《耶稣和墨子》的序文中，说到对于死去的神和人类的救援之恳切期望。这是狂人的梦想么？必须向神求援的人类怎么向神求援呢？但是我觉得没有人间的神是没有任何意义的。因为发现神的也是人，杀掉神的也是人。所以只有人可以让神复活。还有，要让死去的人复活的话，只有先让神复活。

但是必须要发现新的神和新的人，而不要旧的神和旧的人。两千年来堕落到最底的已经死去的神是不可以复原的。新千年的神和新千年的人要更生出来。为了达到这样的目的，必须重新审视 2000 年之前的天帝和人。我发现了 2500 年前墨子的上帝，因而可以看到了本来真正解放的神，还可以发现了人的本来面貌。在这里我们有必要提及 2700 年前季梁的“神的主人是民众”的话。

《左传·桓公六年》：

所谓道，忠于民而信于神也。上思利民，忠也；祝史正辞，信也。今民馁而君逞欲，祝史矫攀以祭，臣不知其可也。公曰：吾牲牷肥腯，粢盛丰备，何则不信？对曰：夫民，神之主也。是以圣王先成民而后致力于神。

八、消费文明的止扬与节用文化革命

现在我们把资本主义文明称为“消费社会”。这样就把人类物化了。一方面让人类虚无的欲望不断滋生，另一方面让这些膨胀的欲望永远无法被满足，不得已跟随物神的笛声，这就是资本主义社会的社会结构。

所以，今天人类拼命制造商品，消费商品，破坏商品，并在这样的过程中得到满足。我们在百货商店里找天国，在自助餐里找幸福，在麻药和色情（sex）里面找安慰。只追求乐趣和幸福，放弃真理和道德。人类要想真的寻找自主的人生，就要把自己从物神里面解放出来。这样的话，就一定要先抑制资本主义的滋长。为此把钱和商品物神化，把人事物化、把人疏外的资本主义文明，在地球破坏以前，一定要被止扬。2500 年前，过度花费被利用于政治，暴露了浪费文化的真实，而展开了节用文化革命的墨子要在现代成为人类的借鉴。

论墨子的“兼爱”与孔子的“泛爱”

金昇泳

一、序论

本论文主要考察墨子的“兼爱”与孔子的“泛爱”。周知“兼爱”是墨子的中心思想，反之孔子的“泛爱”可以说跟“爱”一样是一种超出“仁爱”的范畴的一个框架。所以本论文想求证一下孔子所述的“泛爱”之中有没有墨子所说的“兼爱”，之后再探讨一下这两种观点的差异在于哪里。

中国的第一位哲学者墨子生于春秋战国时代。[①]春秋战国时期因急剧的社会变化，开始缺乏稳固的社会构成制度，进而进入了一个社会制度的过渡期。[②]在这个时期，原先存在的多元性宗法封建制度开始崩溃，有着一元性质的郡县统治制度开始胎动。[③]政治、经济、社会的变动使地域的闭锁性发生了变动，生产力的增加也使氏族共同体的基业开始解体。小农的经营普遍化使得奴婢制解放有了新的契约，并使所有意识以及理性的世界带来了发展。[④]周国的宗法制与封建制的根基的瓦解，使得上下位阶秩序发生了权力变动。这种变动使周王室和封建诸侯的统治力崩溃，使统治阶级的指挥系统发生了动荡[⑤]，也开始出现善者们的避世现象[⑥]。

但是，早在孔子时代，以氏族统治体制和原始共同体为基础的社会构造已经开始瓦解、崩坏。如“民散久矣”（《论语·子张》）所述，春秋时期有很多氏族国家被吞并和消灭，诸多氏族与贵族的世袭地位未能传承。结果以天子—诸侯—大夫为基础的统治秩序彻底崩溃。此时，墨子将这混乱的时期定为“不仁”、“不义”的时代。[7]

墨子提出了“兼爱”为秩序的原理中心理念，想用这个理念秩序来解决当时的动荡。而且，孔子也提出“泛爱”的理念，各自都以自身的理论来平息当时的战乱。虽然孔子和墨子所述的理念中都有“爱”字，但这两种理念的差异构成了更大的思想框架。

二、“兼爱”：以互惠为质的“爱”（互惠的利他主义）

《史记》中记载墨子的记录只有24个字。“盖墨翟，宋之大夫，善守御，为节用，或曰并孔子时，或曰在其后。”墨子出身于宋国，反对恢复周时代的阶级社会、志向于禹时代的共同体制社会，一生穿着黑衣，主张反战、和平、平等思想，并实践这些主张。墨子现今被很多评论家评价为左派思想家。20世纪初，孙诒让写出《墨子间诂》，才得以让广大学者们开始研读一本遗失已久的书籍。之后梁启超、胡适等学者们开始研究、分析并开始分类写出了今天的《墨子》。墨子在世界哲学史中是一本经过2000年才得以复原的书籍。[8]

很多学者认为墨子的核心思想是“兼爱”[9]，并且重视“利”与“功”这两点思想，而且认为兼爱也是为了增进利的一种功利主义[10]。不过笔者主张“兼爱”主要构成于互惠的利他主义（Reziproken Altruismus）的基础原理。《墨子·兼爱中》中写道：“夫爱人者，人必从而爱之。利人者，人必从而利之。恶人者，人必从而恶之。害人者，人必从而害之。”从这篇文中可以理解到，A给予B一定的恩惠或爱心，那么B就会报答A。并不是A给B或B给A一味地给对方恩惠。这就是互惠的利他主义。所以，“兼爱”的成立基于社会秩序所营运的客观秩序原理上。这是以“交相利”为基础，为了共同的善并合理地运作的原理。在一个共同体中，为他人分忧和给予关心的话，自己也会有利益所得，也是一种单纯的理念。而且，儒家的“仁爱”是以人性论为基础的，墨家所述的“兼爱”是以乐利论为基础的。[11]“兼爱”的构成员反对因社会混乱而只顾个人利益情况发生，主张共同体的全体利益和秩序。“兼爱”与“别爱”是处于对立面的行为方式。兼爱论的构造不在于互相理解，而是建立在否定自身和他人之间的差别（兼），不会为了追求自身的利益而去利用他人（爱）的基础之上。“若我先从事乎爱利人之亲，然后人报我爱利吾亲乎？意我先从事乎恶人之亲，然后人报我以爱利吾亲乎？即必吾先从事乎爱利人之亲，然后人报我以爱利吾亲也。然即之交孝子者，果不得已乎？毋先从事爱利人之亲者与？意以天下之孝子为遇（愚），而不足以为正乎？……先王之所书，《大雅》之所道，曰：无言而不雠，无德而不报。投我以桃，报之以李。即此言爱人者必见爱也，而恶人者必见恶也。”（《墨子·兼爱下》）此引用文中所述“爱”也是互惠的利他主义在起重要作用。进一步分析的话可以看出，一个个体会去认知另一个个体，并且会从另一个个体身上获得帮助，而且这种行为会顺其自然地发生（投我以桃）。两个个体可以互惠互利并且会更加亲近（报之以李）。既然可以互惠互利，那么也可以互相帮助，互有往来。这样的条件下，共同体的运作和维持会更加圆滑。互惠利他主义会在构成员之间的关系疏通或有可能互相疏通的小集团中更加圆滑地运行。但我们也得看清，互惠利他主义的形成和作用只在于氏族与部族。这也表明了互惠利他主义与自然性道德感性的界限。这也符合利益是创造出来的“交相利”的大原则，也是相关关系的条件，也是为了在现实中实践的条件。因为是以互相利益的交流为主要观点与起点，因此不能把“兼爱”看成单方面的利他主义。墨子的“兼爱”建立于互惠的利他主义的观点上，因此可以维持水平的平等关系。假如，单方面的施惠的话会约束在垂直关系中，才能维持上下差别的秩序。

亲亲伦理为基础的儒家的社会秩序的原理在于“礼”，“礼”的由来与祭祀意识。[12]但是墨子却否认了以亲亲伦理为基础的差别性的“礼”的规范，相反的，以“兼爱”中的规范为基础提倡了新的行为秩序。“兼爱”提倡构成员的所有成员停止使社会混乱的势利型行为，并以集团的利益与秩序为重点。所以，可以看出“兼爱”是以互惠性利他行为秩序为原理。强调“全体（兼）”并以此为出发点的墨子的思考体制不能建立在以“全体（兼）”的利益增大为目标之上，相反的须以墨子的“天下利益”所主张的“全体（兼）”的社会关系为基础、为定义，并用此定义为优先性来作为出发点。上述的结论是把“兼爱”中的“兴天下之利，除天下之害”作为墨子的核心思想，并以此核心思想为出发点。[13]

《墨子》中也可以看到很多互惠利他主义的理论。比如“当察乱何自起，起不相爱”，“若视天下兼相爱，国与国不相攻”（《墨子·兼爱上》）。“杀一人，谓之不义，必有一死罪矣。”（《墨子·非攻上》）“国家发政，夺民之用，废民之利，若此甚众。”（《墨子·非攻中》）即使是社会共同体的全体性的“善”，为了带动社会的发展也得需要“兼相爱”，从这些话中可以看出，互惠利他主义中“相”是最基本的内容。即使是没有血缘关系的两个个体也可以互惠互利，可以给这两个个体带来更多的利益。要是忽视了

“相”的意义，那么就不能说明互惠互利。“相”代表着平等的构成。平等的构成出发点在于水平构成。只有站在水平性的关系上，才能说明这个社会与共同体是一个健全的民族主义社会。墨子所强调的是人与人之间的共同性、平等性，在这种互相平等的条件下才能实现互惠互利的“兼爱”。

三、“泛爱”：以血缘为量的“爱”（血缘的利他主义）

孔子的核心思想可以分为“礼”与“仁”。“礼”是指在周代初期所形成的周礼。孔子所说的“礼”基础于血缘关系，以等级划分为特征的氏族统治体系。“仁”可以说是为了拥护和恢复氏族统治制度为目标的一种手段。[⑭]而且“仁爱”也可以跟“别爱”互相置换。不过在墨子所述的《论语》中出现与“兼爱”类比“泛爱”。“弟子入则孝，出则弟，谨而信，泛爱众，而亲仁。行有余力，则以学文。”（《论语·学而》）朱熹以“泛广也。众谓众人”为重点作注，之后再以“人自是当爱人，无憎嫌人底道理”、“仁者自当亲，其它自当泛爱”来解释，之后再以“泛爱不是人人去爱他。如群居不将一等相扰害底事去聒噪他，及自占便宜之类是也”（《朱子语类·论语三》）来说明，这些话语中所说的并不是实质性的爱，而是强调不给他人带来危害，行为要有教养。虽然可能是朱熹的个人观点。但孔子说了“泛爱”之后又说了“亲人”。假如，代言儒家思想的朱熹只说“泛爱”的话，“泛爱”会转变成“兼爱”。要是按以上的说法来进行证明的话，足以看出“泛爱”中也包含了“兼爱”的要义。但，之后的学者们为何把重点放在“亲人”上来分析呢？这是因为，儒家思想的根本立场在于“亲亲”之上。儒家想用“仁爱”思想来救世，但“仁爱”的实践在恢复礼节的基础上才有可行的机会。“礼”是治国之道，是社会各种阶层之间的秩序。因此可见，“礼”是一个贵族统治体制。[15]“君子笃于亲，则民兴于仁”（《论语·泰伯》），可以看出亲族和“仁”之间的关系已经构成一个社会秩序。以这个秩序为基本，“孝悌也者，其为仁之本与”（《论语·学而》），进而扩展“仁爱”的认知。“仁”的本质是代表家族和孝悌，进一步的把这个思想扩展到社会伦理之上。“仁之实，事亲是也。义之实，从兄是也”（《孟子·离娄上》），“仁者，人也，亲亲为大。义者，宜也，尊贤为大。亲亲之杀，尊贤之等，礼所生也”（《中庸》）。亲亲之序是儒家思想中的核心。儒家要是放弃“亲亲”思想，反而受纳“兼爱”思想的话，那这儒家就不再是儒家。“爱人”（《论语·颜渊》），“节用而爱人”（《论语·学而》），“尔爱其羊，我爱其礼”（《论语·八佾》），“爱之欲其生，恶之欲其死”（《论语·颜渊》），“爱之，能勿劳乎？”（《论语·宪问》），“君子学道则爱人”（《论语·阳货》），“予也有三年之爱于其父母乎！”（《论语·论阳货》），这些语录中“爱人”也是以“亲亲”为中心的血缘利他主义思想（Verwandtschaft Altruismus）。一般基因持有者会给予跟自己有着相同的基因的持有的生存和繁殖一定的帮助。这就是我们的本性。就是有这共同的基因持有者的亲族或以共同的体验和关心的事项而结成特殊的关系，这种人群喜欢倾向于亲族主义（亲亲）。孔子所说的“爱人”是在宗法社会开始延续下来的一种理念，其意志是以亲族为第一原理。选择亲族的行为会按每个个体的角色因素来实行利他主义的实施。这种血缘主义包涵以我开始扩散到家族、亲戚、邻居，社会的利他主义。孔子在周礼中所述的本质是“林放问礼之本。子曰：大哉问！礼，与其奢也，宁俭；丧，与其易也，宁戚”（《论语·八佾》），之后儒家开始注重人情。对于这些人来说，人的自然情感中对血缘的亲和力与感情是最容易接受也是最具自然性质的。但是在以宗法制度为社会构成与社会关系为基础，并以此为规范、为“礼”来统治社会的周代来说，血源性利他主义并不是那么单纯的。周代维持着以父辈为中心、长子继承原则的宗法制度并且执著于尊卑观念。“礼”就是以上述的一样维持着身份的位阶秩序，并让此秩序稳定地发展。

儒家即使认可宗法社会中的血缘主义，孔子所说的“仁爱”起点虽然在于家族与集团，不过其要点还是介于“亲亲”原理。虽然如此，但还是可以看出孔子言论中包涵着“兼爱”的观点。这足以说明是共同体或一个团体内的和睦共处。进一步证明儒家思想中的“亲亲”思想在超出家族范围的一个共同体中，人与人并不是互相怨恨，而是以互相尊重和谐为目标的。这比起表现墨子的“质的爱情”，更加亲近于孔子的“量的爱情”。

四、结论

韩非子所说的“儒墨并显”的墨子思想，在汉代开始急剧消减。汉代的董仲舒把天—人思想有机地结合在一起，并把“兼爱”的理念也加进其中。[16]之后宋代新儒学把孟子立为儒家理念的正统的时候，张载的《西铭》因此成为了言论的重点。杨时以“墨子＝张载”的形式来批判《西铭》中所主张的“四海同胞主义”。指出，这个理念跟墨子的“兼爱”思想有些相似，在进一步地危害宗法制。相反的，朱熹赞同程子、张载，并以此为基础主张张载的伦理是以理一分殊为体系，并指出与墨子的兼爱有着明显的差异。[17]张栻又以《孟子》中的“予莫执中”的句子为例批判杨朱、墨翟，并大肆夸赞儒家之意，但是并没有把重点放在“墨子＝利”

上，而是怕其含义威胁到家族秩序。[18]至今，新儒家所批判墨子的观点并不在于“利”上，而是提出“兼爱”与以家族体制为基础的儒家伦理有一定的冲突，才会引出很多质疑声。

儒家把人区分成几个等级之后以五轮来区分，因而爱也有了等级，这些进一步形成了“差别爱（Klassenlieben）”的模式。即使在危急关头可以帮助异邦人，给予一定的同情和相助，但终不得相爱。所以儒家的思想家们认为墨子的“兼爱”是无差别主义，因而觉得墨子的理念在破坏神圣的阶级制度。[19]

因此，可以看出儒家拿出墨子的“兼爱”思想为由来进行压制，这是变相地说服各阶层，为了共同体的利益放弃无差别“爱”，反之选择具体性的“爱”。然而，孔子在《论语》中经常提及“兼爱”理念的“爱”。虽然是以血缘利他主义的主要观点来叙述，但不可否认其中还是包括了“兼爱”思想的理念。要是这么看的话，足以用一句话来概括，“殊不知在相异与相分之背后，同时又隐伏着共时性文化背景下诸子百家的相通与相融”[20]。

注释

①〔韩〕奇世春：《墨子》，buybooks2009 年版，第 33 页。

②〔韩〕宋荣培：《诸子百家的思想》，玄音社 2005 年版，第 36 页。

③李泽厚：《中国古代思想史论》，人民出版社 1994 年版，第 1 页。

④〔韩〕李成珪：《中国文明的起源和形成》，《讲座：中国史Ⅰ》，汉城知识产业社 1998 年版，第 99 页。

⑤《论语·季氏》：“天下有道，则政不在大夫。天下有道，则庶人不议。”“禄之去公室，五世矣。政逮于大夫，四世矣。故夫三桓之子孙，微矣。”

⑥《论语·宪问》：“子曰：‘贤者辟世，其次辟地，其次辟色，其次辟言。’”

⑦《墨子·天志下》：“则夫好攻伐之君，有重不知此为不仁不义也。”

⑧〔韩〕申荣福：《讲义》，汉城石枕头2004年版，第368页。

⑨梁启超：《墨子学案》，台湾中华书局1985年版，第8～13页。

⑩冯友兰：《中国哲学史》，华东师范大学出版社2000年版，第98页。

⑪张允熠：《论孔墨之“爱”》，见曹胜强等主编《墨子研究》，中国社会科学出版社2008年版，第23～26页。

⑫〔韩〕金胜惠：《中国宗教传统的基本构造和特性》，载《宗教研究（2）》，韩国宗教学会1986年版，第49页。

⑬刘书玉：《墨子“兼爱”简论》，载任守景主编《墨子研究论丛（八）下》，齐鲁书社2009年版，第828页。

⑭李泽厚：《中国古代思想史论》，人民出版社1994年版，第9页。

⑮朱传棨：《“仁爱”与“兼爱”：两种不同的和谐文化传统》，载任守景主编《墨子研究论丛（九）》，齐鲁书社2010年版，第143页。

⑯“天覆无外，地载兼爱，风行令而一其威，雨布施而均其德，王术之谓也。”（《春秋繁露》）“仁者，爱也……兼爱无私，谓之仁。”（《汉书·公孙弘卜式兒宽传》）

⑰参见朱熹《朱子全书·西铭解》、《朱子全书·伊雒渊源录》。

⑱〔宋〕张栻：《癸巳孟子说》，见《中华大典》编纂委员会编《中华大典·诸子百家分典（二）》，上海古籍出版社2007年版，第1496页。

⑲Alfred Forke. Geschichte der alten chinesischen Philosophie, Hamburg: CRAM, 1964, p. 391.

⑳曾振宇：《论儒墨之相通》，载王裕安、李广星主编《墨子研究论丛（七）》，北京图书馆出版社2006年版，第587页。

墨家反战论的哲学体系

李钟晟

人类历史上的战争都源于人类自身的欲望，为达到吞并他人、扩张权能的目的，战争的危险像休眠的火山一样潜藏着。事实上战争总是以威胁人类安全的因素存在。据词典解释，所谓战争“是两个以上相互对立的国家或集团之间，使用军事力及各种手段，强制对方意志的行为或现象”。战争不是人类的生物学本能的好战性的结果，而更倾向于代表统治阶级特定利益的履行国家机能的历史产物。概言之，把一切为了一个集团的经济目的，即为了实现利益的扩大而对其他组织实行暴力的政治行为可以视作战争。

墨子是墨家的鼻祖，他活动的春秋战国时期是人类历史上罕见的战争频发的时代。春秋战国时代是战争连日不休的一种末世的混沌期。墨子对当时战后情形描写道：“今岁有疠疫，万民多有勤苦冻馁，转死沟壑中者，既已众矣。”（《墨子·兼爱下》）提出了“三患”说：“民有三患，饥者不得食，寒者不得衣，劳者不得息。”（《墨子·非乐上》）如此，墨子及墨家活动的时代是人类受到生存威胁的时代。但是与“以战争来结束战争”的兵家或法家不同，墨家举起“反战论”的旗帜反对战争。墨家反战论的立场在《墨子·非攻》篇中有详细记载。“止楚攻宋”、“止楚攻郑”

以及“阻齐伐鲁”等都是墨家反战论立场的体现。

笔者以墨家的反战论为切入点，以墨家的“兼爱”—“非攻”—“天志”的逻辑体系为前提，探讨其理论基础和内容以及已经解决的问题。笔者认为这三个命题并不是各自独立的，而是紧密联系的关系性命题。

一、兼爱：反战论的基础和“互惠性的原则”

社会正义消失、道德严重堕落的春秋战国时代，墨家认为“天下之害”已到极限，其原因是彼此间的无慈悲的侵夺。对此墨家说：“若大国之攻小国也，大家之乱小家也，强之劫弱，众之暴寡，诈之谋愚，贵之敖贱，此天下之害也。又与为人君者之不惠也，臣者之不忠也，父者之不慈也，子者之不孝也，此又天下之害也。”（《墨子·兼爱下》）在这里墨家把“天下之害”中最大的害当做是大国攻击小国的侵略战争。墨家把战争和社会混乱的原因都归之于“不想爱”，认为追求“自爱”和“自利”而害他人的行为就滋生“天下之害”。而且“天下之害”是只爱自己、只取自利的“别君”和“别士”们引起的。

墨家把“兼爱”作为克服“不想爱”的方法。墨家认为“若使天下兼相爱，国与国不相攻，家与家不相乱，盗贼无有，君臣父子皆能孝慈，若此则天下治”（《墨子·兼爱上》）。对此韩国学者李承焕把“互惠性的原则”作为墨家“兼爱”的基础。[①]以社会心理学的角度如果把“互惠性”看做他人和自己的同种交换式（in kind）的肯定的和否定的反应，那么“互惠性原则”的“兼爱”是自己和他人的交换为前提，他们交换的是“爱”和“利”。因此，墨家提倡“兼相爱”的同时“交相利”的原因就在于此。

墨家主张“兼爱”是为了成就自己的利益而自己先爱所有人的自爱的方法。墨家提出：“爱人不外己，己在所爱之中，己在所爱，爱加于己。”（《墨子·大取》）而且援用《诗经·大雅》篇说：“《大雅》之所道，曰：‘无言而不雠，无德而不报。投我以桃，报之以李。’即此言爱人者必见爱也，而恶人者必见恶也。”（《墨子·兼爱下》）如此，墨家的兼爱论不超出“互惠性的原则”。因此，墨家的兼爱是既跟人类的感情无关，又带有利害打算性向的一种非情感的合理原则。

墨家认为“兼爱交利”的方法是“视人之国若视其国，视人之家若视其家，视人之身若视其身”（《墨子·兼爱中》）。还说：“若使天下兼相爱，爱人若爱其身……视父兄与君若其身，恶施不孝？……视弟子与臣若其身，恶施不慈？……视人之室若其室，谁窃？视人身若其身，谁贼？……视人家若其家，谁乱？视人国若其国，谁攻？”（《墨子·兼爱上》）

墨家主张把他人的国家视为自己的国家之时，他国也不会攻击我国。即墨家的立场是遵守兼爱相利的“互惠性的原则”时国家之间不会有战争。如此，以实利主义为基础的墨家的兼爱交利说是经验的、结果论的思维方式。而且墨家的兼爱交利说刺激日常通俗的生活感情，触发大众的关心，提倡通过理性反思的功利主义的伦理化。[②]在这里墨家关注的是“利”的层次转化问题，即把“世俗之利”提升为“正义之利”的问题。“义，利也”（《墨子·经上》），由此墨家把由个别欲望引发的会失去方向的“利”提升到伦理的高度，确立了一种功利主义的正义观。但是墨家的这种观点转为增进天下万民利益的问题，主张“非攻”是实现兼爱交利说的具体方法。

二、非攻：反战论的内容和“不侵害的原则”

墨家在增进天下万民的利益时，引入体现“非攻”的“不侵害的原则”。换言之，墨家从“互惠性的原则”中引申出“不侵害的原则”。[3]“非攻”是“兼爱”的延伸[4]，是直接适用“兼爱”的教义。简言之，从把天下万民视为自己的墨家兼爱论的视角来看，只顾自家利益或自国富强的侵略战争是违背兼爱道理的不义行为。侵略战争不管如何矫饰和正当化，是绝不能容忍的罪过。因此，墨家的兼爱必然产生“非攻”的观点。[5]

虽然墨家的“非攻”反对战争，但这不是不需要任何战争。以战争目的为衡量标准，墨家反对侵略战争，不反对保卫国家的自卫战争。墨家在原则上是反对战争的和平主义者，但并不一概否定任何战争。墨家看来抵抗侵略的自卫战争是正当的，为和平而制恶的正义战争也是正当的。如此，墨家主张相对的战争废止论。[6]

墨家认为战争是惨不忍睹的。为此对挑起战争的侵略国的危害指责如下：“入其国家边境，芟刈其禾稼，斩其树木，堕其城郭以湮其沟池，攘杀其牲牷，燔溃其祖庙，劲（刭）杀其万民，覆其老弱，迁其重器。”（《墨子·非攻下》）这揭示了对他人的“侵害”、“侵夺”及“侵犯”之类的“天下之害”是因侵略战争而引起的事实。墨家认为这一对他人“所有权的侵害”是不正义的[7]，其理由如下：“今有一人，入人园圃，窃其桃李，众闻则非之，上为政者得则罚之。此何也？以亏人自利也。至攘人犬豕鸡豚者，其不义，又甚入人园圃窃桃李。……至入人栏厩，取人马牛者，其不仁义又甚攘人犬豕鸡豚。此何故也？以其亏人愈多。苟亏人愈多，其不仁兹甚，罪益厚。至杀不辜人也，扡其衣裘、取戈剑者，其不义又甚入人栏厩、取人马牛。此何故也？以其亏人愈多。苟亏人愈多，其不仁兹甚矣，罪益厚。当此，天下之君子皆知而非之，谓之不义。”（《墨子·非攻上》）

由此，墨家坚持以下立场：“杀一人，谓之不义，必有一死罪矣。若以此说往，杀十人，十重不义，必有十死罪矣。杀百人，百重不义，必有百死罪矣。”（《墨子·非攻上》）尽管如此，世俗的“君子”们不能领悟其不义。特别是他们未能感觉到“所有权的侵害”是最不义的侵略战争的这一罪恶感。因此，墨家提出：“今至大为不义攻国，则弗知而非，从而誉之，谓之义。情不知其不义也，故书其言以遗后世。”（《墨子·非攻上》）还说，“少见黑曰黑，多见黑曰白……少尝苦曰苦，多尝苦曰甘……今小为非，则知而非之。大为非攻国，则不知而非，从而誉之，谓之义。此可谓知义与不义之辩乎？”（《墨子·非攻上》）

墨家看来没有比侵略战争更“不义”的行为。因此，墨家不容忍任何侵略战争。墨家活动的当时也有反对和攻击墨家反战论的“侵略战争的合理化者们”，墨家把他们称为“饰攻战者”。他们以当时的强国楚、吴、齐、晋为例，主张侵略战争的有用性。他们说：“南则荆、吴之王，北则齐、晋之君，始封于天下之时，其土地之方，未至有数百里也；人徒之众，未至有数十万人也。以攻战之故，土地之博，至有数千里也；人徒之众，至有数百万人。故当攻战而不可为也。”（《墨子·非攻中》）对此墨家反驳说：“虽四五国则得利焉，犹谓之非行道也。譬若医之药人之有病者然。今有医于此，和合其祝药之于天下之有病者而药之。万人食此，若医四五人得利焉，犹谓之非行药也。故孝子不以食其亲，忠臣不以食其君。”（《墨子·非攻中》）如此，墨家强调不管在何种情形下侵略战争绝不能合理化和嘉奖。

三、天志：反战论的完结和其意义

以上墨家反战论的阐述中始终贯穿在一起的是与“所有权的侵害”相关的“利益”问题。在墨家看来，侵略战争只是浪费不必要的财物的“消耗战”。因此，墨家认为侵略战争，上是违背于天的利益，中是违背于鬼神的利益，下是违背于人民的利益，侵略战争不会带来利益。对此墨家指出：“夫取天之人，以攻天之邑，此刺杀天民，剥振神之位，倾覆社稷，攘杀其牺牲，则此上不中天之利矣。……夫杀之人，灭鬼神之主，废灭先王，贼虐万民，百姓离散，则此中不中鬼之利矣。……夫杀之人为利人也博矣。又计其费，此为周生之本，竭天下百姓之财用，不可胜数也，则此下不中人之利矣。”（《墨子·非攻下》）侵略战争对世上的任何存在都不利，因此墨家强烈要求禁止侵略战争。

但是，在墨家的反战论中值得关注的是伴随“所有权的侵害”而产生的无利益，不仅适用于人类，而且适用于上至天和鬼神。这同墨家的“天志”、“明鬼”思想是相关的。但这些不能断定墨家的反战论的形而上学根据在于“天志”，或批判墨家的反战论以“天志”的唯心论的虚伪意识为前提，所以丧失了现实的具体性。墨家的所谓“天志”不是为了提出至高无上的形而上学的基础。它与形而上学的生成论和宗教的创造论毫无关系，是日常人们闻见的经验积累的产物[8]，只是功利主义的根据。墨家判断事物的有无和事理的正否时，以多数人的经验或实际的见闻作为标准。[9]这是墨家“三表”[10]中的第二法的内容。

如上所述，墨家反战论中的“天志”思想是墨家功利主义、经验主义的反映。[11]这从墨家的阐述中可得知："故子墨子置立天之，以为仪法，若轮人之有规，匠人之有矩也。"（《墨子·天志下》）侯外庐先生认为，所谓墨家的"天志"是神格化的最高法则，是根据此法则赏罚的鬼神，或是适用于传统仪式的超自然的监督力，是与宗教无关。他在揭示墨家的"天志"思想意义之时，认为古代思想的历史主义分析方法只是考虑宗教形式，抹杀了宗教形式内在的进步的历史内容。[12]以此来看，与墨家的反战论相关的"天志"思想，是墨家要完成反战论哲学体系的权威性指南。这是因为"天志"具有以下肯定要素："天之行广而无私，其施厚而不德，其明久而不衰。"（《墨子·法仪》）总而言之，"天志"是墨家强调反战论的标准，它具有有效性、客观性、明确性、长久性。[13]

参考文献

1. 〔清〕孙诒让撰，孙启治点校：《墨子间诂》，中华书局 2001 年版。

2. 北京大学哲学系中国哲学教研室编：《中国哲学史》，北京大学出版社 2001 年版。

3. 侯外庐主编：《中国思想史纲》，中国青年出版社 1991 年版。

4. 张永义：《墨子与中国文化》，贵州人民出版社 2001 年版。

5. 王赞源：《墨子》，台北东大图书公司 1996 年版。

6. 〔日〕大冢伴鹿：《墨子研究》，东京森北书店 1943 年版。

7. 〔韩〕李承焕：《儒家思想的社会哲学的再照明》，汉城高丽大学出版部 1998 年版。

注释

①〔韩〕李承焕：《儒家思想的社会哲学的再照明》，汉城高丽大学校出版部 1998

年版，第 104～107 页。

②〔日〕大塚伴鹿：《墨子研究》，东京森北书店年版 1943 年版，第 145 页。

③〔韩〕李承焕：《儒家思想的社会哲学的再照明》，汉城高丽大学校出版部 1998 年版，第 107 页。

④张永义：《墨子与中国文化》，贵州人民出版社 2001 年版，第 55 页。

⑤〔韩〕申东浩：《墨家十论的体系》，载《哲学研究》第 20 辑，韩国哲学研究会 1975 年版，第 133 页。

⑥〔韩〕朴文铉：《墨家之兼爱和非攻的和平论》，载《统一战略》第 7 卷 3 号，韩国统一战略学会 2007 年版，第 273～274 页。

⑦〔韩〕李承焕：《儒家思想的社会哲学的再照明》，汉城高丽大学校出版部 1998 年版，第 107 页。

⑧〔韩〕申东浩：《墨家十论的体系》，载《哲学研究》第 20 辑，韩国哲学研究会 1975 年版，第 148 页。

⑨《墨子·明鬼下》："子墨子曰：是与天下之所以察知有与无之道者，必以众之耳目之实知有与亡为仪者也，请惑闻之见之，则必以为有，莫闻莫见，则必以为无……"

⑩《墨子·非命上》："何谓三表？子墨子言曰：有本之者，有原之者，有用之者。于何本之？上本之于古者圣王之事。于何原之？下原察百姓耳目之实。于何用之？废以为刑政，观其中国家百姓人民之利。此所谓言有三表也。"

⑪北京大学哲学系中国哲学研究室编：《中国哲学史》，北京大学出版社 2001 年版，第 50 页。此书阐述了儒家哲学的经验主义特征，又指出了墨家的没能摆脱天命中心的理论框架以及具体肯定君权神授论的局限性。

⑫侯外庐主编：《中国思想史纲》，中国青年出版社 1991 年版，第 50 页。

⑬王赞源：《墨子》，台北东大图书公司 1996 年版，第 85 页。

墨子的理想社会论

闵弘锡

一、序言

春秋战国时代在中国历史上是一个混乱不堪的时期，众多被称为“诸子百家”的思想家及学派在此期间脱颖而出，他们通过所谓“百家争鸣”的思想论争，阐述了自己对当时社会混乱原因的看法，提出了自己的解决方法，同时还描述了所追求的理想社会形态。墨家、儒家、道家、法家等诸子百家的争论与对立造成各学派对社会混乱的原因、解决方法与所追求的理想社会，产生了不同看法。其中，墨子作为墨家学派的创始人，他目睹了春秋战国时期混乱不堪的社会现状，提出了导致社会混乱的原因及解决方法，并努力建造理想的社会形态，从而创立了墨家学派。

众所周知，墨学在中国历史上曾风靡一时，但汉武帝时期将儒学作为统一政策的思想根基，推行“罢黜百家，独尊儒术”政策，最终导致与儒家学说强烈对立的墨家在战国末期走上了没落的道路。汉武帝之后的两千多年间，儒学思想一直被作为统治意识形态，致使墨家思想的痕迹逐渐消失，墨家的悲剧导致墨家思想被人曲解，孟子在《孟子・尽心上》中将墨家思想称为“兼爱”，他说“墨子兼爱，摩顶放踵，利天下，为之”，并在《孟子·滕文公下》中批评道：“墨氏，兼爱，是无父也，无父无君，是禽兽也。”此后，墨家思想的核心便广传为是“兼爱”与“兼爱交利”。然而这仅是孟子对墨子思想的片面性批评，墨子的思想不应是“兼爱”，而应是“天志”，即在人间实现上天的意志，墨子所追求的理想世界天之国，也就是人间天国，墨子将此世界称之为“天下无人”的“安生生”社会。本文将分析墨子对当时社会混乱原因的看法以及他所提出的解决方法，并将阐述墨子所追求的真正价值与实现此价值的理想社会形态，旨在揭示墨子始终追求天志，认为切实信奉天志便可实现理想社会，即天下无人的安生生社会。

二、人与社会的堕落

春秋战国五百年诸侯争霸，群雄割据，战争剥削让百姓忍饥挨饿，流离失所。为争夺农奴土地，为抢占天下王权，整个国家生灵涂炭，战火不绝，导致经济衰退，社会混乱，民不聊生。

这一结果的出现归咎于统治者的无能与贪欲，墨子曾警告说错误的统治会带来灾殃，他将当时百姓的悲惨生活喻为国家的七大忧患，他说：

> 子墨子曰：“国有七患。七患者何？城郭沟池不可守，而治宫室，一患也。边国至境四邻莫救，二患也。先尽民力无用之功，赏赐无能之人，民力尽于无用，财宝虚于待客，三患也。仕者持禄，游者爱佼，君脩法讨臣，臣慑而不敢拂，四患也。君自以为圣智而不问事，自以为安强而无守备，四邻谋之不知戒，五患也。所信者不忠，所忠者不信，六患也。

畜种菽粟不足以食之，大臣不足以事之，赏赐不能喜，诛罚不能威，七患也。以七患居国，必无社稷，以七患守城，敌至国倾。七患之所当，国必有殃。”（《墨子·七患》）

这就是墨子认为引发国家灾殃的七大忧患，无疑反映了造成当时人与社会堕落的原因。由此，我们可以将墨子所目睹社会的堕落局面总结如下：当时的君主明知城郭无法抵御外敌入侵，却不惜斥巨资装点豪华奢侈的宫殿，无视百姓的痛苦与悲伤，只顾自我的安逸与享受。这导致战争连年频发，无法抵御他国侵略，给百姓带来了巨大的痛苦。此外，墨子还指出百姓的劳动力耗尽于无用之地，国家的赏赐给予无能之人，钱财也浪费于招宾待客之处。有识之士好成帮结派，王君立法讨伐臣将，令臣将畏君不敢进谏，致使君王自以为聪慧过人，有事不问臣将。当时就是这样一个君与臣之间无法沟通的时代，君王信任的人不效忠君王，然而效忠君王的人却又无法获取君王的信任。国家如此，民生更是惨不可言，家畜与粮食无法满足百姓的生活，臣将更是治国不足，整个国家上下意见不合，赏赐未必会让人高兴，惩罚也未必能让人畏惧。

国家与社会的混乱堕落让百姓陷入痛苦的泥淖。墨子将当时社会与百姓的生活描述如下：

强必执弱，富必侮贫，贵必敖贱，诈必欺愚。（《墨子·兼爱中》）

民有三患，饥者不得食，寒者不得衣，劳者不得息，三者民之巨患也。（《墨子·非乐上》）

也就是说，强者压迫弱者，富者歧视贫者，贵者鄙视贱者，奸诈者欺骗愚笨者，全天下的祸端均来自于篡夺与怨恨，百姓忍饥挨饿，无衣避寒，还得日夜不息地劳动。

《墨子》一书中处处谈及当时社会混乱与堕落造成百姓痛苦生活的原因。墨子认为在当时的社会里人与人之间缺乏相互关爱（兼爱），他说：

> 圣人以治天下为事者也，不可不察乱之所自起。当察乱何自起？起不相爱。臣子之不孝君父，所谓乱也。子自爱不爱父，故亏父而自利；弟自爱不爱兄，故亏兄而自利；臣自爱不爱君，故亏君而自利，此所谓乱也。虽父之不慈子，兄之不慈弟，君之不慈臣，此亦天下之所谓乱也。父自爱也不爱子，故亏子而自利；兄自爱也不爱弟，故亏弟而自利；君自爱也不爱臣，故亏臣而自利，是何也？皆起不相爱。虽至天下之为盗贼者亦然，盗爱其室不爱其异室，故窃异室以利其室；贼爱其身不爱人，故贼人以利其身，此何也？皆起不相爱。虽至大夫之相乱家，诸侯之相攻国者亦然。大夫各爱其家，不爱异家，故乱异家以利其家；诸侯各爱其国，不爱异国，故攻异国以利其国，天下之乱物，具此而已矣。察此何自起？皆起不相爱。（《墨子·兼爱上》）

换言之，墨子认为国家战乱与社会秩序混乱的根本原因是诸侯、大夫、个人、君臣、父子、兄弟之间缺乏相互兼爱。

墨子还主张社会的混乱的另一个原因是因为天下之义无法统一（尚同）。

> 子墨子曰："方今之时，复古之民始生，未有正长之时，盖其语曰天下之人异义。是以一人一义，十人十义，百人百义，其人数兹众，其所谓义者亦兹众。是以人是其义，而非人之义，故相交非也。内之父子兄弟作怨仇，皆有离散之心，

不能相和合。至乎舍余力不以相劳，隐匿良道，不以相教，腐死余财，不以相分，天下之乱也，至如禽兽然，无君臣上下长幼之节,父子兄弟之礼,是以天下乱焉。明乎民之无正长，以一同天下之义,而天下乱也……”(《墨子·尚同中》)

墨子指出个人的价值标准有所不同，大家都认为自己的想法是正确的，他人的想法是错误的，因此相互攻击，在家中父子兄弟相目成仇，就算生活在同一个屋檐下，也各有所想，难以融合；在社会中，即便有余力，也不去帮助别人，知道正确的方向，也挡着不告诉别人，有用不完的钱财，也不愿与他人分享，这与禽兽毫无差别，整个社会陷入君臣长幼毫无礼节、父母兄弟更不堪言的混乱局面。

墨子还主张社会混乱的另一个原因是因为统治者没有重用贤明有能的人才（尚贤)，墨子对此表示：

子墨子言曰：“今者王公大人，为政于国家者，皆欲国家之富，人民之众，刑政之治，然而不得富而得贫，不得众而得寡，不得治而得乱，则是本失其所欲，得其所恶，是其故何也?”子墨子言曰：“是在王公大人，为政于国家者，不能以尚贤事能为政也。是故国有贤良之士众，则国家之治厚；贤良之士寡，则国家之治薄。故大人之务，将在于众贤而已。”(《墨子·尚贤上》)

即，当时统治者虽努力治国，关注民生，善治行政，但是国家非但没有富强，反而陷入混乱的僵局，这是因为国家行政未能重用贤明有能之士。墨子还提出统治者未能重用贤能之士所造成的后果，他说：

若苟贤者不至乎王公大人之侧，则此不肖者在左右也。

不肖者在左右，则其所誉不当贤，而所罚不当暴，王公大人尊此以为政乎国家，则赏亦必不当贤，而罚亦必不当暴。若苟赏不当贤而罚不当暴，则是为贤者不劝而为暴者不沮矣。是以入则不慈孝父母，出则不长弟乡里，居处无节，出入无度，男女无别。使治官府则盗窃，守城则倍畔，君有难则不死，出亡则不从，使断狱则不中，分财则不均，与谋事不得，举事不成，入守不固，出诛不强。(《墨子·尚贤中》)

墨子指出，若统治者不能重用贤能之士，那么不肖者将掌理国政，这就会造成善待贤者、惩罚乱党的法制出现混乱，以至于无法赏赐贤者，无法惩罚乱党，最终无论是家庭，还是社会伦理，将出现没有慈爱孝道，没有尊老爱幼，居处无节，出入无度，无法分辨男女的乱局。国家政治也将出现官吏偷窃课税，不守城池，君主不誓死治国，狱事判决不公等问题。整个天下伦理将会丧失，不义之事将会纵横驰骋。

国家、社会、家庭的混乱与堕落的残局让百姓处于水深火热的痛苦之中，他们由此慢慢地陷入“命运论”的困局，失去摆脱现实生活的意志，这种命运论或者宿命论也是造成社会混乱与堕落的原因之一。《墨子·公孟中》中说：“又以命为有，贫富寿夭，治乱安危有极矣，不可损益也。为上者行之，必不听治矣，为下者行之，必不从事矣，此足以丧天下。”也就是说，宿命论，即认为贫富寿夭与治乱安危是上天注定无法凭人力量改变的想法，最终导致为政者肆意滥用职权，疏忽国事，令天下陷入混乱不堪的局面。

墨子还始终强调命运论带来的后果，他说：

执有命者之言曰：“上之所赏，命固且赏，非贤故赏也；

上之所罚，命固且罚，不暴故罚也。”是故入则不慈孝于亲戚，出则不弟长于乡里，坐处不度，出入无节，男女无辨。是故治官府则盗窃，守城则崩叛，君有难则不死，出亡则不送。此上之所罚，百姓之所非毁也。(《墨子·非命上》)

执有命者言曰：“上之所罚，命固且罚，不暴故罚也；上之所赏，命固且赏，非贤故赏也。”以此为君则不义，为臣则不忠，为父则不慈，为子则不孝，为兄则不良，为弟则不弟，而强执此者，此特凶言之所自生，而暴人之道也。(《墨子·非命上》)

墨子将国家、社会及家庭陷入混乱与堕落的原因总结为：没有互相关爱（兼爱)、没有统一天下之义（尚同)、没有重用天下贤才（尚贤)、百姓因饱受混乱与堕落之苦而失去了打破困局的意志（非命)，最终陷入了命运论。

那么，百姓能否摆脱这种混乱与堕落的局面呢？墨子在人的本性中寻找其可能性，他提出了“所染论”，认为人的行动、道理及品行是受影响而形成的，他说：

染于苍则苍，染于黄则黄。所入者变，其色亦变，五入必而已则为五色矣。故染不可不重也。非独染丝然也，国亦有染。舜染于许由、伯阳，禹染于皋陶、伯益，汤染于伊尹、仲虺，武王染于太公、周公。此四王者，所染当，故王天下，立为天子，功名蔽天地，举天下之仁义显人，必称此四王者。夏桀染于干辛、推哆，殷纣染于崇侯、恶来，厉王染于厉公长父、荣夷终，幽王染于傅公夷、蔡公谷。此四王者，所染不当，故国残身死，为天下僇，举天下不义辱人，必称此四王者。(《墨子·所染》)

也就是说，丝线被蓝色染料染后会变为蓝色，被黄色染料染后则会变为黄色，国家也同样会被“染色”，受贤才良士影响的君主能成为圣君，受不义辱人影响的君主则会成为暴君。因此，无论是国家社稷，还是君臣百姓，所受影响的不同将决定是否会出现治乱安危。

三、法天

那么，国家社会与人应当效仿何物呢？如上所述，只有效仿兼爱、尚同、尚贤以及非命的人与社会，才能摆脱混乱与痛苦，但是当时社会极度堕落，已经无法摆脱邪恶之物的影响，因此人效仿人就会有一定的局限性，墨子说：

> 天下从事者，不可以无法仪，无法仪而其事能成者无有也。……然则奚以为治法而可？当皆法其父母奚若？天下之为父母者众，而仁者寡，若皆法其父母，此法不仁也。法不仁不可以为法。当皆法其学奚若？天下之为学者众，而仁者寡，若皆法其学，此法不仁也。法不仁不可以为法。当皆法其君奚若？天下之为君者众，而仁者寡，若皆法其君，此法不仁也。法不仁不可以为法。故父母、学、君三者，莫可以为治法。然则奚以为治法而可？故曰莫若法天。（《墨子·法仪》）

墨子认为应当效仿者既不是父母，也不是师者，因为他们都不诚实，墨子主张将天作为法度，他认为仅凭人的力量无法克服社会的混乱与堕落，无法建立兼爱、尚同、尚贤与非命的社会，所以唯一的方法就是效仿天志。无论是兼爱与尚同，还是尚贤与非命，都来源于天志。墨子对兼爱与天志描述如下：

天必欲人之相爱相利，而不欲人之相恶相贼也。奚以知天必欲人之相爱相利，而不欲人之相恶相贼也？以其兼而爱之，兼而利之也。奚以知天兼而爱之，兼而利之也？以其兼而有之、兼而食之也。(《墨子·法仪》)

就是说，若效仿天志，那么人便会相互关爱，互相帮助。用天之眼来看，无论是强者，还是弱者，无论是肮脏之徒，还是清高之士，都是一样的人。

墨子将尚同与天志的关系解释如下：

且夫义者政也，无从下之政上，必从上之政下。是故庶人竭力从事，未得次己而为政，有士政之；士竭力从事，未得次己而为政，有将军大夫政之；将军大夫竭力从事，未得次己而为政，有三公诸侯政之；三公诸侯竭力听治，未得次己而为政，有天子政之；天子未得次己而为政，有天政之。(《墨子·天志上》)

就是说，下人顺从上人，百姓顺从官吏，官吏顺从将军与大夫，将军与大夫顺从三公与诸侯，三公与诸侯顺从天子，天子则顺从天志，这恰好与墨子的尚同世界一脉相承。换而言之，尚同的最终目的就是顺从天志，尚同则以天为本。

此外，墨子将尚贤与天志的关系解释如下：

是故子墨子之有天之，辟人无以异乎轮人之有规，匠人之有矩也。今夫轮人操其规，将以量度天下之圜与不圜也。曰：中吾规者谓之圜，不中吾规者谓之不圜。是以圜与不圜，皆可得而知也。此其故何？则圜法明也。匠人亦操其矩，将以量度天下之方与不方也。曰：中吾矩者谓之方，不中吾矩者谓之不方。是以方与不方，皆可得而知之。此其故何？则方法明也。故子墨子之有天之意也，上将以度天下之王公大人为刑政也，下将以量天下之万民为文学出言谈也。观其行，顺天之意，谓之善意行，反天之意，谓之不善意行。观其言谈，顺天之意，谓之善言谈，反天之意，谓之不善言谈，观其刑政，顺天之意，谓之善刑政，反天之意，谓之不善刑政。故置此以为法，立此以为仪，将以量度天下之王公大人、卿大夫之仁与不仁，譬之犹分黑白也。是故子墨子曰："今天下之王公大人士君子，中实将欲遵道利民，本察仁义之本，天之意不可不顺也，顺天之意者，义之法也。"(《墨子·天志中》)

即，顺从天志是善德之行，逆反天志则是错误之举。行政时，顺从天志是善行，反之则是不善之举。因此是否顺从天志应当作为评价官吏是否诚实的标准。由此可见，墨子将"尚贤论"的根基放置于天。

墨子将"非命论"的根据也同样放置于天，他提出"三表法"，否认命运的存在，墨子说：

执有命者不仁，故当执有命者之言，不可不明辨。然则明辨此之说将奈何哉？子墨子言曰："必立仪。言而毋仪，譬犹运钧之上而立朝夕者也，是非利害之辨，不可得而明知也。故言必有三表。"何谓三表？子墨子言曰："有本之者，有原之者，有用之者。"于何本之？上本之于古者圣王之事。于何原之？下原察百姓耳目之实。于何用之？废以为刑政，观其中国家百姓人民之利。此所谓言有三表也。(《墨子·非命上》)

也就是说，要判定命运论的有无与是非，必须制定一套标准，为此墨子提出了三条标准，即"本之者"、"原之者"、"用之者"。

第一标准“本”，是指以顺从天志圣王的历史经验为本；第二标准“原”，是指顺从判定主体，即人民的耳目；第三标准“用”，是指顺从实际对百姓有利之事。

“三表论”的第一条“本”就是要以圣王的历史经验为本，因为圣王就是一种依据上天法度统治臣民的存在，对此，墨子陈述如下：

> 莫若法天。天之行广而无私，其施厚而不德，其明久而不衰，故圣王法之。既以天为法，动作有为必度于天，天之所欲则为之，天所不欲则止。(《墨子·法仪》)

世间没有比顺应法度更好的方法，圣王将天志作为法度，上天欲行，则为之，上天不欲，则禁止不为，圣王切实顺从天志，没有任何私心，施德而不傲，长久而不衰，顺从天志。由此看来，桀纣是违反天志的君主，汤武则是履行天志的君主，而且这个世上根本没有命运的存在，国家、社会、人的治乱安危取决于顺从天志的程度，而并不是已经注定好的命运，墨子将反驳命运存在的“三表论”的根据也置于天志。

由此可见，天是兼爱、尚同、尚贤、非命的根本，是决定世间一切的标准，摆脱世间混乱与无秩序痛苦的方法就是顺从天志，若能顺从天志，便可实现理想社会。

四、“天下无人”的“安生生”社会

顺从天志实现兼爱、尚同、尚贤、非命的社会是怎么的形态呢？墨子认为没有注定的来世天国与极乐世界，只有在现实世界里实现上天的意志，换而言之就是要建设人间天国，墨子将这样的社会称为“安生生”社会(《墨子·尚贤下》)。所谓“安生生”

是指天下世人皆兄弟，即“天下无人”（《墨子·大取》）共同体社会，对此，墨子说：

> 曰：今也天下之士君子，皆欲富贵而恶贫贱。曰：然。女何为而得富贵而辟贫贱？莫若为贤。为贤之道将奈何？曰：有力者疾以助人，有财者勉以分人，有道者劝以教人。若此则饥者得食，寒者得衣，乱者得治。若饥则得食，寒则得衣，乱则得治，此安生生。（《墨子·尚贤下》）

“安生生”社会应是若有力气，则应勤于帮助百姓，若有钱财，则应与百姓分享，若有道理，则应善于教人，饥饿者应有饭可吃，无衣者应有衣可穿，疲困者应可休息，应可控制混乱的社会。换而言之，所有的人都是贤明有能的人才，大家可以共同远离贫贱，享受富贵，这是一种能够让全天下生命得以安生的社会。

墨子所追求的“安生生”社会就是在人间实现上天的意志，为实现上天的意志，就必须要顺从上天的意志，墨子说：

> 故唯毋明乎顺天之意，奉而光施之天下，则刑政治，万民和，国家富，财用足，百姓皆得暖衣饱食，便宁无忧。（《墨子·天志中》）

顺应天志善行治国，建造国泰民安，百姓有衣可穿，有饭可吃，没有担忧与负担，世间万物安逸祥和的社会，也就是“安生生”社会。天的意志就是兼爱、尚同、尚贤与非命，要想实现“安生生”社会，就必须要实现天志，即兼爱、尚同、尚贤与非命的价值。

首先，墨子将实现“兼爱”的社会描述如下：

> 视人之国，若视其国，视人之家，若视其家，视人之身，若视其身。是故诸侯相爱则不野战，家主相爱则不相篡，人

与人相爱则不相贼，君臣相爱则惠忠，父子相爱则慈孝，兄弟相爱则和调，天下之人皆相爱，强不执弱，众不劫寡，富不侮贫，贵不敖贱，诈不欺愚。凡天下祸篡怨恨，可使毋起者，以相爱生也。(《墨子·兼爱中》)

若能顺从天志，实现兼爱，那么社会将没有战争爆发，没有你争我抢，不会相互攻击，君臣则会相爱惠忠，父子相爱慈孝，兄弟相爱和谐，强者不会压迫弱者，多数不会劫持少数，富者不会轻视贫者，奸诈者也不会欺骗愚者，在兼爱的社会里人人相爱，互相帮助，取长补短。对此，墨子还表示：

有力者疾以助人，有财者勉以分人，有道者劝以教人。若此则饥者得食，寒者得衣，乱者得治。(《墨子·尚贤下》)

有力相营，有道相教，有财相分也。(《墨子·天志中》)

也就是说，实现全天下没有外人、大家互相帮助、和谐安生的“安生生”社会。

“安生生”社会是一个尚同的社会，墨子认为要实现“安生生”社会，统治需要具有秩序，如果不能实现尚同，那么天下则会大乱。《墨子·尚同中》说：“无君臣上下长幼之节，父子兄弟之礼，是以天下乱焉。”他认为唯有实现尚同，才能够建设“安生生”社会，墨子将实现尚同的理想社会描述如下：

里长者，里之仁人也。里长发政里之百姓，言曰：“闻善而不善，必以告其乡长。乡长之所是，必皆是之，乡长之所非，必皆非之。去若不善言，学乡长之善言，去若不善行，学乡长之善行。则乡何说以乱哉。”察乡之所治者何也？乡长唯能壹同乡之义，是以乡治也。

乡长者，乡之仁人也。乡长发政乡之百姓……国君者，国之仁人也。国君发政国之百姓……天下之百姓皆上同于天子，而不上同于天，则菑犹未去也。今若天飘风苦雨，溱溱而至者，此天之所以罚百姓之不上同于天者也。(《墨子·尚同上》)

无论是里长、乡长，还是国君，只要是国家社会的阶层都能够和谐同生，维持秩序，保持和平，这就是尚同社会。天子作为国家的最高统治者，能够符合天意，推行顺从天志的政治，这就是尚同社会。

“安生生”社会还是一个尚贤的社会，尚贤的社会崇尚贤才，依靠有能力的人推行政治，这以上天的法度为本，因为上天提拔赏识贤才，疏远抑压无用之人。《墨子·尚贤中》中说：“古圣王以审以尚贤使能为政，而取法于天。虽天亦不辩贫富、贵贱、远迩、亲疏，贤者举而尚之，不肖者抑而废之。”他还对尚贤的理想社会描述道：

贤者之治国也，蚤朝晏退，听狱治政，是以国家治而刑法正。贤者之长官也，夜寝夙兴，收敛关市、山林、泽梁之利，以实官府，是以官府实而财不散。贤者之治邑也，蚤出莫入，耕稼、树艺、聚菽粟，是以菽粟多而民足乎食。故国家治则刑法正，官府实则万民富。……贤人唯毋得明君而事之，竭四肢之力以任君之事，终身不倦。(《墨子·尚贤中》)

墨子认为若能以上天的法度为根本，实现尚贤的社会，那么无论是统治者，还是大小官吏都不会偷懒，万事都会很勤勉，这样国家的刑法则会正直，国库粮食才会充裕，百姓才能过上富裕的生活。

兼爱、尚同、尚贤的社会是非命的社会，若不实现否定命运存在的非命，那么将无法实现兼爱、尚同、尚贤。如果百姓相信“命运论”的存在，那么将会没有怨言地接受统治者的任何蛮行，不会为自己的生活付出努力，由此对上天的信任也会逐渐淡化，渐渐地远离兼爱、尚同、尚贤的社会。所以，墨子认为命运是暴君编造出来，用以抚慰走投无路者的作为，并不是诚实者的作为，他在《墨子·非命下》中表示：“命者，暴王所作，穷人所术，非仁者之言也。”又在《墨子·非命上》中说：“今用执有命者之言，是覆天下之义。”表示命运论是覆盖上天之义的作为，这是因为上天要求人们付出努力建设兼爱、尚同、尚贤的社会。

墨子否定命运的存在，认为决定人与社会一切的应当是“力”，即人与社会的一切由“力行”而定，“力”是指以人能力为基础的努力，“力行”是指人们勤勉的努力，墨子说：

> 今也王公大人之所以蚤朝晏退，听狱治政，终朝均分，而不敢怠倦者，何也？曰：彼以为强必治，不强必乱，强必宁，不强必危，故不敢怠倦。今也卿大夫之所以竭股肱之力，殚其思虑之知，内治官府，外敛关市、山林、泽梁之利，以实官府，而不敢怠倦者，何也？曰：彼以为强必赏，不强必贱，强必荣，不强必辱，故不敢怠倦。今也农夫之所以蚤出暮入，强乎耕稼树艺，多聚菽粟，而不敢怠倦者，何也？曰：彼以为强必富，不强必贫；强必饱，不强必饥，故不敢怠倦。今也妇人之所以夙兴夜寐，强乎纺绩织纴，多治麻统葛绪细布縿，而不敢怠倦者，何也？曰：彼以为强必富，不强必贫；强必暖，不强必寒，故不敢怠倦。（《墨子·非命下》）

非命的社会是官吏、农夫、富者不敢倦怠，勤勉努力，所有百姓都能富裕生活的社会，这正好与兼爱、尚同、尚贤的社会别无二致。

因此，我们可以说墨子所追求的理想社会就是顺从天志，实现兼爱、尚同、尚贤、非命价值的“天下无人”的“安生生”社会。

五、结论

墨子所在的春秋战国时代是中国历史上最为混乱的时期，是一个生灵涂炭、民不聊生的年代。墨子将此混乱的原因归咎为人与人之间不能相互爱戴（兼爱），未能统一上天的意志（尚同），未能崇尚贤明有能之士（尚贤），广大百姓处于水深火热的生活之中，逐渐失去了摆脱困窘生活的意志（非命）。

墨子认为社会的治乱安危取决于效仿顺从的内容，所以摆脱社会堕落的根本方法便是顺从天志，因为兼爱、尚同、尚贤、非命都以天志为本。一言以蔽之，天乃兼爱、尚同、尚贤、非命之本，若能顺从天志，则可实现兼爱、尚同、尚贤、非命的理想社会。

墨子将这样的理想社会称为“天下无人的安生生社会”，兼爱、尚同、尚贤、非命的社会是一种世上没有他人，能够尊重天下所有生命的社会，这就是顺从天志的社会，是在人间实现上天意志的社会。

倘若没有牺牲，那么就无法建造这样的理想社会，因此没有强烈的宗教信仰，则是难以推行实现的。墨子为实现自己追求的理想社会，付出了无与伦比的努力，就连批评者也说：“摩顶放踵，利天下为之”（《孟子·尽心上》），“将求之不得也，虽枯槁不舍也”(《庄子·天下》)，可见墨子是为了天下之人而努力，这是一种强烈的宗教热情，是一种希望实现天志的热情。

墨子“节用”思想的现代思考

魏尊宇

墨子的经济思想产生于两千多年前的自然经济的小生产时代，但对于今天市场经济的大生产时代的经济理论仍有重大的启示作用。在经济理论上，墨子所处的时代不同于现代，他的结论与今人不同是理所当然的，但基质与原则是相同的，这正是今天我们借鉴的地方及研究的意义之所在。

一、高度重视社会生产

墨子认为，动物是依靠本能生存，“因其羽毛以为衣裘，因其蹄蚤以为绔屦，因其水草以为饮食”。雄不耕嫁树艺，雌不纺绩织纴，而“衣食之财固已具”。人类则是“赖其力者生，不赖其力者不生”。(《墨子·非乐上》)从这种观念出发，墨子高度重视社会生产，他把经济状况的好坏、物质财富的丰匮，看做天下治乱的前提。墨子说:“贤者之治国也，蚤朝晏退，听狱治政，是以国家治而刑法正。贤者之长官也，夜寝夙兴，收敛关市、山林、泽梁之利以实官府，是以官府实而财不散。贤者之治邑也，蚤出莫入，耕稼树艺、聚菽粟，是以菽粟多而民足乎食。故国家治则刑法正，官府实则万民富。上有以洁为酒醴粢盛以祭祀天、鬼，外有以为皮币，与四邻诸侯交接；内以食饥息劳，将养其万民，外有以怀天下之贤人。是故上者天、鬼富之，外者诸侯与之，内者万民亲之，贤人归之。以此谋事则得，举事则成，入守则固，出诛则强。故唯昔者三代圣王尧舜禹汤文武之所以王天下、正诸侯者，此亦其法已。"（《墨子·尚贤中》）诚哉！斯言。

中国是世界上最早进入农业时代，也是最发达的农业文化国度，中国古代的思想家、政治家大都重视农业生产，以农为本的思想是一种普遍的观念。墨子也最重视农业生产，他认为"菽粟不足以食之"（《墨子·七患》）是导致亡国的七种祸患之一。他还说："民有三患：饥者不得食，寒者不得衣，劳者不得息。三者民之巨患也。"（《墨子·非乐上》）"凡五谷者，民之所仰也，君之所以为养也。故民无仰，则君无养；民无食，则不可事。故食不可不务也，地不可不力也"（《墨子·七患》）。衣食是人们生活的最基本需求，民无衣无食，自身生存已不可能，更无以供养以"君"为代表的统治阶级，那么其他的任何事业也就都不可能从事。所以农业生产是最重要的，是必须努力抓好的。

如何抓好农业生产、发展经济实力呢？墨子说："财不足则反之时，食不足则反之用。故先民以时生财，固本而用财，则财足。故虽上世之圣王，岂能使五谷常收而旱水不至哉？然而无冻饿之民者，何也？其力时急而自养俭也。"（《墨子·七患》）一方面要不误农时，搞好生产，创造财富。把农业这个"本"（经济之本）搞好了，财富自然会充足。但农业生产受自然条件的影响，难免有水旱之灾。仅仅注意抓好生产仍是不够的，还应考虑到防备灾患，所以统治者应注意向上古圣王学习，提倡节俭，反对奢侈，这样才能保证财富不匮乏，即使遭遇自然灾害，也能使人民免于冻饿，除了正常消费，

还应注意储备。墨子说："食者，圣人之所宝也。"（《墨子·七患》）

除了注意强调农业生产外，墨子还十分重视人口问题，这无疑是经济发展的一个重要问题。墨子的时代地广人稀，有许多荒地没有开垦。而连年的战争还使人口锐减，使劳动力严重不足。所以墨子反对战争的一个重要理由就是认为攻伐是"杀所不足，争所有余"（《墨子·非攻中》）。这确是春秋战国时代分裂状态下的争霸战争的一个消极方面，墨子"非攻"因而有其可贵的思想内容。墨子一方面反对杀戮人口的战争，同时强调人口增加也是经济发展的重要前提，他经常把"人民之众"同"国家之富"、"刑政之治"并提，作为国家强大的一个标志（《墨子·尚贤上》、《墨子·节葬下》、《墨子·非命上》）。这是因为人少就不能扩大垦荒种植，不能创造更多的财富。因此，墨子主张物质财富的生产和人口即劳动力的生产，应该同时并举。这是由当时社会的具体情况决定的，与我们今天把发展经济与计划生育相联系，背景不同，但注意经济发展中人口因素的重要意义，其思想逻辑却是相通的。

在国民经济各部门劳动力的分配上，墨子主张应该有足够的劳动力来从事农业生产。他说："为者疾，食者寡，则岁无凶。为者缓，食者众，则岁无丰。"（《墨子·七患》）"一人耕而九人处，则耕者不可以不益急矣。何故？则食者众而耕者寡也。"（《墨子·贵义》）从事农业生产的人多，吃饭消费的人少，等于增加了社会财富。反之，则等于社会财富的减少。一人从事耕种，供给九个人吃饭消费，耕者将力不胜任，大家只有都忍饥挨饿。

墨子的"强力生产观"表明他抓住了社会的基本问题：发展是硬道理。墨子反复强调"强从事"，"不强从事则财用不足"，"民有三患：饥者不得食，寒者不得衣，劳者不得息。三者，民之巨患也"

(《墨子·非乐上》)。这就是说，生产不发展，必然有民患国忧，只有发展了，才能解决其他问题，实现国泰民安。他说“是以菽粟多而民足乎食”，“官府实则万民富”，“以此谋事则得，举事则成，入守则固，出诛则强”(《墨子·尚贤中》)。落后必然挨打，这是近代中国百余年的血的教训。只有自身发展了，综合国力提高了，才有话语权、自决权，才能独立自主而不受制于人。

二、力倡“节用”

墨子认为，当时各国在经济上“不得富而得贫，不得众而得寡”的根本原因，一方面是由于掠夺战争，因为战争对生产和人口必然造成严重破坏和消耗；另一方面，社会不平等，贵族王公大人为了过奢侈生活而进行的剥削也是重要原因。所以墨子既反对掠夺战争，又抨击奢侈浪费。他斥责当今之王，“暴夺民衣食之财”，住极其富丽堂皇的屋宇，穿极其华丽的服装，餐桌上摆列的美食之多是“前方丈，目不能遍视”。其结果是“富者奢侈，孤寡者冻馁”。(《墨子·辞过》)墨子指出，这不仅浪费了大量财物，而且也是“寡人之道”。即必然使人口减少的消极行径。因为“其使民劳，其籍敛厚，民财不足，冻饿死者，不可胜数也”(《墨子·节用上》)。

为了反对贵族的奢侈浪费，墨子提出了“节用”主张。即“凡足以奉给民用，则止。诸加费不加于民利者，圣王弗为”(《墨子·节用中》)。这就是说，“民利”是用财的标准。除此之外，墨子还反对“厚葬”、“久丧”。他指出“厚葬”的结果是“多埋赋财”，“久丧”的结果是“久禁从事”。“财已成者，挟而埋之，后得生者，而久禁之。以此求富，此譬犹禁耕而求获也。”(《墨子·节葬下》)已经创造出的财富白白地埋掉，后生劳力长久服丧而耽误劳动，这怎么能使活着的人获得利益呢？因此，墨子提出了“节葬”主张。墨子的“节葬”主张是有鲜明的针对性的，他说：“今王公大人之为葬埋”，异于“圣王”之法，是“辍民之事，靡民之财，不可胜计”（《墨子·节葬下》）。更有甚者，是杀殉以葬，“众者数百”，“寡数人”（《墨子·节葬下》），这更是非人道的罪恶行为。在这样的时代背景下，墨子的“节葬”思想显然是进步的。

此外，墨子还提出了“非乐”的思想主张。非乐，即反对从事音乐活动。墨子的“非乐”论历来受到普遍的否定，但笔者认为，墨子并不是一味反对音乐娱乐，他是针对当时贵族腐朽生活而发，这与他的“节用”思想是密切相联系的，是他反对贵族奢侈浪费的一个具体方面。从这一角度来看，墨子“非乐”，仍有积极的思想内容。

墨子的节用是针对当时老百姓连基本生活都满足不了的情况提出的，作为处于生产力低下时代的思想家，墨子的“节用”思想，在当时有积极意义。今天，生产力低下、生产能力不足的情况虽然一去不复返了，但资源的匮乏、环境承受能力的有限性等情况又悄然而至，水荒、煤荒、电荒、油荒、乃至新鲜空气荒，不已摆在我们面前，向我们敲警钟了吗？所以在今天，一方面要鼓励消费、激活消费，提高消费率，促进经济发展，另一方面，又要注意节约使用能源、资源，确保可持续发展。

综上所述，可以看出，墨子是一位极关注人民利益的思想家。他的经济发展观是以“民利”为准则的，他因此反对掠夺战争，反对社会不平等，反对贵族统治者的奢侈浪费。他的这些思想认识，即使是在今天，也仍然有值得借鉴的积极方面。

关于墨子治国安邦思想的思考

任水霞

墨子所生活的时代正值社会大变革时期。由诸侯国国君发动的频繁而残酷的兼并战争给社会和民众生活造成了惨烈的灾难。社会分配不公，人无诚信，社会动荡，民不聊生，各种矛盾尖锐。为救世济民，各派思想家都在积极探寻救世良策，墨家学派的创始人墨子，提出了一套治国安邦的方略。今天，我们研究墨子学说，发掘“墨子之所长，虽百家弗能废”[①]的治国思想，对于构建和谐社会，发展社会经济，增强国防实力，推动世界和平与发展，都具有现实意义。本人试从政治、经济、军事等方面对墨子治国安邦思想考论如下，就教于各方家、学者。

一、“兼相爱、交相利”，构建和谐社会

墨子是救世济民为己任的政治实践家，“兼爱”是其思想体系的核心。面对当时社会混乱的情况，墨子认为其根源在于人们不相爱，人们不相爱的根源，在于社会的不平等。“察乱何自起？起不相爱”[②]。墨子认为，要治乱，就必须推行“兼爱”思想，如此，天下之人才能做到爱人如己，彼此之间才能不存在任何血缘和等级差别的观念。

那如何才能实现“兼爱”呢？墨子主张“视人之国若视其国”，能如此，则“诸侯相爱则不野战，家主相爱则不相篡，人与人相爱则不相贼，君臣相爱则惠忠，父子相爱则慈孝，兄弟相爱则和调，天下之人皆相爱，强不执弱，众不劫寡，富不侮贫，贵不敖贱，诈不欺愚”[③]，天下一切祸乱怨恨便会烟消云散，社会便会步入和谐顺畅的发展阶段。

历史发展到今天，解决社会稳步发展的问题，仍是当代面临的重大课题之一。党的十六大提出了构建和谐社会主义社会的发展目标。对于什么是和谐社会，胡锦涛总书记在他的讲话中提出了六条标准，即民主法治、公平正义、诚信友爱、充满活力、安定有序以及人与自然和谐相处。总之，构建和谐社会，就是要关注好民生问题，切实维护广大人民群众的根本利益，让他们可持续地得到实惠，使人民内部矛盾和其他社会矛盾得到正确处理，社会公平和正义得到切实维护和实现，创造一个社会秩序良好，人民群众安居乐业，社会环境安定团结的和谐社会。这既能调动广大人民群众的积极性，更是表明了社会的公平和正义，这些与墨子的“兼爱”思想完全一致。

由此可见，墨子强调的是人际关系、君民关系、家庭关系、国际间关系的和谐相处，目的是要建立一个政治、经济、社会秩序等各方面“兼相爱，交相利”的合理的社会制度。故“兼爱”只是一种手段，一个过程，他的最终目的是实现社会的和谐。今天，我们有理由相信，随着社会的不断进步，经济文化的发展，社会矛盾逐步得到解决，各种人际关系会得到优化，人民群众必能从了解“兼爱”到逐步施行“兼爱”，从而推动构建社会主义和谐社会，并能更好地发挥其创造历史的作用。

二、强本节用，增强经济实力

战国初期，社会生产达到空前繁荣的水平。铁器的广泛使用，使社会生产力得到提高，“凡天下群百工，轮车、鞼、匏、陶、冶、梓匠，使各从事其所能”[④]。可见不仅农业发展，各种手工业也速度发展起来，社会经济空前繁荣，社会财富剧增。但是这种高度发展的经济所积累的财富，却没有使社会和劳动人民受益，绝大部分被统治阶级挥霍浪费。各诸侯国君和贵族大臣无不争豪斗富，竞相追求奢侈豪华的生活，并风靡一时。针对统治阶级腐败的生活作风和不爱惜民力、财力的做法，墨子阐述了节俭与治国的道理，提出了“强本节用”的主张。

1. 强本。所谓“强本”，就是注重加强生产，发展经济，这是治国安邦的重要措施。墨子强调人人要“强力从事”，来努力发展经济，创造财富，墨子提出的“本”，是指“财源”，“强本”，就是要广泛地发展生产，广求经济效益，以“兴天下之利”，供给人民生活及社会发展之财富；如果生产停止，那么国家就不会富强了。因此，人们只有“强力从事”，国家社稷才“强必治，不强必乱；强必宁，不强必危”[⑤]。他把国家治乱安危与社会经济的发展紧密联系在一起，作为一条重要的治国理论，这是非常正确的。

2. 节用。墨子的“节用”主张，概括在衣、食、住、行上。墨子提出的标准是：衣，“圣人为衣服，适身体，和肌肤而足矣”[⑥]；食，“足以充虚继气，强股肱，耳目聪明”[⑦]则可；行，“乘之则安”，“利以速至”则止。同时，墨子还批评了统治阶层衣必锦绣，食必“美食刍豢”、“蒸炙鱼鳖”，住必“高台厚榭”，行必“刻镂华章”，生时掳民女为侍妾，死时厚葬杀殉的行为。认为统治者为了追求这种奢靡，必然大肆敛财于民，加重人民负担，必将“废丈夫耕稼树艺之时”，“废妇人纺绩织纴之事”，[8]造成“富贵者奢侈，孤寡者冻馁，虽欲无乱，不可得也”[9]的局面。

3. 非乐。音乐在当时各诸侯国家非常流行，王公大人们“目之所美，耳之所乐”，其场面必“以巨为美，以众所观”。墨子曾以商纣王为例，批评这种现象：“鹿台槽丘，酒池肉林，宫墙文画，雕琢刻镂，锦绣被衾，金玉珍珠，妇女优倡，钟鼓管弦。”[10]墨家的“非乐”并非反对音乐本身，而是反对贵族统治者过度的淫乐享受而置人民于不顾的行为。他认为，花费大量的人力、物力和财力，去制作、演奏、欣赏乐舞，“上考之，不中圣王之事；下度之，不中万民之利”[11]，使君王荒废政事，平民也贻误农时，影响了生产，对社会的发展、国家的稳定，造成不良影响。墨子深谙“为政清廉，国泰民安，为政侈奢，不战自亡”的道理，故而提出“俭节则昌，淫佚则亡”[12]的主张。

4. 节葬。由于受儒家思想的影响，当时社会上层的统治者流行“厚葬久丧”的习俗。墨子把这习俗看做是阻碍生产活动、危害国家治安的毒瘤。为了厚葬，“棺椁必重，葬埋必厚，衣衾必多，文绣必繁，丘陇必巨”[13]。贵族统治者不惜荡空府库，杀牲甚至杀人去殉葬。由于长久守丧，守丧者“面目陷陬，颜色黧黑，耳目不聪明，手足不强劲”[14]，做官的则不能早朝晚退，听狱治政，农民不能适时耕种，妇女不能纺纱织布，造成上“不能听治”，下“不能从事”的局面。长此以往，“国家必贫，人民必寡，刑政必乱”。是故，墨子把厚葬久丧看做是足以丧天下的“四政”之一。

由此看来，墨子是一位重“强力”、提倡节俭的思想家，他的发展经济的思想，在今天，也仍然值得借鉴。

三、尚贤使能，任人唯贤

“尚贤使能”，就是尊重有德、才、智的人，用种种办法来鼓励、提拔他们，然后根据其能力加以重用，这就是墨子的用人观。《鲁问》：“凡入国，必择务而从事焉。国家昏乱，则语之尚贤、尚同……”“尚贤者，政之本”[15]。墨子认为贤良之士是“国家之珍”、“社稷之佐”[16]，他们的德才兼备，言行一致，并且“厚乎德行，辩乎言谈，博乎道术”[17]，有管理国家和社稷的智慧与才干，因而只有选用贤良之士，才能治理国家。

墨子在其政治哲学的理念中，“尚贤使能”是传承历史使命与掌握为政之要的必要手段。尚贤使能的前提是贤与能，“有能则举之，无能则下之”，所以“官无常贵，而民无终贱”。[18]对贤良之士的使用上，强调统治者要实行开明政治，任人唯贤，不能任人唯亲。墨子列举了历史上截然不同的两种“待贤”之道来对比说明。一是，夏桀、商纣、周幽王、周厉王，“贤者不至乎王公大人之侧”，“不肖者在左右”，“近臣则喑，远臣则吟，怨结于民心，谄谀在侧，善议障塞”而亡国；二是，尧、舜、禹、周文王、周武王等，重用贤才，任人唯贤，使国家稳固发达。

墨子将人才问题与国家的治乱、社会的发展紧密联系起来，这不能不说是一条卓有成效的治国之道。

四、非攻善守，备战安国

墨子的“非攻”、“守御”主张，是其战争思想的两大组成部分，也是治国安邦的重要思想之一。我们今天看到的《墨子》一书，其中从《备城门》至《杂守》共十一篇，都是讲军备、城防工程的专论，不仅内容丰富，涉及御敌、攻敌的诸多方面，而且注入了墨子极其丰富而独到的科学知识与科学精神，成为防御侵略、打败强敌、维护正义的最有力的军事理论武器。因此，《墨子》因善守而著称，与主要研究进攻战略规律的《孙子兵法》，恰好成为古代军事史上的“双子星座”，二者相辅相成，互为补充，是同样重要的军事“经典”。

“备战安国”也是墨子军事思想的重要特点。墨子认为，在好战大国的威胁面前，各诸侯国为了自身的安全，必须提高警惕，加强戒备。他在《七患》篇中提出：“备者，国之重也；食者，国之宝也；兵者，国之爪也；城者，所以自守也。”在这里明确指出，备战是国家的头等大事，而粮食储备、武器储备、防御设施这三方面，又是搞好备战的基本条件。这在当时的历史条件下，无疑是有总揽全局的宏观指导意义。

注释

①《论六家要旨》。

②《墨子·兼爱上》。

③《墨子·兼爱中》。

④⑦《墨子·节用中》。

⑤《墨子·非命下》。

⑥⑨⑫《墨子·辞过》。

⑧⑪《墨子·非乐上》。

⑩《墨子·佚文》。

⑬⑭《墨子·节葬下》。

⑮⑯⑰⑱《墨子·尚贤上》。

墨子“兼爱”、“非攻”、“尚贤”、“节用”等思想的当代价值

鞠文周

和谐是人类社会和自然一种最美好的存在形态。中国是一个拥有五千年历史的文明古国，勤劳善思的中国人在创作出繁荣灿烂的文化的同时，对如何能让人与人、家与家之间和谐相处，以达长治久安的思索，从未停止过。在众多的学说中，比较突出的，就是墨子提出的以“兼爱”为核心的构建理想社会的方案。

一、墨子思想学说的产生

墨子生活在战国的初期，这一时期的中国，奴隶制度衰落，封建地主阶级兴起，群雄割据，战争频仍，百姓流离失所，民不聊生，饱受战争之苦。社会的政治和经济的大转型，让各种思想和学说百花齐放，激荡起伏。作为人数众多的底层社会小生产者利益代表的墨子，提出了以“兼爱”为核心的墨家学说，表达了构建一个停止战乱和愤恨，人人相爱的和谐社会的新主张。

墨子说：“圣人以治天下为事者也，必知乱之所自起，焉能治之。”（《兼爱上》）那么什么才是造成天下战乱，烽烟四起的原因呢，答曰：“皆起不相爱。”（《兼爱上》）“不相爱”就是利己主

义，为了自己或是本群体的利益，不惜损害其他人的正当利益。为了能够让战乱停止，天下天平，墨子主张“兼以易别”（《兼爱下》），倡导打破自私狭隘的个人主义和小团体主义，人与人、国与国之间，应该本着平等的原则，相互爱护，相互体谅，和谐共处，共同发展。

墨子的“爱无差等”，有别于儒家的“亲亲有术，尊贤有等”（《非儒下》），墨子认为“爱”分亲疏远近、高低贵贱，是造成天下“交相恶”的主要原因。

墨子讲“兼相爱”的同时，也要“交相利”，“兼而爱之，从而利之”（《尚贤中》）。在他看来“爱”和“利”是不可分割的，“利”是“天下之利”、“万民之利”而非一己私利。“爱”是以实际存在的利益为基础内涵，是构建和谐社会的最基础的道德准则，只有在此基础上才能实现“交相利”。二者相辅相成，缺一不可。

墨子说“万事莫贵于义”（《贵义》），“义，天下之良宝也”（《耕柱》），那么到底什么才是墨子所说的“义”呢？“兼即仁矣，义矣”（《兼爱下》），可见在墨子看来，“义”即为“利”，天下的大“义”，就是要“利”天下。“利”和“义”是统一的。这与儒家把“利”与“义”分开对立是截然不同的两种观点。孔子认为“君子喻于义，小人喻于利”（《论语·里仁》）。孟子也说“何必曰利？亦有仁义而已矣”（《孟子·梁惠王上》）。

在“兼相爱，交相利”、“爱无差等”思想指导下，视己如人甚至舍己为人，才能形成一个平等博爱、处处融洽的人际环境和社会环境，只有社会个体之间相互消除隔阂，平等和睦相处才能更容易去保持一个社会的安定有序。

为了提高“兼爱”主张在和谐社会中的权威性，墨子有意识地把“兼爱”上升为天的意志，并把鬼神作为“兼爱”的监护者。他认为，人世的“兼爱”即来源于“天志”：“天之意不欲大国之攻小国也，大家之乱小家也，强之暴寡，诈之谋愚，贵之傲贱，此天之所不欲也。不止此而已，欲人之有力相营，有道相教，有财相分也。”（《天志中》）“顺天之意何若？曰：兼爱天下之人。”（《天志下》）“仁也，义也，爱人利人，顺天之意，得天之赏。”（《天志中》）墨子把“天志”作为推行“兼爱”的宗教保障，而“明鬼”则是辅佐天赏善罚恶、实现公正公平的神秘力量，一切不实行“兼相爱”，而搞“交相恶”的人，鬼神就会给予诛伐。

二、墨子“兼爱”、“非攻”、“尚贤”、“节用”等思想学说的当代价值

（一）“兼相爱，交相利”，“兼即仁矣，义矣”的价值观是形成社会相互友爱、互帮互助良好风气的基石。

“视人之国，若视其国；视人之家，若视其家；视人之身，若视之身。是故诸侯相爱，则不野战。家主相家，则不相篡。人与人相爱，则不相贼。群臣相爱，则惠忠。父子相爱，则慈孝。兄弟相爱，则和调。天下之皆相爱，强不执弱，众不劫寡，富不侮贫，贵不敖贱，诈不欺愚。”（《兼爱下》）是墨子心中理想社会的模型。“使天下兼相爱，爱人若爱其身”（《兼爱上》），“为其友之身若为其身，为其友之亲若为其亲”（《兼爱下》）。从这段话里不难看出，墨子教导人们只有换位思考才能从对方的角度出发去考虑问题，才能看到对方的利益关心，不“亏人自利”（《非攻上》），才能找到“兼相爱，交相利”的基础；甚至在有些时候牺牲自我的利益去成全“天下大义”，提倡的是“杀己以存天下，是

杀己以利天下”（《大取》），并希望以此去感召其他的人。

当今社会一些不和谐的因素是客观存在的。

对于个体来说，改革开放30年以来中国的经济发展水平发生了翻天覆地的变化，随着物质水平的不断提高和人们生活节奏的不断加快，人与人之间的竞争不断加剧，人们在思考问题的时候往往只是关注自己要什么，如何能更多地保证和实现个人的利益。这种利己主义，会助长一些社会上的歪风邪气，造成人与人之间相互冷漠，相互戒备，极端的自私自利。君不见，出现老人倒地，路人无一相助；救人牺牲掉自己，最后却只得到被救人的一句“管我屁事！”

对于团体来讲，当前正处在社会经济大转型的时期，社会各个阶层的利益错综复杂。一些特殊的利益团体利用本身的优势地位，为了本团体攫取更大的利益，不惜牺牲大多数人的利益。那些抱团“炒房”、“炒煤”、“炒蒜”的行为，给正常市场经济发展的大环境和人民群众的日常生活都造成了很大困扰，有些更是威胁到国民经济的正常运行。甚至有些执法部门，在工作中仅仅是从自身的考虑出发，存在一些暴力执法、简单执法的现象。

两千多年前的墨子提出“视人若己”的原则，并认为“天下无大小国，皆天之邑也；人无长幼贵贱，皆天之臣也”（《法仪》），国无大小，人无贵贱，皆为自然造化，是平等的；尊重社会当中每一个体的利益，鼓励人们之间、团体之间、国与国之间相互交流，相互沟通，相互理解，相互关爱，在“爱”他人、尊重他人利益的基础之上，达成“爱”自己。“爱人不外己，己在所爱之中”（《大取》）。由此才能真正实现“强不执弱，众不劫寡，富不侮贫，贵不敖贱，诈不欺愚”。这些理论若加以运用，无疑是针对以上提到的那些林林总总的不和谐现象的一剂良药。

（二）“节用”的观念有利于社会资源的公平分配。

在墨子的时代，生产力十分低下，老百姓还要承受战乱之苦。面对这种情况墨子提出“有力者疾以助人，有财者勉以分人，有道者劝以教人”（《尚贤下》）。他认为理想中的社会分配模式就是物质财富的公平分配，这样就能避免因为贵族们的横征暴敛，让处在社会最底层的老百姓“食无粮，穿无衣，居无所”。建议贵族们不要“厚作敛于百姓，暴夺民衣食之财，以为锦绣文采，靡曼之衣”（《辞过》），“棺椁必重，葬埋必厚，衣衾必多，文绣必繁，丘陇必巨”（《节葬下》），“天子杀殉，众者数百，寡者数十，将军大夫杀殉，众者数十，寡者数人”（《节葬下》）。要“节用”、“节葬”，不“亏夺民衣食之财”、“不中万民之利”（《非乐上》），不与民争利，不骄奢淫逸，这些理论直到今天，依然具有现实的指导意义。

随着社会经济的不断发展，如果没有相应的制度去协调分配。社会财富会越来越多地集中在少数人的手中，贫富差距的不断扩大，极容易产生社会的仇富情绪和拜金主义，这些现象的出现，又无疑会对人们的公共道德产生极大的损害，公共道德水平的降低和缺失，是造成社会不和谐因素的重要诱因。

当然，必须承认社会主体因为个人能力的差别，获得财富的能力不一，拥有财富的多寡是客观存在的。绝对的平均分配不利于形成社会良性竞争和社会的进步。即便如此，建立完善合理的社会财富分配制度才能更有利于社会的可持续发展。

（三）“尚贤”、“尚同”、“亲士”有利于社会的公平正义。

“夫尚贤者，政之本也”，“是故国有贤良之士众，则国家之治厚；贤良之士寡，则国家之治薄。故大人之务，将在于众贤而已”。(《尚贤上》) 墨子认为国家要选取有“贤”的人治理，要“不党父兄，不偏富贵，不嬖颜色”(《尚贤中》)，“贤”人具有高尚的品德和足够才智，能够“兴天下之利，除天下之害”(《兼爱中》)。我国目前正处在社会主义的初级阶段，各项制度都不是特别的完善，在之前的以经济建设为中心的指导下我国经济得到长足的发展，但是我们依然有很多体制上的障碍没有破除。有些组织内存在着任人唯亲、暗箱操作的现象，同时，社会上还有一些所谓的“官二代”、“富二代”、“官商联姻”，这些现象的本质，其实就是社会阶层的板结化，为底层阶层向上流动人为地制造了障碍，不利于国家的科学持续发展。只有任人唯贤，让“官无常贵，民无常贱”，才能真正激发出整个社会的竞争力，让那些有能力的人脱颖而出，让底层阶级心存希望，才能最大限度地消除社会矛盾，实现国家的长治久安。

(四)“非攻”的思想有利于为中国的和平崛起，创造一个良好的国际氛围，增强国家的“软实力”。

墨子以“兼爱”为基础，大力倡导“非攻”。“处大国不攻小国，处大家不乱小家，强不劫弱，众不暴寡，诈不谋愚，贵不敖贱。”(《天志中》)“非攻”表达了墨子对于消除战争、实现和平、构建和谐世界的理想。

随着中国国力的提升，中国越来越多地得到周边国家的关注，有些别有用心的国家鼓吹“中国威胁论”，设想中国“国大必霸”，欺负邻居小国，妄想抱团阻碍中国的发展；同时，为了祖国的伟大复兴和经济的长久发展，我们却又不能不面对这些越来越多的摩擦和矛盾。以墨子的“兼爱”、“非攻”为思想核心，在外交上大力宣传我们和平发展、和平崛起的发展战略，能够很大程度地消弭与其他国家的隔阂和误解，为和平发展争取宝贵的时间，创造一个和谐的舆论氛围。

相比其他超级大国提倡的“自由”的普世价值观，建立在“兼爱”、“非攻”基础上的价值观，更富有人性的关怀和人文色彩，拥有最广大人民群众基础的墨子思想，对我国亟待增强国家“软实力”建设，具有极其重要的指导意义。

浅谈墨家的侠义之道

孙　辉

清末，陈澧《东塾读书记》最先提出“侠”源于墨之说：“墨子之学，以死为能，战国时侠烈之风，盖出于此。”此后，康有为称：“侠即墨也。孔墨则举姓，儒侠则举教名，其实一也。”梁启超《墨子学案》亦曰：“先秦书多儒墨对举。汉人亦以儒侠对举，《史记》所谓‘儒以文乱法，而侠以武犯禁’是也。墨氏之教，‘损己而益所为’、‘为身之所恶以成人之所急’。《淮南子》谓：‘墨子服役者百八十人，皆可使赴火蹈刃，死不旋踵。’《新语》谓：‘墨子之门多勇士。’然则战国末年以逮汉初，其《游侠传》中人物，皆谓之‘别墨’可也。”梁启超的说法影响很大，后来之治墨者多从之。到侯外庐先生那里，干脆把游侠说成墨侠，认为游侠是后期墨家中很重要的一派。蔡尚思《中国古代学术思想史论》也说：“西汉初、中期墨学流为民间的‘任侠’。《史记》特为它立《游侠列传》，而加以赞扬。”

游侠与墨家有许多共同之处。游侠注重“言必信，行必果”，《墨子·贵义》说：“言足以迁行者，常之；不足以迁行者，勿常。”为了解救他人困厄，游侠不惜牺牲自己的性命；在同样的情况下，墨者亦会作出献身的选择。孟胜师徒为阳城君死难、墨翟师徒自发救宋就是活生生的例子。真正实践了“任，为身之所恶，以成人之所急”的主张。墨家后期的著作中甚至还专门为这种行为立下了界说，《经说上》：“任，士损己而益所为也。”为了“不矜其能，羞伐其德”，游侠在做了好事之后，常常隐姓埋名、不留痕迹。止楚攻宋成功后，墨子及其弟子“归，过宋，天雨，庇其闾中，守闾者不纳也”。于是他的弟子也忍不住叹息道：“治于神者，众人不知其功；争于明者，众人知之。”这些行为说明“侠”是同于“墨”的一类人。

作为先秦时期最讲究信义和承诺、最富牺牲精神的学派，墨家的侠士精神给人印象最为深刻，许多战国秦汉时期的学者虽不同意墨家的学说的某些内容，但基于墨家的侠士精神，却不能不对墨子的人格表示极大的尊重。可以推测，墨家的这种富于牺牲、乐于助人的精神，对于塑造我们民族的良好形象肯定也起到了一定的作用，而游侠精神只不过是这种民族精神在一个特定的群体中的体现而已。所以，墨家对游侠之风的形成曾经起到过某种间接作用。可以说，个别游侠也很有可能在人格上曾经受到过墨家精神的感染。

“天下之人皆相爱，强不执弱，众不劫寡，富不侮贫，贵不敖贱，诈不欺愚。凡天下祸篡怨恨可使毋起者，以相爱生也。”（《兼爱中》）墨子所主张的“兼爱”思想，是一种无等差的，打破了由儒家构建起来的那种“尊尊亲亲”观念，而推崇“博爱”。当儒家的等差之爱在当时大行其道之时，墨子所谓的“兼爱”自然就成了统治者不喜欢的论调。正如鲁迅先生所说“孔子之徒为儒，墨子之徒为侠”，这种“兼爱”思想并没有就此消失，而是深入民间，由公开变为潜在，衍生出民间的侠义精神。《墨子·尚贤下》

说："有力者疾以助人，有财者勉以分人，有道者劝以教人。若此则饥者得食，寒者得衣，乱者得治。"墨子本人就具有行侠仗义的侠义风范，他"言必信，行必果，使言行之合，犹合符节也"(《兼爱下》)。当诸侯间的不义战争发生之时，墨子就会积极主张"非攻"，宣扬其"兼爱"思想，反对以强凌弱、以大欺小的侵略之举。在多次反对侵略战争的正义之举中，他的一生也越发显出了人性的光芒。最著名的当属墨子"止楚攻宋"。当听说楚国要攻打宋国，公输般造成了云梯后，墨子连行十天十夜走到楚之都城郢，运用他高超的智慧和先进的防御器械说服了楚王，使楚王最终放弃了攻打宋国的打算。

班固在《答宾戏》中说"孔席不暖，墨突不黔"，是说孔子为天下事而奔忙，连把席子坐暖的时间都没有，而墨子则是为了他心中的正义事业而奔忙，连将炉灶上的烟囱染黑的功夫都没有。墨子的一生都在为扶弱济贫、扶危济困而奔忙。"墨子服役者百八十人，皆可使赴火蹈刃，死不旋踵。"墨子和他的弟子们施恩不图报，尽全力为人民做事，即使是牺牲了个人的生命也在所不惜。可见，墨子和他的弟子是心系天下人生存之大事的侠之大者。

墨家的侠义之道在战国以来的侠士身上得到了很好的体现和发扬。《史记》中《刺客列传》、《游侠列传》、《鲁仲连列传》等列传中记载的荆轲、高渐离、聂政、鲁仲连等人，他们都是重承诺、轻生死、讲信义的人，不是为主排忧解难、杀身成仁，就是怀恩报主，行刺暴君，都具有浓厚的墨家之风，他们是一群怀有"兼爱"之心的"专趋人之急，甚己之私"的侠义之士。

虽然侠义精神一直是上层统治者极为反对，甚至是不惜武力镇压的，但它却作为一种处世的精神和准则，形成了一种中国民间的文化力量活在下层人民的心中。直至今日，各式各样的侠义之士被人们广为传颂，在各种艺术形式中也反映得最多。因此，由墨子“兼爱”思想衍化而来的侠义精神不仅与士大夫文人宣泄抑郁不平之气的愿望相结合，还成为市井小民对劫富济贫、除暴安良理想的寄托，它已升华为一种社会道德，在传统文化的演进中有着重要的影响。

综上可以看出，墨子的侠者的见义勇为、扶弱济贫、施恩不报的侠义之道和“使天下兼相爱，爱人若爱其身”的“兼爱”思想都是中国传统文化中极为重要的精神财富，是我们最为宝贵的传统美德。

参考文献

1. 康有为：《孔子改制考》，中华书局1958年版。

2. 梁启超：《墨子学案》，商务印书馆1921年版。

3. 蔡尚思：《中国古代学术思想史论》，广东人民出版社1990年版。

墨子节用思想与节约型社会建设

唐金具

目前，我国经济社会发展取得巨大成就，经济总量大幅跃升，主要工农业产品的产量位居世界前列，中国的工业化进程突飞猛进，人民的生产生活发生了翻天覆地的变化，但我国发展道路走的却是高消耗资源、粗放式经营的发展之路，资源消耗十分严重，资源短缺制约经济发展的矛盾越来越明显，可持续发展受到严峻挑战。要打破经济发展的资源瓶颈，建设节约型社会势在必行。

早在春秋战国时期，墨子及其弟子认为世上人人皆须勤苦节欲，力主节用以及自奉甚俭的生活，给后世留下了深刻的影响。墨家学派是春秋战国时期影响深远、人员众多的学派之一，古有"非儒即墨"之说，可见当时墨家的实力。墨子根据当时的社会环境提出了十大主张：兼爱、非攻、尚贤、尚同、尊天、事鬼、非乐、非命、节用、节葬，对后世起到一定的积极作用，这也是墨家思想能够延续至今的原因。其中"节用"思想是墨子思想中的精华部分，也是中国传统的节俭思想的一部分。墨子倡导"节用"，主张勤俭节约，反对奢靡浪费，对于我们建设节约型社会，贯彻落实科学发展观大有裨益。

一、墨子节用思想概述

在墨子看来，社会消费应以保持基本生产生活条件为限，能供给民用即可，反对奢侈浪费。节用并不是不用，一切的吃穿用度只要满足人们生产生活的基本需要就可以了，超出基本需要甚至于超出很远，那就是奢侈和浪费了。墨子认为，“去无用之务”，是“天下之大利”。如果国家“用财不费，民德不劳”，就会得到很大的利益。如果国家“去其无用之费”，那么节约的财富“足以倍之”，可见节俭在增强国力方面的重要作用。

墨子在衣、食、住、行、丧葬等各个方面，都主张节俭，并痛陈奢靡之风盛行造成的社会危害。在他看来，穿衣服只要能“冬以御寒，夏以御暑”即可，而不能像王公贵族们“为锦绣文采靡曼之衣，铸金以为钩，珠玉以为珮”。饮食只要能“充虚继气，强股肱，使耳目聪明”就行，而不能像王公贵族那样追求“美食刍豢、蒸炙鱼鳖”。住房只要能“御风寒”、“别男女之礼”即可，而不能像王公贵族那样动辄“宫室台榭曲直之望，青黄刻镂之饰”。出行造车方面，只要能“完固轻利，可以任重致远”即可。在丧葬方面，墨子制定了“节葬之法”，认为“棺三寸足以朽骨”即可。墨子认为，丧葬要以有利于人们的生产生活为目的，不用长时间守丧。墨子认为他的观点“不失死生之利”，即对死者、生者都有好处。

墨子提出的“节用”、“节葬”等勤俭节约思想，对于我们树立保护生态资源的理念，树立节约就是增加社会财富的理念，树立全社会崇俭抑奢的理念，培养勤俭节约的道德情操和良好习惯，积极创建节约型城市、节约型政府、节约型企业、节约型社区，都有很强的现实针对性。

二、中国人口、资源现状

人口众多、资源相对不足、环境承载能力较弱，是中国的基本国情。近年来，随着人口的扩张，经济的飞速增长，科学技术的进步，人们的生活水平也得到了迅速的提高，中国也成为了地球上的消费大国。在进口电子产品、进口高技术之后，中国开始进口粮食、进口煤炭、进口石油这些基本生产生活资料，用电量也在以高速度增长，尽管中国每年在建的发电装机容量也在高速增长，但是用电量的增长速度更快，尤其是每年的夏季到处拉闸限电，给人们的生产生活带来了不少的麻烦。

一方面资源和人口的矛盾日益突出，另一方面，在日常生活中，在错误的面子观、身份观、地位观等错误思想的引导和促使下，大吃大喝，大摆大显，超现实的高消费等铺张浪费现象，比比皆是，有恃无恐。我国现在急速的发展，消耗了非常多的能源，也造成很大的浪费，又没做好生态环境保护，经济运行的高能耗、高排放、高污染，造成水环境、大气环境和生态环境退化、恶化严重。目前，我国正在积极实行资源的“走出去”战略，但是对于重要资源特别是粮食耕地、淡水、石油、煤炭等战略性资源必须立足于自力更生。如果依赖进口，就会受制于人，在国际竞争中将处于劣势。因此，建设节约型社会实质上是关系到中华民族前途命运的一个重大战略决策和长远战略方针。

所以，“建设节约型社会”口号的提出，可以说是人们基于现实现状的共同认识，一经提出，立刻在社会上引起强烈反响。可以说它是因时因势而发，是在对基本国情的再认识的基础上，居安思危惠及子孙后代的科学认识，是深入国情民心的。因此，需要在全社会形成一种人人都讲节约、人人都在节约的良好社会风尚。

三、建设节约型社会

节用思想，在于能够使全社会形成一种良好的风尚并付诸实施，否则就是空话一句，而在全社会形成一种风尚也并不是由哪几个人喊几句口号就可以解决问题的事情，一种风尚的形成也不是一朝一夕就能够完成的了的。它需要全社会的所有成员都去了解、去认识，直到最后自觉地接受，再加上传统思想文化中一些诸如面子观、身份观、地位观等不利因素的影响，要让人们去自觉地遵守，是有一定难度的。

墨子在谈到当时诸侯各国君王在饮食方面奢侈浪费时，悲哀地指出:“厚作敛于百姓，以为美食刍豢、蒸炙鱼鳖，大国累百器，小国累十器，前方丈，目不能遍视，手不能遍操，口不能遍味，冬则冻冰，夏则饰饐，人君为饮食如此，故左右象之。”（《墨子·辞过》）所以唐太宗李世民就说：“若安天下，必须先正其身，未有身正而影曲，上之而下乱者!”所以，一种好风尚的形成一定是要自上而下地展开，方能够最终成功。

此外，要广泛开展宣传教育，增强全社会的资源忧患意识和节约意识。要求真务实，居安思危，增强资源忧患意识和全局观念；做到建设节约型社会从今天做起，从每一个人做起，从节水、节电、节煤、节油、节粮、节地、节材等具体工作做起，让节约成为每个人的自觉行为。

要积极调整经济结构，改变经济发展模式，改变“高投入、高消耗、高排放、不协调、难循环、低效益”的粗放型经济增长方式，逐步建立资源节约型国民经济体系。对高物耗、高能耗、高污染行业加以控制，坚决淘汰浪费资源、污染环境的落后工艺、技术、设备和产品，要尽快建立以节能，节材为中心的资源节约型工业生产体系。推动国民经济和社会信息化，力争用信息技术降低对能源的消耗。

要大力扶持环保产业，促进循环经济的发展。根据发达国家的经验，环保产业潜力巨大，不仅能回收废弃物，减少污染，产值巨大，还能推动经济发展和劳动及就业。环保产业只是作为循环经济的一个环节，我们应该着手建立循环经济体制。循环经济是目前世界上先进的经济模式，它要求运用生态学规律，将人类经济活动组织成为“资源—生产—消费—再生资源”的反馈式流程，实现“低开采、高利用、低排放”，所有的物质和能源要能在这个不断进行的经济循环中得到合理和持久的利用。我们应当转变观念，积极探讨发展循环经济的思路，着手建立支撑循环经济的法律体系、技术支持体系和公众体系，促进循环经济的发展，使循环经济为能源节约、环境保护和经济发展发挥重大作用。

通过重温墨子“节用”思想，我们从中可体悟到古圣贤爱民利民、兴邦安国的深厚情怀。墨子的节用思想，对于今天中国的现代化建设事业具有重大的借鉴意义。中国是一个发展中的大国，其基本国情是人口多，耕地少，底子薄，人均资源非常有限。只有弘扬墨子身体力行的实践精神，深入贯彻落实科学发展观，动员和激励全社会节约和高效利用各种资源，把节约资源的行为渗透到生活、工作、学习的每个细节，建设节约型社会，才能突破资源环境的瓶颈制约，以尽可能少的资源消耗支撑全社会可持续发展，才能紧紧抓住重要战略机遇期，全面推进小康社会建设。

浅论墨子人才思想

张梦楠

一、前言

在当代，科学技术是第一生产力，知识在经济中所占的比重和地位都不容小觑。因此，人才也是一个企业竞争力的重要因素，起着十分重要的作用。墨子的人才观的内在视线是经世致用，它不仅作为一种独树一帜的思想存在于当时，而且在整条历史长河里留下了颇为深远的影响。到了今天，墨子的人才观仍然有很明显的实际意义，所以，本文希望能够经由探讨墨子人才观，寻找到一些现代企业管理方面的启发，用它来指导企业的人才管理①。

二、墨子人才思想的出发点

"兼爱"是墨子的核心思想，它成为墨子思想的伦理基础。人才观也不例外，墨子的兼爱思想亦是人才观的出发点，由此发散，墨子创立了完整的一套学说体系，其中有"非攻"、"尚贤"、"尚同"等等，并且经由这些扩展成为墨子人才思想的全部。

一个延续了千年的论点——人性本善还是人性本恶？这一问题的回答也决定了不同的管理人才的思想。墨子的观点，总的来说是这样两点：首先，人性是趋利避害的。墨子所说的“兼相爱、交相利”就是这个道理，人们会有意识地对自己需要的东西亲近，对危害自己的东西疏离，这是一种保护自我的本能。墨子也是深深地体会到了这一点，所以他指出，个人、集体、家庭甚至于一个国家，彼此之间都是相互依赖共存的，人都是怀有利己主义的，所以兼爱互利这一准则也说明了，只有在互利的基础上才能做到兼爱。其次，人性所染论。墨子的观点是，人的本性都像纯净的白丝，没有善恶之分，后天受什么环境的影响就会形成什么样的性格。人性的善恶完全是由于后天的影响，主要表现形式就是教育、学习，甚至耳濡目染。这有点类似于“近朱者赤，近墨者黑”。所以，墨子在人性趋利避害的基础上，提出“兼爱”、“非攻”的道理，希望借此教育人们，让人们努力向着“善良”的道路发展，人可以是利己的，但不可以损人，要考虑到共同利益。[②]

三、墨子对人才重要性的认识

墨子充分而深刻地认识到人才对于一个国家、一个民族的发展繁荣的重要性，所以他把有能有才的贤德之士，看做是国家强大繁荣的根本。在《亲士》篇中就说到了“入国而不存其士，则亡国矣”的定论，他直接将一个国家的生死攸关系于人才的培养和选拔上。墨子的观点是，人才是国家最重要的宝贝，任命有贤德的人才作为一国的栋梁，才能在国家的危难时刻受命，也才能让国家得以存活兴盛，所以就要求君主崇尚贤德。由此，不难看出人才的重要作用。在《尚贤》篇里，墨子就很明确地指出，君主尚贤是一国之本，也是从政之本，尚贤的意思就是崇尚贤德，亲任贤士。另外，《尚贤》中也解释了这一说法的道理所在，只有让高贵聪慧的人去治理低贱愚昧的人，国家才能兴旺发达，反之则会带来混乱和灾难，实现尚贤使能，就能够为国家的兴盛带来可能，只有任命贤德之士才能使得国家刑罚公正、官府清廉、谷黍充足。如果不能做到尚贤，让那些达官显贵、王室公卿来治理，必然会导致庸才为政，国家混乱，等到那个时候才想到不能这样，却为时已晚。

四、墨子的人才管理方式

国家的君主在获得有才之士之后，就需要采取一些管理手段来让这些人才的政治主张在全国范围内得到推广，那么究竟应该用什么方法呢？墨子提出了“尚同”，其实，尚同就是尚贤的具体实践途径，尚同就是让那些有才能的人担任地方行政官员，给下级起到表率作用，让他们能够一统天下，给天下树立楷模，人们的思想和行为都能够被上一级统制，就能够规范舆论。这一手段包括了很多方面：第一，尚同的最重要的内涵就是：人们的思想和行为都需要被上一级所控制，听命服从于上一级。下级对自己的思想行为有了任何的主意，都需要报告上一级，让上一级对其进行规整，这样一来，就必须保证上一级要比下一级聪慧高明。下到里长乡长，上至君主，都必须这样，才能实现天下的大同大治。第二，尚同也有法令统一的意思，从古至今，一个国家想要管理好百姓，必须具备一整套完善的法令，也就是贤能的人根据实际情况制定的相关规范和规则。这一规范能够约束人们的行为，把善恶功罪加以区分开，并且给百姓一个共识，这样才能做到惩恶扬善。墨子的观点是，上下级对功过的认识必须一致，这样才能有赏罚的度，也才能让人们有努力的目标，让尚同得以实施。

1. 墨子人才培育观

墨子对人才的选拔和培养重视程度相当高，他认为“隐匿良道而不相教诲”的人是最可恶的，而那些“有道者劝以教人”的人是最善良的，墨子认为培养言行一致、德行厚重的人是救国救民的重要途径，这些理论被应用到教育实践里，形成了独树一帜的培养人才的手段和准则。③

2. 培育终身化

墨子在当时就已经提出了教育终身化的概念，他指出，对人才的培养不是旦夕之间的事，而是贯穿其一生的事业，墨子对学生的教育也是通过各种途径的，追踪学生的各种行为表现，并且做到优则奖、则惩。其中墨子对其学生高石子“义胜禄”的称赞和对学生胜绰“禄胜义”的批评就是如此，由此可见，墨子对学生学有所成之后并没有停止关注和教育，他在观察学生的一生言行，也就是让自己的教育对学生一生负起了责任。

3. 言传身教

墨子在教育的同时十分重视老师的导向作用，他指出，老师对学生的教导不仅仅体现在言传，更重要的其实是身教，也就是我们所说的以身作则。《贵义》中就有说“言则诲，动则事”，前半句说的就是墨子勤于言传——为了救国救民，实现民族昌盛，墨子在民间积极推行他的学说，通过各种途径让人知道，这一种方法在教育理论上就是一种强教的思想。墨子主张的是主动施教，送教上门，不但不会拒绝前来求学的人，还会主动去追随求学的人，阻止想要离开的人。墨子很看重积极施教，甚至觉得不主动施教的是施教者的错误，同时也是社会混乱的根源，而终其一生有很多这样的例子：比如说墨子听说鲁国有一个叫做吴虑的隐士，将自己比作舜，他立刻去见他，同他争辩；当墨子看出自己的一位学生有成为优质人才的潜力，就会很主动地劝他去学习；墨子听说某个人特别喜欢勇敢，他就主动地去跟他说什么才是真正的勇敢。同时，他也十分反对孔孟儒学中的“扣则鸣，不扣则不鸣”的原则，强调一定要主动施教。此外，墨子认为身教要比言传重要，他自己便是以身作则，积极主动地进行实践从而教授学生道理。墨子一辈子都没有做官，但是他为了能够让自己的学说主张裨益大众，足迹遍布各国，他极为看重“义”，为了守护和行使“义”，不惜任何代价，而他的这种身体力行，以身作则，也是后世弟子学习的楷模。

4. 提倡因人而异、因材施教

墨子除了言传身教外，还注重另一种教学理念——因地、因时、因人而异。具体体现在实践中就是《鲁问》里的一段话：他的弟子魏越问他，见到国家的君主首先要说什么，墨子回答说，这要视情况而定，如果到了一个国家，发现国家混乱、君主昏庸，那么就说“尚贤”、“尚同”；如果君主骄奢淫逸，那么就要说“节用”、“节葬”；如果国家君主喜欢饮酒作乐、荒废国政，那么就要说“非乐”、“非命”；如果国家君主不讲道理，那么就要说“尊天”、“事鬼”；如果国家恃强凌弱，那么就要说“兼爱”、“非攻”。这一则故事很好地体现了墨子针对各种实际情况采取不同方式进行教育的理论。

五、结语

墨子作为战国时期的一位伟大的思想家、教育家和社会活动家，他所创立的一系列人才培养选拔方法，无疑是对封建宗法制度和世卿世禄制度的一种冲击，同时也为我们现在的企业人才管理提供了一些启发和灵感。现代企业要多多借鉴，吸收精华，将墨子的人才思想与企业的管理结合起来，在实践中进一步发展，从而不断地壮大自身，提升综合竞争力。

注释

①李树喜:《中国人才史:成才·选才·用才之道》,中国国际广播出版社 1992 年版。

②范明、刘立夫:《中国古代管理与现代企业》，企业管理出版社 1997 年版。

③郑铁生:《中华古谋与现代企业人才竞争》，中国经济出版社 1997 年版。

第四章　鲁班研究论文

从鲁班的“巧技”到《庄子》的“技艺”以及对现代科学技术的反思

王　凯

一、鲁班的智慧和“巧技”

鲁班是我国古代能工巧匠的杰出代表，他在土木、手工工艺等方面不但技艺超绝，而且有众多创新发明，是我国古代最优秀的土木建筑工匠，一直被尊为民间土木建筑工匠的祖师。

生活在春秋末期到战国初期的鲁班，原本就出身于世代工匠的家庭，从小就跟随家里人参加过许多土木建筑方面劳动，逐渐掌握了许多劳动的技能，积累了丰富的实践经验。春秋战国时期的社会变动，使民间的优秀工匠们获得了施展才艺的机会。此时的鲁班可谓是大显身手，也给后人留下大量有价值的发明。

我们认为，鲁班的名字已经是一个特定的符号。有些人一直在关注于考据哪些是鲁班发明的，哪些不是鲁班发明的。其实大可不必，有些发明或许是鲁班发明的，或许不是鲁班发明的，还或许是不同的人各自发明的。就如同印第安人虽与外界文明隔绝，但也会有自己与外界同样的智慧和发明一样。有些问题我们已经无法搞清楚，重要的是这些发明流传下来了，更重要的是留下了富于创造性的精神和智慧。

事实上，千百年来，人们为了表达对鲁班的热爱和崇拜，是把古代劳动人民的集体创造和发明也都集中到他的身上。因此，有关他的发明和创造的传说和故事，实际上是我国古代劳动人民发明创造的传说和故事。鲁班的概念实际上已经成为中国古代劳动人民聪明智慧的集体表象。

鲁班的发明设计体现了顺应自然的理念。鲁班的发明设计是富有诗意的，在他的眼里，各种存在物都有自身的特有性能，物与物之间存在着相互的因果关联。鲁班的高明之处就在于他比一般人能更敏锐地发现这些因果关系的奥妙所在。

根据《事物绀珠》、《物原》、《古史考》等古代典籍的记载，在东周中期以前，土木工匠们一直从事着原始的、艰巨的劳动。直到有一位伟大的发明家利用他的智慧制作出许多灵巧的工具，他们才从那些死板无趣的劳动中解脱出来，这位发明家就是鲁班。

木工使用的许多工具器械如曲尺（也叫矩或鲁班尺）、墨斗、刨子、钻子以及凿子、铲子都是鲁班发明的。这些工具都是木工的贴身伙伴。精巧实用的工具对木匠来说是尤为重要的，借助于工具，可以让工匠们减轻繁重的体力劳动，缩短劳动时间，大大减轻了劳动强度，工作效率得到成倍的提高。直到现代文明飞速发展的今天，鲁班的上述发明依然在民间延续和使用。

鲁班还有一些发明，表达了中国古代科学家对机械化、自动化的最初的理解和设想，开启了人们对科学理想的憧憬与追求。鲁班的一些设计运用的是天然之力，显然是具有生态学意义的，是顺应自然而不是破坏自然。

纵观鲁班的一系列发明，我们可以发现，鲁班的思维异常活跃，想象力极为丰富。他善于观察实验，注重实践经验积累，关切现实民生，他的发明都有很强的实用性。总之，鲁班的巧，巧就巧在善于把握工具及自然物的特性，善于顺应和发挥人体和天然之力的作用，鲁班的巧，巧就巧在善于体验和把握自然之道。

二、庄子笔下的“技艺”

在先秦时期，“技艺”主要指侧重于生活中实用的技能、技巧。古代的“技艺”是属于手工技艺，它具有这样几个特征：

其一，木匠、石匠等都是个体劳动者。尽管建筑、造船等也是规模较大的协作工程，但是它与工业化的高度分工前提下系统性的有机合作有着根本的不同。

其二，能否称其为巧匠的标准在于手中有没有“绝活”。

其三，匠人要依靠工具去作用于劳动对象。古代的工具构造简单，制造容易，便于掌握，如刀、斧、锯、刨之类。但对于这些工具，不同的人使用的效果是大不一样的。操作的水平即手艺显得更为重要。与此不同，在近现代技术体系中，虽然工具系统精密复杂，但操作方法趋向简单，生产的效果更多地取决于工具的先进程度。

其四，作为匠人的绝活“只可意会，不可言传”。其高超的操作技巧很难用语言和文字说清楚，技艺的传授靠的是师傅手把手地教，徒弟慢慢地领悟。这就形成了中国古代世代相传的民间师徒传统，当然这也是造成许多民间手艺失传的一个重要原因。

“技艺”在墨子的著作中也有所描述。作为中国古代杰出的科学家，墨子科技思想突出强调的是道技合一，他的科技实践是围绕着“义利共同体”这一中心来进行的。在墨子那里，“为天下兴利除害”既是科技发展的出发点，也是科技发展的目标，他的科技思想带有重利贵用的伦理学取向，体现出强烈的伦理诉求。在那样一个生产力低下、战争频发的时代，提高农业、手工业的生产能力以及减少自然和战争的灾难，改善人民的生存条件成为墨子科技实践的内在动力。

应该说在先秦时期，比鲁班稍晚的庄子对“技艺”的描写是最有代表性的，《庄子》书中所涉及的手工业劳动的种类很多，有屠宰、陶工、木工，还有金工、漆工、洗染、缝纫、织履等等，这些工匠让我们看到了那个时代的社会生活画面，同时也反映了那个时代的生产发展状况。《庄子》书中所描述的这些能工巧匠，表现出当时手工业劳动的工艺技巧所达到的高超熟练的程度，并且把对这些高超的手工业技巧的感受，升华为独特的审美体验。这些除人们所熟悉的“庖丁解牛”(《养生主》),“轮扁斫轮”（《天道》)，还有“梓庆削鐻”（《达生》)，“大马捶钩”（《知北游》）等。

《庄子》对技艺美的描述，是庄子敏锐观察的结果，是庄子对匠人技艺的赞美，也是对于技艺美的形象展现。这些技艺表演过程的呈现，既是美的展示过程，也是精神的超越过程，以及审美体验的外显过程。这些或许也可以帮助我们形象化地了解与这些匠人相类似的鲁班的技艺。

关于庄子的“技道合一”：

在对匠人技艺的描述中，庄子并不是单纯的仅对技艺进行描写，而是从这些技艺中悟出其中的“道”，发现技与道联结的奥妙。在庄子看来，技与道是相通的，技道相合。

道与技的关系，类似于道与艺术创造的关系，庄子对技艺的描写也是非常艺术化的，甚至于深深地影响了中国的艺术创作实践。所以庄子笔下匠人的技艺并不只是单纯的技艺，而且还是蕴含着合于自然之道的艺术创造。

庄子在《天地》篇中说：“通于天地者，德也；行于万物者，道也；上治人者，事也；能有所艺者，技也。技兼于事，事兼于义，义兼于德，德兼于道，道兼于天。”就是说，天是自然界存在的规律，符合道的活动应该是合规律、合目的的。技的特点是自然天成，正是这个自然性，才构成了技与道的相合。

庄子的描写，善于抓住匠人的神态，突出“神”之所在，匠人的技艺及其心态所透射出的是一种精神之美。匠人在操作时，达到了一种忘我的、无我的、物我一体的境界。

《达生》：“工倕旋而盖规矩，指与物化而不以心稽，故其灵台一而桎。”这个寓言是说工倕画方画圆，不用工具，只用手指一转，即无不合规律，原因即在于其“指与物化而不以心稽”，即指工匠画方圆时不凭心想，只是凭着手指与事物的规律完全一致的契合，交融便可成方圆。此处的“不以心稽”就是“忘”。这种“忘”是长期实践的结果，是一种审美创造活动，也是一种审美体验过程，只有“不以心稽”才能“指与物化”，达到物我两忘的境界，这是长期修养的结果。“忘”是一种化境，是一种得道的境界，也是审美的一种境界。

《达生》中佝偻之人的承蜩之术高明无比，其秘诀就是“用志不分，乃凝于神”，即精神高度专一，别无旁视，“虽天地之大，万物之多，而唯蜩翼之知”。这就是与蜩在心理上化而为一，而忘却了其他一切万有，进入了一种真正的化境。这种化境如朱光潜先生所说：“‘用志不纷，乃凝于神。’美感经验就是凝神的境界。在凝神的境界中，我们不但忘却欣赏对象以外的世界，并且忘记我们自己的存在。纯粹的直觉中都没有自觉，自觉起于物与我的区分，忘记这种区分才能达到凝神的境界。”

匠人的技艺都是长期锤炼的结果，其妙就妙在，只可意会，不能言传。轮扁斫轮，技艺之高超已经达到“得之于手而应于心”的境界，但他却声称其斫轮技艺：“臣不能以喻臣之子，臣之子亦不能受之于臣。”

技艺的锤炼过程已不是简单的生产劳动、手工技巧的表现过程，而是融入了“道”的内质，技艺操作者本人获得的是一种审美体验、审美享受，品味了全身心的自由解放。“庖丁解牛”就是一个典型的例子。如庖丁为文惠君解牛时，“手之所触，肩之所倚，足之所履，膝之所踦故，砉然向然，奏刀騞然，莫不中音：合于《桑林》之舞，乃中《经首》之会”（《庄子·养生主》）。庖丁之所以能达到游刃有余之境界，是“好者道也，进乎技矣”的结果。这些匠人的绝活，堪称是精彩绝伦的艺术表演，达到一种由技入道的境界，自由而逍遥，可谓出神入化。

总之，无论是鲁班还是庄子记载的匠人，都是效法自然之道，遵循道的法则。通过对工具的技术性的熟练操作，达到心神合一的佳境，是以我的身体的自然和工具的自然相应合，由此才能产生鬼斧神工的绝技。高超的技艺，出神入化、炉火纯青，其结果是达到一个高超的“境界”。在这种有境界追求的技艺里，技术并没有片面化为达到某一单个目的的工具，而是一种全身心的修炼过程。由技入道，是一种自由而逍遥的状态，它已经超越了单纯的劳动，也超越了单纯的产品，他们的工艺活动成了他们的存在方式，在制作过程中，他们领悟到存在的意义和自由的欢乐。因此，古代的许多工匠、艺人，他们所操持的手艺并非只是为了养家糊口，而是为了实现生命的价值和意义。

三、对现代技术的反思

研究鲁班技巧和庄子技艺思想的现代意义，就在于引起我们对现代技术的反思，警惕并遏制技术的非人性化趋势。当今世界，科学发展日新月异，然而唯科学主义的弊端也日渐显现，其中之一就是道与技的分离。在某些层面，科技的发展甚至已经危害到人类自身。令人遗憾的是，寥寥无几的匠人在今天已经成为“活化石”，能工巧匠也没有获得应有的尊敬，传统的技艺已经被现代技术的大潮所淹没。

在这一背景下，为了达成技术与人的重新沟通，我们需要对古代的技艺进行重温，这就必须打破现代社会对技术所作的狭义化和片面化的理解。而鲁班的巧技和庄子的道技给我们提供了积极的启示。

人的所有价值、尊严、理想、美德，都是建立在人的自由之上。“自由”是人之所以为人所最后持守的东西。“文化”一词印证了技艺与人文的同一性。英文的文化（Culture）一词来自拉丁文耕作（Agricultura），是原始的农业技术；而在中文中，“文”来自“纹”，是“装饰”，“文”又通“艺”，艺则本来指农事稼穑之技。可见，技术在原始意义上是与文化、艺术同一的。它们都起

"揭示"作用，一方面把世界带出来，一方面把人带出来。技术原本是一个"人文化成"的过程。

什么是技术？一般人们有两种回答：其一是说技术是目的的工具；其二是说技术是人的行为。流行的观点是把技术看做是达到目的的手段和人的活动，这是工具性的和人类学的技术定义。这种观点把技术视为中性的，即技术本身不需要对技术造成的后果负责，技术所带来的好处或危害都是由使用技术的人造成的。

与传统技术（Technic）相比，现代技术（Technology）有两个特征：第一是规模宏大、形成体系和建制，尤其体现在工业制造业和商业运行方面；第二是现代科学高度的渗透，使得现代技术看起来像是现代科学的一个应用部门。

现代技术以其单一化、专业化和系统化特征，而成为一种巨大的异化力量。前面已经提到，人性的核心是自由，技术从根本上应该是成就和实现自由，使自由成为一种现实的力量。但是，技术在成就自由的同时可能会构成对自由的威胁，这是一个基本的悖论，也是一个内在的张力。但是，现代技术打破了这个张力，片面地放大了"成就"的方面，而掩盖了"威胁"的方面。

技术与技术的本性，这是两个不同的事情。技术是存在者，而技术的本性乃存在自身，这是基于本体论的区分。技术有各种具体表现形式，有各种具体技术类型，机械技术，电力技术，计算机技术，生物技术，等等。技术的本性却不是技术本身，技术的本性是那个使技术成为技术的东西。

海德格尔认为，工具性的和人类学的技术定义虽然正确，但并不能揭示技术的本性，而且还遮蔽了技术的本性。真理是原本就存在于自然之中，只是被遮蔽而未开显，而技术就是对真理的去蔽，作为带出真理的一个工具。人们一旦设置、彰显了某些真理，却也同时遮蔽了某些真理，因此，只有通过不断地解蔽，才能让原始的本源开显出来。

海德格尔在《技术的追问》一文中，描述了现代技术的特点：一是产出，一是解蔽，同时也是一种遮蔽。其产出的方式正是将外在世界以可计算的方式表现出来并加以掌控。例如我们对天气的理解，是通过温度、湿度、降雨量、气压等计量刻度与符号来进行的，否则就无法理解天气。这说明两点：一方面，这意味着对自然的掌握是通过精密的畴算；另一方面，这也意味着一种遮蔽，因为不透过这些，就无法理解天气。

技术的本性是去蔽，去蔽的同时又遮蔽。那遮蔽的就是那尚未显现的。这也就是技术为何总是不断发展的原因。海德格尔认为，去弊贯通并统治着现代技术，正是技术的去蔽把事物带到人的面前。技术作为一种去蔽方式，也是一种真理，但这种技术真理却不是本性的真理。现代技术同样是一种去弊，去弊贯通并统治着现代技术。但是此去弊不是自然自身展现意义上的产出，而是一种挑战性的展现，它是“逼迫”（Herausfordern），这个“逼迫”向自然提出强硬的蛮横要求。现代技术就是逼迫、强制、能量的储备、运转、设置与设定。而这些特征都是与古代的手工技术根本不同的。

如将莱茵河筑坝发电，将地下的煤与石油用机器来开采挖掘，这些采掘与贮藏都是“逼迫”，是人对物的设置和设定，是按照人的需要对自然物的控制，要求自然提供本身能够被开采和贮藏的能量。例如，要求自然提供本身能够被开采和贮藏的能量等资源。古代的风车却不是这样的，风车的叶片是在风中转动的，它们直接地听任风的吹拂。但风车并没有为了贮藏能量而开发出气流的能量。

技和技术都是人加工物、改造物的活动。在这个活动中，人来制造物并加工物，这使技术的根本意义表现为制造和生产。技术就是要制造一个原来并不存的物，亦即人工之物，显然这个物并不以物自身为目的，而是以人为目的。于是，技术成为了人的工具或手段，人借此来服务于自身的目的。

但庄子讲的技具有独特的意义，它是人用手直接或间接与物打交道的过程。作为手工的活动，技在汉语中通常被理解为“手艺”或“手段”。那些掌握了某一特别手艺的手工活动者成为了匠人，如鲁班。手是人身体的一部分，技因此依赖于人的身体且是身体性的活动，但人的身体自身就是有机的自然，是自然的一个部分，技因此是被自然所规定的，即依赖于自然，不能摆脱其天然的限度。技作为人工要合于自然，即人的活动如同自然的运动，如庄子所谓“道进乎技”。由技所制作的物虽然是人工物，但也要模仿自然物。庄子所理解的技是被自然所规定的人的活动。但这样理解的技依然不是自然本身，相反它会遮蔽自然，也会遮蔽物本身。

与鲁班和庄子的技不同，海德格尔讲的技术不是手工制作，而是现代技术，即机械技术和信息技术等。在这些技术中，人的身体的作用在技术过程中已经逐步淡化了，不再起决定性的作用。现代技术远离了人的身体和人的自然，日益成为一种独立的超自然的力量，技术一方面是作为人的工具，但它也把人变成它的工具。人将万物变成了被设定者，同时人自身也被设定。技术世界的最后剩余物只是可被设定者，人和物都成为了碎片，而碎片都是同等的，因此也是可置换的。

在技术世界里，树木已经不是那个自然生长的原始森林，不是自然界慷慨的馈赠，而是人工种植的景观，可以买卖的资源。就连人们吃的鸡鸭也是来自车间的生产线。工业化养殖的产品被登上媒体广告，广告刺激欲望，欲望刺激消费，消费又刺激生产，最后带动的仅仅是 GDP 数字的增长。

现代技术的前提与基础就是“设定”(Stellen)。所谓设定就是从某一方面去看待某物，取用某物。现代技术设定自然，挑战自然。现代技术所代表的一方面是人类“权力意志”的无限膨胀，另一方面是技术理性的无所不在。权力意志表面看来是人的自由的一种实现，其实是“自由”的一种堕落。如果自由意志(Free will)变成了权力意志（Will to Power)，就意味着自由屈从于权力，这正是技术时代里技术理性一统天下的真相。

技术理性就像是一张巨大的网，把一切都纳入自己的瓮中。海德格尔把这个瓮称之为“座架”（Gestell，Enframing)，“现代技术之本性居于座架之中”。座架构成了技术的本性，把一切都归入了一个无“差异”之中，从而使现代技术彻底成为一种“非技术”的东西，这表明了技术的本质与技术之间的异化。原始技术那种保持“差异”于“缝隙”之中的微妙精神全然丧失。

在人的技术活动中，从表面上看，好像人是技术的控制和操纵者，但实际上是技术控制人，人要服从技术的需要。座架支配着现代技术，也支配着现代科学。在技术时代，整个世界处于技术的支配下。技术主义把人和世界都置于技术的设置中。人在技术的统治下已经身不由己。

或许，从鲁班和庄子那里，我们可以得到如下的启示：我们人类可以运用自然之物和自然之力，这是人类生存的需要，但不能违背自然之道，伤害大自然；我们需要创造和发明工具，我们也需要发展现代科学，但不能因此改变人的本性，变成工具的奴隶。只有这样才能重返人类久违了的诗意的生存。

参考文献

1. 朱光潜：《文艺心理学》，复旦大学出版社 2005 年版。
2. 〔德〕海德格尔：《基本著作》，哈普和劳出版社 1977 年版。

鲁班文化的田野调查

王　中

田野调查是“直接观察法”的实践与应用，是为开展研究取得第一手资料的首要步骤。一般多属于考古工作的术语与方法，其他行当也学习采用，特别是非物质文化遗产的保护、开发、研究、弘扬引起人们的重视以后，掘地三尺的“文物考古”已经拓展为传说民俗、风土人情的挖掘采风。其实，每个人，不论年龄大小，阅历深浅，职位高低，都曾经有过有意无意的田野调查行为，谁没听人讲过几个民间故事？谁不能哼唱几句古老优美的民歌呢？

人们常说，不可班门弄斧，又说，弄斧必到班门。折中一下那就是班门探斧、班门问斧。这些年，我通过大量的田野调查，试图告诉人们一个大家可能还不知道的鲁班，一个传奇的鲁班，老百姓心中的鲁班，并从中认识鲁班文化的当代价值。

鲁班是谁，谁是鲁班

鲁班，姓公输，名般，春秋战国鲁国人。古今对他的称誉甚多：工圣、匠圣、智圣、巧圣、百工圣祖、师祖、祖师、先师、仙师、中国科技发明之父、鲁班爷……

鲁班爷的叫法在鲁班老家的灵山脚下最普遍。我的外祖父家是木匠、我的邻居大哥是木匠、邻村家家户户都是木匠，他们茶余饭后，谈论最多的就是鲁班。我的木匠乡亲们，平时对直呼“鲁班”视为大不敬，忤逆不道，他们从来不管鲁班叫“鲁班”，都是一口一个“祖师爷”、“鲁班爷”。至今如此，几乎成了一种风俗和文化现象。

鲁班复姓公输，为什么会叫鲁班呢？关于鲁班的身世，众说不一。有说是侯门公族的，有说是匠门传人的，有说是草根平民自学成才的，甚至也有说他是神、不是人的。他究竟出生在哪里呢？已故著名哲学家、中国墨子学会名誉会长任继愈教授，历经多年考证，最终得出了结论。他说“滕州市古为三国五邑之地，春秋战国之际曾为鲁国属地，除了史书记载墨子与公输班的一些交往之外，从鲁班的身世、生活的时代背景和地理环境，滕州的古地名史志资料和考古文物，鲁班的发明创造与滕州的古代科技成果，滕州的民间传说，当地保留的一些遗迹，墨子与鲁班的关系等等多方面综合分析，可以论证：滕州为鲁班故里”。

对于“鲁班不姓鲁”的问题，乡亲们说，他明明姓公输，怎么会改姓，姓“鲁”呢？如果当年鲁国真有把国姓赐给贡献大的人的规定，那也该先赐给孔子。如果鲁班真姓鲁，为什么在鲁班故里、鲁家寨鲁家的家谱上找不着“鲁班”的名字呢？

鲁班生活的年代是奴隶制逐渐瓦解，封建制尚未完全形成的历史间隙，奴隶与工匠得到了稍许的喘息。对于鲁班不姓鲁的问题，也许是因为那时候的工匠外出打工，也跟现在一样，一拨一拨的，张家寨的叫“张家班”，王家寨的叫“王家班”，鲁家寨出去的就叫“鲁家班”。天长日久，就“张班”、“王班”、“鲁班”的互相叫起来了。

英雄不问出处，对圣人更不用问出处。关键是要清楚鲁班爷究竟给我们留下些什么，我们从中应该传承什么、弘扬什么。

大家留书，巨匠留物

鲁班爷到底发明创造了多少东西，至今，谁也一口说不上来，一般常讲的，大致有工具类、食品加工类、机械类和其他。

首先，工具类：锯、刨、锛、锉、凿、钻、铲、曲尺、墨斗。因为鲁班最早是木匠，所以先发明了一些木工工具。后来被金、银、铜、铁、锡、石、编、雕、瓦、漆……九佬十八匠，三百六十行都拿去用了，就成了工匠们的通用工具。现代人把那些工具的作用组合成多功能的大中小型机床，用于造汽车、轮船、飞机、卫星等，时刻都离不了。这些工具当中，功用最大者应该首推墨斗，规矩绳墨嘛。平常好讲“以法律为武器，以事实为准绳”，这个“准绳”，就是墨斗里能扯出来的这根线。老一代工匠管墨斗叫“班靴”，这不单是指它的造型像只靴子，言外之意是教人穿上鲁班的鞋，好规规矩矩地走路。

其次，食品加工类：臼、碓、碌碡、碾、磨。这当中臼、碓、碌碡，虽不是鲁班的原创，但他作了很大的改进与完善，并在此基础上，创造发明了现在还能看到的或仍然还在使用着的碾与磨。

再次，机械类：云梯、钩拒、辘轳、风箱、门锁、门栓、雨伞、飞鸢、木车马。时到今天，当初可升可降、可推可移的登城云梯，已经改造成了消防云梯；活塞式风箱已被改造成了各式各样的鼓风机；门锁上的钥匙依然出现在大家腰带上的钥匙串里。不同的是当初的木车马，已改名叫了“宝马”。不论叫什么“马”，它的祖先都是鲁班造的木车马，后来诸葛亮造的木牛流马，则属于后继发展。鲁班爷一辈子缺乏维权意识，所有的发明创造，不知道申报专利，落下许多“后遗症”。例如鲁班爷发明的钩拒，后来演变为民间流行的“施钩之戏”，到了唐代，正式定名为“拔河”。但在韩国举行国际拔河节时，非要把“拔河”申报为他们的世界非物质文化遗产不行。幸亏在韩国的中国留学生，湖南浏阳姑娘熊梦霞，红颜一怒，当场痛斥揭发。说起这事来也难怪，悔不该“文革”后，我们恢复祭孔大典的时候，到韩国去录制文庙祭孔过程和礼乐，给对方造成错觉，所以他们连中国的道教、汉字、风水、中医、端午节、浑天仪、豆浆发源地都想拿去抢注。归根结底在此之前，在保护非物质文化遗产方面，我们缺乏强大的社会凝聚力和持续的推动力。

最后，其他类：石刻、木雕、日晷。石刻，源于鲁班，第一幅沙盘式的九州图，就是他的作品。木雕艺术也源于鲁班，是他“无心插柳柳成荫”的成果。伙计们一块干活，一个叫王班的人把好料都挑走了，剩下的孬料，经鲁班一刬一镂，就成了活生生的花鸟虫鱼，人间从此有了木雕。鲁班故里有句古语，叫“再灵，灵不过灵山；再巧，巧不过鲁班”。

人过留名，雁过留声

中国历史上的名人，能给后世子孙留下如此丰硕科技成果的，鲁班爷是第一人；能留下无数深入人心、誉满天下的美好传说的，鲁班爷也是第一人。这些年，仅从我力所能及的田野调查采风中，搜集到的鲁班传说，就有50多篇，已结集出版25篇，其余部分正在梳理充实。

大量的鲁班传说，就内容来看，有师从自然、刻苦钻研的，如鲁班上山伐木，被齿茅草拉破了手，被螳螂啃了一口，回家就反复琢磨，终于造出了世上第一把锯子；从啄木鸟啄木，造出了世上第一把凿子；看见妹妹头顶荷叶遮阳，造出了雨伞和凉亭。传说有乐于助人智胜邪恶的，如“飞斧斩椽”的故事。

鲁班是职业教育的鼻祖，传说中有不少是对徒弟循循善诱、进行素质教育的，如“鲁班爱徒”。说的是他常常亲自下厨给徒弟做饭，最拿手的是“青菜配黄豆”的菜豆腐，后来人称“师傅菜”。“青菜配黄豆，强似鱼和肉”，又当饭，又当菜，又健身，又养生，至今还在鲁南的餐桌上有重要位置。他带徒弟知冷知热，家长都愿把孩子托付给他。不过，他定的规章制度很严，只要开春上了山，一干就是一年。徒弟们想家想得厉害，情绪波动很大，鲁班一不训斥，二不惩罚，想了个人性化的教育方法，课余时间，让徒弟们满山遍野各自寻找长得跟自己老娘形象差不多的婆婆石，像照片一样，摆放在各自的床头上，时间一长，徒弟们就觉得自己生活在老娘身旁，就都安下心来了。学徒期满临下山的时候，问题来了，谁也舍不得把“老娘”留在山上，于是都背到山下，安放在门前村头，拜称婆婆石为干娘。多个母亲多份爱，保佑全家平安吉祥，保佑代代子孙天天向上。

传说不是传奇，风俗形成文化。千百年来整个华夏民族，“认干娘”的习俗，就是这样流传下来的。

田野调查触摸到的“鲁班圣迹”

1. 鲁班造磨处

人心形成口碑，口碑砌垒丰碑。打开鲁班的传说，虽然时过两千多年，但是大多数还能在今天的现实生活中得到印证，做到远古与现代的链接。史书记载“公输作磨”，民间传说“鲁班造磨”。在对“磨”的田野调查中，我终于找到了基本可以认定的两个鲁班造磨处，一个在滕州市界河镇灵泉山腰，一个在滕州市龙阳镇龙山村前。

滕州人的煎饼情结历来都非常浓厚，而做煎饼离不开石磨，做磨离不开磨石，最适合做磨的石头产在滕州的灵泉山、龙山。龙山脚下，至今还叫“百家石”的地段，相传就是鲁班率领百家石匠，搞“大兵团会战”的地方。石磨就是从这里进入寻常百姓家的。

石磨出现之前，人们对粮食的加工，非常粗放。薯类烧着吃，豆类烤着吃，高粱整穗整穗地煮着吃。鲁班点石成磨，带来了粮食加工的大革命，把人类一下子推进了“食不厌精”的饮食文明。当意大利的美食家面对由石磨演变成的电力石磨时，不禁惊叹远古与现代的科学巧妙结合真是天衣无缝。

2. 鲁班井

前人栽树，后人乘凉；鲁班造福，子孙分享。“鲁班离地看三尺”等传说，都是讲鲁班打井的故事。自有人类以来，许多地方的吃水问题一直是困扰百姓的大事，现代科技如此发展了，不是还有一些地方横竖打不出井，喝口水还得求告老天爷吗？鲁班打井定井位的绝招是“日落碗扣地，日出看水气”；在山地和沙滩的施工方法是“软地下盘，硬地穿岩”；安全防范的方法是“留蹬掏洞，救人活命”；改善水质的方法是“井边种药草，长生不会老”。寻访现存依然使用的古井，大都符合这些口诀的要求。枣庄市山亭区冯卯镇九老庄村的一眼古井，就因为井口四周种植了枸杞、葛根，根扎黄泉，水好养人,一度出过九位老寿星,故名“九老庄”。

3. 鲁班碌礴堤

对照鲁班的传说，在今天还能找到的圣迹中，滕州市界河镇鲁班碌礴堤，就是很好的一例。滕州、邹城两市交界的界河，古称白水河。在鲁班出手治理之前，年年山洪暴发时，波涛滚滚，泥沙俱下，常使两岸人民流离失所，无家可归。当时鲁班率领弟子们在灵山打磨，看到这一惨状后心想，只有在两岸筑起石头大堤才能制服这匹野马，保住百姓的田园。但是这么多的石头，怎么往山下运呢？他瞅着一盘盘圆圆的石磨，想起了让石头“自己长腿自己下山”的办法，于是便打制了 3000 个圆滚滚的大碌礴，往下一放骨骨碌碌顺着河岸滚下去，垒成了铜墙铁壁式的河堤。用碌礴筑堤又省运力，又减缓激流的冲刷力。鲁班用超人的智慧和精湛的技艺，打造了这举世无双的变水害为水利的工程。2007 年 12 月，我特意邀请了一位考古专家去做认证，他说这比李冰父子建造的都江堰水利工程还要早二百多年。遗憾的是，3000 个碌礴，查了查，只剩下 215 个了。

4. 鲁班工匠院

一村一寨的工匠们，集合在一起共同做工的院落叫工匠院。张家庄叫“张班工匠院”，王家庄叫“王班工匠院”。千百年来，我们的先人赖以生活、生存所用的各种铁木石器、农具家具，都是从这些工匠院里走出去的。

如今鲁家寨的鲁班工匠院，大门、围墙仍然存在。半个世纪前被毁掉的鲁寨龙头凤尾大石桥，就是鲁班工匠院的班门弟子们建造的，有两块雕刻着梅花鹿的浮雕给人印象很深。1958 年“大跃进”的时候，桥被拆毁了。2006 年年初，鲁家寨村的干部领着我，在村前一家工厂的围墙墙基里，找到了那两块“鹿鸣梅园”的浮雕。转眼到了2008年4月底，我再去时，石雕不见了，被掏空的墙洞里，填塞了水泥的砌块。在遗产遗失的遗憾中，让人不得不感叹，传统文化一旦失去了保护，其毁灭的速度，是何等的惊人。

上海世博会上的“鲁班元素”

2010年，中国有一件可以载入史册的大事，那就是上海世博会的举办。我理解的世博会好像就是两千多年来，弄斧班门的才艺大比武——中国庙会，看谁更巧更聪明。这次世博会中国馆的设计创意是“城市发展中的中华智慧”。因为中华智慧的代表理应首推“百工圣祖”“鲁班先师”，所以标志性的中国馆大门选用了“居中升起，层叠出挑”的建筑方式，弘扬放大了鲁班发明的“斗拱”技法，成为中外观众一致认可的凝聚中国传统建筑艺术、象征中国精神的雕塑感造型。由于形状酷似一顶大帽子，因此被命名为“东方之冠”，成为世博会园区的点睛之笔，呈现出当代庄严祥和的大中国形象。

出现在世博会上的第二大“鲁班元素”，是以现代光电技术形式制作的鲁班锁。鲁班锁即八卦锁，也叫憋闷棍、六子连方、无奈何、难人木。相传鲁班老年得子，取名留根。按说，“门里出身，不会也通三分”，谁知这个孩子被母亲惯得好吃贪玩。他爹叫他跟着学点木匠活，他毛里毛糙，拉锯下线，锛木头砍腿。一天老两口又为孩子的事别扭起来，老婆说：“玩孩，玩孩，正是贪玩的时候。”老头没好气地伸手拽过来一根木条，咔咔地截成六段，凿了几个豁口，拼装了个物件，说：“玩，玩，我看他玩也不会玩！”留根不服，接过来半夜没拆开，拆开了，半夜没装上。这个难拆又难装的物件，就是鲁班为了测试儿子的智商发明的益智玩具——鲁班锁。

留根玩的鲁班锁由六根木条组成，三维拼插，内部凹凸咬合，外观严实合缝，十字立体，可拆可装。鲁班将其结构原理用于建筑，成了中国古代建筑业首创的卯榫结构的起源，衍生了七巧板、九连环、四喜人、华容道等古典玩具。可别小看这些小打小闹的小玩意，它涉及数学中的几何学、运筹学、图论等多门学科。当年七巧板传到国外风行世界时，被洋人尊为“唐图”，后来他们又将此类玩具统称为“中国人出的难题”。鲁班锁远渡重洋走出国门后，以其魔力征服八方，被洋人改形改名叫了“魔方”，但其内部卯榫结构的核心，至今未变。追根求源，从鲁班锁演变成魔方的渊源上来讲，教子有方的“方”似乎也可以算得上魔方。鲁班锁给全人类不同肤色孩子的童年，带来了愉悦与智慧，使他们在快乐中成长。所以，我们说鲁班是中国的，更是世界的。

人因物而不朽，物因人而著世，鲁班元素无处不在。法国的埃菲尔铁塔巍巍峨峨，看上去稳如磐石，壮观神奇，但只要你稍加剖析，就会恍然大悟——整个铁塔的设计，原来是与两千多年前鲁班爷创造发明的“四腿八叉”，也叫“四腿八炸”的建筑结构模式相契合。形象点表述，就是大马杌子、小板凳。你想象一下，那座身高三百多米的铁塔，实质上不过是下边放个大马杌，中间夹个小板凳，上面支个电工梯。因为这三种东西都是四条腿往八下里叉开，故称“四腿八叉”。

班墨不分，千古一对好弟兄

说鲁班离不开墨子，讲墨子离不开鲁班。二人是同乡同代、同窗同师的一对好兄弟。从滕州去济宁需经过洪山口，墨子“染于苍则苍，染于黄则黄”的名篇《所染》，就是在那里写的。所以，山口南的那个小山叫染山。人类第一个飞行器——木鸢，就是鲁班和墨子在那儿发明、放飞的。所以史学家在研究这段历史时明确提出“班墨不分”的观点。季羡林先生曾题词称颂道：“墨子鲁班，善国双圣。”今日滕州市是春秋战国时期的滕小国，“善国”是孟子对当时滕文公施行善政的褒奖。“班墨不分”，从他们共同演绎的重大历史事件“止楚攻宋”中，就可以看出他们的真挚友谊和做人做事的崇高道德与操守。

班墨“止楚攻宋”的历史大背景是“春秋无义战”，而墨子是极力主张“兼爱非攻”、反对相互杀伐的和平使者。鲁班在冷兵器的制造上独树一帜，是各种势力都争相拢夺的特殊人才。非正常的时局给这一对好兄弟埋下了矛盾的伏笔。当墨子听说鲁班应楚王之邀，为其制造攻打宋城的云梯这一消息后，坐不住了，为了制止箭在弦上的一场恶战，不惜摩顶放踵、裂裳裹足，十天十夜赶到楚国找到鲁班，并最终说服鲁班，使他出手按动了云梯上的机关，云梯轰然倒塌，击溃了楚王灭宋的美梦。班墨兄弟二人携手并肩、引吭高歌，向全人类发出了天下为公的呼吁：“何时能国与国不争，家与家不抢，人与人不斗，民与民不伤，老幼尊卑平起坐，强弱众寡同相帮，国富强，民安康，再现那天下大同尧舜禹汤。”

“千秋一对好兄弟”成为历史上由个人制止了一场战争的首例。要知道能做到这步是多么的不容易。那一刹那，鲁班出手毁掉的云梯，是自己倾注半生心血的科研成果，豁出去的风险可能会招来杀身之祸。如果我们试让今人和古人换位思考一下，一个搞原子弹的，能愿为人类的幸福，亲手销毁自己制造的原子弹吗？

今人做不到的，古人做到了，即使有些古人没做到的，鲁班爷也已完全做到了。核技术的发明，使人类终于拥有了完全可以毁灭人类自身的能力，对此“能力”，是任其蔓延还是抵制，才应是我们从鲁班文化和鲁班精神中寻找的答案。

泽被苍生，薪火相传

做人不能没有良心。生活在前人打造的平台上，不能“日食其惠而不知，坐享其成而不觉”。天不生仲尼，万古长如夜，天不生鲁班呢？假如没有鲁班和鲁班式的先贤们，大地上能有楼房宫殿吗？厨房里能有细米白面吗？所以，在圣人排行榜里，生前拥有众多粉丝的是鲁班，身后享有众多庙宇的也是鲁班。“泰山神多，灵山庙全”，中国人民历来把建祠立庙作为对先贤的永久性纪念。凡有华人居住的地方，一般都有鲁班庙。据不完全统计，现在海峡两岸大大小小的鲁班庙有两万多座。本世纪之初，鲁班研究的新篇章揭开之后，界河灵泉山下建筑队的泥瓦匠们，自愿捐款集资，在“鲁班第一造磨处”恢复重建了鲁班功德堂。

而今鲁班故里的百万人民，怀着“愧对先人，不能再愧对子孙”的歉意和不安，在战争年代惨遭毁弃的城内鲁班庙旧址上，修建了有史以来内容最为丰富的鲁班纪念馆。馆藏鲁班的智慧结晶四千余件，满地丰碑满馆史诗，这成为海内外炎黄子孙寻根谒祖的难得场所。在宝岛台湾，鲁班庙、鲁班祠、鲁班会、鲁班馆香火升腾，随处可见。歌手罗大佑的家乡台北彰化县鹿港镇，云集了大陆各地的能工巧匠，他们选择了更为积极向上的传承方式，所组建的建筑公司，私立的中小学校，多以“圣匠”、“巨匠”冠名。我问他们“匠”指何人？答曰：“祖师鲁班。”闲聊中他们不无得意地表示："千里做官，不如学做鲁班。"这里除了饱含他们的思乡之情和怀祖之心外，如果"移植"成大陆人的思维，似乎是孩子将来即使考不上北大、清华，混不上一官半职，只要能成"鲁班"，同样是不错的。

数典不忘祖，饮水必思源

在田野调查中，鲁班爷留下的成果、传说、圣迹大量呈现在我们面前，至今还在故里流行的，主要有五月初七"过二年"、盖屋上梁等鲁班风俗。

先说五月初七"过二年"。鲁班爷生在五月初七，走在五月初七，生卒同刻，生日也是忌日，喻示生生不息。乡亲们说，这是天意。于是就是把这天定为鲁班的寿诞节，当做春节大年后的"二年"来过。

过二年的隆重程度不亚于过大年。每到这一天，他们停工在家，里里外外打扫得干干净净，堂屋内挂圣像，悬金匾。庭院中的香台，搭建成庙式天棚，棚外插满了青竹松枝，棚内供奉着"鲁班祖师爷之神位"的灵牌。牌前摆放着瓜果蔬菜之类的祭品。棚门两侧排列着锛凿斧锯，一件件擦得锃亮。待东方欲晓，烧纸放鞭炮时，举家按长幼排序，行跪拜大礼。日出后，同行之间相互走动，问候祝福。而那些只以务农为生，不属于匠作行里的农家，就在碓碾碌磨、犁耧耩耙等器物前烧香叩头，作为对鲁班爷的感恩祭奠。

"大年不大过，二年不小过。"鲁班故乡人对他的敬重，已经融入为地域文化，可惜这一敬祖尊师的宝贵传统，在四十多年前的一场历史浩劫中，被当做牛鬼蛇神横扫了。不然，眼前的一些年轻人哪能学得只知父讳不知爷名，跟患了健忘症似的呢！

再说盖屋上梁等鲁班。在乡间农村，对普通百姓来说，盖屋建房跟结婚生孩子一样，是一辈子的终身大事，特别慎重，一定要请鲁班爷家来“坐阵”。如果阴阳大先生给选定的起架上梁的时辰是早上，主家要张贴“鲁班来得早，此刻上梁好”的吉言楹联；如果占卜的时间是下午，内容就要改为“鲁班来得迟，正是上梁时”；如果不早不晚那就成了“鲁班来得巧，此刻上梁好”。由此可见人们对鲁班爷的依赖之情多么诚挚殷切。

孔夫子号称“三千弟子”，公输子究竟有多少门弟子，恐怕也不止三千吧？但班、孔两门相比，班门弟子“弄斧”弄不了笔，所以不能像孔门弟子那样，你一句我一句地凑成一本子语录体裁式的《论语》，班门弟子只知用“锛凿斧锯安天下”，却没留下祖师爷的只言片语。一部《鲁班经》还是元明时期的民间匠人，伪托鲁班之名所作。且受时代局限，于技术传授中夹杂了许多“怪力乱神”。再加上历代统治者及许多文人墨客，认为“百工之人，君子不齿”，《吕氏春秋》中说得更直接：“宫室已成，不知巧匠，而皆曰善，此某君某王之宫室也。”意思是说庙堂虽然很辉煌，但是光知道是谁在里面“办公”，至于是谁盖的，就不管他了。这样势必造成冷落甚至遗忘了真正造福世人的鲁班，以至多少年来几乎没有一人对他“道法自然”的创新精神和原生态的创新成果，进行认真的研究。直到今天，有些以“土木工程”为品牌的名校，教出来的学生，竟然不知建筑鼻祖为何人！

一种民风的形成是漫长的，一种民俗的恢复也是漫长的。如从前城乡各地一年一度以展现班门技艺为主的“鲁班庙会”，在半个世纪前被封杀后，就一直难以恢复。

大德成器，大器福民

鲁班是中国的牛顿、爱迪生，鲁班是中国的达尔文、诺贝尔。鲁班是以规矩成方圆的人，而且他的道德水准远远超过了他的科技水平。

前几天，有人突然找上门来，从包里掏出一个物件，说："你是研究鲁班的，你看看这是鲁班造的不？"我接过一看说："和鲁班锁一样，这是卯榫结构的一种延伸和应用。一开始是用竹子削的，样子像蒺藜样，怎么放都有个尖朝上，叫竹蒺藜，后来换成铁的了，叫铁蒺藜，用来阻挡来犯之敌，算是个小型冷兵器。"来客接着说："这东西被摆上高速公路了，一夜扎爆了十来辆汽车的轮胎，差点车毁人亡，无异于谋杀！"听罢，我马上辩解道："这可不能怪鲁班，要怨只能怨现代人光有修高速路的科技水平，还不具备享受高速路的那份德性，是科技、道德不同步造成的恶果。就像一个人有驾照、没车德一样。再说你拿的这种也不是鲁班造的。鲁班造的个个上面都钻了个眼，用绳子串起来，敌人走后一拽绳，不管是布在路上的还是撒在河里的，一个不落地全都能回收起来。他担心仗一打完，孩子们跳到河里洗澡，扎了脚，伤了人。鲁班爷想得多周到，多长远。而今的同胞们，让人怎么说好呢？这铁蒺藜摆上高速路，比三聚氰胺、瘦肉精、地沟油还坏，比楼歪歪、桥塌塌还毒！"

我们要反思反思、扒拉扒拉，"铁蒺藜"的根扎在哪里？扎在传统文化、传统道德的断裂上了。它使我们否定了自己的历史，也破坏了人性和基本道德。而我们对这些致命的内伤还没来得及医治，就转身接受了浅表的物质文明，披上了华丽的外衣。能不功利吗？能不浮躁吗？硬件与软件的差异与错位，使历史的血脉里流淌的已不是道德的血液，这才造成今天纵穿孔孟之乡的高速路上，生长了罪恶的铁蒺藜。

没有传统就没有今天，如果我们容忍看得见和看不见的铁蒺藜布阵社会发展的高速路，那么我们建造的摩天大厦就会失去牢固的地基。有钱不一定有德，仓廪实未必知礼节，发明创造也要讲道德。鲁班爷留下的东西，哪样给子孙留过隐患、撇下过灾难？没有，一件也没有。他“技高一尺，德高一丈”，道法自然，泽被苍生。道与德的高度结合，贯穿了他自主创新的一生。是把鲁班锁请上课堂，启迪孩子的智慧，还是容忍铁蒺藜布阵高速路，这是两种截然不同的道德水准，也是事关民族生存发展的大事。硬件发展要给孩子们留条活路，软件建设要给子孙们长点脸面。我们强调科技强国、教育强国，科技与教育都属于文化范畴，全面讲应该是，以社会主义文化强国，以社会主义文化兴邦。

时代呼唤文化，文化凝聚力量

法先人，为今人；光大先人，还靠后人。班门弟子走天下，自主创新“金饭碗”。在今天，非物质文化遗产正在逐步成为创造物质、精神两个文明的无穷资源。我们的鲁班爷虽然一辈子没学历、没关系，也没有弄成“农转非”，评选“院士”的时候也没有人去找他，但是他的创新精神却是真正的铁饭碗。

有一个原本并不富裕的村庄，在一个大学生村官的带领下，将卯榫结构的鲁班锁开发成了儿童玩具，使留守村内的老人和妇女，不出家门就可以挣到工资。还有一所职业学院，开办了鲁班文化节、鲁班大讲坛，以鲁班文化为校园文化，为职业教育探索了一条新路。有一群人，正以鲁班所造的辘轳为基础，研制“高层建筑逃生云梯”，这将填补世界高层逃生的空白。一个热衷于鲁班研究与实践的青年朋友，受鲁班造锯的启发，结合石雕工艺、养生理论，选择药用砭石，研制出来一种石头梳子，还能兼做刮痧板，一敲叮当响，拿在手里沉甸甸的，不像那化学的、塑料的，梳回头中回毒。两千多年前，鲁班造梳子是用竹子做的，竹梳谐音“祝福”，祝人福祉绵长；两千多年后，用他的思路造出石梳，是让大家享受“石打石”的幸福。

鲁班之前无鲁班，鲁班之后学鲁班。今日班门，二十万班徒闯天下，承包世界各地的大型工程。乡亲们曾让我给远在五大洲的建筑队小伙子们写支歌，我以“班门传人走天下”为题，写下了这么几句：“风不怕，雨不怕，一把瓦刀腰上插。没房，给你盖房；没家，给你安家；老祖宗创的金饭碗，班门传人走天下。心多大，地多大，一把瓦刀腰上插。手起，大厦高楼；手落，彩虹飞架；地球是村国是家啊，班门传人走天下。”

鲁班精神：中国人的一座精神家园

历史是根，文化是魂；人人有责，守望班门。

鲁班是中华民族优秀传统文化的载体，是属于全中国人民的一张独特的历史文化名片。他既不需要推举到神位被人顶礼膜拜，也不需要人为地提升、违心地吹捧、被涂抹以政治油彩，因为他永远留驻在我们的心田，永远是人民的鲁班爷。作为“匠”，他巧技制器，怀匠心；作为“师”，他授业解惑，至善育人，严师道；作为“圣”，他创制垂法，博施济众，汇聚圣德。匠心、师道、圣德集于一身。尽管他没有给我们留下鸿篇巨著，但古往今来，我们的民族更为注重物质、精神文明的实物与生产，更为看重原生发明、自主创新的“金饭碗”，更为崇信敦风厉俗、轨物范世的“无字经典”，更为相信“人格才是真学问”。

承先圣，正人心。历史是根，文化是魂。如果我们能以身代薪，守望班门，做事像鲁班那样，就能做好事、做大事；如果我们厚重克己、进业修身，做人能像鲁班那样，就能成好人、成正人；如果我们写文章、绘蓝图，也能像鲁班做事做人那样，人间的幸福就会更美好，时代的画卷就会更壮丽。

规规矩矩道贯古今昭日月，巍巍堂堂仪刑瀛寰映山川。世界需要鲁班，未来需要鲁班。鲁班大哉！大哉鲁班！

对滕州鲁班文化建设的若干实践与思考

鲁开国

一、鲁班研究在滕州

鲁班是我国古代一位杰出的发明家，是木石、建筑等行业的奠基者。两千多年以来，他的名字和有关他的故事，一直在人民群众中广泛流传。我国乃至世界的土木工匠等行业，都尊称他为"祖师"。滕州市作为鲁班故里，始终坚持以传承、弘扬鲁班创新精神为己任，早在十多年前，就发起举办了"学习鲁班，自主创新"的大型征文活动，并去北京专访了国学大师任继愈先生，发表了《国学大师谈鲁班》等文章，吸引了国内外数十位有影响的专家学者纷纷撰文，并且潜心研究鲁班文化。2010 年 5 月滕州市成立了国际鲁班研究会，开设了中国鲁班网，建立了鲁班渔村，更名开设了鲁班饭店，建设了鲁班功德堂，加大了对鲁班造磨处、鲁班堤、鲁班桥、鲁班工匠营等历史遗迹的保护力度。排演了大型历史剧《墨子与鲁班》，编写了滕州历史文化丛书《善国双圣》，出版发行了《鲁班的传说》，随后"鲁班的传说"被国务院列入我国首批非物质文化遗产项目。学术泰斗季羡林先生题词"墨子鲁班，善国双圣"，国学大师任继愈先生也留下了"滕州一地有墨子、鲁班两位伟人，足以为地方文化添光彩”的墨宝。近年来，中央电视台《百家讲坛》、山东卫视《新杏坛》分别播出了著名学者钱文忠《班墨传奇》系列节目和纪连海、鲍鹏山等教授关于鲁班与墨子的专题讲座，山东《大众讲坛》推出了王中教授《“鲁班文化”的田野调查》专题报告。国家影视部门还启动了《班墨传奇》动画片的设计和制作。同时，中国墨子学会、山东大学、滕州市等有关部门和单位还分别主办了主题为“弘扬班墨文化，建设幸福滕州”系列研讨会、专题讲座“滕州大讲堂——文化名人滕州行”、纪念鲁班圣祖2518周年寿诞座谈会以及“名人故里战略选择”专栏访谈活动，有力地推动了“班墨文化”研究的深入开展。特别是2011年5月18日鲁班纪念馆免费开馆后，中央电视台、齐鲁电视台、东方电视台等专门摄制并播出了鲁班和鲁班纪念馆专题报道，在社会上产生强烈反响，以全新的角度全面推介宣传了鲁班墨子和他们的故里滕州。2011年10月20日，经市委、市政府同意，市委宣传部、市墨研办又联合开办了“鲁班学堂”，充分利用鲁班纪念馆这一平台，让“班墨文化”走进社会，走向大众，使广大人民群众共享文化发展成果。同年12月21日市委、市政府审时度势，启动了全市青少年科技创新“鲁班奖”大赛活动，并邀请全省青少年科技创新大赛活动在滕州举办。这一系列发掘、研究、宣传、教育活动，对于更好地创建新型城市，建设和谐滕州、幸福滕州，对于进一步保护和发掘历史优秀文化遗产，弘扬鲁班自主创新精神，必将起到积极而重要的促进作用。

二、鲁班精神在滕州

文化是民族的血脉，是人民的精神家园，也是一个城市的灵魂和精神支柱。没有文化的城市是枯燥的，难以存在和发展的。而鲜明独特的城市文化则是这所城市的魅力所在，是城市文化软实力和综合竞争力的核心要素。因此，挖掘、开发、研究、普及、传承鲁班文化，弘扬鲁班自主创新精神，打造城市品牌，推动滕州经济和社会又好又快发展具有无可估量的作用。

鲁班是中国的，是世界的，当然也是滕州的。鲁班的发明故事世代相传，鲁班的业绩和创新精神，一直鼓舞和激励着滕州人民发奋图强，不断创新。近年来，滕州168万人民在市委、市政府的正确领导下，秉承鲁班“自主创新，敢为人先”的传统美德，按照“转方式、调结构”和“打造班墨品牌、提升文化软实力”总体思路，重点发展能源、煤化工、机械、建材建筑业等多项支柱产业，全面提升旅游服务业和文化产业，打造经济文化新亮点，全市各行各业都取得了举世瞩目的成就，经济社会保持了良好发展势头。一是经济持续快速发展、综合实力显著增强。2011年滕州市地方财政收入突破40亿，居全省县级第4位，全国县级市综合竞争力排行第15位，被评为全国县域经济基本竞争力百强县和中小城市科学发展百强县。二是三次产业协调发展、产业层次大幅提升。滕州市机械制造业已跻身于“中国产业集群品牌50强”，取得了丰硕的成果，被评为中国中小机床之都。同时，能源化工、玻璃建材、农商和服务业等也大幅度提升。滕州被评为山东省优质煤化工产品生产基地、全省最大的玻璃深加工基地、全省50个服务业重点城区、10个服务业发展改革试验区、全省县域金融创新发展实验县、首批国家现代化农业示范区。三是城乡建设突飞猛进、城乡面貌显著改观。2011年，全年开工建设项目159个，完成投资约107亿元，大批重点工程快速推进，城市改造和新农村建设日新月异，城市化进程不断加快，滕州市被列入全省重点培育的10个县级大城市。同时，滕州“十万班门走天下”，秉承“建一项工程，树一座丰碑，赢一方信誉，拓一片市场”的理念，工作在全国乃至世界的建筑工地上，班门传人先后获得“鲁班奖”等150多个奖项，2011年滕州市被国家建设部授予“中国建筑之乡”称号。另外，节能减排强力推动、生态环境明显改善。四是社会事业全面进步、人民得到的实惠越来越多。民生支出占财政总支出比重达一半以上，城乡医疗保险、养老保险在全省县级率先实现全覆盖；教育文化、卫生、体育等软硬件设施达到全省县级一流水平，各种公共公益设施建成使用，全市人民享有改革发展的丰硕成果。五是人们道德水准不断增强、精神面貌发生了巨大变化。滕州经过长期思想文化发展积淀，特别是鲁班创新精神和墨学思想的影响和熏陶，城市文化品牌和精神、价值、信念产生了自己独特的风格和理念，形成了全新的精神面貌。滕州人在长期的生产和生活中，升华提炼出自己的城市品牌和时代精神，这就是“班墨文化”城市品牌和“兼爱包容、诚实守信、开放创新、敢为人先”新时期滕州精神。可以看出鲁班发明创造和鲁班文化、鲁班精神对世代的影响、对社会的推进。鲁班智慧，恩泽后世；鲁班发明，改变世界，改变滕州。

三、对鲁班文化建设的几点思考

传承、弘扬鲁班文化是滕州人义不容辞的责任。下一步，我们必须坚定不移地以党的十七大和十七届六中全会精神为指导，以科学发展为主题，以第九届国际墨子鲁班学术研讨会为契机，按照既定方针，继续坚持挖掘、开发、研究、普及、传承并重，加快对鲁班墨子历史遗迹的开发保护，加强对鲁班文化的宣传普及，进一步扩大鲁班墨子文化的知名度、影响力，努力把鲁班墨子打造成为世界级文化品牌，推动文化大发展、大繁荣，促进经济社会又好又快发展，加快建设实力、魅力、活力、生态、文化、和谐幸福滕州的步伐。

一是全力打造鲁班墨子文化品牌。积极借助高端平台，充分发挥名人效应，策划邀请著名专家、学者、文化名人来滕开办讲座，进一步宣传班墨文化、推介滕州，提升滕州知名度。同时，办好“鲁班学堂”的组织教学工作，让“班墨文化”走进社会，走近大众，真正使人们享有更多的文化成果。

二是抓好鲁班文化场馆等建设。加大经费投入，加强对鲁班文化遗址的发掘和保护工作，对现有场馆要充实提高，拓宽场馆，形成品牌，让更多百姓享受免费开放文化成果。同时争取省级文化部门政策支持，确保免费开放资金保障。

三是促进鲁班文化产业迅速发展。积极构建结构合理、门类齐全、科技含量高、富有创意、竞争力强的现代文化产业体系，形成文化、旅游、娱乐、信息、服务一体化的工作机制。要积极培育文化产业领域战略投资者，发挥各自优势，加强文化产业基地规划和建设，发展文化产业集群，提高文化产业规模化、集约化、专业化水平。同时，加大对现有知识产权的保护和弘扬鲁班文化产业支持力度，打造“鲁班”知名品牌。要发掘城市文化资源，发展特色文化产业，建设特色文化城市。制作一批重大影视项目，如《班墨传奇》，通过市场运作形式制作和出版发行。要推动文化产业与旅游、体育、信息、物流、建筑等产业融合发展，增加相关产业文化含量，延伸文化产业链，提高附加值。积极做好游客服务中心管理工作，通过热情、规范、文明的服务，提升鲁班纪念馆的知名度和信誉度。

四是开展好鲁班文化研究宣传教育等多项活动。积极做好鲁班墨子研究和对外宣传工作，多角度、深层次挖掘鲁班墨子文化精髓，加大滕州鲁班墨子声音对外输出，办好网站、杂志和图书资料库。认真组织好重大课题的立项和研究工作，集中人力物力攻坚克难，力求编辑出版发行几本有影响的影视和著作。开展好滕州青少年科技创新“鲁班奖”大赛活动，力求主题鲜明、特色突出，鼓励青少年积极参与，团结合作，努力形成品牌效应。要创造条件，积极联合国家和省市部门开展更高层次的科技创新大赛，增强创新教育的影响力。要充分发挥社团的协调、纽带作用，加强国内外学术研讨和交流活动，推动鲁班墨子研究再上一个新台阶。

运用历史人物提升区域文化软实力的途径探析

——兼论墨子、鲁班与滕州地区文化软实力的提升

刘海霞

党的十七届六中全会提出增强国家文化软实力、建设社会主义文化强国的奋斗目标。而“没有局部，就没有总体；没有区域和行业的文化软实力提升，就没有国家总体文化软实力的提升”①。所以，区域文化软实力的建设和提升应该成为各级地方政府下一步工作的着力点之一。“软实力”(也称软力量,Soft Power)一词是由美国哈佛大学教授约瑟夫·奈(Joseph S. Nye)在其1990年的著作《注定领导:美国权力性质的变迁》②中首次提出的，主要是指在国际社会中的文化吸引力、政治价值观的吸引力及塑造国际规则和决定政治议题的能力。我国学者在研究和实践中对其含义进行了提炼和升华，根据李慎明的观点，文化软实力“主要是指在社会文化领域中具有精神感召力、社会凝聚力、价值吸引力、思想影响力等的文化资源”③。在此基础上，笔者认为区域文化软实力主要是指区域文化面向本地区的凝聚力、面向未来的创新力和面向其他地区的传播力和影响力等。而当地的历史人物对内可以增强区域的凝聚力和向心力，对外可以增强区域的知名度和竞争力，

在提升区域文化软实力方面发挥着重要作用。本文拟就运用历史人物提升区域文化软实力的途径进行探析，并以滕州地区为例，分析如何发挥墨子和鲁班在提升本地区的文化软实力中的作用。

一、选择历史人物应坚持正确标准

所谓历史人物，是指在历史上曾经对社会发展或人类进步作出过重大贡献、发挥过重要作用的人。我国是一个有着五千年不间断历史的国家，几乎各地区都有众多的历史名人，但并非所有历史名人都能担当提升区域文化软实力的重任。只有那些具有高尚品德、突出建树和当代意义的历史人物，才能有效提升区域的文化软实力。

1. 所选历史名人应具有高尚品德

无论时光如何流转，岁月如何变迁，人类社会对高尚品德的要求从未止息。对于历史人物的选择，要注意看他是否具备高尚的品德，是否具备历经历史洗礼而永不泯灭的道德光辉。一是看历史人物是否符合真善美的人性要求。虽然不同时代的道德标准有所不同，但所有时代对真善美的追求却存在着惊人的一致性。一个能经得起时代检验的历史人物应该是追求真善美的楷模，在他们身上体现着人类对至真至善至美的不断追求。二是看历史人物是否具备热爱和平等国际主义精神。无论哪个国家和民族，曾经深刻影响历史进程的人物都具有某些共同的特质，这就是历史人物的国际主义特性。对于历史人物的选择要考虑走出国门、走向世界，需要我们在选择历史人物时兼顾国际标准，选择那些热爱和平、兼爱非攻的历史人物，在他们身上体现着人类社会对和平幸福的永恒呼唤。三是看历史人物是否具备拥护统一等爱国主义精神。热爱祖国是中华民族的传统美德，是建设中华民族共有文化家园的精神支撑。我们所选的历史人物必须是坚持国家统一和民族独立的人物，在他们身上体现着中华民族对自己国家的无限热爱。

2. 所选历史人物应具有突出建树

道德是维护社会秩序的必要基础，而智慧和才能是推动社会前进的不竭动力。我们所选的历史人物不仅应具有高尚的品德，还应在一个或多个领域具有突出的建树。一是可以选择拥有广博科学知识的历史人物。科学知识是对自然规律的系统总结，是正确处理人与自然关系的必要基础。在区域文化建设中，可以选择那些具有广博科学知识的历史人物，提高本地群众对科学知识的向往和追求。二是可以选择具有精深技术能力的历史人物。技术是改善人类生活的巨大力量，我国历史上曾涌现过众多术有专攻的技术人才，有些甚至影响了世界历史的发展进程。选择这些历史人物，可以有效提升区域的知名度和影响力。三是可以选择具有深刻社会洞察的历史人物。关于自然的知识推动了人类对自然的认识和利用，而关于社会的知识则有利于建设更加和谐美好的社会。我国历来重视人文、社会知识的积累和传播，很多历史人物的相关思想对于当今时代的社会建设仍具有重要的借鉴意义。我们应该注意选择对人类社会具有深刻洞察的历史人物，发挥他们的思想穿越历史的启迪作用。

3. 所选历史人物应具有当代意义

历史人物虽然生活在已往的历史时代，但却具有重要的历史镜鉴作用，指导我们的现实文化建设。对历史人物的选择必须考虑古为今用，发挥他们的当代意义。首先是选择有利于社会主义核心价值体系建设的历史人物。社会主义核心价值体系是党的十六届六中全会提出的科学命题，其基本内容包括马克思主义指导思想、中国特色社会主义共同理想、以爱国主义为核心的民族精神和以改革创新为核心的时代精神、以“八荣八耻”为主要内容的社会主义荣辱观等，是我国文化软实力建设的重要内容。在对历史人物的选择中，我们应选择那些热爱祖国、关心民众、坚持改革、不断创新、严格自律、明荣知耻的历史人物，为社会主义核心价值体系建设增加历史的深度。其次是选择有利于社会和谐的历史人物。和谐是社会稳定的前提，是人民安康的保障，是人类孜孜以求的社会理想。我们当前所要建设的社会主义和谐社会，应该是民主法治、公平正义、诚信友爱、充满活力、安定有序、人与自然和谐相处的社会。在对历史人物的选择中，我们应选择那些具有法治观念、公平理念、诚信品质、生态思想的历史人物，为和谐社会的建设提供历史文化资源。再次是选择代表社会未来发展方向的历史人物。人类社会的发展史是一部不断优化社会制度、克制人性弱点的历史。共产主义制度可以有效克制人类的自私和贪婪，是人类社会的最高理想。在对历史人物的选择中，我们应该选择那些严于律己、乐于奉献、一心为公、胸怀社会的历史人物，为社会主义建设提供正确的舆论导向。

总之，对于历史人物的选择是发挥他们正向文化功能的必要前提，是一项具有严格标准的工作。人物选择合适，可以发挥历史人物的镜鉴作用，提升文化软实力；人物选择不当，则有可能适得其反，不利于区域文化软实力的提升。

二、宣传历史人物应具有战略高度

对历史人物的发掘和宣传是让当地民众和域外民众了解历史

人物、发挥其文化功能的必要手段。各级政府应着眼于本地文化软实力的提升，在宣传资源的有机整合、宣传重点的战略转移和宣传方法的科学有效等方面进行深入探索。

1. 宣传资源的有机整合

首先，宣传部门是宣传历史人物的主要的策划者和执行者。应该充分运用电台及电视台、都市类媒体、网络媒体等宣传资源，构建功能互补、覆盖广泛的宣传网络，使当地群众对所选择的历史人物有较为深入的了解，发挥历史人物的道德示范和文化引领作用，然后再逐步外推，扩大历史人物的影响范围，让更多的民众了解这些历史人物。其次，当地学校是宣传历史人物的主渠道和主阵地。在学校教育中，可以将历史人物的事迹和思想体现在地方性课程之中，通过历史、语文、地理、科学等课程进行渗透式教育或专题式教育，让学生充分了解历史人物的思想，然后由学生向其周围的人进行渗透式宣传。第三，研究机构是宣传历史人物的思想高地。地方政府可以委托相关研究机构对历史人物进行深入系统的研究，梳理历史人物的著作、思想主张、突出贡献、时代意义等，为宣传部门和教育部门的工作提供源头活水，加深对历史人物现实意义的发掘。

2. 宣传重点的战略转移

对本地历史人物的宣传并不是新生事物，但以往的宣传往往是“文化搭台，经济唱戏”，借由对历史人物的宣传推出各种经济活动，意在推动当地经济水平的发展。但我国当前经济实力已经具有长足进步，而文化软实力却明显不足。文化建设和经济建设如鸟之双翼、车之两轮，相辅相成，相得益彰。所以对历史人物的宣传重点应该实现“从经济到文化”的战略转移，立足于区域文化软实力的提升来宣传历史人物，做到“名人搭台，文化唱戏”。这就要求我们的宣传应该侧重挖掘历史人物的文化意蕴和精神价值，将历史人物与当前的文化建设联系起来，突出历史人物的精神维度和文化取向，借由历史人物推动文化建设，实现文化的大发展和大繁荣。

3. 宣传方法的科学有效

首先，要注意整理和出版历史人物的核心著作以及相关的研究成果，扩大历史人物的传播载体。其次，要通过动漫、电影、歌曲、戏剧等多种艺术形式对历史人物进行大力宣传。地方广播电视部门可以制作更多宣传历史人物的宣传片、公益片、电影、电视剧等，将历史人物的事迹和思想搬上舞台，进行生动活泼的历史人物宣传。再次，可以动员各部门力量开展历史人物纪念活动。在重大传统节日或历史人物诞辰等时期，可以以历史人物为主题开展多种纪念活动、民俗活动等，加深人们对历史人物的了解程度。

总之，对历史人物的宣传是一项政策性、技术性很强的工作，需要在提升区域文化软实力的战略目标指导下，整合各方面的宣传力量，确定宣传重点，运用科学有效的手段进行宣传，以达到传播人物理念、提振区域凝聚力的目标。

三、围绕历史人物加强文化建设

文化软实力的提升主要依靠文化事业的繁荣和文化产业的发展来实现，此外，在相关经济产业中增加文化含量也是提升文化软实力的重要途径。在区域文化建设中，应该充分运用地方历史人物的名人效应，促进区域文化事业的繁荣、文化产业的发展，并且着力增加相关产业的文化含量，切实提升区域的文化软实力。

1. 繁荣以历史人物为主题的文化事业

首先是加强以历史人物为主题的文化馆、纪念馆等文化场馆建设，对历史人物的生平、事迹、作品等进行陈列展出，增强群众对历史人物的了解，增加对本地区历史的了解，增强民众的自豪感、责任感和使命感。其次是开展以历史人物为主题的公益文化活动。宣传部门、文化部门、教育部门应充分发挥自身的资源优势，利用节假日走进公共场所，进行历史人物事迹和思想的宣传工作。再次是鼓励以历史人物为主题的群众性文化活动。结合历史人物有所建树的领域，在该领域开展以历史人物命名的摄影展、戏剧演出、文艺比赛、书画比赛等，让历史人物的崇高精神引领群众文化生活，提高群众文化生活的品位和质量等。

2. 发展与历史人物有关的文化产业

首先应把文化产业作为一个重要的经济增长点。长期以来，我们重视文化事业的发展而忽略了文化产业的发展，造成了文化产业相对落后的格局，而文化产业的发展是提升文化软实力的重要途径。各级政府可以以历史人物为抓手，促进当地文化产业的跨越式发展。其次是培育骨干文化企业。文化企业是文化产业发展的主体力量，地方政府应以市场手段为主导手段，同时制订更加优惠的鼓励政策，扶植本地区与历史人物有关的文化企业的发展。再次是打造特色文化品牌。“每一个区域都拥有各种各样独特的文化资源，这些丰富多样的文化资源是我们创造品牌文化产品的灵感源泉和原始材料。”④历史人物往往是在某一领域卓有建树的“精英”，在相关领域具有很高的知名度；地方政府可以以历史人物为主题注册商标，打造富有地方特色的文化品牌，运用品牌效应，形成规模效益。

3. 增加与历史人物相关产业的文化含量

一是结合本地特点、围绕历史人物确立重点产业群。一般而言，与历史人物相关的产业主要有旅游、体育、信息、物流、建筑等产业，各级地方政府应根据本地历史人物的特点确定重点发展的产业。二是在这些产业群中突出文化特色。确立相关重点产业群之后，各相关行业应根据行业特点进行针对性研发，确立历史人物与本行业的结合点，形成与外地同类行业相比较的历史文化优势，产生新的经济增长点。三是进一步延伸产业链，提高附加值。在重点发展核心产业群的基础上，将这些产业群发展的经验进行总结，并以这些产业群为依托，进一步扩大产品种类和产业门类，不断延伸产业链，提高产业附加值，促进区域综合实力的进一步发展。

综上，对历史人物的研究和宣传应具有古为今用的意识，运用历史人物的效应繁荣文化事业、发展文化产业、带动相关产业群，不断增强本地区民众的自豪感和凝聚力，并且运用历史人物的名人效应使本地文化产品走出去，扩大地区的文化影响力和辐射力，提升区域的文化软实力。

四、墨子、鲁班与滕州地区文化软实力的提升

近些年来，滕州地区针对科圣墨子和工圣鲁班开展了广泛持久的研究和宣传，取得了令人瞩目的成就。更多的人了解了墨班，并进而了解了滕州，大大提高了区域的知名度和竞争力，促进了滕州地区各项事业的蓬勃发展。下面仅就墨班与滕州地区文化软实力的提升提一些粗浅的建议。

1. 推进墨班研究的专业化

墨班研究是宣传墨班，发展文化事业、文化产业的必要条件，是产生文化精品力作的不竭之源，是墨班走向世界的前提基础。在推进墨班研究的专业化方面：一是应进一步开展对墨子科学思想的研究。当前在墨子研究方面，关于他的政治思想和社会主张研究较多，而关于墨子的科学思想研究还尚显薄弱。而墨子是我国古代卓有建树的科学巨人，在众多学科领域均有创新性成果。对他的科学思想进行系统梳理和深入阐释，具有重要的意义。二是应进一步拓宽鲁班研究的学科领域。鲁班作为我国建筑工匠之祖，他的故事在民间流传甚广，这是一种典型的民俗文化，可以依托社会学、民俗学、人类学等多种学科，展开更加广泛的田野调查，系统梳理民众心中的鲁班形象，并进而进行社会学分析和解读。三是对墨子和鲁班的交游展开深入研究。墨子和鲁班作为同时代的人，他们之间围绕攻城器械的对话众所周知，二者之间有较深的交往和相互影响。应结合史料进一步再现二者的更多具体交往，研究二者之间在科技创新方面的交互推进，为深入理解科学和技术的关系提供史实依据。四是加强对墨班所处时代的文化特征的研究。墨子和鲁班作为我国科学技术发展的关键代表人物，同时产生于古代滕州地区，这一地区先秦时期的社会文化有何特点，对当今时代有哪些启发意义，都应该结合史料进行深入研究。

2. 增强墨班宣传的时代化

墨子和鲁班作为中国的科圣和工圣，在国际和国内均具有极高的知名度。对他们的宣传不应停留在传统认知的层面，而应该进一步突出时代特色，凸显墨子和鲁班思想的时代意义。首先是加强对墨班创新思想的提炼和宣传。增强自主创新能力是当前我国科技领域的一项重大使命，这一使命的完成既需横向借鉴国际经验，也需纵向总结本土实践经验。墨子和鲁班都是在科学技术领域富有创新精神和创新成就的典范，对他们的创新实践进行总结，对他们的创新思想进行宣传，具有重要的时代启发意义。其次是加强对墨子和鲁班生态思想的宣传。墨子的薄葬、节用等思想具有深刻的生态意蕴，鲁班的技术创新和技术实践也具有浓厚的因地制宜、因实就势等生态理念，在当今生态危机日益严重的大背景下，对墨班的生态思想进行发掘和宣传具有重要意义。第三是加强对墨班大众情怀的宣传。墨子心系大众，为广大平民鼓与呼；鲁班植身草根，为普通群体改进技术设备。在他们身上体现着深厚的大众情怀，这是我们现时代建设社会主义和谐社会所必需的，应该进一步加大宣传的力度。

3. 促进相关文化产业的集群化

“文化产业集群是指在文化产业领域中，大量产业联系密切的企业以及相关支撑机构（包括研究机构）在空间上聚集，通过协同作用，形成强劲、持续竞争优势的现象。”[⑤]滕州地区通过自身努力和横向联合，已经在墨子、鲁班研究和宣传方面取得了若干成绩，但在文化产业的集群化方面目前还有待加强。首先是大力发展以墨班文化为主题的文化旅游。结合滕州地区已有的湿地红荷节等活动，进一步发展文化旅游，在重要景点设置墨子、鲁班的塑像、事迹介绍等，提高本地区旅游资源的文化含量和历史维度。其次是发展以墨子品牌为核心的文化产品群。墨子是科学的象征、是创新的象征，可以注册墨子的商标，进行文化产品的研发、文具的生产等。第三是强化建筑施工、设计等行业的文化含量。以鲁班品牌效应为依托，大力发展滕州地区的建筑、设计、装潢等产业，加强团队的文化建设，增强从业人员的自豪感和使命感，增强品牌意识，创出具有文化内涵的建筑产业群。

墨班相关研究和宣传已经对滕州地区的发展产生了深远影响，广泛促进了区域综合实力的提升。在当前各地普遍加强文化建设的形势下，滕州地区可以进一步运用已有的“墨班效应”加强区域文化软实力建设，争取在新一轮区域文化软实力的竞争中把握先机、出奇制胜。

总而言之，在我国下大力气加强国家文化软实力建设的新形势下，各地政府应充分结合本地历史和当前实际，拿出切实可行的、富有特色的文化建设方略，不断提升区域的文化软实力。各地区应该在以往运用历史人物加强区域经济发展的基础上，进一步运用历史人物提升本区域的文化软实力，促进本地区经济、文化的协调发展。

注释

①张国祚：《提升我国文化软实力的战略思考》，载《红旗文稿》2011年第8期，第9~13页。

②Joseph S. Nye. Bound To Lead：the Changing Nature Of American Power. New York：Basic Books，1990. 约瑟夫·奈的这部著作写作于1989年，出版于1990年。

③李慎明：《提高我国文化软实力的机遇和挑战》，载张国祚主编《中国文化软实力研究报告（2010）》，社会科学文献出版社2011年版，第154页。

④张彩凤、苏红燕：《全球化与当代中国文化产业发展》，山东大学出版社2009年版，第248~249页。

⑤北京大学文化产业研究所、国家文化产业创新与发展研究基地主编：《中国文化产业年度发展报告（2005）》，湖南人民出版社2005年版，第18页。

鲁班文化研究中的文献调查及分析

刘一农

鲁班文化是中国一种独特的文化现象。鲁班，姓公输，名般，又称公输子、公输盘、班输、鲁般，春秋战国时期鲁国人，故里山东滕州，大约生公元前507年，卒于公元前444年，生活在春秋末期到战国初期。鲁班出身于世代工匠的家庭，是我国古代的一位出色的发明家，两千多年以来，他的名字和有关他的故事，一直在广大人民群众中流传，被我国的土木工匠们都尊称为祖师，被称为我国的科技圣人，成为劳动人民勤劳和智慧的象征。在倡导文化建设的进程中，鲁班文化的研究也逐渐兴盛起来。

在鲁班文化的研究中，许多人发现对研究资料的查找和占有困难重重，客观上是因为有关鲁班文化的资料信息确实有限，有关鲁班的资料信息见于古代典籍的情况约有十数条，而见于传说故事的内容却相当丰富，而这些故事往往与后人的附会分不开的。鲁班文化研究资料不易获取的另一个原因，是对文献源的把握不够，不知道通过哪些途径可以检索到自己所需要的资料内容，对检索方法的应用也并非得心应手。本文着重就鲁班文化研究资料的查找利用进行探讨，试图帮研究者找到搜集相关资料的方法。在文献查找的过程中，对鲁班文化研究现状作出相关的文献分析，对当前的研究成果进行综述。

一、专题研究资料的收集方法

鲁班文化研究，属于专题研究的范畴，其资料搜集方法，遵循专题研究资料的一般方法。专题资料的检索方法一般来说有下列三种：

1. 工具法

即利用书目、索引、文献的方法、按照查找文献的时间顺序，工具法又分为顺查法和逆查法。

顺查法，就是在时间顺序上由远及近查找文献的方法。从某一专题研究的起始年代开始查起，可以得到有关该专题研究比较全面的资料，便于了解其发展的全过程。就某一问题进行全面系统的研究，或者撰写综合性的文章时，采用顺查法查找参考文献最为恰当。

逆查法，就是从专题研究的最新成果入手，在时间顺序上由近及远逆序查找文献的方法。这种方法可以快速查到最新资料。所以逆查法适用于那些新的研究课题，以及研究者对某专题研究已经有一定程度的了解，需要进一步了解研究进展情况的时候采用。逆查法的优点是可以获得最新的专题文献，并且比顺查法更节省时间。因为查得的文献资料一旦满足了需要，检索即告结束，不必再去找研究课题的前期资料。

2. 回溯法

利用专著或学术论文的末尾所附的参考文献目录，追踪查找有关图书资料的方法。这种方法不必利用其他检索工具，只要根据原始文献著者在书后或文后所开列的参考书目，追踪追溯，扩大检索范围，最后取得所需要的文献线索，从而达到检索的目的。特别是某些反映最新研究成果的专著和论文，往往能从所附的参考文献书目中，找到意想不到的重要参考资料。一些最新的科研成果出现后，其有关参考资料不可能立即在专门的检索工具里集中收录，只能先在文后或书后的参考书目中反映。

需要注意的是：追溯法的有效性是有限的。参考书目所提供的文献线索与工具法相比，远不如后者那么全面、系统。有些参考文献实际与研究论题并没有更密切的关系，甚至只不过充数而已。

3. 循环法

即上述两种方法的结合，也就是分期分段的交替使用工具法和追溯法。具体做法是：首先利用检索工具查出一批质量较高的有用文献，然后利用其后所附的参考文献目录跟踪追溯，进一步扩大文献检索范围。如果这两批文献已可满足需要，即可结束检索。否则，可以利用检索工具再查出一批文献，重复上述过程，直到查出文献满足需要为止。在文献线索较少的情况下，循环法比较适用。

二、鲁班文化研究资料的收集策略及举例

在进行专题研究资料收集时，首先要了解哪些地方存在相关文献，并定制一个检索策略。以鲁班文化研究资料的收集来说，可以向研究者身边的文献收藏机构提出检索要求，比如大学或科研机构的图书馆、省市公共图书馆乃至国家图书馆，再比如利用大型的文献信息数据库进行检索，还可以利用互联网提供的检索工具（搜索引擎等），检索免费相关文献信息。以下是利用不同的检索工具和不同的检索策略进行检索得到的鲁班文化相关资料的实例。

1. 利用图书馆馆藏文献检索鲁班文化研究资料

以国家图书馆馆藏文献的检索为例。在中国国家图书馆即中国国家数字图书馆的联机公共目录查寻系统中的中文文献库中，在所有字段中以“鲁班”为关键词进行检索，可以得到文献线索160条。经过筛选其中有80条与鲁班直接相关。这80种文献大致分为以下几方面：第一，鲁班的故事与传说37种。这些关于鲁班的故事与传说起到传播鲁班事迹、弘扬鲁班精神的作用。第二，以鲁班之名而为的古代工匠典籍及解释，如《鲁班经》、《鲁班经匠家镜》等共22种。这些文献本与鲁班本人无关，却假托了鲁班之名，这充分说明了鲁班在历代工匠和建筑学人心中的作用和地位。第三，各地鲁班庙石碑拓片16种，可以考究鲁班从人到神演进中的文化渊源。第四，是以鲁班研究为主要内容的核心资料，如，清刻本的《鲁班》和《鲁班仙师源流》等，需要重点关注的文献还有《曲阜文史》第十九辑，鲁班文化研究专辑，这个专辑是由曲阜市政协鲁班文化研究促进会、曲阜市政协文史资料委员会编辑，于2006年出版的。

2. 利用大型文献信息数据库检索鲁班文化研究资料

（1）在中国知网（CNKI）中检索

在中国知网的《中国优秀硕士学位论文全文数据库》中，检索与鲁班相关的资料时，发现两篇有价值的学位论文，一篇是2010年入藏的中南民族大学覃妩周的《鲁班信仰研究》，另一篇是2003年入藏的湘潭大学田华的《鲁班传说研究》。

在中国知网的《中国学术期刊网络出版总库》中，以“鲁班”为主题词检索目标文献，可检出文献2309篇，其中包含了大量与“鲁班奖”、“鲁班经”及其他干扰文献，经分析约有20篇为密切相关文献。

在中国知网的《中国报纸全文数据库》中检索，有少量与“鲁班”或“鲁班文化”相关的文献检出，在研究中可作补充资料。

（2）在超星《读秀》数据库中检索

在超星《读秀》数据库中以“鲁班”为主题词搜索图书，可检出图书六种，研究中可参考的重点文献有1994年中国科学技术出版社出版，王弗主编的《鲁班志》，以及山东电子音像出版社出版，殷信编著的《公输子(鲁班)——中国科技发明之父》。在全部字段中检索包含“鲁班”的图书，可检出文献线索3082种；在书名字段中检索，可检出文献线索78种，其中主要研究参考除以上两种图书，还有《曲阜鲁班文化研究：曲阜人鲁班》（中国国际图书出版社2007年版）和《中国历史人物1：鲁班》。

利用读秀的知识检索，有关“鲁班”的文献，可检出文献线索72187种，从中可发现一些有关鲁班和鲁班文化的有价值的论述，需要研究者潜下心去，发现有用的资料，通过阅读、分析、甄别发现有价值的内容，并将资料研究的成果融入到自己的专题研究之中。

（3）在互联网中检索

Ⅰ. 利用搜索引擎检索

在利用网上搜索引擎进行“鲁班”文化资料的检索时，一般可利用百度、搜狗、谷歌或必应等大型搜索引擎来进行。在百度的高级搜索页面(http：//www. baidu. com/gaoji/advanced. html）中，搜索关键词“鲁班　文化”并排除“鲁班奖　软件　建材　公司”等干扰词后，就可以得到与检索目标相关度较高的网页链接近百万条。因为百度的检索结果是按相关度排序的，所以面对大量的检索结果，我们只需对排在前面几页的检索结果加以关注就可以了。

在搜索引擎的视频搜索功能中，可选择“鲁班”、“文化”、“传说”、“故事”等关键词，根据研究者的文献需求进行任意组合检索，找到自己感兴趣的视频资料。在检出的视频资料中，有价值的内容包括电影、动画片及学者讲座，代表性的作品有：江南电影制片厂出品，朱心编剧，孙瑜导演的电影《鲁班的传说》；济南源潮文化传播有限公司出品，宋援朝编，苏庆导演的大型60集动画片《鲁班的故事》；纪录片《中国古代名人圣贤·中国科技圣人：鲁班》。

Ⅱ. 有关鲁班文化研究的学术网站

有关鲁班文化研究的重要网站主要有以下几家：

“中国鲁班网”（http：//www. lubanyj. com/），中国墨子学会滕州市鲁班研究会主办，主要内容包括鲁班文化研究成果、研究名家、图片资料及历史遗迹探访信息。

“鲁班（公输子）人类发明巨匠”即“中华鲁班文化研究”网（http：//www. luban-e. cn/），该网站是由山东省鲁班研究会、中华鲁班文化研究中心、中华鲁班文化产业发展中心制作并发布的。其主要栏目有：鲁班评说、鲁班故事、创新发现等。

“曲阜鲁班文化研究”网站（http://www. lubanguli-qufu. com/），设立的栏目有：鲁班文化、鲁班传说、鲁班研究等。

三、从现有鲁班文化研究资料看鲁班文化研究的进展

1. 当前鲁班文化研究的现状

当前鲁班研究的主要方向：

鲁班的里籍研究。即鲁班是哪里人。研究资料表明鲁班是山东滕州人，国学大师任继愈先生对此作出了重要研究。另外两种观点认为鲁班是山东曲阜人或河南省平顶山市鲁山县人。里籍问题仍然是鲁班研究的一个可探讨的角度。

班墨研究。即鲁班与墨子的关系问题。保存鲁班事迹信息最为完整也最为可靠的是《墨子》一书，其中的《鲁问》和《公输》两篇为后人提供了研究班墨关系最重要的史料，因此，《墨子》所述可以说是鲁班研究的起点，是鲁班与墨子技艺和思想交锋的材料。那么他们之间的关系问题是班、墨研究都回避不了的。

鲁班信仰研究。在民间，鲁班作为木石匠作之祖，是中华大地上最著名的工匠神，对于中国的建筑工艺发展，对中国传统文化影响很大。我国的土木工匠一直有鲁班信仰，在一些地方如北京、香港等地还建有专门的鲁班庙，每年都吸引了数以万计的游客前去观光旅游。因此加强对鲁班信仰的价值、现实意义研究，对于增强人们的爱国、爱家、爱业的精神也大有裨益。

鲁班传说研究。鲁班传说作为我国流传时间最长、地域最广、传说最多的工匠传说，是中国民间文学宝藏中的宝贵财富。随着科学知识的日益普及和广泛应用，作为两千多年来一直流传和发展的民间传说中的精华，鲁班传说对大众的教育和引导作用源远流长。

研究者应从历史上和古籍记载中的鲁班及其传说入手，对鲁班传说的源头与最初形态，鲁班传说在不同历史时期、不同地域、不同民族中的流传和发展，鲁班传说的思想内容与艺术魅力，鲁班传说的产生与盛传的社会基础、直接原因、心理基础，鲁班传说的价值等方面进行探讨。在有关鲁班文献调查的基础上，大量占有资料，分析甄别，对这一课题进行更加深入的研究，可以更好地弘扬祖国传统文化，促进行业发展。

2. 当前鲁班文化研究的主要成果

（1）“鲁班传说”入选国家级非物质文化遗产

2008 年 6 月 7 日，国务院发布第二批国家级非物质文化遗产名录，山东省曲阜市和滕州市申报的“鲁班传说”入选。据统计，在当地流传的鲁班传说近千则，其中“鲁班桥”、“鲁班磨”、“大煎饼”、“鲁班造锯”等 30 余则传说至今仍有着鲜活的生命力，成为激励人民艰苦创业、自主创新的精神财富。

（2）对鲁班文化价值的再发现

鲁班文化的精神价值。鲁班文化为我们带来的不仅仅是故事和传说，还带给我们丰富的精神财富，其精神价值是主要的价值所在，鲁班精神具有极强的现实意义。笔者认为鲁班精神的精髓是：“工作态度上的孜孜不倦、兢兢业业，质量要求上的精益求精，科技上的不断探求和创新。”

鲁班文化的教育价值。鲁班文化中所蕴含的科学技术、人生哲理、社会知识和伦理道德等，都潜移默化地教育着人们，鲁班文化就是一本意义重大的教科书，有着独到的教育作用。

鲁班文化的科技价值。鲁班在建筑、木匠知识、技艺的传承以及对后世工艺、技术的影响上是深远的，鲁班文化具有不可忽视的科技价值。

（3）对鲁班信仰的发展

鲁班信仰源远流长，地域广泛。中国文献典籍中不仅有鲁班的历史记载，而且还以民间传说、民间歌谣、民间小戏、民间俗语等形式将鲁班文化渗透到了各行各业，并渗入到中国的民风民俗中去。随着信仰传播范围的逐渐扩大，他的形象、他的影响早已不仅仅在中国影响深远，甚至走出国门，走向了东南亚等地区，成为中华民族传统智慧的一种象征。

随着社会的进步、信息科技的飞速发展，技术、技能的传播愈来愈便捷，鲁班信仰的意义和行业神崇拜，也退去了其传统信仰的外壳，逐渐由对精益求精的技术和精湛高超的技巧追求向现代的精神层面的发展转变，这种转型形成了新时代的鲁班精神，这种精神就是对传统优秀智慧的传承和不断创新的永恒追求。

参考文献

1. 田华：《鲁班传说研究》，湘潭大学2003年硕士论文。

2. 覃妩周：《鲁班信仰研究》，中南民族大学2010年硕士论文。

3. 孙中原：《鲁班文化研究的意义——从〈四库全书〉看》，载《武汉科技大学学报（社会科学版）》2011年第1期。

4. 汤宗礼：《齐鲁文化视域下的鲁班文化价值分析》，载《农业考古》2010年第3期。

弘扬鲁班文化
提高工程造价人才核心竞争力

张　琳

一、鲁班文化的精髓及其现实意义

1．鲁班文化的精髓

鲁班，字公输，春秋时代鲁国人（今滕州人），被称为我国建筑业的祖师爷，也是我国建筑者和施工者的圣人。据史料记载和民间传说，鲁班一生中发明了云梯、钩强、锯、刨子、墨斗等土木工具。自古以来，鲁班是勤劳勇敢、吃苦耐劳、开拓进取的中华民族的象征。鲁班文化是一门博大精深的中华文化，鲁班精神是中华民族一笔宝贵的财富，它激励着一代又一代的建筑者为社会主义现代化建设贡献青春、智慧和力量。

《中华人民共和国高等教育法》规定：高等教育的任务是培养具有创新精神和实践能力的高级专门人才。教育部也提出了"以评促建、以评促改、以评促管、评建结合、重在建设"的方针。政府提出的是"办好人民满意的教育"，并列入党的十七大报告，成为社会主义建设改善民生的一项任务，足见中央政府对办好人民教育的决心。山东建筑大学是一所建筑特色类地方高校，在建筑类专业人才队伍的培养方面发挥着重要作用。鲁班文化应用于建筑类高校人才培养中，其精髓是与时俱进，将古人宝贵的文化和精神遗产与时代脉搏相融合，培养埋头深耕，具有精益求精、追求卓越、开拓进取精神和勇于担当的复合型人才。

2. 鲁班文化现实意义

传承鲁班精神，鼓励建筑施工企业争创一流工程，1987 年，中国建筑业联合会设立“建筑工程鲁班奖”，每年评选 20 个。1996 年 7 月，原建设部将 1981 年政府设立并组织实施的国家优质工程奖与建筑工程鲁班奖合并，定名为“中国建筑工程鲁班奖（国家优质工程）”，每年评选一次，奖励数额为 45 个。鲁班奖是我国建筑行业工程质量的最高荣誉奖，入选单位不管在工程施工质量还是在企业形象方面都是行业发展中的一面旗帜，因此获得鲁班奖殊荣是每个建筑者职业生涯中所追求的最高目标。

鲁班文化在建筑类高校人才培养过程中的现实意义是，结合办学特色和优势，提高人才的核心竞争力。开展鲁班文化走进课堂，鲁班精神深入人心，以人才培养中的“鲁班奖”水平作为努力方向。

二、工程造价人才培养现状分析

随着中国建筑市场的规模不断扩大，高素质的工程造价管理人才的需求越来越大。企业迫切需要能够控制建设项目工程造价且具有丰富实战经验的造价工程师。而大学毕业生在校期间主要侧重基本理论知识的学习，步入工作岗位后，需要在相当一段时间内积累基层经验才能够进行独立工作。山东建筑大学管理工程学院工程造价专业是一个新上专业，自 2008 年第一届毕业生进入社会只有短短的四年。笔者对 2008～2012 年间的毕业生的动态，结合用人单位的评价进行调研，发现用人单位普遍对我校毕业生的个人素质和上手能力较满意，但也存在不尽如人意的问题，主要体现在以下方面：

1. 施工企业跳槽频率高

这一现象多发生于大型国企施工单位，如中国铁建、中国中铁和中国交通建设集团等。由于施工企业工程造价人才资源的大量短缺，大多数同学毕业后进入施工企业，但是部分同学在工作后的较短时间内选择跳槽。例如工程造价 2010 级毕业生，原四名优秀的毕业生经层层考核，签约中国交通建设集团有限公司，公司条件优越，并解决了北京户口，但是至今已有 3 人辞职离开。笔者详细了解到的原因是工作流动，工作环境恶劣，工作条件艰苦，工资水平相对低。在部分同学身上缺乏脚踏实地和吃苦耐劳的精神，不能辩证地看待一线施工经验积累的重要性。这种现象造成的后果是学生不能尽快适应工作和社会，也不利于职业生涯的发展；另一方面用人单位对我校培养的学生产生不信任感，长此以往将导致减少招聘数量或取消招聘的后果。

2. 缺乏创新能力，发展后劲不足

工程造价专业是一项实践性较强的专业，取得丰富的实践经验是成为一名优秀的造价工程师的必由之路。高等教育自 1998 年扩招以来，在校本科生数字不断攀升，给普通高校培养带来不少的压力。经过走访一些用人单位，普遍反映毕业生缺乏创新能力，眼高手低，动手能力不足。而实践经验的缺乏是毕业生的劣势。高等教育的任务是培养具有创新精神和实践能力的高级专门人才。综合素质强的造价工程师是我校工程造价专业的培养方向和目标。

多种形式的实践、实习、仿真训练强化学生在校期间实践技能，是提高专业核心竞争力的必不可少的途径。

三、工程造价人才核心竞争力分析

1．与市场需求接轨，制定科学的人才培养方案

工程造价专业人才培养是一项复杂而系统性较强的过程，涉及建筑领域技术、经济、管理、法律等基础理论课程学习，以及扎实的实践知识的获取。培养方案应与市场需求接轨，按照市场形势、人才的供需状况，合理定位人才培养目标。同时工程造价专业教学中不断更新知识体系，密切关注国家制定的有关建筑市场的各种政策、颁布的各种法规。如 2008 年国家颁布了《工程量清单计价规范》（GB50500—2008）后，使得工程造价领域发生了重大变化。

2．强化技能培养，注重实际操作

工程造价人才从业领域涉及建设项目全过程中的各个阶段，从项目建设前期的投资机会研究，项目建议书，可行性研究，初步设计，技术设计，施工图设计，到招标投标和项目实施阶段，直到项目竣工验收和项目后评价，在建设项目投资决策、工程造价确定与控制中，发挥着关键性作用。因此工程造价人才应强化技能培养，重视实际操作，具备编制投资估算、设计概算，施工图预算，工程量清单，投标报价及办理竣工结算等方面能力。开展课内和课外学习，重视实践教学环节，将实践教学作为理论教学和技能培养的桥梁和纽带，在实践中加强理论知识的理解，弥补理论教学中的不足和缺陷。

3．树立服务意识，加强责任观念

工程造价行业是工程咨询业的一个重要组成部分，具有巨大

的发展潜力和较强的生命力。其作为提供智力服务的中介性组织，服务水平高低直接影响着企业的生存和发展。企业只有充分理解业主的需求，处处体现以业主为中心，最大程度地满足业主要求的服务意识，才能赢得最大的市场份额。因此，高校人才培养要适应社会发展和企业需求，培养学生的服务意识和求真务实、吃苦耐劳的品质，增强学生的责任观念，保持对工作的乐观、积极的心态。

4. 培养学生专业化、职业化的品质

高校在人才培养中，培养专业化、职业化人才，使学生在工作中树立“事事有流程、事事有标准、事事有责任人”的意识。主要培养两个层次的素质：一是提升政治素质。强烈的工作责任心，热爱建设事业，工作有激情，切实担负起工作的重任；磨炼个人意志，既要有闯劲，更有韧劲，不惧怕困难、不回避矛盾，开拓创新、与时俱进；认识问题、分析问题和解决问题的独立思考的能力。二是提升业务素质。加强专业知识的学习，熟悉建设法律法规、规章制度；熟练掌握和运用现代管理知识和方法，高效做好工作；应学点历史、文化、哲学、艺术等方面的知识，完善知识结构，提高个人素养。做好时间管理，不断更新知识，提高职业层次。

四、鲁班文化融入专业学习途径

弘扬鲁班文化需要各方的关注和努力。为了实现人才的可持续发展，培养优秀的工程造价精英人才，社会和学校都肩负着艰巨的任务。以下分别从社会、学校及学生会论述鲁班文化融入专业学习的各个途径。

1. 社会途径

鲁班文化融入企业文化中，产生内在驱动力。企业培养员工与国家、社会、企业同呼吸共命运的意识，潜移默化中形成核心价值观、危机意识和责任感，树立员工的信心，培养高素质员工。企业遵纪守法，勇于担当，以主人翁的精神和姿态承担社会责任。

2. 学校途径

（1）加强教研和企业交流，推动课程建设

学校以“质量工程”为载体，培育国家级、山东省级及校级精品课程。注重课堂教学质量，加强校督导员、院督导员、学生评价机制，经过实施，取得良好效果。目前工程造价专业荣获山东省级特色专业，“工程造价课程群”已取得了山东省级精品课程，“工程造价教学团队”荣获山东省级教学团队，为提高工程造价人才核心竞争力奠定了坚实的基础。

除课堂教学外，学院还聘请客座教授进行鲁班文化的专题讲座，丰富了课程内容，拓宽了学生视野，提高了学生学习兴趣。同时保持与省内外重点院校的联系,广泛了解并汲取同类课程建设的经验,召开教学教材建设研讨会,邀请省内外高校长期工作在教学一线且工程经验丰富的同行进行交流。定期走访用人单位,听取用人单位对人才的不同需求,尤其是资深造价工程师的意见和建议,努力做到联系实际,满足实际工作的需要,不断推动课程建设。

（2）加强双师型教学师资队伍建设

加强双师型教学师资队伍建设，鼓励年轻教师考取执业资格证书，参与社会实践，在实践中摸索教学规律，提高讲课水平。更新教学理念转变角色，担任教学中的组织者和引导者，充分与学生交流，了解他们的兴趣、爱好、需求以及现有的知识、经验和技能水平，充当学生的良师益友，提高教师教学魅力，让奉献精神成为教师的内在动力。加强教师的培训，多组织教师开展交流学习，更新教师教学方法、手段与教学理念。

（3）提高学生的创新能力

法国诺贝尔奖获得者贝尔纳说“创造力是没法教的，必须在实践中让学生动手，有机会把自己的创新思想付诸实践”。以学科竞赛为载体，依托大学生创新学分，通过组织学生参加“广联达算量大赛”、“斯维尔软件大赛”等，以赛促学，使学生的创新能力得到进一步提高。

（4）构建校企联合培养平台

校企合作是中国教育部推行的“卓越工程师教育培养计划”的内容之一。自1999年，高考扩招的第一个年头，普通高等院校招生增幅达到42%。至此之后，招生人数节节攀升，直到2012年连续实施了13年的高校本科扩招将画上句号。[①]国家和地方投入的教育经费杯水车薪，远不能满足学校培养学生实践能力所要求的实验条件。构建校企联合培养平台，借助社会力量办学，发展校企合作基地和社会实践基地，安排经验丰富的工程师作为兼职指导教师，结合实际项目进行生产实习、毕业实习和毕业设计。通过利用企业工程技术的优势，培养学生的创新精神和实践能力，提高人才培养质量，实现企业与学生的共赢。

（5）实施“国际化工程造价人才计划”

近年来，建筑工程全球化趋势逐渐加速，国际工程项目不断增加，建筑业劳务输出量不断扩大，这些需求客观上要求我们加强学生专业英语技能的培养。然而，目前建筑工程领域既懂专业技术又懂专业英语的复合型人才非常匮乏。[②]鲁班文化落到实处的核心是实施“国际工程造价人才计划”。培养国际化的造价工程师应是工程造价专业的培育目标，也是山东建筑大学工程造价专业突出办学特点和优势的重要体现。学校应重视专业英语教学，不断总结教学经验，努力提高自身素质，提高专业英语的教学质量和学生的国际化视野。

3. 学生会途径

以学院学生会为依托，实施“鲁班文化素质拓展计划”，为学生搭建广阔而坚实的平台，全校上下深入开展思想政治与道德素养、社会实践与志愿服务、文化艺术与身心发展为主要内容的素质拓展活动。学校积极宣传鲁班文化，开展一系列朗诵比赛、主题征文和创新活动，基层单元召开集体班会，倡导鲁班文化学习，让鲁班精神深入人心。

五、结论

弘扬鲁班文化具有一定的现实意义，鲁班精神的实质是积极进取、勇于创新。[3]只要我们沿鲁班留下的足迹前行，克服困难，积极进取，用于创新，以培养工程造价人才为己任，树立人才培养标杆，让用人单位满意，赢得社会赞誉和好口碑，才能实现专业的可持续发展。

注释

①《教育部关于全面提高高等教育质量的若干意见》，2012 年 4 月 20 日。

②张琳：《工程造价专业英语教学探索与实践》，载《潍坊教育学院学报》2012 年第 1 期。

③孙中原：《鲁班文化研究的意义——从〈四库全书〉看》，载《武汉科技大学学报（社会科学版）》2011 年第 2 期。

由鲁班尺看我国传统建筑用尺文化与制度

邵志伟　熊　浩

一、鲁班尺的来源

尺度是丈量长度、空间的依据与标准，作为社会沟通的桥梁与方式，是维护世间秩序和公平正义的表现，也是社会进步和文化风俗的缩影。鲁班尺的演变也反映各时代的建筑风俗及民间的建筑文化哲学观。

早期的半穴居遗址以及地面建筑，除受材料加工、建造技术等方面影响外，还受到人体尺度的直接影响。《大戴礼记·主言》有“布指知寸，布手知尺，舒肘知寻”。以人体工学尺度为法，至今仍是建筑设计的基本原则之一。汉代以后，常用的长度单位存有“引、丈、尺、寸、分”，之间多为十进制，合称“五度”。历代用尺主要有三个系统：一是律用尺即标准官尺，为历朝考律而定制。另二者本于律尺，一为营造用尺，凡木刻石工、量地等所用之尺和通称工尺等；二为布尺，也称裁缝尺。

金其鑫先生在《中国古代建筑尺寸设计研究——论〈周易〉蓍尺制度》中，把历代（先秦至清）营造尺的制度分为法定尺和占筮尺两大系统：前者相当于营造尺系统，“占筮尺”则相当于鲁班尺系统，但是对其依据未作足够的解释。[①]

1. 鲁班尺的种类

鲁班尺是在营造建筑与制作器物时，用来度量及选择吉凶压白的专用工具，既是木工尺，后来也是择定吉凶的风水尺。在不同的历史时期相关称谓也各有不同，如门光尺、门官尺、八字尺、鲁班尺、鲁班真尺、鲁班周尺等，其尺法也有所不同。

《吕氏春秋·分职》云："巧匠为宫室，为圆必以规，为方必以矩。"如果说曲尺是由于测量营造的需求而产生的话，风水尺则是由于社会文化风俗的演变而产生。随着人类生活之丰富，尤其是天文历法、营造技术、阴阳五行等理论的逐渐成熟，极大地促进了先人对自身生活环境的关注。

特别是伴随着风水学的流行，古代堪舆家在屋舍选址定向、布局设置、施工择日等重要环节上占有主导作用，而相对于具体施工的匠师而言，其社会地位却日渐式微，于是匠师发展并掌握了这些风水师无法取代的风水尺法，其中以门光尺和压白尺最为流行。

鲁班尺当专门用以裁定门户尺度吉利与否的木工用尺时，与门光尺概念基本等同，是在木工尺的基础上结合阴阳五行、易学紫白等理论而成，如明《阳宅十书》说："海内相传门尺数种，屡经验试，惟此尺为真，长短协度，凶吉无差。盖昔公输子班，造极木作之圣，研穷造化之微，故创是尺，后人名为'鲁班尺'。"

2. 鲁班用尺的发展

鲁班尺不仅用于量门，也是重要的建筑设计风水用尺。从发展角度看，关于风水尺的起源问题，目前学术界主要有两种观点，曹志明等在《鲁班与鲁班尺源流初探》中认为"所谓风水尺寸是根据唐尺而定……唐尺是以九十寸为一丈，又以八寸为一尺……前者合后天八卦和九星，后者合先天八卦”；二是认为先人仰观天文，俯察地理，对自然规律和地理环境有了进一步的辩证客观认识，尤其是《周易》中涉及的“阴阳”及八卦理论，为鲁班尺之创造提供了理论基础。而压白尺法也是在曲尺基础上，结合阴阳五行、八卦等风水理论而成，与鲁班尺配合使用。

对于夏、商、周三代的尺制的考察，史料较为匮乏，但三代之尺度一本相承，稽于古法之间有一定比例关系。历来典籍多称“夏以十寸为尺，商以十二寸为尺，周以八寸为尺”，周尺较商尺为短。

周汉时期民间用尺有初期的武王尺和后期统称的“鲁班尺”，武王尺与周小尺、鲁班尺与周大尺多合用1，武王尺同鲁班尺与周尺的比例为1.2或1.1，以8或10为进制单位形成寸、尺、丈三度进制。两尺的第1寸（财）、第5寸（官）的卦位为奇数为吉，为官用建筑尺度，第4寸（义）、第8寸（吉）为偶数，多做民间建筑尺寸。

唐代首次明确了大小两尺并行的制度，以小尺为律尺，大尺为日用。中国尺制历史上第一次同时出现了两把官尺。这种灵活制度，让原来民间中的通行尺度不必更改，施行方便，变革较为成功。唐宋时期占筮尺有三支，建筑工匠统称之为“真尺”。初期真尺一尺合36厘米，后期北方真尺合45厘米，南方则为39.60厘米。初期的真尺与唐小尺合用，后期南方地区的真尺与浙尺合用。明清时期法定尺两支，北方地区用工部尺，南方地区用曲尺，民间用尺则统称为“鲁班真尺”。

成书于明崇祯二年（1629年）的《八宅造福周书》中对当时

广泛采用的吉凶尺度进行总结，对当时民间建筑规范和模数制定有着重要意义。重要的如有以下尺度划分：鲁班尺长共13寸，其中第1、5、6、7、8、13视作吉数；曲尺长共9寸，其中1、6、8、9数为吉；另外还有玄女尺长共8寸，其中1、4、5、8视作吉数。总之，我国古代用尺总体上是相互依存、相互递进的关系。

二、《鲁班经》中的尺度用法

1.《鲁班经》中的用尺规律

《鲁班经》作为我国江南民间流传的记载民舍家具、农业手工业制作工艺的著作，在建筑方面的尺度，也有一套相应的营造用尺标注规范。其中涉及的建筑用尺主要有曲尺用法和鲁班真尺用法两类，其中对鲁班尺的运用更有其特色。

（1）曲尺用法：主要用于测量，然从其基础上发展起来的压白尺，却与之有所不同，有尺白与寸白之分。其具体尺法如清代李斗《扬州画舫录·工段营造录》中所说："门尺有曲尺、八字尺两法。单扇棋盘门，大边以门诀之吉祥尺寸定长……引条诸件随之。……曲尺长一尺四寸四分……十分为寸：一白、二黑、三碧、四绿、五黄、六白、七赤、八白、九紫、十白也。……匠者绳墨，三白九紫，工作大用日时尺寸，上合天星，是为压白之法。"又如《阴阳书》云："一白、二黑、三绿、四碧、五黄、六白、七赤、八白、九紫，皆星之名也，惟有白星最吉。用之法，不论丈尺，但以寸为准，一寸、六寸、八寸乃吉，九为小吉。"使用曲尺时常取"一、六、八、九"。

（2）鲁班尺的尺法：南宋陈元靓的《事林广记》中引《淮南子》云："鲁般即公输般……其尺也，以官尺一尺二寸为准，均分为八寸，其文曰财、曰病、曰离、曰义、曰官、曰劫、曰害、曰吉。乃北斗中七星与辅星主之。用尺之法，从财字量起……但于丈尺之内，量取吉寸用之；遇吉星则吉，遇凶星则凶。亘古及今，公私造作，大小方直，皆本乎是。”②做门尤为仔细。在《鲁班营造正式》中记载：“鲁班尺乃有曲尺一尺四寸四分，其尺间有八寸，一寸准曲尺一寸八分，内有财、病、离、义、官、劫、害、吉也。凡人造门，用依尺法也。假如单扇门，小者开二尺一寸，压一白，般尺在‘义’上；单扇门开二尺八寸，在八白，般尺合‘吉’；双扇门者用四尺三寸一分，合‘三绿一白’，则为本门在‘吉’上；如财门者，用四尺三寸八分，合财门吉……今时匠人则开门四尺二寸，乃为‘二黑’，般尺又在‘吉’上。”清代《工程做法则》中则是从“吉”量起，与《事林广记》及《鲁班营造正式》中的门光尺之尺法相异。门光尺中两端一、八寸和中间的四、五寸为吉，由于吉凶寸是对称排列，无论从财字或吉字起量皆可，吉门恒为吉，也便于实际应用。

明《鲁班经》所列的绝大多数门尺寸是两者都合吉。《事林广记》所列门户鲁班真尺尺寸写得更具体：“一寸合白星与财，六寸合白又合义，一尺六寸合白财，二尺一寸合白义。二尺八寸合白吉，三尺六寸合白义，五尺六寸合白吉，七尺一寸合白吉。七尺八寸合白义，八尺八寸合白吉，一丈一寸合白财，推而上之算一同。”③需要说明的是尺中吉字寸的使用还要看门的所属如何，如义字门安在都门和廊门上被认为是凶兆，官字亦不宜用于庶民百姓，而病字对应厕门反而逢凶化吉。

2.《鲁班经》中的用尺转换原则

明《鲁班营造正式》和《鲁班经》中曰鲁班尺合曲尺一尺四

寸四分，其长 31 ×1.44 =44.64 厘米，较《事林广记》为大。《鲁班经匠家镜》中样门模数多为 7.2 寸以求吉利象数，恰也是尺尾 14.4 寸对应吉数的二分之一。建筑营造时，房屋构件尺度尽可能与真尺中的吉数相应合，以禳灾纳福。元明以后和官尺的换算关系趋于一致，以官尺的 1.44 倍为长，并沿用到近代。故宫博物院藏鲁班尺正是清营造尺 32 厘米长的 1.44 倍，即 46 厘米。

探讨鲁班尺发展的问题，对其传承有积极意义。1.44 可分解为 1.2 ×1.2，既经过两次“1.2”的演变。可推测如下：(1) 第一次为西汉时已有的尺制比例的情况下的变化。(2) 第二次“1.2”则源自王莽变制之后，官定木尺标准发生变化，鲁班尺随之而变，将十进制改为八进制，旧尺尺制用法发生了改变，而旧尺本身尺长则得以保留，使用功能也可以延续。“鲁班尺”的特殊进制又不会与正规的尺制系统发生冲突。通过吉凶应验的神秘尺法，使“亘古及今，公私造作，大小方直，皆本乎是”。

推测其他非官制的民间用尺，如“九天玄女尺”等与鲁班尺相似，都是源自对非律尺的神化。《新编鲁般营造正式》及《阳宅十书》中所谓“海内相传门尺数种”的话语，表明当时尺制的纷繁复杂。《事林广记》指出玄女尺的流行地域是长江中游一带，和鲁班尺完全不同的另一系统。可见，宋代各地规矩是不统一的，且各有一定的地域范围。如目前闽南还有一种鲁班尺是准木尺一尺二寸，似是仍在沿用新莽之前的古制。鲁班尺的地域范围主要是长江下游和东南沿海，但是后来也到达北京一带。近代北京就有关于做门的匠歌：“五尺八、二尺八，死活一起搭。”按曲尺 2.8、5.8 尺，本身合八白。又以北方俗习，尺寸的尾数为 3、6、9 时也多见使用。实际上除 3 外，6、9 分别合压白尺之六白和九紫。

清《工部工程做法则例》卷四十一装修作法中，开列出124种门口尺寸，分为“添财门、义顺门、官禄门、福德门”四大系。把营造尺寸折算成门光尺寸，也是符合门光尺的吉利。这一现象，大约和明清北京重要匠师常征调来自江南一带的历史事实有关。《鲁班经》也说：“大抵尺法各随匠人所传，术者当依《鲁班经》尺度为法。”

《鲁班经》等书中所记载的尺法当中，只讲究“寸白”，但在闽南、台湾地区还有讲究“尺白”的木尺尺法。定尺白的九星为“斗辅九星”，其中贪狼、巨门、武曲、左辅、右弼为吉星。无论是简单地以紫白九星与尺寸对应，以取1、6、8的数值为吉的方法；或是结合建筑二十四山坐向，再根据八卦纳甲及一定的尺白、寸白起算口诀，都是以木尺为基础的。

3.《鲁班经》中的用尺在古代建筑中的具体应用

法定尺和民间用尺既可以独自确定建筑设计尺寸，也可以结合运用设计。当其结合设计时，首先确定建筑物的类别，是否官方建筑、寺观建筑和民用建筑。再据此运用法定尺上建筑尺寸吉凶，初步设定该建筑所用尺寸，最后结合民间用尺复核吉凶以最终确定，两者都达到吉数时为最佳。鲁班尺不仅可用于量门，还可在建筑设计中辅助尺寸的确定。鲁班尺法的使用，是通过木尺进行的，既在木尺“合白”，又在鲁班尺“合字”，在建筑群体的尺度上，《鲁班经》中有“每步计四尺五寸，于屋檐滴水处起步，量至立门处，得单步合前财义官本门，方为吉也”的说法。既要合单步，又要合门光尺，这样就建立起了建筑整体与单体关联的尺寸体系，把尺寸体系扩大应用到了群体的范围内。故宫藏鲁班尺侧面有句云“阳宅门主灶院天井，高低宽长俱要合吉星，此为上吉之宅”。则范围扩大至庭院尺度。

《鲁班营造正式》中有“曲尺者，有十寸，一寸乃十分。凡遇起造至开门高低，长短度量，皆在此上。须当奏（凑）对鲁班尺八寸，吉凶相度，则吉多凶少为佳。匠者但用仿此大吉”。这就是说，曲尺和鲁班尺是结合使用的。具体办法《事林广记》所述为详：“《阴阳书》云：……纵合鲁班尺，更须巧算，参之以白，乃为大吉。俗呼之‘压白’。其尺只用十寸一尺。”单用鲁班尺不够，还要尾数合于飞白尺的一寸、六寸、八寸上，叫做“压白”。我们也可以见到，鲁班尺法在不同的建筑设计中所具有的地位高低各有不同。如揭阳学宫大成殿，以鲁班尺核准平面总的宽深尺寸，这是以木尺为主、鲁班尺为辅的设计方法。[④]不管是在我国古代建筑平面或外形，还是在类型上都有鲁班尺的用法原理和依据。鲁班尺作为营造用尺领域中重要的用尺标准之一，在我国古代建筑的发展变迁之中得到广泛体现。

三、鲁班尺的文化内涵及历史地位

传统建筑的设计理论是受传统哲学思维指导的。在中国传统文化思想的深刻影响下，中国建筑中透视出天地人和的世界观，设计讲究天人对应，追求易学数理、阴阳五行，直至中庸和谐。确定建筑规模的时候，数字的特殊含义决定了建筑尺寸的象征意义，通过间数、柱数、尺寸数等的文化象征意义应用以趋吉避凶。

鲁班尺法中融入了五行的生克关系，以“生入”、“克出”、“比和”三种关系为吉，各个方面都要顾及，比如尺寸设计、山墙脊饰的配合使用、前后主从的关系处理等。在实践的发展中，保持着古老的建筑制度，融合了风水、易数、五行、八卦、纳甲等学说，又受到《新编鲁班营造正式》、《鲁班经》、《阳宅三要》等书的影响，形成了一套确定建筑可用尺寸及建筑格局大致关系的工法讲究；还结合实际使用中的直观感受和现实的问题，以凶吉祸福的形式提出一系列设计禁忌，这些成为匠师设计建筑时必须考虑的基础设计要点。

《鲁班经》一书涉及民间营建各方面的内容，包含当时民间建房的文化讲究、建筑技术和工匠行会组织方面的内容，可见风水文化渗透到建筑设计之中，并通过鲁班尺和营造过程各种仪式影响设计和施工。

1. 体现民间性与民俗性

在民间性方面，《鲁班经》主要影响我国的安徽、江苏、浙江、福建、广东等华东、华南地区，长江以南为主要的地区，其用尺制度体现在民间文化、施工步骤、各种文化禁忌、常见的门窗凶吉等中。随着江南匠人的迁移、外出营建活动，鲁班尺传播越来越广，在各种用尺制度、建筑文化哲学等内容中都有所体现。

在民俗性方面，明代中后期房屋除满足使用功能的需要，更被赋予文化心理功能。营建中寄托宅主的命运，关乎其生死福祸，鲁班尺中风水面貌的出现便具有了民俗含义，体现了人们对于建筑和命运关系的认识与期望，隐含着建筑技术、建筑美学等驳杂内容。民间营建有关风水的鲁班尺度营建规定也深深地影响着人们的心理行为，营建使用过程中也被赋予了文化的意义。

2. 时空中的文化写照

建筑中蕴含的时间空间以及度量含义等与尺寸数字密不可分，《国语·周语下》曰："凡人神以数合之，以声昭之。"数在建筑中具有多重象征意义而被广泛运用，房间的尺寸，门窗的大小，数字与生命愿望产生了联系。

一白、六白、八白在鲁班尺中视为上吉，应与殷商时期卜筮方术有关。郑玄注《周礼·春官·司常》“杂帛为物”句曰：“白，殷之正色。”《论衡·指瑞篇》也云“白者，殷之色也”。“尚白”是殷商时代普遍存在的社会观念和审美风尚。一、六、八在筮数中出现频率较多，殷人尚白，故配一白、六白、八白视为吉。合白之渊源在乎商周之际，所以有理由推断木工之法在商周已相当成熟。

按传统规定给九宫数字配以色系，并将八卦方位纳入其中则是：一白属坎，二黑属坤，三碧属震，四绿属巽，五黄居中，六白属乾，七赤属兑，八白属艮，九紫属离。古代匠师可依此推断各房间的吉凶属性，宋明时代官方与民间鲁班用尺也符合此规定，且须依序测量，以免卦象不同而凶吉相错。

古人视紫薇垣星系为上神所处天宫，传为紫色，如清建造皇宫对应为做紫禁城。紫色对应的数为至阳之数九，故其也被视作吉数。九星紫白在《鲁班经》书中要“上合天星”，“三白九紫，匠者之大用也”。一、六、八白为大吉，而九紫为小吉，但是在皇家建筑中，多取九五之数，虽源自易学，但与《鲁班经》中的压白九紫五黄的合吉方式，也有相通之处。宋明时代以后，《营造法式》、《鲁班经匠家镜》等多部建筑术书笔记中，鲁班尺法的记载和应用，也包含有易学中“当位”思想。

关于鲁班尺法的意义，与堪舆、八卦、阴阳等学说相联系，内容较为艰深，在匠师中也仅为少部分人所掌握。所以其意义更在于设置了一定的神秘行业准入门槛，这对于控制行业内人员的数量与水准，以及维护匠师团队内部结构的稳定还是有一定益处。

结语

官尺确定了古代法定度量衡和建筑体系，而鲁班尺等则与上古占筮宗教和易学有关。鲁班尺属于占筮应用体系的范畴，也是易学思想与体例在建筑施工营造领域的实际运用。《鲁班经》中的鲁班用尺制度作为整个建筑尺度的一部分，势必对我国古代建筑的形成和发展产生重要影响。

鲁班尺把哲学理论中的抽象概念变换为具体的原则，运用在诸多领域之中。它的演变和占筮应用体系规范，也促进了建筑哲学理论体系的发展。对古时建筑等级、施工程序、用材风格等都有深远影响，并作为一种文化形成规制在民间沿袭至今。因此，鲁班尺的研究，对认识中国传统建筑所蕴含的文化理念，了解各时代的文化社会风俗习惯等具有重要参考价值。

注释

①金其鑫：《中国古代建筑尺寸设计研究——论〈周易〉蓍尺制度》，安徽科学技术出版社1992年版，第36页。

②〔宋〕陈元靓：《事林广记》，中华书局1999年影印版，第202页。

③〔宋〕陈元靓：《事林广记》，中华书局1999年影印版，第217页。

④李哲扬：《潮州传统建筑大木构架》，广东人民出版社2009年版。

鲁班精神对高校人才培养的启示

张国毅

鲁班精神世代延续，经久不息，最重要的原因是鲁班精神有强大的生命力。鲁班善于思考和观察，专注于技艺的提高，一生都用于探索和创新。他的发明具有极强的实用性，能够为古代人民生活、劳动带来便利，甚至到了今天他的一些发明仍在沿用。鲁班勤奋刻苦，求真务实，乐于助人。他表现出的人格魅力一直影响着后世的匠人。鲁班是中国古代劳动人民勤劳智慧的象征，他的精神浓缩了古代劳动者的智慧和美德。

一、鲁班精神的内涵

有关鲁班的文献记载很少，因此对鲁班精神内涵的概括只能借助于其他文献的零星记载、民间的传说和现有的研究成果。鲁班研究专家王中先生在《走遍中国：传说中的鲁班》纪录片中用八个字概括鲁班，“聪颖、诚信、勤奋、创新”，这可以说是对鲁班本人的评价，也是对鲁班精神的精妙概括。孙中原先生认为鲁班精神表现的是“中国劳动者积极进取、勇于创新的精神”[①]，赵仁童先生评价鲁班精神为“勤于发明、敢于创新；精于作业，乐于奉献”[②]。三位学者对于鲁班精神的概述，包含对鲁班人格品质和创新发明两方面的论述，这构成了鲁班精神的基本内涵。

1. 浓厚的人文性[③]

鲁班精神的人文性首先体现在他重义爱民，无私奉献。鲁班为楚国造云梯，准备攻打宋国，但却遭到墨子的反对，最后在墨子的劝说下放弃攻打宋国。这足以说明鲁班是善良的，他关心百姓疾苦，有一棵仁义之心。对于不义的事情鲁班是反对的，在《墨子·鲁问》中有这样一段记载，“公输子谓子墨子曰：‘吾未得见之时，我欲得宋。自我得见之后，予我宋而不义，我不为。’”鲁班的爱民重义直接影响到他的为人处世。鲁班一生为人忠实，做事踏实，从不与他人争名夺利。鲁班带领的木匠班，匠人与匠人之间的关系非常融洽。他发明的器具都是拿来与其他匠人分享，共同使用；技艺也是通过言传身教让更多的匠人掌握，在鲁班那里，没有现代人技术垄断的概念。

鲁班精神的人文性还体现在鲁班学习和劳作的过程中。鲁班学艺时历经千难万险，他始终没有动摇学习的意志，这种决心和意志力是鲁班成才的基石。拜师之初，师父并不搭理他，但他跪拜一整天，等待师父醒来，以诚心感动了师父。在学习技艺的三年里，鲁班整天“守着模型吃，抱着模型睡”[④]，这种恒心和耐心是鲁班成功的关键。鲁班从事木匠行业几十年，技术早已超出同辈人，但他仍然孜孜不倦，谦虚认真地做好每一项工作，精益求精。遇到问题，鲁班不急不躁，通过细致地琢磨和反复地试验，总能很好地解决。人文性使鲁班精神显得厚重，它是鲁班精神的基石。而创新性则使鲁班精神显得有张力，是鲁班精神的核心。

2. 卓越的创新性

鲁班创新的灵感源于自然和生活。鲁班善于观察自然事物的形态，也善于借自然力。锯的发明源于齿草，这是自然界中很弱小的植物。但“弱者，道之用”[⑤]。经过鲁班的妙手，齿草化锯，可以用来伐树，可以将木头锯成任意长短，成为木匠手中必不可少的工具。在鲁班那里，自然事物不再是与人对立的状态，而是可以转化为实在的器具，为人的生活提供便利。鲁班还有一些发明是从生活中得来的，有的是母亲、妻子一句话的提点，也有的是她们劳作的一些场景使鲁班有所启发。善于在自然和生活中观察和思考问题，是鲁班能够不断创新的源泉。

鲁班的创新离不开实干。鲁班在得到发明灵感后，总是第一时间找材料进行实际操作制造，不断推敲，反复琢磨。另外，实干经验积累是鲁班能够创新的保障。在学艺期间，鲁班勤奋研究各种物件，不停地拆、装，这使鲁班对物体结构有了全面清楚的把握。各式各样的木匠活，使鲁班的技艺炉火纯青，所以鲁班总是能够制造出结构完美、与众不同的器物。

鲁班的发明创造有很强的实用性。鲁班务实，因此他的发明创造也具有很强的实用性。他发明的工具用于生活、劳动，给人民提供了极大的便利，他创造的榫卯结构，不需要一颗钉子，却能够牢固地支撑轩宇楼阁。鲁班的发明几乎可以用于那个时代各行各业的生产，极大地提高了当时的劳动效率。

鲁班创新的三个特征或许可以用“灵感 + 实干 + 实用”这样一个公式简单地概括，这可以作为一种思路用于高校人才创新能力的培养。鲁班的创造发明是人与自然的和谐，是“技”与用的统一。这种创新精神，更大程度上转化为一种内在的创新人格影响着后世，成为鲁班精神世代相传的推动力。

二、我国高校人才培养现状

鲁班精神所包含的人文性和创新性，用现代教育观念来看，是人文素质和科学素质的融合，这使探索鲁班精神对高校人才培养的启示具有了现实意义。我国高校一直致力于学生的成才教育，注重学生人文素质和科技素质的培养，但实际培养过程中，还是存在一定的问题。

1. 对素质教育片面理解。高校素质教育其实质是一种全面发展的教育，是以引导学生树立正确的价值观，培养具有创新精神和实践能力人才为主要目的。但在实际教学中，素质教育却被片面化理解，很多高校将素质教育作为专业教育的补充，通过各种活动来提升学生能力，甚至将素质教育狭隘化理解为人文教育。这些片面的理解使高校人才培养道路越走越窄，人才培养质量很难提高。

2. 理论和实践教学，重“此”轻“彼”。片面追求理论教学的高校，教学模式固化，注重课堂灌输式教育，老师“照本宣科”，以考试作为衡量学生能力的标准，使学生成为知识的奴隶，失去主动学习的兴趣。片面追求实践教学的高校，只关注技术的学习，急于将所学技艺应用于社会生产，过分追求物质成果和经济效益，学生对理论学习失去兴趣，成为“机器人”。这种“重理论、轻实践”和“轻理论、重实践”的教学方式都在一定程度上影响了高校人才的培养和发展。

3. 学生主体意识弱化。高校学生应该是最具自主能力的，但现实却是相反的。高校学生仍然被教育体制牵着鼻子走，仍然要完成各科作业，应付各类考试。在这样的大环境下，学生的个性受到束缚，自己感兴趣的事情不能很好地实现，因此就出现了懒惰、缺乏动力等高校学生通病。这增加了高校人才培养难度。

三、弘扬鲁班精神，推动高校人才培养新发展

人才培养的质量关乎高校存亡，如何提高人才质量是高校的当务之急。其实从鲁班精神的内涵中我们可以得到一些解决上述问题的好方法和思路，高校应该加以借鉴和学习，推进人才培养方式的转变。

1. 学习鲁班精神内涵，促进学生全面发展。鲁班精神人文性和创新性的紧密结合使鲁班精神显示出强大的生命力。高校在人才培养过程中，也要做到既注重人文素质的培养，又注重科学素质的培养。加强文理学科交流，打破学科界限，实现优质教育教学资源共享。要坚持理论和实践教学双管齐下，以理论教学作为人才培养的软件支持，以实践教学作为人才培养的硬件支持。另外，高校人才培养是以学生为主体，学生自身努力是决定成才的关键。因此，要鼓励学生学习鲁班学艺的精神，“把自己培养成自己”[⑥]，主动挖掘个性潜能，促进自主成才。

2. 发扬鲁班创新精神，提升学生创新能力。创新能力的培养和提高是素质教育的根本目的之一。鲁班的创新是创新人格和创新方法共同作用的结果，其中创新人格是根，创新方法是叶，根深才能叶茂。高校在人才培养过程中，要注意运用鲁班“灵感+实干+实用”的创新思路，设计教学场景，给学生提供多观察、多思考、多动手的机会；要引导学生树立创新为社会服务的价值观念；更要注重塑造学生创新人格，加强学生创新思维的训练，尊重学生的自由选择，充分调动和发挥学生的主观能动性。

3. 借鉴师徒传承技艺方法，推进教学方法改革。鲁班教授徒弟是将理论直接融入实践教学当中，即所谓的师徒制传承。传统师徒制模式大致可以分为徒弟选拔、基本功学习、入门提高和自主创新四个阶段。先是通过严格的选拔选出合适的徒弟，然后开始让徒弟学习一些基本功，掌握基本技艺，再通过带领徒弟参加具体的劳动工作，深化技艺学习，最后徒弟完全掌握本领后就可以有所创新，独立从事工作。高校研究生教育可以参照鲁班的这种技艺传承方式，推行导师责任制，强调发挥导师作用，实现知识和能力的传授。对于本科学生和高职学生在做好综合素质培养的同时，也可以在专业领域分配一定数量的导师，引导学生完成各种知识的学习，而不是仅仅局限在课堂上的灌输式学习。这样有利于学生更深刻地了解整个学习过程，实现理论和实践的有机结合，调动自主学习的积极性。

社会的进步和发展需要人才，高校是人才培养的主要阵地。高校应该以鲁班精神为指引，以培养高素质创新型人才为目标，结合实际，推进人才培养方式的转变，为国家培养更多的栋梁之才，为推动社会发展作出更大的贡献。

参考文献

1. 中国山东滕州鲁班研究会编：《鲁班的传说》，齐鲁书社 2008 年版。

2. 任守景主编：《墨子研究论丛（九）》，齐鲁书社 2010 年版。

3. 吴毓江：《墨子校注》，中华书局 2006 年版。

4. 〔清〕孙诒让撰，孙启治点校：《墨子间诂》，中华书局 2001 年版。

5. 赵仁童：《鲁班精神：中国建筑文化的血脉》，载《建筑时报》2006 年 5 月 8 日，第 7 版。

6. 孙中原：《鲁班墨翟综合研究的意义》，载《南通大学学报（社会科学版）》

2009 年 1 月版。

7. 刘海蓉：《谈鲁班、墨子与中国职业技术教育》，载《武汉职业技术学院学报》2009 年第 8 卷第 2 期。

8. 刘宇蓉：《中国职教应尊鲁班为“祖师”、墨子为“鼻祖”》，载《技术与教育》2010 年第 1 期。

9. 《中国高等教育研究》2011 年第 15/16 期。

注释

①孙中原：《鲁班墨翟综合研究的意义》，载《南通大学学报（社会科学版）》2009 年第 1 期。

②赵仁童：《鲁班精神：中国建筑文化的血脉》，载《建筑时报》2006 年 5 月 8 日，第 7 版。

③人文性，主要是是指人文素养和人文精神，是一个人的内在品质。

④中国山东滕州鲁班研究会编：《鲁班的传说》，齐鲁书社 2008 年版，第 32 页。

⑤〔晋〕王弼注，楼宇烈校释：《老子道德经校释》，中华书局 2008 年版，第 110 页。

⑥张楚廷：《张楚廷教育文集》第三卷，湖南教育出版社 2007 年版，第 10 页。

圣坛上的鲁班

刘　娟

提起鲁班，在中国可谓家喻户晓，老少皆知。两千多年以来，鲁班的名字和有关他的故事，一直在民间广为流传。鲁班的影响不仅仅局限于中国，其名声已远播到东亚各国。人们尊称鲁班为鲁班爷，甚至奉他为神灵，人们在各地兴建鲁班庙，像供奉神灵一样来供奉鲁班。而历代建筑工匠们则尊称他为机械之圣、鲁班仙师、公输先师、鲁班祖师等。

关于鲁班，历史典籍很少有记载，而鲁班也不像其他诸子百家一样，为自己著书立说，他的事迹很多都是人们口口相传而来。那么鲁班到底是何许人也？经著名哲学家，中国图书馆原馆长、中国墨子学会前名誉会长任继愈先生多年的考证，确定鲁班故里在小邾国，也就是现在的山东滕州市。鲁班，姓公输，名般。又称公输子、公输盘、班输、鲁般。鲁国人（故里山东滕州），“般”和“班”同音，古时通用，故人们常称他为鲁班。大约生于周敬王十三年（公元前507年），卒于周贞定王二十五年（公元前444年），生活在春秋末期到战国初期。鲁班出生于工匠世家，家庭环境使然，鲁班自小就喜欢机械制造、手工工艺、土木建筑等活动。小时候鲁班就和家人一起参加土木建筑劳动，长期生产实践，加上个人的天赋和不懈努力，鲁班逐渐掌握了古代工匠所需的各种技能，成为当时最杰出的能工巧匠。鲁班是木、瓦、石、雕、舟、车、机械业的“百工师祖”，也是劳动人民智慧的化身。历代名家对鲁班都有很高的评价，元顺帝，以绰号“鲁班天子”为荣，著名画家齐白石则以“鲁班之子”自居……

一、圣人化的鲁班

在中国被称为圣人的人屈指可数。什么样的人才能被称为圣人？按照中国传统文化的定义，严格来说，“圣人”指知行完备、至善之人，是有限世界中的无限存在。总的来说，“才德全尽谓之圣人”。诸子百家，乃至古今各种宗教、学派，也都有自己认定的圣人。所谓圣人就是被大众认为具有特别美德和神圣的人，比如孔子被称为“文圣”，墨子被称为“科圣”，孟子被称为“亚圣”，而鲁班就被尊称为“木圣”。

鲁班有“工巧之人”、“建筑工匠之祖”的美誉。鲁班毕生精于匠艺，精雕细刻，精益求精，被庄子称之为“道”。当墨学经历了几百年的辉煌，由“显学”而逐渐没落，走下圣坛之后，与墨子同时代的鲁班，却因为其与百姓密切相关的发明创造和技术手艺，走入了寻常百姓家。

鲁班的一生有很多发明创造，他给中华民族留下了丰厚的文化遗产。鲁班的众多发明创造大都是与人们的生产、生活需要紧密结合的，他发明创造的出发点和归宿，大都是服务于人民，为提高和改善人们的生活质量而制造各种工具，但是鲁班生活在动荡的春秋战国时期，在这个动荡的历史背景和统治者的压迫下，他也发明了一些战争用的工具。

（一）工具类

《世本》说鲁班制作了石磨，《物原·器原》又说他制作了砻、碾子，这些粮食加工机械在当时是很先进的。另外，《古史考》记载鲁班制作了铲。鲁班的发明的这些工具方便了人们打扬谷物、加工粮食，实现了粮食加工的一次革命。

古代的许多器具是木制的，因此，精巧的工具对木匠来说十分重要。《物原·器原》说鲁班制作了钻（矫正木材弯曲的工具）。《鲁班经》还把木工所用的曲尺称为“鲁班尺”，古代工匠认为曲尺是鲁班发明的。民间更是传说墨斗也是鲁班发明的。

钩和梯是春秋末期常用的兵器。《墨子·鲁问》记鲁班将钩改制成舟战用的“钩强”，楚国军队用此器与越国军队进行水战，越船后退就钩住它，越船进攻就推拒它。《墨子·公输》则记他将梯改制成可以凌空而立的云梯，用以攻城。这些武器在战争中发挥了举足轻重的作用。

（二）建筑类

《事物纪原》和《物原·室原》都说鲁班创制铺首，即安装门环的底座。鲁班还发明了卯榫结构和斗拱结构，古时民间还传说他主持造桥。

（三）仿生类

《墨子·鲁问》又记鲁班削木竹制成鹊，可以飞三天。另据《鸿书》记载，他还曾制木鸢以窥宋城。《论衡·儒增》记述了一种传言，说他制作出备有机关的木车马和木人御者，可载其母。

二、神灵化的鲁班

在中国传统社会中，人们心中大都有“神灵崇拜”的思想，现世中人们对神灵的敬畏，使人们产生一种归属感，也强化了人们的供奉意识。据《鲁班的传说》，“鲁班神仙”的产生源于“鲁班神线”。传说鲁班发明墨斗之后，制作工艺得到大幅度的提升，许多人来求“神线”，木匠从班母手中求得“墨线”，泥瓦匠从班妻手中求得“白线”，石匠从班妹手中求得“红线”。时间长了，工匠们就把“鲁班神线”说成“鲁班神仙”，千百年来，凡从事“金银铜铁锡，石木雕瓦漆”等行业的人们皆把鲁班称为自身行当的“祖师爷”。

据有关史料记载，鲁班在唐代就被奉为神仙了，全国各地的许多著名建筑皆附会为鲁班所建。唐代段成式《酉阳杂俎续集》中说：“令人每睹栋宇巧丽，必强谓鲁班奇功也，至两都寺中，亦往往托为鲁班所造。”

梁任昉《述异记》载：七里洲中有鲁班刻木兰为舟，舟至今在洲中，诗家云木兰舟出于此。天姥山南峰，昔鲁班刻木为鹤，一飞七百里，后放于北山西峰上。汉武帝使人往取之，遂飞上南峰。往往天将雨则翼翅动摇，若将奋飞。鲁班刻石为禹九州图，今在洛城石室山。东北岩海畔有大石龟，俗云鲁班所作，夏则入海，冬复止于山上。

这几则传说是古代鲁班传说中构思最为绮丽、想象最为驰骋的部分。传说异于故事的要著在于传说有其源远流长的传统作为支撑力量。传说不仅道明中心人物，而指出中心人物行为结果的实证遗留物所在地。《述异记》中的鲁班造出了木兰舟、木鹤、九州图、大石龟，而且言明这四件宝物分别在七里洲、北山西峰、洛城石室山和东北岩海畔。这对传说结构的稳定性与可信度无疑是一种积极的增益。自《水经注》所记忖留神与鲁班之间的旧事，再到《述异记》中的记载，鲁班已经从一般的巧匠演化为神匠。他与大禹、汉武帝之间的联系，以及鲁班传说在各地的扩布，充分体现了传说自由穿梭于时空之中的表征。鲁班的种种神迹，学界一般认为是民众运用虚构、想象手段而使得传说情节的神灵性增强的体现。

《鲁班经·鲁班仙师源流》极尽夸张、编造之能事，渲染了鲁班的出生神异和法术高超，技术精湛。《鲁班经·鲁班仙师源流》所叙述的鲁班天生神异。他出生时，成群的白鹤聚在一起，居室里弥漫着奇异的香气，长期不散，一派神人降世的奇妙与美丽。鲁班到了七岁，仍然终日嬉戏玩耍，不思学习，令其父母忧虑不堪。他十五岁的时候，愤恨于各诸侯国相继称王的政治局面，于是像当时的纵横家一样游说各国，目的在于劝说各诸侯国服从周王朝的统治。鲁班游说失败后，在泰山之南的小和山归隐，十三年的时间不曾露其行迹。一次偶然的机遇，他受老者的指点，开始“注意雕镂刻画，欲令中华文物焕尔一新。”他发明规矩准绳，建室造物，授徒传艺。四十岁时，他再一次归隐历山，得到异人传授秘诀，成仙飞升。战国时，他被封为永成待诏义士，三年后，又加赠智慧法师。他在汉、唐、宋历代都“显踪助国”，并且都有封号。明代永乐年间建北京圣龙殿时，也是有赖于鲁班降临指示，才得以顺利完工。人们为此建立庙宇来祭祀他，庙宇门上的扁写着“鲁班门”，他被封为“待诏辅国太师北成侯”，“春秋二祭，礼用太牢”。传说称：“今之工人凡有祈祷，靡不随叩随应，忱悬象著明而万古仰照者。”有学者指出：“在大多数鲁班碑中都提到了鲁班创制规矩绳墨良法、削木为鸢、初造云梯、造木人使吴地大旱三年等事迹，然后颂扬‘仙师鲁班灵巧性成，泄天地之化机，奥妙独运，树人世之奇功’，并认为‘凡穷其巧□、树业独精者，皆谓之神’。”

神化祖师是各种工匠的有意识的集体行为，而前赴后继从业者的敬业精神，则是这个浩瀚造神工程的绚丽笔墨。神化的手段，依靠查考无据的口口相传，言传者善于绘声绘色，把原本虚无的事情讲述得天花乱坠，真真切切，闻者毋庸置疑，否则休想得到来自师傅的真传。“赵州桥，鲁班造”，几乎人人传唱，而赵州桥的真正修造者是隋朝开皇大业年间的李春。也就是说，赵州桥建设之时，据说是鲁班原型人物的公输般，已经作古 1000 多年了。后来的工匠们因为赵州桥的鬼斧神工建筑艺术，悄悄献给了自己敬仰的老祖宗。

两千多年来，人们世世代代传颂着鲁班。其实无论是圣人化的鲁班，神灵化的鲁班，都是人们对鲁班的敬仰，都是是中华民族劳动人们对勤劳智慧的象征和渴望！

参考文献

1. 中国山东滕州鲁班研究会编：《鲁班的传说》，齐鲁书社 2008 年版。

2. 〔南朝梁〕梁任昉：《述异记》。

3. 〔宋〕高承：《事物纪原》。

4. 〔明〕午荣：《鲁班经》。

第五章 中国墨子学会成立20周年纪念征文

墨子故里后人的历史责任

——我与墨子学说研究20年小忆

朱传棨

20年前我开始研究墨家学说的起因和动力是多方面的：首先是任继愈老师的激励和老一辈学者的深刻影响，其次是乡里学人的启迪和市委对墨学发展高度重视的感召。在上述因素的影响和推动下，形成了对墨家学说的自觉性和历史责任感。

一、任继愈先生的激励与教诲

在我研究生毕业后的青年时代，曾在冯友兰先生、周辅成先生和任继愈先生指导下研修过中国哲学，研读过《书经》等古代元典。但调入武汉大学工作后，由于诸种情况的变化，就从未接触过中国哲学方面的活动，而是从事几十年的马克思主义哲学发展史的教研工作。20年前，我已进花甲之年，但在滕州学人和任先生的影响下，开始投入到墨学研究的活动中。记得李广星同志在筹办“首届墨子学术研讨会暨中国墨子学会成立大会”的过程中，他让我以个人身份致函任继愈先生，邀请他届时出席大会。任先生收到我的信后，当即以非常高兴的心情和肯定的语气说：“传棨同志：得来信，才知道你是滕州人。届时如无其他更要紧的事，我们可以在滕州见面了……”大家知道，当时需要请任先生办的种种事项，都是要紧的。但是，他把首届墨子学术研讨会和成立墨子学会，看做是“更要紧的事”，足以表明任先生对开展墨子和墨家思想研究的高度重视和积极支持的态度。事实也是如此，任先生从1991年6月开始，他先后连续6次出席墨子学术研讨会，在每次研讨会上的发言中，都提出了研究墨家思想的新论点、新思路，被推选为中国墨子学会会长、名誉会长。他于1998年由商务印书馆出版了《墨子与墨家》学术专著，并在辨析诸家的里籍问题的论点和论据之后，明确指出墨子和鲁班的里籍在滕州，并为滕州题写了“墨子故里”、“鲁班故里”。他还主持指导编辑了百卷本的《墨子大全》。

正是在任先生的鼓励下，我为首届研讨会撰写了第一篇关于墨子思想的文章《墨子哲学唯物主义思想刍议》。记得我在这篇文章的结尾后作了个小注：“30年前曾在任继愈先生指导下进修过中国哲学，之后却没有从事中国哲学方面的工作，现在受任老师的鼓励拟成这篇小文，以表墨子故里后人之情，其中不妥之处敬请与会学者指正。”也就是说，我20年前开始研究墨家思想是在任先生的激励下进行的。出席首届墨子学术研讨会的大师级的著名老一辈学者有南京大学的匡亚明，复旦大学的蔡尚思，北京大学的张岱年，中国社会科学院的杨向奎、张政烺，山东大学的王先进、田昌五、刘敦愿，河北大学的漆侠等。这么多的老一辈的专家，如此整齐地出席在县城召开的同一次学术研讨会，实为罕见，也是非常难得的，实在令人激动不已，认为自己作为墨子故里的后人，一方面感到是十分荣幸的，另一方面也认为，应尊重任先生教诲：积极开展墨学研究。

二、乡里学人的启迪、市委关注的感召

自从首届墨子学术研讨会之后，在对墨学有深厚研究的滕州籍学人和山东大学的老师的影响和启迪下，我虽年过花甲，仍决定将研读的重点转向墨子和墨家学说。如滕州籍的原山东省人大常委会副主任、著名书法家王玉玺，张知寒教授，颜道岸教授，朱锡光副主席，王裕安校长，李广星主任和原山东大学老教授杨向奎老师等，他们在墨家学说研究上，都给了我深刻的启迪和影响，使我树立起加强墨家学说的自觉性和责任心。因此，对中国墨子学会、滕州市墨子研究中心交给的大小事务，都是当做个人分内之事，积极尽力去做，并争取做得好一些。因而在编辑《墨子大全》和有关墨子研究的宣传与对外交流等活动中，与张知寒、朱锡光、王裕安、李广星、任守景、张庆军、张西峰等同志建立了深厚的友谊。其中，我与张知寒教授虽然是同乡、同庚，又同是在杨向奎先生指导下完成毕业论文的“三同”关系，却素不相识，也从未谋面交谈过。但是在墨学研究中，我们之间建立了密切关系，而且为墨学研究的发展和弘扬墨学的当代意义，共同做了些工作。同时我们还共同承担了教育部委派的指导日本学者来华研修墨子思想的任务。同时，张知寒兄的那种以忘我的精神为墨学的兴起和具体考证墨子里籍问题的艰辛探讨、恳请老一辈墨学专家的指教和精深研究的风范，给了我很大的启迪和感动，使自己意识到作为墨子故里的后人，应肩负起对墨学的研究工作，这是义不容辞的历史责任。当然，这也是弘扬中华民族优秀传统文化的重要组成部分。

滕州市委、市政府的历届领导对墨子学说的兴起和发展的高度重视，给了我很大的感动和感召，认为自己应在墨学研究上对家乡的文化建设和文化发展作出点贡献。市委、市政府主要领导同志不仅亲自过问主办历届墨学学术研讨会的各项事宜，而且从全面和长远考虑，规划了滕州作为墨子故里的软硬件建设，修复墨子故里，新建墨子纪念馆、鲁班纪念馆，组建“滕州墨子研究中心”作为市政机关建制系列部门之一，配备专职研究和公务人员，收集整理有关墨子和墨家学说研究书籍与资料，编辑百卷本的《墨子大全》，定期出版《墨学研究》杂志等等工作，作为县级市为墨学的研究发展，投入这么大的、富有长远性和历史性的建设，实为罕见。我万分感动，觉得这是家乡的召唤，要尽到作为墨子故里后人的历史责任——努力进行墨学研究。

三、认真履行历史责任

在师友们的影响和启迪下，在滕州市委、市政府历届领导高度重视和全力支持的感召下，我不仅参加了每一届墨学研讨会，而且对每届墨学研讨会的主题都作了认真研究，在查阅元典和有关资料的基础上，尽力撰写出具有个人见解和研究思路的文章，提交大会审用。如第五届墨学国际研讨会的主题是“墨子科学技术思想研究”。我在阅读《墨子》原著基础上，又查阅了有关中国科学技术发展史方面的资料，写出《论墨家的科技思想及其意义》

的文章，提供大会交流讨论。参加研讨会的报刊记者拿到这篇文章后，对我作了访谈。文章中提出的“墨家科技思想的主要特征”的论点被《中国青年报》“思想者 Thinkers”栏作了摘录：“武汉大学哲学系教授朱传棨将墨家科技思想的主要特征概括为：其一，墨家的科技思想是服务于其学说的主要宗旨。其社会政治经济主张，以及其主张‘非攻’的积极战争观，均与其科技思想具有深刻的渊源关系。墨家倡导和平，主张变革社会政治，发展生产，是一个积极为庶民造福的手工劳动者集团。其二，墨家科技思想的产生和发展是由墨家集团从事工艺的能工巧匠的性质决定的。这个集团的生存及其日常活动，不仅离不开他们对技艺的应用和认识，而且还促使他们不断地改造技艺，使技艺升华为科学。其三，对《墨经》中有关力学、数学、物理学、时空论、运动观等方面的研究，应结合《墨子》中的《鲁问》篇，特别是《备城门》以下十一篇的内容研究，才能阐释得透彻。”（载《中国青年报》2005 年 1 月 24 日 B4 版）再如，我为第七届国际墨子学术研讨会写的《仁爱与兼爱是两种不同的和谐文化传统》一文，也被国内几种著名刊物摘要转载。

在我多次参加“海峡两岸中华传统文化与现代化学术研讨会”的过程中，我不仅演讲了墨家学说在中华传统文化中的重要地位和现时代意义，而且还向港台学者介绍了滕州市墨研中心的藏书和专职研究队伍。同时，我还推荐时任中心主任的李广星同志参加了第五、六届海峡两岸中华传统文化与现代化学术研讨会。会间李广星同志不仅向台湾学者交流了墨学研究的情况，而且还向大会领导原全国人大常委会副委员长许嘉璐汇报了滕州市委、市政府多次主办墨学研讨会、建设墨子纪念馆等情况。2008 年在澳门特区举行的“首届文明对话暨论坛（澳门）”会上，在以“儒道释对话”为主要议题的中华文明对话的讨论中，我提出的不应忽视“儒墨对话”和“墨道对话”在中华文明对话中的重要意义的发言，受到与会者的重视。

综上所述，墨子学说研究发展的20年，也是我真正研读墨学的20年，其中虽然撰写了若干篇小文，参加了有关的活动，但是，与应有的要求还相距甚远。只能说作为墨子故里的后人，在众多方面的推动下，尽了一点点的历史责任。为了今后对墨学的进一步的深入研究，谨作小忆，以作自律。

2012年2月于武汉大学寒舍

墨学研究新高潮回眸

——写在中国墨子学会成立20周年之际

姜宝昌

一、缘起

学界大都认为，在整个20世纪的历史进程中出现过三次墨子研究高潮。第一次，在前期，以孙诒让出版《墨子间诂》(1907) 和梁启超出版《墨子学案》(1921)、《墨经校释》(1922)、《子墨子学说》(1936)，胡适出版《先秦名学史》(1922)，栾调甫出版《墨辩讨论》(1926) 以及梁启超、胡适、栾调甫、伍非百、章士钊等关于墨辩的争论（1922～1925）为其内容。第二次，在中期，以谭戒甫出版《墨辩发微》(1958)、高亨出版《墨经校诠》(1958)、冯友兰出版《中国哲学史新编》第一、二册（其中论墨部分，1962）为其标志。第三次，在末期，以张知寒连发五文，考证“墨子里籍应在今之滕州”为其发端。

二、学会成立与业绩

人们没有忘记，1982年，刘蔚华先生在《中州学刊》发表《墨子是河南鲁山人——兼论东鲁与西鲁的关系》一文。初时，并无回应，那是大家在冷静思考，如何作出反应。1988～1989年，张知寒先生先后发表五篇论文，回应刘文，考证墨子里籍非西鲁鲁山，而应为东鲁滕州。此五文发表顺序为：1.《墨子应为古代小邾国人》，载《枣庄日报》；2.《墨子里籍应在今之滕州》，载《滕州文史资料》；3.《墨子里籍新探》，载《山东社会科学》；4.《关于墨子的几个问题》，载《东岳论丛》；5.《略论“邾娄文化”与儒墨》，载《文献》。其主要论据为：（1）就墨子身世而言（接受其业师童书业先生“墨子实为目夷子后裔”的观点），认为公子目夷为宋襄公兄子，因封于目夷而名目夷子，公子目夷实为第一代目夷子，而墨子可能就是小邾国的末代目夷子。又，杜预《春秋左传注》有“狐骀，邾地。鲁国蕃县东南有目夷亭”（晋时，鲁国蕃县即今之滕州）之记载，其地即今滕州木石镇。（2）就墨子思想学术渊源而言，目夷之地周时称滥邑，隶小邾国。而墨家思想学说和文化精神同当时邾娄文化（小邾国文化属此）同其血脉。（3）就科技发展渊源而言，春秋战国时邾娄之人精于器物制作，能工巧匠众多，这与墨家对于科技的深刻认知可相参验。（4）就当时人们生活习俗而言，墨家与邾娄无异。（5）就遗迹而言，在今滕州境内，至今尚有不少与墨子相关的遗址、遗迹，如目夷子墓、染山、木石（古音与目夷同）镇以及新出土器物虖台（古音与目夷同）戈等。张先生的论点得到当代学术泰斗任继愈、杨向奎、匡亚明诸先生的赞同与支持，学人翕然从之。任、杨两先生又分别手书“墨子故里”、“墨子诞生地”碑文，成为学界一段佳话。张先生又游说内外，联络同好，获得广泛认同。1990年12月，山东大学与滕州市在滕州联手成立墨子研究中心。匡亚明先生手书匾牌，挂牌仪式的举行，标志着两单位合作推展墨学研究的开始。1991年6月，山东大学与滕州市在滕州联合举办首届全国墨学研讨会，并成立山东墨子学会。包括任继愈、杨向奎、匡亚明、张岱年、张政烺、颜道岸、漆侠等在内的大陆28个省市、自治区40多所高等院校和科研院所的120余位墨学研究者与会，提交论文36篇。1992年10月，首届墨学国际研讨会在滕州举行，并成立中国墨子学会。包括费孝通、任继愈、杨向奎、蔡尚思、颜道岸、陈鼓应、王赞源、李云九（韩国）、梅伟德（瑞士）、拉多萨夫（南斯拉夫）等在内的大陆、港台以及外国学者计120人与会，提交论文20篇。自此以后，围绕墨学研究的多项活动扎实而有序地展开。

（一）举办学术研讨会、文化节

自1991年山东墨子学会成立（次年扩大为中国墨子学会，经中华人民共和国民政部核准）至今，共举办一届中国墨学研讨会（山东墨子学会主办），八届国际墨学研讨会，两届墨子小孔成像国际学术研讨会和三届国际墨子文化节。

1. 墨学研讨会

（1）全国墨学研讨会（见上）

（2）国际墨学研讨会

①第1届，1992年10月在滕州，由山东大学、滕州市联合举办。包括蔡尚思、杨向奎、任继愈、颜道岸、王学仲、张季平、张知寒、王赞源、李云久（韩国）、梅伟德（瑞士）、拉多萨夫（南斯拉夫）、克雷斯坦恩·福特（美）等在内的200余位海内外学者与会，成立了中国墨子学会。提交论文70余篇，学术专著7种。

②第2届，1994年8月在山东大学，由中国墨子学会、山东大学、滕州市共同主办。包括任继愈、杨向奎、颜道岸、褚斌杰、张尚德、王赞源、谭世宝、李云九（韩国）、吉永慎二郎（日本）、

李绍崑（美国）、德基（美国）等在内的121位海内外学者与会。提交论文96篇，学术著作6种。

③第3届，1997年8月在济南，由中国墨子学会、山东大学、滕州市共同主办。包括任继愈、杨向奎、颜道岸、谭家健、孙中原、史墨卿、张尚德、陈福滨、原孝治（日本）、水野明（日本）、李云九（韩国）、朴文炫（韩国）、李绍崑（美国）等在内的130余位海内外学者与会。提交论文64篇，学术专著8种。

④第4届，1999年8月在滕州举办。包括任继愈、朱传棨、孙中原、王赞源、王煜、原孝治（日本）、谷中信一（日本）、朴文炫（韩国）、李绍崑（美国）等在内120余位海内外学者与会。提交论文40篇。

⑤第5届，2001年7月在北京，由中国墨子学会、山东大学、国防大学、滕州市联合举办。120余位海内外学者与会。提交论文60篇，学术著作20种。

⑥第6届，2004年12月在北京，由中国墨子学会、中国工程院、山东大学、枣庄学院、滕州市联合举办。150余位海内外学者与会。提交论文110篇。

⑦第7届（易名为“墨子鲁班学术研讨会”），2008年5月在滕州，由中国墨子学会、山东大学、山东建筑大学、滕州市共同主办（为滕州市举办的首届墨子文化节所包含）。150余位海内外学者与会。提交论文88篇（其中，“墨”类76篇，“班”类12篇），学术专著26种。

⑧第8届（墨子鲁班学术研讨会），2010年5月在滕州，由中国墨子学会、山东大学、滕州市共同主办（为滕州市举办的第2届墨子文化节所包含）。150位海外学者与会。提交论文80篇。

2. 墨家小孔成像国际学术研讨会

①第1届，2007年10月在滕州（分会场），由滕州市墨子研究中心主办。来自20余国的100余位摄影家与会。领队为美国职业摄影家协会主席杰克·瑞兹尼克先生。中国墨子学会副会长李广星作《墨子与光学》专题报告。

②第2届，2008年10月在滕州（分会场），由山东大学、滕州市墨子研究中心共同主办。来自20余国的100余位摄影家与会。领队为国际摄影艺术联合会秘书长里卡多·布希先生。中国墨子学会副会长姜宝昌做《从墨家小孔成影实验论到照相术的产生与发展》专题报告。

3. 墨子文化节

①第1届，2008年5月在滕州举办。办会主题为“挖掘历史文化资源，打造墨子鲁班品牌，提升核心竞争力，扩大对外影响”，其内容除召开第七届国际墨子鲁班学术研讨会外，还举办了“鲁班杯”全省职工技能大赛和“聚焦墨子鲁班故里”全国摄影大赛等活动。

②第2届，2009年5月在滕州举办。办会主题为“走近墨子鲁班，感悟创新之源”。其内容包括举办首届祭墨大典，特邀钱文忠教授到滕州作《墨学的当代价值和世界意义》专题报告并在中央电视台《百家讲坛》举办《班墨传奇》讲座，举办墨子鲁班历史文化知识电视大奖赛、“走进墨子故里”全国名家书法展暨“三圣（孔、孟、墨）名言”书法展和首届“墨子能工杯”职工技能大赛等活动。

③第3届，2010年5月在滕州举办。办会主题为“传承班墨文化，共享和谐创新”，进一步推介班墨文化研究新成果。其内容

除召开第八届国际墨子鲁班学术研讨会外，还举办第二届祭墨大典、首届中国（滕州）“科圣杯”发明创新大赛、第二届“墨子能工杯”职工技能电视大奖赛、全国名家“墨子名言”书法展和“墨子故里，幸福滕州”历史文化生态游等活动。

4. “弘扬班墨文化，建设幸福滕州”系列活动

①举办鲁班纪念馆开馆仪式。2011 年 5 月 18 日，经过近两年的紧张建设，总投资 8000 余万元，建设面积 8296 平方米的鲁班纪念馆举行了隆重的开馆仪式，这是对外全面展示滕州文化建设成果的一次盛会。

②举办“滕州大讲堂——文化名人滕州行”专题讲座。2011 年 5 月 19 日，墨研办积极策划了“文化名人滕州行”讲座活动，邀请纪连海、鲍鹏山两位国内文化名人来滕讲墨子、鲁班，并在山东卫视《新杏坛》栏目播出。

③召开“弘扬班墨文化，建设幸福滕州”座谈会。为进一步深入进行班墨文化研究，墨研办邀请有关领导、专家学者、建筑界人士、新闻媒体记者，围绕“弘扬班墨文化，建设幸福滕州”的主题进行座谈。与会人员对加强墨子、鲁班历史遗迹的开发保护，加强对墨子、鲁班生平事迹、思想精神的宣传普及等方面进行了讨论。

（二）出版论著、期刊和普及读物

二十年来，学会在以往墨学研究资料的传承和现今墨学研究成果的形成和宣传方面做了大量工作，取得了令世人瞩目的业绩。仅就其荦荦大者而言，有《墨子研究论丛》九辑、《墨子大全》百本、《墨学与当今世界丛书》十种、《墨学研究》期刊二十九期以及普及读物六部。

1.《墨子研究论丛》的印行

依据首届国际墨学研讨会议决案，将历届研讨会论文结集印行。现已编辑印行九辑。

①第一辑，为中国墨学研讨会论文集，458 页，张知寒主编，1991 年山东大学出版社出版。

②第二辑，为首届国际墨学研讨会论文集，620 页，张知寒主编，1993 年山东大学出版社出版。

③第三辑，为第二届国际墨学研讨会论文集，702 页，张知寒主编，1995 年山东人民出版社出版。

④第四辑，为第三届国际墨学研讨会论文集，463 页，张知寒主编，1998 年齐鲁书社出版。

⑤第五辑，为第四届国际墨学研讨会论文集，476 页，王裕安主编，2001 年齐鲁书社出版。

⑥第六辑，为第五届国际墨学研讨会论文集，617 页，王裕安、李广星主编，陈兴周、张庆军副主编，2004 年北京图书馆出版社出版。

⑦第七辑，为第六届国际墨学研讨会论文集，742 页，王裕安、李广星主编，陈兴周、张庆军副主编，2006 年北京图书馆出版社出版。

⑧第八辑，为第七届国际墨学研讨会论文集（上、下），1165 页，任守景主编，张庆军、颜玉明副主编，2009 年齐鲁书社出版。

⑨第九辑，为第八届国际墨学研讨会论文集，721 页，任守景主编，张庆军、颜玉明副主编，2010 年齐鲁书社出版。

2.《墨子大全》的问世

依据首届国际墨学研讨会议决案，将战国以来《墨子》元典及其校勘、注疏和义理研究之载籍搜求、编辑并出版。《大全》由北京图书馆出版社于2004年出齐，计100册，60000页。任继愈、李广星任主编，王裕安、王学典、王赞源、史墨卿、朱传棨、朱锡光、李绍崑、李贤中、姜宝昌、陈克守、陈兴周、孙中原、孙以楷、孙德杰、秦彦士、张志清、张庆军、黄世瑞、谭家健（以姓氏笔画为序）等十九人为编委。《大全》共收《墨子》及其研究著述210种。其中，清末以前出版著作35种，1911~1949年间著作79种，1950~2003年间著作96种（含港、台等海外出版著作），历时十数年之久，斥资数百万元之巨，堪称煌煌鸿制。《大全》所收典籍较之严灵峰编辑台北成文书局于1975年出版的《墨子集成》（全称《无求备斋墨子集成》，49本）多出一倍有余。

3.《墨子与当今世界丛书》的出版

依据第二届国际墨子研讨会议决案，编写、出版《墨学与当今世界丛书》10种，由时任中国墨子学会秘书长的张知寒主持，副秘书长李广星、郑杰文襄助。丛书由中国书店出版社于1997年出齐。它们是：

①《墨学与当代政治》，吴晋生、黄历鸿、吴薇薇撰写。

②《墨学与当代经济》，杨爱国撰写。

③《墨学与当代军事》，李殿仁撰写。

④《墨学与新文化建设》，颜炳罡撰写。

⑤《墨学与当代教育》，李广星撰写。

⑥《墨学与新伦理道德》，郑杰文、黑琨撰写。

⑦《墨学与思维方式的发展》，庄春波撰写。

⑧《墨学与现代科技》，姜宝昌撰写。

⑨《墨学与世界和平》，张斌峰、陈耀文、吴根友撰写。

⑩《墨学的当代价值》，秦彦士撰写。

4.《墨学研究》期刊的发行

依据第三届国际墨学研讨会议决案，编辑并发行中国墨子学会内部连续性学术期刊《墨学研究》。该刊承办者为山东大学、滕州市墨子研究中心，顾问为朱传棨、王学典、孙中原、姜宝昌、谭家健、李广星、任守景，主编为邵长婕（前任分别为李广星、任守景），副主编为张庆军、颜玉明、鲁开国。迄今已印行29期。

5. 普及读物的编印

依据第二届国际墨学研讨会议决案，为达广泛宣传墨子与墨家学说之目的，在积极推动墨学研究向纵深发展的同时，亦应下大力气将墨家思想普及到广大民众中去。这方面的读物，已编印以下六部：

①王玉玺书，《墨子名言》线装版，滕州市墨子研究中心编，1999年山东文艺出版社出版。

②王玉玺编，《墨子兵书》，2000年国防大学出版社出版。

③王玉玺主编，《王玉玺八体书古今名人评墨子》线装版，2002年齐鲁书社出版。

④王玉玺编著，《王玉玺书墨经》，2006年西泠印社出版社出版。

⑤滕州市墨子研究中心编,《科圣墨子》,2008年齐鲁书社出版。

⑥钱文忠著,《班墨传奇》线装版,2010年上海书店出版社出版。

（三）建设纪念馆、展览馆

出于推介、宣传和研究班墨文化的需要，滕州市委、市政府在几年时间内建成墨子纪念馆、墨砚馆、鲁班纪念馆等，成为滕州市培育文化软实力根基的一大亮点。

①1993年建成墨子纪念馆，2007年进行了升级改造。改造后，内设五大展厅，即序厅、综合厅、科技厅、军事厅和圣迹厅。开馆十数年来，已接待海内外专家学者以及观光游览者50余万人次。

②2006年建成墨砚馆，藏王玉玺先生终其一生所得之古今端、歙、洮、淄等名砚442方。其中，青铜墨子巨型砚重2.5吨，为海内之冠。

③2011年建成鲁班纪念馆，内设祭堂、公输堂、木匠房、铁匠铺、磨盘路、百家石、班母庙、鲁班堤、油坊、古井、赵州桥、鲁班锁、木鸢舟桥、鲁班庙会等实物或模拟场景，融祭拜、修学、宣传、观光于一体，堪称手笔非凡，独步一时。

（四）联谊海外，播扬班墨文化

通过上述种种渠道，到目前为止，学会已与包括美国、巴西、俄罗斯、比利时、塞尔维亚、丹麦、日本、韩国以及港、澳、台等在内的20多个国家和地区建立起墨家学术交流关系。

（五）奖掖青年才俊，培养墨学后来

据了解，目前，国内某些高校已经设置与墨学相关的博士学位培养点，或开设墨学课程。华南师范大学属前者，黄世瑞教授为导师。山东大学属后者，郑杰文教授为导师。

三、墨学研究成果述略

统计九届墨学研讨会提交的专著和论文，分别为60种和636篇。其中不少种和不少篇，多有创获新见。依笔者拙见，就专著而言，杨向奎《墨经数理研究》运用微分理论阐释墨家时空观和自然科学成就，应该认为是在研究方法上有所突破，诠解《经上》“库，易也”条，肯定墨家已经发现“0”的概念，应该认为是在义理研究上有所创获。张知寒《墨子里籍考论》以墨子身世作为切入点，考定墨子为春秋战国时期小邾国人，确有先执牛耳之识，此乃考证墨子国别和具体地望的点睛之笔。其学术意义无论如何估计，亦不过分。杨俊光《墨子新论》考证了墨家“巨子”制度以及“墨家之法”与墨徒之服从制度，浑如交给人们一把更进一步认识墨家或为准军事性组织的扃钥。孙中原《中国逻辑研究》引入德国希尔伯特关于“对象理论”与“元理论”的学说，来界定中国古代逻辑相关内容，认为根据理论、语言的分层论，科学被分为对象科学和元科学，逻辑被分为对象逻辑和元逻辑。元逻辑是关于逻辑的科学。中国古代逻辑，是以当时思维交际中应用逻辑为对象的第一层次元研究。现代中国逻辑元研究，是以中国古代逻辑为对象的第二层次元研究。中国古代逻辑及其现代元研究，是用不同语言和逻辑工具，表述不同层次的逻辑。进而指出，在世界古代逻辑体系中，应有墨家逻辑一席之地，从而有力地驳斥了否定中国古代逻辑的谬论。确乎发人之所未发，自成一家之言。谭家健《墨子研究》纵论《墨子》一书的文学价值，领风气之先。书后又附《墨子研究论文分类索引》、《日本墨子文献举要》，亦颇为学人所称道。秦彦士《墨子考论》详考“城守”设备，如藉车、渠答、转射机等之形制、构造、功用，又利用已出土的地下材料——临沂银雀山竹简、云梦睡虎地竹简、流沙坠简、居延汉简等，作必要的对比研究，可谓践行王国维以“二重证据”（地下材料、纸面材料）进行有效论证的又一成功实例。王冬珍《墨学新探》论述墨子行踪、事迹和墨学之源出，详赡细密。考证墨学中衰原因，亦深透服人，超迈前修，堪称台湾墨学研究第一人。王赞源《墨子》将墨学与现代社会经济生活相联系，将墨家思想学说与当代企业文化相联系，将墨子兼爱、贵义理念用之于现代企业管理中，从而试图建立全新的、互惠互利的企业伦理道德，在墨学现代化研究方面树起一面旗帜。李绍崑《墨子：伟大的教育家》指出墨家“天志”源于商周革命之“天命”观念而又有所创造，观点新奇，迥异众议，给人以新的启迪。张忠义《因明蠡测》全面介绍并梳理了印度因明思想学说，并将其置于比较逻辑的视野中进行具体研究，通过印度因明与中国墨家逻辑、希腊亚里士多德形式逻辑之对比，揭示出因明逻辑、墨家逻辑与亚氏“三段论”形式逻辑并称人类有史以来最为经典的三大逻辑体系。其分析如抽丝，如剥茧，层次清晰，论证简捷，诚为近年来因明逻辑研究少见之佳作。王中《鲁班的传说》，通过田野考察所见遗迹以及所听轶闻，论列鲁班作为“匠”，他巧技制器，规矩立身，怀匠心；作为“师”，他授业解惑，至善育人，严师道；作为“圣”，他创物垂法，博施济众，汇圣德。对百工祖师鲁班的功业、德泽作了既精要又深透的概括。这也正是作者在鲁班研究方面超凡立卓之处。李春泰《墨子与亚里士多德比较研究》全面而又实事求是地分析墨家与亚里士多德在哲学、数学、物理学诸领域若干相关或相似观点、论述之优劣，将墨家学说置于整个世界大文化框架中来省察，且不事抑扬，中肯公允，其结论多得人们认同，实为墨学东西对比研究之杰作。王赞源、姜宝昌、孙中原主编《墨经正读》以全新的视角、翔实的资料、有力的论据，对《墨经》逐条予以诠释。汇海峡两岸治《墨经》者之智慧，打造当今《墨经》疏解的精品。又将可以参考的异说以“余说”形式载入，于体例方面亦见人文化之创新。此书成为近年来《墨经》研究的一部富蕴学术研究成果的、不可多得的学术力作。其权威性将会很快显现出来。就论文而言，黄世瑞《墨家思想新探》提出了墨子继承了母系氏族文化的内容，在“清庙说”、“夏禹说”之外，揭出新见，令人耳目一新。张斌峰《近代墨辩复兴之路》凸显了墨辩作为一个相对独立的文化复合体内部文化板块相互间的有机联系，以及此文化复合体的种种文化特征，分析透辟，框架严整，为今后墨辩研究提供了新的理论范式。赖哲信《墨学衰落内因探索》指出墨学由诸子侵夺、修正而渐失其存在价值为其衰落之根本原因，虽不免引起争论，但作为新说，亦足以发人深思。薛柏成《平民文化与当代社会发展——来自墨家伦理的启示》以无可争议的事实说明，当代社会发展的趋向是平民文化之“普遍的爱”，当代社会发展需要平民文化之“尚贤”，当代社会发展需要平民文化之“和平”理想，当代社会发展需要平民文化之“节用”思想，从而彰显墨学研究服务现代社会发展的现实意义，可以说对“新墨学”的创新与成长，提供了理论支持。刘树勇、王洪鹏《中国照相技术的发明家——邹伯奇》披露了清末邹伯奇利用自制的摄影器为自己拍照的事实以及邹氏关于照相原理、摄影器构造和包括照相过程、洗印与药料配方在内的一系列论述资料，进而以令人信服的证据说明邹氏为中国照相术的发明者，就世界范围而言，他亦应被列为发明者之一。此文应被视为墨家光学开拓性研究的先驱之作。郭震旦《道技合一：墨子科技思想论略》强调科学技术在伦理方面的诉求问题，并以“义利同体”理念为墨家科学技术的贡献进行公正辩护，将科技发明及其应用的人文关怀问题摆到人们面前。在科技高度发展之今日，此论的现实性就显得尤为突出。朱传棨《再论“巧人之巧”鲁班——兼谈世博中国馆似有“鲁班巧夺天工的身影”》指出，对鲁班的研究要融入整个墨家学说，特别是墨家科技思想中去研究，因为他是墨家学派群体中的重要成员。此种具有前瞻性的宏论，犹如明灯，照耀鲁班研究的前程。韩峰《鲁班信仰与鲁班文化的形成》论列鲁班文化有三个层面：一是精神层面，即“创新做事，造福世人”的核心价值观；二是具体文化形态，即鲁班传说与流传至今的为鲁班所创制的实物；三是表象系统，即鲁班祠、鲁班庙等。这种立足于向鲁班研究的深度和广度进军的理性表述，必将得到学界的深层次认同。王凯《冷兵器时代的天才创意——鲁班军事发明探寻》以冷兵器时代兵器发明为切入点，指出鲁班所造“木鸢”、“木车马”皆为机械化和自动化原理的大胆应用，非常具有创意性，显示了鲁班非凡的科学创造智慧。论述鞭辟入里，信而有征，不愧为鲁班军事发明研究的开山之作。李澍杨《鲁班年表初拟》从现今极为有限的文献中简择相关资料，依照孙诒让《墨子间诂》中“墨子年表”样式，编排鲁班一生行状。匠心独运，体例特出，方便人们对鲁班生平作粗线条的把握，甚嘉惠学林之功，毋庸置疑。邵长婕、张西锋《儒墨人才思想比较》以现代人才学观点，论述儒墨两派的人才使用宗旨和人才育成途径，并对两派人才观的异同，进行条分缕析的梳理和推阐，亦可称为墨学现代化研究成果中之精品。林林总总的专著和论文，在作者各自论述的专题所涉及的领域，都会有自己的感悟和心得，正是如此众多的论著，共同表征20年来广大墨学研究者的辉煌成就。限于笔者的目力所及，仅对上述数种专著、数篇论文，略谈自己的感受和启发，难免挂一漏万、顾此失彼之弊，敬请诸位专家、同志见谅！

墨学复兴在滕州

——回忆中国墨子学会成立20年

李广星

接到纪念中国墨子学会成立20周年的约稿通知，我感慨万端。中国墨子学会成立20年来，取得了一系列丰硕的成果，令人瞩目。我是亲历者之一，应该真实地记述学会的兴建历史，客观地反映学会的成长历程。此事义不容辞，必须完成；此时心潮澎湃，往事如烟，仿佛就在昨天……

水有源，树有根，中国墨子学会的诞生，最早应追溯到1988年。

张知寒教授一倡墨学，为墨子在滕州安家落户。1988年6月中旬，骄阳似火，王学仲艺术馆的会议室内，来自全国各地的专家学者，正在热烈评议新编的《滕县志》稿（滕县于1988年5月1日改为滕州市，因县志下限至1987年底，故仍名《滕县志》）。山东大学历史系教授张知寒先生慷慨激昂地说："新编《滕县志》很有价值，我同意以上各位专家学者的发言。需要补充的是应为墨子立传。"他从墨子的身世、思想学术渊源、风俗民情、遗址遗迹、出土文物和前辈专家论证等方面，说明墨子故里就在滕州木石一带。他的发言得到与会专家学者和省市领导赞同。这是张知寒教授第一次在滕州有关会议上郑重倡导研究墨子。会议之后，我（时任滕州市史志办公室主任兼《滕县志》主编）按照专家、领导的意见，把有关墨子是滕州人的部分资料编入《滕县志》，为墨子这位“历史游子安家落户”。这是中国墨子学会在滕州市成立的基础。

张知寒教授再倡墨学，成立滕州墨子学会。1989 年 5 月，张知寒教授又回到故乡滕州，同滕州市委书记徐广景、市长王裕安商量，如何开展墨子研究、弘扬民族文化、促进滕州经济发展的大事。徐书记、王市长表示大力支持，并安排我（时任滕州市政府办公室副主任、市史志办公室主任）与孟昭泰（时任滕州市委宣传部副部长）负责筹备成立研究机构起草墨子学会章程。我们深感此事意义重大，即到市机关招待所同张知寒教授商量此事。张教授非常高兴，信心十足，谈了他的想法，我们完全赞同，决定成立滕州市墨子研究学会，由我起草章程，报送滕州市民政局批复；张教授写信联系国内有关专家学者。此事进展较为顺利，后因滕州市委、市政府换届，徐广景书记、王裕安市长调离滕州等多种原因而中止。这是张知寒教授第二次在滕州向市领导郑重倡导研究墨子，也是中国墨子学会成立之前的序幕。

张知寒教授三倡墨学，成立山东墨子学会。1990 年 10 月，张知寒教授给滕州市人大常委会主任郭良志先生写信，询问墨子研究之事，郭主任把信转给了枣庄市委常委、滕州市委书记林兆义先生。林书记从信中看到了一位离休教授弘扬中华民族文化、献身家乡建设的精神，看到了墨子研究的伟大意义，决定邀请张知寒教授来滕共商墨学复兴大计。11 月 19 日，张知寒教授应邀再次来到滕州，滕州市委书记林兆义、市人大常委会主任郭良志、市长张昭、市政协主席朱锡光等领导与张知寒教授进行了亲切会谈。林兆义书记深思熟虑高瞻远瞩，决定与山东大学联合，弘扬墨学，筹备成立山东墨子学会。市委研究决定由朱锡光主席牵头，我具体筹办，有关部门积极配合办好弘扬墨学这件大事。这是张知寒教授第三次郑重倡导研究墨子，举办首届墨学研讨会，成立山东墨子学会。滕州市委、市政府的正确决策，使墨学研究驶入快车道。面对来之不易的大好局势，我向张知寒教授和市领导建议，为加强党对墨子研究的领导，群团组织的墨子学会与党政领导的事业单位墨子研究中心同时成立，一门两牌，一套班子，两项任务，充分发挥墨子学会与中心的优势，确保墨子研究事业有机构、有编制、有专人、有经费，才是弘扬墨学的长久之策。市领导和张教授采纳了我的建议，决定成立山东墨子学会（待条件成熟再成立中国墨子学会）和山东大学、滕州市墨子研究中心。1990年11月30日，滕州市政协主席朱锡光受林兆义书记的委托，带领我和有关部门负责人去山东大学协商联合研究墨学之事。山东大学党委书记陈之安、副校长乔幼梅等领导、专家，大力支持墨子研究，愿意与滕州市共同弘扬墨学。双方商定，于12月底在滕州市成立山东大学、滕州市墨子研究中心，筹备工作由张知寒教授、朱锡光主席和我负责办理。1990年12月29日下午3时，晴空万里，温暖如春。滕州市机关招待所南一楼会议室内，山东大学和滕州市的党政领导、专家学者近百人欢迎聚一堂，共议墨子研究中心成立之事。会议由张昭市长主持，张知寒教授汇报了墨子研究中心的筹备情况，郭良志主任宣读了中共滕州市委和山东大学党委关于成立山东大学、滕州市墨子研究中心的决定：任命陈之安为主任，林兆义、乔幼梅（女）、祝明、张知寒、郭良志、张昭、朱锡光、崔静珠为副主任，秘书长由张知寒兼任，我与有关同志兼任副秘书长。这是两千多年来首次成立的由党委领导的墨学研究机构，在墨学史上具有重要的意义。

按照会议的决定，首届墨子学术研讨会暨山东墨子学会成立大会于 1991 年 6 月在滕州市召开，会务由张知寒教授、朱锡光主席和我负责筹办。经过半年的紧张筹备，会议于 6 月 4 日至 6 日在滕州市召开，应邀出席大会的有来自全国 28 个省、市、自治区的 40 多所高等院校及科研单位的 120 多名专家学者，其中著名专家学者有匡亚明、任继愈、张岱年、杨向奎、颜道岸、张政烺、王先进、张季平、刘敦愿、漆侠、田昌五等教授。中共山东省委常委、宣传部部长苗枫林在开幕式上作了重要讲话，他说："我受山东省委、省政府的委托，出席这次会议，并对与会的专家、学者表示诚挚的欢迎！第一次墨子学术研讨会，有这么多学者出席，堪称盛会。通过墨子学术研讨会，把冷落了两千年的墨学发掘工作做好，把历史的遗缺在我们的时代补救起来，向前人证明，也向后人证明，我们做了应该做的事情。"会议期间，与会学者遵照"百花齐放，百家争鸣"的方针，围绕墨子的里籍和时代，墨学的思想体系、墨家的历史地位及研究墨学的现实意义等问题，进行民主、热烈、和谐的学术交流与研讨。与会学者通过实地考察论证，认为墨子故里就在今天的滕州市，这是研究墨学也是我们这次会议的重大收获。

1991 年 6 月 6 日，大会通过了《山东墨子学会章程》，选举陈之安为山东墨子学会会长，林兆义为山东墨子学会第一副会长，乔幼梅、郭良志、张昭、朱锡光、祝明、张知寒、王裕安为副会长；张知寒兼任秘书长，我与刘合光、董家胜、张德锁为副秘书长；聘请匡亚明、张岱年、蔡尚思、张政烺、王先进、王学仲、颜道岸、漆侠、田昌五、石峻、汤一介、刘守朴、梁自洁、刘敦愿等为学会顾问；聘请杨向奎、任继愈、苗枫林、孟繁成等为学会名誉会长。山东墨子学会是历史上第一个省级墨子民间学术团体组织，它的成立为筹建中国墨子学会打下了坚实的基础。

举办首届墨学国际研讨会，成立中国墨子学会。根据与会专家和领导的建议，为了进一步加强对墨学研究工作的组织领导，滕州市委、市政府研究决定成立“滕州市墨子研究中心办公室”，为局级事业单位（2003 年 7 月 10 日，枣庄市委决定“墨子研究中心办公室升格为副县级单位”。2004 年 6 月 30 日，滕州市委决定“墨子研究中心办公室人员编制总额为 20 人”），办公室在市政府办公楼第三层，隶属市政府办公室，由我兼主任。墨子研究中心办公室的设立，在墨学史上也是一件大事，作为山东大学、滕州市墨子研究中心的办事机构，具体承担、办理各方面的工作。墨子研究中心办公室成立后，立即筹办首届墨学国际研讨会、申报成立中国墨子学会，会务仍由张知寒教授、朱锡光主席和我负责筹办。

按照国家有关规定，举办首届墨学国际研讨会、成立中国墨子学会都要报请国家教育委员会批准。为此，我随张知寒教授来到北京，拜访中国教育工会全国委员会主席李星万，向他汇报了墨子研究的成果，请他帮助审批举办首届墨学国际研讨会、成立中国墨子学会之事。李星万主席非常热情，带领我们找国家教委有关领导，向他们汇报工作，他们表示同意。1992 年 8 月 10 日，国家教育委员会以教办〔1992〕386 号文件批复：

“中国墨子学会：经研究，同意成立‘中国墨子学会’。该学会挂靠山东大学。请按照社团管理条例的要求，备齐所需材料到民政部办理申请登记手续。”

我们拿到国家教委的文件之后，立即按照要求备齐所需材料，委托滕州市民政局局长张普慧同志进京，到民政部办理申请登记手续，拿到中国墨子学会注册登记证。该证内容如下：

中华人民共和国社会团体登记证

社证字第1214号

中国墨子学会符合中华人民共和国社会团体登记的有关规定，准予注册登记。

中华人民共和国民政部

部长　崔乃夫

一九九二年十月六日

类别：学术性团体。宗旨：促进对墨子研究工作的开展。业务范围：理论研究、学术交流。活动地域：全国。会址：山东滕州。负责人：张知寒。

民政部批准中国墨子学会注册登记的喜讯从北京电传到滕州，为同日在滕州市隆重举行的首届墨学国际研讨会、科技经贸洽谈会暨墨子科技艺术节（简称“两会一节”）增添了巨大的动力。参加这次盛会的有中央、山东省、浙江省、枣庄市和滕州市的领导，以及国内外著名专家学者、企业家、记者等200多人。“两会一节”开幕式在荆河公园大门外广场与善国路上举行，滕州市市长张昭主持，枣庄市委常委、滕州市委书记林兆义致开幕词，外宾代表瑞士学者梅伟德先生致贺词。四十多个方队彩车和文艺队伍表演了精彩的具有地方特色、时代特色的节目，外宾纷纷走下观礼台与民间表演队共同联欢，把开幕式推向高潮。表演结束后，时任全国人大常委会副委员长、著名社会学家费孝通先生和山东省人大常委会副主任苗枫林先生到滕州火车站广场为刚落成的墨子铜像（高 12 米）揭幕，全场数万人热烈鼓掌祝贺。我们还组织参观考察了墨子故里、滕文公台、曲阜三孔等，观赏了金秋灯节、大型柳琴戏《墨子救宋》。通过以上活动及学术研讨，中外学者一致认为滕州历史悠久、文化发达、地灵人杰，墨子故里就在滕州，并为有幸参加两千多年以来第一次墨学国际研讨会而高兴。

会议期间（1992 年 10 月 6 日），依法在山东墨子学会的基础上成立了中国墨子学会，通过了《中国墨子学会章程》，推举费孝通副委员长为中国墨子学会首席名誉会长，费孝通副委员长愉快地接受陈之安会长面呈的聘书，即席发表了重要讲话。学会聘请杨向奎、任继愈、董凤基、苗枫林、王玉玺、秦尧基、孟繁成、李忠林等为名誉会长，聘请匡亚明、蔡尚思、张岱年、杨斯德、贾亦斌、商景才、聂力、尹衍梁、张政烺、王先进、张季平、王学仲、颜道岸、田昌五、刘守朴、梁自洁、刘敦愿、李志超、李绍崑、陈鼓应、吴建德、漆侠、王赞源、李云九、毕长朴、郑仁在等为顾问，大会选举陈之安为会长，林兆义为第一副会长，乔幼梅、郭良志、张昭、朱锡光、董兴河、祝明、张知寒、王裕安等为副会长，张知寒教授兼秘书长、学会法人代表，我与刘合光、董家胜、张德锁、郑杰文任副秘书长。

中国墨子学会是全国性民间学术团体。学会自成立以来，充分发挥了学术研究、业务培训、书刊编辑、专业展览、国际合作、咨询服务等职能。随着工作的开展，会员不断增加，学会领导成员也不断充实完善，增加了北京、四川、广州、贵州等省市的专家，逐步形成以山东大学与滕州市为核心、面向全国各地的全国性学会，并聘请国内外和港台著名学者为学术顾问。自 1992 年 10 月 6 日成立中国墨子学会以来，至今历经四届，中国墨子学会会长先后由山东大学党委书记陈之安、曾繁仁、朱正昌兼任；第一副会长先后由滕州市委书记林兆义、彭湃、高惠民、牛启忠、王忠林、董沂峰兼任，秘书长先后由张知寒、王裕安、李广星、任守景、邵长婕兼任。根据《中国墨子学会章程》第三十条规定："山东大学与滕州市是本会的发起单位，为有利于工作，根据任继愈教授等专家的建议，山大与滕州的同志，在本会中的职务为岗位职务，随着人事变动而自然变动，变动后的情况需向理事会或会员大会通报。"现任会长李守信，第一副会长董沂峰，常务副会长娄红祥、远义彬，副会长王学典、冯宜明、刘全君、刘新生、任守景、齐瑞端、孙中原、李广星、张良成、陈克守、姜宝昌、唐传喜、秦彦士、黄世瑞、董兴河、谭家健，秘书长邵长婕，常务理事 30 人，会员 360 人。名誉会长和顾问，因情况变化亦有增减。

中国墨子学会成立以来，得到了各级党政领导、社会各界人士的高度重视和大力支持，做了大量卓有成效的工作，取得了丰硕的研究成果，主要有以下几项：

（一）学会与有关单位联合主办墨学国际研讨会。自 1990 年 12 月至今，先后在滕州、济南、北京、枣庄等地共举办大型墨学会议 10 次，其中 1 次工作大会，9 次国际学术会议。党和国家有关领导人吴官正、姜春云、费孝通、赵南起、何鲁丽、郝建秀等领导，十几个国家和地区的数百名专家学者参加了会议，新闻媒体在国内外进行了大量宣传报道。墨学研讨会探讨了墨子里籍、墨子思想的现代价值、墨子的军事思想与当代世界和平与发展、墨子的科技思想、墨子与和谐社会等问题，在许多领域取得突破性的进展。其中，“墨子故里在滕州”经过十年的研讨论证，得到了国内外广大专家学者的认同，这是重大成果。

（二）学会协助有关单位塑造墨子像。1992 年 10 月，在滕州市火车站广场塑造 12 米高大型墨子铜像，这是历史上第一个墨子像。1994 年 8 月，在墨子研究中心塑造墨子石雕像。1999 年，积极向省委建议，在济南泉城广场山东十大古代名人像中塑造墨子像，省委同意，我们参与审定墨子塑像。2006 年，参与审定曲阜师范大学院内墨子塑像。

（三）学会协助滕州市政府兴建墨子纪念馆、墨砚馆、鲁班纪念馆等。1990 年，在木石镇修建了墨子故里纪念馆、目夷亭、墨子故里碑及省级墨子故里森林公园等景点。1993 年 5 月，在市区龙泉塔北兴建墨子国际研究中心和墨子纪念馆。2006 年 1 月至 12 月，按照王玉玺先生的指示，圆满完成了参与“墨子砚”的设计、与省人大办公厅联合在济南珍珠泉举办“王玉玺先生捐赠藏砚仪式暨书法展”、在滕州举办“王玉玺先生捐赠藏砚展暨墨砚馆开馆仪式”等任务。墨砚馆成为滕州新的参观景点，大型铜砚“墨子砚”被列入大世界基尼斯之最，中央电视台等四家单位联合于 2007 年春节期间颁发最佳项目奖。2008 年 5 月 16 日，在墨子纪念馆北兴建了鲁班纪念馆。鲁班纪念馆是目前全国建筑体量最大、功能最全的公开祭祀鲁班的专门场馆。

（四）学会协助墨子研究中心布置展览。征集专家名人题词，在墨子纪念馆建成碑廊。创立第一部石刻《墨子》，全书 53 篇 10 万余字。创作第一部大型连环壁画——《墨子圣迹图志》，长 80 米，高 2. 2 米，生动形象地展现了墨子一生的主要事迹和重要思想。

（五）学会协助墨子研究中心编辑出版墨研论著。先后编辑出版《墨子研究论丛》9 集、《墨子与当今世界丛书》10 册、《墨子里籍考论》、《墨子名言》、《王玉玺书墨经》、《墨子兵书》、《王玉玺八体书古今名人评墨子》等 40 多册，约计 600 万字墨学研究论著。

（六）学会主持编辑出版《墨子大全》。从 2000 年 4 月至 2004 年 12 月，编辑出版历史上第一部大型墨子研究丛书《墨子大全》。该丛书收集战国以来的《墨子》版本及其研究论著，共计 260 多种，全书 100 册，在人民大会堂举行了首发式，全国人大常委会副委员长何鲁丽、全国政协副主席郝建秀为《墨子大全》揭幕，首发式在国内外墨学界影响很好，社会各界评价较高。

（七）学会协助成立了山东墨子基金会。1992 年 10 月 8 日，学会与中心领导决定成立山东墨子基金会，在学会名誉会长王玉玺先生的指导下，副会长朱锡光、副会长兼秘书长张知寒等人，积极开展工作，向主管部门山东省教育委员会递送申办山东墨子基金会的报告，山东省教育委员会以鲁教办字〔1994〕12 号文件报送中国人民银行山东分行，中国人民银行山东分行于 1995 年 4 月 2 日批复同意，山东省民政厅于 1995 年 8 月 29 日准予注册登记。

（八）学会把墨子搬上视屏、舞台，加大宣传力度。自 1991 年 7 月至今，学会先后协助中央电视台拍摄了神州风采《滕州寻墨》、山东电视台拍摄了《墨子故里行》、《假日旅游》；配合枣庄市、滕州市电视台制作了《墨子》光盘等音像资料；与山东省档案局、山东电视台联合制作《艺术为墨学增辉》专题片；与市委宣传部、市广电局联合制作《墨学风骨书砚魂》专题片；协助中央电视台制作电视专题片《中国古代文化圣贤——墨子》；为《墨子春秋》编剧提供资料、讲解墨子等。为香港著名导演张之亮一行百余人祭墨，电影《墨攻》首映做好接待、讲解等工作；为电影《风筝》来滕拍摄，详细讲述墨子、鲁班发明风筝的历史故事；为省外办安排的日本东京放送电视台导演一行来滕拍摄《世界不可思议发现：墨家》，接受其采访，做好接待等工作。参与编排柳琴戏《墨子救宋》、《墨子》，先后在滕州剧院、北京长安大戏院演出。此外，在《人民日报》、《光明日报》、《大众日报》、《枣庄日报》、《滕州日报》等报刊发表了10多万字的论文和宣传文章。

（九）学会开展国际学术交流。20年来，学会成员先后到美国、瑞典、新加坡、马来西亚、韩国等国家，以及中国台湾、枣庄学院、燕山大学、毕节学院、首都师范大学、吉林师范大学等地讲学，进行学术交流、弘扬墨学。

（十）学会支持帮助会员开展工作。帮助会员发表墨学研究论文千余篇，支持会员出版墨学研究专著50余部，协助会员开展墨学普及工作。如中国墨子学会会员赵富平同志，利用业余时间，编写《走近墨子》、《墨子思想新解100则》、《墨子思想与罪犯教育改造》（合著）等专著，利用墨学教育改造罪犯，效果显著，受到滕州监狱领导和山东司法部门赞赏，成立了专门的组织，并大力推广其经验；学会有关领导与专家参加会议、发表演讲，给予支持，促进墨学与实践更好地结合。

中国墨子学会的成立与发展，是天时、地利、人和的结果。为什么沉默了两千年的墨学又在20世纪90年代的滕州复兴？概括起来主要有以下三点原因：

（一）上顺天时。改革开放以来，中国政通人和；当今世界的主题是和平与发展，而墨子是人类自古以来酷爱和平的一面旗帜，他以“非攻”的学说反对侵略战争，以“兼爱”的主张为和平奔走。弘扬墨子思想，有利于构建和谐社会，有利于世界和平发展，有利于国际文化交流与合作，因而受到国内外专家学者的重视与支持。时代需要墨学，墨学适逢盛世，这是天时。

（二）下占地利。墨子里籍是一大悬案，张知寒教授在前人研究的基础上，进一步论证墨子故里就在滕州，得到了中外专家的赞同。滕州市委、市政府抓住机遇，科学决策，联合山东大学成立中国墨子学会，弘扬墨学。这是地利。

（三）中有人和。中国墨子学会成立和墨学复兴，得到了各级领导、国内外专家学者、社会各界人士的大力支持。这是人和。

20 年来，各级领导非常关心中国墨子学会，原中共中央政治局常委、原中央军委副主席刘华清上将，原中共中央政治局常委、原中纪委书记吴官正，原中共中央政治局委员、原国务院副总理姜春云，原中共中央政治局委员、原中央军委副主席、原国防部部长迟浩田上将，原全国人大常委会副委员长、著名学者费孝通教授，原全国人大常委会副委员长何鲁丽，原全国人大常委会副委员长王光英，原全国人大常委会副委员长楚图南，原全国政协副主席、著名学者胡绳，原全国政协副主席郝建秀，原全国政协副主席赵南起上将，原全国政协副主席宋健，原全国政协副主席马万祺，中央军委委员、总政治部主任李继耐上将，原国防部部长张爱萍上将，原中共中央组织部部长张全景，原解放军总参谋部副总参谋长李景上将，原总后勤部政委周克玉上将、张文台上将，原兰州军区司令员刘精松上将，原空军司令员于振武上将，原全国政协常委、原中共中央台办主任杨斯德将军，原国防大学副校长高金钿中将，原国防大学副政委李殿仁中将，山东省委、省人大、省政府、省政协的历届领导，山东大学、枣庄市、滕州市的历届领导，都给予大力支持。特别是山东省原副省长、省人大常委会原副主任、中国墨子学会名誉会长、中国书法家协会常务理事王玉玺先生，他用书法艺术弘扬墨学，先后出版了《墨子名言》、《墨子名书》、《王玉玺八体书古今名人评墨子》、《王玉玺书墨经》等一系列“书墨”精品，被收入上海大世界基尼斯之最；他自筹资金，创制了历史上最大的墨子砚，连同多年收藏的名砚442块，全部无偿捐献给滕州市墨子研究中心；他到处奔走，为弘扬墨学筹集资金，主持出版了《墨子大全》；他上下呼吁，争取中央、省级领导和地方领导的大力支持，成功举办了九届墨学国际研讨会；他不顾疲劳，带病工作，为中国墨子学会和墨学复兴呕心沥血，作出了不可磨灭的贡献。时任枣庄市委副书记、滕州市委书记、中国墨子学会第一副会长的林兆义先生，他在滕州任职期间，高瞻远瞩正确决策，决定成立中国墨子学会和山东大学滕州市墨子研究中心及办公室，建成了墨子故里纪念馆，塑造了大型墨子铜像，兴建墨子国际研究中心和墨子纪念馆，举办了全国与首届墨学国际研讨会，为墨子安家落户滕州、中国墨子学会成立、弘扬墨学事业奠定了坚实的基础，作出了杰出的贡献；时任滕州市政协主席、中国墨子学会副会长的朱锡光，他受命主持中国墨子学会的常务工作，不顾身体多病，坚持努力工作，恪尽职守，任劳任怨，无悔无怨，殚精竭虑，精心策划，组织协调上下各级、社会各方面的关系，为中国墨子学会成立和弘扬墨学做了大量艰苦细致而富有成效的工作。

20年来，国内外著名专家学者、社会各界人士大力支持中国墨子学会，任继愈、蔡尚思、匡亚明、季羡林、张岱年、杨向奎、张政烺、臧克家、周而复、姚雪垠、梁斌、魏传统、武中奇、李铎、刘炳森、马世晓、颜道岸、张知寒、刘敦愿、朱传棨、孙中原、谭家健、张季平、王学仲、田昌五、漆侠、孙以楷、周立升、丁冠之、褚璞、赵富平、黄众章、王煜、谭世宝、陈鼓应、史墨卿、张尚德、王赞源、李贤中、吴进安、孙长祥、马万里、李绍崑（美国）、杨宽（美国）、李云九（韩国）、朴文铉（韩国）、郑仁在（韩国）、原孝治（日本）、冈本光生（日本）、谷中信一（日本）、拉多萨夫（南斯拉夫）、乌里扬诺夫（俄罗斯）等先生不远万里，多次赴滕州参加墨学会议，发表学术论文，认定墨子故里就在滕州，支持成立中国墨子学会。尤其是武汉大学博士生导师、中国墨子学会顾问朱传棨教授，美国宾州爱丁堡大学资深教授、中美精神心理研究所所长、中国墨子学会顾问李绍崑博士，山东大学党委副书记、中国墨子学会副会长冯宜明教授，山东大学教授、中国墨子学会副会长姜宝昌先生，山东大学《文史哲》主编、中国墨子学会副会长王学典教授，中国人民大学教授、中国墨子学会副会长孙中原先生，中国社会科学院教授、中国墨子学会副会长谭家健先生，曲阜师范大学教授、中国墨子学会副会长陈克守先生，四川师范大学教授、中国墨子学会副会长秦彦士先生，贵阳职工大学常务副校长、中国墨子学会副会长齐瑞端教授，华南师范大学教授、中国墨子学会副会长黄世瑞先生，他们都为中国墨子学会发展、弘扬墨学作出了较大的贡献。

综上所述，中国墨子学会成立和墨学复兴于滕州并非偶然，是天时、地利、人和的必然结果。

回顾中国墨子学会20年的历程，我感慨万端，夜不成眠，那些已故的国学大师、著名墨者的音容笑貌，又浮现在我的眼前：全国人大常委会副委员长、中国墨子学会首席名誉会长、著名社会学家费孝通教授，中国国家图书馆馆长、中国墨子学会名誉会长、著名学者任继愈教授，南京大学校长、中国墨子学会顾问、著名学者匡亚明教授，北京大学副校长、中国墨子学会顾问、著名学者季羡林教授，中国社会科学院研究员、中国墨子学会名誉会长、著名学者杨向奎教授，北京大学教授、中国墨子学会名誉会长、著名学者张岱年先生，中国装甲兵技术学院教授、中国墨子学会顾问、著名学者颜道岸先生，山东大学教授、中国墨子学会副会长兼秘书长、著名学者张知寒先生，山东大学教授、中国墨子学会顾问、著名学者刘敦愿先生，山东大学教授、中国墨子学会顾问、著名学者王先进先生，枣庄师专校长、中国墨子学会副会长王裕安教授，台湾师范大学教授、中国墨子学会顾问王赞源先生，他们为中国墨子学会成立与发展，为弘扬墨学，鞠躬尽瘁，死而后已，作出了不朽的贡献。特别是张知寒教授离休之后，全身心投入到弘扬墨学事业，身患肠癌、肺癌、肝癌，依然忘我地为弘扬墨学而奋斗，受到各界人士的赞扬，蔡尚思先生题词："张知寒同志富有墨子精神，值得人们学习"；杨向奎先生题诗："先秦墨子显学传，两汉以后不新鲜，而今墨学重奋起，赖有教授张知寒！"张知寒教授是20世纪90年代墨学复兴的第一人，中国墨子学会的首任法人代表，假如没有他的努力拼搏，墨学复兴不知延缓至何年。原枣庄师专校长王裕安教授，在任滕州市委副书记、市长期间就决定开展墨子研究，安排我着手筹备，成立滕州市墨子研究学会；他调任枣庄师专校长后仍致力于弘扬墨学，在全国率先成立了墨子研究所，兼任所长；他在《枣庄师专学报》开辟墨子研究专栏，主编《墨子大词典》，编辑《墨子科技真言》等一系列墨研论著；他是中国墨子学会副会长，在张知寒教授逝世之后，兼任中国墨子学会秘书长之职，为中国墨子学会的发展和弘扬墨学作出了巨大贡献。

忆往昔，中国墨子学会的开创者、著名学者、老专家们大都作古，斗转星移，物是人非，但历史不会忘记那些为中国墨子学会成立与发展、墨学复兴而光大的先哲们，他们永远活在人民心中！看今朝，中国墨子学会成果丰富，前途远大，后继有人，再创辉煌！

为墨学振兴而努力

——写在中国墨子学会成立20周年之际

任守景

今年5月上旬，我应邀赶赴北京，参加在人民大会堂举行的第九届国际墨子鲁班学术研讨会暨中国墨子学会成立20周年纪念大会。与墨学研究界老友新朋相聚，感慨良多，遐思无限，谈论最多的话题当然是墨学研究的昨天、今天和明天。回顾中国墨子学会成立20周年的风雨历程，追念墨研先贤们的付出奉献，既为墨研事业今天取得的骄人成绩欢欣鼓舞，为墨研事业今后长足发展祈祷祝福，也情不自禁地回忆起自己亲历的为墨学振兴而努力的那些难忘岁月。

20世纪90年代初，我国改革开放在政治、经济、社会诸方面都取得了令世界瞩目的成就，学术界也呈现出了百家争鸣的可喜局面，建设文化软实力，增强核心竞争力的呼吁日渐声高。为使中断千年的墨学成为中华民族核心价值观的重要组成部分，团结带领更多的墨学研究工作者把博大精深的墨学思想推向世界，我国现代墨学的开创者，被任继愈、杨向奎等国学大师誉为“墨家传人”的墨学大师张知寒教授为之奔走呼号，呕心沥血，由他发起成立了中国墨子学会，由此揭开了墨学研究的新篇章。

我正式加入墨学研究队伍时间虽不长，可与墨学结缘时间却不短。从1991年宣传报道墨学研讨会开始，到2011年离岗休息，整整参与了20年。尤其是在首届墨子国际研讨会上，国学大师任继愈赠我“为墨学振兴而努力”的题词，激励我为传承墨学文化作贡献，由此便与墨研事业结下了不解之缘。

1992年10月6日，举世瞩目的首届墨学国际研讨会在墨子故里滕州举行。享誉中外的费孝通、任继愈、杨向奎、匡亚明等一批学界泰斗齐聚滕州。也就在那次会议上，依法在山东墨子学会的基础上成立了中国墨子学会，标志着墨学研究从此进入了有组织、有领导的阶段。当时在滕州市委宣传部工作的我，奉命参与会议的宣传报道工作。说实在的，那时我对墨子了解甚少，但我最感兴趣的是我们任姓的掌门人、我最敬慕的国学泰斗任继愈先生也亲临滕州，使我有机会向这位德高望重的宗亲当面致意，聆听他的教诲。10月6日晚，我提前赶到任老下榻的鲁荆宾馆（也叫机关招待所）东楼106房间门口等候。大约晚7时40分左右，刚用完晚餐的任老在滕州市政协朱锡光主席陪同下回房间休息。我赶忙迎上前去自报家门，说明来意。任老非常高兴地把我让进了房间。当听我介绍家父和任老同辈同龄（家父名讳任继汉，和任老同为1916年出生，属大龙的）时，任老兴致更浓，问我父亲身体可好，现住在哪里。我一一作答后，任老告诉我：“儒学研究方面的会议我很少参加，之所以撂下手头很多工作专程来滕州参加墨学研讨会，主要考虑墨学研究尚在起步阶段，势单力薄，我过来站站场、助助威、鼓鼓劲。你在宣传部门工作，可要为宣传墨子多出力呀！”突然，任老把话题一转，问：“你带笔记本了吗?”我说“带来了”。任老接过我递上的笔记本，从上衣口袋里掏出水笔，随即为我题写了“为墨学振兴而努力”几个遒劲有力的大字，并郑重地签上名字。我如获至宝，捧在怀里，其实这也是我面见任老的主要目的之一呀！看着任老那信任期待的目光，我顿感压力在身，重任在肩。我当即表示：“任老，请您放心，我会努力的。”为了这庄严的承诺，我为宣传弘扬墨学尽了我的绵薄之力。

前六届墨学国际研讨会，我主要负责会议的宣传报道工作，协调中央、省、市新闻媒体多角度、全方位宣传博大精深的墨子思想，加大墨子及滕州声音的对外输出。每次组织策划实施墨子研讨会的宣传报道，我总是特别卖力，因为我这是在完成任老的嘱托，兑现我庄严的承诺。

2005 年 5 月，我由滕州市委宣传部副部长调任滕州日报社社长、总编辑。在充分利用宣传平台，传播墨学文化，传承墨子精神的同时，对墨家集团的重要成员鲁班进行了深入研究，并赴北京采访国家图书馆馆长、国学大师任继愈先生。也就在那次不同寻常的采访中，聆听了任老关于“班墨不分”的宏论。任老说：“墨子和鲁班不仅是好朋友，而且是地地道道的老乡，都是你们滕州人。他俩同辈同时，也基本上同专业。这两位伟人在后人的心目中留下了不同的形象，墨子是中国的科学圣人，鲁班成为后代工匠共同尊奉的祖师爷。千百年来民间的信仰行业神中，鲁班是木瓦石匠、木雕业、制车业、建筑业共同奉祀的行业神。在构建和谐社会的今天，研究他们的思想，弘扬他们的学说，纪念他们的人格，意义太重大了。今后你们搞鲁班研究，不要就鲁班说鲁班，一定要和墨子结合起来研究，班墨不分嘛！”任老的一席话，拓展了墨子研究的领域，为我们今后打造班墨文化品牌指明了方向。

从北京采访回来后，我立即写出了《鲁班故里在滕州》的长篇通讯，随后又在《滕州日报》发起了“学习鲁班，自主创新”征文活动，先后刊发了《揭开鲁班研究的新篇章》、《鲁班节》、《鲁班考论》、《十大教授论鲁班》、《国学大师谈鲁班》等重头文章，从舆论上统一了新闻口径，确立了“滕州一地有墨子鲁班两位伟人，足以为地方文化添光彩”的不可动摇的地位，并建议成立了由市委书记任组长的鲁班研究领导小组，扩宽了墨子研究的全新领域，把墨子的兼爱与鲁班的创新有机地融为一体，引导滕州人以墨子的爱心做人，以鲁班的创新做事，后来由市委书记概括提炼为“兼爱包容，诚实守信，开放创新，敢为人先”十六字的新时期滕州精神。

值得庆幸的是，云游多年的鲁班，以造福天下为己任，四处传艺，早已自我陶醉，流连忘返，在家乡媒体强大密集的舆论呼唤下，鲁班终于“叶落归根”，回到了生他养他的古滕大地。从此，鲁班和滕州再也不分离，他和他的师兄弟墨子共同佑护着这一方父老乡亲，用他们的智慧启迪着滕州后人，建设自己美好的家园。

以前，要问鲁班是何方人士，很少有人说清。现在要问鲁班是哪里人，上网一搜，你便会知道，鲁班家在滕州。滕州人也因与墨子、鲁班两位伟人同籍倍感自豪和荣耀。由于我在全国首开了鲁班研究的先河，叫响了“鲁班故里在滕州”的口号，后来有的专家和我开玩笑，说你老任为滕州请来了鲁班。我说鲁班本来就是滕州人，我只是尽了老乡的一点责任，呼唤他老人家荣归故里，颐养天年。

或许是命中注定，也许是缘分使然，2007 年 6 月，我受命接任墨子研究中心办公室主任、中国墨子学会秘书长一职。回想起任老在首届墨学国际研讨会上给我的题词，一种使命感油然而生。既然组织上选定了我，我将义无反顾地全身心投入，努力开创墨学研究的新局面，到任后我迅速进入角色，对墨研办和中国墨子学会秘书处工作职责及时给予科学定位，确立了“规划协调先行，研究开发并重，管理服务同步，宣传普及提升”的工作思路，在全社会大张旗鼓地招考高素质的大学本科生讲解员，树立了墨子纪念馆、墨砚馆的窗口形象，吸引了社会的目光。

凭着在多个领导岗位上任职的经验，我深知，干任何事情，尤其是八下里求人的墨子研究工作，首先要征得市委主要领导同志的理解和支持。2007 年 8 月 27 日，市委书记来墨研办调研，原定只待 40 分钟，由于谈得投机，一谈就长达 4 个多小时，把自己的想法计划一股脑地全盘托出，得到了书记的充分认可。主要领导认识了打造班墨文化品牌的重要性，才使后来的墨子文化节、鲁班纪念馆建设这些大动作得以顺利实施。

怎样打破就研究而研究、死气沉沉、学究味十足的被动局面，我主张改变思路，敞开大门搞研究，主动出击策划活动。有了这种干大事的激情，机会终于来了。听说国际摄联要来济南举办“齐鲁国际摄影周”活动，我便迅速与活动组委会的曾毅主席取得联系，请其把滕州安排为一站，让摄影大师们来墨子故里寻根。结果一拍即合。2007 年 9 月 25 日，正值一年一度的中秋佳节，来自美国、英国、法国、意大利、韩国、日本、中国等 23 个国家的 70 多位享誉世界的摄影大师和部分专家学者来滕，参加“首届墨子小孔成像国际摄影学术研讨会”。会上，把“墨子国际摄影大师奖”作为国际摄联的长期奖项。这次研讨会，连同2008年在滕州举行的“第二届墨子小孔成像国际摄影学术研讨会”，确定了“墨子是世界摄影光学之父”、“滕州是世界小孔成像最早发源地”的地位。研讨会的成果，改写了西方人发明摄影术的历史，为滕州、中国乃至整个东方争得了荣誉。

专程前来参加墨子小孔成像国际摄影研讨会的国际摄联秘书长里卡多·布西先生，评价墨子对光学的贡献是无与伦比的，他的伟大发明让世界仰慕。中国东方国际摄影艺术促进会主席、美国职业摄影师协会中方首席代表曾毅先生，评价墨子小孔成像国际摄影研讨会是目前全国举办规模最大，参与国际大师最多（国际摄联共命名了51位摄影大师，来滕州的就达44位），层次最高的会议。研讨会能在滕州举行，让更多的摄影家了解滕州文化、滕州风情，从更深层次挖掘了墨子文化内涵，通过相机“小孔”，让墨子文化走向了世界，让世界了解了滕州。

成功举办了墨子小孔成像国际摄影学术研讨会后，一下子吸引了社会关注的目光，墨子研究中心的工作也成了市委、市政府主要领导重点调度的内容，他们初步尝到了打造班墨文化品牌带来的甜头。如何在此基础上乘势而上，我和班子成员形成共识，搞墨学研究必须抢抓机遇，多策划跳出水面而有社会影响力的大型活动。为此，我们下大力气组织策划了国际墨子文化节和祭墨大典。

创立于2008年5月的国际墨子文化节，迄今为止已连续成功举办了四届。第七届国际墨子鲁班学术研讨会改变以往单纯办会模式，与“中国（滕州）首届国际墨子文化节”并行召开，一同举行大规模隆重的室外开幕式，增强了群众参与度，提高了群众对墨子的认知程度。为使本次节会更富有感染力和视觉冲击力，我们还科学策划、精心包装了一批有影响的文化活动。邀请新华社、《人民日报》、《光明日报》、《经济日报》、《工人日报》、中国新闻社、《中国旅游报》、《人民摄影报》、《人民画报》以及《大众日报》、《齐鲁晚报》等各级新闻媒体的记者以及知名摄影家共80余人，举办了“聚焦墨子鲁班故里——记者眼中的滕州”全国新闻摄影大赛，以新闻记者独特的视角，将墨子鲁班文化的无穷魅力，墨子鲁班故里的独特神韵揽入镜头，并结集所有的获奖作品和获奖版面，出版了大型宣传画册，在社会上引起了强烈轰动。选拔组织了100名少年书法爱好者，在滕州龙泉文化广场进行现场榜书表演，展现了滕州作为中国书画艺术之乡的魅力和活力。

2009年5月16日，我们在第二届国际墨子文化节上举办了首届祭墨大典。重点突出科技这一主题，制定了“缅怀科技之父、推动科学发展”的主题词，努力叫响“墨子是科技之父”的口号，避免了与其他祭拜活动雷同或照搬照抄，撩拨起了人们的兴奋点，增强了社会各界的关注度。人民网、山东人民广播电台对祭墨大典进行现场直播。《人民日报》、《经济日报》、《光明日报》、中新社、《大众日报》等新闻媒体对开幕式和祭墨大典进行了充分报道。祭墨大典是有史以来第一次大型公开祭祀墨子，为今后举办类似活动定出规制，扩大了滕州在海内外的影响。2010年5月8日举行的“庚寅年祭墨典礼”更是盛况空前，以“传承班墨文化，共享和谐创新”为本届祭墨大典的主题，重点突出墨子思想对于当今构建和谐社会和科技创新的重要意义，努力叫响滕州是和谐文化发源地的口号，社会关注度和群众参与度高，是弘扬墨学，让墨子走向世界、走向大众的重大举措，是滕州倾力打造墨子鲁班文化品牌的重大突破。

我在墨研中心任职期间，感觉策划组织活动还算得心应手，最让人头痛的事莫过于协调争取领导。其中有两件事让我刻骨铭心。第一件是首届墨子国际文化节邀请副国级领导。为了扩大节会影响力，我们通过关系联系上了全国人大常委会副委员长周铁农和原副委员长许嘉璐。两位领导非常愉快地接受了我们的邀请，但提出根据规定，需要山东省人大给全国人大出一个邀请函。在时间非常紧的情况下，我们在老省长王玉玺先生的帮助下，顺利拿到了省人大出具的文件。我连夜陪同分管这块工作的滕州市张宪依副市长赶赴全国人大办公厅，按程序邀请报批。心想这事已经十有八九了，就翘首期盼着墨子文化节两位副委员长光临滕州。

谁能料到，2008 年 5 月 12 日，汶川发生了强烈地震，抗震救灾成了全国的中心工作，两位领导未能成行。当周铁农副委员长的秘书叶玉成电话告知这一情况时，我立马傻了眼。这一突发事件，给我们组织节会出了难题。我当即把这一重要情况向市委书记汇报，书记让我立即陪同市长赴京再去争取。我和市长赶到北京，见到了全国人大办公厅领导，经领导说明，我们也深表理解。首届国际墨子文化节尽管因为特殊原因未请到副国级领导，但是由于我们节会内容丰富多彩，形式喜闻乐见且互动性强，节会依然获得了圆满成功。

再一件事就是聘请省委书记姜异康同志为中国墨子学会名誉会长。有了这一动议后，我就根据王玉玺副省长的安排，于 2008 年 4 月专门给省委打了报告，谁知报告送达却泥牛入海无消息。2008 年 11 月 5 日上午，我突然接到王玉玺副省长秘书吴庆利处长打来的电话，告之关于聘请姜异康书记为名誉会长一事，省委要求你速来济当面汇报。

我按要求及时赶到省委办公厅，省委副秘书长颜世元同志告诉我，“你们的聘请报告姜书记看了，但要你们提供前几任省委书记同意接受聘请的批件或证据”。这下我却不知如何是好了，立即赶到王副省长家，请教以往都是怎么办的，有没有这方面的批件。王副省长说“哪有什么批件？以前我在职，顺便向姜春云、赵志浩、吴官正、张高丽、李建国几位书记口头聘请，书记点头同意就是了，到哪里去找证据？”王副省长让回来找找原始资料，看能不能过关。回到滕州，查遍了所有资料，根本找不到任何有价值的证据。正当我一筹莫展的时候，突然发现墨子纪念馆展室内姜书记、吴书记等领导头衔中，都有中国墨子学会名誉会长一职，这不是最好的证据吗？于是，我拿上这原始的资料照片再次赶到省委，把王副省长口头聘请几位书记为名誉会长的过程如实汇报。王敏秘书长说“有这就足够了，你们先回去，等书记签批后立即通知你们”。第二天，果然接到省委办公厅电话，告诉我姜书记已同意接受中国墨子学会名誉会长的聘请，签批件随后寄出。得到这一消息，一直悬着心才落了下来。当时我就发感慨：千难万难没有比协调争取领导再难的了！尽管难，最终毕竟还是让我们攻克了。可见，协调争取领导多么珍贵！

说到协调争取的事情，不能不说到滕州和任继愈、季羡林这两位国学大师的不解情缘。没有他们的支持和鼓励，没有他们做坚强后盾，我们的墨学研究事业也许不会这么顺利发展，最起码我任中国墨子学会秘书长这四年间工作不会开创什么新局面。所以，任老、季老是我们滕州的福神，更是我的贵人。

早在20世纪30年代，任继愈先生就曾在鲁南生活过，了解那里的历史文化、风俗人情，知道滕州（当时叫滕县）历史悠久，文化灿烂，民风淳朴，热情好客，与滕州人民建立了深厚的感情。20 世纪 90 年代，任老又把目光投向了滕州，其主要目标是墨子研究。十年间，他曾四次奔赴滕州，参加首届全国墨子学术研讨会和第一、二、三、四届墨子国际研讨会，中国墨子学会暨山东墨子基金会工作会议，对中国墨子学会的组织建设、基地建设、学术讨论、研究成果的编辑出版，墨子研究新人的培养，墨子研究基金及奖学金筹集等，都曾讲了主导性的意见，得到了各级领导及国内外专家的重视和好评。1991 年，任老在滕州为“墨子故里”题词，刻碑两块，分别放置在墨子故里木石镇目夷亭内和墨子研究中心碑廊。1999 年，任老为滕州又题写了“鲁班故里”。任老对墨子鲁班故里在滕州的考证严谨扎实，在学术界可谓一言九鼎，其权威性的定论不容置疑，尤其是他提出的“班墨不分”的宏论，对我们推进墨子鲁班研究向纵深发展具有重要的导向作用。

由于工作关系，加之同为任姓宗亲的缘故，我和任老的交往甚多，除在会议场合见面叙谈外，从 2007 年到任老辞世这两年多时间里，我先后十几次面见任老，遇到墨研中的一些大事就去北京向任老当面请教。记得 2008 年 2 月 26 日，我陪滕州市委常委、宣传部长邵磊同志去北京拜会中华文化标志城最早发起人之一、中科院朱森元院士后，邵部长提出让我引见去拜会任老。任老多年就有凌晨3 点起床写作，早上八点再休息会的习惯，我心里非常犹豫。去了不忍打扰任老休息，不去又怕错过了让邵部长与任老见面的机会。犹豫再三，还是怀着忐忑不安的心情拨通了任老家中的电话。保姆欧阳说：“爷爷刚睡下，能不能下午再来？”我告诉她上午和任老见面后还得赶回滕州。此时的电话可能搅醒了老人，他问谁来的电话。“中国墨子学会一位姓任的先生。”听了欧阳的回答，任老说：“让他们来吧，他们专程从山东滕州赶来，肯定有重要事情。”我在电话那头听见任老亲切而熟悉的声音，激动得眼睛湿润了。我们立即赶赴南沙沟三里河任老的家中，任老起身相迎。当我把邵部长介绍给任老，他老人家说：“看到这么多地方领导重视支持墨学事业发展，我打心里高兴。”我们向任老汇报了首届国际墨子文化节筹备情况，当说到在文化节开幕式上举行鲁班纪念馆奠基仪式时，任老插话：“举办墨子文化节的创意很好，一定要注重节会效果。我在前几届墨学研讨会上就建议建鲁班纪念馆。2006 年，守景宗亲来看我时，我让他转达滕州市领导，财力许可的情况下，一定要把鲁班纪念馆建起来。鲁班纪念馆一定要建得大气，因为鲁班是世界级的历史文化巨人，是中国的骄傲，更是你们滕州的骄傲。要把鲁班纪念馆建成全国青少年科技教育基地，不要留下什么遗憾。还要让大家清楚，鲁班确有其人，而且就出生在你们滕州，不要让人感觉到他只是个传说。”任老思维敏捷，表述准确，谈吐举止间充溢着一股大儒之气，让来访者顿生敬慕之情。当我提出请任老为鲁班纪念馆题写馆名时，任老欣然应允。这之后不到一周的时间，我便收到了任老用挂号信寄来的“鲁班纪念馆”的书法珍宝，给我们留下了永久的纪念。

2009 年 3 月 20 日，我和墨研中心副主任颜玉明同志又一次赴京，邀请名家在第二届墨子鲁班文化节期间来滕州讲墨子鲁班。通过中国孔子基金会秘书长王大千先生沟通联系，与中央电视台《百家讲坛》栏目执行主编王咏琴女士会面，协商让当红学术明星钱文忠教授来滕宣讲。事情初步商定后，我和颜主任赴任老家中，一来汇报节会尤其是祭墨大典筹备情况，二来邀请任老莅临滕州出席盛会。

到了任老家中，方知他已抱病住院。我们匆匆赶往北京医院北楼七层重症监护室。听说是从滕州专程赶来，躺在病床上的任老让家人将我俩接到他所在的病室。时年93岁高龄的任老亲切地拉着我的手说："谢谢你们专程来看我。"我首先转达了滕州市党政领导及中国墨子学会对任老的问候，祝福他早日康复。将随身携带的国家一级编剧、鲁班研究专家王中先生创作的《鲁班的传说》一书送到了任老的手上，并向他简要汇报了节会筹备和鲁班纪念馆建设情况。任老听罢高兴地说："一定宣传好墨子鲁班，作为墨子鲁班的故乡，滕州要把'善国双圣'的精神好好传承下去。"尽管病中的任老说话非常吃力，但一谈起班墨文化来，依然很动情，言辞谆谆，情之切切，令人动容。看到不便长时间打扰，我们便与任老依依不舍地握别。任老又安排家人把我们一直送出医院门外。

让人没有想到的是，当天中午我和王大千先生正与王咏琴主编继续洽谈宣讲墨子鲁班事宜时，突然接到任老亲自打来的电话："守景宗亲啊，刚才不好意思，打着点滴没来得及给你多谈。我要补充的是，中国墨子学会一定要发挥牵头揽总的作用，组织更多的专家学者，结合当今社会发展的形势，深入研究墨子的核心思想，不要只拘泥于故里考证。同时，鲁班研究还要加大力度，联系更多的高校，鼓励更多的青年学者加入这个行列。因为当今这个社会，太需要发扬鲁班的自主创新精神了。"听着任老在电话里吃力讲话的声音，我又一次感动得泪如泉涌。任老在病中还一直关心、支持、牵挂着班墨研究，为班墨研究指引着方向，他心里始终放不下墨子鲁班研究事业啊，任老是当之无愧的班墨研究的总舵手！考虑到到任老的身体状况，我善意地中断了与任老的谈话。

不料，时隔一天，任老的电话又打了过来：“你送来的《鲁班的传说》我仔细看过了，书出得很好，内容丰富，图文并茂，是一本不可多得的普及读物。只是有些地方还需要斟酌，比如有一页的插图，小毛驴拉磨的方向反了，再版时注意改进！”翻开手头上的《鲁班的传说》一看，果如所言。任老治学的严谨，对细微之处的洞察，着实让在场的人佩服不已。

3 月 23 日，任老再次打来电话：“一定要强化班墨不分的观点，鲁班的流传源自墨子‘止楚攻宋’的故事，相对于墨子在学术界的地位，鲁班在民间的影响更大，现在我国建筑领域的最高奖就是以鲁班命名的。从这个意义上来说，滕州打造班墨文化品牌是明智之举。要利用墨子鲁班文化节这一平台，让以墨子的爱心做人，以鲁班的创新做事的精神传承下去。”时隔几日，任老的这番话还言犹在耳，其情系墨子鲁班的大爱让我们这些晚辈景仰！

说到国学大师季羡林先生与滕州的情缘以及对墨研工作的支持，这要从季老受聘担任中国墨子学会顾问时说起。中国墨子学会成立之初，为了扩大学会的影响力，在任继愈先生、张知寒教授的提议下，曾推举季老为中国墨子学会顾问。在众多学术头衔中，季老特别珍视中国墨子学会顾问这一职，因为在他年轻时就特别崇尚墨子的科学民主精神以及一些超前的富国安邦的理念。1992 年 6 月 7 日，时任中国墨子学会副会长兼秘书长的张知寒教授曾专程赴京，向季老请教汇报中国墨子学会的建设发展情况。季老高度评价道：“墨子在人类文明史上代表了一个时代的高度，他的兼爱、非攻、尚贤、尚同等政治主张具有重要的时代价值。他在哲学、教育、科学、逻辑、军事防御、工程学许多领域都有突出的贡献。他关心社会发展，关心人民疾苦，热爱和平，反对侵略战争，是一位伟大的平民圣人。”季老还就墨子研究的发展方向、人才培养及中国墨子学会的内部建设等提出了很多具有真知灼见的指导性意见。

当然，季老对滕州的情缘最直接地体现在2009年文化节前为滕州题写的“墨子鲁班，善国双圣”上。为了提升第二届国际墨子文化节的传播力和影响力，组委会特地邀请央视《百家讲坛》著名主持人、季老的关门弟子钱文忠教授来滕讲墨子。为此，我和颜玉明同志专程赴京，在王大千先生的引荐下，与《百家讲坛》栏目组负责人和钱文忠教授见面，商议在央视开讲“墨子与鲁班”。期间，钱教授提出如果邀请学贯中西的季老题写片头，可为滕州增色不少。王大千先生和我商定第二天去拜见季老。

4月13日上午10时许，我和王大千、颜玉明准时来到北京301医院4楼病房，拜见季老。病房很静，布置得很素雅。红色的钧瓷寿桃和温家宝总理看望季老的合影在案头格外醒目。季老慈祥地坐在宽大的沙发上，看到我们走进房间，季老双手合拢，对我们的到来表示欢迎。王大千先生附在季老耳边说明了来意，说中国墨子学会秘书长任守景是受滕州市和中国墨子学会委托专程来拜见您的。我转达了领导们对季老的问候，代表168万滕州人民祝季老健康长寿。汇报中季老频频颔首，称赞滕州人杰地灵，打造班墨品牌有远见卓识。

当我们提出请季老为滕州墨子文化节题字时，季老爽快地答应：“好，我题。”这时候，工作人员早已在季老病榻前的案头上，铺开宣纸，准备好已经沾墨的毛笔。季老兴致勃勃，欣然写下了“墨子鲁班，善国双圣”八个大字。我动情地拍手道：“太好啦，任继愈先生曾说过‘滕州一地有墨子鲁班两位伟人，足以为地方文化添光彩’，真是大师所见略同啊！”时间过得真快，说好约谈20分钟，却已过半个小时，季老兴致依然很高。为了季老的身体健康，我们与季老依依惜别。在即将离开季老病房的一刹那，出于对季老的敬重和感激，作为此行最大的受益者，我情不自禁地转过身来，向博学睿智的季老深深地鞠了一躬……谁料想，这一别竟成为永诀。

2009年7月11日，在国内外享有盛誉、在多领域卓有建树的两位学界泰斗，国学大师任继愈、季羡林，在同一天溘然辞世。双星陨落，普天同悲。与滕州一直有着深厚情结的两位老人的离去，让班墨故里的后人更是伤痛不已。因为在他们辞世的前一天，班墨的后人们正准备再一次登门拜访。7月10日，我和王大千先生陪同市委书记王忠林等领导赴京，现场观看由钱文忠教授在央视《百家讲坛》主讲的《墨子与鲁班》。当晚用餐时商定，明天一早把这一喜讯报告给病中的任老。7月11日一早，我就往任老家中打电话，可所有联系电话都无法接通，无奈之下，只好返程。正在盼望着对方回电时，却接连收到王大千、钱文忠发来的短信：任老、季老相继去世。闻此噩耗，一种痛失舵手的悲痛几乎把我击倒，只好在返回后以中国墨子学会名义给国家图书馆和北京大学分别发去了饱含思念和痛惜之情的唁电。返滕后我陪同邵磊部长和张宪依副市长专程到京，代表百万滕州人民送别了两位国学大师最后一程。后来我就想，如果不从事墨学研究工作，我是绝无机会和两位大师交往的，自然也留不下这些美好的记忆。我将永远铭记两位大师的恩德，继续为墨学的振兴不懈努力！

在我来墨研中心工作的几年间，倾注心血最多，最值得欣慰的就是在我任职期间建设鲁班纪念馆。多年喊鲁班故里在滕州，可是怎样才能让其在滕州安家落户呢？只有把鲁班纪念馆建在滕州，鲁班才能成为名副其实的滕州公民。为了抢占舆论先机，我们在2008年5月举行的首届国际墨子文化节期间举行了鲁班纪念馆奠基仪式。这是继第七届国际墨子学术研讨会把鲁班研究纳入墨子研究重要内容后的又一重大举措，意在向世人昭示，滕州是名副其实的鲁班故里，借以打造滕州的城市名片。为此，我们特聘全国十大建筑设计师、深圳汇雅建筑设计院祖万安院长，承担鲁班纪念馆的规划设计。祖院长非常珍惜这一难得的机会，一方面和我们深入座谈，明确人物定位和建馆主旨，深刻理解鲁班文化内涵，另一方面查阅大量资料，全方位了解鲁班发明创造对人类文明的独特贡献，带着感情，一气呵成，拿出了以“继承与发展”为设计理念的鲁班纪念馆规划方案。

滕州市委、市政府高度重视鲁班纪念馆的建设，两位主要领导亲自把关调度，并把这项工程列为2009年政府要办的十件实事之一，写进政府工作报告。正当我们期盼着开工建设时，一场由美国引发的全球性金融危机，几乎让这个项目夭折。由于压缩银根，市里一时拿不出这个项目的建设经费，眼看着这个让世人关注的项目要被取消，我几次三番地据理力争仍未奏效。2009年2月17日，当时的市长正在济南参加省人代会。我直奔济南，在房间与市长反复争取，细说建与不建的利弊得失，诚心终于打动了市长，一个本来打入“冷宫”的项目终于“起死回生”。拿到了批件，我们马不停蹄，项目选在了2009年2月26日（农历二月初二）龙抬头的日子开工建设。为不延误工期，我们特事特办，边施工边跑有关手续。从立项、规划、环评等一步步跑起，仅公章就盖了140多个。这中间的艰辛几乎不堪回首。遇到困难和阻力很大的时候，我也曾想过退却。但一想到任老的嘱托，硬是咬牙力挺了下来。从土建施工队伍的招标，到展陈大纲的撰写，再到内容脚本的策划，实物的征集，还有招标选定布展公司承担布展任务，邀请王中先生对布展设计进行创意指导，哪个环节有半点差池也没有今天的鲁班纪念馆。施工开始后，墨研中心成立了专门的工作班子，住在工地，靠上服务，现场解决施工中的各种难题。经过860多天的日夜苦干，终于在2011年5月18日墨子文化节期间正式落成开馆。

鲁班纪念馆建筑面积8296平方米，地下一层，地上三层，局部四层，采用了仿古与现代相结合的建筑风格，突出了百工圣祖的特点，以鲁班发明的卯榫结构为主，混凝土框架为辅。馆内展区设有公祭大厅、航天厅、木器厅、石器厅、鲁班庙会、今日班门等。布展以“展示与演绎并列，传说与现实默契，大爱与大智汇聚，远古与现代链接”为宗旨，以鲁班发明的实物和文献资料为支撑，采用现代声光电和多媒体、3D技术相结合，多种展示手法并用，仅馆内征集到有价值的实物就达1万余件，生动地展示了鲁班发明改变世界、恩泽后世，最终成为世界科技之父的清晰轨迹，表现了崇尚科学、自主创新的主题。建成后的鲁班纪念馆，建筑风格独特，展示手法新颖，是目前国内建筑体量最大、功能最全的纪念鲁班的专门场馆。

鲁班纪念馆的建成，弥补了长期以来世界各地华人找不到缅怀鲁班场所祭拜鲁班的遗憾，成为滕州一处极富人文特色的旅游景点和传播科普知识的教育基地。

在墨子研究中心和中国墨子学会任职的几年间，我得到了市委、市政府领导的关心支持，也得到了同事们的鼎力相助，在此，对他们表示诚挚的谢意。这里，我借此机会，特别要感谢为墨学事业发展付出辛劳、为我工作指点迷津的德高望重的王玉玺省长、朱传棨教授、姜宝昌教授、王学典教授、李广星主任、王中教授、孙中原教授、谭家健教授、陈克守教授、王凯教授。还要衷心感谢全力支持我工作的中国孔子基金会秘书长王大千先生，山东大学副校长陈炎先生，山东建筑大学校长王崇杰先生、副校长韩锋先生以及成人教育杂志社编审张幼林女士等。最后要真诚感谢坚持要我写出任职期间亲历逸事，并在我离岗后给予周全关怀的我的后任邵长婕女士。没有上述领导和专家的全力支持，这几年我可能一事无成，或许还会贻误事业的发展。我庆幸，从事墨子研究工作，有幸结识了这么多、这么好的领导和师长，让我终生受益。在墨学研究的岗位上，有付出，有欣喜，有感动，有收获，感慨颇多。但我最想说的是，我没有辜负任老对我的嘱托，我为墨学振兴努力了，而且现在还在一直努力着……

墨子颂（五古）

——纪念墨子学会成立20周年

周立升

先秦百家学，墨子乃一宗。
论节用节葬，倡尚贤尚同。
辩非乐非命，彰兼爱非攻。
舍己至摩顶，为民而放踵。
墨突从不黔，沐雨栉疾风。
自苦利天下，枯槁仍亲躬。
生时不作乐，死后亦无封。
科学和逻辑，墨翁开拓功。

2012年4月20日

新墨学滕州同行

——贺中国墨子学会二十华诞

孙中原

一、时代新墨与滕州

时代催生新墨学，滕州新墨惊人寰。墨子学会二十年，墨学史册谱新篇。团结新墨共同体，引导墨研铸新范。墨子学会推新墨，新墨荟萃有大全（梁启超后新墨学文献占《墨子大全》75册）。

二、先进人物与事迹

摩顶放踵著墨学，当代墨者张知寒。再掀墨研新高潮，文章道德树典范。人才辈出滕州市，人杰地灵挑重担。强力从事多贡献，劳苦功高立样板。

三、新墨开端与雏形

文化新星梁启超，开拓墨学新阶段。新民丛报挥雄文，学案校释洒鸿篇。举旗鼓吹群响应，唤起学人百千万。古今转型通中外，新墨雏形好开端。

四、新墨整体元性质

会通中外向世界，整体超越称为元（英 meta-，港台称后设）。新墨主体新学人，全球时代主题鲜（社会进步，文化建设）。方法语言现代性，成果形态好借鉴。研究层次升高阶，功能价值为今天。

五、新墨运动结硕果

新墨运动势如虹，百年持续战犹酣。滴水朵浪拥大潮，汹涌澎湃巨浪翻。新墨大厦共奠基，铺路搭桥添瓦砖。新墨鸿篇数盈百，百年硕果超千年。

六、鼓舞鞭策勤笔耕

二十年来，我受中国墨子学会和滕州墨子研究中心鼓舞鞭策，辛勤笔耕，创获新墨专著十余部，论文百余篇，适应时代、世界和社会需求，促进墨学发展。

1.《墨子及其后学》。收入《神州文化集成丛书》。丛书定位浓缩当今中国文化最新研究成果，代表中国文化最高学术成就。用文学笔调精准表达墨学精粹。中国文化书院院长汤一介选题约稿，石峻导师审定。北京新华出版社 1991 年版，1993 年修订版，收入《墨子大全》第 75 册，北京图书馆出版社 2004 年版。收入《中国读本》丛书，北京中国国际广播出版社 2011 年新版。

2.《墨学通论》。收入《国学丛书》，沈阳辽宁教育出版社 1993 年版。《墨子大全》第 75 册影印，北京图书馆出版社 2004 年版。纵向论述墨学创立、发展、中绝和重振，横向论述墨家经济学、政治学、伦理学、教育学、哲学、逻辑、自然科学和军事学。用现代军事学术语，分军事思想、军队编制、武器装备、工程设施和战略战术，首次全面论述墨家积极防御军事学。用四分之一篇幅论述墨家逻辑学。以总结性、全面性、创新性和深刻性为宗旨。

张岱年《墨学通论序》说："孙中原同志研治墨学，历有年所，对于墨家学说的各个方面都探索较深，近著《墨学通论》一书，对于墨家学说进行了系统的论述，于墨学精蕴颇多阐发，特别是对于前人未注意的墨家军事学说评述尤详，这是值得称赞的。"

3.《墨者的智慧》。收入《中华文库》，生活·读书·新知三联书店 1995 年版；2003 年第 2 次印刷，更名《墨子说粹》。收入《墨子大全》第 76 册，北京图书馆出版社 2004 年版。用现代观点，诠释墨家智慧，哲理辩术，治国道德和兵学精粹。适应现代需要，融通古今中外，创新精神食粮，积极启发今人。高校列为中国哲学史精品课程参考文献。

史向前等《墨子外传墨子百问》（安徽人民出版社 1997 年版，第 290 页）说："该书的最大特点是：包罗了墨家哲学、逻辑学、自然科学、政治思想和军事思想等所有内容；文笔清新、朴素、流畅，一如《墨子》文风，没有时下学术著作常有的文字艰涩的毛病。该书最为精彩的部分是'舌战方术'，这与作者受过严格、系统的逻辑学训练不无关系。"

4.《墨学与现代文化》。收入《诸子百家与现代文化丛书》，北京中国广播电视出版社 1998 年版。收入《墨子大全》第 76 册，北京图书馆出版社 2004 年版。北京中国广播电视出版社 2007 年修订版，全新改写。

与海内外学者通力合作，用现代观点研讨新墨学，论述新墨学现代意义，接轨现代经济、政治、道德、教育、哲学、语言文学、军事、逻辑和科学，融会古今中外，促进世界文化交流。韩国学者朴文铉译为韩文。

5.《中华大典·哲学典·诸子百家分典·墨家总部》。昆明云南教育出版社 2007 年版。页 334 ~ 363、563 ~ 630、1089 ~ 1109、1446 ~ 1515。《中华大典》总主编兼《哲学典》主编任继愈逐字审改《大典》墨家总部稿。

《中华大典》是新中国成立以来国家最大出版工程，用现代科学方法编纂新型类书，总量七亿字，收入先秦至清末海量资料，纳入现代分类，贯通古今中外，是中华文化承前启后、继往开来的里程碑，文脉永续、持续发展的新起点。

《诸子百家分典》设典籍、人物、学派和范畴总部。学派总部含墨家。范畴总部设世界观、认识论、逻辑名辩论、心性论、历史哲学、政治哲学、道德修养论和美学等分部。

根据《中华大典》编纂规则，整理墨家逻辑哲学范畴，用世界观、认识论、逻辑、历史哲学、政治哲学和美学科学类名标目，与现代知识接轨。从中选题，汲取资讯，诠释发挥，创新转型，有助墨学传承弘扬，持续发展。

6.《墨子鉴赏辞典》，上海辞书出版社 2011 年版。鉴赏辞典品牌再续，新推古代经典系列，墨家《墨子》千古绝唱，传统文本现代赏析。设文本篇和名言篇。收鉴赏四十七篇，赏析《墨子》精髓。兼《墨子》百科功能和作用，附录《墨子事迹撮要》、《墨子年谱简编》、《〈墨子〉文献索引》、《〈墨子〉要籍选介》、《〈墨子〉的艺术特色》和《〈墨子〉的传播与影响》。

7.《墨经分类译注》，收杭州西泠印社 2004 年版《王玉玺书〈墨经〉》，石印线装工艺品。《墨子今注今译》，商务印书馆 2009

年版；2011 年修订重印，含拙著《墨经》注译，融汇作者解读《墨经》独到成果。

8.《墨翟与墨子》，台北五南图书出版股份有限公司 2011 年版。取《墨子》精华，就哲学、逻辑、科学与人文义蕴，用现代方法创造性诠释，展现墨学生命活力。结论从古今转型谋发展，中西合璧探真意，普世价值创福祉，现代意义展新机宏阔视野，探寻墨学研究未来发展新契机。

9. 30 年来，我出版中国逻辑史专著，大篇幅论述新墨学核心内容墨家逻辑。(1)《中国逻辑研究》，商务印书馆 2006 年版。(2)《中国逻辑学》，台北水牛出版社 1993 年版。(3)《逻辑哲学讲演录》，收入《大学名师讲课实录丛书》，桂林广西师范大学出版社 2009 年版。附 144 课时演讲录音光盘，可读可听。(4)《中国逻辑史（先秦)》，中国人民大学出版社 1987 年版。(5)《诡辩和逻辑名篇赏析》，中国人民大学出版社 1992 年版。(6)《诡辩与逻辑名篇赏析》，台北水牛出版社 1993 年修订版。(7)《诸子百家的逻辑智慧》，北京机械工业出版社 2004 年版。(8)《中华先哲的思维艺术》，北京大学出版社 2006 年版，次年重印。

七、新墨滕州续同行

闻道墨研有专攻（我 1960 年从教，1961 ~ 1964 年在中科院哲社学部师从前辈专家，专职攻墨，至今 51 年)，凝聚论著逾千万。呕心撰著三十部，炼就论文二百篇。中国逻辑攀高峰，墨学研究倡新元（新墨学 Neo-Mohism；元墨学 Meta-Mohism)。新墨滕州续同行，共趋佳境共苦甘。期待新人新开拓，引领时代换新天。

附：《墨的传人》（歌词）

说明：本歌词讴歌墨学和新墨学，仿台湾歌手侯德健词曲《龙的传人》[①]。初发表于拙编《墨学与现代文化》，北京中国广播电视出版社2007年修订版，以下有修改：

遥远的东方有一学派，它的名字就叫墨家。
遥远的东方有一学说，它的名字就叫墨学。
虽不曾看见墨家人，梦里常神游墨家门。[②]
虽不曾听见墨家言，墨子之言在梦里。[③]

古老的东方有一条龙，它的名字就叫墨翟。
古老的东方有一群人，他们深造在墨家门。
墨家门里头弟子多，成长以后是名士显人。[④]
谈辩说书和从事，实现理想是心中高悬。[⑤]

百年前宁静的一个夜，巨变前夕的深夜里。
子墨子学说被唤醒，枯木逢春铁树开花。
墨学复兴雨后春笋，新时代新墨学降人间。[⑥]
墨学新墨学你擦亮眼，永永远远地擦亮眼。

注释

①侯德健词曲《龙的传人》："遥远的东方有一条江，它的名字就叫长江；遥远的东方有一条河，它的名字就叫黄河。虽不曾看见长江美，梦里常神游长江水；虽不曾听见黄河壮，澎湃汹涌在梦里。古老的东方有一条龙，它的名字就叫中国；古老的东方有一群人，他们全都是龙的传人。巨龙脚底下我成长，成长以后是龙的传人；黑眼睛黑头发黄皮肤，永永远远是龙的传人。百年前宁静的一个夜，巨变前夕的深夜里，枪炮声敲

碎了宁静夜。四面楚歌是姑息的剑。多少年炮声仍隆隆，多少年又是多少年，巨龙巨龙你擦亮眼，永永远远地擦亮眼。”人民音乐出版社编辑部编：《中国名歌201首》，人民音乐出版社1988年版，第116～117页。

②虽不曾看见墨家人，梦里常神游墨家门；古老的东方有一群人，他们学习在墨家门：《公孟》两次说：“有游于子墨子之门者。”《鲁问》载曹公子说：“始吾游于子之门。”墨子之门：墨子学校之门，墨学之门。墨子是继孔子后，第二位大规模私人办学的教育家。《吕氏春秋·有度》：“孔墨之弟子徒属充满天下。”《吕氏春秋·当染》说，（孔墨）“从属弥众，弟子弥丰”。“孔墨之后学显荣于天下者众矣，不可胜数。”《淮南子·泰族训》说：“墨子服役者百八十人。”墨子弟子成百上千，一次墨子派弟子禽滑釐等300人守御宋城。《吕氏春秋·上德》说，墨者巨子孟胜带弟子185人为阳城君守城。

③虽不曾听见墨家言，墨子之言在梦里：《贵义》载墨子说：“吾言足用矣。”《大取》说：“天下无人，子墨子之言也犹在。”墨子之言，有放之四海而皆准，施诸百世而不悖的普遍真理成分和普世价值。

④墨家门里头弟子多，成长以后是名士显人：《吕氏春秋·尊师》说，“高何、县子石，齐国之暴者也，指于乡曲，学于子墨子”，“由此为天下名士显人”。

⑤谈辩说书和从事，实现理想是心中高悬：《耕柱》载治徒娱、县子硕问：“为义孰为大务?”墨子答：“能谈辩者谈辩，能说书者说书，能从事者从事，然后义事成也。”成就义事：实现理想事业。兼爱仁义是墨者心中高悬，为之奋斗的终身理想。

⑥子墨子学说被唤醒，枯木逢春铁树开花。墨学复兴雨后春笋，新时代新墨学降人间：从汉至清，墨学沉睡两千多年。梁氏1904年5～11月，在日本创办的《新民丛报》第3卷第1、2、4、5、9、10号《学说》栏发表《子墨子学说》，在《新民丛报》第3卷第1、2、3号《谈丛》栏发表《墨子之论理学》（论理学即逻辑）。上海商务印书馆1916、1922年版汇编称《墨学微》。收入《饮冰室专集》，见《饮冰室合集》第8册，北京中华书局1989年版。《墨子大全》第16册影印，北京图书馆出版社2004年版。后出版《墨子学案》和《墨经校释》，揭开新墨学研究序幕，沉睡墨学被唤醒。新墨学发展，如枯木逢春，铁树开花；如雨后春笋，蒸蒸日上。新墨学降临人间，构成现代文化重要成分。台湾学者严灵峰《墨子集成自序》说，梁启超“为墨学研究创历史之新页”。严灵峰《墨子简编》说，梁氏墨学研究，“创新天地，开新境界”，正确肯定梁氏创建新墨学历史贡献。

中国墨子学会推动我的墨学研究

谭家健

我接触《墨子》较早，但从事墨学研究是从上世纪 80 年代初开始的。当时我参加中国社会科学院文学研究所集体编写多卷本中国文学通史，分工撰写先秦文学史之散文部分。1983 年，发表《〈墨子〉在中国散文史上的地位》的论文。不久，上海古籍出版社约我编选《墨子选译》。我邀请郑君华君合作，该书于 1990 年出版。次年，我受聘出任新加坡国立大学中文系客座教授，讲授课程中有“墨子研究”。1991 年、1992 年，分别讲了两个学期，讲义近 30 万字。1993 年底回国，继续修改补充。1994 年，经北京大学中文系褚斌杰教授介绍，我与中国墨子学会秘书长、山东大学历史系张知寒教授开始联系。这年 9 月，在聊城大学讲学之后，顺便到济南拜访张先生。他得知我在国外讲墨子，十分高兴，热情介绍中国墨子学会的活动和他本人的经历。还说正在编《墨子研究论丛》第三辑，欢迎投稿。我告诉他，有本讲义《墨子研究》待刊，有份墨学论文分类索引（1904~1993），包括海内外论文目录1500 条，约八万字。张先生要我赶快把索引寄来。旋即收入《论丛》第三辑，1995 年 10 月出版。而拙著《墨子研究》亦于 1996 年 1 月出版，也附有这份索引。这就扩大了影响，是对我的有力支持。

1996年春，我收到美国爱丁堡大学李绍崑教授的来信。说在《墨子研究论丛》的论文索引中发现他60年代发表于台湾的墨学论文题目，如同找到失散多年的孩子（这是原话），特来函致意，并邀请我出席即将在韩国召开的国际中国哲学研讨会。那次会议因故未能成行。会后不久，李教授来到北京，与我见面，会同中国人民大学哲学系孙中原教授一起，盘桓数日，晤谈欢洽，从此我们保持着长期的学术友谊。

1996年9月，群众出版社编辑出版《国学通览》，收入我撰写的《墨学通览》（约三万字），文末介绍了中国墨子学会的活动，并提到1991年在墨子出生地滕州建立了墨子纪念馆，1992年又在该地竖立了大型墨子塑像。

1997年5月，经中国墨子学会推荐，山东省地方志办公室邀请我参加《山东通志》中的《墨子志》的审稿会。撰稿人是张知寒先生和他的女婿张希宇先生，审稿人都是中国墨子学会成员。大家开诚布公，畅所欲言，提出许多修改补充的建议。张先生认真听取，虚心接受，同时就某些观点互相讨论。气氛十分热烈，留下深刻的印象。

1997年8月，我参加在济南—滕州召开的第三届墨学国际研讨会，作《墨家语录研究》的发言。认识了许多国内外的专家学者，特别是台湾的史墨卿教授、王赞源教授，后来我们成了朋友。会议期间，美国李绍崑教授建议，合作编写《墨子今注今译》。经中国墨子学会委托，我与孙中原教授参与此事。中文部分，孙先生负责《墨辩》六篇和《备城门》以下十一篇，我负责其他三十六篇。英文部分由李先生负责。由于中英文合编在排版上存在一些困难，经协商，后来分为两书，中文的《墨子今注今译》于2009年7月出版；李先生所撰定名为《英译墨子全书》，于2009年6月出版。出版者皆为北京商务印书馆。这项成果，要感谢中国墨子学会的推动。

1998年4～5月，我应邀到新加坡东方文化学院讲墨子研究（36小时）和中国文学史（72小时）。课后，有位学生为墨子精神所感动，打算写电影剧本宣扬墨子。

1999年7月，由李绍崑先生提名，我与中国墨子学会秘长李广星先生以及孙中原先生，应邀出席在台北召开的国际中国哲学研讨会。我作了《近二十年来的墨学研究》的发言，其中介绍了包括中国墨子学会在内的大陆各地区的墨学研究的成绩与活动。会后，王赞源先生陪我们三人观光台北街市，史墨卿先生亲自驾车带我们游览台中并泛舟日月潭。

这年冬天，中国墨子学会在山东召开第四届国际墨学研讨会。我当时在新加坡探亲，未能出席，但被选为中国墨子学会副会长，倍感荣幸。2001年，在北京召开第五届国际墨学研讨会，我在马来西亚新纪元学院中文系任客座教授，未能出席。2000年至2002年，2005年至2006年，先后在马来西亚讲学四年多，2003年在新加坡东方文化学院讲学一年。这几年间，在新马两国大学里先后讲授《墨子研究》共计五个学期。2005年，在马来西亚博托拉大学主办的国际汉学研讨会上，作《中国古代杰出的哲学家科学家——墨子》的发言。

从1998年起，到2004年，中国墨子学会积筹办出版《墨子大全》，这是一项巨大的学术资料建设工程，包括100册，我忝列顾问。具体负责此事的李广星先生，曾多次到北京征求我和其他学者的意见。我向他提出一些建议，并复印了台湾严灵峰编的《墨子大全》目录，代购或赠送了几本海外墨学著作。有些作者，我认识而李先生不认识，就为他们居间联系，进而洽谈版权转让事宜，获得了对方的积极回应。拙著《墨子研究》被收入《墨子大全》，编委会特许进行补充，由原来的40万字，增加到50万字，使我格外感激。《墨子研究》增订版于2004年出版后，被中国社会科学院评为优秀科研成果三等奖。

2004年12月，在北京召开第六届国际墨学研讨会。我出席并作《近十年报刊墨子论文之动态分析》的发言。并在《墨学大全》首发式上作该书介绍。

2008年5月，出席在滕州召开的第七届国际墨学研讨会，作《近数年来墨学研究的新收获》的发言，介绍了几十本墨学新著。

2008年9月，应邀到马来亚大学中文系讲学，作《平民思想家墨子》的专题报告。

2008年11月，应中国国际广播电台之约，以《墨子思想的现代价值》为题，讲了六讲，向全世界华人广播，并制成光盘，全球发行。

2009年3月，受印尼华文作家协会的邀请，到雅加达讲学，分别讲了三个题目：墨子、孟子、荀子。雅加达各大华文报纸分别以整版作专门报道。

必须说明的是，这些年在新加坡，马来西亚、印尼等地讲学，凡是单独的专题讲学（除长期授课者外），主持人都会向听众介绍我的三个头衔：中国社会科学院文学研究所研究员、中国古代散文学会会长、中国墨子学会副会长。我感到格外荣幸，这体现主人对中国古代散文学会和中国墨子学会的尊重。

我在国内从事与墨学研究有关的活动还有：参加多所大学的博士论文答辩（与墨学有关者）；参加某地区某单位的学术评奖，为其中有关墨学研究著作写推荐意见；参加某部门组织的对某墨学电影剧本进行评审。2011 年 8 月，在包头召开的墨学研讨会，本来安排我作为会议三位主持人之一，因临行前生病而请假，仅作书面发言，题为《现代墨学巨子谢湘其人其书》。

我在这里简单回顾从事墨学研究和教学活动的经历，罗列一些事例，并非表现自己，而是以此说明，这些活动的背后，大多与中国墨子学会或直接或间接的影响、支持、推动有不同程度的关系。

中国墨子学会历届领导，皆与我保持联系。关于学会首任秘书长张知寒先生，我曾撰专文《亡友张知寒教授印象记》纪念他。继任秘书长李广星先生接触较多，他由于操劳过度得了心脏病，其工作态度与忘我精神令人钦佩。副秘书长郑杰文教授同时也是中国古代散文学会副会长，我们之间的交往不限于墨学。拙著《墨子研究》在他的大作《中国墨学通史》占有一定地位，拙著所附录的日本墨学资料索引，是郑杰文先生提供的。第二任墨子研究中心主任任守景同志，现任墨子研究中心主任邵长婕同志，都曾登门拜访，征求意见。此外，中国墨子学会副会长、中国人民大学孙中原教授和中国墨子学会副会长、曲阜师范大学陈克守教授对我的支持与帮助，这里就不细述了。

值此中国墨子学会成立 20 周年之际，写下上述感言，归结为两个字，就是：谢谢！

中国墨子学会成立20周年感言

黄世瑞

李约瑟在其巨著《中国科学技术史》开篇第一章序言的致谢部分有这样一段话：

> 在科学家当中，钱临照博士对《墨经》（公元前四世纪）中的物理学原理所作的阐释使我惊叹不已。华罗庚教授曾帮助我了解中国的数学，而经利彬则帮助我了解药物学方面的资料。

李约瑟这里是把钱临照先生放在科学家之首的。而使其“惊叹不已”的就是钱先生1940年用文言写就的《释墨经中光学力学诸条》，发表于《纪念李石曾先生六十寿辰文集》。43年后，我在广州梁老（家勉先生）门下硕士研究生毕业，在恩师梁老和胡老（道静先生）推荐下，报考了钱老（临照先生）的博士生，于是从广州到合肥（中国科技大学所在地）赶考，侥幸录取，即在恩师钱老的指导下，研习墨学。当时高兴得忘乎所以，不揣冒昧，以芜词一首论其事：

江城子

匆匆岭外忽还乡，越三湘，跨长江，仆仆风尘，犹自气昂昂。若问此行何所事？科技大，考研忙。　中年重做读书郎，鬓微霜，又何妨！霁月光风，惭愧列门墙。永忆莫春沂水浴，归以咏，慨而慷。

诚所谓近水楼台先得月，师从钱老研习墨学，有幸先睹为快地拜读到钱穆先生的《八十忆双亲》、《师友杂忆》合刊（此书由钱穆亲侄儿钱伟长代赠钱老的，弥足珍贵，因当时大陆上还没有，以下简称《合刊》）。由此合刊，我解决了墨学研究史上的一桩悬案，其梗概简述于下。

1935年，谭戒甫先生的《墨经易解》出版了。同年有笔名为“与忘”的对《墨经易解》提出了批评。谭先生读到后“不禁狂喜过望”，赶紧发表了《为评〈墨经易解〉答与忘先生》，对与忘先生表示由衷的感谢，并恳切要求与忘先生能以其名相告，以便进一步切磋墨学云。但令谭氏失望的是与忘先生不愿以真名相告，发表的答辞大意是如今国难方殷，讨论此等问题实非急需，取名与忘正求与世相忘之意。二十多年后，在中国科学院郭沫若院长的支持鼓励下，谭戒甫先生的《墨辩发微》出版了。谭氏在序言里再次吁请与忘先生以真名相告，大意是当年（1935年）在日寇威胁下隐姓埋名是可以理解的，今时已升平，希望与忘先生能不吝赐教，用真姓名再来评论此书。但谭氏临死也不知与忘是谁（当时所有的人，包括与忘本人都不知，详见下文），只好带着遗憾走了。

这神秘难测神龙见首不见尾的与忘究竟是谁？我在拜读《合刊》时，联想到上述的阅读背景，看到了个中的端倪，且听我扼要道来。

《合刊》说，一次钱穆应邀赴剑桥一英籍教授家茶叙，该教授谈及读过用笔名与忘批评某教授论墨的文章，遍询很多人均不知与忘是谁，遂问钱知不知。钱当时也不能回答，即请拿文章来看看，一看方知是自己写的。由于“与忘”不是钱固定的笔名，加上时间长，自己也“与忘”了。至于谭氏新中国成立后的再次吁请，其时钱氏已不在大陆，当时的政治形势钱也看不到谭序，故钱也不知谭的再次吁请。《合刊》中英籍教授所说的论墨的某教授（《合刊》未说是谭戒甫）我认定就是谭戒甫。

我这小小的考证，经《读书》杂志发表后，蒙国际著名墨学专家美籍华人李绍崑先生垂青，将拙文转寄给时在台北的钱穆本人，钱旋即回信（李师曾将钱的复信复印赐我，记得钱穆老先生有代向黄世瑞君致谢的话）。李师又极力推荐我参加首届墨学国际研讨会，旋即参加中国墨子学会。从那时起，墨子学会举办的历届国际会议，我都有幸参加，尔来整整 20 年矣。中国墨子学会的成立，使我们有了家。如果说学会成立之前，我们是墨学研究的散兵游勇，中国墨子学会成立，并有幸加入其中后，我们就成了堂堂正正墨学研究正规军中的正规战士，其喜洋洋者矣。

记得第一次在滕州拜见久已仰慕的张知寒教授时，他那朗声笑语冲天豪气就深深折服了我，震撼了我。后来又多次用毛笔写信鼓励我，指导我。犹记张师在信中经常说墨学研究要靠你们年轻一代（惭愧当时我也不年轻了，现在更是垂垂老矣）。其实，筚路蓝缕仰前贤，我辈追随愧忘尘。诚如杨向奎先生所说“而今墨学垂奋起，赖有教授张知寒”。后来旻天不吊，不慭遗一老。张师积劳成疾，遽归道山，后学我万分悲痛，痛失良师，遂有一首七律，谨表后学怀念之万一：

“才士也夫”墨子风，“摩顶放踵”世尊崇。聆师一席雷霆语，胜我十年萤雪功。蹈火赴汤弘墨学，舍生忘死泣苍穹。文章道德垂青史，浩气氤氲浴日红。

我想我们要继承知寒先生的遗志，弘扬墨学研究，壮大墨学研究的队伍，像他那样深入研究墨学，同时提携后学研究墨学，如他信中屡屡强调的要依靠青年人，使墨学研究可持续发展，后继有人。管见认为，高校研究生导师应将墨学研究纳入到博士生、硕士生学位论文的选题范围之内（鼓励但不要勉强，亦要尊重学生的愿望）。我带的硕士、博士都有以墨家作学位论文的，有的也成了中国墨子学会的年轻会员。其中一位关于墨家的学位论文被评为优秀博士论文，并以此为基础，拿到了省级科研课题。这都应归功于知寒老师的教导，“知寒精神”的感召。更何况蒙中国墨子学会的错爱与信任，选我为副会长。忝任以来战战兢兢，如临深渊，如履薄冰，恐真的是滥竽充数，尸位素餐，辜负学会厚望，以伤学会之明。故薪火相传，培养墨学研究新人，扩大建设中国墨子学会队伍，对我们来说确是责无旁贷和义不容辞的。

末了，谨以四言短歌歌之，其词曰：

墨子学会，屹立山东。光芒万丈，辐射寰空。
弱冠年华，誉望日隆。帅旗飘飘，会聚群雄。
研墨大军，滕州朝宗。同心同德，协力和衷。
旌麾所向，烈焰熊熊。弘扬墨学，中西贯通。
百家争鸣，创见无穷。百花齐放，和而不同。
墨学复兴，知寒丰功。百折不挠，陷阵冲锋。
里籍考证，群贤乐从。滕州识荆，永记心中。
身材魁梧，发白心红。精神矍铄，声若洪钟。
肝胆照人，霁月光风。垂垂老矣，愧我平庸。
我辈职责，唤赴潜龙。薪传墨学，功比华嵩。
伟哉学会，万古青松。

缅怀张知寒先生

陈克守

2012年是中国墨子学会成立20周年，20年来，学会长足发展，墨学研究事业取得了巨大成就。欢庆之际，我们更加缅怀为学会的建立和发展、为墨学研究事业作出突出贡献的张知寒先生。

我与张知寒先生的初识，是由于先生的女儿幼林和我们家的关系。

幼林与我同在一个学校工作，又是同乡，而且与我的妻子是同学，我们两家一直有密切往来。1996年的中秋节，知道先生正在女儿家小住，我们便去拜访。可能是因为幼林曾对先生谈到过我吧，先生与我一见如故，使我感到格外亲切。

稍一寒暄，话题就转到了墨学，我知道先生是著名的墨学研究专家，在他面前，我是一个地地道道的小学生，说是谈话，实际上我只是洗耳恭听。

谈到墨学，先生显得特别兴奋。凡是和先生谈过话的人大概都会有这种感觉：他说话极富有感情色彩，极富有感染力，不知不觉之中，你就会随着他进入一种境界。我听得入迷，忘了时间，妻子提醒我说“先生的身体”，我才如梦方醒。幼林见我有些尴尬，就说：“陈老师不必介意，这是我爸爸的治病秘方——话疗。”

毕竟是第一次见面，我只好带着遗憾起身告辞。

第二天下午，我讲完课从文史楼出来，突然听到有人喊我的名字，抬头一看，见先生正坐在楼前大树下的石凳上向我招手，我急忙走过去，很快接上了昨天的话题。

担心先生说话多了太累，我便积极发言，向他介绍了我的一些情况。

我在曲阜师范大学文学院学习汉语言文学专业，毕业后留校任教。后来在中国人民大学哲学系师从孙中原先生学习中国逻辑史，在孙先生指导下完成的硕士论文《墨辩因明与亚里士多德推理形式比较研究》，涉及墨家逻辑。孙先生也是墨学研究专家，是张先生的好友。听了我的话，先生很高兴，接着便问到我对墨学的研究。

说实在话，我当时还谈不上墨学研究，写过几篇有关墨学的文章也仅限于逻辑学。1989 年暑期，我参加山东省哲学研讨会，与墨学专家陈孟麟先生在一起时他告诉我，研究墨学的青年学者太少，劝我全力投入墨学研究，可我不为所动，主要原因是研究墨学和我的教学工作没有多少关系，况且，学界公认墨学难治，我也不想给自己太大的压力。

先生听了我的话，神情严肃地对我说："你的想法并不是没有道理，但是，墨学研究的意义你是应该知道的。"他停了一下，加重了语气："研究墨学，首先就要有墨子的献身精神。"接着便向我讲起墨学研究的重要性及其现状，他激动地说："墨子是滕州人，这是我们滕州人的骄傲。作为滕州人，更有义务、有责任研究墨子，宣传墨子。"这时我才发现，学生们已经吃完饭回到教室上课了，就急忙说："先生，研究墨子咱也要吃饭呀！"我们都大笑起来。

从那以后，很长时间没有再见到先生，直到春节的前几天，突然接到他打来的电话，要我写一本关于墨子的书。原来，华文出版社要出版一套“中国古代圣贤”丛书，关于墨子的一本就请张先生执笔。由于先生的病情，就把这件事委托给一位青年学者，不知什么原因，这件事被耽误了。直到丛书的其他作者都已完成，出版社向他催稿，他才着急起来。他在电话里说：“克守，这件事很急，你就当是救火吧！”除了“保证完成任务”我还能说什么呢。

在几乎没有任何准备的情况下写一本专著，心里实在没有底，除夕的前一天，我专程去济南拜访张先生。老人家非常高兴，就写书的事向我讲了很多。丛书要求文史联手，用文学的手法写历史人物，要有生动性、真实性，还要有故事性。墨子这方面的资料奇缺，而时间要求又特别紧，所以这件事有很大难度。先生不厌其详地向我传授相关知识，交代需要注意的问题，并把家藏的有关资料都搜罗出来让我带回。先生的关怀与帮助给了我巨大动力，我夜以继日地赶写，终于五一前按时交稿，书名为《平民圣人》。

暑假后刚刚开学，幼林就来到我家，高兴地告诉我：她陪着爸爸去北京治病，在书店看到了我写的《平民圣人》，就买回一本，先生见到，立即要了去，第二天一早就告诉幼林，他连夜读完了。幼林一听惊呆了，又心疼，又生气，好埋怨他一阵子。因为疾病折磨，他的手发颤而不便写信，便要幼林拿录音机，录下给我说的话带给我。说着，幼林就交给我一盘磁带，我们当时就听了一遍，我深深地被先生为墨学研究事业培育后学的良苦用心感动了。

1998 年 7 月 18 日，我正在为函授生讲课时知道了先生逝世的噩耗，尽管对先生的病情很清楚，但是仍然感到事情来得太突然，呆在那里，很长时间没有知觉。

无论怎么说，我都应该去参加先生的悼念活动，可函授课要求教师在几天内讲完一门课，教学安排得特别紧张。我当时教的是逻辑学，这门课没有人能代，而那么多学生又不能丢下不管。我心里忍受着双重痛苦，无奈之中对天祷告："先生，您的敬业精神是有口皆碑的，我不能去给您送别，相信您会谅解我。"

晚上，我拖着疲倦的身子回到家，心神不安，悲痛、伤心、内疚……说不出是什么滋味，不知不觉中，我拿出那盘磁带，放进录音机，一个慈祥亲切的声音在耳边响起："克守，你的书写得很好，本想给你写封信谈谈我的一些想法，可是，我没有这种能力啦……"顿时，我泪如雨下。

在张先生的鼓励与鞭策之下，我加入了中国墨子学会并积极参与学会工作，一直坚持墨学研究并取得了不少成果，受我的影响，我的学生中也有多人加入了墨学研究行列。今天，可以告慰先生在天之灵的是：我没有辜负先生对我的殷切期望，先生为之呕心沥血的墨学事业一定后继有人。

墨学的春天

——纪念中国墨子学会成立20周年

孙卓彩

“东风吹来春满园。”20年前，邓小平南行讲话像一股强劲的东风，吹遍大江南北、黄河两岸。改革开放的航船朝着中国特色社会主义方向破浪前进，中华民族走上了全面复兴之路。

民族的振兴，社会的进步，经济的发展，需要来自世界各国的多元文化和先进科学技术的加盟，也需要源自本土的优秀传统文化的支撑。于是，人们在放眼世界、面向未来的同时，也立足本土、回眸历史，在上下五千年的华夏文明和古老传统中披沙拣金，古为今用，促进了中国优秀传统文化空前的发展和繁荣。

振兴的号角呼唤着国人与时俱进。人们清醒地认识到，与时俱进不是割断历史，抛弃家珍，而是要带着自己的血统，清点身上的行装，带上可用来与他人交换的资本，有尊严、有底气、有气度地融入时代的大潮，迈开超越的脚步。同时也认识到，作为中国传统文化轴心的先秦诸子文化，不仅是弥足珍贵的文化遗产，也是民族振兴可资借鉴、不可缺少的精神财富。儒家的和谐思想，法家的法制学说，道家“物我齐一”的大自然理念等等，两千多年前的先哲们留给后人的国粹，至今仍散发着袅袅的余香和耀眼的光辉。然而，儒、道、法诸学虽不乏人文科学的精神，但欠缺的是民主思想的启蒙和自然科学的建树。而这些，恰恰是民族复兴最为急需的。令人遗憾的是，早在战国时代的墨家那里，就已经有了对民主的最原始的描述和朦胧稚嫩的萌芽，已经有了与古希腊相媲美的科技发明和科学思想。但是，在长达两千年的封建专制社会，墨家的民主意识因触犯皇权而为统治者所不容，墨家的科技思想因不合于统治者的“文治武功”而被世人所丢弃。墨学衰微既久，湮没无闻。“墨子，墨家，黑色的珍宝，黑色的光亮，中国亏待了你们，因此历史也亏待了中国”（余秋雨《黑色的光亮》）。

拂去尘埃，墨学重光。在人们走近了久违了的墨子之后，蓦然发现：墨子不仅是出身贱民而终身又以贱民身份为天下贱民奔走呼号的平民圣人，也是大胆创新、潜心研究、勤于实验、造福人类，既有丰富科学理论、又有无数发明创造的科技圣人。人们终于读懂了——为什么继孔子之后的二百五十余年间，墨学能与儒学一样并称显学？能与儒家一样“从属弥众，弟子弥丰，充满天下”（《吕氏春秋·当染》）？为什么孙中山称墨子是“世界第一平等博爱主义大家”？为什么毛泽东说墨子是“比孔子高明的圣人”？

鲁迅说，伟大也要有人懂。对于墨子及其学说的伟大，长期以来封建统治阶级及其御用文人避之犹恐不及，根本不想懂，更不让广大平民百姓懂。墨子兼爱，主张爱无差等，人人平等，这是对封建等级制度的悖逆和对宗法道德伦理的颠覆；墨子尚贤，呼吁“官无常贵而民无终贱”，这是对专制皇权和豪门贵族的亮剑和反叛；墨子尚同，主张民选上至天子、三公下至乡长、里长等各级官员，这是对封建世袭制度的挑战；墨子非攻，热爱和平，刺痛了统治者攻城略地、劫财害民的好战的神经；墨子非乐倡俭，针对的是统治者奢侈糜烂的生活；墨子非命尚力，打破了统治者愚弄百姓、以“天命”自诩的心理平衡；墨子重视科学，主张创新，长于发明，善于制器，而在统治者的文韬武略、修齐治平面前，统统被视为雕虫小技而遭到排斥和鄙弃。所以，对于墨子的伟大和伟大的墨学，罔民畏民、高高在上的封建统治者及其卫道士，他们读不懂，也根本不想读懂。此乃时代使然，立场使然，感情使然。真正能读懂墨子的，是身处社会下层的劳动人民和替劳动人民说话的革命者。

19 世纪末 20 世纪初，梁启超疾呼“今欲救亡，厥惟学墨”，并把富有科学精神的墨子比作西方的亚里士多德、培根和穆勒。爱国志士易白沙说，“周秦诸子之学，差可益于国人而无余毒者，殆莫如子墨子矣”。他们在青睐于西方民主与科学的同时，也在中国深厚绵长的文化积淀中找到了民主与科学的渊源。无奈由于长期的社会动荡和无休止的战乱，并没有成就墨学的复兴，只是使命运多舛的墨学昙花一现。

20 世纪 80 年代后，改革开放，国势日强，盛世修学，国学大张。发展是硬道理。民主是发展的题中应有之义，是发展的活力；科技是第一生产力，是发展的动力。而民主和科学，并不是西方的发明专利，在华夏优秀传统文化中，早已有了民主思想的萌芽和科学思想的奠基。民主、平等像一条红线贯穿于墨子“尚贤、尚同、兼爱、非攻”等一系列政治主张，“一部《墨经》，无论在自然科学哪一方面，都超过整个希腊，至少等于整个希腊”（杨向奎语）。江泽民在两院院士代表大会上指出，“早在 2300 多年前，我国古代思想家墨子的《墨经》中就包含了丰富的有关力学、光学、几何学、工程技术知识和现代物理学、数学的基本要素”。胡锦涛在构建和谐社会的讲话中指出，“墨子所提出的‘爱无差等’的理想社会方案……反映了广大劳动人民对美好生活的向往”。墨子精神和墨学思想，不仅具有深远的历史文化价值，而且具有广博的世界文化意义。正如英国学者汤因比所说，“把普遍的爱作为义务的墨子学说，对现代世界来说，更是恰当的主张”。

“青山遮不住，毕竟东流去。”历史印证了两千多年前墨子弟子的预言：“天下无人，子墨子之言犹在。”时代的进步和社会的发展，促使人们走近了墨子，读懂了墨子，接受了墨子。在促进社会主义文化大发展大繁荣的高潮中，国人在不断增强着文化自信的同时，也增强了文化的自觉：在迈向现代化的征程中，我们需要儒家着眼于社会稳定的和气，道家飘逸天地间的大气，法家治国安邦的锐气，更需要墨家始源于民间的底气。于是在儒、道、法等先秦子学薪尽火传、相拥而行，而惟墨学一家独衰、几经断流的两千年之后，墨家、墨学适逢其时，复兴之势，不可阻挡。

天时地利人和。1992 年，中国墨子学会应运而生！

中国墨子学会的诞生，标志着墨子学说的全面复兴，象征着以社会主义价值观为核心的中国特色社会主义文化的繁荣，推动了以先秦诸子文化为轴心的国学研究的昌隆。

在连续数届墨子国际研讨会的推动下，一部部墨学著作频频问世，一篇篇墨学论文层出不穷。墨学研究进入高峰期，呈现出四大特点：一是全面性。全方位、多层面、多角度研究墨学，改变了过去偏于《墨经》研究的单一发展的治学格局。二是深入性。大批学者及其论著，不仅有对墨学本身的准确把握和深刻阐释，也有对墨学现代价值的珍贵发现和独到见解。三是开放性。大陆治墨学者加强了与港台、海外学者的对话与交流，不仅给大陆的墨学研究提供了新的视角、新的方法，注入了新的活力，而且推动了墨学走向世界，光大了墨学文化的世界性价值。四是普及性。墨学研究人员日益增多，研究队伍不断壮大，出现了老、中、青三结合的梯队式学术研究机构和后继有人的可持续发展态势。同时，《墨子》普及读本如译著、选注、导读、今译等大量问世，方便了普通读者的解读，促进了墨学知识的普及。

在中国墨子学会成立 20 周年之际，抚今追昔，我们深知今天的墨学研究之盛事来之不易，我们缅怀张知寒、王裕安等先贤为宏大墨学文化而呕心沥血的筚路蓝缕之功。展望未来，我们将把墨学在优秀传统文化交响曲中的琴弦奏得更响，我们将谱出更多无愧先哲、永垂后世的华丽篇章。

2012 年 4 月 12 日

天地境界　仁者风骨

——谈谈我心中的任继愈先生

张幼林

我正在修改纪念中国墨子学会成立20周年的文章时，获知就要召开任继愈先生研讨会的信息，会议的主题是什么却不知道。我上网搜索“任继愈先生研讨会”，屏幕一侧闪出来一个方框；我按住鼠标往屏幕中间拖这个方框，怎么也拖不出来。所以，关于任继愈先生研讨会的主题，我大致了解为：中国社科院7月初拟在平原县召开研讨会，讨论“任继愈先生的为人”。这个主题正如我的心思，因为任先生与我的前辈有着60多年的真挚感情。我感觉有话要说。

“做人”自古以来就是一等的课题，一流的学问。中国社科院和平原县在任继愈先生的家乡讨论任先生的为人，看来是要把任先生的“为人之道”变为全社会共同参与的“隐性教育”，使任先生的“为人之道和高尚情操”传得更久远。我要从任先生和我家前辈的交往来介绍他的为人之道和高尚情操。

孟子说过：“颂其诗，读其书，不知其人可乎?”《孟子·万章下》。我们中国人自古以来就十分重视有道德的人所写的文章。因此，不论读谁的书，都先了解作者之为人。我认为对任先生也不例外，读他的书也要先了解他的为人。

会议的前几天，我荣幸地接到邀请函，方知道会议的主题是“研究任继愈先生的为人与为学”。我没有资格谈“任先生的为学”，因为他的门墙实在太高，吾不能窥其堂奥。任先生和我表大爷颜道岸先生以及我的父亲张知寒先生之间的友谊深似大海。我借探讨“任继愈先生的为人与为学”的机会，欲将我了解的其中一滴小水花献给大家，并纪念中国墨子学会成立20周年！

一

首先从任继愈、冯钟芸夫妇和我表大爷颜道岸先生60多年的深厚交情说起。

颜道岸，字步文。1914年出生，1935年考上清华大学算学系，1939年西南联大毕业。上个世纪90年代以前，颜道岸先生在军事科学领域大名鼎鼎，而社会科学界知道他的较少。他是诺贝尔奖获得者杨振宁的父亲，著名算学家、清华大学教授杨武之先生的得意弟子和助教。经杨武之先生的引荐，颜道岸先生也先后在西南联大、清华大学任教。

任继愈和颜道岸在西南联大读书、任教时，他们同处一个大院，师生共住一栋三层楼的宿舍。天天见面、朝夕相处，彼此心心相通，俨然是血脉相连的亲人（见《国贤任继愈》第13页）。和西南联大其他同学不同的是：他们俩不仅是同学（不同专业），又是同事，还同为山东老乡。故为“三同”挚友。

颜道岸和任继愈成长时期，国耻纪念日比节日还多。他们的心灵里都被刻满了被侵略、被压迫、被侮辱、被损害的伤痕。目睹当时日寇的侵略、老百姓的贫困，他们认为只有教育能拯救贫困，只有教育能解脱愚昧，只有教育能救亡图存，只有教育能振奋民族精神。于是，他们将爱国情怀融入于学习和研究之中，商定待学有所成回（山东）省兴办学校！但是，由于种种客观原因这一愿望没能实现。

20世纪50年代，颜道岸先生被陈赓大将请调到哈尔滨军事工程学院任教。距离没有隔断颜道岸先生和任继愈先生夫妇的感情，反而使他们联系更加密切。无论颜先生是作为军事科学界的“优秀教师”到北京参加“全国群英会”，还是到北京出差公干、探亲访友，都会到任先生家坐一坐、聊一聊。

60年代末，颜道岸先生被打成了“反动学术权威”。任继愈先生、冯钟芸先生夫妇仍然不忘旧情，不嫌麻烦，不怕受牵累，洒扫庭除一如既往地热情接待他们一家。颜先生和家人有时候在任先生家一住就是多天。冯钟芸先生对待颜家几个未成年的孩子细心呵护、视同己出。颜家的孩子们亲切地称呼冯钟芸先生为“冯妈妈”。几十年的交情，已使任颜两家俨如一家。

我记得是自1970年始，颜先生几乎年年回滕县老家探亲。当时山东的教育是“文化大革命”的重灾区：小学师资办中学，名为“戴帽中学”。原来的初级中学全部升格为高级中学，改名为“某某农业中学”或“联中”。即使这样，“戴帽中学”的学生升农中的升学率不到20%，“农中”就是最高学历。1972年后能推荐上大学的则是凤毛麟角。据《山东教育大事记》记载：“1977年恢复高考时，全省升学率0.98%。”滕县高考升学率远不到这个平均数。

颜先生见滕县99%的青少年无学可上，心里很着急！欲调回山东教育界工作。他曾给我父亲写信说：“调动成功的希望很大，因山东高校数学师资很缺。但是，人事调动经年历月，困难也不小……”终因哈尔滨军事工程学院不放，颜先生最终没能如愿回山东任教。

1977年底，颜先生在北京任继愈先生家里给我父亲写信说：“客居京华，天寒岁暮，不胜怀想。”“我现住任继愈家，一切均好，请勿念。通讯处为任家的住址。”

1978年春天，颜道岸先生被总参谋部作为“功勋教授”调到北京装甲兵军事工程学院任教。

1979年夏天，颜先生给我父亲写信说：“设想再过几年退休后，回家乡创办一所文理学校，再为四化尽点微力。这个想法也是40年代与任继愈、孙思白等（著名历史学家，时为西南联大山东籍的大学生）回（山东）省兴办学校（想法）的继续。前年依托曲阜师范学院到（山东）各地去义务讲课，亦系这个想法的表现。不知我兄有意趣否?”

我父亲1978年底才恢复工作，教学科研任务忙得不亦乐乎，回老家办学是身不由己。他给颜先生回信说：“心向往之……”

1986年颜先生离休了，拿着二姐颜道慈先生卖房子的钱（在北京官园附近的大片房子卖了）和自己的积蓄，回滕县老家办学。这年夏天，颜先生在滕县给我父亲写信：“本月初为办学事回滕县，住在滕县机关招待所内。当局办学不力，行动迟缓、推一推、动一动，旅居岑寂，日盼您能来滕，共此烦忧，不知能近日南行否?”不过几天，又是一封加急挂号信说：“引领北望，盼你近日返滕，共商办学大事，千万千万……”

颜先生想依托北京的高校在滕县办个分校，先设计算机、汽车修理等三五个专业。那时候没有民办教育之说，地方经济不够发达，颜先生的钱办大学是杯水车薪等等原因，他回家乡办学的愿望被搁浅了。

我父亲赶回滕县将颜先生接到我们家里商谈办学大事。我正在家休暑假，给他们老弟兄俩合拍了一张照片。我父亲有点耳背，平日说话的声音就像在合堂教室讲大课一样，他说："当务之急咱们还是一起弘扬墨学吧。等墨学事业办好了，咱们一起回家乡办学校，'文化大革命'使中华民族的优良传统几乎丧失殆尽，这是比经济崩溃还可怕的灾难！当今社会，物质文明的发展已能上天入地、钻天蹈海，而精神文明的发展远远没有超越古人。"我父亲声如洪钟，越讲越激动："当前不少人只重金钱，不讲良心，只求索取，不愿奉献之际，讲墨子不无实效，因为墨子是中国人的良心和灵魂。今天大力发展社会主义的市场经济，儒法赖以生存的经济基础已经不存在了。儒也好，法也好，它都是讲究尊卑等级、维护血缘宗法制的。搞中国特色的社会主义经济，需要新的精神文明和物质文明相匹配，需要摩顶放踵利天下而为之的精神，需要兴万民之利、除天下之害。经济转型时期，实际上也是经济混乱时期，制度不健全，法制不健全，旧的价值观念不适用了，而新的价值观念又没有完全建立起来，怎能不令人忧虑？"我父亲认为中国文化的发展方向是亟待解决的问题，是当务之急。

颜先生对墨子很感兴趣，他说："墨子是中国最早的科学家，在自然科学方面的成就是伟大的。"他更多是从科学的角度思考问题，他说"我们的国家号召提倡科学，宣传科学，要推广执行科学，工业要科学，农业要科学、国防军事一切事情都要科学"（见《墨子研究论丛（一）》，第14页）。

颜先生回北京后把办学遇到的困难，我父亲关于墨子里籍的考证以及弘扬墨学的想法等讲给任继愈先生听了。任先生对颜先生卖房办学的义举既是知情者也是支持者！颜先生办学无望，任先生也很遗憾。

颜先生仍念念不忘办学，在北京又给我父亲写信说："学（校）如果办成，北京有些教育资源可供援用。如果县里有决心物质建设再给以大力协助，那就有点眉目了。此事千头万绪，我们近日能见个面一谈为好。"又说："墨子是滕县人，将为古滕增辉，我同意大学以墨（子）命名。"

颜先生和和任先生都热爱中国优秀的传统文化，都热爱祖国，都关心教育。凡是了解任先生和颜先生的人都知道，他们的大半生都在从事高等教育工作，晚年又都在利用各种形式关心基础教育和文化事业的发展。这方面的事例很多。人们只要想起来都会油然而生敬意。限于版面，这个问题已不容我再置喙。

二

任先生非常关心中国优秀的传统文化的承继问题。我只谈谈他在弘扬墨学文化方面的远见卓识和贡献。这个问题主要是从任先生与我父亲的真挚情谊谈起。

无论按照年龄还是学力，任先生都应该是我父亲的师长辈，由于我表大爷颜道岸先生和任先生夫妇之间兄弟相称。所以，我父亲也被升级了，任先生就成了我父亲尊敬的兄长。

任先生和我父亲能成为同道挚友，和颜道岸先生的引荐有关。经颜先生的介绍，任先生对我父亲是未见其人、先知其人。我父亲对任先生是先读其书、后识其人。

任先生、颜先生和我的父亲张知寒先生的共同点就是：都当过亡国奴！因而他们对中国优秀的传统文化无比热爱，对中华民族有着深厚的情感。

任先生和我父亲的经历除上述之外，他俩都曾经有在农村义务行医的经历，对中国的农民和中国的农村有深刻的了解。所以他们有许多共同的语言，从而成为同道挚友。

1989 年 2 月，颜道岸先生给我父亲来信说："您的墨子（《墨子里籍考》）论文盼寄来，早日送有关学者一阅，以为将来面谈的依据可否？您何时来京，念念！！"

1990 年初，我父亲和颜道岸先生就弘扬墨学事宜正式拜访任先生。任先生和我父亲一见如故，说不完的话。任先生对我父亲关于墨子里籍的考证的观点和弘扬墨学的想法，不仅赞同而且表示积极支持！他认为我父亲的想法——让山大和滕州联手弘扬墨学有可行性。这样做既解决了经费问题，又有了学术上的支持。

任先生不仅给我父亲这样说，而且在多次公开场合也这样呼吁："我们中华民族这么伟大，单靠孔孟是不够的，还有老庄、墨子、孙子以及其他重要的思想家。今天我们有条件也有必要发掘研究那些影响我们中华民族的优秀人物，应对墨子客观地评价，恢复其本来面目，把应该研究的东西研究好，对整个中华民族文化和文明建设都是有贡献的。"［见《墨子研究论丛(一)》,第 12 页］

1991 年 5 月，颜道岸先生在给张知寒先生的书信中写道："任继愈前几天给我电话，问询去滕州参加墨学会议事宜。"（颜道岸）"略说腿扭伤，任（指任继愈先生）连说，你不去怎么行？以到时好了同去为对，任（指任继愈先生）始释然。"（引自颜道岸先生 1991 年 5 月 18 日给张知寒先生的书信）

1991 年 6 月，首届全国墨学研讨会在滕州召开，在颜道岸（脚扭伤仍打着石膏）和颜晓文父子的陪同下，任继愈、冯钟芸先生夫妇，杨惠侠教授夫妇和北京装甲兵工程学院的李殿仁将军等组团到滕州参加了会议。

任先生、杨向奎、颜道岸、蔡尚思等对我父亲关于墨子里籍的考证表示赞同，任先生在大会上发言说：“原来说墨子是鲁国人，鲁国的具体什么地方不清楚，现在弄清楚了，就在滕州。我们面临总结过去，开创未来的新时代。我们会创造未来迎接新文化的，讲中国优秀的文化，我看光孔子孟子还不够，还有老庄及墨子等重要的思想家。”（见《墨子研究论丛（一）》，第12页）任先生还当场书写了“墨子故里”四个大字，不久，此碑被立在滕州火车站一侧。任先生发言说：“鲁班和墨子是老乡。既然墨子里籍定下来了，鲁班的里籍也就定下来了。”［见《墨子研究论丛（一）》，第12页］任先生还建议滕州以后再建一个鲁班纪念馆。（2010年滕州市根据任先生的建议在滕州建成鲁班纪念馆，特请任继愈先生亲自题写了“鲁班纪念馆”的馆名）

1991年的10月底，任继愈先生乘车到长辛店解放军总参谋部宿舍拜访颜道岸先生，问：“拟于1992年召开的首届国际墨子研讨会日期定了没有？如果开会，该是发会议通知的时候了。”颜道岸先生给我父亲写信说：“任先生还推荐（前）苏联远东研究所的墨学研究专家参加会议，并手写其地址姓名，嘱咐我转交给您，以便届时发函邀请其参加会议。”

1992年10月，首届国际墨学研讨会胜利召开的同时，经教育部批准和国家民政部备案的“中国墨子学会”也成立了，任继愈、颜道岸、张岱年、杨向奎、蔡尚思、匡亚明、刘敦愿、王先进、漆侠等被选为名誉会长，费孝通被选为首席名誉会长。

酝酿中国墨子学会人员的组成时，我父亲曾经建议任先生出任中国墨子学会会长。任先生坚辞不就，他给我父亲写信说：“为了长治久安计，墨子学会会长、副会长最好由山大党委书记及滕州书记兼任为宜。这也是一个一劳永逸的办法。人治不如法治。我们这一辈人总要有后来人接替的。我们能为后来人铺路，对事业有好处。如有用我的地方一定尽力。”这就是谦逊、恭谨的任先生，他不挂虚名，一心为后人铺路。（这封信的影印件，我将其收到《风徽永存——张知寒先生逝世十周年纪念文集》第7页里）。任先生给我父亲的这封信，就是他作为中国墨子学会重大事项的主要决策人之一的例证。

任继愈先生去印度国际大学访问时，见该校办学很成功。它培养了许多国际知名的人士，我们中国人在那里留学的也很多。任先生给山西省社科院研究员崔正森先生的文章谈到这个问题时说：“这个大学的章程规定：校长由印度的政府总理来兼任，政府总理变更，校长也同时变更。副校长负责实际工作。这样，学校的发展不会受到权利变更的影响。根据印度国际大学的经验，我在山东参加墨子研讨会时就建议该学会参照印度国家大学的做法，学会会长由山东大学党委书记兼任，副会长由学会所在地的滕州市委书记兼任，这样对学会的稳定有帮助。该学会采纳了我的建议，效果很显著。”（见《我们心中的任继愈》，第211页）任先生对他和中国墨子学会的默契也很高兴！

正是因为中国墨子学会开始组建时采用了任先生的上述建议，使中国墨子学会有了一个良好的制度作保障，该学会成立20年来取得了辉煌的成就。这应该说与任先生、颜先生这些高级义工的关键问题上的重大决策、无私奉献、积极参与分不开。

任继愈先生不做中国墨子学会挂虚名的名誉会长和顾问，他是既顾又问。我父亲主编《墨子思想与当今世界丛书》，他主动帮助我父亲联系作者，给作者写信打电话，提出指导性意见。《墨子大全》100卷的编辑出版，是墨学发展史上的一件大事，任老担任总主编，一次次召集专家召开座谈会，在编辑体例、书目选定等等方面作了很多具体指示和指导。

作为中国墨子学会的奠基人之一，自1990年至2000年间，任先生是中国墨子学会学重大议题的主要决策人之一，他的贡献应该是有目共睹的。

1998年7月16日，我父亲年积劳成疾因病去世了。任继愈、颜道岸和杨向奎先生首先联名发来了唁电。

唁函中，有前辈学者对我父亲的评价和肯定，也有白发人送黑发人的情感和悲壮！

山东大学历史系张知寒教授治丧委员会：

先秦墨子显学传，两汉以后不新鲜。而今墨学重奋起，赖有教授张知寒。

惊悉张寒教授不幸逝世，不胜地哀痛。二千年以来，由于种种原因，墨学没有得到发扬，山东为墨学发祥地，张知寒教授大力弘扬，考订墨子出生地，积极奔走呼号，上说下教，团结海内外墨学研究者，筹建墨子学会，举办多次国际墨学研讨会，培养中青年学者从事墨学研究，建立国内唯一的墨学纪念馆。张教授以久病积弱之躯完成上述任务，以惊人毅力，克服癌病折磨，墨子摩顶放踵以利天下的精神风貌在张教授一生言行中得到充分体现。张知寒教授给后来者树立了光辉榜样，我们将一如既往沿着已开辟的道路继续前进，使墨学研究发扬光大，为祖国文化建设贡献力量。请转张知寒教授家属节哀。

张知寒教授永垂不朽！

颜道岸　杨向奎　任继愈　敬悼

不幸的是，颜道岸先生1999年3月8日不幸因病去世。2000年7月，杨向奎先生亦去世，作为同道好友，任继愈先生拄着拐杖庄重肃穆地先后为颜道岸先生和杨向奎先生送行。那个严肃庄重感人的场面，至今令我和在场者铭刻在心。

令我更不能忘怀的是，1999年8月18日，滕州举办第四届国际墨学研讨会时，也正是墨学事业处于低谷时期：墨子纪念馆部分被改作他用，墨研中心主任被调离。举办墨学会议的中国墨子学会领导非常希望任先生能参会，又担心天气实在太热了，任老先生身体受不了。会议的前一天，是我表弟颜晓文带着丧父之痛陪任老先生到滕州参加会议。与会者尤其是举办会议的中国墨子学会的诸位领导都被任先生和颜晓文的精神感动了。

任先生见了我们母女，第一句话就说："这次来滕州参加墨学会议，也是为了来看看你们，看见你们娘俩我就放心了。"他又给我妈妈说："知寒是我所有的朋友当中最为敬重的一个！他晚年哪是发挥余热，而是在燃烧自己，我们共同努力吧，将知寒未竟的墨学事业继续做下去！"任老还问我妈妈："您生活上还有什么困难吗？张先生还有没有未完成的书稿？"最后，他还拿出他的相机给我表弟说："你来，用我的相机给我们合张影。"任先生对我母亲的关心问候，对墨学事业的关注字字句句都让妈妈和我铭记心版。任老先生这样做，就是他对中国文化承继的自觉担当，是对颜道岸先生和我父亲的真挚感情的延续。

第二天墨学研讨会正式开幕，任先生提议：全体会议代表为张知寒先生默哀，以表彰张知寒先生为墨学研究作出的不可磨灭的贡献！他在发言中，还宣布墨子里籍已成定论，以后不再作为墨学会议讨论的论题。学界敢说真话者有，像任先生这样敢说自己弄清楚了的话，又有影响力的学者太少了。

张知寒、颜道岸、杨向奎、蔡尚思、匡亚明、张岱年、费孝通、刘敦愿、王先进、张季平等老先生们先后去世了，从 2000 年至 2009 年间，任先生就成了中国墨子学会和墨学事业的灵魂！无论是《墨子大全》的出版，还是“鲁班纪念馆”的建设等等重大决策，任老都付出了无数心血。

任先生曾经先后六次专为墨学事业去山东。2001 年至 2006 年期间，在北京召开过三届墨学研讨会，任先生都作了主题发言，就连分组讨论他也参加，说是旁听。到了午饭时间，他就拄着拐杖悄悄地走了。

任先生为中华民族复兴自觉地担当，他不需要任何旨意和命令！也不需要任何内在的狂热和激情！他完全是自然而然地借着对社会的责任感和道义上的责任感来弘扬墨子思想，他是用墨子精神从事墨子事业，以“孔墨老庄”精神为依归的。

三

人常说：“人走茶凉。”2001 年我父亲已经去世 3 年了，任先生和冯先生夫妇还专程去济南看望我母亲。“关心他人”是任先生的精神，也是了解他的人们的共识。我在此再说说任先生对我母亲徐淑梅的关心。

85 岁的任先生，一只眼睛已经失明，拄着拐杖和老伴冯钟芸手牵着手“到济南只看望张师母！”我妈妈比任先生小 15 岁，她哪敢让尊敬的任老、冯老来看望她呢？这是我妈妈一生中享受的最高规格的礼遇。两位老人家这样做，不就是墨子损己利人的精神吗！

2001 年 10 月，一位曾经多次陪我父亲去任先生家拜访的年轻老师，以山东大学文学院的名义邀请任老和冯钟芸夫妇参加山大百年校庆。据他事后给我妈妈说，两位老人起初拒绝了邀请。这位年轻老师知道任老先生和我父亲的感情，就说："您二老去济南就当做是看望张师母吧。"任先生和冯先生于是就应邀去济南参加山东大学百年校庆。临上火车之前，任继愈先生又给这位年轻老师申明："这次去济南谁也不看，我们只看望张师母。"这就是重情重义、损己益人的任老。任先生对颜老和我父亲的这种感情是超越亲情的。这种爱就是兼爱，就是先爱别人后爱自己的无差等的爱。兼爱不同于仁爱，它不是建立在血缘关系的家族利益的基础上，而是跳出家族这个圈子对待他人，反映的是损己益人、大爱无私的精神。

不巧的是，我妈妈正患重感冒，医生的职业习惯使她没敢见任老先生和冯先生，主要是怕传染二位老人，也不好邀请他们二位老人到我们家里来做客。我妈妈就派我们姐弟几人去二位老人下榻的宾馆看望任伯伯和伯母。任老伯、冯伯母亲切地问候我妈妈的身体、关心我妈妈的生活，还关心我爸爸有未有未完成的书稿。往事历历在目，说到这里，让我怎能不怀念二位老先生呢？

任老绝不是虚言客套之人，他再三关心我爸爸的书稿和我妈妈的生活，是因为他对我爸爸妈妈太了解了，老人家的眼光有穿透力。

2005 年 4 月底，我们姐弟又去任先生家拜访，谈到我们想为我父亲出一本纪念文集，以保存中国墨子学会前十年的有关资料和图片。任先生很严肃地说："《墨子大全》出来了，不就是对你父亲最好的纪念吗？"又说："你父亲不是写过一本中医的书吗？我看应该公开出版了，出书的费用，我可以算一份。"随后，他不仅多次捎信，还亲自给我妈妈写信说："知寒写的中医书（《中医妇科识要》）应该出版，字号可用4号字，行间距可以大一些。"他老人家还给写好了书名用特快专递寄来。

任先生有"三不主张"：不出文集、不过生日、不做挂空名的主编。他自己生前做到了，而且表里如一。这就是"己欲立而立人，己欲达而达人"，做人真实的任老。

四

在学术界，任先生一代宗师的地位是不可撼动的。那么，他的处世为人是怎样的呢？最后说说我心中的任继愈。

用我父亲喜欢的一首诗来形容任先生的为人，我认为比较贴切："沉思（木讷）无言貌肃庄，一生辛苦为人忙。只知尽责无轻重，最耻言利计短长。绝言人怜性耿介，献身士用志坚强。不怨不尤行吾素，筋疲力竭又何妨。"（张幼林注：原诗作者为梁寒操先生。高雄师范大学教授史墨卿先生于1996年转赠给我的父亲，原山东大学教授、中国墨子学会首任秘书长兼法人代表张知寒先生。我父亲很喜欢这首诗，为自勉遂用毛笔小楷抄写后压在写字台上，他在抄写时改名为《山东人颂》。我在"任继愈先生为人与为学"研讨会上诵读这首诗时，又将"木讷"改为"沉思"，因为任继愈先生首先是个思想家，最后一句我也稍作了改动。因为这样才符合我心中的任继愈先生，是为记。）

在我的心中，任先生就是一位精通“天道、地道、人道”之学的高尚哲人和仁人。

任先生在新中国成立前深受儒家文化的影响。儒家经典《周易》所谓天道、地道、人道之学，对任老的影响很深刻。他把“生也有涯，学无止境”作为座右铭。学无止境，永远不知足是他对生活的态度。这种精神就是《周易》中的乾卦：自强不息。他属于“天道”之学。

任老待人接物，都能出于至诚之心，真正做到了“长者事之、少者友之、弱者扶之、善者与之、不善者忠告之”。他给家人常说的是：“待人要宽厚。”这种博大情怀就是《周易》中的坤卦：厚德载物、包容万物。他属于“地道”之学。

《周易》的泰卦，属于“仁道”之学。孔子的仁者爱人，墨子的兼爱互利，孟子的仁民爱物，都属于人道之学。在任继愈先生的纪念文集里，不少了解任先生的学者总结任先生的做人之道：关心他人、损己益人。任先生损己益人、爱不分差等、助人不求回报的精神具有古圣先贤的风范。

我心中的任继愈先生的一生是集“天、地、人”三道之学于一身。古人说，闳于中者必肆于外。所以，任先生能以不执着任何世俗来对待世俗，以天地胸怀来处理社会上的一切事务。

我最后借用我父亲的学生，南京航空航天大学教授车广锦的话作为本文的结束语（见山东友谊出版社出版的《风徽永存》）：“‘为天地立心，为生民立命’，立身处世，无不是文化的准则。一个人达到如此境界，便是文化的象征，他本身就是精深的文化。中国文化的精华，不是靠书本流传的，而是靠一代代圣贤大哲的人格传承的；中国文化的精髓，不是靠政令昭彰的，而是靠一代代思想精英的精神彰显的。纵然读书万卷，不及读懂大师一人。”（我知道，任先生不愿人们称他为大师）我在心里一次次说，任继愈先生是中国优秀传统文化的真正继承者。从任老的身上，我们不仅能看到中国文化的博大精深，还能读懂往圣绝学的原版精神。这也许就是我们今天研究任继愈先生为人与为学的意义吧。

台湾墨子研究奇人王赞源先生

孙君恒

王赞源先生是研究墨子的台湾学者。他 1940 年出生，祖籍山西太原，是台湾省台中县人。王先生台中师范毕业，为“国立”台湾师范大学文学士、文学硕士。曾任小学、中学、专科学校教师，曾任“国立”台湾师范大学国文系副教授、教授。1998 年秋，我在湖北大学办的讲座上认识了王赞源先生。我们希望通过王赞源先生了解台湾，深入接触后，不料他将我带入了墨子研究。费孝通教授、张知寒教授、任继愈教授、孙以楷先生、王裕安教授、王赞源先生等前辈的墨子精神不断激励着我。几次国际会议上，我与他们相遇或者相知，无论是现场交流，还是会后的通信、电话联系，无不被他们继承和发扬墨学的精神所感动。

2011 年 3 月，他不幸离开了我们，真是出乎意料。2008 年在山东滕州墨子研讨会上，我看先生身体很好。他 1971 年拜台湾蔡谋海中医师学针灸，临床验证学理，研究有得，写有《桃花源的境界》、《针灸原理》。他自己是半个医生，随身带有针灸，身体健康应该没有问题，可噩耗毕竟是真实的。我的思绪万千，他的故事如在眼前。

和蔼可亲的王赞源先生

一、很爱国，广交友，善美酒

王先生反复强调他是中国人、太原人，大陆和台湾的统一是中国的希望。他熟悉甲骨文、钟鼎文等古代文字，对中国文化深深热爱，主张弘扬祖国优秀的传统礼仪、文明礼貌。他说，他曾在一次大学生毕业典礼之后的宴会上，动手打了一个同学的耳光。我们十分惊讶。他说，那个同学在向他敬酒的时候，只用一只手，他认为特别不敬。为了使将走向社会的同学懂得礼貌和规矩，他才动手。因为这是他最后一次给同学上课，特别难得。王先生的行为也许需要冷静，但是他的用心良苦，我十分理解，也感到他对学生的关爱。他说那个被打的同学不仅不怨恨他，反而更敬重他，在毕业后工作得非常优秀。

王先生非常关心祖国大陆学者。大陆教授到台湾，他都热情招待，临走时送上台湾礼物。他每次到大陆，也常带上小礼物（领带、指甲剪、邮票等），“千里送鹅毛”。王先生的细腻心理，显示了他对朋友的关爱，根本没有陌生的感觉。许多学者，包括山东大学的乔幼梅教授、中国人民大学的孙中原教授、复旦大学的邓安庆教授、山东滕州墨子研究中心李广星先生、湖北大学的江畅教授、中南财经政法大学的张斌锋教授等等，都是王先生的好朋友。

广交友是先生一生的重要资本之一。中国思想专家傅伟勋、韦政通先生都是他的好朋友，在学术上交流甚多。傅伟勋教授、韦政通教授主持世界哲学家丛书，安排王先生写《墨子》一书，时间已经超过计划，但是迟迟没有交稿，他们很理解王先生，《墨子》1996 年终于出版。

善于品酒是王先生的一大嗜好和特点。他每次到大陆，都喜欢带 XO 等名酒，20 世纪 90 年代洋酒很贵，他就让大陆学者品尝。因此，王先生参加研讨会期间的卧室，成为了许多朋友，尤其是年轻人的乐园，大家在美酒中谈天说地，交流信息，度过了良宵。虽说酒不等于朋友，但是酒能够帮助结识朋友却是真理，不知不觉地，许多人就成为王先生的朋友了。

二、带我研墨，鼓励考博

1998 年，与台湾王赞源先生相识。本来是想交个朋友，不料因此逐步爱上了墨子研究。1999 年跟朱传棨教授到滕州参加墨子国际研讨会，认真研读《墨子》，写了《墨子经济伦理与亚当·斯密的经济伦理比较》，后被《武汉冶金科技大学学报》发表，从此一发不可收。

王赞源教授特地于 1998 年 11 月从台湾邮寄给我他的《墨子》

（台北东大图书股份有限公司1996年版）。这进一步激发了我对墨子学习和研究的兴趣。2005年8月21～26日，台湾举办墨学现代化国际研讨会，王赞源教授为筹备会议出了大力，筹集到一些经费，并为会议奔忙。他多次说经常到大陆，研讨会也应该在台湾开，才符合传统的礼尚往来，才能够共同推进中国墨子研究的发展。我也是受惠者，应邀参加，发表了论文《当代经济伦理的墨子根源》，论文后来在《职大学报》发表。在多年研究的基础上，我成功获得教育部2011年墨子研究项目。

交往多了后，王先生很关心我的个人发展。对我的关心，更体现了海峡两岸的血浓于水的亲情。1997年，我已经是副教授职称了，出版了《当代企业伦理学》的专著，在中国大陆是最早的企业伦理研究成果之一，获得海内外学术界好评。王先生看到后，就加以鼓励，说书写得好。但是，当他知道我没有博士学位，就坚决要求我一定读博士。当我说自己不想考博士的时候，他很有意见。他以自己亲身经历，说他当年在台湾仅有硕士学位，在博士群体声势浩大的情况下备受歧视和排挤，在学术领域付出了更多的代价。因此，他主张我一定读博士。我不在乎博士学历，考武汉大学两次未果，有打退堂鼓的想法，他多次在会议上和电话中，对我进行了严厉的批评，说："那怎么行？青年人一定要勇往直前！"在王先生的多次教育和关心下，我努力学习，于2000年成为北京大学的博士生。我把北京大学博士录取通知书复印一份，邮寄给王先生，他特别兴奋，立即来信表示祝贺，勉励我继续努力。2001年墨子国际研讨会在北京召开，会议期间，王先生专门到北京大学看望我。经过3年苦读，我获得博士学位，王先生知道后说："北京大学是世界名校，不容易，衷心贺喜！"为了鼓励我阶段性成果，他特别在2004年春节，从台湾给我邮寄一件羊毛衫和一件红衬衣。

我三次邀请王赞源教授到武汉科技大学演讲。虽然他长途跋涉（当时台湾到大陆需要绕道香港），但是他每次来演讲，都是义务劳动，没有报酬，并且热情饱满，演讲效果特别好。大学生、研究生对讲课很满意，我作为邀请的执行人，也很有光彩。

孙君恒（左1）、王赞源（左2）、韦政通（左3）（2005台北）

王先生做事很认真，每次来参加墨子研讨会，都要细心准备论文，打印好、装订好，害怕大陆会议主办者不印论文集；他进行演讲，也要提前准备讲稿，把演讲内容打印出来发给听众。他给我们写信，都是一笔一画，工工整整，我们发现他的信笺里，有时如果写错了字，还要用修正液进行涂改，俨然一个小学生的认真。这对我读书研究很有教益。

三、兼职教授头衔三十多

王赞源先生以他的为人和学识，成为香港新亚文化研究所客座教授，也获得了中国大陆的认可。山东大学、南开大学、中山大学、中国人民大学、武汉科技大学、湖北大学、济南大学、烟台大学、佳木斯大学等，都聘请他为兼职教授。我曾经看到他旅行箱里，存有三十几个红色的聘书（当时没有一一清点，具体数量需要考证），他也因此自豪。这样的情况，的确罕见！

为什么王赞源先生能够获得如此之多的大学兼职教授聘书？

先看先生的为人。

——很尊敬人。每次来大陆都是西装革履，穿一双白皮鞋，西装颜色以轻浅色为主，与众不同，风度翩翩。这样，给予人们很好的第一印象。

——友善待人。他按照墨子的兼爱精神，对待朋友和他身边的人。每次在墨子国际研讨会上与他见面，他都要给大家小礼物，例如日本精美的指甲剪、意大利领带等，作为留念。这是兼爱精神的具体体现。海峡两岸是同胞，可是隔离多年，怎样体现友好？小礼物是最好的对策。2005 年，学者到台湾参加墨子研讨会，他也大批采购台湾的特产凤梨酥，送给世界各地学者。韩国的朴文铉教授与他多年来一直都是礼尚往来。先生从小处入手，的确感动了不少朋友。

——慷慨捐献。听说，他为滕州墨子研究中心、南开大学、中山大学、山东大学、湖北大学等大学，捐书不少。例如，给予湖北大学就捐有严灵峰编《墨子集成》巨著（含古今墨学论著 91 种，46 册），还有其他书籍，泱泱大观，价值 8 万多元人民币，单是运输费用都很大。仅2003年4月，他就赠送给中山大学哲学系图书馆《中国哲学思想论集·先秦篇》、《中国哲学思想论集·现代篇》、《中国哲学思想论集·宋明篇》、《中国哲学思想论集·总论篇》，还有梁启超、胡适、钱穆、唐君毅、熊十力等著作不下30种。他2010年还赠予深圳大学文学院200余册巨著《世界哲学家丛书》。

先生的名片上，清楚印着国际狮子会（Lions Clubs International）的徽章。我们也记得他西服上，曾经戴着狮子会的徽章。他说自己每年都捐款，能够获得狮子会的徽章表明在社会上具有良好的名声、具有良好品格，即使在国际航班上，有狮子会的徽章也会赢得尊敬。他说自己多年来是一些企业的顾问，有丰厚的待遇，但是从来没有攒下积累，而是悉数捐款，为社会服务。联系、对照先生的追求墨家的侠义精神和行动，信然。

再看先生的为学：擅长“墨学”及“管理哲学”等。

在墨子研究上。老先生一是注意原典的注释和理解。他注释、校对了墨子的著作。有王冬珍、王赞源的《新编墨子（上、下）》（台北“国立”编译馆2001年版）、《墨子》（独著，《世界哲学家丛书》之一，台北东大图书股份有限公司1996年版）、《墨经正读》（主编，上海科学技术文献出版社2011年版）。《墨子兼爱思想之伦理学建构》等论文，深入认识了墨子思想，语言简练有力，颇得墨家风格真传。二是能够灵活运用到当代社会。例如，他的论文《贵义、兼爱与企业伦理》［载《烟台大学学报（哲学社会科学版）》1995年第1期］、《墨子思想与现代市场经济》［载《烟台大学学报（哲学社会科学版）》2002年第1期］，以及2004年王先生在济南大学作题为“中国文化与市场经济”的学术报告，都体现了墨子精神与当今社会的密切结合。2007年9月，他在广州为

"国学与管理总裁研修班"授课，讲解"企业的创新精神——墨家精神与现代企业发展"，强调墨子摩顶放踵以利天下的奉献精神、反对战争主张和平的思想、尚贤尚同的政治主张、墨辨逻辑等科技贡献以及墨家严密的集团管理运营模式，都是值得发掘的宝库。王赞源先生直接对当代的企业家循循善诱，指点迷津。

墨子研究外，王赞源先生对法家思想多有研究。《韩非与马基维利比较研究》（载《幼狮学志》1972 年 10 卷 4 期）、《中国法家哲学》（台北东大图书股份有限公司 1989 年版）就是实例。《儒家思想与现代企业经营》[载《烟台大学学报（哲学社会科学版）》2000 年第 1 期]，是其儒家思想研究的体现，从具体事例出发，比较全面地论述了儒家思想在今天的价值。

文学、历史研究，王赞源先生也多有涉及，在文、史、哲打通方面比较努力用功。王赞源先生著有《周金文释例》（台北文史哲出版社 1980 年版），显示了他的国文专业优势。他说：台湾的国文系（学习研究面广，涵盖文、史、哲等），和大陆中文系（仅仅研究中国语言文学）不同。他来武汉科技大学讲学三次，1998 年、2004 年两次讲墨子的现代意义，2007 年讲的就是"中国古代有奴隶社会吗——从文献和甲金文看古代奴隶现象"。他用自己的文字功底，说明甲骨文、金文、钟鼎文，叫人很惊讶。他也很自豪，说自己的研究有古文字背景和支撑，外行对此不敢放屁。

就在我写此文章纪念王赞源先生的时候，搜索资料发现他和其他 60 余位教授一起，编写过《白话史记》（署名为台湾十四院校六十教授，台湾 1979 年出版，序言为台静农先生所作，六十位译者个个不是浪得虚名之辈；大陆版为新世界出版社，出版时间为 2007 年）。在书的"译者小传"，我看到了王赞源先生的简历。

看来先生对《史记》的确有一定的发言权。王赞源先生在深圳大学讲学时指出，《史记》是历史散文的巅峰之作。仅就笔法而言，《汉书》可学，《史记》不可学。前者以四六字居多，有规律可循；后者句式多变而又浑然天成，难以模仿。他以《管晏列传第二》为范本示例，逐句讲解，以示读《史记》之法。他认为此文立意乃“知己可贵”。文中关于管仲鲍叔牙、晏子越石父相交，共出现八个“知”字、四个“知己”，笔力集中，凸显“人生得此知己，足矣”的主题。

王赞源先生被认为是中国“无奴学派”（“中国历史没有奴隶社会”）代表人物之一。他论证了“中国历史没有奴隶社会”的问题，其论文《中国古代有奴隶社会吗——从文献和甲金文看古代奴隶现象》（载《职大学报》2003年第3期）指出，奴隶身份的人和使用奴隶的现象，在人类历史上无疑存在过而且曾经长期存在过，就是在今天，这种现象也还并未在世界上绝迹。但一般说来奴隶制度只能作为某种社会经济构成的补充而很难成为占主导地位的生产式。他对“众”、“臣”、“民”、“庶人”、“邑”等字，进行了深入探索和详细解说。王教授从文物考古和甲金文研究的最新成果，独辟蹊径地大胆提出：中国古代社会是有奴隶存在的，但不能因此说中国古代是奴隶社会。他首先根据地下物发现隋唐时代有殉葬的事实以及《孟子》、《礼记》、《诗经》等古典文献资料的记载，认为夏商周是封建社会而不是奴隶社会。他接着又指出，中国古代社会是有奴隶的。对此，他主要从甲金文有关奴隶字的“童”、“奴”、“妾”、“仆”等字在甲、金文的构形字义等方面作了考察，进而认为，中国古代的确有奴隶存在，但不能说中国古代有奴隶制度，更不能说中国古代有奴隶社会。此观点和郭沫若不同。王教授的讲座旁征博引，别出新意，生动有趣。在湖北大学、武汉科技大学，都进行了演讲。

王赞源先生在湖北大学讲学（2007）

王赞源先生不愧是演说家。他中文出身，文学功底深厚，语言风趣幽默，逻辑清晰，往往口若悬河，使听众难忘。他曾经说他在台湾帮助过进行竞选演说，还教我们注意演讲的服装、姿势、动作，以增强演讲的效果。1998 年秋天王先生到湖北大学讲学，我听说此信息后也前来，当时湖北大学一个大教室人山人海，已经没有空闲座位，湖北大学江畅教授、张斌锋博士等和我也不好意思让大家让座，只得站着听课，但是两小时的时间一点也不累，因为王先生的演讲太精彩了，同学们关注的海峡两岸关系讲得合法、合情、合理，大家都很满意。他在演讲中经常举例说明，用通俗的事实说明大道理，例如他主张两岸同胞犹如兄弟，兄弟之间应该讲究爱悌；再如强调男人应该有阳刚之气，好比一个公鸡，而不能成为母鸡，形象得听众哈哈大笑。他喜欢在演讲前喝点酒，据说陈独秀就是这样成为著名的演说家的。许多大学都有王赞源先生讲学的身影，给大学生和老师们留下了深刻印象。

对于有这样贡献的老先生，不给予兼职或者名誉教授，怎么说得过去？当然，中国大陆的兼职或者名誉教授，与西方不同，仅仅是荣誉性质，无权利也无大责任，能够进行一些讲座足矣。但是，能够获得几十个大学的兼职或者名誉教授，的确非等闲之辈。

附录：台湾师范大学网络典藏王赞源先生的论文

［文学院］教学与研究　　《管理者的风范》

［文学院］教学与研究　　《墨子的方法论》

［文学院］教学与研究　　《墨子的宇宙论》

［文学院］教学与研究　　《墨子和“墨子”书》

［文学院］教学与研究　　《韩非哲学》

［国文学系］《国文学报》《贵义兼爱与企业最高目标》

［国文学系］《国文学报》《一句话会不合逻辑吗?》

［国文学系］《国文学报》《思想方法举例》

［国文学系］《国文学报》《思想的标准》

［国文学系］《国文学报》《思想的盲点》

［国文学系］《国文学报》《淮南子与法家的法论比较》

［国文学系］《国文学报》《认知的训练》

［国文学系］《中国学术年刊》《墨子的知识论》

［国文学系］《中国学术年刊》《人性与中国管理思想》

［国文学系］《中国学术年刊》《墨子的现代意义》

为往圣继绝学

——纪念中国墨子学会成立20周年*

刘惠文

在我国的学术发展史和历史文化的传承上，对于墨子和墨学的研究，真可谓是“一波三折”、时断时续、时隐时显，以至于几乎成了“绝学”。

墨子，墨姓名翟，鲁人，或曰宋人，出生地据考证在今山东的滕州，约生于公元前468年左右，约殁于公元前376年左右，均无确凿记载，也无确证，还无从可考，照这个生殁年、月推算，那就享年92岁，颇有些难以令人置信了。

墨子比孔子晚出，其活动期间大约在孔子死后、孟子生前。墨子自称“贱人”，可见其出身寒微。传说是做木匠的，手艺高超，曾制造成木头的“飞鸢”，飞上天空三日而未落下地，甚为奇幻。墨子生活上俭朴、刻苦，为实现其社会思想主张，像孔子一样四处奔走、到各诸侯国去游说，常常是“突不得黔”，意思是其住所还没被熏黑就搬家走人了。墨子亦像孔子一样收徒、讲学且弟子者众。墨家门徒多来自社会下层。墨家学派有着严密的组织，还立有严格的处罚规矩。墨子提出主张，重视实际论证，而且率领门徒践行，“摩顶放踵以利天下”。墨子也曾推荐弟子出去任职，还派弟子去参加防御战争，他们都非常勇敢，“赴火蹈刃，死不旋踵”，也就是不怕流血牺牲。这些传说和记叙，都或多或少地能够说明一些墨子及其所创立的墨家学派，出身于社会下层、劳动民众，代表并时刻维护着其学派和下层劳动民众的根本利益。

墨子及其学派的创立和形成的思想学说，简称为“墨学”，存载于《墨子》一书中。战国初、中期，儒、墨并称“显学”，所谓“儒分为八，墨分为三”，是说其学后来分成传授的支派，足见兴盛一时；战国后期，墨家学派宗教色彩愈加浓重，秦、汉代时沦为游侠，到汉武帝接受董仲舒所献策中“罢黜百家，独尊儒术”的主张，推重文化专制的所谓“正统”，后世墨学越来越衰微，几乎“灭绝”两千年。

墨学是“必兴天下之利，除去天下之害”的社会思想学说，也是代表下层民众利益的学说。这是与封建专制的权势阶层需要维护的“道统”所不能允许的。这恐怕也是其不断衰微以至于几近“灭绝”的根本的历史原因。因而，《墨子》一书，据史载原有71篇，后愈传愈失，今存53篇，所以梁启超叹道：“战国时儒墨同称显学，汉后墨学之废既二千年了，郑樵《通志·艺文略》载有乐台注，久佚。”[①]不过，梁氏梳理了墨学“近代中兴”的基本脉络。这里，稍加清理可略表于下：

从清季到民（国）初（年）

乾隆四十一、四十二年（1776、1777）间，汪容甫最初治墨学，有校本及《表微》1卷，今不传。

卢抱经、孙渊如、毕秋帆同时治墨学；毕秋帆总其成，为《墨子注》16卷，乾隆四十八年（1783）成书。

继毕后，顾涧苹据“道藏本”重校、写定一遍，所专务的是校正文字。

继顾后，王石臞摘条校注，为《读墨子杂志》6卷；俞荫甫著《墨子平议》3卷；苏爻山著《墨子刊误》若干卷；洪筠轩、戴子高亦各有所校释。

至光绪年间，孙仲容“覃思十年”，集诸家说，断以己所心，成《墨子间诂》14卷，又辑《墨子篇目考》、《墨子佚文》、《墨子旧叙》，合为附录1卷；又撰《墨子传略》、《墨子年表》、《墨学传授考》、《墨子绪闻》、《墨家诸子钩沉》等各一篇，合为《墨子后语》2卷。

与孙同时，王壬秋亦为《墨子注》，惟对于《经说》4篇，颇有新解。

又，张皋文作《墨经说解》2卷。

又，毕秋帆与孙渊如函札往复，已发现《墨子·经说》4篇内，多有名学。

又，邹特夫则言《墨子》书中有算术，有光学，有重学，以告陈兰甫，而著其所说于所著《学计一得》中，自是《墨经》内容之丰富，益为学界所注视。

又，章太炎《国故论衡》中有《原名》、《明见》诸篇，始引西方名学及心理学解《墨经》，其精绝处往往惊心动魄。

又，胡适之著《中国哲学史大纲》，惟《墨辩》一篇最精心结撰，发挥实多；亦著《小取篇新诂》，亦主于以西方名学引证。

又，梁启超将10年来随时札记的，写定一篇《墨经校释》，其中部分可供参考；梁氏还撰著了《墨子学案》一册。

又，章行严常为讨论《墨经》之短文，亦时有创获。

又，伍非百著《墨辩解故》，从哲学、科学上树一新观察点，将全部《墨经》视为系统的组织，亦颇可信为治墨学上的一大创作。

中华民国始建的最初岁月里，学界以《墨经》诸篇为研究墨学的中心。②

以上就是所谓“近代墨学中兴”、也恰如梁启超所说“墨学全部复活了”的有力证据。那么，晚清至民初，墨子及其学派——也就是墨学，为什么会出现“近代中兴”呢？究其原因，固然有如梁启超所指出过的，那个时代的学术主潮是“厌倦主观的冥想而倾向于客观的考察”之原因，但是于笔者看来，除此之外，尚有那时的时代背景和社会环境这样两重之根本原因。到了清末，封建专制已经维系过长，已是摇摇欲坠、行将就木，有见识的学问家、先知先觉者在探寻新的社会出路；西学渐渐东输，国人何以应对？便像鲁迅所言，要“去其偏颇，得其神明”，要“取今复古，而别立新宗”（均为“鲁迅语”）；清代300余年，历经顺、康、雍、乾、嘉、咸、同、道、光、宣10帝，清王朝不仅是封建统治，而且对于为数众多的汉人来说，还是异族统治，给汉族读书人所设置的“文字狱”，严厉得超过此前的封建王朝，所以被压迫、被统治的民众不敢有创新意识，而只得钻进故纸堆里做朴学、搞考据；时代将变迁，社会将转型，清王朝将土崩瓦解，“呼喇喇似大厦倾”，而民主革命起，封建专制将结束；孙中山领导的辛亥革命推翻清的封建统治，建立中华民国；民国既建，学界的思想要自由一些，学问研究也要活跃一些了；《墨子》一书虽然传佚断散，但“墨学”内容丰富，且与传来的西方新学，也就是与西方近代自然科学有着相邻相近之处；人心思变，采探新路，等等。这些都是“近代墨学中兴”的诱因。

在纪念中国墨子学会成立20周年之际，我由衷地感谢这些推动“近代墨学中兴”的著名学者、思想家和学问家们，正是他们的辛勤校释、注解和发掘、发挥，才使得我们于今有着承续研究墨子及其学派的思想学说即墨学的逻辑起点。

这里，还要感谢高亨、谭戒甫等诸多先生，我们不可忘记正是他们的努力，把墨学的研究从近代推向了现代。

我要衷心地感谢恩师、武汉大学哲学系教授、滕州人朱传棨先生，是他的循循善诱，把我从研究生硕士阶段引向了博士阶段，是他将我亲自带到滕州，参加了中国墨子学会成立的首次大会。

只要简单地梳理战国时期的墨子创立墨家学派以来的学术流变，就可以看到并追寻代表手工业者的劳动民众学说在古代难以承续和弘扬的社会历史缘由，也能够说明“近代墨学中兴”只是适应中国社会急剧转型的迫切需要。

墨子及其墨家学派在创立和形成“墨学”时，有一个很大的、非常鲜明的特点，就是特别注重实践。而以1978年我国报刊上开展的“实践是检验真理的唯一标准”的大讨论，为我国决定改革开放作了充分的思想理论准备。“实践是检验真理的唯一标准”的大讨论，从思想理论上引领我们走进了改革开放的历史新时期。

20世纪90年代以来，即自1992年中国墨子学会在墨子故里的山东省滕州市成立至今的20年里，接续墨家文化和弘扬墨子精神的主要经过，并对继承和发扬传统文化这一盛事的主要值得纪念和表彰的人和事迹，我将给予个人所认为“必须”的评说。

北宋大儒张载有言：“为天地立心，为生民立命，为往圣继绝学，为万世开太平。”墨子是我国古代代表劳苦人民根本利益的社会思想家，是“科圣”，是“平民圣人”。所以，把“为往圣继绝学”这句话，用来表彰中国墨子学会成立以来这20年的工作，正好恰如其分。

“为往圣继绝学”——中国墨子学会的成立，毕竟使以往的那种时断时续而且多是个人较为零散的“墨学”研究，趋向于集中，尤其是为海内外的学术交流，提供了互相学习、参考和借鉴的信息平台。迄今已经20年，这是首先值得隆重纪念的。

其次值得纪念的，就是海内外许多著名学者、专家对于中国墨子学会的热情关注和大力支持。诸如费孝通、任继愈、蔡尚思、颜道岸、张岱年、季羡林等国内著名学者和来自美国、日本、韩国的莫登、李绍崑等海外知名学者；尤其是任继愈老先生，在其生前，每次集会，他都亲临，不是致开幕词，就是作总结发言，并且能够及时对学会的工作安排作指导，他决不迟到或早退。这些为后学的确树立了学术研究的典范。

再次值得纪念的，是“墨学”当代研究的发起地山东大学和山东省枣庄（地级）市、滕州（县级）市。山东大学校领导及其历史系领导和专家、学者、教授们，在“当代墨学研究”上的率先呼喊、形成力量和做基础工作等方面，走在了全国高校和科研机构的前面。山东省枣庄（地级）市、滕州（县级）市的历任党政领导和所有市民，在“文化搭台，经济唱戏”的继承、创新和改革开放精神的鼓舞下，在当代“墨学”研究与推进经济建设、推动当地科学发展方面，倾注了心血、热情和大量的人力、物力和财力，如墨子故里纪念馆的兴建和不断充实、扩展，如墨子研究中心的建制设立，如“墨子中学”的命名，如每次会议策划、筹办等等，均是历史明证，业已彪炳史册。这其中，也可以这样说，当代墨子研究的拓荒者之山东大学历史系教授张知寒先生，中国墨子学会最初成立时的滕州市领导王裕安同志，尽管两人都已先后谢世，却最令人缅怀：他们的作为，筚路蓝缕，重启山林，其事业虽然并不显赫于一时，但将永远存在。

还要值得纪念的，是墨子研究中心的首任主任李广星学长，他的专心致志、勤奋组织和费力周旋，不仅团结、联系了海内外诸地的领导和新老学者，在形成当代“墨学”研究队伍、编辑出版和交流成果方面，做了许多忍苦耐劳、“替他人作嫁衣裳”的工作。最值得庆贺的是他主编了《墨子大全》这套很是齐全版本的图书，为现在和将来的墨子及其“墨学”学习者和研究者提供了极大的便利，“为往圣继绝学”——链接了墨家文化的源头活水，真是利于当今、功在千秋。

中国墨子学会成立已是20周年，国际学术会议也开了九届，正是海内外的众多学者、教授和学人，在不断学习和研究之中继承和发扬墨子精神，才使得“墨学”研究活动“作始也简，将毕也巨”③。随着时间的推移、社会的发展和当代“墨学”研究的深入，墨子思想和墨家学说里的科学精神之光，将照耀着21世纪，照亮我们与时偕行的学术道路。

＊本文系专给2012年5月5~8日在北京举行的“第九届墨子鲁班国际学术研讨会暨中国墨子学会成立20周年纪念大会”写的征文，会后作者对个别文字又作了校订。

参考文献

1. 〔清〕毕沅校注：《百子全书·墨子》，浙江人民出版社1984年版。

2. 谭家健、郑君华选译：《墨子选译》，上海古籍出版社1990年版。

3. 谭戒甫：《墨辩发微》，中华书局1964年版。

4. 张知寒、王裕安、李广星等主编：《墨子研究论丛》（一）至（六），山东大学出版社、齐鲁书社、北京图书馆出版社等。

5. 胡适著：《中国哲学史大纲》，东方出版社1996年版。

注释

①梁启超：《中国近三百年学术史》，东方出版社1996年版，第254页。

②此处所梳理的，主要依据和参酌的是梁启超著《中国近三百年学术史》，东方出版社1996年版，第254～257页，谨请参阅。

③董必武给上海的中共“一大”会址纪念馆的毛笔题词。

站在新起点　谋求新发展

——第九届国际墨子鲁班学术研讨会暨中国墨子学会成立20周年纪念大会综述

滕州市墨子研究中心

由中国墨子学会、山东大学、山东建筑大学以及滕州市委、市政府联合举办的第九届国际墨子鲁班学术研讨会，于2012年5月5日至5月8日在北京召开，并取得圆满成功。本届研讨会对于推动墨子思想和鲁班文化的挖掘、开发、研究、普及、传承，推动优秀传统文化的大繁荣、大发展具有重要的意义。

这次会议以党的十七大和十七届六中全会精神为指导，以科学发展为主题，坚持"挖掘、开发、研究、普及、传承"并重，不断加强墨子思想和鲁班文化研究，进一步整合滕州文化资源，全力打造滕州文化品牌，全方位推介宣传滕州，加快建设实力、魅力、活力、生态、文化、和谐的幸福滕州步伐。

这次会议按照"大会加小会"的运作模式，举办八项重要主题活动。一是5月5日晚在北京京伦饭店举办第九届国际墨子鲁班学术研讨会暨中国墨子学会成立20周年纪念大会欢迎宴会；二是5月6日上午在人民大会堂北京厅举行第九届国际墨子鲁班学术研讨会开幕式暨中国墨子学会成立20周年纪念大会；三是5月6日上午在人民大会堂澳门厅举行中国墨子学会会长会议；四是5月6日在人民大会堂上海厅举办了800集大型动画片《小小鲁班》启动仪式暨形象征集发布会；五是5月6日在人民大会堂澳门四季厅举行招待宴会；六是5月6日下午在京伦饭店举行第九届国际墨子鲁班学术研讨会第一次全体人员会议；七是5月7日在京伦饭店分三组举行第九届国际墨子鲁班学术研讨会分组讨论会议；八是5月7日下午在京伦饭店举行第九届国际墨子鲁班学术研讨会第二次全体人员会议暨闭幕式。

本次会议办出了特色、办出了水平，提升了形象、鼓舞了士气，积累了经验、增强了信心，取得了圆满成功，达到了预期效果。

本次会议规格高、规模大。本届研讨会得到了党和国家领导人及省市领导的支持和关注，原中共中央政治局常委、原中纪委书记吴官正同志，原中共中央政治局委员、原全国人大常委会副委员长姜春云同志，原中共山东省委书记赵志浩同志发来贺信。原全国政协副主席宋健同志，原中共中央组织部部长张全景同志，中央军委委员、解放军总政治部主任李继耐上将，原解放军总参谋部副总参谋长李景上将，原中共中央台办主任杨斯德将军，原国防大学副政委、中国墨子学会顾问李殿仁将军，著名学者、中央文史研究馆馆长、中国书法研究院名誉院长欧阳中石先生，原山东省人大常委会副主任、中国墨子学会名誉会长王玉玺同志，山东大学党委书记、中国墨子学会会长李守信同志，武汉大学教授、中国墨子学会顾问朱传棨先生，山东建筑大学党委书记、中国墨子学会副会长王崇杰同志，人民日报副总编辑陈俊宏同志等领导出席开幕式，并向大会表示热烈祝贺。出席开幕式的还有：

山东大学党委常委、副校长、中国墨子学会常务副会长陈炎先生，枣庄学院院长、中国墨子学会副会长胡小林先生，中国人民大学哲学系教授、中国墨子学会副会长孙中原先生，中国社科院研究员、中国墨子学会副会长谭家健先生，《文史哲》主编、中国墨子学会副会长王学典先生，山东大学国际教育交流学院原院长、中国墨子学会副会长姜宝昌先生，曲阜师范大学教授、中国墨子学会副会长陈克守先生，华南师范大学哲学管理研究所教授、中国墨子学会副会长黄世瑞先生，山东大学哲学与社会学院教授、中国墨子学会顾问周立升先生，山东建筑大学副校长韩锋先生，国家一级编剧王中先生，国家图书馆出版社副总编贾贵荣女士，山东省社科联原党组书记、中国墨子学会顾问林兆义同志，融信融（北京）国际投资有限公司董事长李瑞生先生，中国孔子基金会副秘书长王大千先生，深圳崇德影视传媒董事长赵先德先生，北京大学研究生院招生办公室副主任任重先生，北京希力药业有限公司董事长颜晓文先生，中国戏曲学院宣传部长颜晓华女士，美国宾州爱丁堡大学资深教授、中美精神心理研究所所长、中国墨子学会顾问李绍崑先生，日本埼玉工业大学教授冈本光生先生，韩国墨子学会顾问奇世春先生，香港孔教学院院长、香港特别行政区一至四届政府推选委员会委员汤恩佳先生，台湾淡江大学中文系教授王甦先生，日本大东文化大学教授、著名墨学研究专家原孝治先生。枣庄、滕州两级市领导张术平、董沂峰、远义彬、李健、邵士官、孟宪纲、程春常、顾天鸽、张宪依、李怀兴及滕州市老领导朱锡光出席开幕式。130 余位专家学者参会，是历届参会人数最多的一次。

本次会议提交的论文多，质量高。学术研讨期间，130 余位专家学者对墨子兼爱思想、鲁班科技创新精神，以及他们在哲学、科技、军事、教育等方面的历史功绩和当代意义，进行了多层面、纵深化的研讨。研讨气氛积极认真、热烈坦诚，充分体现了百花齐放、百家争鸣的学术精神。会议共收到墨学研究论文 69 篇，鲁班研究论文 17 篇。参会论文领域宽广、资料翔实，研究深刻精到，把墨子鲁班文化的学术研究进一步推向深入，达到了一个更高的层次。由于山东大学教授、中国墨子学会副会长姜宝昌先生，在研讨会闭幕式上已就研讨情况作了总结，故在此不再详述。

本次会议社会影响范围广、力度大。本届研讨会，邀请了新华社、《人民日报》、《经济日报》、《光明日报》、中新社等 40 余家媒体参会。中央电视台及山东省、枣庄市等新闻媒体对研讨会开展了高密度、高频度、多角度、广覆盖的宣传报道，《滕州日报》、滕州广播影视总台、滕州市信息化服务中心抽调精兵强将，进行了全方位报道。此间，还举办了 800 集大型动画片《小小鲁班》启动仪式暨形象征集发布会，使国际墨子鲁班学术研讨会以及墨子鲁班文化品牌在国内外产生了广泛影响，有力地促进了墨子鲁班文化的挖掘、开发、研究、普及、传承、推广和传播，扩大了滕州市的影响力和知名度。

第九届国际墨子鲁班学术研讨会召开之时，恰逢中国墨子学会成立 20 周年之际。在山东大学和滕州市委、市政府的领导下，滕州市墨子研究中心作为中国墨子学会办事机构，主要负责同志多次到北京、济南、武汉等地和山东大学、山东建筑大学等院校，向有关领导、专家学者征求意见，决定将第九届国际墨子鲁班学术研讨会开幕式与中国墨子学会成立 20 周年纪念大会同时举行。

滕州市委、市政府高度重视筹备工作，专门下发了《关于成立第九届国际墨子鲁班学术研讨会暨中国墨子学会成立20周年纪念大会组织领导小组的通知》和《关于印发〈第九届国际墨子鲁班学术研讨会暨中国墨子学会成立20周年纪念大会方案〉的通知》,市委、市政府领导多次召开筹备会、调度会,安排部署,落实各项工作。

滕州市墨子研究中心自2011年下半年开始，建立了工作机制，成立了会议筹备工作领导小组，细化方案，责任到人，市委、市政府也从市直部门抽调精兵强将，强力启动筹备工作。经过多方征求意见，多次论证，确定本次会议以“墨学与社会进步”为主题，“墨学与社会主义文化建设”、“鲁班创新精神的当代意义”为研讨主题；安排专人到北京实地考察，落实会议室、专家学者住宿房间等事项；通过与国内权威专家沟通、座谈，撰写了中国墨子学会纪念专题片的脚本，如期完成专题片《墨学重光》的拍摄制作，在研讨会期间进行了播放；精心设计了中国墨子学会成立20周年纪念邮册和会议赠送书籍，督促协调进行印刷，作为会议纪念品赠送与会领导、专家；按照“层次结构科学化、学术水平前沿化”的标准，邀请了海内外专家学者130余人参会。会议期间，墨研中心还为担负迎宾、会场服务的同志精心设计制作了统一服装，进行了礼仪培训，着力提高服务质量，组织专家采取大会发言、分组讨论等形式，进行了深入的研讨交流，取得了很好的效果。

中国墨子学会会长会议顺利举行，酝酿讨论了换届工作，按照《中国墨子学会章程》，选举产生了第五届中国墨子学会领导机构，审议并通过了《中国墨子学会2012～2016年工作规划》。

第九届国际墨子鲁班学术研讨会和中国墨子学会成立20周年纪念大会之所以取得圆满成功，是山东大学、滕州市高度重视、大力支持的结果，是滕州市各级各部门密切配合、通力协作的结果，也是前期筹备工作扎实深入、落实有力的结果。

本届研讨会，还突出了重视新生力量培养的特点，调整新增了三名为墨子鲁班研究工作作出了突出贡献的中青年专家学者担任学会领导职务，有效解决了墨子鲁班研究领导层中人才断层问题，有利于促进人才的阶梯培养。在多位著名专家的培养下，十余位从事墨学研究的博士、硕士研究生受邀参会，并提交了高质量的研究论文，为墨子鲁班研究事业注入了新鲜血液，提供了发展活力和后劲。此外，墨研中心工作人员通过近年来组织、参与墨学研讨活动，潜心向专家学习，墨子鲁班研究学术水平逐步提高，十多名同志向研讨会提交了研究文章，由于从事墨学研究时间短、功夫浅，学术水平有限，论文质量存在着很大差距，但本着培养墨学研究后备力量的想法，有选择性地收录部分论文在此集中。由于编者学识所限，书中难免有疏漏之处，敬请学界先进及读者批评指正。

滕州市墨子研究中心将以第九届国际墨子鲁班学术研讨会暨中国墨子学会成立 20 周年作为新的起点，以党的十七届六中全会和十八大精神为指导，以科学发展为主题，按照《中国墨子学会 2012 ~ 2016 年工作规划》，紧紧围绕全力打造墨子、鲁班这一世界级文化品牌，坚持墨子思想和鲁班文化的“挖掘、开发、研究、普及、传承”的原则，凝心聚力，积极作为，进一步加强与国内外的文化交流与合作，力争把墨学研究事业推向更高层次和更新水平，推动滕州市地方特色文化的大繁荣、大发展，加快发展区域特色文化产业，扩大滕州对外影响力，提升滕州知名度，推动全市经济社会持续快速协调发展，为建设幸福滕州作出积极的贡献。

附 录

中国墨子学会工作报告

中国墨子学会成立以来，始终坚持以传承、挖掘、宣传、教育、普及、弘扬墨学思想和鲁班文化为己任，不断推动墨子鲁班文化事业发展，取得了举世瞩目的成就，20 年来，我们主要做了以下几个方面的工作：

一是科学决策，学术机构从无到有、从小到大，不断成长和壮大。1990 年，在山东省委、省政府和枣庄市委、市政府的关心支持下，在山东大学的具体指导帮助下，滕州市委、市政府与山东大学联合成立了山东大学滕州市墨子研究中心，作为传承、弘扬我国优秀传统文化，加强墨学研究的机构。1991 年，全国首届墨学研讨会在滕州举办，经过与会领导、专家、学者的一致认可和建议，成立了山东墨子学会。1992 年，根据我国社团事业发展和墨学研究工作形势发展的需要，经国家民政部批准、教育部备案，成立了中国墨子学会。2003 年，枣庄、滕州两级市委、市政府审时度势、高瞻远瞩，依托中国墨子学会秘书处，设立了滕州市墨子研究中心办公室，升格为副县级事业单位，并核定事业编制20人。中国墨子学会从无到有，从小到大，在中国墨学文化发展史上具有划时代的意义，标志着墨学研究事业进入系统化、组织化的崭新阶段。

二是精心谋划，宣传教育形式多样、内容丰富，不断拓展和深入。先后成功举办了一届全国墨子学术研讨会、八届国际墨子鲁班学术研讨会，分别对墨子故里、墨子研究与当代、墨学研究与国防建设、墨子与鲁班等学术问题进行了研讨，为墨学文化的复兴、挖掘、研究、宣传和弘扬作出了突出贡献。成功举办了两届墨子“小孔成像”国际学术研讨会，邀请国际摄影大师齐聚滕州，围绕挖掘、保护、开发“小孔成像”非物质文化遗产展开研讨，确立了“墨子是摄影光学之父”的地位，打造了“滕州是世界最早的小孔成像发源地”品牌，为传统文化的研究开发创立了成功模式。成功举办了四届国际墨子文化节，每届文化节都策划了十余项主题活动。先后邀请了钱文忠、纪连海、鲍鹏山等国内知名的文化名人宣讲墨子、鲁班，并分别在中央电视台《百家讲坛》栏目和山东卫视《新杏坛》栏目播出。同时，成功举办了祭墨大典，为今后祭拜墨子制订了规制。策划举办了“弘扬班墨文化，建设幸福滕州”系列活动，期间举行了鲁班纪念馆开馆暨“中国建筑之乡”授牌仪式。举办了“文化名人墨子故里行”及“弘扬班墨文化，建设幸福滕州”座谈会。与省科协等部门联合承办了第27届山东省青少年科技创新大赛，启动了滕州市首届青少年科技创新“鲁班奖”大赛，开设了“鲁班学堂”、“善国讲坛”等系列公益讲座。这些活动的拓展和深入，对于有效保护和发掘优秀的历史文化遗产，弘扬墨学思想和鲁班创新精神，发挥着重要的促进作用，为全面深入持久地弘扬、传承、研发、宣传、教育和普及墨子鲁班文化打下了坚实基础。

三是加大投入，基地建设扩容增馆、亮点纷呈，不断丰富和提升。中国墨子学会在各方的大力支持和帮助下，1993 年 5 月动工兴建了墨子研究中心和墨子纪念馆，设有五大展厅和行政办公中心，主要展览墨子生平事迹、科技成果、军事成果、研究成果、墨子像、《墨子》原著石刻碑廊等，收藏国内外墨学研究图书资料数万册。2006 年 8 月 8 日，墨砚馆建成开馆，收藏了山东省人大常委会原副主任王玉玺同志捐赠的台砚 442 方、书法作品 155 幅，全面系统地展现了中国优秀的砚文化和书法艺术。2007 年，滕州市委、市政府对墨子纪念馆全面升级改造。2008 年又拨出专款 8000 万元，兴建了鲁班纪念馆，2011 年 5 月 18 日正式对外开放。鲁班纪念馆设计理念为“继承与发展”，采用仿古与现代相结合的建筑风格，以鲁班发明的卯榫结构为主，混凝土框架为辅，凸显“百工圣祖”气势和特点，设有祭拜大厅、木器厅、石器厅、鲁班庙会、航天厅、今日班门等展区，把鲁班发明的实物与现代声、光、电等多媒体技术和 3D 技术相结合，向世人展示了鲁班不断追求创新的精神，整体布展突出了鲁班纪念馆为科技发明的展示中心、寻根感恩的祭拜中心、爱国主义教育中心、旅游休闲体验中心、鲁班文化传播中心。三个场馆各具特色的建筑风格、丰富的馆藏文物、完备的功能设施，既为滕州增添了独特的人文景区，又成为全国乃至世界研究传播墨子鲁班文化的窗口和基地。

四是依托媒体，书刊网络齐头并进、成果显著，不断巩固和加强。20 年来，中国墨子学会先后编辑出版了《首届墨子学术研讨会专辑》、《墨子研究论丛》（一 ~ 九辑）、《墨学与当今世界丛书》10 册、《墨子名言》、《墨子国际研究中心名家题辞》、《墨子里籍考论》、《墨经数理研究》、《墨子兵书》、《墨子圣迹图志》、《科圣墨子》、《鲁班的传说》、《班墨传奇》等数十种，约 5000 万字。编排演出大型历史柳琴剧《墨子救宋》、《墨子与鲁班》，并在中央党校汇报演出。特别是 2004 年由国学大师任继愈老先生等领衔主编的《墨子大全》，历尽十年艰辛，收录了战国至 2002 年有关墨学著作 300 余种，成书 100 册，汇集了古今当代墨学研究的全部学术成果，为传承弘扬墨子文化遗产、研究探讨墨学思想奠定了基石。中国墨子学会会刊《墨学研究》，已出版发行 31 期，受到专家、学者和广大读者的一致好评，目前正积极创造条件，争取国内统一刊号。《中国墨子》、《中国鲁班》两大门户网站也取得了明显的社会效益，开设了墨子鲁班研究论坛和视频播放栏目，建立了墨子鲁班论文查询系统，使墨子鲁班研究在网上有了崭新的平台。另外，墨子鲁班文化产业也有了新的发展，目前已通过市场化运作等多种形式，制作和出版发行了一批重大题材的影视项目，如《墨子春秋》、《小小鲁班》等电视连续剧，进一步推动了文化产业与旅游、体育、信息、物流、建筑等产业的融合发展，增加了相关产业的文化分量，延伸了文化产业链条，全面提升了“墨子鲁班”的知名度和影响力。

20 年来，中国墨子学会不畏艰难、务实进取，取得了令人瞩目的成就，这主要得益于国家民政部，教育部，中宣部，文化部和山东省委、省政府，枣庄市委、市政府的英明决策与正确领导，得益于中央、省市领导的关心支持和厚爱，得益于山东大学、中国人民大学、武汉大学、山东建筑大学等高等院校、科研院所的具体指导，得益于一大批关心呵护墨子鲁班文化事业研究的专家学者，得益于社会各界的关爱和帮助。

成绩属于过去，责任在于未来。我们将以第九届国际墨子鲁班学术研讨会暨中国墨子学会成立20周年纪念大会为契机，坚持挖掘、开发、研究、普及、传承并重的方针，突出学术研究、宣传普及、书刊出版、人才培养、文库建设、产业发展等重点，全面加强墨子鲁班历史遗迹的开发与保护，努力把墨子鲁班打造成世界级的文化品牌，促进墨子鲁班文化研究再上新台阶、再创新佳绩。

2012年5月6日

中国墨子学会第五届领导成员名单

中国墨子学会名誉会长

（23 人，按姓氏笔画排序）

马万祺　王玉玺　孙守刚　朱正昌

宋　健　李　景　李学勤　李建国

吴官正　张文台　张高丽　张术平

陈　伟　苗枫林　周克玉　欧阳中石

赵志浩　姜春云　姜异康　姜大明

贾万志　韩喜凯　董凤基

中国墨子学会顾问

（18 人，按姓氏笔画排序）

王学仲　王玉中　尹衍梁　朱传棨

汤恩佳　朱锡光　乔幼梅　李绍崑

李继耐　李殿仁　张尚德　林兆义

周立升　陈之安　杨斯德　郭良志

董兴河　曾繁仁

中国墨子学会会长、副会长、秘书长、副秘书长、常务理事名单

会　　长：李守信

第一副会长：董沂峰

常务副会长：陈　炎　远义彬

副 会 长：（18 人，按姓氏笔画排序）

王学典　王崇杰　王　凯　冯宜明　齐瑞端
任守景　孙中原　李广星　李　健　杨位明
陈克守　邵长婕　胡小林　姜宝昌　唐传喜
秦彦士　黄世瑞　谭家健

秘 书 长：邵长婕

副秘书长：李　红　李平生　明清河

常务理事：（41 人，按姓氏笔画排序）

王学典　王崇杰　王　凯　冯宜明　齐瑞端
任守景　孙中原　李守信　李　健　李广星
李　红　李平生　远义彬　邵长婕　张幼林
张国梁　张宪依　张庆军　杨位明　杨武金
陈　炎　陈克守　孟宪纲　明清河　胡小林
赵富平　郑杰文　姜宝昌　唐传喜　侯同运
秦彦士　郭震旦　黄世瑞　曹　峰　曹胜强
董沂峰　曾振宇　韩　锋　鲁开国　谭家健
颜玉明

中国墨子学会2012~2016年工作规划

为了更好地挖掘、开发、研究、普及、传承墨子鲁班文化，把墨子鲁班文化研究事业推向高层次、高水平，让墨子鲁班文化在建设中国特色社会主义文化事业中发挥其积极推动作用，根据当前国际文化发展特点和国内文化事业大发展、大繁荣的新形势，结合中国墨子学会工作实际，经研究，特制订中国墨子学会2012~2016年工作规划。

一、学术研究规划

重点攻关课题。根据社会发展实际，在今后五年内墨子鲁班文化研究侧重主要课题：墨学当代价值；墨学与当代文化建设；墨学与当代教育；墨子与鲁班研究；墨学与当今公民伦理道德建设；墨学与和谐社会建设；《墨子》原典注释；墨学理论与社会实践应用；鲁班信仰与鲁班文化研究；鲁班的发明与运用；鲁班创新的当代意义。

定期举办课题研讨。以上研究课题，由中国墨子学会和国际鲁班研究会及国内外高等院校相关研究单位分别承担，最终形成研究成果（论著），围绕相关课题和论著，组织专家学者进行多种形式的学术研讨活动。

加强学术交流。根据发展需要，中国墨子学会和国际鲁班研究会派员参加国内外相关学术会议，加大与港澳台和美国、俄罗斯、韩国、日本等国家和地区的联系，积极开展学术交流活动。

设立专项课题项目和基金。联合有关部门设立墨子思想和鲁班文化研究课题项目，采取相关措施，积极支持和鼓励墨子鲁班文化研究人员，积极开展各项研究活动，争取各级政府科研立项基金，推动墨子鲁班文化研究事业发展。

成立中国墨子学会分支机构。根据国际墨子鲁班学术研讨工作需要，适时成立墨子思想研究会、鲁班文化研究会和小孔成像理论研究会，作为中国墨子学会分支机构，开展相关学术研讨和专题研究，把墨子思想和鲁班文化研究推向新水平。

二、宣传普及规划

举办国际墨子鲁班学术研讨会。召开国际墨子鲁班学术研讨会是检阅阶段性墨子鲁班文化研究成果、团结海内外墨子鲁班文化研究者的重要措施，是我会的主要任务之一。今后五年，国际墨子鲁班学术研讨会将每两年举办一次。

组织国际墨子小孔成像摄影理论研讨会。针对墨子小孔成像理论发明的重大意义，适时召开国际墨子小孔成像摄影技术理论研讨会。

举办大型文化讲座。充分发挥名人效应，借助国内外文化资源，全力打造墨子鲁班文化品牌。策划、邀请著名学者、文化名人开办“滕州大讲堂”和“鲁班学堂”讲座，进一步宣传、普及墨子鲁班文化。

加大网络建设力度。继续加强“中国墨子网”、“中国鲁班网”监管力度，进一步优化和完善版面栏目，丰富网络内容。明确职责，强化管理，真正把“中国墨子网”、“中国鲁班网”办成国内外人民了解墨子鲁班文化、交流研究信息、关注发展动态和最新研究成果的有效平台。

开展好墨子鲁班文化的普及传承工作。积极做好墨子鲁班研究和对外宣传，多角度、深层次挖掘墨子鲁班文化精髓，加大墨子鲁班对外声音输出。创新思维，采取多种形式开展好一系列群众性的活动，适时举办好国际墨子鲁班文化节，让广大人民群众更好地享有墨子鲁班文化研究成果，进一步丰富人民群众文化生活，让墨子鲁班文化走进社会，走向大众，努力把墨子鲁班打造成世界级文化品牌。

三、书刊出版规划

进一步办好《墨学研究》杂志。进一步提高办刊的学术水平和质量，切实把《墨学研究》杂志办成了解墨学、鲁班文化研究最新成果及宣传普及墨子鲁班文化的重要窗口和平台。要积极创造条件，争取全国统一出版刊号。

做好墨子鲁班文化研究书籍的出版发行工作。认真做好《墨子研究论丛》的出版发行工作，充分发挥中国墨子学会秘书处的作用，协助专家、学者编辑出版学术著作，推动墨子鲁班研究向纵深发展。

四、人才培养规划

加大墨子鲁班研究人才培养力度。在今后五年，中国墨子学会将继续与山东大学、山东建筑大学、中国人民大学、武汉大学、青岛大学等高等院校、科研单位紧密合作，把培养墨子鲁班研究领域的硕士生和博士生列入人才培养教育计划，制订相应的扶持政策和保障措施。同时，对在墨子鲁班研究领域和人才培养方面作出突出贡献的导师给予重点扶持和奖励。

建立墨子鲁班研究专家人才库。推荐选拔一批优秀墨子鲁班研究专家、学者进入人才储备库，在课题招标、人才培养等方面，给予优先扶持和帮助。

完善墨子鲁班研究人才梯队建设。着力培养墨子鲁班文化研究的中青年人才，形成完善的人才梯队，积极储备后备力量。

五、文库建设规划

今后五年，将继续加大图书资料库建设力度。不断在资料搜集、新书购置上下功夫，加大投入，逐年积累，计划在五年内搜集墨子鲁班研究相关图书资料 10 万册，注重搜集音像档案资料和历史资料，同时采取向国内外墨子鲁班研究者捐赠倡议的方式，接受专家、学者捐赠，建立捐赠专柜、专库，颁发荣誉证书，努力把中国墨子学会图书资料库建成国内外一流的墨子鲁班研究资料中心。

六、产业发展规划

努力打造传统文化旅游目的地。加强对墨子鲁班文化遗址的发掘和保护工作，对现有场馆要充实完善提高，形成独具特色的地方文化品牌。同时，积极争取各级政策支持，采取各种渠道加大资金投入，进一步加强场馆基础设施建设力度，精心为游客营造文明和谐的参观旅游环境，全力打造传统文化旅游目的地。

推进墨子文化产业园项目建设。根据经济和社会发展需要，对墨子文化产业园进行高标准规划设计，积极搞好项目的招商工作，创造条件，全力推进项目的实施。

促进墨子鲁班文化产业迅速发展。积极构建结构合理、门类齐全、科技含量高、富有创意、竞争力强的现代文化产业体系，尽快形成文化、旅游、娱乐、信息、服务一体化的工作机制。要积极培育墨子鲁班文化产业领域战略投资者，加强文化产业基地规划和建设，发展文化产业集群。同时，通过市场运作形式，制作和出版发行一批重大影视项目，如《墨子春秋》、《小小鲁班》，推动文化产业与旅游、体育、信息、物流、建筑等产业融合发展，增加相关产业文化含量，延伸文化产业链，提高附加值。要加大对现有墨子鲁班知识产权的保护，发掘城市文化资源，发展特色文化产业，建设特色文化城市。

图书在版编目（CIP）数据

墨子研究论丛.（十）/ 邵长婕主编.—济南：齐鲁书社，2013.6
ISBN 978-7-5333-2809-2

Ⅰ.①墨… Ⅱ.①邵… Ⅲ.①墨家—学术思想—国际学术会议—文集 Ⅳ.①B224.5-53

中国版本图书馆CIP数据核字(2013)第108158号

墨子研究论丛(十)

主编 邵长婕　副主编 张庆军 颜玉明 鲁开国

出版发行 齊魯書社
社　　址 济南市英雄山路189号
邮　　编 250002
网　　址 www.qlss.com.cn
电子邮箱 qilupress@126.com
印　　刷 日照报业印刷有限公司
开　　本 850mm×1168mm 1/32
印　　张 24.375
插　　页 11
字　　数 548千
版　　次 2013年6月第1版
印　　次 2013年6月第1次印刷
标准书号 ISBN 978-7-5333-2809-2
定　　价 66.00元